Fjodor M. Dostojewski
Gesammelte Werke

Fjodor M. Dostojewski

Gesammelte Werke

Die Erzählungen

Anaconda

Penguin Random House Verlagsgruppe FSC® N001967

5. Auflage

einem Unternehmen der Penguin Random House Verlagsgruppe GmbH,
Neumarkter Straße 28, 81673 München

produktsicherheit@penguinrandomhouse.de
(Vorstehende Angaben sind zugleich
Pflichtinformationen nach GPSR)

Umschlagmotiv: Fiodor Mikhailovich Dostoievski (1821–1881),
Photo © Tallandier / Bridgeman Images
Umschlaggestaltung: Druckfrei. Dagmar Herrmann, Bonn
Satz und Layout: Andreas Paqué, www.paque.de
Druck und Bindung: GGP Media GmbH, Pößneck
Printed in Germany
ISBN 978-3-7306-0405-2
www.anacondaverlag.de

Inhalt

Herr Prochartschin

Eine Erzählung

In der Wohnung der Pensionshalterin Ustinja Fjodorowna hatte als Pensionär die dunkelste, bescheidenste Schlafstelle Semjon Iwanowitsch Prochartschin inne, ein schon älterer, gesetzter, nüchterner Mann. Da Herr Prochartschin nur ein niedriges Amt bekleidete und somit auch nur ein seinen dienstlichen Fähigkeiten entsprechendes geringes Gehalt bezog, so konnte ihm Ustinja Fjodorowna schlechterdings nicht mehr als fünf Rubel monatlich für das Logis abnehmen. Manche sagten, sie habe dabei ihre besondere Spekulation, aber wie dem auch sein mochte, jedenfalls war Herr Prochartschin, allen, die ihm Übles nachredeten, gleichsam zum Trotz, sogar der Günstling der Wirtin geworden, wobei man diese Würde in anständigem, ehrenhaftem Sinn zu verstehen hat. Ich muss hier noch Folgendes bemerken. Ustinja Fjodorowna, eine sehr achtbare, korpulente Dame, die eine besondere Neigung zu gutem Essen und zum Kaffeetrinken hatte und sich immer nur mit großer Mühe durch die Fastenzeiten hindurchquälte, hielt sich eine ziemliche Anzahl solcher Pensionäre; diese bezahlten zwar zum Teil noch einmal so viel wie Semjon Iwanowitsch, standen aber, weil sie nicht friedfertig waren, sondern im Gegenteil sämtlich über sie als alleinstehende, schutzlose Frau »hässliche Witze« machten, in ihrer Achtung sehr tief, sodass, wenn sie ihre Pension nicht pünktlich bezahlt hätten, sie sie nicht nur ermittiert, sondern ihnen auch verboten haben würde, sich jemals wieder in der Wohnung blicken zu lassen. In die Stellung eines Günstlings aber war Semjon Iwanowitsch gleich damals aufgerückt, als man seinen Vorgänger nach dem Wolkowski-Kirchhof hinausgetragen hatte; es war dies ein von einer heftigen Leidenschaft für starke Getränke erfüllter Beamter gewesen, der in den Ruhestand getreten oder vielleicht, richtiger gesagt, vom Amt entfernt worden war. Obgleich diesem abgesetzten Liebhaber des Alkohols ein Auge ausgeschlagen war (seiner Angabe nach infolge seiner Tapferkeit) und er nur ein Bein hatte (das andere hatte er ebenfalls auf irgendeine Weise infolge seiner Tapferkeit verloren), so hatte er es doch verstanden gehabt, das ganze Wohlwollen, dessen Ustinja Fjodorowna fähig war, zu gewinnen und auszunutzen, und hätte wahrscheinlich noch lange als ihr getreuester Gehilfe und Parasit bei ihr gewohnt, wenn er sich nicht schließlich in tief bedauerlicher Weise zu Tode getrunken hätte. Das alles hatte sich noch zu der Zeit zugetragen, als Ustinja Fjodorowna auf den Peski* wohnte und im Ganzen nur drei Pensionäre hielt; als sie dann in die neue Wohnung umzog, wo sie ihrem Geschäft als Vermieterin einen größeren Zuschnitt gab und etwa ein Dutzend neue Pensionäre aufnahm, blieb von den früheren drei nur Herr Prochartschin bei ihr.

Mochte nun Herr Prochartschin seinerseits unverbesserliche Mängel besitzen oder ein jeder der anderen Pensionäre mit solchen Mängeln behaftet sein, jedenfalls wollte sich gleich von Anfang an das Verhältnis von beiden Seiten nicht harmonisch gestalten. Wir bemerken hier, dass Ustinja Fjodorownas neue Pensionäre sämtlich unter sich wie Brüder lebten; einige von ihnen waren bei derselben Behörde angestellt; alle verspielten sie an jedem Ersten abwechselnd aneinander ihr Gehalt in Kartenspielen wie Pharo und Préférence und auf dem Billard; sie liebten es, in einer vergnügten Stunde alle zusammen, wie sie es nannten, »die schäumenden Augenblicke des

* Anm. d. Ü.: Ein Stadtteil im Osten von Petersburg.

Lebens zu genießen«; sie liebten es auch, manchmal von hohen Dingen zu sprechen; es ging zwar im letzteren Fall selten ohne Streit ab, aber da veraltete Anschauungen aus dieser ganzen Gesellschaft verbannt waren, so wurde das gegenseitige Einverständnis bei solchen Gelegenheiten in keiner Weise gestört. Von den Pensionären waren folgende besonders bemerkenswert: Mark Iwanowitsch, ein verständiger, belesener Mensch; ferner der Pensionär Oplewaniew, ebenfalls ein bescheidener, braver Mensch; ferner war da noch ein gewisser Sinowi Prokofjewitsch, der es sich zum festen Ziel gemacht hatte, in die höchsten Gesellschaftskreise einzudringen; dann der Schreiber Okeanow, der seinerseits Herrn Prochartschin beinah die Palme des Vorrangs und der Günstlingschaft entrissen hätte; ferner noch ein anderer Schreiber namens Sudjbin; der abgabenfreie Nichtadlige Kantarew; es waren auch noch andere da. Aber zu all diesen Leuten stand Semjon Iwanowitsch nicht in kameradschaftlichem Verhältnis. Übles wünschte ihm allerdings niemand, umso weniger, da sie ihm alle gleich von Anfang an hatten Gerechtigkeit widerfahren lassen und sich über ihn das Urteil gebildet hatten, er sei (dies waren Mark Iwanowitschs Ausdrücke) ein guter, friedlicher Mensch, obwohl ohne weltmännische Gewandtheit, verlässlich, kein Schmeichler; er habe allerdings auch seine Fehler, aber wenn es ihm einmal schlecht gehen sollte, so werde der Grund davon einzig und allein sein Mangel an eigenem Denkvermögen sein. Ja noch mehr: Herr Prochartschin, dem auf diese Weise das eigene Denkvermögen abgesprochen war, konnte auch durch seine Gestalt und seine Manieren auf niemand einen besonders vorteilhaften Eindruck machen (worüber ja Spötter mit Vorliebe herfallen), aber auch in dieser Hinsicht kam er leichten Kaufs davon, als ob nichts Gravierendes vorläge, und Mark Iwanowitsch, als verständiger Mensch, übernahm in aller Form Semjon Iwanowitschs Verteidigung, indem er geschickt und in schönem, blumenreichem Stil erklärte, Prochartschin sei ein älterer, gesetzter Mann und habe die Zeiten elegischer Schwärmerei schon längst hinter sich. Wenn somit Semjon Iwanowitsch es nicht verstand, sich mit den Leuten gut zu stellen, so musste die Schuld ausschließlich an seinem eigenen Verhalten liegen.

Das Erste, was einem auffiel, war ohne Zweifel Semjon Iwanowitschs Sparsamkeit und Geiz. Das bemerkte ein jeder sofort und setzte es ihm aufs Kerbholz, denn Semjon Iwanowitsch verstand sich nie und unter keinen Umständen dazu, jemandem seine Teekanne zur Benutzung zu überlassen, auch nicht auf ganz kurze Zeit; und dies war umso mehr Unrecht von ihm, da er selbst fast nie Tee trank, sondern nur im Bedürfnisfall einen sehr angenehmen Absud von Feldblumen und gewissen heilsamen Kräutern, von denen er immer einen bedeutenden Vorrat liegen hatte. Übrigens speiste er auch in anderer Weise, als es Pensionäre sonst zu tun pflegen. Er erlaubte es sich zum Beispiel niemals, das ganze Diner zu essen, welches Ustinja Fjodorowna täglich ihren Pensionären darbot. Das Diner kostete fünfzig Kopeken; Semjon Iwanowitsch wandte nur fünfundzwanzig Kopeken daran, ein Satz, über den er nie hinausging, und aß daher nur entweder eine Portion Kohlsuppe mit Pastete oder nur eine Portion Rindfleisch; am häufigsten aber aß er weder Kohlsuppe noch Rindfleisch, sondern nur ein ordentliches Stück Brot mit Zwiebeln, mit Quark, mit Salzgurke oder einer anderen Beigabe, was unvergleichlich viel billiger war, und kehrte erst dann, wenn er damit nicht mehr bestehen konnte, zu seinem halben Diner zurück.

Hier bekennt der Biograf, dass er sich um keinen Preis dazu entschlossen haben würde, von solchen wertlosen, unwürdigen, ja peinlichen und sogar (um noch mehr zu sagen) für manchen Liebhaber eines edlen Stils beleidigenden Einzelheiten zu reden, wenn sie nicht eine Besonderheit, einen hervorstechenden Zug im Charakter des Helden dieser Erzählung gebildet hätten. Und zwar war Herr Prochartschin, wie er selbst manchmal versicherte, keineswegs so geizig, dass er sich nicht einmal eine regelmäßige nahrhafte Kost gegönnt hätte, sondern er handelte so, wie er handelte, ohne Scheu vor übler Nachrede und schlechtem Ruf, speziell zur Befriedigung seiner eigenartigen Neigungen, aus Sparsamkeit und Vorsicht, was übrigens aus dem Folgenden noch klarer hervorgehen wird. Aber wir hüten uns davor, den Leser durch eine Schilderung aller Neigungen Semjon Iwanowitschs zu langweilen, und wir lassen zum Beispiel nicht nur die merkwürdige und für den Leser sehr komische Darlegung aller seiner Einrichtungen weg, sondern würden, wenn nicht Ustinja Fjodorownas eigene Aussage vorläge, selbst das kaum erwähnen, dass Semjon Iwanowitsch sich in seinem ganzen Leben nicht dazu entschließen konnte, seine Wäsche zum Waschen zu geben, oder es doch nur so selten tat, dass einem in den Zwischenzeiten das Vorhandensein von Wäsche an seinem Leib vollständig unbekannt bleiben konnte. Nach Aussage der Wirtin hatte ihr »lieber guter Semjon Iwanowitsch« zwanzig Jahre lang bei ihr gehaust, ohne in dieser Hinsicht etwas von Scham zu wissen, denn nicht nur hatte er sich während der ganzen Dauer seines irdischen Daseins beständig und hartnäckig gegen Socken, Taschentücher und andere derartige Gegenstände ablehnend verhalten, sondern Ustinja Fjodorowna hatte sogar selbst mit eigenen Augen unter Benutzung der Löcher des alten Bettschirms gesehen, dass er, der liebe Mensch, manchmal nichts gehabt habe, um sein weißes Körperchen zu bedecken. Solche Gerüchte kamen indes erst nach Semjon Iwanowitschs Tod in Umlauf. Aber bei seinen Lebzeiten (und das bildete einen der wesentlichsten Anlässe zum Streit) konnte er, selbst wo die kameradschaftlichen Beziehungen von angenehmer Art waren, es absolut nicht vertragen, dass jemand ohne Erlaubnis seine neugierige Nase in sein innerstes Heiligtum steckte, sei es auch unter Benutzung der Löcher des alten Bettschirms. Er war ein ganz unzugänglicher, schweigsamer Mensch, ein Feind unnützer Reden. Ratgeber waren ihm zuwider; Vorwitzige konnte er gleichfalls nicht leiden, einen Spötter oder naseweisen Ratgeber kanzelte er immer gleich auf der Stelle tüchtig ab, machte ihn gehörig herunter und erledigte die Angelegenheit in dieser Weise: »Ein dummer Junge bist du, ein Tagedieb, und kein Ratgeber, dass du es weißt; lerne erst deine eigene Tasche kennen, mein Herr, und zähle lieber die Fäden an deinen eigenen Fußlappen, du Grünschnabel; da hast du's!« Semjon Iwanowitsch war ein einfacher Mensch und sagte zu allen Leuten kurzweg du. Auch konnte er es gar nicht ausstehen, wenn jemand, der seinen Schlupfwinkel kannte, aus reinem Mutwillen ihm mit Fragen zusetzte, was er in seinem Kasten liegen habe. Semjon Iwanowitsch besaß nämlich einen Kasten. Dieser stand unter seinem Bett, und er behütete ihn wie seinen Augapfel; und obgleich alle wussten, das nichts darin war als alte Lumpen, zwei oder drei Paar zerrissene Stiefel und allerlei sonstiger Trödelkram, so schätzte Herr Prochartschin dennoch dieses sein bewegliches Eigentum sehr hoch, und es verlautete sogar einmal, er habe, nicht zufrieden mit dem daran befindlichen alten, aber recht starken Schloss, davon geredet, ein anderes anbringen zu lassen, ein ganz besonderes, von deutscher Arbeit, mit allerlei verschmitzten Einrichtungen und einer geheimen Feder. Als aber einmal Sinowi Prokofjewitsch, von seinem jugendlichen Temperament fortgerissen, den höchst unpassenden, rohen Gedanken aussprach, Semjon Iwanowitsch verberge wahrscheinlich in seinem Koffer Ersparnisse, um sie seinen Nachkommen zu hinterlassen, da wurden alle dabei Anwesenden geradezu starr über die außerordentlichen Folgen, die dieser Witz Sinowi Prokofjewitschs nach sich zog. Zunächst konnte Herr Prochartschin auf eine so unverblümte, rohe Bemerkung gar nicht gleich eine angemessene Erwiderung finden. Lange Zeit kamen von seinen Lippen nur Worte ohne jeden Sinn; erst nach einer Weile ließ sich so viel verstehen, dass Semjon Iwanowitsch seinem Gegner Sinowi Prokofjewitsch wegen einer längst vergangenen widerwärtigen Angelegenheit Vorwürfe machte; dann hörte man heraus, dass Semjon Iwanowitsch vorhersagte, Sinowi Prokofjewitsch werde unter keinen Umständen in die höheren Gesellschaftskreise eindringen; der Schneider, dem er noch das Geld für einen Anzug schuldig sei, werde ihn durchprügeln, unbedingt dafür durchprügeln, dass der dumme Junge so lange nicht bezahle. Und dann fügte Semjon Iwanowitsch noch hinzu: »Du willst bei den Husaren als Junker eintreten, du dummer Junge, aber das wird dir nicht gelingen, daraus wird nichts werden, und wenn die Behörde alles erfährt, wird man dich zum Schreiber degradieren; so ist das, hörst du wohl, du dummer Junge?« Dann beruhigte sich Semjon Iwanowitsch, aber nachdem er ungefähr fünf Stunden lang still gelegen hatte, kam er zum größten Erstaunen aller, wie wenn er die Sache inzwischen hin und her überlegt hätte, zu einem Entschluss und begann, zuerst für sich allein, dann aber zu Sinowi Prokofjewitsch gewendet, ihm aufs Neue Vorwürfe zu machen und ihn auszuschelten. Aber auch damit war die Sache noch nicht zu Ende, sondern als am Abend Mark Iwanowitsch und ein anderer Pensionär namens Prepolowenko zusammen Tee tranken und den Schreiber Okeanow zum Mittrinken eingeladen hatten, da kroch Semjon Iwanowitsch aus seinem Bett, setzte sich express zu ihnen, gab seine fünfzehn oder zwanzig Kopeken und begann, unter dem Vorwand, dass er auf einmal großen Appetit auf Tee bekommen habe, sehr ausführlich auf den früheren Gegenstand einzugehen und auseinanderzusetzen, dass er ein armer Mensch sei, nur ein armer Mensch und weiter nichts, und dass ein armer Mensch, wie er, keine Ersparnisse machen könne. So gestand also Herr Prochartschin (wie er sagte, einzig und allein, weil nun einmal die Rede darauf gekommen sei), dass er ein armer Mensch sei; noch vorgestern habe er jenen dreisten Menschen bitten wollen, ihm einen Rubel zu leihen; jetzt aber werde er es nicht tun, damit der dumme Junge nicht damit prahle; sein Gehalt sei so gering, dass er kaum davon leben könne, aber obwohl er, wie jeder sehe, ein so armen Mensch sei, schicke er doch noch allmonatlich seiner Schwägerin fünf Rubel nach Twer, und wenn er seiner Schwägerin nicht allmonatlich die fünf Rubel nach Twer schickte, so würde die Schwägerin sterben, und wenn die von ihm unterstützte Schwägerin gestorben wäre, so würde er sich schon längst einen neuen Anzug haben machen lassen. Und Semjon Iwanowitsch sprach so lange und so eingehend über seine Armut und über die Rubel und über die Schwägerin und wiederholte um des stärkeren Eindrucks auf die Zuhörer willen so oft ein und dasselbe, dass er schließlich ganz konfus wurde und verstummte; und erst drei Tage darauf, als schon kein Mensch mehr daran dachte, mit ihm anzubinden, und alle den Vorfall mit ihm vergessen hatten, fügte er zum Schluss etwas von folgender Art hinzu: Wenn Sinowi Prokofjewitsch bei den Husaren eintrete, dann werde diesem dreisten Menschen im Krieg ein Bein abgeschossen werden, und er werde statt seines Beins ein hölzernes bekommen, und dann werde Sinowi Prokofjewitsch kommen und sagen: »Gib mir ein Stück Brot, guter Semjon Iwanowitsch!« Dann werde er, Semjon Iwanowitsch, ihm kein Stück Brot geben und werde den einstmals so streitsüchtigen Sinowi Prokofjewitsch gar nicht ansehen und zu ihm sagen: »Soundso, siehst du, nun ist's aus mit dir!«

Alles dies erschien notwendigerweise sehr merkwürdig und wirkte gleichzeitig sehr lächerlich. Alle Pensionäre taten sich unverzüglich zum Zweck weiterer Nachforschungen zusammen und beschlossen, in der Hauptsache aus reiner Neugier, auf Semjon Iwanowitsch einen entscheidenden Generalangriff zu unternehmen. Und da Herr Prochartschin in der letzten Zeit, das heißt seit er angefangen hatte sich an dem geselligen Leben seiner Mitpensionäre zu beteiligen, es ebenfalls außerordentlich liebte, nach allem neugierig zu fragen und sich zu erkunden (was er wahrscheinlich aus besonderen geheimnisvollen Gründen tat), so kam der Verkehr der beiden feindlichen

Parteien ohne alle anbahnenden Vorbereitungen und ohne vergebliche Anstrengungen gewissermaßen zufällig und ganz von selbst in Gang. Zur Anknüpfung des Verkehrs hatte Semjon Iwanowitsch immer ein eigenes, besonderes, recht schlau durchdachtes Manöver bereit, das dem Leser bereits zum Teil bekannt ist: Er kroch um die Zeit des Teetrinkens aus seinem Bett, und wenn er sah, dass sich andere irgendwo zu einer Gruppe zwecks Bereitung dieses Getränks zusammengefunden hatten, so trat er als ein bescheidener, verständiger, freundlicher Mensch zu ihnen, gab seinen festgesetzten Beitrag von zwanzig Kopeken und erklärte, er habe Lust, sich zu beteiligen. Dann wechselten die jungen Leute Blicke miteinander und begannen, nachdem sie sich so gegen Semjon Iwanowitsch verschworen hatten, ein Gespräch, das anfangs anständig und solide war. Dann begann einer in mutwilligerer Weise, anscheinend ohne besondere Absicht, allerlei Neuigkeiten zu erzählen, meist lügenhafte und ganz unglaubliche Geschichten. So behauptete zum Beispiel jemand, heute gehört zu haben, wie Seine Exzellenz zu Demid Wasiljewitsch selbst gesagt habe, dass nach seiner Meinung die verheirateten Beamten solider seien als die unverheirateten und sich deshalb zum Aufrücken in höhere Stellen besser eigneten, denn sie hätten etwas Friedliches und erwürben in der Ehe bedeutend mehr gute Eigenschaften; daher wolle er, der Erzähler, um solche Eigenschaften zu erwerben und eine gute Karriere zu machen, sich bemühen, möglichst bald mit irgendeiner Fewronja Prokofjewna in den Stand der heiligen Ehe zu treten. Dann wieder erzählte einer, es sei zu wiederholten Malen an verschiedenen Leuten ihres Standes bemerkt worden, dass es ihnen an jeder weltmännischen Gewandtheit und an guten, angenehmen Manieren mangle und sie infolgedessen auch in der Gesellschaft den Damen nicht gefallen könnten; zur Beseitigung dieses Missstandes solle daher unverzüglich einem jeden ein Abzug von dem Gehalt gemacht und für die so zusammenkommende Summe ein Kursus eingerichtet werden, in dem sie tanzen lernen und ein anständiges Benehmen, feine Lebensart, Höflichkeit, Respekt vor den Älteren, Charakterfestigkeit, ein gutes, dankbares Herz und allerlei angenehme Manieren erwerben könnten. Endlich wurde auch behauptet, es sei geplant, dass gewisse Beamte, und zwar zuerst gerade die ältesten, zum Zweck baldiger Aneignung der erforderlichen Bildung ein Examen in allen Gegenständen ablegen sollten; auf diese Weise, fügte der Erzähler hinzu, werde viel Unwissenheit an den Tag kommen, und manche Herren würden genötigt sein, sich in ihrer ganzen Blöße zu zeigen. Kurz, es wurden tausend solche und ähnliche absurde Dinge erzählt. Alle taten, als ob sie es sofort glaubten und sich lebhaft dafür interessierten; sie stellten nähere Fragen und machten die Anwendung auf sich selbst; manche nahmen auch eine traurige Miene an, schüttelten die Köpfe und wollten von jedem Ratschläge haben, was sie zu tun hätten, wenn die Sache an sie heranträte. Natürlich wäre auch ein weit minder harmloser und schüchterner Mensch, als es Herr Prochartschin war, infolge eines derartigen allgemeinen Gesprächs wirr im Kopf geworden. Überdies konnte man aus allen Anzeichen mit zweifelloser Sicherheit schließen, dass Semjon Iwanowitsch jedem neuen, für seinen Verstand ungewöhnlichen Gedanken stumpf und schwerfällig gegenüberstand, und dass, wenn er zum Beispiel irgendeine Neuigkeit erfuhr, er immer genötigt war, sie erst gewissermaßen zu verdauen und wiederzukäuen und nach ihrem Sinn zu suchen, wobei er sich zu verwirren und zu verwickeln pflegte, und dass er sie höchstens erst ganz zuletzt bewältigen konnte, aber auch das nur auf eine ganz besondere, ihm allein eigene Art … Es wurden auf diese Weise an Semjon Iwanowitsch plötzlich merkwürdige, bis dahin ungeahnte Eigenschaften entdeckt … Es kam allerlei Gerede über ihn in Umlauf, und alles dies fand, mit Zusätzen versehen, schließlich auch seinen Weg in die Kanzlei. Aufsehen erregte es auch, dass Herr Prochartschin, der seit undenklichen Zeiten fast immer ein und dasselbe Gesicht gehabt hatte, plötzlich ohne sichtbaren Anlass seine Physiognomie änderte: Sein Gesicht bekam etwas Unruhiges; sein Blick wurde ängstlich, schüchtern und etwas misstrauisch; er fing an leise zu gehen, zusammenzufahren und zu horchen und zeigte, um all seinen neuen Eigenschaften die Krone aufzusetzen, einen großen Eifer für die Erforschung der Wahrheit. Die Liebe zur Wahrheit brachte ihn schließlich dahin, dass er es wagte, ein paarmal Demid Wasiljewitsch selbst nach der Glaubwürdigkeit der Neuigkeiten zu fragen, die er täglich zu Dutzenden hörte, und wenn wir hier über die Folgen dieses seines seltsamen Schrittes schweigen, so geschieht das lediglich aus herzlichem Mitleid mit seiner Reputation. Auf diese Weise fanden diejenigen, die auf dem Büro mit ihm zu tun hatten, dass er ein Misanthrop sei und den gesellschaftlichen Anstand vernachlässige. Sie fanden ferner, dass an ihm viel Fantastisches sei, und irrten sich auch hierin durchaus nicht, denn es wurde wiederholentlich bemerkt, dass Semjon Iwanowitsch mitunter in vollständige Selbstvergessenheit geriet, mit offenem Mund wie erstarrt oder versteinert auf seinem Platz saß, die Feder in die Luft hielt und mehr dem Schatten eines vernünftigen Wesens als einem vernünftigen Wesen selbst glich. Es kam nicht selten vor, dass einer seiner Kollegen, der ihn harmlos angaffte, wenn er auf einmal seinem umherirrenden, trüben, nach etwas suchenden Blick begegnete, es mit der Angst bekam, zu zittern anfing und sogleich auf ein wichtiges Aktenstück, das er vor sich hatte, einen Klecks machte oder ein ganz falsches Wort hinschrieb. Semjon Iwanowitschs unziemliches Benehmen befremdete und verletzte alle anständigen Leute … Zuletzt konnte niemand mehr an Semjon Iwanowitschs fantastischer Gedankenrichtung zweifeln, als sich eines schönen Morgens in allen Büros der Kanzlei das Gerücht verbreitete, Herr Prochartschin habe sogar seinem Vorgesetzten Demid Wasiljewitsch selbst einen Schreck eingejagt, denn bei einer Begegnung auf dem Korridor habe er sich so wunderlich und seltsam benommen, dass dieser sich genötigt gesehen habe, vor ihm zurückzutreten ... Der von Semjon Iwanowitsch begangene Verstoß kam schließlich auch ihm selbst zu Ohren. Als er das gehört hatte, stand er sofort auf, ging vorsichtig zwischen den Tischen und Stühlen hindurch, begab sich in das Vorzimmer, nahm eigenhändig seinen Mantel herunter, zog ihn an, ging hinaus – und verschwand für unbestimmte Zeit. Ob er den Mut verloren hatte oder ihn etwas anderes fortzog, das wissen wir nicht, aber weder zu Hause noch in der Kanzlei ließ er sich eine Zeit lang blicken.

Wir wollen Semjon Iwanowitschs Schicksal nicht einfach aus seiner fantastischen Geistesrichtung zu erklären suchen; indes können wir nicht umhin, den Leser darauf aufmerksam zu machen, dass unser Held kein Weltmann, sondern ein durchaus stiller Mensch war und bis zu der Zeit, wo er in die Gesellschaft der neuen Pensionäre hineingeraten war, in vollständiger Abgeschiedenheit gelebt und sich durch ein stilles, ja gewissermaßen geheimnisvolles Wesen ausgezeichnet hatte, denn in der ganzen letzten Zeit, während er auf den Peski wohnte, hatte er hinter dem Bettschirm auf dem Bett gelegen, geschwiegen und mit niemand Verkehr unterhalten. Seine beiden alten Mitpensionäre hatten genau in derselben Weise gelebt wie er; beide waren ebenfalls gewissermaßen geheimnisvolle Menschen gewesen und hatten ebenfalls fünfzehn Jahre lang hinter ihren Bettschirmen gelegen. In patriarchalischer Ruhe waren die glücklichen, schläfrigen Stunden und Tage nacheinander vorbeigezogen, und da alles ringsumher ebenfalls seinen guten, geregelten Gang nahm, so konnten sich weder Semjon Iwanowitsch noch Ustinja Fjodorowna mehr recht erinnern, wann das Schicksal sie eigentlich zusammengeführt habe. »Ich weiß nicht, ob es zehn oder fünfzehn oder gar schon fünfundzwanzig Jahre her ist, dass der liebe Mensch zu mir gezogen ist«, sagte sie manchmal zu ihren neuen Pensionären. Daher ist es sehr natürlich, dass der an Gesellschaft nicht gewöhnte

Held unserer Erzählung in unangenehmer Weise überrascht war, als er, der solide, bescheidene Mensch, gerade vor einem Jahr auf einmal in diese unruhige, lärmende, etwa ein Dutzend Köpfe starke Bande junger Leute, seiner neuen Mitpensionäre, hineingeriet.

Semjon Iwanowitschs Verschwinden rief in der Pension keinen kleinen Aufruhr hervor. Erstens weil er der Günstling der Wirtin war, zweitens weil sich bei dieser Gelegenheit herausstellte, dass sein Pass, den die Wirtin in Verwahrung gehabt hatte, zufällig abhandengekommen war. Ustinja Fjodorowna heulte – wozu sie in kritischen Fällen immer ihre Zuflucht nahm; sie schalt und schimpfte zwei Tage lang auf ihre Pensionäre und machte ihnen Vorwürfe, dass sie, »alle diese schändlichen Spötter«, ihren Semjon Iwanowitsch wie ein armes Küchlein verjagt und zugrunde gerichtet hätten; am dritten Tag aber trieb sie sie alle hinaus auf die Suche, mit der Weisung, den Flüchtling um jeden Preis lebend oder tot herbeizuschaffen. Als Erster kam am Abend der Schreiber Sudjbin zurück und berichtete, er habe die Spur gefunden und den Flüchtling auf dem Trödelmarkte und an anderen Orten gesehen; er sei ihm nachgegangen und habe in seiner Nähe gestanden, aber nicht gewagt, ihn anzureden, auch habe er sich bei einer Feuersbrunst nicht weit von ihm befunden, als ein Haus in der Krummen Gasse abgebrannt sei. Eine halbe Stunde darauf erschienen Okeanow und Kantarew; sie bestätigten Sudjbins Mitteilung Wort für Wort: Sie hätten ebenfalls nur zehn Schritte von ihm entfernt gestanden, aber auch nicht gewagt, ihn anzureden; beide hatten sie bemerkt, dass Semjon Iwanowitsch mit einem schmarotzenden Trunkenbold namens Simoweikin zusammen war. Schließlich fanden sich auch die übrigen Pensionäre wieder ein und sprachen, nachdem sie die Meldungen aufmerksam angehört hatten, ihre Meinung dahin aus, dass Prochartschin jetzt nicht weit sein könne und bald kommen werde; es sei ihnen übrigens auch schon vorher allen bekannt gewesen, dass er mit jenem Trunkenbold verkehre. Dieser Trunkenbold war ein ganz widerwärtiges, dreistes, schmeichlerisches Subjekt, und es war aus allem klar, dass er Semjon Iwanowitsch verlockt hatte. Er war gerade eine Woche vor Semjon Iwanowitschs Verschwinden zusammen mit seinem Kameraden Remnew in der Pension erschienen, hatte dort kurze Zeit gewohnt und erzählt, er leide für Wahrheit und Recht; er habe vorher in der Provinz ein Amt gehabt; da sei ein Revisor zu ihnen gekommen, und man habe ihn und seine Genossen, weil sie immer für Wahrheit und Recht eingetreten wären, abgesetzt; er sei dann nach Petersburg gekommen und hier Porfiri Grigorjewitsch zu Füßen gefallen; auf dessen Fürsprache habe man ihn wieder bei einer Behörde angestellt, aber infolge der Grausamkeit des ihn verfolgenden Schicksals sei er auch dort wieder brotlos geworden, weil die Behörde selbst aufgehoben sei und eine andere Organisation erhalten habe; in die umgestaltete Beamtenschaft aber habe man ihn nicht aufgenommen, sowohl wegen seiner angeblich mangelnden Qualifikation für die dienstliche Tätigkeit als auch wegen seiner Qualifikation zu einer ganz andersartigen Sache, außer alledem aber wegen seiner Liebe zu Wahrheit und Recht und schließlich infolge der Ränke seiner Feinde. Nach Beendigung dieser seiner Geschichte, in deren Verlauf Herr Simoweikin mehrmals seinen finsterblickenden, unrasierten Freund Remnew geküsst hatte, hatte er sich der Reihe nach vor allen im Zimmer Anwesenden bis zu den Füßen verbeugt, wobei er auch die Magd Awdotja nicht vergessen hatte, hatte sie alle seine Wohltäter genannt und erklärt, er sei ein unwürdiger, zudringlicher, dreister, dummer Mensch; gute Menschen möchten ihn aber wegen seines kläglichen Schicksals und wegen seiner Einfalt nicht verachten. Nachdem er alle um ihre Gönnerschaft gebeten hatte, hatte sich Herr Simoweikin als ein sehr lustiger Kauz erwiesen, war höchst vergnügt geworden, hatte der Wirtin Ustinja Fjodorowna die Hände geküsst, obwohl sie bescheiden versicherte, ihre Hand sei nur eine ganz gewöhnliche und keine adlige; zum Abend aber hatte er der ganzen Gesellschaft sein Talent in einem merkwürdigen Charaktertanz zu zeigen versprochen. Aber gleich am folgenden Tag hatte sein Aufenthalt ein bedauernswertes schnelles Ende gefunden, entweder weil der Charaktertanz sich als gar zu charakteristisch erwiesen hatte, oder weil er sich gegen Ustinja Fjodorowna nach ihrem Ausdruck »infam und respektlos« benommen hatte, und dabei sei sie doch mit Jaroslaw Iljitsch bekannt und könne, wenn sie nur selbst wolle, längst eine Frau Polizeiinspektor sein; jedenfalls hatte Simoweikin sich davontrollen müssen. Er war weggegangen, war wieder zurückgekehrt, war wieder mit Schimpf und Schande weggejagt worden, hatte dann Semjon Iwanowitschs Aufmerksamkeit zu erregen und sich in seine Gunst einzudrängen gesucht, ihn so nebenbei um eine neue Hose ärmer gemacht und tauchte schließlich jetzt wieder als Semjon Iwanowitschs Verführer auf.

Sowie die Wirtin erfahren hatte, dass Semjon Iwanowitsch am Leben und gesund sei, und dass sie den Pass jetzt nicht zu suchen brauche, hörte sie sofort auf traurig zu sein und beruhigte sich. Da nun kamen einige Pensionäre auf den Gedanken, dem Flüchtling einen feierlichen Empfang zu bereiten: Sie öffneten gewaltsam den Verschluss des Bettschirms, rückten diesen von dem Bett des Entlaufenen ab, zerwühlten das Bett ein wenig, zogen den bekannten Kasten hervor und stellten ihn am Fußende auf das Bett, auf das Bett aber setzten sie die Schwägerin, das heißt eine Puppe, die sie aus einem alten Tuch, einer Haube und einem Umhang der Wirtin hergestellt hatten, und die der Schwägerin so ähnlich sah, dass man sich ganz wohl täuschen konnte. Als sie mit ihrer Arbeit fertig waren, warteten sie, um nach Semjon Iwanowitschs Ankunft ihm mitzuteilen, seine Schwägerin sei aus der Provinz eingetroffen; die Ärmste habe sich bei ihm hinter dem Bettschirm einquartiert. Aber sie warteten und warteten – Semjon Iwanowitsch kam nicht. Während des

Wartens hatte Mark Iwanowitsch schon sein halbes Monatsgehalt an Prepolowenko und Kantarew verloren; Okeanows Nase war beim Noski und Dreiblatt schon ganz rot geworden und angeschwollen*; die Magd Awdotja hatte sich schon fast ganz ausgeschlafen und hatte schon zweimal aufstehen, Holz holen und den Ofen heizen wollen; und Sinowi Prokofjewitsch war bis auf die Haut nass geworden, da er alle Augenblicke auf den Hof hinauslief, um nach Semjon Iwanowitsch Ausschau zu halten, aber noch war niemand erschienen, weder Semjon Iwanowitsch noch der schmarotzende Trunkenbold. Schließlich legten sich alle schlafen, ließen aber für jeden Fall die Schwägerin hinter dem Bettschirm, und erst um vier Uhr ertönte ein Klopfen am Haustor; dafür war es aber auch so stark, dass es die Wartenden völlig für all die schweren Mühen, denen sie sich unterzogen hatten, entschädigte. Er war es, er selbst, Semjon Iwanowitsch, Herr Prochartschin, aber in einem solchen Zustand, dass alle entsetzt aufschrien und niemand mehr an die Schwägerin dachte. Der Verlorengegangene war bewusstlos. Es brachte ihn oder, richtiger gesagt, trug ihn auf den Schultern ein ganz durchnässter, frostzitternder, zerlumpter Nachtdroschkenkutscher. Auf die Frage der Wirtin, wo der Ärmste sich so betrunken habe, antwortete der Kutscher: »Betrunken ist er nicht und ist es auch nicht gewesen, das kann ich dir versichern. Es hat ihn gewiss so eine Ohnmacht befallen, oder er hat eine Art Starrkrampf bekommen, oder vielleicht hat ihn auch der Schlag gerührt.« Man untersuchte ihn näher, wobei man ihn der Bequemlichkeit halber an den Ofen lehnte, und sah, dass tatsächlich keine Betrunkenheit vorlag; auch einen Schlaganfall hatte er nicht gehabt, sondern es hatte ihn irgendein anderes Unglück betroffen, infolgedessen Semjon Iwanowitsch auch die Zunge nicht bewegen konnte; krampfhafte Zuckungen gingen durch seinen Körper, und

* Anm. d. Ü.: Dem Verlierenden wird mit den Karten auf die Nase geschlagen.

er klappte nur die Augen auf und zu, indem er verständnislos bald den einen, bald den andern der Zuschauer anstarrte, die ihn in ihren Nachtkostümen umstanden. Man fragte dann den Droschkenkutscher, wo er ihn herbekommen habe. »Von ein paar Männern aus Kolomna*«, antwortete er, »ob es richtige Herren waren oder nicht, das weiß ich nicht, aber gekneipt hatten sie und waren lustig. Die haben mir den hier übergeben; vielleicht haben sie ihn durchgeprügelt, oder er hat Krämpfe bekommen; Gott weiß, was geschehen ist. Aber lustige Herren waren es, gute Herren!« Man nahm Semjon Iwanowitsch; einer hob ihn auf seine kräftigen Schultern und trug ihn auf das Bett. Als aber Semjon Iwanowitsch auf das Bett gelegt wurde, seine Schwägerin berührte und mit den Beinen gegen seinen heiligen Kasten stieß, da schrie er aus voller Kehle, kauerte sich nieder und bedeckte, am ganzen Leib zitternd, so gut er konnte, mit den Händen und dem Körper den ganzen Raum auf seinem Bett; mit dem ängstlichen, aber seltsam entschlossenen Blick, den er über die Anwesenden hingleiten ließ, schien er zu erklären, dass er eher sterben als auch nur den hundertsten Teil seiner armseligen Habe jemandem überlassen werde.

Semjon Iwanowitsch lag zwei oder drei Tage lang da, von dem Bettschirm dicht umgeben und auf diese Weise von der ganzen Welt und all ihren nichtigen Aufregungen abgeschlossen. Wie es nicht anders sein konnte, hatten ihn gleich am folgenden Tag alle vergessen; unterdes verging die Zeit; eine Stunde löste die andere ab, ein Tag den andern. Ein Mittelding zwischen Schlaf und Fantasieren umfing den schweren, heißen Kopf des Kranken, aber er lag friedlich da, stöhnte nicht und klagte nicht; vielmehr verhielt er sich ganz still und ruhig und drückte sich fest an sein Bett, wie ein Hase sich vor Furcht auf die Erde wirft, wenn er die Jagd hört. Zu gewisser Zeit

* Anm. d. Ü.: Ein Stadtteil im Westen.

trat in der Wohnung eine lange, melancholische Stille ein, ein Zeichen, dass alle Pensionäre zum Dienst gegangen waren, und wenn Semjon Iwanowitsch wach geworden war, so konnte er sich nach Belieben die Langeweile damit vertreiben, dass er auf das nahe Geräusch in der Küche hinhorchte, wo die Wirtin herumhantierte, oder auf das gleichmäßige Klatschen der niedergetretenen Schuhe der Magd Awdotja in allen Zimmern, wenn sie stöhnend und sich räuspernd in allen Schlafstellen aufräumte und aufwischte und alles in Ordnung brachte. Ganze Stunden vergingen auf diese Weise, schläfrig, träge und langweilig, wie das Wasser, das mit gleichmäßigem Geräusch in der Küche vom Hahn in das Becken tropfte. Endlich kehrten die Pensionäre, teils einzeln, teils in Gruppen zurück, und Semjon Iwanowitsch konnte bequem hören, wie sie über das Wetter schimpften, zu essen verlangten, wie sie lärmten, rauchten, sich zankten, sich versöhnten, Karten spielten und, wenn es ans Teetrinken ging, mit den Tassen klapperten. Unwillkürlich machte Semjon Iwanowitsch eine Anstrengung, um aufzustehen und in der üblichen Weise an dem Genuss dieses Getränks teilzunehmen, versank aber sogleich in Schlaf und träumte, er sitze schon lange am Teetisch, trinke mit und beteilige sich an der Unterhaltung, und Sinowi Prokofjewitsch habe bereits die Gelegenheit benutzt und ein Projekt über die Schwägerinnen und die moralischen Verpflichtungen verschiedener guter Leute gegen sie im Gespräch angebracht. Hier wollte sich Semjon Iwanowitsch schon beeilen, etwas zu erwidern und sein Verhalten zu rechtfertigen, aber mit einem Mal erscholl aus jedem Mund die allmächtige dienstliche Redewendung »es ist wiederholentlich bemerkt worden« und schnitt endgültig alle seine Erwiderungen ab, und Semjon Iwanowitsch konnte nichts Besseres ersinnen, als einen neuen Traum zu beginnen, nämlich davon, dass heute der Erste sei und er soundsoviel Silberrubel in seiner Kanzlei bekomme. Auf der Treppe schlug er das Papier, in dem sie sich befanden, auseinander, sah sich schnell um, teilte so schnell wie möglich die ganze Hälfte des soeben empfangenen Gehalts ab und verbarg diese Hälfte in seinem Stiefel; dann, immer noch auf der Treppe und ohne sich darum zu kümmern, dass er es auf seinem Bett im Schlaf tat, nahm er sich vor, wenn er nach Hause gekommen sein würde, unverzüglich seiner Wirtin das Erforderliche für Kost und Logis zu bezahlen, hierauf noch irgendetwas Notwendiges zu kaufen und dann geeigneten Persönlichkeiten scheinbar absichtslos und zufällig zu zeigen, dass er einen Abzug erlitten habe, dass ihm so gut wie nichts übrig geblieben sei, und dass er auch seiner Schwägerin jetzt nichts schicken könne; dabei wollte er dann ein Trauerlied über seine Schwägerin anstimmen, auch morgen und übermorgen noch viel von ihr reden und nach ungefähr zehn Tagen noch einmal im Vorbeigehen auf ihre Armut zurückkommen, damit seine Wohnungsgenossen es nur ja nicht vergäßen. Nachdem er sich das vorgenommen hatte, sah er, dass auch Andrei Jefimowitsch, jener kleine, schweigsame, kahlköpfige Mensch, der in der Kanzlei ganze drei Zimmer von Semjon Iwanowitschs Platz entfernt saß und in zwanzig Jahren auch nicht ein Wort mit ihm gesprochen hatte, ebendort auf der Treppe stand, ebenfalls seine Silberrubel zählte, den Kopf schüttelte und zu ihm sagte: »Das liebe, liebe Geld!« »Ohne Geld keine Grütze«, fügte er, die Treppe hinabsteigend, finster hinzu und schloss, als er bereits vor der Haustür war: »Ich habe sieben Kinder, mein Herr!« Dabei zeigte der kahlköpfige Mensch, wahrscheinlich ebenfalls ohne zu bemerken, dass er das nur als Vision und nicht in Wahrheit und Wirklichkeit tue, mit der Hand eine Elle hoch von der Erde, bewegte die Hand in absteigender Linie und murmelte, der Älteste gehe schon aufs Gymnasium; hierauf blickte er Semjon Iwanowitsch entrüstet an, als ob gerade dieser an seinen sieben Kindern schuld sei, drückte sich den Hut ins Gesicht, rüttelte seinen Mantel zurecht, drehte sich nach links herum und verschwand.

Semjon Iwanowitsch hatte einen großen Schreck bekommen, und obgleich er von seiner eigenen Unschuld in Betreff der bedauerlich hohen Zahl von sieben Kindern in einer Familie vollständig überzeugt war, so schien es in Wirklichkeit doch so herauszukommen, dass kein andrer als er die Schuld daran trage. In seiner Angst fing er an zu laufen, denn es kam ihm so vor, als ob der kahlköpfige Herr umkehre, ihn verfolge, ihn visitieren und ihm das ganze Gehalt abnehmen wolle, unter Berufung auf seine unumstößliche Zahl von sieben Kindern und unter Bestreitung irgendwelcher Beziehungen Semjon Iwanowitschs zu irgendwelchen Schwägerinnen. Semjon Iwanowitsch lief und lief und kam außer Atem … neben ihm liefen noch sehr viele andere Menschen, und bei allen klapperte das Gehalt in den hinteren Taschen ihrer kurzen Fracks; schließlich lief das ganze Volk; die Trompeten der Feuerwehr ertönten, und ganze Menschenwellen trugen ihn beinah auf den Schultern zu eben jener Feuersbrunst hin, die er vor Kurzem mit dem schmarotzenden Trunkenbold zusammen angesehen hatte. Der Trunkenbold, alias Herr Simoweikin, befand sich schon dort, begrüßte Semjon Iwanowitsch, nahm sich seiner sehr an, fasste ihn unter den Arm und führte ihn mitten in das dichteste Gedränge hinein. Ebenso wie damals im Wachen lärmte und brauste um sie herum eine unübersehbare Volksmenge, die zwischen den beiden Brücken den ganzen Kai der Fontanka und alle umliegenden Straßen und Gassen anfüllte; ebenso wie damals wurden Semjon Iwanowitsch und der Trunkenbold in das Innere einer Umzäunung getragen, wo sie auf einem großen, von Zuschauern angefüllten Holzhof wie in einer Zange zusammengepresst wurden; diese waren von den Straßen, vom Trödelmarkt und aus allen umliegenden Häusern, Speisewirtschaften und Schenken zusammengeströmt. Semjon Iwanowitsch sah und empfand alles wie damals; in dem Wirbel des Fieberns und Fantasierens huschten allerlei sonderbare Gestalten vor seinem Auge vorüber. An einige von ihnen erinnerte er sich. Einer war jener sich stark aufspielende, drei Ellen lange Herr mit dem ellenlangen Schnurrbart, der bei der Feuersbrunst hinter Semjon Iwanowitschs Rücken gestanden und ihm eine Aufmunterung hatte zuteilwerden lassen, als unser Held eine Art von Begeisterung empfand und mit den kurzen Beinchen trampelte, um auf diese Weise den Feuerwehrleuten seinen Beifall für ihre mannhafte Arbeit zu spenden, die er, der Lange, von seiner Höhe vollständig übersah. Ein anderer war jener stämmige Bursche, von welchem unser Held, als er über einen andern Zaun hatte steigen wollen, um vielleicht jemand zu retten, einen gehörigen Stoß in Gestalt einer Beihilfe von hinten empfangen hatte. Auch die Gestalt jenes alten Mannes mit dem Hämorridengesicht, in einem alten, mit einem Strick umgürteten wattierten Schlafrock, tauchte vor seinem Blick auf; dieser war schon vor dem Ausbruch des Feuers von Hause weg in einen Laden gegangen, um für seinen Untermieter Zwieback, Tabak und anderes einzuholen, und suchte sich nun mit einem Milchtopf in der Hand durch die Menschenmenge nach seiner Wohnung durchzuarbeiten, wo seine Frau, seine Tochter und in einer Ecke unter dem Federbett dreißig und ein halber Rubel verbrannten. Aber am deutlichsten stand ihm jene arme, wunderliche Frau vor Augen, von der er schon mehrmals in seiner Krankheit geträumt hatte; er sah sie so, wie sie damals gewesen war: in Lumpen gekleidet, mit schlechten Bastschuhen an den Füßen, einen Krückstock in der Hand, einen geflochtenen Quersack auf dem Rücken. Sie schrie lauter als die Feuerwehr und das Volk, fuchtelte mit dem Krückstock und den Armen umher und rief, ihre eigenen Kinder hatten sie von irgendwo hinausgejagt, und dabei seien ihr zwei Fünfkopekenstücke verloren gegangen. Die Kinder und die Fünfkopekenstücke, die Fünfkopekenstücke und die Kinder, das verwirrte sich in ihrem Mund zu einem unverständlichen Unsinn. Nach vergeblichen Bemühungen, daraus klug zu werden, wandten sich alle von ihr ab, aber das Weib ließ nicht nach: Sie schrie und heulte und schwenkte die Arme und kümmerte sich anscheinend weder um die Feuersbrunst, zu der sie in dem Menschenstrom von der Straße hintrieb, noch um die ganze Volksmenge um sie herum, noch um fremdes Unglück, noch selbst um die Funken und Brandstücke, die schon das ganze umherstehende Volk zu überschütten anfingen. Zuletzt aber bekam Herr Prochartschin einen gewaltigen Schreck, denn er erkannte klar, dass das alles nicht so ohne Grund geschah, und dass das Unheil an ihm nicht vorübergehen werde. Und wirklich war ebendort, nicht weit von ihm, ein Mann niederen Standes, in einem zerrissenen langen Rock ohne Gurt, mit versengtem Haar und Bart, auf einen Holzhaufen gestiegen und begann nun alle Leute gegen ihn, Herrn Prochartschin, aufzuhetzen. Die Menge wurde immer dichter und dichter; der Mann schrie, und starr vor Schreck erinnerte sich Herr Prochartschin auf einmal, dass dieser Mann derselbe Droschkenkutscher war, den er vor fünf Jahren schmählich betrogen hatte, indem er, ohne bezahlt zu haben, in ein Tor, wo ein Durchgang war, hineingeschlüpft und so eilig davongerannt war, wie wenn er barfuß über eine glühende Eisenplatte liefe. In seiner Verzweiflung wollte Herr Prochartschin etwas sagen, wollte schreien, aber die Stimme versagte ihm. Er fühlte, wie die ganze ergrimmte Menge ihn wie eine bunte Schlange umwand, ihn zusammenpresste, ihn würgte. Er machte eine unnatürliche Anstrengung und erwachte. Da wurde er gewahr, dass er brannte, dass seine ganze Schlafstelle brannte und sein Bettschirm und die ganze Wohnung samt Ustinja Fjodorowna und allen ihren Pensionären, und dass sein Bett brannte und sein Kopfkissen und seine Bettdecke und sein Kasten und endlich auch seine kostbare Matratze. Semjon Iwanowitsch sprang auf, ergriff seine Matratze und lief, sie hinter sich herschleppend, davon. Aber in dem Zimmer der Wirtin, wohin unser Held so, wie er war, barfuß und im bloßen Hemd, ohne alles Anstandsgefühl gelaufen war, wurde er ergriffen, überwältigt, wieder hinter den Bettschirm zurückspediert (übrigens brannte dieser gar nicht, es brannte vielmehr nur Semjon Iwanowitschs Kopf) und ins Bett gelegt. So legt der umherziehende, zerlumpte, unrasierte, mürrische Besitzer eines Kasperletheaters seinen Hanswurst in den Kasten, nachdem dieser allen möglichen Unfug getrieben, alle durchgeprügelt und seine Seele dem Teufel verkauft hat; dort liegt er nun bis zur nächsten Vorstellung zusammen mit eben jenem Teufel, mit dem Mohren, mit Mamsell Katerina und ihrem glücklichen Liebhaber, dem Bezirkshauptmann.

Alle, alt und jung, umringten sofort Semjon Iwanowitsch, stellten sich in einer Reihe um sein Bett herum und sahen den Kranken mit erwartungsvollen Gesichtern an. Inzwischen war er wieder zur Besinnung gekommen, aber er bemühte sich auf einmal aus aller Kraft, sei es aus Schamgefühl oder aus einem andern Grund, die Bettdecke über seinen Kopf zu ziehen, wahrscheinlich um sich darunter vor den Blicken seiner teilnahmsvollen Wohnungsgenossen zu verbergen. Endlich unterbrach Mark Iwanowitsch als Erster das Stillschweigen und sagte als verständiger Mensch in sehr freundlichem Ton, Semjon Iwanowitsch müsse sich ganz beruhigen; krank zu sein sei etwas Hässliches, dessen man sich schämen müsse; so benahmen sich nur kleine Kinder; er solle wieder gesund werden und dann auch wieder in den Dienst gehen. Mark Iwanowitsch schloss mit einem Späßchen, indem er sagte, für Kranke sei im Etat kein Gehalt angesetzt, und da er bestimmt wisse, dass auch nur ein sehr geringer Rang damit verbunden sei, so bringe, wenigstens nach seinem Urteil, ein solcher Beruf oder Zustand keine großen materiellen Vorteile. Kurz, es war ersichtlich, dass alle an Semjon Iwanowitschs Schicksal aufrichtig Anteil nahmen und sich seiner Pflege widmen wollten. Aber mit unbegreiflicher Grobheit fuhr dieser fort, im Bett zu liegen, zu schweigen und hartnäckig die Bettdecke immer mehr über sich herüberzuziehen. Mark Iwanowitsch gab sich indessen noch nicht besiegt und sagte mit Selbstüberwindung noch etwas sehr Angenehmes zu Semjon Iwanowitsch, da er wusste, dass man einen Kranken so behandeln müsse. Aber Semjon Iwanowitsch wollte das nicht empfinden; vielmehr brummte er mit höchst misstrauischer Miene etwas zwischen den Zähnen und begann auf einmal in ganz feindseliger Weise nach rechts und links zu schielen, als wolle er mit seinem Blick alle, die ihn bemitleideten, vernichten. Da war nun weiter nichts zu machen: Mark Iwanowitsch konnte sich nicht mehr beherrschen, und da er sah, dass dieser Mensch sich geradezu vorgenommen hatte eigensinnig zu sein, so kränkte und verletzte ihn das, und er erklärte ihm ohne Umschweife und angenehme Redewendungen, es sei jetzt Zeit zum Aufstehen; man dürfe nicht auf der Bärenhaut liegen; Tag und Nacht etwas von Feuersbrünsten, Schwägerinnen, Trunkenbolden, Schlössern, Kasten und der Teufel weiß wovon sonst noch zu schreien sei dumm, unpassend und ein Unrecht gegen andere Leute, denn wenn Semjon Iwanowitsch selbst nicht schlafen wolle, so solle er wenigstens andere nicht stören; das möge er sich hinter die Ohren schreiben. Diese Rede brachte eine Wirkung hervor, denn Semjon Iwanowitsch wandte sich sofort zu dem Redner hin und sagte in festem Ton, wiewohl mit schwacher, heiserer Stimme: »Halt's Maul, dummer Junge! Du Schwätzer, du Schandmaul! Ein Stiefel bist du, dass du's nur hörst! Bist du etwa ein Fürst, he? Verstehst du etwas Rechtes?« Als Mark Iwanowitsch eine derartige Antwort hörte, fuhr er zunächst auf; dann aber sagte er sich, dass er mit einem Kranken zu tun habe, unterdrückte großmütig das Gefühl der Kränkung und machte im Gegenteil den Versuch, ihn zu beschämen, aber auch damit hatte er kein Glück, denn Semjon Iwanowitsch erwiderte ihm sofort, er lasse sich nicht zum Besten halten; Mark Iwanowitsch drechsle seine schönen Phrasen ganz vergebens. Es folgte ein zwei Minuten dauerndes Stillschweigen; endlich kam Mark Iwanowitsch von seinem Erstaunen wieder zu sich und erklärte in gewählten Ausdrücken, aber offen, deutlich und nicht ohne Festigkeit, Semjon Iwanowitsch möge sich bewusst sein, dass er sich unter anständigen Menschen befinde. »Sie sollten Verständnis dafür haben, geehrter Herr«, fuhr er fort, »wie man sich einer anständigen Person gegenüber zu benehmen hat.« Mark Iwanowitsch verstand es, bei Gelegenheit schön zu reden, und imponierte gern seinen Zuhörern. Semjon Iwanowitsch dagegen redete, wahrscheinlich infolge seiner langen Gewohnheit zu schweigen, mehr in abgebrochener Manier, und dazu kam noch etwas anderes: Wenn es sich traf, dass er einen längeren Satz zu sprechen hatte, so war es, als ob, je mehr er in ihn hineingeriet, jedes Wort noch ein anderes Wort gebar, das andere Wort gleich bei seiner Geburt ein drittes, das dritte ein viertes, und so weiter, sodass er den ganzen Mund voll hatte, sich verschluckte und die Worte ihm schließlich in malerischer Unordnung aus dem Mund hinauspolterten. Dies war der Grund, weswegen Semjon Iwanowitsch, der doch ein verständiger Mensch war, mitunter schrecklichen Unsinn redete. »Du faselst«, antwortete er jetzt, »du grüner Bengel, du Herumtreiber! Du wirst dir noch einmal einen Quersack über die Schulter hängen und betteln gehn, du Freigeist, du Liedrian; da hast du es, du Schönredner!«

»Sie fantasieren wohl immer noch, nicht wahr, Semjon Iwanowitsch?«

»Weißt du«, antwortete Semjon Iwanowitsch, »ein Dummkopf fantasiert, ein Trunkenbold fantasiert, ein Hund fantasiert, aber ein weiser Mann dient der Vernunft. Du verstehst nichts vom praktischen Leben, du liederlicher Mensch, du Gelehrter, du geschriebenes Buch! Und wenn du in Brand gerätst, dann wirst du gar nicht merken, wie dir der Kopf abbrennt; ich habe da so eine Geschichte gehört!«

»Ja … das heißt, wie denn … das heißt, wie meinen Sie denn das, Semjon Iwanowitsch, dass mir der Kopf abbrennen wird? …«

Mark Iwanowitsch sprach nicht zu Ende, denn alle sahen deutlich, dass Semjon Iwanowitsch noch nicht klar war und irre redete, aber die Wirtin konnte sich nicht mehr halten und schob hier die Bemerkung ein, dass das Haus in der Krummen Gasse neulich durch die Schuld eines kahlköpfigen Dienstmädchens abgebrannt sei; es wäre da so ein kahlköpfiges Dienstmädchen gewesen, die habe eine Kerze angezündet und dadurch die Rumpelkammer in Brand gesetzt. Aber bei ihr, der Redenden, komme so etwas nicht vor, und die Schlafstellen seien sicher.

»Ja, sehen Sie mal, Semjon Iwanowitsch!«, rief Sinowi Prokofjewitsch ganz außer sich, indem er die Wirtin unterbrach. »Sie sind ja ein ganz wunderlicher, einfältiger Mensch, Semjon Iwanowitsch; man macht mit Ihnen ein paar Späßchen über Ihre Schwägerin und über Prüfungen im Tanzen, und da halten Sie das für wahr?«

»Na, höre du jetzt mal«, antwortete unser Held, der seine letzte Kraft zusammennahm und sich auf dem Bett halb aufrichtete; er war furchtbar ergrimmt auf seine teilnahmsvollen Mitpensionäre. »Wer ist hier der Narr? Du bist ein Narr, ein närrischer Hund, ein Hansnarr; mir aber fällt es nicht ein, auf deinen Befehl Narrheiten zu machen; hörst du wohl, du dummer Junge, ich bin nicht dein Diener!«

Semjon Iwanowitsch wollte noch etwas hinzufügen, fiel aber kraftlos auf das Bett zurück. Die teilnahmsvollen Mitpensionäre machten erstaunt den Mund auf, denn sie begriffen jetzt, was mit Semjon Iwanowitsch vorgegangen war, und wussten nicht, was sie nun weiter tun sollten. Auf einmal knarrte die Küchentür, öffnete sich, und der trunksüchtige Freund, alias Herr Simoweikin, steckte schüchtern seinen Kopf herein und witterte nach seiner Gewohnheit vorsichtig umher. Es war, als hätte man ihn erwartet; alle winkten ihm gleichzeitig zu, er möchte schnell hereinkommen, und Simoweikin drängte sich außerordentlich erfreut, ohne den Mantel abzulegen, eilig und höchst bereitwillig zu Semjon Iwanowitschs Bett durch.

Es war deutlich, dass Simoweikin die ganze Nacht in wachem Zustand und in irgendwelcher ernsten Tätigkeit verbracht hatte. Die rechte Seite seines Gesichts war mit etwas verklebt; seine geschwollenen Augenlider waren feucht von Eiter; der Frack und die ganze Kleidung waren zerrissen, und die ganze linke Seite des Anzugs schien mit etwas sehr Hässlichem bespritzt zu sein, vielleicht mit Schmutz aus einer Pfütze. Unter dem Arm trug er eine Geige, die Gott weiß wem gehören mochte, und die er irgendwo verkaufen wollte. Anscheinend hatten die Pensionäre keinen Fehlgriff damit getan, dass sie ihn zu Hilfe riefen, denn nachdem er erfahren hatte, um was es sich handelte, wandte er sich sogleich an den schimpflustigen Semjon Iwanowitsch und sagte mit der Miene eines Mannes, der eine gewisse Autorität besitzt und zudem die Sache durchschaut: »Was fällt dir ein, Semjon? Steh doch auf! Du weiser Prochartschin, diene der Vernunft! Sonst werde ich dich wegschleppen, wenn du hier Randal machst; also mach hier keinen Randal!« Diese kurze, aber kräftige Ansprache versetzte die Anwesenden in Erstaunen, und noch mehr wunderten sich alle, als sie bemerkten, dass Semjon Iwanowitsch beim Anhören dieser Worte und beim Anblick dieses Gesichts dermaßen erschrak und so verwirrt und ängstlich wurde, dass er kaum flüsternd die notwendigste Erwiderung durch die Zähne murmeln konnte: »Du Unglücklicher, geh fort!«, sagte er, »du Unglücklicher, du Dieb! Hörst du wohl, verstehst du wohl? Ein hochfahrender Mensch bist du; denkst wohl, du bist ein Fürst!«

»Nein, Bruder«, antwortete Simoweikin, der vollständig die Geistesgegenwart bewahrte, in gedehntem Ton. »Das ist nicht schön von dir, du weiser Prochartschin«, fuhr er Semjon Iwanowitsch ein wenig parodierend, fort und sah sich selbstzufrieden im Kreis um. »Mach hier keinen Randal! Sei friedlich, Semjon, sei friedlich; sonst werde ich dich verraten, Brüderchen, und alles erzählen; verstehst du wohl?«

Es schien, dass Semjon Iwanowitsch alles verstanden hatte, denn er zuckte zusammen, als er die letzten Worte hörte, und sah sich auf einmal schnell und mit ganz verstörtem Blick rings um. Zufrieden mit der erzielten Wirkung wollte Herr Simoweikin fortfahren, aber Mark Iwanowitsch verbot ihm sogleich solche aufregende Reden, wartete, bis Semjon Iwanowitsch still und zahm geworden war und sich fast ganz beruhigt hatte, und begann dann in längerer Rede ihm vernünftig vorzustellen, dergleichen Gedanken zu hegen, wie er sie jetzt im Kopf habe, sei erstens unnütz, zweitens nicht nur unnütz, sondern sogar schädlich; und endlich nicht nur schädlich, sondern sogar höchst unmoralisch; und die Ursache sei, dass Semjon Iwanowitsch alle verführe und ein schlechtes Beispiel gebe. Von dieser Rede erwarteten alle eine verständige Wirkung. Auch war Semjon Iwanowitsch jetzt in der Tat ganz still und erwiderte in maßvollem Ton. Es entspann sich eine freundschaftliche Debatte. Einige wandten sich in brüderlicher Weise an ihn und fragten ihn, warum er denn eigentlich so ängstlich sei. Semjon Iwanowitsch antwortete, aber ausweichend. Es wurde ihm etwas erwidert. Semjon Iwanowitsch antwortete auch darauf. Es folgte von beiden Seiten noch je eine Erwiderung; dann aber mischten sich alle in das Gespräch, alt und jung, denn die Rede war plötzlich auf ein so wunderbares, seltsames Thema gekommen, dass sie schlechterdings nicht wussten, wie sie alles ausdrücken sollten. Der Streit wurde schließlich heftig, es wurde geschrien, ja, es kam zu Tränen, und Mark Iwanowitsch trat schließlich mit wutschäumendem Mund weg und erklärte, er habe noch nie einen so vernagelten Menschen kennengelernt. Oplewaniew spuckte ärgerlich aus; Okeanow bekam Angst; Sinowi Prokofjewitsch brach in Tränen aus, und Ustinja Fjodorowna heulte laut und jammerte, sie verliere einen Pensionär; er habe den Verstand verloren und werde sterben, ohne dass der Pass zu finden sei, und sie stehe allein und schutzlos in der Welt da und werde mit den Behörden ihre Not haben. Kurz, alle sahen schließlich klar ein, dass ihre Aussaat gut gewesen war, dass alles, was zu säen ihnen in den Sinn gekommen war, hundertfältige Frucht trug, dass der Boden wohlgeeignet gewesen war, und dass es Semjon Iwanowitsch gelungen war, in ihrer Gesellschaft seinen Kopf in einer wundervollen, unwiederbringlichen Weise auszubilden. Alle verstummten, denn da sie sahen, dass Semjon Iwanowitsch sich vor allem fürchtete, so wurden sie schließlich selbst ängstlich.

»Wie!«, rief Mark Iwanowitsch, »warum fürchten Sie sich denn so? Warum sind Sie denn so verrückt geworden? Wer denkt denn überhaupt an Sie, mein Herr? Haben Sie ein Recht, sich zu fürchten? Wer sind Sie? Was sind Sie? Eine Null sind Sie, mein Herr, ein runder Pfannkuchen, dass Sie's nur wissen! Warum machen Sie Lärm? Ein altes Weib ist auf der Straße überfahren worden; muss Ihnen darum das Gleiche geschehen? Ein Trunkenbold hat seine Tasche nicht behütet; werden darum auch Ihnen die Rockschöße abgeschnitten werden? Ein Haus ist abgebrannt; wird darum auch Ihnen der Kopf abbrennen, wie? Ist es so, mein Herr? Ist es so, Verehrter? Ist es so?«

»Du, du, du bist dumm!«, murmelte Semjon Iwanowitsch. »Man wird dir die Nase abbeißen, und du wirst sie selbst zum Brot essen, ohne es zu merken ...«

»Mag ich ein Stiefel sein, mag ich ein Stiefel sein!«, rief Mark Iwanowitsch, der nicht hingehört hatte, »mag ich meinetwegen nicht besser als ein Stiefel sein! Aber ich brauche ja kein Examen abzulegen, brauche mich nicht zu verheiraten, brauche nicht tanzen zu lernen; der Boden bricht unter mir nicht zusammen, mein Herr. Wie steht es, Verehrter? Haben Sie nicht ordentlich Platz? Sinkt der Boden unter Ihnen ein, wie?«

»Wird man etwa dich danach fragen? Sie schließen sie, und dann ist sie nicht mehr vorhanden.«

»Was schließen sie? Was haben Sie da wieder?«

»Aber den Trunkenbold haben sie doch abgesetzt.«

»Ja, aber das ist auch ein Trunkenbold, und Sie und ich sind Menschen!«

»Nun ja, wir sind Menschen. Aber sie existiert, und auf einmal existiert sie nicht mehr ...«

»›Sie existiert nicht mehr!‹ Was für eine ›sie‹ denn?«

»Na, sie, die Kanzlei ... die Kanzlei!!!«

»Aber Mann Gottes! Die ist ja doch notwendig, die Kanzlei ...«

»Sie ist notwendig, sagst du. Heute ist sie notwendig, morgen ist sie notwendig, aber übermorgen ist sie auf einmal nicht mehr notwendig. Da habe ich eine Geschichte gehört ...«

»Aber Sie werden doch ein Jahresgehalt weiterbeziehen! Oh Sie ungläubiger Thomas! Und bei manchen Stellen steigt das Gehalt mit dem Dienstalter ...«

»Gehalt? Wenn ich aber das Gehalt verzehrt habe oder Diebe kommen und es mir wegnehmen? Und ich habe eine Schwägerin, hörst du wohl? Eine Schwägerin! Du vernagelter Mensch du! ...«

»Eine Schwägerin! Nein, Sie sind ein Mensch, der ...«

»Ein Mensch. Ich, ich bin ein Mensch, aber du bist trotz deiner Belesenheit dumm, hörst du wohl; vernagelt bist du, ganz vernagelt, nun weißt du's! Ich mache nicht solche Späße wie du, aber es ist eine Stelle, die ohne Weiteres aufgehoben werden kann. Auch Demid, hörst du, Demid Wasiljewitsch sagt, die Stelle würde aufgehoben ...«

»Ach, was reden Sie, wie wird denn Demid ... Sie versündigen sich ja ...«

»Ja, hast du nicht gesehen, ist man ohne Stelle; und was macht man dann, siehst du!«

»Sie reden ja einfach irre oder haben ganz den Verstand verloren! Sagen Sie uns doch einfach: Was ist Ihnen? Gestehen Sie es, wenn Ihnen ein Unglück zugestoßen ist! Dabei ist doch nichts zu schämen! Sind Sie verrückt geworden, Verehrter, ja?«

»Er ist verrückt geworden! Er hat den Verstand verloren!«, wurde ringsumher gerufen, und alle rangen verzweifelt die Hände. Die Wirtin aber fasste Mark Iwanowitsch mit beiden Armen um und bat ihn, Semjon Iwanowitsch nicht länger zu peinigen.

»Ein Heide bist du, eine heidnische Seele hast du, du Weiser!«, flehte ihn auch Simoweikin an und fuhr dann, zu Semjon Iwanowitsch gewendet, fort: »Semjon, du bist nicht übelnehmerisch, du bist freundlich und liebenswürdig! Du bist ein schlichter, tugendhafter Mensch, hörst du wohl? Das kommt alles von deiner Tugend her. Ich aber bin dreist und dumm, ich bin ein Bettler. Du hast mich als guter Mensch nicht verlassen; sei sicher, dafür wird dir Ehre zuteilwerden; allen Herren hier und der Wirtin sage ich meinen Dank; siehst du, ich verbeuge mich bis zur Erde, da, so; ich tue meine Schuldigkeit, meine Schuldigkeit, liebe Wirtin!« Hier machte Simoweikin wirklich, und sogar mit einer Art von pedantischer Würde, vor allen ringsumher Verbeugungen bis zur Erde. Hierauf wollte Semjon Iwanowitsch wieder weiterreden, aber diesmal gestattete man es ihm nicht: Alle drangen auf ihn ein, baten ihn, redeten ihm zu und beschwichtigten ihn und erreichten es auch, dass er ganz kleinlaut wurde und zuletzt nur mit schwacher Stimme bat, noch ein paar Worte sagen zu dürfen.

»Nun ja, das ist ja richtig«, sagte er, »ich bin freundlich und friedlich, siehst du, und tugendhaft, anhänglich und treu; weißt du, meinen letzten Blutstropfen, hörst du, du dummer Junge, du Protz … mag sie bestehen bleiben, die Stelle, aber ich bin arm; und wenn sie sie mir nehmen, hörst du, du protziger Mensch (schweige jetzt und höre zu!), wenn sie sie mir nehmen, dann … sie besteht ja jetzt, Bruder, aber dann wird sie nicht mehr bestehen … verstehst du? Und ich, Bruder, werde noch mit dem Bettelsack … hörst du?«

»Semjon!«, heulte Simoweikin wie ein Rasender und übertönte diesmal mit seiner Stimme den ganzen Lärm, der sich erhoben hatte. »Du Freigeist! Ich werde dich gleich verraten! Was bist du denn für einer? Bist du ein Krakeeler, du Schafskopf? Einen dreisten, dummen Menschen wie mich halftern sie ohne Weiteres ab, aber bist du etwa so einer?«

»Aber es ist doch so eine Sache …«

»Was heißt das: ›Es ist so eine Sache‹?«

»Es ist gegen ihn nichts anzufangen! …«

»Was heißt das: ›Es ist gegen ihn nichts anzufangen‹?«

»Er hat seinen freien Willen; und wenn man immer so liegt und liegt, dann …«

»Was?«

»Aber auch wegen Freigeisterei …«

»Wegen Frei-geis-te-rei! Semjon, du ein Freigeist!!«

»Halt!«, rief Herr Prochartschin mit einer heftigen Armbewegung und unterbrach das sich erhebende Geschrei, »ich meinte es anders … Versteh doch nur, versteh doch nur recht, du Schafskopf: Ich bin friedlich, heute bin ich friedlich, morgen bin ich friedlich, aber dann bin ich nicht mehr friedlich, ich werde grob, und dann heißt es: ›Mach, dass du wegkommst, du Freigeist!‹«

»Aber was reden Sie denn da!«, donnerte schließlich Mark Iwanowitsch, sprang von dem Stuhl auf, auf den er sich niedergelassen hatte, um sich zu erholen, und lief in größter Aufregung, vor Ärger und Ingrimm am ganzen Leib zitternd, zum Bett hin. »Was reden Sie da? Sie Schafskopf! Hat weder Dach noch Fach! Sind Sie denn etwa allein auf der Welt? Ist etwa die Welt für Sie geschaffen? Sind Sie ein Napoleon? Was sind Sie? Ein Napoleon, ja? Sind Sie ein Napoleon oder nicht?! Sagen Sie, mein Herr, ob Sie ein Napoleon sind oder nicht! …«

Aber Herr Prochartschin gab auf diese Frage keine Antwort mehr. Nicht dass er sich geschämt hätte ein Napoleon zu sein oder sich gefürchtet hätte, eine solche Verantwortung auf sich zu nehmen; nein, er war nicht mehr im Stande zu streiten oder sachlich etwas zu erörtern. Die Krisis der Krankheit war eingetreten. Ein Sprühregen von Tränen stürzte auf einmal aus seinen grauen Augen, die von einem fieberhaften Feuer glänzten. Mit seinen knochigen, durch die Krankheit ausgemergelten Händen bedeckte er seinen heißen Kopf, richtete sich im Bett auf und begann schluchzend zu reden: Er sei ganz arm; er sei ein unglücklicher, schlichter Mensch, ein dummer, ungebildeter Mensch; gute Leute möchten ihm verzeihen, sich seiner annehmen, ihn beschützen, ihm Speise und Trank geben, ihn in seiner Armut nicht verlassen, und Gott weiß was Semjon Iwanowitsch noch alles jammerte. Während er so jammerte, blickte er in scheuer Angst um sich, als erwarte er jeden Augenblick, dass die Zimmerdecke einstürzen oder der Fußboden zusammenbrechen werde. Alle wurden beim Anblick des Armen von Mitleid ergriffen, und allen wurde das Herz weich. Die Wirtin schluchzte wie ein altes Weib, jammerte über ihre schutzlose Verlassenheit und legte selbst den Kranken wieder ordentlich auf das Bett. Mark Iwanowitsch, welcher einsah, dass es zwecklos gewesen war, die Erinnerung an Napoleon wachzurufen, bekam einen Anfall von Gutherzigkeit und suchte sich ebenfalls hilfreich zu zeigen. Andere brachten, um auch ihrerseits etwas zu tun, eine Himbeerlimonade in Vorschlag, indem sie sagten, die helfe unverzüglich und gegen alles und werde dem Kranken sehr angenehm sein, aber Simoweikin widersprach sofort allen und stellte vielmehr die Behauptung auf, in einem solchen Fall sei nichts besser als eine gute Dosis starken Kamillentees. Was Sinowi Prokofjewitsch anlangte, der ein gutes Herz hatte, so schluchzte er und vergoss heiße Tränen vor Reue darüber, dass er Semjon Iwanowitsch durch allerlei Märchen geängstigt hatte, und veranlasst durch die letzten Worte des Kranken, dass er ganz arm sei und man ihm zu essen geben möchte, nahm er die Veranstaltung einer Kollekte in Angriff, bei der er sich vorläufig auf die Pensionäre beschränkte. Von allen hörte man Ausdrücke des Bedauerns; alle waren von Mitleid und Betrübnis erfüllt, und alle wunderten sich dabei, wie es nur möglich gewesen war, dass ein Mensch sich so hatte ins Bockshorn jagen lassen. Und was hatte er dazu für einen Grund gehabt? Ja, wenn er noch ein hohes Amt inne hätte, verheiratet wäre, Kinder aufzuziehen hätte, und wenn man ihn dann vor Gericht gezogen hätte, aber er war ja doch nur ein ganz unbedeutender Mensch, der weiter nichts hatte als einen einzigen Kasten mit einem deutschen Schloss, seit mehr als zwanzig Jahren hinter seinem Bettschirm lag und schwieg, von der Welt und ihrem Leide nichts wusste und haushälterisch lebte – und einem solchen Menschen fiel es nun auf einmal ein, infolge eines gewöhnlichen müßigen Wortes sich eine fixe Idee in den Kopf zu setzen und zu fürchten, dass ihm das Leben in der Welt gar zu schwer werden würde. Und er bedachte gar nicht, dass es doch alle Menschen schwer haben! »Hätte er sich nur das überlegt«, sagte Okeanow nachher, »dass es doch alle Menschen schwer haben, dann hätte er den Kopf oben behalten und keine Dummheiten gemacht und sich nach Möglichkeit in die Verhältnisse geschickt.« Den ganzen folgenden Tag über wurde von nichts anderem gesprochen als von Semjon Iwanowitsch. Sie gingen zu ihm hin, erkundigten sich nach seinem Befinden und trösteten ihn, aber gegen Abend mochte er die Tröstungen nicht mehr anhören. Der Arme bekam starke Hitze und fing an zu fantasieren; mitunter verlor er das Bewusstsein, sodass sie schon den Arzt holen lassen wollten. Die sämtlichen Pensionäre verabredeten sich und gaben sich untereinander das Wort, die ganze Nacht über der Reihe nach bei Semjon Iwanowitsch Wache zu halten und ihn zu beruhigen und, wenn etwas vorfiele, sogleich alle zu wecken. In dieser Absicht setzten sie sich, um nicht einzuschlafen, zum Kartenspiel hin, nachdem sie bei dem Kranken dessen trunksüchtigen Freund angestellt hatten, der sich schon den ganzen Tag über in der Pension bei dem Bett des Kranken aufgehalten und dann um die Erlaubnis gebeten hatte, auch die Nacht über dableiben zu dürfen. Da sie aber nur auf Kredit spielten und das Spiel kein besonderes Interesse erregte, so wurde es ihnen bald langweilig. Sie hörten damit auf; dann stritten sie über irgendetwas; darauf fingen sie an zu schreien und zu lärmen, und schließlich gingen sie nach ihren Schlafstellen auseinander, redeten dort noch lange heftig miteinander, und da sie auf einmal alle ärgerlich geworden waren, so hatten sie keine Lust mehr, abwechselnd Wache zu halten, und schliefen ein. Bald darauf war es in der Pension so still wie in einem leeren Keller, umso mehr, da es eine furchtbare Kälte war. Einer der Letzten, die einschliefen, war Okeanow. »Ich war so in einem Mittelzustand zwischen Schlafen und Wachen«, erzählte er später, »da schien es mir, als ob in meiner Nähe so vor ein Uhr morgens zwei Menschen miteinander sprächen.« Okeanow berichtete, er habe Simoweikin erkannt; dieser habe neben ihm seinen alten Freund Remnew aufgeweckt, und sie hätten lange miteinander geflüstert; dann sei Simoweikin hinausgegangen, und es sei zu hören gewesen, wie er in der Küche eine Tür aufzuschließen versuchte. Der Schlüssel hatte, wie die Wirtin nachher versicherte, unter ihrem Kopfkissen gelegen und war in dieser Nacht abhandengekommen. Zuletzt, erzählte Okeanow, sei es ihm gewesen, als ob sie beide zu dem Kranken hinter den Bettschirm gingen und dort ein Licht anzündeten. »Weiter«, sagte er, »weiß ich nichts; ich bin dann erst mit allen zusammen aufgewacht, als alle in der Pension auf einmal von den Betten sprangen, weil hinter dem Bettschirm ein solches Geschrei erscholl, dass ein Toter davon hätte erwachen können« – und da schien es vielen, dass auf einmal dort das Licht erlosch. Es entstand ein arger Wirrwarr; alle waren heftig erschrocken; sie stürzten, so wie ein jeder war, nach dem Geschrei hin, aber in diesem Augenblick ließ sich hinter dem Bettschirm Lärm, Schimpferei und Prügelei vernehmen. Sie zündeten Licht an und sahen, dass Simoweikin und Remnew sich miteinander schlugen und einander schimpften; als sie sie beleuchteten, schrie der eine: »Ich bin es nicht gewesen, sondern dieser Räuber hier!«, und der andre, nämlich Simoweikin, schrie: »Rühr mich nicht an; ich habe keine Schuld; das will ich sofort beschwören!« Die Gesichter beider sahen ganz entstellt aus, aber im ersten Augenblick konnte man sich nicht mit ihnen abgeben: Denn es stellte sich heraus, dass sich der Kranke nicht mehr auf seinem früheren Platz hinter dem Bettschirm befand. Sofort trennte man die Kämpfer und zog sie auseinander und sah nun, dass Herr Prochartschin unter dem Bett lag, jedenfalls völlig bewusstlos; die Bettdecke und das Kissen hatte er mit heruntergezogen, sodass sie auf ihm lagen; auf der Bettstelle war nur die kahle, alte, schmutzige Matratze zurückgeblieben (ein Laken hatte nie darauf gelegen). Man zog Semjon Iwanowitsch hervor und legte ihn auf die Matratze, bemerkte aber gleich, dass es keinen Zweck mehr hatte, sich mit ihm noch viele Mühe zu geben, da es schon vollständig mit ihm zu Ende ging: Seine Arme waren schon steif geworden, und es war kaum noch Leben in ihm. Die Pensionäre stellten sich um ihn herum: Er zuckte und zitterte immer noch ein klein wenig über den ganzen Körper hin. Er versuchte mit den Händen etwas zu tun; die Zunge konnte er nicht bewegen, aber er blinzelte mit den Augen in ganz ähnlicher Art, wie angeblich der noch ganz warme, blutige, lebende Kopf blinzelt, den das Beil des Henkers soeben vom Rumpf getrennt hat.

Zuletzt wurde alles stiller und stiller, das dem Tod vorhergehende Zittern und die Krämpfe erstarben. Herr Prochartschin streckte die Beine aus und begab sich mit seinen guten Taten und mit seinen Sünden ins Jenseits. Ob Semjon Iwanowitsch über irgendetwas einen Schreck bekommen oder einen bösen Traum gehabt hatte, wie Remnew nachher versicherte, oder irgendein anderes Unglück sich begeben hatte, das ist unbekannt. Tatsache ist nur, dass, auch wenn jetzt der Kanzleidirektor selbst in der Wohnung erschienen wäre und persönlich dem armen Semjon Iwanowitsch wegen Freigeisterei, Händelsucht und Trunksucht seine Entlassung aus dem Dienst mitgeteilt hätte, oder wenn sogar durch die andere Tür eine sich als Semjon Iwanowitschs Schwägerin bezeichnende Bettlerin hereingetreten wäre, oder wenn sogar Semjon Iwanowitsch auf der Stelle eine Gratifikation von zweihundert Rubeln erhalten hätte oder endlich das Haus und Semjon Iwanowitschs eigener Kopf zu brennen angefangen hätten – dass er auch dann keinen Finger mehr gerührt haben würde. Und während bei den Anwesenden die erste Erstarrung vorüberging und sie die Sprache wiedergewannen und in wirrem Durcheinanderschreien allerlei Vorschläge machten und allerlei Zweifel äußerten, und während Ustinja Fjodorowna den Kasten unter dem Bett hervorzog und hastig unter dem Kopfkissen, unter der Matratze und sogar in den Stiefeln Semjon Iwanowitschs umhersuchte, und während Remnew und Simoweikin ins Verhör genommen wurden: In diesem Augenblick bewies der Pensionär Okeanow, der bis dahin der beschränkteste, bescheidenste und stillste von allen gewesen war, plötzlich eine große Geistesgegenwart, besann sich auf sein Talent und seine besondere Begabung, ergriff seine Mütze und schlüpfte unter dem Lärm leise aus der Wohnung. Und als alle Schrecken der Anarchie bei den aufgeregten, bisher so friedlichen Pensionären ihren Gipfelpunkt erreicht hatten, da öffnete sich die Tür, und es erschienen plötzlich wie ein Blitz aus heiterem Himmel erstens ein Herr von anständigem Äußern mit ernstem, aber unzufriedenem Gesicht, hinter ihm Jaroslaw Iljitsch, hinter Jaroslaw Iljitsch seine Beamten, soweit sie hier erforderlich waren, und hinter allen der aufgeregte Herr Okeanow. Der ernste Herr mit dem anständigen Äußern ging geradeswegs zu Semjon Iwanowitsch hin, befühlte ihn, schnitt eine Grimasse, zuckte mit den Schultern und sprach etwas aus, was allen bereits bekannt war, nämlich dass der Verstorbene schon tot sei, wobei er noch von sich aus hinzufügte, ebendasselbe habe sich kürzlich mit einem sehr angesehenen hohen Herrn im Schlaf begeben, der ebenfalls ohne Weiteres gestorben sei. Nach diesen Worten trat der Herr mit dem anständigen Äußern und der unzufriedenen Miene von dem Bett zurück, sagte, dass man ihn unnötigerweise belästigt habe, und ging hinaus. Sogleich trat Jaroslaw Iljitsch an seine Stelle (auf seine Anweisung wurden Remnew und Simoweikin von den Polizisten verhaftet), befragte einen und den andern, bemächtigte sich geschickt des Kastens, den die Wirtin schon zu verbergen gesucht hatte, stellte die Stiefel an ihren früheren Platz, wobei er sich dahin äußerte, dass sie ganz zerrissen und völlig unbrauchbar seien, verlangte das Kopfkissen zurück, rief Okeanow heran, fragte nach dem Schlüssel zum Kasten, der sich dann in der Tasche des trunksüchtigen Freundes fand, und öffnete feierlich vor den Augen aller berechtigten Zeugen das Eigentum Semjon Iwanowitschs. Alles lag nun offen da: zwei Lappen, ein Paar Socken, ein halbes Taschentuch, ein alter Hut, einige Knöpfe, alte Stiefelsohlen und Stiefelschafte, dann noch eine Ahle, ein Stückchen Seife, etwas elende Wäsche, lauter Plunder, Schund, alter Kram, der einen hässlichen Geruch verbreitete; das einzige gute Stück war das deutsche Schloss. Jaroslaw Iljitsch rief Okeanow heran und sprach in strengem Ton mit ihm, aber Okeanow erklärte sich bereit, seine Aussagen zu beschwören. Der Beamte ließ sich auch das Kopfkissen geben und besichtigte es: Es war nur sehr schmutzig, glich aber in jeder andern Hinsicht einem Kopfkissen. Nun wurde die Matratze vorgenommen; die Polizisten machten sich daran, sie aufzuheben, und hielten dabei ein wenig inne, um zu überlegen, aber auf einmal fiel ganz unerwartet etwas Schweres mit lautem Geräusch auf den Fußboden. Sie bückten sich, suchten und erblickten eine Papierrolle; in der Papierrolle befanden sich zehn Rubelstücke. »Aha, aha!«, sagte Jaroslaw Iljitsch und zeigte in der Matratze auf eine defekte Stelle, aus welcher Roßhaar und Wergflocken hervorquollen. Die Öffnung wurde besichtigt, und es wurde festgestellt, dass sie soeben erst mit einem Messer hineingeschnitten und etwa eine halbe Elle lang war; Jaroslaw Iljitsch steckte die Hand in den Schlitz und zog ein wahrscheinlich in der Hast dort stecken gelassenes, der Wirtin gehöriges Küchenmesser heraus, mit welchem die Matratze aufgeschnitten worden war. Kaum hatte er das Messer aus der beschädigten Stelle herausgezogen und wieder »Aha!« gesagt, als noch eine zweite Rolle herausfiel und nach ihr mehrere einzelne Münzen herausrollten: zwei halbe Rubel, ein Viertelrubel, dann einige kleinere Silberstücke, darunter auch ein altertümliches, wohlerhaltenes Fünfkopekenstück. Alles wurde sogleich aufgesammelt. Man sah, dass es zweckmäßig sein würde, die ganze Matratze mit einer Schere aufzuschneiden, und verlangte eine solche …

Unterdessen beleuchtete der Stummel des schon weit herabgebrannten Talglichts eine für den Beschauer überaus reizvolle Szene. Die Pensionäre, etwa ein Dutzend an Zahl, hatten sich in den malerischsten Kostümen um das Bett gruppiert, alle ungekämmt, unrasiert, ungewaschen, mit verschlafenen Gesichtern, so wie sie aus den Betten gekommen waren. Einige von ihnen waren ganz blass, anderen war der Schweiß auf die Stirn getreten, manche wurden vom Frost geschüttelt, andere glühten vor innerer Hitze. Die Wirtin, die ganz betäubt war, stand still dabei, hielt die Hände gefaltet und überließ sich der Gnade Jaroslaw Iljitschs. Von oben, vom Ofen, schauten mit ängstlicher Neugier die Köpfe der Magd Awdotja und der Lieblingskatze der Wirtin herunter; ringsumher lagen die Stücke des zerrissenen und zerbrochenen Bettschirms an der Erde; der offene Kasten zeigte sein wenig vornehmes Inneres. Die Bettdecke und das Kopfkissen lagen, von Flocken aus der Matratze bedeckt, auf dem Fußboden, und endlich glänzte auf einem dreibeinigen hölzernen Tisch ein allmählich wachsender Haufen von allerlei Silbermünzen. Nur Semjon Iwanowitsch behielt vollständig sein kaltes Blut, lag friedlich auf dem Bett und schien sein Unglück gar nicht zu ahnen. Als die Schere gebracht war und Jaroslaw Iljitschs Gehilfe, um sich diensteifrig zu zeigen, an der Matratze etwas ungeduldig rüttelte, um sie bequemer unter dem Rücken des Eigentümers hervorziehen zu können, da machte Semjon Iwanowitsch, welcher wusste, was die Höflichkeit verlangte, zuerst ein wenig Platz, indem er sich auf die Seite drehte und den Nachsuchenden den Rücken zuwandte; dann, bei einem zweiten Ruck, legte er sich auf den Bauch, und zuletzt wich er noch weiter zurück, und da an dem Bett das letzte Seitenbrett fehlte, plumpste er plötzlich ganz unerwartet mit dem Kopf nach unten, sodass nur seine beiden knochigen, mageren, bläulichen Beine sichtbar blieben, die wie zwei Äste eines verbrannten Baumes in die Höhe ragten. Da Herr Prochartschin sich schon zum zweiten Mal an diesem Morgen unter sein Bett begab, so erregte dies unverzüglich Verdacht, und einige der Pensionäre krochen unter Sinowi Prokofjewitschs Anführung ebenfalls hinunter, um nachzusehen, ob da nicht vielleicht etwas verborgen sei. Aber die Suchenden stießen nur ergebnislos mit den Köpfen zusammen, und da Jaroslaw Iljitsch sie sogleich anschrie und ihnen befahl, Semjon Iwanowitsch unverzüglich aus seiner unangenehmen Lage zu befreien, so fassten zwei der Verständigsten ihn jeder mit beiden Händen an ein Bein, zogen den unerwarteten Kapitalisten wieder an die Oberwelt und legten ihn quer über das Bett. Unterdessen flogen Roßhaar und Wergflocken ringsumher, der Silberhaufen wuchs, und, oh Gott! was lag da nicht alles: vornehme Rubelstücke, solide, starke Anderthalbrubelstücke, hübsche halbe Rubel, plebejische Viertelrubel und Zwanzigkopekenstücke, sogar dürftige silberne Zehn- und Fünfkopekenstücke, wie sie die alten Weiber aufzuheben pflegen, alles in besondere Papierchen eingewickelt und in peinlichster Ordnung. Es waren auch Seltenheiten darunter: zwei Denkmünzen irgendwelcher Art, ein Napoleondor und eine unbekannte, aber jedenfalls sehr seltene Münze. Einige der Rubelstücke zeichneten sich auch durch hohes Alter aus; da waren abgescheuerte und zerhackte Elisabethanische deutsche Kreuzrubel, Rubel von Peter dem Großen und Katerina; es waren auch kleinere, jetzt sehr seltene Münzen da, alte Fünfzehnkopekenstücke, durchlocht zum Tragen an den Ohren, alle stark abgescheuert, aber mit dem gesetzlichen Passiergewicht; sogar Kupfer war da, aber schon ganz grün und verrostet. Auch ein roter Zehnrubelschein fand sich – mehr war aber nicht da. Als endlich die ganze anatomische Sektion zu Ende war und man bei mehrmaligem Schütteln des Matratzenbezuges gefunden hatte, dass nichts mehr klapperte, da legte man alles Geld auf den Tisch und begann es zu zählen. Auf den ersten Blick konnte man sich sogar stark täuschen und es geradezu auf eine Million taxieren, ein so gewaltiger Haufen war es! Aber es war keine Million, obwohl doch eine recht beträchtliche Summe herauskam: genau zweitausendvierhundertsiebenundneunzig Rubel und fünfzig Kopeken, sodass, wenn tags zuvor die von Sinowi Prokofjewitsch geplante Subskription zur Ausführung gelangt wäre, vielleicht die Summe von zweitausendfünfhundert Rubeln voll geworden sein würde. Das Geld wurde zusammengepackt, in den Kasten des Verstorbenen gelegt und dieser versiegelt; Jaroslaw Iljitsch hörte die Klagen der Wirtin an und teilte ihr mit, wann und wo sie ihre Ansprüche hinsichtlich der kleinen Summe, die ihr der Verstorbene schuldig geblieben war, geltend zu machen habe. Das Protokoll wurde von denjenigen Personen, denen das zukam, unterschrieben; die Pensionäre ließen dabei auch ein Wort von der Schwägerin fallen, aber da man allgemein der Überzeugung war, die Schwägerin sei nur eine Art von Mythus, das heißt ein Produkt des mangelhaften Denkvermögens Semjon Iwanowitschs, was die Pensionäre aufgrund von Erkundigungen dem Verstorbenen auch zu wiederholten Malen vorgehalten hatten, so wurde von einer weiteren Verfolgung dieses Gedankens als eines zwecklosen und dem guten Namen des Herrn Prochartschin nachteiligen Abstand genommen; damit endete die Sache. Als der erste Schreck vorbei war und die Pensionäre ihre Gedanken wieder gesammelt hatten und zu der Erkenntnis gelangt waren, was für ein Mensch der Verstorbene gewesen war, da wurden sie still und schweigsam und begannen einander mit einer Art von Misstrauen anzusehen. Einige nahmen sich Semjon Iwanowitschs Benehmen sehr zu Herzen und fühlten sich sogar gewissermaßen gekränkt. Ein solches Kapital! Soviel hatte der Mensch zusammengespart! Mark Iwanowitsch, der seine Geistesgegenwart nicht verloren hatte, wollte zu erklären suchen, warum Semjon Iwanowitsch es so plötzlich mit der Angst bekommen hatte, aber die andern hörten ihm nicht zu. Sinowi Prokofjewitsch war sehr nachdenklich, Okeanow betrank sich ein bisschen, die Übrigen befanden sich in gedrückter Stimmung, und der kleine Kantarew, der sich durch seine Sperlingsnase auszeichnete, zog am Abend aus der Wohnung aus, nachdem er alle seine Kasten und Bündel sehr sorgsam zugeklebt und zusammengebunden hatte, und erklärte neugierigen Fragern kühl, die Zeiten seien gar zu schwer, und er müsse hier mehr bezahlen, als ihm sein Portemonnaie gestatte. Die Wirtin heulte und jammerte ohne Unterbrechung und verwünschte Semjon Iwanowitsch, weil er sie arme alleinstehende Frauensperson zu Schaden gebracht habe.

Mark Iwanowitsch wurde gefragt, warum eigentlich der Verstorbene sein Geld nicht in der Bank zinsbar angelegt habe. »Dazu war er zu einfältig, meine Beste«, antwortete Mark Iwanowitsch, sich zur Wirtin wendend, »sein Denkvermögen reichte dazu nicht aus.«

»Na, und Sie sind auch einfältig, liebe Wirtin«, fügte Okeanow hinzu. »Zwanzig Jahre hat sich der Mensch bei Ihnen gestärkt und ist nun doch von einem Nasenstüber umgepurzelt. Bei Ihnen aber kochte gerade die Kohlsuppe, und Sie hatten keine Zeit, sich um ihn zu kümmern! … Oh weh, meine Verehrteste! …«

»Ach, was redest du da für dummes Zeug!«, erwiderte die Wirtin. »Und wozu hätte er das Geld in die Bank legen sollen? Wenn er mir seine Handvoll Geld gebracht und zu mir gesagt hätte: ›Da, nimm, liebe Ustinja, das ist dein wohlverdienter Lohn; behalte mich dafür in Wohnung und Kost, solange mich die liebe Mutter Erde trägt!‹, siehst du, das wäre das Richtige gewesen; dann hätte ich ihm zu essen und zu trinken gegeben und ihn gepflegt und gewartet. Ach, so ein Sünder, so ein Betrüger! Getäuscht und betrogen hat er mich arme, alleinstehende Frauensperson! …«

Manche traten von Neuem an Semjon Iwanowitschs Bett heran. Er lag jetzt da, wie es sich gehört, in seinem besten Anzug, der allerdings sein einziger war, das erstarrte Kinn hinter dem etwas ungeschickt umgebundenen Halstuch verborgen, gewaschen, gekämmt, nur nicht rasiert, da ein Rasiermesser in der Pension nicht vorhanden war; das einzige, welches Sinowi Prokofjewitsch gehört hatte, war schon im vorigen Jahr schartig geworden und vorteilhaft auf dem Trödelmarkt verkauft worden. Die andern Pensionäre gingen von jeher zum Barbier. Die Unordnung im Zimmer zu beseitigen hatte man noch nicht Zeit gefunden. Die Bruchstücke des Bettschirms lagen noch wie vorher auf der Erde, ließen Semjon Iwanowitschs einsames Lager sichtbar werden und versinnbildlichten gleichsam die Tatsache, dass der Tod den Vorhang von allen unseren Geheimnissen, Intrigen und Ausflüchten wegzieht. Die Füllung der Matratze war ebenfalls noch nicht weggeräumt, sondern lag in dichten Häufchen ringsumher. Diese ganze plötzlich erkaltete Schlafstelle hätte ein Dichter sehr passend mit dem zerstörten Nest einer Hausschwalbe vergleichen können: Der Sturm hat es völlig zerschlagen und in Stücke gerissen; die jungen Vögelchen mitsamt der Mutter sind getötet und ihr warmes Bettchen aus Daunen, Federchen und Flöckchen ringsumher verstreut. Allerdings sah Semjon Iwanowitsch mehr wie ein alter Egoist und diebischer Spatz aus. Er war jetzt still geworden und schien sich zu verstellen, als ob er nichts begangen und keinen schlauen Schwindel in Szene gesetzt hätte, um in scham- und gewissenloser, höchst unanständiger Weise alle guten Leute hinters Licht zu führen und zu betrügen. Er hörte jetzt nicht mehr das Weinen und Schluchzen seiner armen, alleinstehenden, von ihm schwer geschädigten Wirtin. Vielmehr schien er wie ein erfahrener, geriebener Kapitalist, der auch im Sarg keine Minute untätig verlieren möchte, vollständig mit irgendwelchen spekulativen Berechnungen beschäftigt zu sein. Auf seinem Gesicht zeigte sich der Ausdruck eines tiefen Nachdenkens, und seine Lippen waren mit einer so bedeutsamen Miene zusammengepresst, wie man sie ihm bei seinen Lebzeiten niemals zugetraut hätte. Es machte den Eindruck, als sei er klüger geworden. Das rechte Auge hatte er gewissermaßen schalkhaft zusammengekniffen; es schien, als wolle er etwas sagen, eine sehr notwendige Mitteilung machen, und zwar ohne Zeitverlust, so schnell wie möglich, da die Geschäfte drängten und er keine Zeit mehr habe. Es war einem, als hörte man ihn sagen: »Was hast du denn? Hör auf, du dummes Weib, hörst du wohl? Plinze nicht! Schlaf dich ordentlich aus, meine Beste, hörst du wohl? Ich bin ja gestorben und brauche nichts mehr, wirklich nicht! Es ist schön, so dazuliegen … Aber ich wollte etwas anderes sagen. Du bist ja ein famoses Frauenzimmer, pass mal auf: Ich bin ja jetzt gestorben, aber wenn ich nun … hm … das heißt … wenn ich am Ende … es ist ja nicht möglich … aber wenn ich nun, hm, nicht gestorben bin und wieder aufstehe, was wird dann, he?«

Ein Roman in neun Briefen

I

(Peter Iwanowitsch an Iwan Petrowitsch.)

Sehr geehrter Herr und teurer Freund Iwan Petrowitsch!

Schon seit drei Tagen bin ich, man kann sagen, auf der Jagd nach Ihnen, mein teurer Freund, da ich mit Ihnen über eine sehr notwendige Angelegenheit zu sprechen habe, aber ich kann Sie nirgends finden. Meine Frau gebrauchte gestern, als wir bei Semjon Alexejewitsch waren, von Ihnen einen sehr zutreffenden scherzhaften Ausdruck, indem sie sagte, Sie und Tatjana Petrowna seien ein Pärchen ohne Sitzfleisch. Sie sind noch nicht drei Monate verheiratet, und schon vernachlässigen Sie Ihre heimischen Penaten. Wir haben alle viel gelacht, natürlich in größter, aufrichtigster Zuneigung zu Ihnen, aber ohne Spaß, mein Verehrtester, Sie haben mir viel Mühe gemacht. Semjon Alexejewitsch sagte zu mir, Sie seien vielleicht im Klub der Vereinigten Gesellschaft zum Ball. Ich ließ meine Frau bei Semjon Alexejewitschs Gattin und eilte selbst nach der Vereinigten Gesellschaft. Es war lächerlich und traurig zugleich; stellen Sie sich meine Lage vor: Ich auf dem Ball, und allein, ohne meine Frau! Iwan Andrejewitsch, der mich in der Garderobe traf und sah, dass ich allein war, zog daraus sofort den Schluss (der Bösewicht!), ich müsse eine außerordentliche Leidenschaft für Tanzvergnügungen haben, fasste mich unter den Arm und wollte mich mit Gewalt in eine Tanzstunde schleppen, mit der Begründung, in der Vereinigten Gesellschaft sei es ihm zu eng; da könne ein flotter Tänzer nicht seine Meisterschaft zeigen, und er habe von dem Patschuli- und Resedageruch Kopfschmerzen bekommen. Ich fand weder Sie noch Tatjana Petrowna; Iwan Andrejewitsch versicherte mir mit der größten Bestimmtheit, Sie seien unfehlbar im Alexandra-Theater bei der Aufführung von »Verstand schafft Leiden«.*

Ich eilte nach dem Alexandra-Theater: Auch da waren Sie nicht. Heute Vormittag hoffte ich Sie bei Tschistoganow zu treffen, aber es war wieder nichts. Tschistoganow schickte mich zu Perepalkins; dieselbe Geschichte! Kurz, ich bin ganz kaputt; Sie können selbst beurteilen, wie ich mich abstrapaziert habe! Jetzt schreibe ich an Sie (ich weiß mir nicht anders zu helfen!). Die Angelegenheit, um die es sich handelt, eignet sich ganz und gar nicht zu schriftlicher Erörterung (Sie verstehen mich). Es wäre besser, ja dringend notwendig, dass wir beide uns darüber unter vier Augen aussprächen, und zwar so bald wie möglich, und daher lade ich Sie und Tatjana Petrowna heute Abend zum Tee und zu einem Plauderstündchen zu uns ein. Meine Anna Michailowna wird sich über Ihren Besuch außerordentlich freuen. Sie werden uns wirklich, wie man sich ausdrückt, zu lebenslänglicher Dankbarkeit verpflichten. Apropos, wertester Freund (da ich nun doch einmal zur Feder gegriffen habe, so ist es ja ein Aufwaschen), ich sehe mich genötigt, Sie, mein hochverehrter Freund, wegen eines anscheinend sehr harmlosen Streiches, den Sie mir boshafterweise gespielt haben, schon jetzt ein bisschen auszuschelten und Ihnen sogar einen kleinen Vorwurf zu machen. Sie Bösewicht, Sie gewissenloser Mensch! Um die Mitte des vorigen Monats führten Sie in mein Haus einen Ihrer Bekannten ein, ich meine Jewgeni Nikolajewitsch, und gaben ihm Ihre freundschaftliche Empfehlung mit, auf die ich selbstverständ-

* Anm. d. Ü.: Ein berühmtes Lustspiel von Gribojedow.

lich den höchsten Wert legte; ich freute mich über diese Gelegenheit, Ihnen gefällig zu sein, und nahm den jungen Mann mit offenen Armen auf, aber dabei habe ich meinen Kopf in eine Schlinge gesteckt. Wie dem nun auch sei, jedenfalls hat sich daraus, was man so nennt, eine eklige Geschichte entwickelt. Ich habe jetzt zu näheren Auseinandersetzungen keine Zeit, und schriftlich macht sich das überhaupt nicht recht; ich möchte nur an Sie, Sie schadenfroher Freund und Gönner, die ganz ergebenste Bitte richten, ob Sie nicht auf irgendeine Weise, recht zart, so beiläufig, ganz vertraulich, im Stillen, Ihrem jungen Mann zuflüstern wollen, dass es in der Residenz noch viele andere Häuser außer dem unsrigen gibt. Es geht so nicht länger, liebster Freund! Ich bitte Sie fußfällig, wie unser Freund Simonewitsch zu sagen pflegt. Sobald wir uns sehen, werde ich Ihnen alles erzählen. Ich will nicht etwa sagen, dass es dem jungen Mann an Lebensart oder an schönen geistigen Eigenschaften mangelte, oder dass er sonst irgendwelchen Verstoß begangen hätte. Im Gegenteil, er ist sogar ein sehr angenehmer, liebenswürdiger Gesellschafter, aber warten Sie nur, bis wir uns wiedersehen; flüstern Sie ihm jedoch inzwischen, wenn Sie mit ihm zusammenkommen sollten, das Obige zu; ich bitte Sie inständig, Verehrtester. Ich würde es ja selbst tun, aber Sie kennen meinen Charakter: Ich bekomme es nicht fertig; da ist nichts zu machen. Sie aber haben ihn empfohlen, also … Übrigens wollen wir heute Abend jedenfalls ausführlicher darüber sprechen. Jetzt aber: Auf Wiedersehen! Ich verbleibe usw.

P. S. Mein Kleiner befindet sich schon seit ungefähr einer Woche nicht recht wohl, und es wird von Tag zu Tag schlimmer. Er leidet an den Zähnen, die durchbrechen. Meine Frau hat fortwährend mit seiner Wartung zu tun und ist sehr betrübt, die Arme. Kommen Sie ja! Sie werden uns eine wirkliche Freude machen, mein teuerster Freund!

II

(Iwan Petrowitsch an Peter Iwanowitsch.)

Sehr geehrter Peter Iwanowitsch!

Gestern erhielt ich Ihren Brief und las ihn mit dem größten Erstaunen. Sie haben mich an Gott weiß welchen Orten gesucht, und dabei bin ich einfach zu Hause gewesen; bis zehn Uhr habe ich auf Iwan Iwanowitsch Tolokonow gewartet. Nach Empfang Ihres Briefes nahm ich sogleich um halb sieben eine Droschke, stürzte mich in Unkosten und fuhr mit meiner Frau zu Ihnen. Sie waren nicht zu Hause, und es empfing uns nur Ihre Gattin. Ich wartete auf Sie bis halb elf; länger konnte ich nicht bleiben. Ich nahm meine Frau, gab wieder Geld für eine Droschke aus, brachte sie nach Hause und begab mich selbst zu Perepalkins, in der Hoffnung, Sie vielleicht dort zu finden, hatte aber dabei wieder falsch spekuliert. Als ich nach Hause gekommen war, konnte ich die ganze Nacht nicht schlafen, so beunruhigte ich mich; am Vormittag fuhr ich dann dreimal zu Ihnen, um neun, um zehn und um elf, gab dreimal Geld für Droschken aus und musste wieder von Ihnen mit langer Nase abziehen.

Beim Lesen Ihres Briefes habe ich mich sehr gewundert. Sie schreiben von Jewgeni Nikolajewitsch, bitten mich, ihm etwas zuzuflüstern, geben aber keinen Grund an. Ich lobe Ihre Vorsicht, aber ich behandle die Schriftstücke, die ich erhalte, verschieden und gebe wichtige nicht meiner Frau zu Papilloten. Ich verstehe überhaupt nicht, aus welchem Anlass Sie mir das alles geschrieben haben. Wenn die Sache sich so gestaltet hat, warum wollen Sie mich denn mit hineinziehen? Ich stecke meine Nase nicht in alles Mögliche hinein. Ihm das Haus verbieten, das konnten Sie ja doch selbst, aber ich sehe, dass ich mich mit Ihnen in kurzer, entschiedener Form aussprechen muss, und zudem drängt die Zeit. Ich befinde mich in Geldklemme und weiß nicht, was ich tun soll, wenn Sie unsere Abmachungen nicht innehalten. Meine Reise rückt heran, und eine solche Reise kostet viel, und dann jammert mir noch meine Frau etwas vor, ich solle ihr ein modernes samtenes Hauskleid machen lassen. Was Jewgeni Nikolajewitsch anlangt, so beeile ich mich, Ihnen Folgendes mitzuteilen: Ich habe gestern ohne Zeitverlust, als ich bei Pawel Semjonowitsch zu Besuch war, definitive Recherchen angestellt. Er besitzt jetzt schon fünfhundert Seelen im Gouvernement Jaroslaw und hat von seiner Großmutter noch dreihundert Seelen auf einem Gut bei Moskau zu erwarten. Wie hoch sich sein Barvermögen beläuft, weiß ich nicht, meine aber, dass Sie das leichter erfahren können als ich. Ich bitte Sie nun dringend, mir einen Ort zu einer Zusammenkunft zu bestimmen. Sie haben vorgestern Iwan Andrejewitsch getroffen und schreiben mir, er habe Ihnen gesagt, dass ich mit meiner Frau im Alexandra-Theater sei. Ich aber erkläre Ihnen, dass er gelogen hat, und dass man ihm in solchen Dingen umso weniger glauben kann, als er erst vorgestern seine Großmutter um achthundert Rubel betrogen hat. Hiermit habe ich die Ehre zu sein usw.

P. S. Meine Frau befindet sich in anderen Umständen; außerdem ist sie schreckhaft und hat ab und zu Anfälle von Melancholie. Bei Theatervorstellungen aber wird manchmal geschossen und mit Maschinen künstlicher Donner hervorgebracht. Daher führe ich meine Frau, aus Furcht, dass sie einen Schreck bekommen könne, nicht ins Theater. Ich selbst aber inkliniere nicht sehr zum Theaterbesuch.

III

(Peter Iwanowitsch an Iwan Petrowitsch.)

Mein teuerster Freund Iwan Petrowitsch!

Verzeihen Sie mir, verzeihen Sie mir; tausendmal bitte ich um Verzeihung, aber ich beeile mich, Ihnen meine Rechtfertigung vorzutragen. Gestern zwischen fünf und sechs, gerade als wir in aufrichtiger, herzlicher Zuneigung von Ihnen sprachen, kam ein expresser Bote von meinem Onkel Stepan Alexejewitsch hergejagt mit der Nachricht, dass es mit der Tante schlecht stehe. Um meine Frau nicht zu erschrecken, sagte ich ihr kein Wort davon, sondern schützte einen andersartigen notwendigen Anlass vor und fuhr zum Onkel und zur Tante hin. Ich fand die Letztere mehr tot als lebendig. Genau um fünf Uhr hatte sie einen Schlaganfall gehabt, schon den dritten innerhalb zweier Jahre. Karl Fjodorowitsch, der Hausarzt der Familie, erklärte, sie werde vielleicht die Nacht nicht überleben. Stellen Sie sich meine Lage vor, mein teuerster Freund! Die ganze Nacht über war ich auf den Beinen und hatte dieses und jenes zu besorgen; und dann der Kummer! Erst am Morgen legte ich mich, völlig entkräftet und körperlich und geistig erschöpft, dort bei ihnen auf ein Sofa, vergaß aber zu sagen, dass man mich rechtzeitig wecken möge, und so wachte ich denn erst um halb zwölf auf. Der Tante ging es besser. Ich fuhr zu meiner Frau; die Ärmste hatte sich ganz zermartert vor Unruhe über mein Ausbleiben. Ich aß schnell einen Bissen, umarmte meinen Kleinen, beruhigte meine Frau und begab mich zu Ihnen. Sie waren nicht zu Hause. Wohl aber fand ich Jewgeni Nikolajewitsch bei Ihnen. Nach Hause zurückgekehrt, griff ich zur Feder und schreibe jetzt an Sie. Knurren Sie nicht, und seien Sie mir nicht böse, mein wahrer Freund! Prügeln Sie mich, schlagen Sie mir armem Sünder den Kopf ab, aber entziehen Sie mir nicht Ihr Wohlwollen! Von Ihrer Gattin erfuhr ich, dass Sie heute Abend bei Slawjanows sind. Ich werde bestimmt dort sein und erwarte Sie mit der größten Ungeduld.

Bis dahin verbleibe ich usw.

P. S. Unser Kleiner bringt uns geradezu zur Verzweiflung. Karl Fjodorowitsch hat ihm ein Rhabarbertränkchen verschrieben. Er stöhnt immerzu und hat gestern niemanden erkannt. Heute jedoch hat er angefangen uns zu erkennen und stammelt immer: »Papa, Mama, wehweh!« Meine Frau hat den ganzen Vormittag geweint.

IV

(Iwan Petrowitsch an Peter Iwanowitsch.)

Sehr geehrter Herr Peter Iwanowitsch!

Ich schreibe an Sie in Ihrer Wohnung, in Ihrem Zimmer, an Ihrem Schreibtisch, aber bevor ich zur Feder griff, habe ich über drittehalb Stunden auf Sie gewartet. Gestatten Sie mir jetzt, Peter Iwanowitsch, Ihnen meine Meinung über dieses schändliche Benehmen offen und unverhohlen auszusprechen. Aus Ihrem letzten Brief schloss ich, dass Sie bei Slawjanows erwartet wurden und mich dorthin bestellten; ich erschien und saß da fünf Stunden lang, aber von Ihnen war nichts zu sehen. Na, meinen Sie etwa, ich sei dazu da, mich von den Leuten auslachen zu lassen? Erlauben Sie mal, sehr geehrter Herr … Ich kam heute Morgen nach Ihrer Wohnung in der Hoffnung, Sie zu treffen, denn ich mache es nicht wie gewisse hinterlistige Leute, die einen Gott weiß wo suchen, während sie einen zu jeder anständig gewählten Tageszeit zu Hause finden könnten. Aber zu Hause war keine Spur von Ihnen. Ich weiß nicht, was mich jetzt abhalten sollte, Ihnen die ganze Wahrheit in scharfer Form zu sagen. Ich will aber nur so viel bemerken: Ich sehe, dass Sie anscheinend Ihr Wort hinsichtlich unserer bekannten Abmachungen zurückziehen. Und wenn ich jetzt die ganze Sache überdenke, so muss ich bekennen, dass ich über die Schlauheit Ihres Verfahrens geradezu erstaunt bin. Ich sehe jetzt klar, dass Sie Ihre unedle Absicht schon seit geraumer Zeit gehegt haben. Als Beweis für diese meine Annahme dient der Umstand, dass Sie schon in der vorigen Woche sich auf eine beinah unerlaubte Weise in den Besitz jenes Ihres an mich gerichteten Briefes gesetzt haben, in welchem Sie selbst, wiewohl in ziemlich dunkler, unklarer Art, unsere Abmachungen betreffs der Ihnen sehr wohl bekannten Angelegenheit darlegten. Sie fürchten sich vor schriftlichen Beweisstücken und schaffen sie daher aus der Welt; mich aber halten Sie zum Narren. Aber ich werde mich nicht zum Narren halten lassen, denn für einen solchen hat mich bisher noch niemand angesehen, und alle haben mein Verfahren in dieser Angelegenheit gebilligt. Ich werde die Augen offen halten. Sie wollen mich von der Hauptsache ablenken, machen mir mit Ihren Redensarten über Jewgeni Nikolajewitsch blauen Dunst vor, und wenn ich in Betreff Ihres mir bisher unverständlichen Briefes vom Siebenten dieses Monats mich mit Ihnen auszusprechen wünsche, so bestimmen Sie mir hinterlistigerweise Rendezvous, zu denen Sie selbst nicht erscheinen. Meinen Sie denn, sehr geehrter Herr, dass ich nicht im Stande bin, alles das zu durchschauen? Sie versprechen, mich für die Ihnen recht wohl bekannten Dienste betreffs der Empfehlung verschiedener Persönlichkeiten zu belohnen, und richten es dabei auf eine unbegreifliche Weise so ein, dass Sie selbst von mir beträchtliche Geldsummen ohne Quittung erhalten, wie das erst noch in der vorigen Woche geschehen ist. Jetzt aber, wo Sie das Geld haben, halten Sie sich versteckt und bestreiten noch, dass ich Ihnen hinsichtlich Jewgeni Nikolajewitschs einen Dienst erwiesen habe. Sie spekulieren vielleicht auf meine baldige Abreise nach Simbirsk und meinen, ich würde keine Zeit mehr haben, die Sache mit Ihnen zu erledigen. Aber ich erkläre Ihnen feierlich und mit meinem Ehrenwort, dass ich nötigenfalls willens bin, express noch ganze zwei Monate in Petersburg zu bleiben, und dass ich meine Sache durchzusetzen, mein Ziel zu erreichen und Sie zu finden wissen werde. Auch unsereiner versteht es manchmal, jemandem einen Possen zu spielen. Zum Schluss erkläre ich Ihnen Folgendes: Wenn Sie sich nicht noch heute mir gegenüber zunächst brieflich, dann aber persönlich unter vier Augen in befriedigender Weise aussprechen und nicht in Ihrem Brief von Neuem alle Hauptpunkte der zwischen uns bestehenden Abmachungen rekapitulieren und Ihre Gedanken über Jewgeni Nikolajewitsch nicht endgültig klarlegen, so werde ich mich genötigt sehen, Maßregeln zu ergreifen, die Ihnen sehr unangenehm sein werden, und die sogar mir selbst widerstreben.

Genehmigen Sie usw.

V

(Peter Iwanowitsch an Iwan Petrowitsch.)

Den 11. November.

Mein liebster, verehrtester Freund Iwan Petrowitsch!

Ihr Brief hat mich in tiefster Seele betrübt. Schämen Sie sich denn nicht, mein teurer, aber ungerechter Freund, so mit einem Menschen zu verfahren, der es mit Ihnen so gut meint wie sonst niemand? Schämen Sie sich denn nicht, sich so zu übereilen und mich mit einem so beleidigenden Verdacht zu kränken, statt die Aufklärung der ganzen Sache abzuwarten? Aber ich beeile mich, auf Ihre Beschuldigungen zu antworten. Sie haben mich gestern deswegen nicht zu Hause getroffen, Iwan Petrowitsch, weil ich plötzlich und ganz unerwartet an ein Totenbett gerufen worden war. Meine Tante Jewfimija Nikolajewna ist gestern Abend um elf Uhr in die Ewigkeit hinübergegangen. Durch einhelligen Beschluss der Verwandten wurde mir der Auftrag erteilt, alles, was mit dem Begräbnis und den Trauerzeremonien zusammenhängt, zu ordnen. Damit hatte ich so viel zu tun, dass ich heute Morgen nicht Zeit fand, Sie aufzusuchen oder Sie auch nur brieflich durch eine Zeile zu benachrichtigen. Das zwischen uns eingetretene Missverständnis schmerzt mich in der Seele. Was ich scherzend und nur so beiläufig über Jewgeni Nikolajewitsch geschrieben hatte, haben Sie vollständig falsch aufgefasst und der ganzen Sache einen für mich tief kränkenden Sinn beigelegt. Sie erwähnen das Geld und sprechen darüber Ihre Beunruhigung aus. Aber ich bin ohne alle Winkelzüge bereit, Ihre sämtlichen Wünsche und Forderungen zu befriedigen, obgleich ich nicht umhin kann, Sie hier beiläufig daran zu erinnern, dass ich das Geld, die dreihundertfünfzig Rubel, in der vorigen Woche von Ihnen unter bestimmten Abmachungen, aber nicht leihweise erhalten habe. Wäre das Letztere der Fall gewesen, so würde unbedingt eine Quittung vorhanden sein. Zu einer Erörterung der übrigen Punkte, die Sie in Ihrem Brief berührt haben, kann ich mich nicht herabwürdigen. Ich sehe, dass dies ein Missverständnis ist, und erkenne darin Ihre gewöhnliche Hast, Heißblütigkeit und Offenherzigkeit. Ich weiß, dass Ihr edler, aufrichtiger Charakter das Verbleiben eines Zweifels in Ihrem Herzen nicht zulassen wird, und dass Sie schließlich selbst als Erster mir die Hand zur Versöhnung hinstrecken werden. Sie haben sich geirrt, Iwan Petrowitsch; Sie haben sich arg geirrt!

Trotzdem Ihr Brief mein Herz schwer verwundet hat, würde ich gleich heute bereit sein, meinerseits zuerst mit einem Schuldbekenntnis zu Ihnen zu kommen, aber ich habe seit gestern so enorm viel zu tun, dass ich jetzt ganz wie zerschlagen bin und mich kaum auf den Beinen halten kann. Um das Unglück voll zu machen, hat sich meine Frau ins Bett legen müssen; ich befürchte eine ernsthafte Krankheit. Was unsern Kleinen anlangt, so geht es ihm, Gott sei Dank, besser. Aber ich lege die Feder hin; die Geschäfte rufen mich, und es ist ihrer eine große Menge. Ich verbleibe, mein teuerster Freund, usw.

VI

(Iwan Petrowitsch an Peter Iwanowitsch.)

Den 14. November.

Sehr geehrter Herr Peter Iwanowitsch!

Ich habe drei Tage gewartet und mich bemüht, sie nützlich zu verwenden; inzwischen aber habe ich, da nach meinem Gefühl Höflichkeit und Anstand die ersten Zierden eines jeden Menschen sind, seit meinem letzten Brief vom Zehnten dieses Monats mich weder mit einem Wort noch mit einer Tat Ihnen in das Gedächtnis zurückgerufen, teils um Ihnen die Möglichkeit zu geben, Ihre Christenpflicht Ihrer Tante gegenüber ungestört zu erfüllen, teils aber auch, weil ich für gewisse Überlegungen und Nachforschungen in der bewussten Angelegenheit Zeit nötig hatte. Jetzt aber beeile ich mich, mich mit Ihnen in endgültiger, entschiedener Weise auseinanderzusetzen.

Ich gestehe Ihnen offen, dass ich beim Lesen Ihrer beiden ersten Briefe allen Ernstes dachte, Sie verständen nicht, was ich eigentlich wollte. Dies war der Grund, weshalb ich eine persönliche Zusammenkunft mit Ihnen und eine Aussprache unter vier Augen dringend wünschte, der Feder misstraute und mich der Undeutlichkeit im schriftlichen Ausdruck meiner Gedanken zieh. Es ist Ihnen bekannt, dass es mir an höherer Bildung und feinen Manieren mangelt; hohles Scheinwesen aber hasse ich, weil ich durch bittere Erfahrungen schließlich zu der Erkenntnis gelangt bin, wie trügerisch mitunter das Äußere ist, und dass sich unter den Blumen manchmal eine Schlange verbirgt. Indessen hatten Sie mich recht wohl verstanden, aber Sie antworteten mir absichtlich nicht, wie es sich gehörte, weil Sie in der Treulosigkeit Ihres Herzens von vornherein vorhatten, Ihrem Ehrenwort und den zwischen uns bestehenden freundschaftlichen Beziehungen zuwiderzuhandeln. Vollständig bewiesen haben Sie das durch Ihr schändliches, meinen Interessen nachteiliges Benehmen gegen mich in der letzten Zeit, ein Benehmen, das ich nicht erwartet hatte, und an das ich bis zur letzten Minute nicht hatte glauben wollen, denn ich hatte mich gleich am Anfang unserer Bekanntschaft durch Ihre klugen Manieren, durch Ihre feinen Umgangsformen, durch Ihre Sachkenntnis und durch die Vorteile, die ich mir von dem Zusammenarbeiten mit Ihnen versprach, blenden lassen und glaubte einen wahren, wohlgesinnten Freund gefunden zu haben. Jetzt aber habe ich klar erkannt, dass es viele Menschen gibt, die unter einem gleisnerischen, glänzenden Äußern in ihrem Herzen ein böses Gift verbergen und ihren Verstand dazu benutzen, Ränke gegen ihren Nächsten zu schmieden und ihn in unverzeihlicher Weise zu betrügen, und die daher den ordnungsmäßigen Gebrauch von Feder und Papier scheuen, vielmehr ihre stilistische Gewandtheit nicht zum Nutzen des Nächsten und des Vaterlandes verwenden, sondern um den Verstand derjenigen, die sich mit ihnen auf allerlei Geschäfte und Abmachungen eingelassen haben, einzuschläfern und zu betören. Wie treulos Sie an mir gehandelt haben, sehr geehrter Herr, das kann man deutlich aus dem Folgenden ersehen.

Erstens: Als ich Ihnen, sehr geehrter Herr, brieflich in klaren, deutlichen Ausdrücken meine Lage auseinandersetzte und Sie zugleich in meinem ersten Brief fragte, was Sie mit gewissen Wendungen und Andeutungen namentlich mit Bezug auf Jewgeni Nikolajewitsch eigentlich meinten, da haben Sie sich größtenteils in Stillschweigen gehüllt und, nachdem Sie durch Erregung von Verdacht und Zweifeln meine Seele in Unruhe versetzt hatten, sich ganz sachte von der Angelegenheit wieder zurückgezogen. Nachdem Sie ferner gegen mich Dinge verübt hatten, die man mit gar keinem anständigen Wort bezeichnen kann, schrieben Sie mir, dass Sie über meine Äußerungen betrübt seien. Wie soll man ein solches Benehmen nennen, sehr geehrter Herr? Ferner, als jede Minute für mich kostbar war und Sie mich zwangen, in der ganzen Residenz kreuz und quer auf Sie Jagd zu machen, da haben Sie mir unter der Maske der Freundschaft Briefe geschrieben, in denen Sie absichtlich von der geschäftlichen Angelegenheit schwiegen und von ganz nebensächlichen Dingen sprachen: von den Krankheiten Ihrer allerdings von mir sehr verehrten Gattin und davon, dass Ihr Kleiner Rhabarber einbekommen hat und bei ihm die Zähne zum Durchbruch kommen. Alles das haben Sie in jedem Ihrer Briefe mit einer schändlichen, für mich beleidigenden Regelmäßigkeit erwähnt. Ich gebe ja gern zu, dass die Leiden des eigenen Kindes das Vaterherz martern, aber welchen Zweck hatte es, all dies zu erwähnen, wo es sich um etwas ganz anderes, um etwas Wichtigeres und Wesentlicheres handelte? Ich schwieg dazu und ertrug es; jetzt aber, wo seitdem schon so viel Zeit verstrichen ist, habe ich es für meine Pflicht gehalten, mich darüber auszusprechen. Endlich haben Sie mich mehrmals treuloserweise durch die trügerische Ansetzung einer Zusammenkunft betrogen und mich anscheinend die Rolle Ihres Narren und Hanswurstes spielen lassen, welcher zu sein ich nie beabsichtigt habe. Nachdem Sie mich ferner vorher zu sich eingeladen und mich gehörig genarrt hatten, teilten Sie mir mit, Sie seien zu Ihrer kranken Tante gerufen worden, die Punkt fünf Uhr einen Schlaganfall bekommen habe, indem Sie sich auch hierbei in Ihren Angaben einer schmachvollen Genauigkeit bedienten. Glücklicherweise, sehr geehrter Herr, habe ich in diesen drei Tagen Nachforschungen anstellen können und auf diese Weise erfahren, dass Ihre Tante schon am Siebenten, kurz vor Mitternacht, der Schlag gerührt hat. Daraus ersehe ich, dass Sie die Heiligkeit der verwandtschaftlichen Beziehungen zur Täuschung eines völlig Fernstehenden missbraucht haben. Endlich erwähnen Sie in Ihrem letzten Brief auch den Tod Ihrer Tante mit der Angabe, er sei gerade zu der Zeit eingetreten, wo ich auf Ihre Einladung hin zu Ihnen gekommen war, um über gewisse Geschäftsangelegenheiten mit Ihnen Rücksprache zu nehmen. Aber hier übersteigt die Schändlichkeit Ihrer rechnerischen Erfindungen geradezu allen Glauben, denn bei den Nachforschungen, die ich durch einen glücklichen Zufall noch zur rechten Zeit anstellen konnte, habe ich zuverlässig erfahren, dass Ihre Tante volle vierundzwanzig Stunden nach dem Zeitpunkt gestorben ist, den Sie so gottlos waren, in Ihrem Brief für ihren Tod anzugeben. Ich würde kein Ende finden, wenn ich alle die Anzeichen aufzählen wollte, an denen ich Ihre Treulosigkeit gegen mich erkannt habe. Für einen unparteiischen Beobachter genügt schon der Umstand, dass Sie mich in jedem Ihrer Briefe Ihren wahren Freund nennen und mich mit den liebenswürdigsten Namen belegen, was Sie meines Erachtens zu keinem andern Zweck tun, als um meine Aufmerksamkeit einzuschläfern.

Ich komme jetzt zu Ihrer ärgsten Betrügerei und Treulosigkeit gegen mich, welche in folgenden Stücken besteht: in dem steten Stillschweigen, das Sie in der letzten Zeit über alles das beobachtet haben, was unser gemeinsames Interesse berührt; in der gottlosen Entwendung des Briefes, in welchem Sie, wenn auch nur dunkel und in einer mir nicht ganz verständlichen Weise, unsere beiderseitigen Abmachungen und Verabredungen angeführt hatten; in der rohen, gewaltsamen Zwangsanleihe von dreihundertundfünfzig Rubeln, die Sie bei mir in meiner Eigenschaft als Ihr Halbpartkompagnon machten, ohne mir eine Quittung auszustellen; und endlich in der schmählichen Verleumdung unseres gemeinsamen Bekannten Jewgeni Nikolajewitsch. Ich sehe jetzt klar und deutlich, dass Sie mir beweisen wollten, man könne von ihm, mit Erlaubnis zu sagen, wie von einem Bock weder Milch noch Wolle erlangen, und er selbst sei nicht dies und nicht das, weder Fisch noch Fleisch; und das machen Sie ihm in Ihrem Brief vom Sechsten dieses Monats zum Vorwurf. Ich für meine Person kenne Jewgeni Nikolajewitsch als einen bescheidenen, wohlgesitteten jungen Mann, Eigenschaften, durch die er einem jeden zu gefallen und sich allgemeine Achtung zu erwerben vermag. Es ist mir auch bekannt, dass Sie ihm ganze zwei Wochen lang allabendlich ein paar

Dutzend Rubel, manchmal sogar hundert Rubel im Hasardspiel abgenommen haben. Jetzt aber streiten Sie das alles ab und weigern sich nicht nur, sich für meine Leiden erkenntlich zu zeigen, sondern haben sich sogar Geld, das mir gehört, unwiederbringlich angeeignet, nachdem Sie mich vorher in meiner Eigenschaft als Ihr Halbpartkompagnon verleitet und mich durch die Vorspiegelung von allerlei Vorteilen, die mir zufallen würden, betört hatten. Jetzt aber, wo Sie sich mein und Jewgeni Nikolajewitschs Geld in ungesetzlicher Weise angeeignet haben, weigern Sie sich, sich erkenntlich zu zeigen, und bedienen sich zu diesem Zweck einer hässlichen Verleumdung, durch die Sie leichtfertig in meinen Augen einen jungen Mann anschwärzen, den ich erst mit großer Mühe und Anstrengung in Ihr Haus eingeführt habe. Sie selbst dagegen behandeln ihn, nach der Aussage von Freunden, bis auf den heutigen Tag mit der ausgesuchtesten Liebenswürdigkeit und stellen ihn vor der ganzen Welt als Ihren besten Freund hin, obwohl niemand in der Welt so dumm ist, dass er nicht gleich merken sollte, wohin alle Ihre Absichten zielen, und was Ihr liebenswürdiges, freundschaftliches Benehmen für einen Wert hat. Ich aber sage, dass es weiter nichts ist als Betrug, Treulosigkeit, Verleugnung alles Anstandes und aller Menschenrechte, arge Gottlosigkeit und Lasterhaftigkeit aller Art. Und dafür stelle ich mich selbst als Beispiel und Beweis hin. Was habe ich Ihnen zuleide getan, und womit habe ich es verdient, dass Sie mich in so gottloser Weise behandeln?

Ich schließe meinen Brief. Ich habe Ihnen meine Meinung gesagt. Jetzt mein Ultimatum: Wenn Sie, sehr geehrter Herr, nicht in allerkürzester Zeit nach Empfang dieses Briefes mir erstens die Summe, die ich Ihnen gegeben habe, im Betrag von dreihundertundfünfzig Rubeln, vollzählig zurückerstatten und mir zweitens alle die Summen auszahlen, die mir nach Ihren Versprechungen zukommen, so werde ich zu allen möglichen Mitteln greifen, um Sie zur Herausgabe des Geldes, selbst mit offener Gewalt, zu zwingen; in zweiter Linie werde ich auch den Schutz der Gesetze anrufen. Und endlich erkläre ich Ihnen, dass ich im Besitz gewisser Schriftstücke bin, die in den Händen Ihres ergebensten Dieners und Verehrers die Wirkung haben könnten, Sie an den Pranger zu stellen und Ihren Namen in den Augen der ganzen Welt zu entehren.

Genehmigen Sie usw.

VII

(Peter Iwanowitsch an Iwan Petrowitsch.)

Den 15. November.

Iwan Petrowitsch!

Als ich Ihr ungebildetes und zugleich seltsames Schreiben erhielt, wollte ich es im ersten Augenblick in Stücke reißen, habe es dann aber doch der Kuriosität halber aufgehoben. Übrigens bedauere ich von Herzen unsere Missverständnisse und Misshelligkeiten. Eigentlich wollte ich Ihnen nicht darauf antworten, aber die Notwendigkeit zwingt mich dazu. Ich muss Ihnen nämlich durch diese Zeilen mitteilen, dass es mir sehr unerwünscht sein würde, Sie jemals wieder in meinem Haus zu sehen; das Gleiche gilt von meiner Frau: Sie ist von schwacher Gesundheit, und der Teergeruch Ihrer Stiefel könnte ihr schädlich sein. Meine Frau schickt Ihrer Gattin mit vielem Dank ein Buch zurück, das noch bei uns geblieben ist, den Don Quijote de la Mancha. Was Ihre Gummischuhe anlangt, die Sie angeblich bei Ihrem letzten Besuch bei uns vergessen haben, so muss ich Ihnen zu meinem Bedauern mitteilen, dass sie bis jetzt nirgends zu finden gewesen sind. Es wird noch weiter danach gesucht werden; sollten sie sich aber überhaupt nicht finden, so werde ich Ihnen ein Paar neue kaufen.

Im Übrigen habe ich die Ehre zu verbleiben usw.

VIII

Am 16. November erhält Peter Iwanowitsch durch die Stadtpost zwei an ihn adressierte Briefe. Er öffnet das erste Kuvert und zieht ein eigenartig zusammengefaltetes Briefchen auf blass-rosa Papier heraus. Die Handschrift ist die seiner Frau. Adressiert ist es an Jewgeni Nikolajewitsch, datiert vom 2. November. Weiter ist in dem Kuvert nichts zu finden. Peter Iwanowitsch liest:

Lieber Eugène! Gestern war es ganz unmöglich. Mein Mann war den ganzen Abend über zu Hause. Morgen aber komm unbedingt Punkt elf! Um halb elf fährt mein Mann nach Zarskoje-Selo und kommt erst um Mitternacht zurück. Ich habe mich die ganze Nacht über geärgert. Ich danke Dir für die Übersendung der Nachrichten und der Korrespondenz. Was für ein großer Haufen Papier! Hat sie das wirklich alles geschrieben? Der Stil ist übrigens gut. Ich danke Dir; ich sehe, dass Du mich liebst. Sei nicht böse wegen gestern und komm ja morgen! A.

Peter Iwanowitsch erbricht den zweiten Brief.

Peter Iwanowitsch!

Ich hätte Ihr Haus sowieso nie wieder betreten; also haben Sie unnötig Papier vollgeschmiert.

In der nächsten Woche reise ich nach Simbirsk; in der Person Jewgeni Nikolajewitschs bleibt ein teurer, liebenswürdiger Freund bei Ihnen; ich wünsche Ihnen alles Gute; über die Gummischuhe brauchen Sie sich nicht zu beunruhigen.

IX

Am 17. November erhält Iwan Petrowitsch durch die Stadtpost zwei an ihn adressierte Briefe. Er öffnet das erste Kuvert und zieht ein eilig und flüchtig geschriebenes Briefchen heraus. Die Handschrift ist die seiner Frau. Adressiert ist es an Jewgeni Nikolajewitsch, datiert vom 4. August. Weiter ist in dem Kuvert nichts zu finden. Iwan Petrowitsch liest:

Leben Sie wohl, leben Sie wohl, Jewgeni Nikolajewitsch! Gott möge Sie auch hierfür belohnen! Seien Sie glücklich; mein Los aber ist ein schreckliches, ein ganz schreckliches! Es war Ihr Wille. Wenn die Tante nicht gewesen wäre, hatte ich mich Ihnen nicht so anvertraut. Lachen Sie aber weder über mich noch über die Tante! Morgen werden wir getraut. Die Tante freut sich, dass sich ein guter Mensch gefunden hat, der mich ohne Mitgift nimmt. Ich habe ihn heute zum ersten Mal aufmerksam angesehen. Er scheint wirklich ein guter Mensch zu sein. Man treibt mich zur Eile. Leben Sie wohl, leben Sie wohl! … Mein Teuerster, denken Sie manchmal an mich; ich meinerseits werde Sie nie vergessen. Leben Sie wohl! Ich unterschreibe auch diesen letzten Brief wie meinen ersten … wissen Sie wohl noch?

Tatjana.

In dem zweiten Brief steht folgendes:

Iwan Petrowitsch! Morgen erhalten Sie ein Paar neue Gummischuhe; ich bin nicht gewöhnt, mir fremdes Gut anzueignen; ebenso wenig ist es mein Geschmack, auf der Straße allerlei Papierfetzen aufzusammeln.

Jewgeni Nikolajewitsch reist in den nächsten Tagen in Angelegenheiten seines Großvaters nach Simbirsk und hat mich gebeten, ihm einen Reisegefährten zu verschaffen; hätten Sie Lust?

Weisse Nächte

Ein empfindsamer Roman

(Aus den Erinnerungen eines Träumers)

Vielleicht erschuf ihn die Natur,
Damit, ob auch ein Weilchen nur,
Er deinem Herzen nahestände? …
Iwan Turgenjew

Die erste Nacht

Es war eine wundervolle Nacht, eine solche Nacht, wie sie vielleicht nur vorkommen kann, wenn wir jung sind, lieber Leser. Der Himmel war so voller Sterne und Helligkeit, dass man sich bei seinem Anblick unwillkürlich fragen musste: Können denn wirklich unter einem solchen Himmel allerlei ärgerliche, launische Menschen leben? Das ist nun ebenfalls eine jugendliche Frage, lieber Leser, eine sehr jugendliche Frage, aber möge Gott sie recht oft Ihrer Seele eingeben! … Da ich soeben von allerlei launischen, ärgerlichen Menschen sprach, konnte ich nicht umhin, mich auch an das wohlgesittete Benehmen zu erinnern, das ich diesen ganzen Tag über bewiesen habe. Vom frühen Morgen an quälte mich eine eigentümliche Art von Schwermut. Es kam mir auf einmal so vor, als ob alle mich einsam dastehenden Menschen verließen und sich von mir lossagten. Natürlich ist jedermann berechtigt zu fragen: Wer sind denn diese alle? Denn es sind schon acht Jahre, dass ich in Petersburg wohne, und doch habe ich es nicht verstanden, auch nur eine einzige Bekanntschaft anzuknüpfen. Aber wozu brauche ich auch Bekanntschaften? Auch ohne das ist mir ganz Petersburg bekannt; und das ist auch der Grund, weswegen es mir so vorkam, als ob mich alle verließen, da ganz Petersburg sich plötzlich aufmachte und in die Sommerfrische fuhr. Es war mir eine schreckliche Empfindung, so allein zurückzubleiben, und ganze drei Tage lang irrte ich in tiefer Schwermut durch die Stadt und begriff absolut nicht, was mit mir vorging. Mag ich auf den Newski-Prospekt oder in den Sommergarten gehen oder auf der Uferstraße hin und her wandern: nirgends auch nur eine einzige von den Personen, die ich das ganze Jahr über an ein und derselben Stelle zu bestimmter Stunde zu treffen gewohnt gewesen bin. Sie kennen mich natürlich nicht, aber ich meinerseits kenne sie. Ich kenne sie genau; ich habe beinahe ihre Physiognomien studiert und blicke sie mit Freuden an, wenn sie vergnügt sind, und werde missmutig, wenn sie trübe aussehen. Ich habe beinahe Freundschaft geschlossen mit einem alten Mann, dem ich tagtäglich zu bestimmter Stunde an der Fontanka begegne. Er hat ein so würdevolles, nachdenkliches Gesicht; immer flüstert er etwas vor sich hin und gestikuliert mit der linken Hand, während er in der rechten einen langen, knotigen Stock mit goldenem Knopf hält. Er ist sogar schon auf mich aufmerksam geworden und nimmt an mir inneren Anteil. Wenn es sich so trifft, dass ich zu der bestimmten Stunde nicht an ebenderselben Stelle der Fontanka bin, so bin ich überzeugt, dass er missmutig wird. Aus diesem Grund grüßen wir einander manchmal beinahe, namentlich wenn wir uns beide in guter Stimmung befinden. Neulich, als wir uns ganze zwei Tage lang nicht gesehen hatten und uns am dritten begegneten, waren wir nahe daran, an die Hüte zu greifen, aber zum Glück besannen wir uns noch rechtzeitig, ließen die Hände wieder sinken und gingen mit lebhaft interessierter Miene aneinander vorüber. Auch die Häuser sind mir bekannt. Wenn ich so einhergehe, kommt gleichsam jedes auf der Straße auf mich zugelaufen, sieht mich mit allen seinen Fenstern wie mit Augen an und sagt ordentlich: »Guten Tag; wie befinden Sie sich? Ich meinerseits bin, Gott sei Dank, gesund, und im Mai bekomme ich noch eine neue Etage aufgesetzt.« Oder: »Wie geht es Ihnen? Mich fängt man morgen an zu reparieren.« Oder: »Ich wäre beinah abgebrannt und habe dabei einen gewaltigen Schreck bekommen« und so weiter. Ich habe unter ihnen meine Lieblinge und nahen Freunde; eines von ihnen beabsichtigt, in diesem Sommer eine Kur bei einem Baumeister durchzumachen. Ich werde absichtlich alle Tage herangehen, damit man mir das Häuschen nicht etwa gar versehentlich zu Tode kuriert; Gott beschütze es! … Aber nie werde ich die Geschichte vergessen, die mit einem allerliebsten, hellrosa Häuschen passierte. Das war ein so nettes steinernes Häuschen, und es blickte nach mir so freundlich und nach seinen plumpen Nachbarn mit einem solchen Stolz hin, dass mein Herz sich freute, sooft ich daran vorbeikam. Da ging ich in der vorigen Woche auf der Straße vorbei, und als ich meinen Freund ansah, hörte ich den kläglichen Ausruf: »Sie haben mich gelb angestrichen!« Die Bösewichter! Die Barbaren! Nichts hatten sie verschont, weder die Säulen noch die Gesimse, und mein Freund war so gelb geworden wie ein Kanarienvogel. Ich bekam bei diesem Anblick beinah einen Gallenerguss, und noch bis heute habe ich es nicht über mich gewinnen können, mein entstelltes armes Häuschen wieder anzusehen, das man mit der Farbe des Himmlischen Reiches angestrichen hat.

Nun werden Sie also verstehen, verehrter Leser, auf welche Weise ich mit ganz Petersburg bekannt bin.

Ich habe schon gesagt, dass mich ganze drei Tage lang eine Unruhe quälte, bis ich endlich die Ursache derselben erriet. Auf der Straße war mir nicht wohl (dieser war nicht da, und jener war nicht da; wo mochte der und der geblieben sein?), und auch zu Hause fühlte ich mich unbehaglich. Zwei Abende quälte ich mich ab mit der Frage: Was fehlt mir in meinem Kämmerchen? Warum ist mir der Aufenthalt in ihm so unangenehm? Und mit verständnisloser Verwunderung betrachtete ich meine grünen, verräucherten Wände und die mit Spinnweben behangene Decke (diese Spinnweben hat Matrjona mit großem Erfolg kultiviert); ich musterte mein ganzes Meublement und besah jeden Stuhl in dem Gedanken, ob da vielleicht der Schaden stecke (denn sowie bei mir auch nur ein Stuhl nicht so steht, wie er gestern gestanden hat, fühle ich mich unbehaglich); ich blickte nach dem Fenster – aber alles war vergebens; es wurde mir nicht leichter zumute! Ich ließ mir sogar beikommen, Matrjona zu rufen und ihr in väterlichem Ton Vorhaltungen zu machen wegen der Spinnweben und überhaupt wegen der Unordnung, aber sie sah mich nur erstaunt an und ging, ohne ein Wort zu antworten, hinaus, sodass die Spinnweben noch heute wohlbehalten an ihrem Platz hängen. Endlich, erst heute Morgen, bin ich auf den wahren Grund meiner Missstimmung verfallen: Sie reißen mir alle aus nach ihren Landhäusern! Der Leser verzeihe den vulgären Ausdruck, aber es ist mir nicht danach zumute, Wendungen des höheren Stils zu suchen. Denn alles, was nur in Petersburg war, war entweder schon aufs Land gefahren oder war im Begriff, es zu tun; und jeder respektable Herr von solidem Äußern, der sich eine Droschke nahm, verwandelte sich in meinen Augen sogleich in einen achtbaren Familienvater, der nach Erledigung seiner täglichen dienstlichen Obliegenheiten sich ohne Gepäck in den Schoß seiner Familie auf das Land begibt; und jeder Passant machte jetzt schon eine ganz besondere Miene, die jedem Begegnenden zu sagen schien: »Ich bin nur noch ein kleines Weilchen hier, meine Herren; in zwei Stunden fahre ich aufs Land.« Wenn sich ein Fenster öffnete, an welchem vorher feine Fingerchen, weiß wie Zucker, herumgetrommelt hatten, und ein hübsches Mädchen ihr Köpfchen herausstreckte und einen Hausierer mit Topfblumen anrief, dann bildete sich bei mir sofort die Vorstellung, diese Blumen würden nicht gekauft, damit man ihre blühende Frühlingspracht in der stickigen Stadtwohnung genösse, sondern die ganze betreffende Familie werde baldigst nach einem Landhaus übersiedeln und die Blumen mit hinausnehmen. Ja, ich hatte schon solche Fortschritte in meiner neuen Spezialität von Entdeckungen gemacht, dass ich bereits irrtumslos nach dem bloßen Ansehen bestimmen konnte, in was für einer Sommerfrische ein jeder wohne. Die Bewohner der Kamenny-Insel und der Aptekarski-Insel oder der Orta am Weg nach Peterhof zeichneten sich durch studierte, elegante Manieren, durch stutzerhafte Sommeranzüge und durch die schönen Equipagen aus, in denen sie nach der Stadt fuhren. Die Bewohner Pargolowos und der dort weiterhin gelegenen Ortschaften imponierten gleich auf den ersten Blick durch ihr verständiges, gesetztes Wesen; die Bewohner der Krestowski-Insel zeichneten sich durch ihre ruhige, heitere Miene aus. Manchmal begegnete ich einer langen Prozession von Fuhrleuten, die mit den Zügeln in der Hand lässig neben ihren Wagen dahingingen; diese waren mit ganzen Bergen von allerlei Möbeln, Tischen, Stühlen, türkischen und nicht türkischen Sofas und sonstigen Sachen beladen, und ganz oben, auf dem Gipfel der Ladung, saß oft eine kränkliche Köchin, die die Habe ihrer Herrschaft wie ihren Augapfel hütete. Oder ich betrachtete auch die schwer mit Hausrat beladenen Kähne, die auf der Newa oder der Fontanka nach dem Schwarzen Flüsschen oder den Inseln hinabglitten: Dann verzehnfachten und verhundertfachten sich die Fuhren und Kähne in meinen Augen; es schien mir, als hätte sich die ganze Bevölkerung aufgemacht und wäre in ganzen Karawanen auf der Wanderung nach den Landhäusern; es schien mir, als drohe ganz Petersburg sich in eine Einöde zu verwandeln, sodass mich schließlich ein Gefühl der Scham, der Kränkung und der Trauer überkam, denn ich hatte schlechterdings keine Möglichkeit, irgendwohin in die Sommerfrische zu fahren. Ich wäre ohne Weiteres bereit gewesen, mit jeder Fuhre mitzufahren, oder auch mit jedem Herrn von respektablem Äußern, der sich eine Droschke nahm, aber keiner, kein Einziger lud mich ein; es war, als hätten mich alle vergessen, als wäre ich ihnen tatsächlich ein Fremder!

Ich wanderte viel und lange umher, sodass ich meiner Gewohnheit nach schon vergessen hatte, wo ich war, als ich mich auf einmal bei einem Schlagbaum wiederfand. Plötzlich wurde mir fröhlich zumute; ich passierte den Schlagbaum, ging zwischen besäten Feldern und Wiesen dahin, verspürte keine Müdigkeit, sondern hatte nur in meinem ganzen Wesen die Empfindung, dass mir gleichsam eine Last von der Seele fiel. Alle Vorüberfahrenden sahen mich so freundlich an, beinah als ob sie mich grüßen wollten; alle waren über irgendetwas erfreut; alle ohne Ausnahme rauchten Zigarren. Und ich war so froh, wie ich es noch in meinem ganzen Leben nicht gewesen war. Gerade wie wenn ich plötzlich nach Italien versetzt wäre, so stark wirkte die Natur auf mich, den halb kranken Städter, der in den Mauern der Stadt beinah erstickt war.

Es liegt etwas unaussprechlich Rührendes in unserer Petersburger Natur, wenn sie beim Herannahen des Frühlings auf einmal ihre ganze Macht, alle ihr vom Himmel gegebenen Kräfte an den Tag legt, sich belaubt und sich mit bunten Blumen schmückt … Sie erinnert mich unwillkürlich an ein sieches, kränkliches Mädchen, das man manchmal voller Mitleid, manchmal mit einer Art von bedauernder Liebe ansieht, manchmal auch einfach nicht beachtet, das aber plötzlich, in einem Augenblick, ganz unerwarteterweise unaussprechlich, wundervoll schön wird, sodass man sich, überrascht und entzückt, unwillkürlich fragt: Welche Macht hat diese traurigen, melancholischen Augen dazu gebracht, mit solchem Feuer zu leuchten? Was hat das Blut in diese blassen, hageren Wangen getrieben? Was hat diese zarten Gesichtszüge mit dem Ausdruck der Leidenschaft übergossen? Wovon hebt sich diese Brust so? Woher kommt es, dass das Gesicht des armen Mädchens sich auf einmal mit Kraft und Leben und Schönheit erfüllt hat und von einem solchen Lächeln strahlt und von einem so prächtigen, Funken sprühenden Lachen belebt ist? Man schaut sich ringsum und sucht den Zauberer und stellt Vermutungen auf ... Aber der Augenblick geht vorüber, und vielleicht begegnet man schon morgen wieder demselben melancholischen, zerstreuten Blick wie früher, demselben blassen Gesicht, derselben Ergebung und Schüchternheit in den Bewegungen; ja, man entdeckt in diesem Gesicht sogar einen Ausdruck von Reue, die Spuren eines tödlichen Grams und Verdrusses über die kurz währende Schwärmerei ... Und man bedauert, dass die momentane Schönheit so schnell, so unwiederbringlich dahin gewelkt ist und ihren Glanz vergebens entfaltet hat; man bedauert es schon deswegen, weil man nicht einmal Zeit gehabt hat, sie lieb zu gewinnen ... Und doch war meine Nacht noch besser als der Tag! Das ging folgendermaßen zu:

Ich kehrte erst sehr spät in die Stadt zurück, und es schlug bereits zehn, als ich mich meiner Wohnung näherte. Mein Weg führte mich am Kai des Kanals entlang, wo man um diese Stunde keiner Menschenseele begegnet. Es ist wahr, ich wohne in einem weit abgelegenen Stadtteil. Ich ging und sang, denn wenn ich glücklich bin, summe ich unbedingt etwas vor mich hin, wie das jeder glückliche Mensch tut, der keine Freunde und keine guten Bekannten besitzt und in Augenblicken der Freude niemanden hat, mit dem er seine Freude teilen könnte. Auf einmal stieß mir ein ganz unerwartetes Abenteuer zu.

Zur Seite, an das Geländer des Kanals gelehnt, stand eine weibliche Gestalt; mit den Ellbogen auf das Gitter gestützt, blickte sie anscheinend sehr aufmerksam auf das trübe Wasser. Sie trug ein allerliebstes gelbes Hütchen und eine kokette schwarze Mantille. »Das ist ein junges Mädchen, und gewiss eine Brünette«, dachte ich. Sie schien meine Schritte nicht zu hören und rührte sich nicht einmal, als ich mit angehaltenem Atem und stark pochendem Herzen vorbeiging. »Seltsam!«, dachte ich, »gewiss ist sie tief in irgendwelche Gedanken versunken«, aber plötzlich blieb ich wie angewurzelt stehen. Ich hörte ein dumpfes Schluchzen. Ja! Ich hatte mich nicht geirrt: Das junge Mädchen weinte, und einen Augenblick darauf wiederholte sich das Schluchzen mehrmals. Mein Gott! Das Herz zog sich mir krampfhaft zusammen. Und wie schüchtern ich auch sonst dem weiblichen Geschlecht gegenüber bin, so war dies doch ein derartiger Augenblick, dass mich meine Schüchternheit verließ. Ich wandte mich um, trat zu ihr hin und hätte zweifellos mit den Worten »Meine Gnädige!« begonnen, wenn ich nicht gewusst hätte, dass diese Anrede schon tausendmal in allen russischen Romanen vorgekommen ist, die in der vornehmen Welt spielen. Dies allein war's, was mir die Zunge lähmte. Aber während ich nach einem Wort suchte, kam das Mädchen aus ihrer Versunkenheit wieder zu sich, blickte um sich, wurde sich ihrer Lage bewusst, schlug die Augen nieder, schlüpfte an mir vorbei und eilte am Gitter entlang. Ich ging sogleich hinter ihr her, aber sie merkte es, verließ die Uferseite, ging quer über die Straße und setzte dort ihren Weg auf dem Trottoir fort. Ich wagte nicht, ebenfalls die Straße zu überschreiten. Mein Herz schlug so heftig wie das eines gefangenen Vögelchens. Auf einmal kam mir ein Zufall zu Hilfe.

Gegenüber auf dem Trottoir erschien plötzlich nicht weit von meiner Unbekannten ein Herr im Frack, schon in gesetzten Jahren, aber mit unsicherem Gang. Er ging schwankend und stützte sich vorsichtig gegen die Häuser. Das junge Mädchen aber schritt, so schnell sie nur irgend konnte, eilig und ängstlich dahin, wie eben alle jungen Mädchen zu gehen pflegen, die nicht wünschen, dass sich jemand erbiete, sie in der Nacht nach Hause zu begleiten, und der schwankende Herr hätte sie sicherlich nicht eingeholt, wenn mein Schicksal ihm nicht den Gedanken eingegeben hätte, zu einem künstlichen Mittel zu greifen. Auf einmal, ohne ein Wort zu sagen, setzte mein Herr sich in Galopp und rannte spornstreichs meiner Unbekannten nach. Sie lief wie der Wind, aber der taumelnde Herr kam ihr immer näher, erreichte sie, das junge Mädchen schrie auf – und … ich segne das Schicksal für den vortrefflichen Knotenstock, der sich diesmal zufällig in meiner rechten Hand befand. Im Nu war ich auf dem gegenüberliegenden Trottoir; im Nu begriff der ungebetene Kavalier, wie die Sache stand, würdigte das unwiderlegliche, in meinem Stock verkörperte Argument, verstummte und blieb zurück; und erst als wir schon sehr weit von ihm entfernt waren, protestierte er in ziemlich kräftigen Ausdrücken gegen meine Einmischung. Aber seine Worte drangen kaum mehr zu uns.

»Geben Sie mir Ihren Arm«, sagte ich zu meiner Unbekannten, »dann wird er nicht mehr wagen, Sie zu belästigen.«

Sie reichte mir schweigend ihren Arm, der noch vor Aufregung und Angst zitterte. Oh, du ungebetener Kavalier!, wie segnete ich dich in diesem Augenblicke! Ich richtete einen flüchtigen Blick auf sie; sie war sehr hübsch und brünett; das hatte ich richtig erraten. An ihren schwarzen Wimpern glänzten noch ein paar Tränchen, ob von der soeben durchgemachten Angst oder von dem vorhergehenden Kummer, das weiß ich nicht. Aber auf ihren Lippen schimmerte schon ein Lächeln. Sie blickte ebenfalls verstohlen nach mir hin, errötete ein wenig und schlug die Augen nieder.

»Sehen Sie wohl, warum haben Sie vorhin nichts von mir wissen wollen? Wenn ich bei Ihnen gewesen wäre, so würde nichts passiert sein.«

»Aber ich kannte Sie ja nicht; ich dachte, dass Sie ebenfalls …«

»Kennen Sie mich denn etwa jetzt?«

»Doch ein wenig. Sehen Sie, zum Beispiel, warum zittern Sie?«

»Oh, Sie haben es gleich von vornherein erraten!«, antwortete ich, ganz entzückt darüber, dass meine Begleiterin einen so klugen Kopf hatte; das ist neben der Schönheit kein Schaden. »Ja, Sie haben es auf den ersten Blick erraten, mit wem Sie es zu tun haben. Es ist ganz richtig, ich bin Frauen gegenüber schüchtern und befinde mich, das leugne ich nicht, in ebenso großer Aufregung wie Sie selbst vor einem Augenblick, als dieser Herr Sie erschreckte. Ich bin jetzt ordentlich erschrocken. Es ist mir wie ein Traum, aber nicht einmal im Traum hätte ich geglaubt, dass ich jemals mit einem weiblichen Wesen sprechen würde.«

»Wie? Wirklich?«

»Ja, wenn mein Arm zittert, so kommt das daher, dass noch nie ein so hübsches kleines Ärmchen auf ihm geruht hat wie das Ihrige. Ich bin des Umgangs mit Frauen ganz entwöhnt; das heißt, ich bin nie daran gewöhnt gewesen; ich stehe eben ganz allein da … Ich weiß nicht einmal, wie man mit Frauen sprechen muss. Sehen Sie, auch jetzt weiß ich nicht, ob ich nicht zu Ihnen irgendeine Dummheit gesagt habe. Sagen Sie es mir geradeheraus; ich versichere Sie, ich bin nicht empfindlich …«

»Nein, nicht doch, nicht doch, im Gegenteil. Und wenn Sie denn wirklich verlangen, dass ich aufrichtig sein soll, so muss ich Ihnen sagen, dass den Frauen eine solche Schüchternheit gefällt; und wenn Sie noch mehr wissen wollen, so will ich hinzufügen, dass sie auch mir gefällt und ich mir darum Ihre Begleitung bis dicht an meine Wohnung gefallen lasse.«

»Sie werden mich dahin bringen«, begann ich, kaum atmend vor Entzücken, »dass ich sogleich aufhören werde, schüchtern zu sein, und dann bin ich mit meinen Mitteln am Ende! …«

»Mit Ihren Mitteln? Mit was für Mitteln? Mitteln wozu? Sehen Sie, das war nicht schön gesagt.«

»Verzeihung, ich werde es nicht wieder tun; der Ausdruck ist mir so unbedachterweise entfahren, aber wie können Sie verlangen, dass in einem solchen Augenblick nicht der Wunsch rege werden soll …«

»Der Wunsch zu gefallen, nicht wahr?«

»Nun ja, aber ich bitte Sie inständig: Seien Sie nicht böse! Hören Sie, was ich für ein Mensch bin, und urteilen Sie dann selbst! Sehen Sie, ich bin schon sechsundzwanzig Jahre alt, aber ich habe noch nie mit jemandem Umgang gehabt. Na, wie könnte ich da gut und geschickt und angemessen reden? Für Sie wird es am besten sein, wenn ich Ihnen alles offen und frei heraus sage. Ich verstehe nicht zu schweigen, wenn das Herz in meiner Brust redet. Na, schadet nichts … Können Sie es glauben: kein einziges weibliches Wesen, niemals, niemals! Keine Bekanntschaft! Ich fantasiere nur jeden Tag davon, dass ich endlich einmal jemandem begegnen werde. Ach, wenn Sie wüssten, wie oft ich schon auf diese Weise verliebt gewesen bin!«

»Aber wie denn, in wen denn?«

»In niemanden, in ein Ideal, in diejenige, die ich im Traum sehe. Ich verfasse in meinen fantastischen Gedanken ganze Romane. Oh, Sie kennen mich nicht! Allerdings, ganz ohne weibliche Bekanntschaft ist es doch nicht abgegangen; ich bin zwei, drei Frauen begegnet, aber was waren das für Frauen? Das waren solche Wirtinnen, dass … Aber ich werde Sie zum Lachen bringen, wenn ich Ihnen erzähle, dass ich mehrmals daran gedacht habe, so ganz ohne Weiteres irgendeine vornehme Dame auf der Straße anzureden, selbstverständlich nur, wenn sie allein war, und natürlich in bescheidener, respektvoller, leidenschaftlicher Art. Ich wollte ihr sagen, dass ich in meiner Vereinsamung zugrunde ginge; sie möchte mich nicht von sich weisen; ich hätte keine Möglichkeit, auch nur irgendein weibliches Wesen kennenzulernen. Ich wollte es ihr zu Gemüte führen, dass es sogar zu den Pflichten einer Frau gehöre, die schüchterne Bitte eines so unglücklichen Menschen wie ich nicht zurückzuweisen. Und ich wollte ihr schließlich zu verstehen geben, alles, um was ich bäte, bestände nur darin: Sie möchte mir ein paar freundliche, teilnehmende Worte sagen, mich nicht gleich von vornherein wegweisen, meiner Versicherung Glauben schenken, anhören, was ich zu sagen beabsichtigte, mich auslachen, wenn sie Lust dazu hätte, mich trösten und ermutigen, ein paar Worte, nur ein paar Worte zu mir sprechen; dann wollte ich meinetwegen später auch nie wieder mit ihr zusammentreffen! … Aber Sie lachen … Übrigens rede ich ja auch eben zu diesem Zwecke …«

»Seien Sie mir nicht böse; ich lache darüber, dass Sie Ihr eigener Feind sind; und wenn Sie einen Versuch machen wollten, so würde es Ihnen vielleicht auch gelingen, selbst auf der Straße; und je einfacher Sie dabei verfahren, umso besser … Keine gutherzige Frau (es müsste denn sein, dass sie dumm ist oder sich gerade in dem Augenblick über irgendetwas ärgert) wird es übers Herz bringen, Sie ohne die paar Worte, um die Sie so schüchtern bitten, wegzuweisen … Aber was rede ich da! Natürlich würde sie Sie für einen Irrsinnigen halten. Ich habe nach mir selbst geurteilt. Ich weiß selbst herzlich wenig, wie es in der Welt zugeht.«

»Oh, ich danke Ihnen«, rief ich, »Sie wissen nicht, wie sehr Sie mich jetzt ermutigt und aufgerichtet haben!«

»Nun gut, gut! Aber sagen Sie mir: Woran erkannten Sie, dass ich ein solches weibliches Wesen sei, mit dem …, nun, das Ihrer Beachtung und Freundschaft würdig wäre … mit einem Wort, nicht so eine Wirtin wie die von Ihnen erwähnten? Warum entschlossen Sie sich dazu, zu mir heranzukommen?«

»Warum, warum? Aber Sie waren allein, und jener Herr benahm sich gar zu dreist, es ist Nacht: Da werden Sie selbst zugeben müssen, dass es die Pflicht …«

»Nein, nein, schon vorher, dort auf der andern Seite. Sie wollten ja doch zu mir herantreten?«

»Dort auf der andern Seite? Aber ich weiß wirklich nicht, was ich Ihnen da antworten soll; ich fürchte … Wissen Sie, ich fühlte mich heute so glücklich; ich ging und sang vor mich hin; ich war vor der Stadt gewesen; ich hatte noch nie so glückliche Augenblicke verlebt. Sie … vielleicht schien es mir nur so … Na, verzeihen Sie mir, wenn ich Sie daran erinnere: Es schien mir, dass Sie weinten, und ich … ich konnte das nicht mit anhören … das Herz zog sich mir zusammen … Oh mein Gott! Na, durfte ich mir Ihre Traurigkeit denn nicht nahegehen lassen? War es denn eine Sünde, dass ich mit Ihnen ein brüderliches Mitleid empfand? Entschuldigen Sie, dass ich ›Mitleid‹ sagte … Na, kurz gesagt, konnte ich Sie denn damit beleidigen, dass ich unwillkürlich auf den Einfall kam, zu Ihnen heranzutreten?«

»Hören Sie auf, lassen Sie es genug sein, reden Sie nicht weiter …«, sagte das junge Mädchen, indem es die Augen niederschlug und meinen Arm drückte. »Ich bin selbst schuld daran, weil ich davon zu sprechen anfing, aber ich freue mich, dass ich mich in Ihnen nicht geirrt habe … Aber da bin ich schon zu Hause; ich brauche nur hier in die Seitengasse einzubiegen; da habe ich nur noch zwei Schritte … Leben Sie wohl; ich danke Ihnen …«

»Und werden wir uns denn wirklich, wirklich nie wiedersehen? … Wird mit dieser Begegnung wirklich alles zu Ende sein?«

»Sehen Sie einmal«, erwiderte das junge Mädchen lachend, »zuerst verlangten Sie nur ein paar Worte, und jetzt … Indes, ich will es Ihnen nicht abschlagen … Vielleicht begegnen wir einander wieder …«

»Ich werde morgen wieder hierherkommen«, sagte ich. »Oh, verzeihen Sie mir; ich stelle schon Forderungen …«

»Ja, Sie sind gar zu hastig; Sie stellen schon beinah Forderungen …«

»Hören Sie mich an, hören Sie mich an!«, unterbrach ich sie. »Verzeihen Sie, wenn ich Ihnen wieder etwas Derartiges sage. Aber die Sache ist die: Ich muss, muss unter allen Umständen morgen hierherkommen. Ich bin ein Träumer; mein Leben ermangelt dermaßen der Realität, dass solche Augenblicke wie dieser, wie der jetzige, für mich die größte Seltenheit sind und es mir ein zwingendes Bedürfnis ist, mir diese Augenblicke in meinen Träumereien immer wieder vorzuführen. Ich werde mir von Ihnen eine ganze Nacht, eine ganze Woche, ein ganzes Jahr lang etwas vorfantasieren. Ich werde unter allen Umständen morgen hierherkommen, gerade hierher an diese Stelle, gerade zu dieser Stunde, und ich werde in der Erinnerung an unsere heutige Begegnung glücklich sein. Diese Stelle ist mir bereits lieb. Ich habe zwei, drei solche Stellen in Petersburg. Ich habe sogar einmal unter der Einwirkung einer Erinnerung zu weinen angefangen, ebenso wie Sie. Wer weiß: Vielleicht haben auch Sie vor zehn Minuten infolge einer Erinnerung geweint ... Aber verzeihen Sie mir; ich habe mich wieder vergessen; vielleicht sind Sie einmal hier besonders glücklich gewesen ...«

»Nun gut«, sagte das junge Mädchen, »meinetwegen; ich werde morgen hierherkommen, auch um zehn Uhr. Ich sehe schon, dass ich es Ihnen nicht verbieten kann. Die Sache ist die: Ich muss hier sein; glauben Sie nicht, dass ich Ihnen ein Rendezvous zugestände. Ich erkläre Ihnen, dass ich aus einem persönlichen Grund hier sein muss. Aber sehen Sie ... nun, ich will es Ihnen geradeheraus sagen: Es schadet nichts, wenn auch Sie herkommen; erstens könnten sich wieder solche unangenehmen Dinge zutragen wie heute, aber das nur nebenbei ... Kurz, ich habe ganz einfach den Wunsch, Sie wiederzusehen ..., um Ihnen ein paar Worte zu sagen. Aber Sie werden doch jetzt nichts Schlechtes von mir denken? Glauben Sie nicht, dass ich jedem Beliebigen so leicht ein Wiedersehen bewillige. Ich würde es auch Ihnen nicht bewilligen, wenn ... Aber das mag mein Geheimnis bleiben! Nur müssen wir zuvor einen Vertrag schließen ...«

»Einen Vertrag? Sprechen Sie, reden Sie; sagen Sie mir alles nur recht schnell; ich bin mit allem einverstanden, zu allem bereit«, rief ich entzückt. »Ich stehe für mich ein; ich werde gehorsam und respektvoll sein ... Sie kennen mich ...«

»Ebendeswegen, weil ich Sie kenne, lade ich Sie ja auch auf morgen ein«, sagte das junge Mädchen lachend. »Ich kenne Sie ganz genau. Aber merken Sie auf, ich knüpfe Ihr Kommen an eine Bedingung. Erstens (aber seien Sie so gut und erfüllen Sie meine Bitte; sehen Sie, ich rede ganz aufrichtig!) verlieben Sie sich, bitte, nicht in mich! Das darf nicht sein, das sage ich Ihnen mit aller Bestimmtheit. Zur Freundschaft bin ich bereit; da, darauf will ich Ihnen die Hand geben … Aber verlieben, das darf nicht sein; darum bitte ich Sie inständig!«

»Ich schwöre es Ihnen!«, rief ich, ihre Hand ergreifend.

»Lassen Sie es gut sein, schwören Sie nicht; ich weiß ja, Sie sind im Stande, Feuer zu fangen wie Schießpulver. Denken Sie nichts Schlechtes von mir, wenn ich so spreche. Wenn Sie wüssten … Ich habe ebenfalls niemanden, mit dem ich ein Wort reden und den ich um Rat fragen könnte. Natürlich soll man seine Ratgeber nicht auf der Straße suchen, aber Sie sind eben eine Ausnahme. Ich kenne Sie so genau, als ob wir schon zwanzig Jahre lang Freunde wären … Nicht wahr, Sie werden mein Vertrauen nicht täuschen? …«

»Das werden Sie sehen … aber ich weiß nicht, wie ich diese vierundzwanzig Stunden überstehen soll.«

»Schlafen Sie recht fest; gute Nacht! Und erinnern Sie sich daran, dass ich Ihnen schon viel Vertrauen geschenkt habe. Aber das war von Ihnen vorhin ein so schöner Ausruf, ob man sich denn wegen eines jeden Gefühles, und sei es auch brüderliches Mitleid, erst rechtfertigen müsse! Wissen Sie, das war so schön gesagt, dass in meinem Kopf sogleich der Gedanke aufblitzte, Ihnen könnte ich Vertrauen schenken …«

»Vertrauen, aber worin denn? Ich bitte Sie!«

»Lassen wir das bis morgen! Mag das vorläufig noch Geheimnis bleiben! Umso besser für Sie: Die Sache hat dann eine wenn auch nur entfernte Ähnlichkeit mit einem Roman. Vielleicht werde ich es

Ihnen morgen sagen, vielleicht aber auch nicht … Ich muss vorher noch mehr mit Ihnen reden, wir müssen einander erst noch besser kennenlernen …«

»Ach ja, ich werde Ihnen gleich morgen alles von mir erzählen! Aber was ist das? Es vollzieht sich an mir geradezu ein Wunder … Wo bin ich, mein Gott? Bitte, sagen Sie mir: Bereuen Sie es denn, dass Sie nicht zornig geworden sind, wie es eine andere geworden wäre, und mich nicht gleich von vornherein abgewiesen haben? Nur zwei Minuten, und Sie haben mich für immer glücklich gemacht. Jawohl, glücklich; wer weiß, vielleicht haben Sie mich mit mir selbst versöhnt, meine Zweifel gelöst … Vielleicht werden sich bei mir derartige Augenblicke einstellen, dass … Nun, ich werde Ihnen morgen alles erzählen. Sie sollen alles erfahren, alles …«

»Gut, ich nehme es an. Sie sollen mit den Bekenntnissen den Anfang machen …«

»Einverstanden.«

»Auf Wiedersehen!«

»Auf Wiedersehen!«

Wir trennten uns. Ich wanderte noch lange in der Nacht umher. Ich konnte mich nicht entschließen, nach Hause zurückzukehren. Ich war so glücklich … Also morgen!

Die zweite Nacht

»Nun, sehen Sie wohl; Sie haben die Zwischenzeit doch überstanden!«, sagte sie lachend zu mir und drückte mir beide Hände.

»Ich bin schon zwei Stunden hier; Sie wissen nicht, was den ganzen Tag über mit mir vorgegangen ist.«

»Ich weiß es, ich weiß es … Aber zur Sache! Wissen Sie, warum ich gekommen bin? Nicht etwa, um dummes Zeug zu schwatzen wie gestern. Hören Sie: Wir müssen uns künftig verständiger benehmen. Ich habe über das alles gestern lange nachgedacht.«

»In welcher Hinsicht, in welcher Hinsicht sollen wir uns denn verständiger benehmen? Meinerseits bin ich dazu bereit: Aber wirklich, in meinem ganzen Leben bin ich noch niemals verständiger gewesen, als ich jetzt bin.«

»Wirklich? Erstens möchte ich Sie nun bitten, meine Hände nicht so zu drücken, und zweitens teile ich Ihnen mit, dass ich heute über Sie lange nachgedacht habe.«

»Nun, und zu welchem Resultat sind Sie gelangt?«

»Zu welchem Resultat ich gelangt bin? Das Resultat war, dass wir noch einmal ganz von vorn anfangen müssen, denn am Schluss meines ganzen Nachdenkens sagte ich mir heute, dass Sie mir eigentlich noch ganz unbekannt sind und ich mich gestern wie ein Kind, wie ein Backfisch benommen habe. Und selbstverständlich kam es so heraus, dass an allem mein gutes Herz schuld war, das heißt, ich lobte mich selbst – der regelmäßige Ausgang, wenn man anfängt, sich selbst zu prüfen. Um daher den Fehler wiedergutzumachen, habe ich beschlossen, mir über Sie die allereingehendste Kenntnis zu verschaffen. Da ich nun aber niemand habe, den ich über Sie befragen könnte, so müssen Sie selbst mir alles erzählen, auch die geheimsten Einzelheiten. Nun also, was sind Sie für ein Mensch? Nur schnell, nur schnell! Fangen Sie an! Erzählen Sie Ihre Lebensgeschichte!«

»Meine Lebensgeschichte!«, rief ich erschrocken. »Aber wer hat Ihnen gesagt, dass ich eine Lebensgeschichte habe? Ich habe keine Lebensgeschichte …«

»Aber wie haben Sie denn überhaupt gelebt, wenn Sie keine Lebensgeschichte haben?«, unterbrach sie mich lachend.

»Ganz ohne alle Geschichten! Ich habe, wie man zu sagen pflegt, ganz still für mich gelebt, das heißt, vollständig allein – allein, gänzlich allein –, verstehen Sie, was das heißt: allein?«

»Was meinen Sie mit ›allein‹? Sind Sie denn nie mit Menschen zusammengekommen?«

»Oh doch, mit Menschen komme ich schon zusammen, aber dennoch bin ich allein.«

»Aber sagen Sie nur: Reden Sie denn etwa mit niemandem?«

»Streng genommen: Nein, mit niemandem.«

»Ja, aber was sind Sie denn dann für ein Mensch, das erklären Sie mir, bitte! Oder warten Sie, ich kann es mir schon denken: Sie haben gewiss eine Großmutter, so wie ich. Sie ist blind und lässt mich schon mein ganzes Leben lang nirgendwo hingehen, sodass ich das Sprechen bereits fast ganz verlernt habe. Und als ich einmal vor zwei Jahren einen Streich verübt hatte und sie sah, dass sie mich auf keine andere Weise festhalten konnte, da rief sie mich zu sich und steckte mit einer Stecknadel ihr Kleid und das meinige zusammen – und so sitzen wir nun seitdem ganze Tage lang; sie strickt trotz ihrer Blindheit Strümpfe, und ich muss neben ihr sitzen und nähen oder ihr aus einem Buch vorlesen –, ein seltsamer Zustand, dass ich nun schon zwei Jahre lang mit einer Nadel festgesteckt bin …«

»Ach, mein Gott, wie traurig! Aber nein, ich habe keine solche Großmutter.«

»Wenn Sie keine haben, wie ist es denn dann möglich, dass Sie immer zu Hause sitzen?«

»Hören Sie mal, Sie wollen wissen, was ich für ein Mensch bin?«

»Nun ja, ja!«

»Im strengen Sinn des Wortes?«

»Im strengsten Sinn des Wortes!«

»Nun also: Ich bin ein Typus.«

»Ein Typus, ein Typus! Was für ein Typus?«, rief das junge Mädchen und brach in ein solches Gelächter aus, als ob sie ein ganzes Jahr lang nicht dazugekommen wäre zu lachen. »Nein, wie gut man sich in Ihrer Gesellschaft amüsiert! Sehen Sie mal: Hier ist eine Bank; da wollen wir uns hinsetzen! Hier kommt kein Mensch vorbei; niemand hört uns; nun, bitte, beginnen Sie Ihre Lebensgeschichte! Denn das lasse ich mir von Ihnen nicht einreden, Sie haben eine, Sie wollen sie nur geheim halten. Zunächst also: Was ist das für ein Ding: ein Typus?«

»Ein Typus? Ein Typus, das ist ein Original, das ist so ein komischer Mensch!«, erwiderte ich und lachte, von ihrem kindlichen Lachen angesteckt, selbst auf. »Das ist so ein gewisser Charakter. Hören Sie: Wissen Sie, was das ist: ein Träumer?«

»Ein Träumer! Erlauben Sie, wie sollte ich das nicht wissen? Ich bin selbst eine Träumerin! Manchmal sitze ich so neben meiner Großmutter, und was kommt einem da nicht alles in den Sinn! Na, da fängt man denn an zu träumen und versinkt so in Gedanken –, na, ich heirate einfach einen chinesischen Prinzen … Und bei anderen Gelegenheiten ist es ja auch etwas Schönes um das Träumen, das weiß Gott; namentlich wenn man sowieso schon etwas hat, woran man denken muss«, fügte das junge Mädchen, auf einmal ganz ernst werdend, hinzu.

»Vorzüglich! Wenn Sie also schon einmal den Kaiser von China geheiratet haben, dann werden Sie mich ja vollständig verstehen. Nun also, hören Sie … Aber erlauben Sie: Ich weiß ja noch nicht, wie Sie heißen!«

»Endlich! Das ist Ihnen aber einmal früh eingefallen!«

»Ach, mein Gott! Ich habe gar nicht daran gedacht; ich fühlte mich auch so schon so glücklich …«

»Ich heiße Nastenka.«

»Nastenka! Und weiter nichts?«

»Weiter nichts! Genügt Ihnen das noch nicht, Sie Unersättlicher?«

»Ob es mir nicht genügt? Im Gegenteil, ich bin vollauf befriedigt, vollauf damit befriedigt, Nastenka, Sie liebes, gutes Mädchen, dass Sie gleich von vornherein für mich eine Nastenka geworden sind.«

»So, so! Nun also zu!«

»Also hören Sie mal zu, Nastenka, was da für eine komische Geschichte herauskommen wird!«

Ich setzte mich neben sie, nahm eine pedantisch ernste Haltung an und begann, wie wenn ich etwas vorläse:

»Es gibt, Nastenka, wenn Sie das noch nicht wissen, es gibt in Petersburg recht merkwürdige Kämmerchen. Es ist, als blickte in diese Kämmerchen nicht dieselbe Sonne hinein, die für alle Petersburger leuchtet, sondern eine andere, neue, gewissermaßen express für diese Kämmerchen bestellte, und als schiene sie auf alles, was darin ist, mit einem anderen, besonderen Licht. In diesen Kämmerchen, liebe Nastenka, wird ein ganz anderes Leben geführt, unähnlich demjenigen, das um uns herum wimmelt, ein Leben, wie man es nur in einem fernen, fernen, unbekannten Reich für möglich halten sollte, aber nicht bei uns in unserer ernsten, bitterernsten Zeit. Und nun sehen Sie: Gerade dieses Leben ist eine Mischung von etwas rein fantastischem, glühend Idealistischem und zugleich (leider, leider, Nastenka) trüb Prosaischem und Alltäglichem, um nicht zu sagen, unglaublich Gemeinem.«

»Puh! Herr, du mein Gott! Was für eine Vorrede! Was werde ich da noch alles zu hören bekommen?«

»Sie werden hören, Nastenka (ich glaube, ich werde nie müde werden, Sie Nastenka zu nennen), Sie werden hören, dass in diesen Kämmerchen seltsame Menschen leben: Träumer. Ein Träumer (wenn eine genauere Begriffsbestimmung desselben erforderlich ist) ist kein Mensch, sondern sozusagen ein Wesen sächlichen Geschlechts. Er lässt sich größtenteils irgendwo in einem fast unzugänglichen Kämmerchen nieder, verbirgt sich dort gewissermaßen sogar vor dem Tageslicht, und wenn er sich einmal dahin zurückgezogen hat, so wächst er mit seiner Behausung zusammen wie eine Schnecke, oder er bekommt wenigstens in dieser Hinsicht eine große Ähnlichkeit mit jenem merkwürdigen Tier, das Schildkröte genannt wird und gleichzeitig Tier und Haus ist. Was meinen Sie, warum liebt er so seine vier Wände, die unfehlbar grün angestrichen, von Ofenrauch und in einem geradezu unerlaubten Grad von Tabaksrauch geschwärzt sind und einen trübseligen Anblick gewähren? Warum empfängt dieser komische Mensch, wenn ihn einer seiner wenigen Bekannten besucht (schließlich aber bringt er es dahin, dass seine Bekannten sämtlich wegbleiben), warum empfängt ihn dieser komische Mensch so verlegen, mit so gezwungener Miene und in einer solchen Verwirrung, als ob er soeben in seinen vier Wänden ein Verbrechen begangen, etwa falsches Papiergeld fabriziert oder Gedichte gemacht hätte, um sie an ein Journal mit einem anonymen Brief einzusenden, in welchem auseinandergesetzt wird, der wirkliche Dichter sei bereits gestorben und sein Freund halte es für seine heilige Pflicht, die Verse des Toten zu veröffentlichen? Warum (bitte, sagen Sie mir das, Nastenka) will das Gespräch zwischen den beiden Bekannten gar nicht recht in Gang kommen? Warum ertönt kein Lachen und kein munteres Scherzwort aus dem Mund des unerwartet eingetretenen, befremdeten Freundes, der doch bei anderen Gelegenheiten sich als ein großer Liebhaber von Gelächter und munteren Scherzworten und Gesprächen über das schöne Geschlecht und andere vergnügliche Themata erweist? Warum ist dieser Freund (wahrscheinlich ist die Bekanntschaft erst neueren Datums und dies sein erster Besuch, denn zu einem zweiten pflegt es in einem solchen Fall nicht zu kommen, und der Freund lässt sich nicht wieder blicken), warum ist der Freund selbst so verlegen und so hölzern trotz all seines Esprits (falls er solchen wirklich besitzt), wenn er den niedergeschlagenen Gesichtsausdruck seines Wirtes wahrnimmt, der seinerseits schon den letzten Rest von Fassung verloren hat, nachdem er mit riesenhaften, aber vergeblichen Anstrengungen bemüht gewesen ist, das Gespräch im Gang zu halten und zu beleben und Kenntnis des feinen gesellschaftlichen Tons zu zeigen und ebenfalls von dem schönen Geschlecht zu reden und wenigstens durch diese ergebungsvolle Fügsamkeit einen guten Eindruck auf den armen hereingefallenen Menschen zu machen, der durch ein Versehen zu ihm auf Besuch gekommen ist? Warum greift der Gast auf einmal nach seinem Hut und geht schnell fort, weil ihm plötzlich eine höchst notwendige Angelegenheit eingefallen ist, die in Wirklichkeit niemals existiert hat, und befreit, so gut es geht, seine Hand aus dem warmen Händedruck des Wirtes, der sich auf jede Weise bemüht, seine Reue zum Ausdruck zu bringen und sein Delikt wiedergutzumachen? Und endlich, warum bricht der weggehende Freund, sobald er aus der Tür hinaus ist, in ein Gelächter aus und nimmt sich sofort vor, nie wieder zu diesem Sonderling hinzugehen, obgleich dieser Sonderling in Wahrheit ein ganz vortrefflicher junger Mensch ist, und warum kann er gleichzeitig seiner Fantasie nicht das kleine Vergnügen versagen, wenigstens eine entfernte Ähnlichkeit herauszufinden zwischen dem Gesicht, das sein Wirt während des ganzen soeben stattgefundenen Zusammenseins gemacht hat, und der Physiognomie eines Kätzchens, das Kinder heimtückischerweise gefangen, gequält, geängstigt und auf jede Weise gepeinigt haben, und das sich endlich von ihnen weg unter einen Stuhl ins Dunkle gerettet hat und dort nun eine ganze Stunde dazu gebraucht, sein Fell zu sträuben und zu prusten und sein misshandeltes Schnäuzchen mit beiden Pfötchen zu waschen, und noch lange nachher die Natur und das Leben mit feindseligen Blicken betrachtet und sogar die guten Bissen, die ihm die mitleidige Haushälterin vom herrschaftlichen Mittagessen aufgehoben hat, misstrauisch ansieht?«

»Hören Sie mal«, unterbrach mich Nastenka, die mich die ganze Zeit über erstaunt mit großen Augen und offenem Mund angehört hatte, »hören Sie mal: Ich weiß schlechterdings nicht, warum sich das alles begeben hat, und warum Sie mir eigentlich so komische Fragen vorlegen, aber was ich bestimmt weiß, das ist, dass dies alles sich jedenfalls mit Ihnen selbst zugetragen hat, von Wort zu Wort.«

»Zweifellos«, antwortete ich mit der ernstesten Miene von der Welt.

»Nun, wenn das zweifellos ist, dann fahren Sie, bitte, fort!«, antwortete Nastenka, »denn ich bin sehr begierig zu erfahren, wie die Sache endet.«

»Sie möchten wissen, Nastenka, was unser Held eigentlich in seinem Kämmerchen getrieben hat, oder, richtiger gesagt, was ich da getrieben habe, denn der Held dieser ganzen Geschichte bin ja ich mit meiner eigenen bescheidenen Person. Sie möchten wissen, warum mich der unerwartete Besuch eines Freundes für den ganzen Tag so unruhig und fassungslos machte. Sie möchten wissen, warum ich so auffuhr und so errötete, als sich die Tür zu meinem Kämmerchen öffnete, und warum ich es nicht verstand, den Gast zu empfangen, und unter dieser schweren Aufgabe in so schmählicher Weise zusammenbrach?«

»Nun ja, ja!«, antwortete Nastenka, »gerade darum handelt es sich. Hören Sie mal: Sie erzählen ja sehr schön, aber könnten Sie das nicht ein bisschen weniger schön erzählen? Denn Sie reden ja so, als ob Sie aus einem Buch vorläsen.«

»Nastenka«, erwiderte ich mit wichtiger Miene und in ernstem Ton, obwohl ich mir kaum das Lachen verbeißen konnte, »liebe Nastenka, ich weiß, dass ich schön erzähle, aber entschuldigen Sie, anders zu erzählen verstehe ich nicht. Jetzt, liebe Nastenka, jetzt gleiche ich dem Geist des Königs Salomon, der tausend Jahre lang in einem siebenfach versiegelten Krug steckte, von welchem dann endlich alle diese sieben Siegel abgenommen wurden. Jetzt, liebe Nastenka, wo wir nach einer so langen Trennung wieder zusammengekommen sind (ich habe Sie nämlich schon lange gekannt, Nastenka, denn ich habe schon lange jemanden gesucht, und das ist der Beweis dafür, dass ich gerade Sie gesucht habe, und dass unsere jetzige Begegnung eine Fügung des Schicksals war), jetzt haben sich in meinem Kopf tausend Ventile geöffnet, und ich muss einem Strom von Worten freien Lauf lassen, wenn ich nicht ersticken will. Und darum bitte ich Sie, mich nicht zu unterbrechen, Nastenka, sondern ergebungsvoll und gehorsam zuzuhören; sonst verstumme ich.«

»Nein, nein, nein! Das dürfen Sie nicht! Reden Sie! Ich werde jetzt kein Wort mehr sagen!«

»Ich fahre fort: Es gibt in meinem Tageslauf, meine liebe Freundin Nastenka, eine Stunde, die ich ganz besonders liebe. Das ist die Stunde, wo fast alle amtliche und geschäftliche Tätigkeit zum Abschluss gelangt und alle Leute nach Hause eilen, um Mittagbrot zu essen und sich dann ein bisschen zur Ruhe zu legen, und wo sie gleich schon unterwegs auch an andere heitere Dinge denken, nämlich wie sie den Abend und die Nacht und die ganze ihnen verbleibende freie Zeit verbringen werden. Auch unser Held (Sie müssen mir nämlich schon erlauben, Nastenka, in der dritten Person zu erzählen, denn wenn ich das alles in der ersten Person erzählen wollte, müsste ich mich doch gar zu sehr schämen), also auch unser Held, der ebenfalls nicht untätig gewesen ist, geht zu dieser Tagesstunde unter den Übrigen dahin. Aber ein seltsames Gefühl des Vergnügens spielt auf seinem blassen, anscheinend etwas ermatteten Gesicht. Heiter schaut er in die Abendröte, die langsam an dem kalten Petersburger Himmel erlischt. Wenn ich sage: ›Er schaut in die Abendröte‹, so ist das nicht richtig; er schaut nicht, sondern richtet nur, ohne sich dessen recht bewusst zu sein, seinen Blick dorthin, wie wenn er müde oder gleichzeitig mit einem andern, interessanteren Gegenstand beschäftigt wäre und nur für kurze Augenblicke, beinah nur ohne es selbst zu wollen, einen Teil seiner Aufmerksamkeit seiner Umgebung zuwenden könnte. Er fühlt sich zufrieden, da er bis morgen mit den ihm verdrießlichen ›Geschäften‹ fertig ist, und freut sich wie ein Schüler, der von der Schulbank weggelassen ist und nun zu seiner Lieblingsbeschäftigung, das heißt zu seinen Spielen und mutwilligen Streichen eilt. Wenn Sie ihn von der Seite ansehen, Nastenka, so werden Sie sogleich wahrnehmen, dass die freudige Empfindung bereits auf seine schwachen Nerven und auf seine krankhaft gereizte Einbildungskraft eine günstige Wirkung ausgeübt hat. Da ist er nun über etwas tief in Gedanken versunken. Sie meinen, er denkt an das Mittagessen? An den darauffolgenden Abend? Wonach blickt er jetzt hin? Nach diesem achtbar aussehenden Herrn, der in so malerischer Haltung die Dame grüßte, die in einer prächtigen, von feurigen Pferden gezogenen Equipage an ihm vorbeirollte? Nein, Nastenka, was kümmern ihn jetzt all solche unbedeutenden Dinge! Ihn macht jetzt sein eigenes Leben reich; er ist gleichsam auf einmal ein reicher Mann geworden, und der Abschiedsstrahl der erlöschenden Sonne hat nicht vergebens so fröhlich vor seinen Augen geglänzt, sondern aus seinem warm gewordenen Herzen einen ganzen Schwarm von Empfindungen hervorgelockt. Jetzt beachtet er kaum noch den Weg, auf dem vorher die geringste Kleinigkeit seine Aufmerksamkeit erregen konnte. Jetzt hat ›die Göttin Fantasie‹ (wenn Sie Schukowski gelesen haben, liebe Nastenka) bereits mit launenhafter Hand auf ihrem Webstuhl ihren goldenen Aufzug angelegt und durchwirkt ihn nun vor seinen Augen mit Bildern eines nie da gewesenen, wundervollen Lebens – und wer weiß, vielleicht hat sie ihn mit dieser launenhaften Hand von dem vortrefflichen Granittrottoir, auf dem er nach Hause wandert, in den siebenten kristallenen Himmel versetzt. Versuchen Sie einmal, ihn jetzt anzuhalten, und fragen Sie ihn plötzlich, wo er sich augenblicklich befinde, durch welche Straßen er gegangen sei; sicherlich wird er sich weder daran erinnern, wo er gegangen ist, noch wissen, wo er sich augenblicklich befindet, und wird, vor Verdruss errötend, jedenfalls zur Rettung des Anstands eine kleine Notlüge vorbringen. Das ist auch der Grund, weshalb er so zusammenfährt und beinah aufschreit und erschrocken um sich sieht, als eine sehr anständig aussehende alte Frau ihn höflich mitten auf dem Trottoir anhält und sich bei ihm nach dem Weg erkundigt, da sie fehlgegangen ist. Ärgerlich runzelt er die Stirn und geht weiter, es kaum bemerkend, dass gar mancher Passant bei seinem Anblick lächelt und sich nach ihm umdreht und dass ein kleines Mädchen, das ihm furchtsam aus dem Weg gegangen ist, die Augen weit aufreißt und laut auflacht, als sie sein breites, versonnenes Lächeln und seine Gestikulationen sieht. Aber all das hascht ebendieselbe Fantasie in ihrem scherzhaften Flug auf: Die alte Frau und die neugierigen Passanten und das lachende kleine Mädchen und die Schiffer, die auf ihren die Fontanka versperrenden Kähnen ihr Abendbrot essen (nehmen wir an, dass unser Held in diesem Augenblick gerade an der Fontanka entlanggeht), und wirkt alle und alles mutwillig in ihr Gewebe, und mit dem neuen Erwerb gelangt der Sonderling bereits zu sich in seine trauliche Klause, setzt sich zum Mittagessen hin, verzehrt es und kommt erst lange nachher zum Bewusstsein, als die immer trübsinnige, traurige Matrjona, die bei ihm die Aufwartung besorgt, schon alles vom Tisch abgeräumt hat und ihm die Pfeife reicht; erst da kommt er zum Bewusstsein und erinnert sich erstaunt, dass er bereits die ganze Mahlzeit zu sich genommen hat, ohne überhaupt innezuwerden, wie das geschehen ist. Im Zimmer ist es dunkel geworden; in seiner Seele ist es leer und traurig; ein ganzes Reich fantastischer Gedanken ist um ihn zusammengestürzt, zusammengestürzt ohne Laut, ohne Geräusch, ohne Hinterlassung einer Spur; es ist verflogen wie ein Traumgebilde, und er erinnert sich selbst nicht einmal, was ihm eigentlich geträumt hat. Aber eine unklare Empfindung, von der seine Brust leise schmerzt und in Unruhe gerät, eine Art von neuem Wunsch kitzelt und reizt verführerisch seine Einbildungskraft und ruft unvermerkt einen ganzen Schwarm neuer Visionen zusammen. In dem kleinen Stübchen herrscht Schweigen, die Einsamkeit und das Nichtstun wirken auf die Fantasie, sie erwärmt sich sachte, fängt sachte an zu brodeln, wie das Wasser in der Kaffeemaschine der alten Matrjona, die harmlos nebenan in der Küche herumwirtschaftet und sich ihren Köchinnenkaffee braut. Jetzt kommt es bei der Fantasie allmählich schon zu kleinen Explosionen. Da fällt auch schon das Buch, das er ohne Zweck und aufs Geratewohl ergriffen hatte, meinem Träumer aus der Hand, noch ehe er bis zur dritten Seite gelangt ist. Seine Einbildungskraft ist von Neuem geweckt und angeregt, und auf einmal blitzt wieder eine neue Welt, ein neues bezauberndes Leben mit einer glänzenden Perspektive vor seinem geistigen Blick auf. Ein neuer Traum, ein neues Glück! Eine neue Dosis eines raffinierten, süßen Gifts! Oh, was soll er in unserm realen Leben! Nach seiner eigenartig gefärbten Anschauung führen wir, das heißt ich und Sie, Nastenka, ein so träges, langsames, mattes Leben; nach seiner Anschauung sind wir alle so unzufrieden mit unserem Schicksal und quälen uns so sehr mit unserem Leben ab! Und in der Tat, sehen Sie nur, wie kalt und mürrisch, geradezu ingrimmig auf den ersten Blick alles bei uns aussieht. ›Die Armen!‹, denkt mein Träumer! Und es ist ja auch kein Wunder, dass er so denkt! Sehen Sie nur diese zauberhaften Visionen, die so entzückend, so kapriziös, so breit und uferlos sich vor seinem Auge zu einem zauberhaften, lebensvollen Bild gestalten, wo im Vordergrund als die Hauptperson natürlich er selbst, unser Träumer, mit seiner werten Person dasteht. Sehen Sie nur diese mannigfaltigen Abenteuer, diese endlose Menge begeisterter Träumereien! Sie fragen vielleicht, wovon er träumt? Was soll diese Frage? Von allem Möglichen: Von der Rolle eines Dichters, der zuerst keine Anerkennung findet, dann aber mit dem Lorbeer bekränzt wird; von einer Freundschaft mit E. T. A. Hoffmann, von der Bartholomäusnacht, von Diana Vernon, von einer Heldenrolle bei der Einnahme von Kasan durch Iwan Wassiljewitsch, von Klara Mowbray, von Effie Deans, von Hus vor dem Konzil, von der Auferstehung der Toten in ›Robert dem Teufel‹ (erinnern Sie sich an die Melodie? Es weht einen aus ihr ordentlich Kirchhofsluft an!), von Minna und Brenda, von der Schlacht an der Beresina, von der Vorlesung eines Gedichts bei der Gräfin W… D…, von Danton, von Kleopatra e i suoi amanti, von einem Häuschen in Kolomna, von seinem eigenen Stübchen, wo neben ihm ein liebes Geschöpf sitzt, das ihm an einem Winterabend mit großen Augen und offenem Mündchen zuhört, gerade so wie Sie jetzt mir zuhören, mein kleines Engelchen … Nein, Nastenka, was soll er, der im Nichtstun seinen Genuss findet, in diesem Leben, nach dem es uns, Sie und mich, so verlangt? Er meint, dass das ein armseliges, klägliches Leben sei, ohne zu ahnen, dass auch für ihn einmal die traurige Stunde schlagen wird, wo er für einen Tag dieses kläglichen Lebens all seine fantastischen Jahre hingeben wird, und noch dazu nicht für eine Freude, nicht für ein Glück, und dass er nicht erst wird wählen mögen in jener Stunde der Trauer, der Reue und des bitteren Grams. Aber vorläufig ist sie noch nicht angebrochen, diese schreckliche Zeit; er wünscht nichts, weil er über allem Wünschen steht, weil er selbst der Künstler seines Lebens ist und es sich in jeder Stunde nach neuem Belieben gestaltet. Und so leicht, so natürlich lässt sich diese märchenhafte, fantastische Welt erschaffen! Als ob das alles keine bloße Vision wäre! Wirklich, zu manchen Zeiten ist er nahe daran zu glauben, dass dieses ganze Leben nicht die Wirkung eines gereizten Gefühls, nicht eine Luftspiegelung, nicht eine Täuschung der Einbildungskraft, sondern geradezu etwas Wirkliches, Wahres, Existierendes sei! Woher kommt es, sagen Sie mir das, Nastenka, woher kommt es, dass einem in solchen Augenblicken der Atem versagt? Woher kommt es, dass durch irgendwelche Zauberei, durch irgendwelche unbekannte Einwirkung der Puls sich beschleunigt, Tränen aus den Augen des Träumers hervorbrechen, seine blassen, feuchten Wangen glühen und sein ganzes Wesen von einer so unwiderstehlichen Lustempfindung erfüllt wird? Woher kommt es, dass ihm ganze schlaflose Nächte in unerschöpflicher Freude und Glückseligkeit wie ein einziger Augenblick vergehen und dass, wenn die Morgenröte mit rosigen Strahlen durch die Fenster schimmert und der anbrechende Tag das trübselige Zimmer mit seinem zweifelhaften, fantastischen Licht erhellt (ich denke dabei an unser Petersburg), woher kommt es, dass dann unser Träumer sich ermüdet und erschöpft auf sein Bett wirft, von Entzücken gewaltsam erschüttert und betäubt und mit einem qualvoll süßen Schmerz im Herzen? Ja, Nastenka, man täuscht sich und glaubt als Fremder unwillkürlich, dass eine wirkliche, wahre Leidenschaft seine Seele in Erregung versetzt. Man glaubt unwillkürlich, dass in seinen fleisch- und blutlosen Träumereien doch etwas Lebendiges, Greifbares stecke! Und doch, was ist das für eine Täuschung! Da ist zum Beispiel die Liebe mit all ihrer unerschöpflichen Freude und mit all ihrer qualvollen Pein in seine Brust eingezogen. Sehen Sie ihn nur an, und überzeugen Sie sich selbst davon! Werden Sie, wenn Sie ihn so ansehen, liebe Nastenka, werden Sie dann glauben, dass er tatsächlich diejenige, die er in seinen verzückten Fantasien so liebt, niemals gekannt hat? Hat er sie wirklich nur in verführerischen Visionen gesehen, und hat ihm diese Leidenschaft nur geträumt? Sind sie denn nicht in Wirklichkeit so viele Jahre ihres Lebens hindurch Hand in Hand gegangen, sie beide allein, und haben die ganze Welt unbeachtet gelassen und ein jeder seine Welt und sein Leben mit dem Leben des andern vereinigt? Hat sie wirklich nicht in später Stunde, als der Augenblick der Trennung herbeigekommen war, schluchzend und gramvoll an seiner Brust gelegen, ohne den Sturm zu hören, der unter dem finsteren Himmel wütete, ohne auf den Wind zu achten, der ihr die Tränen von den schwarzen Wimpern riss und fortführte? War das alles wirklich nur ein Fantasiegebilde, und auch dieser trostlose, vernachlässigte, verwilderte, einsame, düstere Park mit den moosbewachsenen Steigen, wo sie so oft zu zweien gegangen sind, gehofft, sich gegrämt und einander geliebt haben, ach, so lange und so zärtlich? Und dieses seltsame, urgroßväterliche Haus, wo sie so lange Zeit einsam und traurig mit ihrem alten mürrischen Gatten lebte, vor dem sie beide solche Angst hatten, und wo sie, schüchtern wie Kinder, scheu und furchtsam ihre Liebe voreinander verbargen? Wie quälten sie sich, wie ängstigten sie sich, wie rein und unschuldig war ihre Liebe, und wie böse (das versteht sich von selbst, Nastenka!), wie böse waren die Menschen! Und, oh Gott, ist er ihr wirklich später nicht wieder begegnet, fern von seinem Heimatland, unter einem fremden, südlichen, heißen Himmel, in der Ewigen Stadt, auf einem glänzenden Ball, bei rauschender Musik, in einem Palazzo (ein Palazzo muss es unbedingt sein!), der in einem Meer von Licht schwimmt, auf diesem von Myrten und Rosen umrankten Balkon, wo sie, nachdem sie ihn erkannt hatte, eilig ihre Maske abnahm, flüsterte: ›Ich bin frei!‹, und sich in seine Arme warf, und wo sie beide, aufjauchzend vor Entzücken, sich aneinanderschmiegten und in einem Augenblick die ganze Vergangenheit vergaßen: Alles Leid und die lange Trennung und alle Qualen und das düstere Haus und den alten Mann und den trübseligen Park in der fernen Heimat und die Bank, auf der sie mit dem letzten leidenschaftlichen Kuss sich aus den Armen des in qualvoller Verzweiflung verstummenden Geliebten losgerissen hatte … Oh, Sie werden selbst zugestehen müssen, Nastenka, dass man zusammenfährt, verlegen wird und errötet wie ein Schulknabe, der einen soeben aus dem Nachbargarten gestohlenen Apfel in die Tasche steckt, wenn ein Freund von uns, so ein langer, gesunder Bursche, ein Spaßvogel und Possenreißer, uneingeladen unsere Tür öffnet und, als wenn nichts geschehen wäre, schreit: ›Ich komme diesen Augenblick aus Pawlowsk, Bruder!‹ Oh Gott, der alte Graf ist gestorben, eine Zeit unsagbarer Glückseligkeit beginnt – und da kommen Menschen aus Pawlowsk an!«

Ich schwieg pathetisch, da ich mit meiner pathetischen Rede fertig war. Ich erinnere mich, dass ich die größte Lust hatte, gewaltig loszulachen, denn ich fühlte bereits, dass sich in mir so ein boshaftes Teufelchen zu regen begann und dass ich schon nahezu erstickte und das Kinn mir zuckte und die Augen mir immer feuchter wurden …

Ich hatte erwartet, dass Nastenka, die mich, ihre klugen Augen weit öffnend, angehört hatte, nun in ihr kindliches, unbändig lustiges Gelächter ausbrechen werde, und bereute es schon, dass ich so weit gegangen war und ihr zweckloserweise diese Dinge erzählt hatte, von denen mein Herz schon längst voll gewesen war und die ich vortragen konnte, wie wenn ich sie abläse (denn ich hatte schon vor geraumer Zeit diese Selbstkritik über mich zurechtgemacht und hatte mich jetzt nicht enthalten können, sie gleichsam vorzulesen, offen gestanden, ohne zu erwarten, dass sie mich verstehen würde), aber zu meiner Verwunderung schwieg sie zuerst ein Weilchen, drückte mir dann leise die Hand und fragte mich schüchtern und teilnahmsvoll: »Haben Sie denn wirklich Ihr ganzes Leben in dieser Weise zugebracht?«

»Ja, mein ganzes Leben, Nastenka«, antwortete ich.

»Mein ganzes Leben; und wie mir scheint, werde ich es auch in dieser Weise beendigen!«

»Nein, das darf nicht sein«, sagte sie in lebhafter Unruhe, »das wird nicht geschehen. Sonst könnte ja auch ich am Ende mein ganzes Leben bei meiner Großmutter verbringen. Hören Sie, wissen Sie auch, dass ein solches Leben ganz und gar nicht schön ist?«

»Ja, das weiß ich, Nastenka, das weiß ich!«, rief ich, meine Empfindung nicht länger unterdrückend. »Und jetzt weiß ich noch genauer als sonst je, dass ich meine besten Jahre zwecklos verloren habe! Jetzt weiß ich das und empfinde diese Erkenntnis besonders schmerzlich, weil Gott selbst mir Sie, meinen guten Engel, gesandt hat, um mir das zu sagen und zu beweisen. Jetzt, wo ich neben Ihnen sitze und mit Ihnen rede, ist mir der Gedanke an die Zukunft schon geradezu schrecklich, weil ich in der Zukunft wieder Einsamkeit und dieses muffige, nutzlose Leben vor mir habe. Und wovon werde ich in Zukunft fantasieren, nachdem ich jetzt in Wirklichkeit neben Ihnen so glücklich gewesen bin? Oh, seien Sie gesegnet dafür, mein liebes Mädchen, dass Sie mich nicht gleich von vornherein zurückgewiesen haben, dafür, dass ich nun sagen kann, dass ich wenigstens zwei Abende in meinem Leben wahrhaft gelebt habe!«

»Oh nein, nein!«, rief Nastenka, und Tränen schimmerten in ihren Augen. »Nein, so wird sich die Zukunft nicht gestalten; so werden wir uns nicht trennen! Was wollen zwei Abende besagen!«

»Ach, Nastenka, Nastenka! Wissen Sie wohl, für wie lange Zeit Sie mich mit mir selbst versöhnt haben? Wissen Sie wohl, dass ich jetzt von mir nicht mehr so schlecht denken werde, wie ich das in manchen Augenblicken getan habe? Wissen Sie wohl, dass ich mich vielleicht nicht mehr darüber grämen werde, verbrecherisch und sündhaft in meinem Leben gehandelt zu haben, da ein solches Leben allerdings ein Verbrechen und eine Sünde ist? Und bitte, glauben Sie nicht, dass ich Ihnen etwas übertrieben hätte; ich bitte Sie inständig, das nicht zu glauben, Nastenka. Denn es kommen mir wirklich manchmal Augenblicke des tiefsten Grams, des tiefsten Grams, Augenblicke, in denen es mich schon bedünken will, dass ich nie mehr fähig sein werde, ein wahrhaftes Leben zu beginnen, weil ich schon alles richtige Gefühl und Empfinden für das Wahre und Wirkliche verloren zu haben glaube. Ja, ich habe mich selbst verflucht, und nach meinen fantastischen Nächten habe ich manchmal Augenblicke der Ernüchterung, die schrecklich sind! Und dabei hört man, wie rings um einen der Menschenschwarm im Strudel des Lebens lärmend herumwirbelt; man hört und sieht, wie die Menschen leben, wahrhaft leben; man sieht, dass das Leben für sie nicht etwas Verbotenes ist, dass ihr Leben nicht wie ein Traum, wie eine Vision verfliegt, dass ihr Leben sich stets erneuert, stets jung bleibt und keine Stunde desselben der andern gleicht, während die schreckhafte Fantasie so trübsinnig und bis zur Gemeinheit einförmig ist, die Sklavin eines Schattens, der Idee, die Sklavin der ersten besten Wolke, die plötzlich die Sonne verdeckt und das echte Petersburger Herz mit Gram erfüllt, das seine Sonne so liebt und schätzt; und nun gar erst im Kummer, da versagt die Fantasie gänzlich! Man fühlt, dass sie schließlich müde wird und sich in der steten Anspannung erschöpft, diese ›unerschöpfliche‹ Fantasie, denn man wird ja doch zum Mann und wächst aus seinen früheren Idealen heraus: Sie zerfallen in Schutt und Trümmer, und wenn man dann kein anderes Leben hat, so muss man sich aus diesen Trümmern ein solches zurechtbauen. Dabei aber wünscht und begehrt die Seele doch etwas ganz anderes! Und vergebens wühlt der Träumer wie in einem Aschenhaufen in seinen alten Träumereien herum und sucht in dieser Asche wenigstens ein Fünkelchen, um es anzublasen und an dem wieder angefachten Feuer das erkaltete Herz zu wärmen und in ihm alles wieder zum Leben zu erwecken, was ihm ehemals so lieb war und seine Seele rührte und sein Blut in Wallung versetzte und ihm Tränen aus den Augen lockte und ein so prächtiges Blendwerk war! Wissen Sie wohl, Nastenka, wie weit ich schon gekommen bin? Wissen Sie wohl, dass ich mich schon genötigt sehe, die Jahrestage meiner Empfindungen zu feiern, die Jahrestage dessen, was mir einstmals so lieb und wert war, aber in Wirklichkeit niemals existiert hat? (Denn diese Feiern veranstalte ich zum Gedächtnis an eben jene dummen, wesenlosen Träumereien.) Und zwar muss ich das tun, weil auch solche dummen Träumereien bei mir nicht mehr vorhanden sind, da ich keine Möglichkeit habe, mir welche durch mein Leben zu erwerben, denn auch Träumereien muss man durch das Leben erwerben! Wissen Sie wohl, dass ich es jetzt liebe, mich an diejenigen Plätze zu erinnern, wo ich früher einmal in meiner Art glücklich gewesen bin, und sie zu bestimmter Zeit zu besuchen, es liebe, meine Gegenwart mit der unwiederbringlichen Vergangenheit auf denselben Ton zu stimmen, und oftmals wie ein Schatten ohne

Zweck und Ziel melancholisch und traurig durch die Straßen und Gassen Petersburgs irre? Und was sind das alles für Erinnerungen! Da erinnert man sich zum Beispiel, dass man hier, gerade vor einem Jahr, genau zu dieser selben Tageszeit, zu dieser selben Stunde auf diesem selben Trottoir ebenso einsam und ebenso trübsinnig wie jetzt umhergewandert ist! Und da erinnert man sich dann, dass man sich auch damals traurigen Fantasien überließ; und wenn es auch in Wirklichkeit damals nicht besser war, so hat man doch die Empfindung, als hätte man damals ein besseres, ruhigeres Leben geführt und nicht diese schwarzen Gedanken gehabt, die sich jetzt wie Kletten an einen gehängt haben, und nicht diese traurigen, grimmigen Gewissensbisse, die einem bei Tag und Nacht keine Ruhe lassen. Und man fragt sich: ›Wo sind denn deine Träumereien geblieben?‹ Und man schüttelt den Kopf und sagt: ›Wie schnell doch die Jahre dahinfliegen!‹ Und wieder fragt man sich: ›Was hast du mit deinen Jahren gemacht? Wie hast du deine beste Zeit vergeudet? Hast du überhaupt wahrhaft gelebt? Sieh nur‹, sagt man zu sich selbst, ›sieh nur, wie kalt es in der Welt wird! Nun werden noch ein paar Jahre vergehen, und nach denen kommt die mürrische Einsamkeit und das zittrige Alter mit der Krücke und dann Gram und Trübsal. Deine fantastische Welt wird verblassen, deine Träumereien werden dahinwelken und sterben und abfallen wie die gelben Blätter von den Bäumen.‹ Oh Nastenka, es wird schrecklich sein, allein dazubleiben, vollständig allein, und nicht einmal etwas zu haben, um das man trauern könnte, nichts, gar nichts, denn alles, was man verloren hat, ist doch nichts Wirkliches gewesen, nur eine dumme bloße Null, nur eine Träumerei!«

»Na, machen Sie meine Rührung nicht noch größer!«, sagte Nastenka und wischte sich ein paar Tränchen weg, die ihr aus den Augen rollten. »Jetzt hat das ein Ende! Jetzt werden wir zu zweien sein; jetzt werden wir, was auch immer mit mir geschehen mag, uns nie mehr voneinander trennen. Hören Sie, ich bin ein einfaches Mädchen; ich habe nur wenig gelernt, obgleich mir meine Großmutter einen Lehrer gehalten hat, aber wirklich, ich verstehe Sie, weil ich alles das, was Sie mir jetzt erzählt haben, bereits selbst erlebt habe, als mich meine Großmutter an ihr Kleid festgesteckt hatte. Allerdings hätte ich es nicht so schön erzählen können, wie Sie es erzählt haben; ich habe das nicht gelernt«, fügte sie schüchtern hinzu, da sie immer noch eine Art von Respekt vor meiner pathetischen Redeweise und vor meinem hohen Stil empfand, »aber ich freue mich sehr, dass Sie mir Ihr Herz so vollständig ausgeschüttet haben. Jetzt kenne ich Sie ganz und gar, durch und durch. Und wissen Sie was? Ich will Ihnen nun auch meine Lebensgeschichte erzählen, vollständig, ohne etwas zu verheimlichen; und nachher sollen Sie mir einen Rat geben. Sie sind ein sehr kluger Mensch; wollen Sie mir versprechen, dass Sie mir diesen Rat geben werden?«

»Ach, Nastenka«, antwortete ich, »obwohl ich noch nie ein Ratgeber gewesen bin und am allerwenigsten ein kluger Ratgeber, so sehe ich doch jetzt ein, dass, wenn wir immer in dieser Weise zusammen weiterleben, das sehr verständig sein wird und jeder von uns dem andern eine Menge kluger Ratschläge wird geben können! Nun also, meine hübsche Nastenka, was brauchen Sie denn für einen Rat? Sagen Sie es mir frei heraus; ich bin jetzt so vergnügt und glücklich und mutig und klug, dass ich um eine Antwort nicht verlegen sein werde.«

»Nein, nein«, unterbrach mich Nastenka lachend. »Ich brauche nicht nur einen klugen Rat, sondern auch einen von Herzen kommenden, brüderlichen Rat, als hätten Sie mich schon Ihr ganzes Leben lang lieb gehabt!«

»Abgemacht, Nastenka!«, rief ich ganz entzückt. »Und wenn ich Sie schon zwanzig Jahre lang liebte, so könnte ich Sie doch nicht stärker lieben, als ich es jetzt tue!«

»Geben Sie mir Ihre Hand darauf!«, sagte Nastenka.

»Da ist sie!«, sagte ich und gab ihr meine Hand.

»Also dann wollen wir meine Lebensgeschichte anfangen!«

Nastenkas Lebensgeschichte

»Die Hälfte meiner Lebensgeschichte kennen Sie schon, das heißt, Sie wissen, dass ich eine alte Großmutter habe …«

»Wenn die andere Hälfte ebenso kurz ist wie diese …«, unterbrach ich sie lachend.

»Schweigen Sie still, und hören Sie zu! Vor allen Dingen eine Bedingung: Sie dürfen mich nicht unterbrechen; sonst werde ich am Ende noch ganz konfus. Na, dann hören Sie also ruhig zu!

Ich habe eine alte Großmutter. Ich bin schon als ganz kleines Mädchen zu ihr gekommen, denn mein Vater und meine Mutter waren gestorben. Es ist anzunehmen, dass meine Großmutter früher reicher gewesen ist, denn sie spricht auch jetzt noch manchmal von besseren Tagen. Sie selbst unterrichtete mich im Französischen und nahm dann für mich einen Lehrer an. Als ich fünfzehn Jahre alt war (jetzt bin ich siebzehn), hörte mein Unterricht auf. Und in dieser Zeit war es, dass ich einen Streich verübte; was ich getan habe, werde ich Ihnen nicht sagen; genug, dass das Vergehen nicht allzu groß war. Aber die Großmutter rief mich eines Morgens zu sich und sagte, da sie blind sei, könne sie mich nicht beaufsichtigen, nahm eine Stecknadel und steckte mein Kleid an dem ihrigen fest; und dann erklärte sie mir, so würden wir nun das ganze Leben lang sitzen, wenn ich mich nämlich nicht besserte. Kurz, in der ersten Zeit hatte ich schlechterdings keine Möglichkeit fortzugehen: Ob ich nun arbeitete oder las oder lernte, immer musste ich neben der Großmutter sitzen. Einmal versuchte ich es mit einer List und überredete Fjokla, sich auf meinen Platz zu setzen. Fjokla ist unsere Magd; sie ist taub. Fjokla setzte sich statt meiner hin; die Großmutter schlief gerade in ihrem Lehnstuhl; ich aber begab mich zu einer nicht weit entfernt wohnenden Freundin. Na, aber die Sache lief übel ab. Die Großmutter wachte während meiner Abwesenheit auf und fragte nach etwas, in der Meinung, dass ich immer noch ruhig auf meinem Platz säße. Fjokla sah zwar, dass die Großmutter etwas fragte, hörte aber nicht, wonach; sie überlegte nun angestrengt, was sie tun sollte, zog die Stecknadel heraus und lief davon …«

Hier hielt Nastenka inne und fing an zu lachen.

Ich stimmte in ihr Lachen mit ein. Aber sie hörte sogleich wieder auf.

»Hören Sie, lachen Sie nicht über meine Großmutter! Ich lache nur deswegen, weil die Sache komisch war … Was ist da zu machen, wenn die Großmutter doch nun einmal so ist? Und ich habe sie trotz alledem ein bisschen lieb. Na, aber damals bekam ich eine gehörige Kopfwäsche: Ich musste mich sogleich wieder auf meinen Platz setzen und durfte mich nun nie, nie von der Stelle rühren.

Aber ich habe noch vergessen, Ihnen zu sagen, dass wir ein eigenes Haus besitzen, das heißt, die Großmutter besitzt es; es ist ein ganz kleines Häuschen, mit nur drei Fenstern in der Front, ganz von Holz gebaut und ebenso alt wie die Großmutter; und oben hat es noch ein Halbgeschoss; und in dieses Halbgeschoss zog zu uns ein neuer Mieter ein …«

»Also muss doch auch ein alter Mieter vorhanden gewesen sein«, bemerkte ich so nebenbei.

»Natürlich ist einer vorhanden gewesen«, antwortete Nastenka, »und zwar einer, der besser zu schweigen verstand als Sie. Allerdings war er auch kaum im Stande, seine Zunge zu bewegen. Es war ein altes Männchen, dürr, stumm, blind, lahm, sodass es ihm zuletzt nicht mehr möglich war, auf der Welt zu leben, und er starb. Da brauchten wir nun einen neuen Mieter, denn ohne einen Mieter konnten wir nicht leben: Die Miete und Großmutters Pension bilden fast unsere ganze Einnahme. Es traf sich, dass der neue Mieter ein junger Mann war, der von auswärts nach Petersburg gezogen war. Da er vom Mietzins nichts abzuhandeln versuchte, so nahm ihn die Großmutter an. Nachher aber erkundigte sie sich bei mir: ›Sag mal, Nastenka, ist unser Mieter jung oder alt?‹ Ich wollte nicht lügen und sagte: ›Nun, so so, Großmutter; er ist gerade nicht jung, aber auch noch nicht alt.‹ ›Und hat er ein angenehmes Äußeres?‹, fragte die Großmutter weiter. Ich wollte wieder nicht lügen. ›Ja, er hat ein angenehmes Äußeres, Großmutter‹, erwiderte ich. Aber die Großmutter sagte: ›Ach, ist das eine Strafe Gottes, ist das eine Strafe Gottes! Ich sage dir, Enkelin, sieh mir nicht zu viel nach ihm hin! Was sind das jetzt für Zeiten! Da haben wir's! Ein Mieter in geringen Verhältnissen und auch noch mit einem angenehmen Äußern! In der alten Zeit war das anders!‹

Die Großmutter rühmt immer die alte Zeit. In der alten Zeit ist sie selbst jünger gewesen, und die Sonne hat in der alten Zeit mehr gewärmt, und die Sahne ist in der alten Zeit nicht so schnell sauer geworden – alles ist in der alten Zeit besser gewesen! Da saß ich nun und schwieg und dachte bei mir: ›Warum bringt mich denn die Großmutter selbst auf so einen Gedanken durch die Frage, ob der Mieter hübsch und jung sei?‹ Aber dieser Gedanke dauerte bei mir nur ein kleines Weilchen; dann fing ich gleich wieder an, die Maschen zu zählen und an dem Strumpf weiterzustricken, und dann vergaß ich die Sache vollständig.

Da kam eines Morgens der Mieter zu uns und sagte, es sei ihm doch versprochen worden, dass sein Zimmer neu tapeziert werden sollte; wie es damit stände. So entstand ein Gespräch, denn die Großmutter redet gern. Und da sagte sie zu mir: ›Geh doch mal in meine Schlafstube, Nastenka, und hole die Rechenmaschine!‹ Ich sprang sogleich auf und wurde dabei, ich weiß nicht warum, ganz rot, aber ich vergaß, dass ich festgesteckt dagesessen hatte, und statt die Nadel still herauszuziehen, damit es der Mieter nicht merkte, riss ich dermaßen, dass Großmutters Lehnstuhl einen Ruck bekam. Als ich nun sah, dass der Mieter jetzt alles über mich wusste, wurde ich dunkelrot, blieb wie angeschmiedet auf dem Fleck stehen und brach plötzlich in Tränen aus: Ich schämte mich so bitterlich, dass ich am liebsten gestorben wäre! Die Großmutter rief: ›Was stehst du denn noch?‹ Aber ich weinte nur noch ärger … Als der Mieter nun sah, dass ich mich vor ihm schämte, empfahl er sich und ging sogleich weg.

Seitdem war ich, sobald ich auf dem Flur ein Geräusch hörte, immer gleich halb tot. ›Da kommt der Mieter‹, dachte ich und zog für jeden Fall sachte die Nadel heraus. Aber er war es nie, er kam nicht. So vergingen zwei Wochen; da ließ uns der Mieter durch Fjokla sagen, er habe viele französische Bücher, und es seien lauter gute Bücher, sodass man sie lesen könne; ob also die Großmutter nicht wünsche, dass ich sie ihr vorläse, damit wir uns nicht langweilten. Die Großmutter nahm das Anerbieten mit Dank an, ließ aber nochmals fragen, ob es auch moralische Bücher seien; ›denn wenn es unmoralische Bücher sind, Nastenka‹, sagte sie, ›dann darfst du sie unter keinen Umständen lesen; du würdest daraus Schlechtigkeiten lernen.‹

›Was würde ich denn daraus lernen, Großmutter? Was steht denn darin?‹

›In solchen Büchern‹, sagte sie, ›steht, wie junge Männer anständige junge Mädchen verlocken, wie sie unter dem Vorwand, sie heiraten zu wollen, sie aus dem Elternhaus entführen und dann die unglücklichen jungen Mädchen ihrem Schicksal überlassen, und wie diese dann auf die kläglichste Weise zugrunde gehen. Ich habe‹, sagte die Großmutter, ›viele solche Bücher gelesen, und alles‹, sagte sie, ›ist darin so schön geschildert, dass man die ganze Nacht sitzt und heimlich liest. Und darum‹, sagte sie, ›sei du auf deiner Hut, Nastenka, und lies sie nicht! Was hat er denn für Bücher geschickt?‹, sagte sie.

›Es sind lauter Romane von Walter Scott, Großmutter.‹

›Romane von Walter Scott! Aber ich wollte noch sagen: Steckt da auch nicht eine Spitzbüberei dahinter? Sieh einmal zu, hat er auch nicht ein Liebesbriefchen hineingelegt?‹

›Nein, Großmutter‹, erwiderte ich; ›es ist kein Briefchen da.‹

›Sieh doch unter dem Einband am Rücken nach; manchmal stecken sie ein Zettelchen dorthin, die Bösewichter! …‹

›Nein, Großmutter, auch unter dem Einband ist nichts.‹

›Na, dann ist es gut!‹

So fingen wir denn an, Walter Scott zu lesen, und hatten nach etwa einem Monat fast die Hälfte durch. Dann schickte er uns immer wieder neue Bücher. Auch Puschkin schickte er uns, sodass ich schließlich ohne Bücher gar nicht mehr existieren konnte und nicht mehr dachte: Wenn ich doch einen chinesischen Prinzen heiratete!

So stand die Sache, als es sich einmal traf, dass ich unserm Mieter auf der Treppe begegnete. Die Großmutter hatte mich nach oben geschickt, um etwas zu holen. Er blieb stehen, ich errötete, und er errötete ebenfalls; jedoch fing er an zu lachen, begrüßte mich, erkundigte sich nach dem Befinden der Großmutter und sagte: ›Nun, haben Sie die Bücher gelesen?‹ Ich antwortete: ›Ja.‹ ›Was hat Ihnen denn am besten gefallen?‹ Ich antwortete: ›Am besten haben mir Ivanhoe und Puschkin gefallen.‹ Damit war unser Gespräch für diesmal zu Ende.

Eine Woche darauf begegnete ich ihm wieder auf der Treppe. Diesmal hatte mich nicht die Großmutter geschickt, sondern ich hatte selbst etwas nötig. Es war zwischen zwei und drei Uhr, und um diese Zeit pflegte unser Mieter nach Hause zu kommen. ›Guten Tag!‹, sagte er. Ich erwiderte ihm:

›Guten Tag!‹

›Ist Ihnen denn das nicht langweilig‹, sagte er, ›so den ganzen Tag mit der Großmutter zusammenzusitzen?‹

Als er mich so fragte, wurde ich, ich weiß nicht warum, dunkelrot; ich schämte mich und fühlte mich wieder gekränkt, wohl deshalb, weil schon andere Leute danach zu fragen anfingen. Ich wollte eigentlich, ohne zu antworten, weggehen, hatte aber nicht die Kraft dazu.

›Hören Sie‹, sagte er, ›Sie sind ein gutes Mädchen! Entschuldigen Sie, dass ich so mit Ihnen rede, aber ich versichere Sie, ich meine es besser mit Ihnen als Ihre Großmutter. Haben Sie denn keine Freundinnen, zu denen Sie manchmal gehen könnten?‹

Ich antwortete ihm, ich hätte keine; ich hätte eine Freundin, Maschenka, gehabt, aber die sei nach Pskow gezogen.

›Wissen Sie was‹, sagte er, ›wollen Sie mit mir ins Theater fahren?‹

›Ins Theater? Aber was würde die Großmutter dazu sagen?‹

›Aber Sie können es ja ohne Wissen der Großmutter tun‹, sagte er.

›Nein‹, sagte ich, ›die Großmutter hintergehen, das will ich nicht. Adieu!‹

›Na, dann adieu!‹, sagte er, ohne noch etwas hinzuzufügen.

Aber nach dem Mittagessen kam er zu uns; er setzte sich hin, unterhielt sich lange mit der Großmutter, erkundigte sich, ob sie denn nirgendwo hinginge, und ob sie keine Bekannten habe, und auf einmal sagte er: ›Ich habe heute eine Loge im Opernhaus genommen; es wird der Barbier von Sevilla gegeben; Bekannte von mir wollten hinkommen, haben mir dann aber abgesagt, und ich weiß nun nicht, was ich mit dem Billett anfangen soll.‹

›Der Barbier von Sevilla!‹, rief die Großmutter. ›Ist das derselbe Barbier, der schon zu meiner Zeit gegeben wurde?‹

›Ja‹, sagte er, ›es ist derselbe Barbier‹, und dabei sah er mich an. Ich aber hatte bereits alles begriffen, errötete, und das Herz hüpfte mir vor freudiger Erwartung!

›Aber gewiss‹, sagte die Großmutter, ›wie sollte ich den nicht kennen! Ich habe selbst vor langen Jahren auf einer Hausbühne die Rosina gesungen!‹

›Hätten Sie dann nicht Lust, heute ins Theater zu kommen?‹, fragte der Mieter. ›Sonst kommt mein Billett nutzlos um.‹

›Nun, in Gottes Namen, fahren wir hin!‹, antwortete die Großmutter. ›Warum auch nicht? Meine Enkelin Nastenka hier ist noch nie im Theater gewesen.‹

Mein Gott, was war das für eine Freude! Wir machten uns sofort zurecht, putzten uns und fuhren hin. Wenn die Großmutter auch blind war, so wollte sie doch gern die Musik hören, und außerdem ist sie eine gute alte Frau: Hauptsächlich wollte sie mir ein Vergnügen verschaffen; von selbst aber wären wir nie in die Oper gekommen. Nun, welchen Eindruck der Barbier von Sevilla auf mich machte, das will ich Ihnen nicht schildern, aber unser Mieter sah mich diesen ganzen Abend über so freundlich an und redete so freundlich mit mir, dass ich sofort erkannte, dass er mich vor Tisch nur hatte auf die Probe stellen wollen, als er mir vorschlug, ich möchte mit ihm allein in die Oper fahren. Nun also, das war eine Freude! Ich legte mich so stolz und so vergnügt schlafen, und mein Herz schlug so stark, dass ich ordentlich ein bisschen fieberte und die ganze Nacht über von dem Barbier von Sevilla fantasierte.

Ich dachte, er würde nun immer häufiger zu uns kommen, aber das geschah nicht. Er stellte seine Besuche fast ganz ein. Er kam nur so etwa einmal im Monat, und nur um uns ins Theater einzuladen. Ein paarmal fuhren wir denn auch wieder mit ihm hin. Aber mit diesem Gang der Dinge war ich gar nicht zufrieden. Ich sah, dass ich ihm einfach leidtat, weil ich bei der Großmutter ein so freudloses Leben hatte, und weiter nichts. Und je länger das dauerte, umso schlechter wurde meine Stimmung: Ich konnte nicht still sitzen, und ich konnte nicht lesen, und ich konnte nicht arbeiten; manchmal lachte ich und tat der Großmutter etwas zum Possen; ein andermal weinte ich geradezu. Zuletzt magerte ich ganz ab und wurde beinah krank. Die Opernsaison war zu Ende, und unser Mieter hörte nun ganz auf, zu uns zu kommen; wenn wir uns begegneten (natürlich immer auf derselben Treppe), grüßte er nur schweigend und mit so ernster Miene, als wolle er nicht mit mir sprechen; ich aber stand, wenn er schon die Treppe ganz hinauf war, immer noch auf halber Höhe, rot wie eine Kirsche, denn sobald ich ihm begegnete, strömte mir alles Blut nach dem Kopf.

Jetzt bin ich mit meiner Geschichte gleich am Ende. Gerade vor einem Jahr, im Mai, kam unser Mieter zu uns und sagte zur Großmutter, er habe hier seine Geschäfte vollständig erledigt und müsse wieder auf ein Jahr nach Moskau fahren. Als ich das hörte, wurde ich blass und sank wie tot auf einen Stuhl. Die Großmutter merkte nichts davon; er aber teilte uns mit, dass er von uns ausziehe, empfahl sich uns und ging hinaus.

Was sollte ich nun tun? Ich überlegte lange und härmte mich lange ab; endlich fasste ich einen Entschluss. Am nächsten Tag wollte er wegreisen, und so beschloss ich denn, noch an diesem Abend, wenn meine Großmutter würde schlafen gegangen sein, alles zum Ende zu bringen. Das tat ich denn auch. Ich band alles, was ich an Kleidern besaß, sowie die nötige Wäsche in ein Bündel zusammen und ging mit dem Bündel in der Hand, mehr tot als lebendig, in das Halbgeschoss zu unserem Mieter. Ich glaube, ich brauchte eine ganze Stunde, um die Treppe hinaufzukommen. Als ich die Tür zu seinem Zimmer öffnete, schrie er bei meinem Anblick nur so auf. Er glaubte zuerst, ich sei ein Gespenst, und stürzte dann zur Wasserkaraffe, um mir ein Glas Wasser zu reichen, da ich mich kaum auf den Beinen halten konnte. Mein Herz schlug so heftig, dass mir der Kopf davon wehtat und mein Denkvermögen sich trübte. Als ich wieder zur Besinnung kam, war das Erste, was ich tat, dass ich mein Bündel auf sein Bett legte, mich daneben setzte, das Gesicht mit den Händen bedeckte und in einen Strom von Tränen ausbrach. Er schien alles im Nu begriffen zu haben, stand ganz blass vor mir und sah mich so traurig an, dass mir beinahe das Herz brach.

›Hören Sie mich an‹, begann er, ›hören Sie mich an, Nastenka! Ich kann da nichts tun; ich bin ein armer Mensch; ich besitze vorläufig nichts, gar nichts, nicht einmal eine ordentliche Stellung; wie sollten wir da leben, wenn ich Sie heiratete?‹

Wir sprachen lange darüber, aber zuletzt geriet ich ganz in Verzweiflung und sagte, ich könne bei der Großmutter nicht länger leben; ich würde von ihr weglaufen; ich wolle nicht, dass ich mit einer Nadel festgesteckt würde, und wenn er wolle, würde ich mit ihm nach Moskau fahren, denn ich könne ohne ihn nicht leben. Scham und Liebe und Stolz, alles kam zugleich in meinen Worten zum Ausdruck, und ich sank, wie von Krämpfen befallen, auf das Bett nieder. Ich hatte eine schreckliche Angst, er könnte mich zurückweisen!

Er saß einige Minuten schweigend da, dann stand er auf, trat zu mir und ergriff mich bei der Hand.

›Hören Sie zu, meine gute, liebe Nastenka!‹, begann er, ebenfalls weinend; ›Hören Sie zu! Ich schwöre Ihnen, dass, wenn ich jemals im Stande sein werde zu heiraten, keine andere als Sie mich glücklich machen wird. Hören Sie: Ich werde nach Moskau fahren und dort ein Jahr lang bleiben. Ich hoffe, dass es mir gelingen wird, zu einer gesicherten Lebensstellung zu gelangen. Wenn ich zurückkomme und Sie mich dann immer noch lieben, so schwöre ich Ihnen: Wir werden zusammen glücklich werden. Jetzt aber ist es unmöglich; ich darf Ihnen nichts versprechen, ich bin dazu nicht berechtigt. Aber ich erkläre Ihnen: Sollte es nach Ablauf eines Jahres noch nicht möglich sein, so wird es unfehlbar zu einem späteren Zeitpunkt zur Ausführung kommen; selbstverständlich nur in dem Fall, dass Sie mir nicht einen andern vorziehen, denn Sie durch ein Versprechen zu binden, das steht mir nicht zu, und das wage ich nicht.‹

Das war's, was er zu mir sagte; am andern Tag reiste er ab. Wir waren übereingekommen, der Großmutter nichts davon zu sagen. Er hatte es so gewünscht. Und sehen Sie, jetzt ist meine ganze Geschichte auch fast zu Ende. Es ist gerade ein Jahr vergangen. Er ist angekommen; er ist schon ganze drei Tage hier, und … und …«

»Nun, und was?«, rief ich in meiner Ungeduld, das Ende zu hören.

»Er hat sich bis jetzt noch nicht blicken lassen!«, antwortete Nastenka, wie wenn sie sich gewaltsam zusammennähme. »Es ist nichts von ihm zu sehen und zu hören ...«

Hier stockte sie, verstummte, ließ den Kopf sinken, verbarg das Gesicht mit den Händen und schluchzte auf einmal so heftig los, dass sich mir das Herz im Leib umdrehte.

Einen solchen Ausgang hatte ich in keiner Weise erwartet gehabt.

»Nastenka!«, redete ich ihr mit schüchterner Stimme freundlich zu. »Nastenka! Um Gottes willen, weinen Sie nicht so! Woher wissen Sie es denn? Vielleicht ist er noch gar nicht hier ...«

»Er ist hier, er ist hier!«, fiel mir Nastenka ins Wort. »Er ist hier; ich weiß es. Wir hatten schon damals, an jenem Abend, am Tag vor seiner Abreise, eine Verabredung getroffen: Als wir das alles miteinander gesprochen hatten, was ich Ihnen soeben erzählt habe, da verließen wir das Haus und machten zusammen einen Spaziergang, gerade nach dieser Uferstraße. Es war zehn Uhr; wir saßen auf dieser Bank; ich weinte nicht mehr, ich hörte voll Wonne, was er sagte. Er sagte, er werde gleich nach seiner Rückkehr zu uns kommen, und wenn ich ihm dann keine abschlägige Antwort gäbe, so würden wir alles der Großmutter sagen. Jetzt ist er angekommen, das weiß ich, aber er lässt sich nicht sehen, er lässt sich nicht sehen!«

Und sie brach von Neuem in Tränen aus.

»Oh Gott! Ist es denn gar nicht möglich, Ihnen in Ihrem Kummer zu helfen?«, rief ich und sprang in heller Verzweiflung von der Bank auf. »Sagen Sie, Nastenka, kann nicht wenigstens ich zu ihm hingehen?«

»Geht denn das?«, sagte sie, indem sie auf einmal den Kopf in die Höhe hob.

»Nein, selbstverständlich geht das nicht!«, erwiderte ich, meine Gedanken sammelnd. »Aber wissen Sie was: Schreiben Sie ihm einen Brief!«

»Nein, das ist unmöglich, das geht nicht!«, antwortete sie in entschiedenem Ton, aber sie senkte dabei den Kopf und sah mich nicht mehr an.

»Das geht nicht? Warum soll es nicht gehen?«, fuhr ich, an meiner Idee festhaltend, fort.

»Aber, wissen Sie, Nastenka, es kommt darauf an, was es für ein Brief ist! Brief und Brief, das ist ein Unterschied, und … Ach, Nastenka, das ist das Richtige! Verlassen Sie sich auf mich, verlassen Sie sich auf mich! Ich werde Ihnen keinen schlechten Rat geben. Das lässt sich alles einrenken! Sie haben ja den ersten Schritt getan; warum sollten Sie jetzt nicht …«

»Es ist unmöglich, es ist unmöglich! Da würde ich mich ihm ja gewissermaßen aufdrängen …«

»Ach, nicht doch, meine gute Nastenka«, unterbrach ich sie, ohne ein Lächeln zu verbergen, »nicht doch; Sie haben schließlich ein Recht dazu, da er Ihnen ein Versprechen gegeben hat. Und ich ersehe doch auch aus allem, dass er ein taktvoller Mensch ist und anständig gehandelt hat«, fuhr ich fort. Die logische Richtigkeit meiner eigenen Schlussfolgerungen und Überzeugungen versetzte mich in immer größeres Entzücken. »Denn wie hat er gehandelt? Er hat sich durch ein Versprechen gebunden. Er hat gesagt, er werde keine andere als Sie heiraten, wenn er überhaupt zum Heiraten komme; Ihnen aber hat er volle Freiheit gelassen, sodass Sie sich sogar jeden Augenblick von ihm lossagen können. Unter solchen Umständen dürfen Sie den ersten Schritt tun, Sie haben ein Recht dazu. Sie haben ihm gegenüber ein Vorrecht, allerdings, wenn Sie ihn seines gegebenen Wortes entbinden wollten …«

»Hören Sie, wie würden Sie das schreiben?«

»Was denn?«

»Nun, diesen Brief.«

»Ich würde so schreiben: ›Geehrter Herr …‹«

»Ist das unbedingt notwendig: ›Geehrter Herr‹?«

»Unbedingt! Übrigens, warum auch nicht? Ich möchte meinen …«

»Nun ja, nun ja; weiter!«

»›Geehrter Herr! Entschuldigen Sie, dass ich …‹ Aber nein, es sind keinerlei Entschuldigungen erforderlich! Hier rechtfertigen die Verhältnisse selbst alles. Schreiben Sie einfach: ›Ich schreibe an Sie. Verzeihen Sie meine Ungeduld, aber ich habe mich ein ganzes Jahr lang in meiner Hoffnung glücklich gefühlt. Bin ich zu schelten, wenn ich jetzt auch nicht einen Tag der Ungewissheit ertragen kann? Da Sie bereits zurückgekehrt sind, haben Sie vielleicht Ihre Absichten schon geändert. Dann soll Ihnen dieser Brief sagen, dass ich nicht murre und Ihnen keinen Vorwurf mache. Ich mache Ihnen keinen Vorwurf dafür, dass ich über Ihr Herz keine Gewalt habe, das muss ich dann als mein vorbestimmtes Schicksal ansehen! … Sie sind ein edel denkender Mann. Sie werden über meine ungeduldigen Zeilen nicht lächeln und nicht verdrießlich werden. Denken Sie daran, dass ein armes Mädchen sie schreibt, dass sie ganz allein dasteht, dass sie niemanden hat, der sie belehren oder ihr raten könnte, und dass sie es niemals verstanden hat, ihr Herz zu bezwingen. Aber verzeihen Sie mir, dass sich in meine Seele auch nur für einen Augenblick ein Zweifel eingeschlichen hat. Sie sind nicht fähig, auch nur in Gedanken diejenige zu kränken, die Sie so geliebt hat und noch liebt.‹«

»Ja, ja, das ist genau so, wie ich es mir auch gedacht hatte!«, rief Nastenka, und ihre Augen strahlten vor Freude. »Oh, Sie haben meine Bedenken verscheucht; Sie hat mir Gott selbst gesandt! Ich danke Ihnen, ich danke Ihnen!«

»Wofür? Dafür, dass mich Gott Ihnen gesandt hat?«, antwortete ich, mit Entzücken ihr freudestrahlendes Gesichtchen betrachtend.

»Ja, auch dafür.«

»Ach, Nastenka! Manchen Menschen sind wir ja wirklich schon dafür dankbar, dass sie mit uns zusammenleben. Ich bin Ihnen dafür dankbar, dass Sie mir begegnet sind, und dafür, dass ich nun mein ganzes Leben lang an Sie denken werde!«

»Nun genug davon, genug! Aber jetzt hören Sie einmal: Wir haben damals verabredet, gleich nach seiner Rückkehr solle er mir in der Weise Nachricht zugehen lassen, dass er einen Brief für mich an einer bestimmten Stelle hinterlege, bei den einzigen Bekannten, die ich habe, guten, einfachen Leuten, die von dieser Sache nichts wissen; oder im Falle es nicht angängig sei, mir einen Brief zu schreiben, da man in einem Brief nicht immer alles sagen kann, so solle er gleich am Tag seiner Rückkehr sich Punkt zehn Uhr hier einstellen, wo wir uns dann treffen würden. Dass er angekommen ist, weiß ich bereits, aber es ist nun schon der dritte Tag, und noch habe ich weder einen Brief erhalten noch ihn selbst gesehen. Vormittags kann ich mich von der Großmutter nicht entfernen. Übergeben Sie, bitte, meinen Brief morgen persönlich den guten Leuten, von denen ich Ihnen soeben sagte: Diese werden ihn ihm schon übermitteln, und wenn eine Antwort kommt, so bringen Sie sie mir abends um zehn Uhr persönlich hierher!«

»Aber der Brief, der Brief! Zuerst muss ja doch der Brief geschrieben werden! Also werde ich das alles erst übermorgen ausführen können.«

»Der Brief ...«, antwortete Nastenka etwas verlegen, »der Brief ... aber ...«

Aber sie sprach nicht zu Ende. Sie wendete zuerst ihr Gesichtchen von mir ab, wurde rot wie eine Rose, und auf einmal fühlte ich in meiner Hand einen Brief, der offenbar schon längst geschrieben, völlig fertig gemacht und versiegelt war. Die Erinnerung an eine wohlbekannte, hübsche, anmutige Szene wurde in meinem Kopf wach.

»R, o: Ro; s, i: si; n, a: na«, begann ich buchstabierend.

»Rosina!«, riefen wir beide vergnügt; ich umarmte sie beinahe vor Entzücken; sie aber wurde so rot, wie man überhaupt nur werden kann, und lachte durch ihre Tränen hindurch, die wie Perlchen an ihren schwarzen Wimpern zitterten.

»Nun genug, genug! Jetzt adieu!«, sagte sie hastig. »Da haben Sie also den Brief, und darauf ist auch angegeben, wohin Sie ihn bringen müssen. Leben Sie wohl! Auf Wiedersehen morgen!«

Sie drückte mir kräftig beide Hände, nickte mir noch einmal zu und huschte wie ein Pfeil in ihre Seitenstraße. Ich stand noch lange auf meinem Fleck und folgte ihr mit den Augen.

»Auf Wiedersehen morgen! Auf Wiedersehen morgen!«, ging es mir durch den Kopf, als sie meinen Blicken entschwunden war.

Die dritte Nacht

Heute war ein trüber, regnerischer Tag, ohne Sonnenschein, ein Sinnbild des Alters, das mir bevorsteht. Es bedrücken mich so seltsame Gedanken, so dunkle Empfindungen, und es drängen sich in meinem Kopf so viele mir noch unklare Fragen, aber doch habe ich weder die Kraft noch den Wunsch, sie zu lösen. Das versuche ich gar nicht.

Heute werden wir uns nicht sehen. Als wir gestern voneinander Abschied nahmen, fingen Wolken an, den Himmel zu überziehen, und es erhob sich ein dichter Nebel. Ich sagte, wir würden morgen schlechtes Wetter haben; sie antwortete nicht, da sie nichts sagen mochte, was ihrer Stimmung widerstritten hätte: Sie hoffte, dass dieser Tag für sie ein heller, klarer sein und kein Wölkchen ihr Glück trüben werde.

»Wenn es regnen sollte, werden wir uns nicht sehen!«, sagte sie nur, »dann komme ich nicht.«

Ich glaubte, sie würde den heutigen Regen gar nicht beachten, aber sie kam nicht.

Gestern war unsere dritte Zusammenkunft, unsere dritte helle Nacht …

Aber wie doch Freude und Glück einen Menschen verschönen! Wie einem das Herz von Liebe schwillt! Es ist, als wolle man sein ganzes eigenes Herz in ein anderes Herz ausgießen, als wolle man, dass alle Menschen fröhlich seien und lachten. Und wie ansteckend diese Freude ist! Gestern lag in ihren Worten so viel Zärtlichkeit, so viel Herzensgüte gegen mich! Wie nett und freundlich sie sich gegen mich benahm, wie sie mein Herz ermutigte und liebkoste! Oh, wie viel Mühe gab sie sich in ihrer Glückseligkeit, mir zu gefallen. Ich aber … Ich nahm das alles für bare Münze und dachte, dass sie …

Aber, mein Gott, wie konnte ich das nur denken? Wie konnte ich nur so blind sein, da doch alles schon von einem andern in Besitz genommen war, alles nicht mir gehörte, und da doch sogar diese ihre Freundlichkeit, ihre Zärtlichkeit, ihre Liebe (ja, ihre Liebe zu mir!) nichts anderes war als die Freude über das baldige Wiedersehen mit einem andern und der Wunsch, auch mich an ihrem Glück teilnehmen zu lassen? … Als er aber dann nicht kam und wir vergebens warteten, da wurde sie traurig, ängstlich und kleinmütig. Alle ihre Bewegungen, alle ihre Worte verloren ihren leichten, scherzhaften, heiteren Charakter. Und sonderbar: Sie verdoppelte ihre Liebenswürdigkeit gegen mich, anscheinend in dem instinktiven Wunsch, mir das Glück zu spenden, das sie sich selbst wünschte und von dem sie fürchtete, dass es ihr selbst nicht zuteilwerden würde. In ihrer Angst und Verzagtheit schien meine Nastenka endlich zu begreifen, dass ich sie liebte, und mit meiner armen Liebe Mitleid zu haben. So empfinden wir, wenn wir selbst unglücklich sind, das Unglück anderer stärker als sonst: Unsere Empfindung ist dann nicht eine geteilte, sondern eine einheitliche …

Ich war mit vollem Herzen zu ihr gekommen und hatte das Wiedersehen kaum erwarten können. Ich ahnte noch nicht, was ich nun empfinden würde, ahnte noch nicht, dass alles einen anderen Verlauf nehmen werde. Sie strahlte vor Freude, sie erwartete eine Antwort. Und die Antwort musste er selbst sein. Er musste kommen, musste auf ihren Ruf herbeieilen. Sie war eine ganze Stunde früher gekommen als ich. Anfangs lachte sie über alles, über jedes meiner Worte. Ich wollte von dem reden, wovon mein Herz voll war, aber ich verstummte.

»Wissen Sie«, sagte sie, »warum ich mich bei Ihrem Anblick so freue, warum ich Sie heute so liebe?«

»Nun?«, fragte ich, und mein Herz fing an zu beben.

»Ich liebe Sie deswegen, weil Sie sich nicht in mich verliebt haben. Ein anderer an Ihrer Stelle hätte angefangen, mich mit Zudringlichkeiten zu beunruhigen, hätte geseufzt und wäre liebeskrank geworden, aber Sie sind so nett und brav!«

Dabei drückte sie mir die Hand so kräftig, dass ich beinah aufschrie. Sie lachte.

»Oh Gott! Was sind Sie für ein prächtiger Freund!«, begann sie nach einer kleinen Weile in sehr ernstem Ton. »Ja, Sie hat mir Gott gesandt! Was würde wohl aus mir werden, wenn ich Sie jetzt nicht hätte? Wie selbstlos Sie sind! In einer wie guten, edlen Weise Sie mich lieben! Wenn ich mich werde verheiratet haben, werden wir sehr gute Freunde sein. Wir werden einander mehr sein als Bruder und Schwester. Ich werde Sie beinah ebenso sehr lieben wie ihn …«

Es wurde mir in diesem Augenblick furchtbar traurig zumute, aber doch wurde in meiner Seele ein Gefühl rege, als ob ich lachen wollte.

»Sie befinden sich in einer fieberhaften Aufregung«, sagte ich, »Sie ängstigen sich: Sie glauben, er werde nicht kommen.«

»Aber ich bitte Sie!«, erwiderte sie. »Wenn ich mich nicht so glücklich fühlte, so würde ich über Ihren Unglauben und über Ihre

Vorwürfe Tränen vergießen, glaube ich. Indessen haben Sie mich auf einen Gedanken gebracht und mir ein Thema aufgegeben, über das ich lange werde nachzudenken haben. Aber das will ich auf eine spätere Zeit verschieben. Jetzt will ich Ihnen eingestehen, dass Sie die Wahrheit gesagt haben. Ja! Ich weiß gar nicht, wo mir der Kopf steht; ich möchte sagen, ich bin weiter nichts als gespannte Erwartung, und alles andere macht auf mein Empfinden nur einen sehr schwachen Eindruck. Aber brechen wir davon ab, und reden wir nicht weiter von Gefühlen …«

In diesem Augenblick wurden Schritte vernehmbar, und in der Dunkelheit erschien ein Fußgänger, der sich uns näherte. Wir fingen beide an zu zittern, und sie hätte beinah aufgeschrien. Ich ließ ihre Hand los und machte eine Bewegung, als ob ich fortgehen wollte. Aber wir hatten uns getäuscht: Er war es nicht.

»Wovor fürchten Sie sich? Warum haben Sie meine Hand losgelassen?«, sagte sie und reichte sie mir von Neuem. »Was ist denn dabei? Wir wollen ihm zusammen entgegentreten. Ich will, dass er sieht, wie wir einander lieben.«

»Wie wir einander lieben!«, rief ich.

›Oh Nastenka. Nastenka!‹, dachte ich. Wie viel hast du mit diesen Worten gesagt! Das ist eine Liebe, Nastenka, von der man manchmal eine arge Kälte am Herzen und einen schweren Druck auf der Seele fühlen kann. Deine Hand ist kalt, die meine aber heiß wie Feuer. Wie blind du bist, Nastenka! … Oh, wie unerträglich ein glücklicher Mensch manchmal sein kann! Aber ich kann dir nicht böse sein!‹

Endlich aber war mein Herz doch so voll, dass ich mich nicht halten konnte.

»Hören Sie, Nastenka!«, rief ich, »wissen Sie, wie es mir diesen ganzen Tag über gegangen ist?«

»Nun, wie? Wie denn? Erzählen Sie schnell! Warum haben Sie denn bis jetzt nichts davon gesagt?«

»Zuerst, Nastenka, nachdem ich alle Ihre Aufträge ausgeführt hatte, nämlich bei Ihren guten Leuten gewesen war und den Brief abgegeben hatte, da … da ging ich nach Hause und legte mich schlafen.«

»Weiter nichts?«, unterbrach sie mich lachend.

»Nein, weiter beinah nichts«, antwortete ich, indem ich mein Herz gewaltsam zusammennahm, weil mir dummerweise schon die Tränen in die Augen traten. »Ich wachte eine Stunde vor dem für unser Wiedersehen festgesetzten Zeitpunkt auf, aber es war mir, als hätte ich gar nicht geschlafen. Ich weiß nicht, was mit mir war. Ich ging her, um Ihnen das alles zu erzählen, und es war mir, als sei die Zeit für mich stehen geblieben, als müsse eine einzige Empfindung, ein einziges Gefühl mich von nun an lebenslänglich erfüllen, als müsse ein einziger Augenblick eine ganze Ewigkeit lang dauern, und als sei das ganze Leben für mich zum Stillstand gekommen … Als ich aufwachte, schien es mir, dass eine süße, liebliche, längst bekannte Melodie, die ich früher irgendwo gehört und dann vergessen hatte, mir jetzt wieder ins Gedächtnis käme. Es schien mir, dass sie mein ganzes Leben lang sich aus meiner Seele habe hervordrängen wollen und erst jetzt …«

»Ach, mein Gott, mein Gott!«, unterbrach mich Nastenka. »Was soll denn das alles bedeuten? Ich verstehe kein Wort davon.«

»Ach, Nastenka, ich wollte Ihnen gern diese seltsame Empfindung, so gut ich könnte, schildern …«, begann ich in kläglichem Ton, in dem aber doch noch eine, wenn auch nur sehr schwache Hoffnung verborgen lag.

»Nun genug, hören Sie auf, nun genug!«, sagte sie; sie hatte im Nu alles erraten, die Schelmin!

Auf einmal wurde sie außerordentlich gesprächig, heiter und ausgelassen. Sie fasste mich unter, lachte, wollte, dass ich ebenfalls lachen möchte, und beantwortete jedes verlegene Wort, das ich vorbrachte, mit einem hellen, langen Gelächter. Ich begann ärgerlich zu werden, aber da fing sie plötzlich an zu kokettieren.

»Hören Sie mal«, sagte sie, »es ist mir doch ein bisschen verdrießlich, dass Sie sich nicht in mich verliebt haben. Da soll man nun aus einem Menschen klug werden! Aber, Sie unbeugsamer Herr, Sie müssen mich doch wenigstens für meine harmlose Offenherzigkeit loben. Ich sage Ihnen ja alles, schlechthin alles, jede Dummheit, die mir durch den Kopf geht.«

»Still, hören Sie: Ich glaube, es schlägt elf«, sagte ich, als der gemessene Ton der Turmuhr von dem fernen Rathaus herüberklang. Sie hielt auf einmal inne, hörte auf zu lachen und fing an zu zählen.

»Ja, es ist elf«, sagte sie endlich in zaghaftem, unsicherem Ton.

Ich bereute sofort, dass ich sie erschreckt und sie veranlasst hatte, die Schläge der Uhr zu zählen, und verwünschte mich selbst wegen dieser Anwandlung von Bosheit. Sie tat mir leid, und ich wusste nicht, wie ich mein hässliches Benehmen wiedergutmachen sollte. Ich begann, sie zu trösten, nach Gründen für sein Ausbleiben zu suchen, allerlei mögliche Ursachen und Beweise anzuführen. Niemand war leichter zu täuschen als sie in diesem Augenblick, und es hört ja auch jeder Mensch in solcher Lage selbst die fadenscheinigste Tröstung mit Freuden an und ist glücklich, wenn auch nur ein Schatten von Rechtfertigung zu sehen ist.

»Ja, und überhaupt ist es ja eine lächerliche Geschichte«, begann ich, indem ich immer mehr in Eifer geriet und selbst die außerordentliche Klarheit meiner Beweise bewunderte: »Er konnte ja noch gar nicht kommen; Sie haben auch mich zu einem Irrtum verführt, Nastenka, sodass ich ebenfalls die richtige Zeitrechnung verlor ... Überlegen Sie doch nur: Er hat den Brief kaum schon erhalten können; nehmen wir nun an, dass es ihm unmöglich ist, persönlich herzukommen, und er schriftlich antworten will, so kann sein Brief nicht früher als morgen ankommen. Ich werde ihn morgen gleich bei Tagesanbruch abholen und Ihnen sofort Nachricht geben. Erwägen Sie schließlich noch, dass es ja auch noch tausend andere Möglichkeiten gibt: Er mag zum Beispiel nicht zu Hause gewesen sein, als der Brief ankam, und hat ihn vielleicht in diesem Augenblick noch nicht einmal gelesen. Es kann ja alles Mögliche passieren.«

»Ja, ja!«, antwortete Nastenka, »ich habe das nicht bedacht; gewiss, es kann alles Mögliche passieren«, fuhr sie im Ton völliger Zustimmung fort, aber es war aus diesem Ton doch noch ein andersartiger Nebengedanke wie eine ärgerliche Dissonanz herauszuhören. »Machen Sie es also so«, fuhr sie fort, »gehen Sie morgen so früh wie möglich hin, und wenn Sie etwas erhalten, so geben Sie mir, bitte, sogleich Nachricht. Sie wissen ja, wo ich wohne.« Und sie wiederholte mir ihre Adresse.

Dann wurde sie auf einmal gegen mich von einer großen, schüchternen Zärtlichkeit … Anscheinend hörte sie aufmerksam an, was ich zu ihr sagte, aber als ich eine Frage an sie richtete, da schwieg sie, wurde verlegen und wandte ihr Köpfchen von mir weg. Ich blickte ihr schärfer in die Augen – richtig: Sie weinte.

»Na aber, ist es möglich, ist es möglich? Ach, was sind Sie für ein Kind! Was ist das für ein kinderhaftes Benehmen! … So hören Sie doch auf!«

Sie versuchte zu lächeln und sich zu beruhigen, aber ihr Kinn zitterte, und ihre Brust hob und senkte sich immer noch heftig.

»Ich denke an Sie«, sagte sie nach einem kurzen Stillschweigen zu mir. »Sie sind so gut, dass ich von Stein sein müsste, wenn ich das nicht empfände. Wissen Sie, was das für ein Gedanke ist, der mir soeben in den Kopf kam? Ich verglich Sie beide miteinander. Warum ist er nicht Sie? Warum ist er nicht ein solcher Mensch wie Sie? Er ist nicht so gut wie Sie, und doch liebe ich ihn mehr, als ich Sie liebe.«

Ich antwortete nichts. Sie schien auf irgendeine Erwiderung von meiner Seite zu warten.

»Gewiss, ich verstehe ihn vielleicht noch nicht völlig, kenne ihn vielleicht noch nicht vollständig. Wissen Sie, ich habe sozusagen immer vor ihm Furcht gehabt; er war immer so ernst, gewissermaßen so stolz. Ich weiß natürlich, dass er nur so aussieht, und dass sein Herz von noch größerer Zärtlichkeit erfüllt ist als das meinige. Ich erinnere mich daran, wie er mich damals ansah, als ich (Sie erinnern sich) mit dem Bündel zu ihm kam, aber doch habe ich immer gar zu viel Respekt vor ihm, und das kommt so heraus, als passten wir beide nicht zusammen.«

»Nicht doch, Nastenka, nicht doch!«, erwiderte ich. »Das bedeutet nur, dass Sie ihn über alles in der Welt lieben, ihn weit mehr lieben als sich selbst.«

»Ja, nehmen wir an, dass es sich so verhält«, antwortete die harmlose Nastenka. »Aber wissen Sie, was mir jetzt für ein Gedanke in den Sinn gekommen ist? Nur bezieht sich das, was ich jetzt sagen will, nicht speziell auf ihn, sondern auf alle Menschen. Das ist ein Gedanke, den ich schon lange gehabt habe. Hören Sie, warum verkehren wir nicht alle miteinander wie Brüder und Schwestern? Warum macht auch der beste Mensch immer den Eindruck, als verheimliche und verschweige er dem andern etwas? Warum spricht man das, was man auf dem Herzen hat, nicht geradezu und ohne Weiteres aus, wenn man doch weiß, dass man es nicht in den Wind spricht? Jetzt aber macht jeder ein Gesicht, wie wenn er grimmiger wäre, als er in Wirklichkeit ist, und wie wenn er fürchtete, seine Gefühle durch eine schnelle Äußerung derselben zu entwürdigen ...«

»Ach, Nastenka! Was Sie da sagen, ist ganz richtig, aber das kommt aus vielen Ursachen her«, unterbrach ich sie; ich selbst war in diesem Augenblick mehr als je bemüht, meine Gefühle zurückzudrängen.

»Nein, nein!«, antwortete sie mit tiefer Empfindung. »Sehen Sie, Sie zum Beispiel sind nicht so ein Mensch wie andere! Ich weiß allerdings nicht, wie ich Ihnen das darlegen soll, was ich empfinde, aber es scheint mir, dass Sie zum Beispiel … wenigstens jetzt … es scheint mir, dass Sie mir ein Opfer bringen«, fügte sie schüchtern hinzu, indem sie mein Gesicht mit einem kurzen Blick streifte. »Verzeihen Sie, dass ich in dieser Weise zu Ihnen rede: Ich bin ja nur ein einfaches Mädchen. Ich habe ja nur erst wenig in der Welt gesehen und verstehe mich manchmal wirklich nicht auszudrücken«, fügte sie hinzu, und obwohl ihre Stimme von einer zurückgehaltenen Empfindung bebte, gab sie sich doch Mühe zu lächeln, »aber ich wollte Ihnen nur sagen, dass ich Ihnen dankbar bin und das alles selbst empfinde … Oh, Gott lasse Sie zum Lohn dafür recht glücklich werden! Aber sehen Sie, das, was Sie mir damals von Ihrem Träumer erzählten, das ist ja gar nicht wahr, das heißt, ich wollte sagen, es bezieht sich gar nicht auf Sie. Sie werden wieder gesund werden, und wirklich, Sie sind ein ganz anderer Mensch, als wie Sie sich selbst geschildert haben. Wenn Sie einmal lieben werden, so möge Gott Ihnen das schönste Glück mit ihr geben! Ihr aber wünsche ich nichts, denn sie wird sowieso schon mit Ihnen glücklich sein. Das weiß ich, weil ich selbst ein Weib bin, und wenn ich Ihnen das sage, so können Sie es mir glauben …«

Sie schwieg und drückte mir kräftig die Hand. Auch ich war vor Aufregung außerstande, etwas zu sagen. So vergingen mehrere Minuten.

»Ja, offenbar kommt er heute nicht mehr!«, sagte sie schließlich und hob den Kopf in die Höhe. »Es ist zu spät …«

»Er wird morgen kommen«, sagte ich im zuversichtlichsten, festesten Ton.

»Ja«, erwiderte sie. Sie war wieder heiterer geworden. »Ich sehe jetzt selbst ein, dass er erst morgen kommen wird. Nun, also dann auf Wiedersehen! Auf morgen! Wenn es regnen sollte, werde ich vielleicht nicht herkommen. Aber übermorgen komme ich her, unbedingt komme ich her, was auch immer mir widerfahren sein mag. Ich will Sie sehen und werde Ihnen alles erzählen.«

Und dann, als wir voneinander Abschied nahmen, gab sie mir die Hand und sagte, indem sie mich mit hellem Blick ansah:

»Wir werden ja doch jetzt für immer zusammenhalten, nicht wahr?«

Oh Nastenka, Nastenka! Wenn du wüsstest, wie einsam ich mich jetzt fühle!

Als es neun schlug, vermochte ich nicht mehr in meinem Zimmer zu bleiben, zog mich an und ging trotz des garstigen Wetters aus. Ich war dort und saß auf unserer Bank. Ich ging in ihre Seitengasse hinein, aber ich schämte mich doch und kehrte, einige Schritte von ihrem Haus entfernt, wieder um, ohne nach ihren Fenstern hingeblickt zu haben. Ich kam in einer so kummervollen Stimmung nach Hause, wie ich sie noch nie in meinem Leben kennengelernt hatte. Was für ein nasses, langweiliges Wetter! Wenn es schönes Wetter wäre, würde ich die ganze Nacht dort umherwandern …

Aber auf morgen, auf morgen! Morgen wird sie mir alles erzählen.

Ein Brief von ihm ist jedoch heute nicht da gewesen. Indessen ist das auch ganz natürlich. Sie werden schon beisammen sein …

Die vierte Nacht

Oh Gott, welchen Ausgang hat das alles genommen, welchen Ausgang! Ich kam um neun Uhr hin. Sie war schon da. Ich bemerkte sie schon von Weitem. Sie stand wie damals, bei unserer ersten Begegnung, auf das Ufergeländer gelehnt da und hörte nicht, dass ich zu ihr herantrat.

»Nastenka!«, rief ich sie an und suchte meine Erregung gewaltsam zu unterdrücken.

Sie wandte sich schnell zu mir um.

»Nun«, sagte sie, »nun – nur schnell!«

Ich sah sie mit verständnislosem Staunen an.

»Nun, wo haben Sie den Brief? Sie haben doch einen Brief gebracht?«, wiederholte sie und griff dabei mit der Hand nach dem Geländer.

»Nein, ich habe keinen Brief«, sagte ich endlich. »Ist er denn noch nicht selbst da gewesen?«

Sie wurde erschreckend blass und sah mich lange Zeit an, ohne ein Glied zu rühren. Ich hatte ihre letzte Hoffnung zerstört.

»Nun, Gott möge es ihm verzeihen!«, sagte sie endlich mit fast versagender Stimme. »Gott möge es ihm verzeihen, wenn er mich so im Stich lässt!«

Sie schlug die Augen nieder; dann wollte sie mich wieder ansehen, vermochte es aber nicht. Noch einige Minuten lang suchte sie ihre Aufregung niederzukämpfen, aber auf einmal wandte sie sich ab, lehnte sich auf die Uferbalustrade und brach in Tränen aus.

»Weinen Sie doch nicht, weinen Sie doch nicht!«, begann ich, aber bei ihrem Anblick fehlte mir die Kraft fortzufahren, und was hätte ich ihr auch sagen können?

»Suchen Sie mich nicht zu trösten!«, sagte sie weinend. »Reden Sie nicht von ihm, sagen Sie nicht, er werde noch kommen, er könne mich nicht in so grausamer, unmenschlicher Weise verlassen haben, wie er es doch getan hat. Und womit habe ich das verdient? Ja, womit? Hat denn in meinem Brief, in diesem unglückseligen Brief etwas Schlechtes gestanden? …«

Heftiges Schluchzen erstickte hier ihre Stimme, das Herz wollte mir bei ihrem Anblick brechen.

»Oh, wie unmenschlich grausam das von ihm ist!«, begann sie von Neuem. »Und nicht eine Zeile, nicht eine Zeile! Wenn er wenigstens geantwortet hätte, dass er mich nicht mehr möge, dass er sich von mir lossage, aber nicht eine Zeile die ganzen drei Tage lang! Wie leichten Herzens er ein armes, schutzloses Mädchen kränkt und beleidigt, deren ganze Schuld darin besteht, dass sie ihn liebt! Oh, was habe ich in diesen drei Tagen durchgemacht! Oh Gott, oh Gott! Wenn ich daran denke, dass ich das erste Mal von selbst zu ihm kam, mich vor ihm erniedrigte und weinte und nur um ein klein bisschen Liebe bettelte! … Und trotz alledem! … Hören Sie«, fuhr sie, sich zu mir wendend, fort, und ihre schwarzen Augen funkelten, »es verhält sich nicht so! Es kann sich nicht so verhalten; das ist unmöglich! Entweder haben Sie sich geirrt oder ich mich. Vielleicht hat er meinen Brief gar nicht erhalten? Vielleicht weiß er bis jetzt noch gar nichts? Wie ist es denn überhaupt möglich, urteilen Sie selbst, sagen Sie es mir, um Gottes willen, erklären Sie es mir, ich kann das nicht begreifen, wie ist es nur möglich, in einer so rohen, barbarischen Weise zu verfahren, wie er mit mir verfahren ist! Kein einziges Wort! Auch den geringsten Menschen auf der Welt behandelt man doch mit mehr Erbarmen. Vielleicht hat er etwas Nachteiliges über mich gehört, vielleicht hat ihm jemand etwas Schlechtes über mich zugetragen?«, rief sie, sich mit dieser Frage an mich wendend. »Wie denken Sie darüber? Was meinen Sie?«

»Hören Sie, Nastenka, ich will morgen in Ihrem Auftrag zu ihm gehen.«

»Meinetwegen!«

»Ich werde ihn nach allem fragen und ihm alles erzählen.«

»Meinetwegen, meinetwegen!«

»Sie werden einen Brief an ihn schreiben. Sagen Sie nichts, Nastenka, sagen Sie nichts! Ich werde ihn zwingen, Ihr Verhalten zu achten; er soll alles erfahren, und wenn …«

»Nein, mein Freund, nein!«, unterbrach sie mich. »Reden Sie nicht weiter davon! Von mir soll er kein Wort, kein einziges Wort mehr zu hören, keine Zeile mehr zu sehen bekommen. Reden Sie nicht weiter davon! Ich kenne ihn nicht mehr, ich liebe ihn nicht mehr, ich werde ihn vergessen …«

Sie konnte nicht weitersprechen.

»Beruhigen Sie sich, beruhigen Sie sich! Setzen Sie sich hierher, Nastenka!«, sagte ich und veranlasste sie, sich auf die Bank zu setzen …

»Ich bin ganz ruhig. Sagen Sie nichts weiter! Das hat weiter nichts zu bedeuten; das sind nur Tränen; das wird vorübergehen! Glauben Sie etwa, ich würde mir das Leben nehmen, mich ertränken?«

Mein Herz war übervoll; ich wollte reden, aber ich hatte nicht die Kraft dazu.

»Hören Sie«, fuhr sie fort, indem sie mich bei der Hand ergriff. »Sagen Sie: Sie hätten doch nicht so gehandelt? Sie hätten einem Mädchen, das von selbst zu Ihnen gekommen wäre, nicht mit schamlosem Hohn ins Gesicht gelacht und über ihr schwaches, dummes Herz gespottet? Sie wären schonend mit ihr verfahren? Sie hätten sich gesagt, dass sie allein in der Welt dastand, dass sie nicht verstanden hat, sich zu beherrschen, dass sie nicht verstanden hat, sich vor der Liebe zu Ihnen zu hüten, dass sie keine Schuld trägt, dass sie doch wirklich keine Schuld trägt … dass sie nichts Schlechtes getan hat … Oh mein Gott, mein Gott …«

»Nastenka!«, rief ich endlich, nicht im Stande, meine Erregung zu bemeistern. »Nastenka! Sie foltern mich! Sie zerreißen mir das Herz, Sie töten mich, Nastenka! Ich kann nicht länger schweigen! Ich muss endlich reden, muss das aussprechen, was in meinem Herzen siedet …«

Bei diesen Worten erhob ich mich von der Bank. Sie ergriff meine Hand und sah mich erstaunt an.

»Was ist Ihnen?«, fragte sie endlich.

»Hören Sie mich an!«, sagte ich in entschlossenem Ton. »Hören Sie mich an, Nastenka! Was ich jetzt sagen werde, ist alles Unsinn, alles unmöglich, alles dumm! Ich weiß, dass sich das niemals verwirklichen kann, aber ich kann schlechterdings nicht schweigen.

Bei allem, was Sie jetzt leiden, bitte ich Sie im Voraus: Verzeihen Sie mir! …«

»Aber was, was ist es denn?«, sagte sie. Sie hörte auf zu weinen und blickte mich unverwandt an, während eine seltsame Neugier in ihren hübschen Augen aufblitzte. »Was haben Sie denn?«

»Es ist ja ein Ding der Unmöglichkeit, aber ich liebe Sie, Nastenka! Das ist es! Na, nun ist alles heraus!«, sagte ich mit einer Handbewegung, als würfe ich alles hinter mich. »Jetzt werden Sie sich selbst sagen können, ob Sie noch weiter so mit mir sprechen können, wie Sie es soeben getan haben, und ferner, ob Sie das anhören können, was ich Ihnen noch sagen möchte …«

»Nun, was ist denn dabei, was ist denn dabei?«, unterbrach mich Nastenka. »Was schadet denn das? Das habe ich ja längst gewusst, dass Sie mich lieben, aber allerdings glaubte ich immer, es wäre nur so in einfacher, gewöhnlicher Art, so ein bisschen … Ach, mein Gott, mein Gott!«

»Anfangs war es auch nur so in gewöhnlicher Art, Nastenka, aber jetzt, jetzt! … Es geht mir jetzt gerade so wie Ihnen, als Sie damals mit Ihrem Bündel zu ihm kamen. Oder vielmehr, es geht mir schlechter als Ihnen, Nastenka, denn er liebte damals niemanden; Sie aber lieben einen.«

»Was sagen Sie mir da! Ich verstehe Sie einfach nicht. Aber hören Sie, was soll das, das heißt, ich meine nicht, was das soll, sondern warum Sie das so … und so plötzlich … Oh Gott! Ich rede Dummheiten! Aber Sie …«

Nastenka geriet vollständig in Verwirrung. Ihre Wangen wurden dunkelrot, sie schlug die Augen zu Boden.

»Was ist zu machen, Nastenka; was soll ich tun? Ich habe mich schuldig gemacht; ich habe Ihr Vertrauen missbraucht … Aber nein, nein, ich habe mich nicht schuldig gemacht, Nastenka, das fühle ich, das empfinde ich, denn mein Herz sagt mir, dass ich im Recht bin, weil

Sie sich dabei doch durch nichts gekränkt und beleidigt fühlen können! Ich war Ihr Freund; nun, Ihr Freund bin ich auch jetzt noch; ich bin Ihnen in keiner Weise untreu geworden. Sehen Sie, da laufen mir jetzt die Tränen, Nastenka. Aber mögen sie laufen, mögen sie laufen; sie stören niemanden. Sie werden schon wieder trocknen, Nastenka …«

»Aber so setzen Sie sich doch hin, setzen Sie sich doch hin!«, sagte sie und wollte mich auf die Bank niederziehen. »Oh mein Gott!«

»Nein, Nastenka, ich will mich nicht hinsetzen; ich kann nicht länger hierbleiben. Sie werden mich nicht länger sehen. Ich werde Ihnen alles sagen und dann weggehen. Ich will Ihnen nur sagen, dass Sie es nie erfahren haben würden, dass ich Sie liebe. Ich hätte mein Geheimnis bewahrt. Ich hätte nicht angefangen, Sie jetzt, in diesem Augenblick, mit meinem Egoismus zu martern. Nein! Aber ich konnte es jetzt nicht mehr aushalten. Sie selbst haben davon zu reden angefangen, Sie sind schuld, Sie sind an allem schuld, ich bin nicht daran schuld. Sie können mich nicht von sich wegjagen …«

»Aber nein doch, nein, ich jage Sie ja auch nicht weg, nein!«, sagte Nastenka. Die Ärmste bemühte sich, so viel sie irgend konnte, ihre Verwirrung zu verbergen.

»Sie jagen mich nicht weg? Nein? Und ich wollte schon beinah selbst von Ihnen weglaufen. Ich werde auch wirklich weggehen, nur möchte ich vorher alles sagen, denn als Sie hier sprachen, da konnte ich gar nicht ruhig sitzen. Als Sie hier weinten und sich darüber grämten, dass … nun, darüber, dass (ich will es bei seinem Namen nennen, Nastenka), darüber, dass jemand Sie verschmähte und Ihre Liebe zurückwies, da merkte und fühlte ich, dass in meinem Herzen so viel Liebe zu Ihnen lebt, Nastenka, so viel Liebe! … Und dass ich Ihnen mit dieser Liebe nicht helfen konnte, das war mir so schmerzlich, … so schmerzlich, dass mir das Herz brechen wollte. Und da … da konnte ich nicht mehr schweigen, ich musste reden, Nastenka, ich musste reden! …«

»Ja, ja! Reden Sie nur; sagen Sie mir alles!«, sagte Nastenka mit einer mir unverständlichen Gemütsbewegung. »Es erscheint Ihnen vielleicht seltsam, dass ich so zu Ihnen spreche, aber … reden Sie nur! Ich werde es Ihnen nachher erklären; ich werde Ihnen alles auseinandersetzen!«

»Sie haben Mitleid mit mir, Nastenka. Sie haben einfach Mitleid mit mir, liebste Freundin! Aber was heraus ist, ist heraus, und ein gesprochenes Wort kann man nicht wieder zurückholen! Nicht wahr? Na, jetzt wissen Sie also alles. Sehen Sie, das ist der Ausgangspunkt. Nun gut! Alles wunderschön, aber hören Sie weiter! Als Sie so dasaßen und weinten, da dachte ich bei mir (ach, bitte, lassen Sie mich sagen, was ich da dachte, Nastenka!), da dachte ich bei mir, dass (nun, natürlich ist das ein Ding der Unmöglichkeit, Nastenka!), da dachte ich bei mir, dass Sie … ich dachte bei mir, dass Sie irgendwie … nun, aus irgendeinem ganz anderen Grund … ihn nicht mehr liebten. Dann (das habe ich schon gestern und vorgestern gedacht, Nastenka), dann würde ich es darauf anlegen, es unbedingt darauf anlegen, dass Sie mich lieb gewännen: Sie haben ja gesagt, Sie haben ja selbst gesagt, Nastenka, dass Sie mich schon beinah wirklich lieb gewonnen hätten. Na, was nun noch weiter? Na, das ist auch fast alles, was ich Ihnen sagen wollte; es bleibt nur noch zu sagen, was dann geschehen würde, wenn Sie mich lieb gewännen; nur das, weiter nichts! Hören Sie also, liebe Freundin (denn meine Freundin bleiben Sie unter allen Umständen), ich bin ja freilich ein einfacher, armer, ganz unbedeutender Mensch … indes, darum handelt es sich nicht (ich rede wunderlicherweise immer von Dingen, die nicht hierher gehören; das kommt von meiner Verwirrung, Nastenka), aber ich würde Sie so lieben, so lieben, dass, wenn Sie ihn auch noch liebten und fortführen, den Mann, den ich nicht kenne, zu lieben, Sie dennoch meine Liebe in keiner Weise als etwas Peinliches empfinden sollten. Sie würden sich nur bewusst sein, Sie würden nur in jedem Augenblick fühlen, dass neben Ihnen ein dankbares, dankbares Herz schlägt, ein warmes Herz, das für Sie … Ach, Nastenka, Nastenka! Was haben Sie aus mir gemacht!! …«

»Weinen Sie doch nicht. Ich mag Sie nicht weinen sehen«, sagte Nastenka und erhob sich schnell von der Bank. »Kommen Sie, kommen Sie mit mir mit, weinen Sie doch nicht«, fuhr sie fort und wischte mir die Tränen mit ihrem Taschentuch weg. »Nun, kommen Sie jetzt, vielleicht werde ich Ihnen etwas sagen … Ja, wenn er mich jetzt im Stich gelassen und mich vergessen hat, dann … ich liebe ihn allerdings auch jetzt noch (ich will Sie nicht täuschen) … aber hören Sie, und antworten Sie mir! Wenn ich Sie zum Beispiel lieb gewänne, das heißt, wenn ich überhaupt … Ach, mein Freund, mein Freund! Wenn ich daran denke, wenn ich daran denke, dass ich Sie damals gekränkt und mich über Ihre Liebe lustig gemacht habe, als ich Sie dafür lobte, dass Sie sich nicht in mich verliebt hätten! Oh Gott! Wie ist es nur möglich, dass ich das nicht vorhergesehen habe, dass ich das nicht vorhergesehen habe, dass ich so dumm war, aber … Nun, ich habe meinen Entschluss gefasst; ich werde Ihnen alles sagen …«

»Hören Sie, Nastenka, wissen Sie was? Ich werde von Ihnen weggehen, das ist das Beste! Ich quäle Sie ja hier nur. Da machen Sie sich jetzt ein Gewissen daraus, dass Sie sich über mich lustig gemacht haben, aber ich will nicht, nein, ich will nicht, dass Sie noch außer Ihrem Kummer … Ich bin allerdings daran schuld, Nastenka, aber leben Sie wohl!«

»Halt, hören Sie mich an: Können Sie denn gar nicht warten?«

»Worauf warten? Was meinen Sie damit?«

»Ich liebe ihn, aber das wird vorübergehen, das muss vorübergehen. Das wird mit aller Sicherheit vorübergehen, es geht bereits vorüber, das spüre ich. Wer kann's wissen, vielleicht wird es schon heute aufhören, denn ich hasse ihn, weil er sich über mich lustig gemacht hat, während Sie hier mit mir geweint haben. Und ferner haben Sie mich nicht von sich gestoßen wie er; und ferner lieben

Sie mich, und er hat mich nicht wahrhaft geliebt; und endlich liebe ich Sie selbst … Ja, ich liebe Sie! Ich liebe Sie so, wie Sie mich lieben. Ich selbst habe es Ihnen doch schon das vorige Mal gesagt, und Sie haben es selbst gehört: Ich liebe Sie, weil Sie besser sind als er, weil Sie eine edlere Gesinnung haben als er, und weil, weil er …«

Die Aufregung der Ärmsten war so stark, dass sie nicht zu Ende sprechen konnte, ihren Kopf an meine Schulter, dann an meine Brust legte und bitterlich weinte. Ich suchte sie zu trösten und redete ihr freundlich zu, aber sie vermochte sich nicht zu beruhigen. Sie drückte mir immer die Hand und sagte unter Schluchzen: »Warten Sie noch ein wenig, warten Sie noch ein wenig. Ich werde gleich aufhören! Ich möchte Ihnen nur sagen … glauben Sie nicht, dass diese Tränen … das hat nichts auf sich, das kommt nur von meiner Schwäche. Warten Sie nur ein wenig, bis es vorüber sein wird …« Endlich hörte sie auf, wischte sich die Tränen weg, und wir gingen wieder weiter. Ich wollte etwas sagen, aber sie bat mich noch längere Zeit immer wieder, damit zu warten. Wir schwiegen beide … Endlich nahm sie sich zusammen und begann zu reden.

»Nun also«, begann sie mit schwacher, zitternder Stimme, in der aber auf einmal ein Beiklang hörbar war, welcher mir geradeswegs ins Herz drang und in diesem ein schmerzlich wonniges Gefühl erweckte, »glauben Sie nicht, dass ich so unbeständig und wetterwendisch bin. Glauben Sie nicht, dass ich so leicht und schnell vergessen und untreu werden kann. Ich habe ihn das ganze Jahr über geliebt, und Gott ist mein Zeuge, dass ich ihm niemals auch nur mit einem Gedanken die Treue gebrochen habe. Er hat das verachtet; er hat seinen Spott mit mir getrieben – Gott verzeihe es ihm! Aber er hat mich schwer damit gekränkt und mein Herz tief verwundet. Ich … ich liebe ihn nicht mehr, denn ich kann nur einen Menschen lieben, der hochherzig ist, der mich versteht, der edel denkt, denn ich bin selbst von dieser Art, und er ist meiner unwürdig – nun, Gott verzeihe es ihm! Aber es ist besser, dass er sich jetzt so gezeigt hat, als wenn ich erst später mich in meinen Erwartungen getäuscht gesehen und erfahren hätte, was er für einer ist … Nun, das ist jetzt abgeschlossen! Aber wer weiß, mein lieber Freund«, fuhr sie fort, indem sie mir die Hand drückte, »wer weiß, vielleicht war meine ganze Liebe nur eine Täuschung des Gefühls, der Einbildungskraft? Vielleicht entsprang sie nur aus kindhaftem Eigensinn, aus Verdruss darüber, dass ich unter der strengen Aufsicht der Großmutter stand? Vielleicht ist es mir vom Schicksal bestimmt, einen andern zu lieben und nicht ihn, einen andern, der mit mir Mitleid hat und … und … Nun, lassen wir das, lassen wir das!«, unterbrach sich Nastenka, die vor Aufregung kaum reden konnte, »ich wollte Ihnen nur sagen … ich wollte Ihnen sagen: Wenn Sie, obschon ich ihn liebe (nein, ihn geliebt habe), wenn Sie trotzdem noch sagen … Wenn Sie fühlen, dass Ihre Liebe groß genug ist, um die frühere aus meinem Herzen zu verdrängen … Wenn Sie sich meiner erbarmen wollen, wenn Sie mich nicht meinem Schicksal überlassen wollen, so allein, ohne Trost und ohne Hoffnung, wenn Sie mich immer so lieben wollen, wie Sie mich jetzt lieben: Dann schwöre ich Ihnen, dass meine Dankbarkeit, meine Liebe Ihrer Liebe würdig werden wird … Wollen Sie jetzt meine Hand annehmen?«

»Nastenka!«, rief ich, aber das Schluchzen erstickte beinah meine Stimme. »Nastenka! … Oh, Nastenka! …«

»Nun genug davon, genug davon! Jetzt wollen wir es davon ganz genug sein lassen!«, sagte sie, sich nur mit Mühe zur Ruhe zwingend. »Jetzt ist schon alles gesagt, nicht wahr? Ja? Sie sind glücklich, und ich bin glücklich; nun kein Wort mehr davon; warten Sie damit eine Weile; schonen Sie mich … Reden Sie von etwas anderem; ich bitte Sie inständig! …«

»Ja, Nastenka, ja! Genug davon, jetzt bin ich glücklich; ich … Schön, Nastenka, schön, reden wir von etwas anderem, nur schnell, nur schnell, ja! Ich bin bereit …«

Aber wir wussten nicht, was wir reden sollten, wir lachten, wir weinten, wir redeten tausend Worte ohne Sinn und Zusammenhang. Bald gingen wir das Trottoir entlang, bald kehrten wir plötzlich um. Wir schickten uns an, über die Straße zu gehen, und blieben doch stehen, dann gingen wir wieder zur Uferseite; wir waren wie die Kinder …

»Ich lebe jetzt ganz für mich allein, Nastenka«, sagte ich, »aber morgen … Nun freilich, ich bin, wie Sie wissen, Nastenka, nur arm, ich habe nur zwölfhundert Rubel jährlich, aber das tut nichts …«

»Natürlich nicht, aber meine Großmutter hat ihre Pension, sodass sie uns nicht zur Last fallen wird. Wir müssen die Großmutter zu uns nehmen.«

»Gewiss, die Großmutter müssen wir zu uns nehmen … Aber da ist noch Matrjona …«

»Ach ja, und bei uns auch noch Fjokla!«

»Matrjona ist eine herzensgute Person, nur hat sie einen Fehler: Sie besitzt keine Fantasie, Nastenka, absolut keine Fantasie, aber das tut nichts …«

»Nein, das ist ganz egal. Die beiden können zusammenwohnen. Ziehen Sie nur gleich morgen zu uns!«

»Wie meinen Sie das? Zu Ihnen? Nun gut, mir ist's recht …«

»Ja, werden Sie unser Mieter! Wir haben da oben das Halbgeschoss, das steht leer. Wir hatten eine Mieterin, eine alte adlige Dame, die ist weggezogen, und ich weiß, die Großmutter möchte nun an einen jungen Mann vermieten. Ich habe zu ihr gesagt: ›Warum gerade an einen jungen Mann?‹ Sie antwortete mir: ›Ich meine bloß so. Ich bin schon alt, aber glaube nur ja nicht, Nastenka, dass ich vorhätte, dich ihm zur Frau zu geben!‹ Daraus erkannte ich, dass sie es zu diesem Zweck tun wollte …«

»Ach, Nastenka! …«

Und wir fingen beide an zu lachen.

»Na, nun wollen wir es aber genug sein lassen! Aber wo wohnen Sie denn? Daran habe ich noch gar nicht gedacht.«

»Da bei der Ski-Brücke, im baranikowschen Haus.«

»Das ist so ein großes Haus?«

»Ja, ganz richtig.«

»Ach, ich weiß, ein schönes Haus, aber wissen Sie, ziehen Sie da aus, und siedeln Sie so bald wie möglich zu uns über!«

»Gleich morgen, Nastenka, gleich morgen. Ich bin dort noch ein bisschen Miete schuldig, aber das tut nichts. Ich bekomme bald mein Gehalt …«

»Und wissen Sie, ich werde vielleicht Stunden geben. Ich werde selbst noch lernen und Stunden geben …«

»Wunderschön! Und ich werde bald eine Gratifikation bekommen, Nastenka …«

»Da werden Sie morgen schon unser Mieter sein …«

»Ja, und wir werden in den Barbier von Sevilla gehen, denn der wird jetzt bald wieder gegeben werden.«

»Ja, das wollen wir tun«, sagte Nastenka lachend. »Oder nein, wir wollen lieber nicht den Barbier hören, sondern etwas anderes …«

»Nun gut, etwas anderes, gewiss, das wird besser sein. Ich hatte es nicht recht bedacht …«

Während wir so sprachen, gingen wir beide ganz benommen, wie in einem Nebel, dahin, als ob wir selbst nicht wüssten, was mit uns vorging. Bald blieben wir stehen und redeten längere Zeit miteinander auf ein und demselben Fleck; bald gingen wir wieder weiter und wanderten Gott weiß wohin, und Lachen und Tränen wechselten ab. Bald wollte Nastenka auf einmal nach Hause; ich wagte nicht, sie zurückzuhalten, und wollte sie bis ganz hin begleiten; wir machten uns auf den Weg dorthin und fanden uns nach einer Viertelstunde plötzlich auf dem Kai bei unserer Bank. Bald wieder seufzte sie, und es trat ihr wieder ein Tränchen ins Auge; ich wurde ganz ängstlich und zaghaft. Aber sie drückte mir sogleich die Hand und zog mich weiter, und wir fuhren fort zu reden und zu plaudern …

»Jetzt ist es aber Zeit, dass ich nach Hause gehe, die höchste Zeit; ich glaube, es ist schon sehr spät«, sagte Nastenka endlich. »Nun haben wir genug Kindereien getrieben!«

»Ja, Nastenka, aber ich werde jetzt doch nicht einschlafen können; ich werde nicht nach Hause gehen.«

»Ich glaube, ich werde auch nicht einschlafen, aber begleiten Sie mich noch hin! …«

»Selbstverständlich!«

»Jetzt wollen wir aber unbedingt nach meiner Wohnung gehen.«

»Unbedingt, unbedingt.«

»Ehrenwort? Denn ich muss doch endlich einmal nach Hause kommen!«

»Ehrenwort!«, antwortete ich lachend.

»Nun, gehen wir also!«

»Schön, gehen wir!«

»Sehen Sie nur mal nach dem Himmel, Nastenka; sehen Sie nur mal hin! Morgen wird ein wundervoller Tag sein; wie blau der Himmel ist, und wie hell der Mond scheint! Sehen Sie nur, diese gelbe Wolke wird ihn jetzt verdecken, passen Sie auf, passen Sie auf! … Nein, sie ist neben ihm vorbeigegangen. Sehen Sie nur, sehen Sie nur! …«

Aber Nastenka blickte nicht nach der Wolke hin; sie stand schweigend, wie angeschmiedet da; einen Augenblick darauf schmiegte sie sich, als ob sie Angst vor etwas hätte, eng an mich. Ihr Arm zitterte in dem meinigen; ich blickte sie an … Sie stützte sich noch stärker auf mich.

In diesem Augenblick ging ein junger Mann an uns vorüber. Er blieb auf einmal stehen, sah uns scharf an und machte dann wieder einige Schritte. Mir zitterte das Herz …

»Nastenka«, sagte ich halblaut, »wer ist das, Nastenka?«

»Das ist er!«, antwortete sie flüsternd, indem sie sich noch näher, noch ängstlicher an mich drückte … Ich konnte mich kaum auf den Beinen halten.

»Nastenka! Nastenka! Du bist es ja!«, erscholl eine Stimme hinter uns, und in demselben Augenblick machte der junge Mann einige Schritte auf uns zu …

Oh Gott, wie sie aufschrie! Wie sie zusammenfuhr! Wie sie sich aus meinen Armen riss und ihm entgegenstürzte! … Ich stand da und sah wie betäubt nach den beiden hin. Aber kaum hatte sie ihm die Hand gegeben und sich in seine Arme geworfen, als sie sich auf einmal von Neuem zu mir wandte, schnell wie der Wind wieder neben mir stand und, ehe ich mich besinnen konnte, meinen Hals mit beiden Armen umschlang und mir einen festen, heißen Kuss auf die Lippen drückte. Dann eilte sie, ohne ein Wort zu mir zu sagen, wieder zu ihm hin, fasste ihn unter und zog ihn mit sich fort.

Ich stand noch lange da und schaute ihnen nach … Endlich entschwanden sie beide meinen Blicken.

Der Morgen

Meine Nächte endeten mit einem Morgen. Es war ein Tag mit unfreundlichem Wetter. Es regnete, und die Tropfen schlugen melancholisch gegen meine Fensterscheiben; im Zimmer war es dunkel und draußen trübe. Ich hatte Kopfschmerzen und ein Gefühl des Schwindels, ein Fieber schlich durch meine Glieder.

»Da ist ein Brief an dich, Herr; ein Stadtpostbrief. Der Briefträger hat ihn gebracht«, sagte Matrjona, die zu mir herantrat.

»Ein Brief! Von wem?«, rief ich und sprang auf.

»Das weiß ich nicht, Herr, sieh zu, vielleicht steht es drin, von wem er ist.«

Ich erbrach das Siegel. Er war von ihr!

»Oh, verzeihen Sie mir, verzeihen Sie mir!«, schrieb mir Nastenka, »auf den Knien flehe ich Sie an, verzeihen Sie mir! Ich habe sowohl Sie als auch mich selbst getäuscht! Es war ein Traum, ein Wahn … Ich vergehe heute vor Gram bei dem Gedanken an Sie; verzeihen Sie mir, verzeihen Sie mir! …

Klagen Sie mich nicht an, denn meine Gesinnung gegen Sie hat keine Veränderung erfahren: Ich habe gesagt, dass ich Sie lieben würde, und ich liebe Sie auch jetzt, ja mehr als das. Oh Gott, könnte ich Sie doch beide zugleich lieben! Oh wenn Sie doch er wären!«

›Oh, wenn er doch Sie wäre!‹, huschte es mir durch den Kopf. Ich dachte an deine eigenen Worte, Nastenka!

»Gott weiß, was ich jetzt alles für Sie zu tun bereit wäre! Ich weiß, dass Sie sich jetzt bedrückt und traurig fühlen. Ich habe Sie gekränkt, aber Sie wissen ja: Wenn man liebt, trägt man Kränkungen nicht lange nach. Und Sie lieben mich ja!

Ich danke Ihnen! Ja! Ich danke Ihnen für diese Liebe! Denn sie hat sich meinem Gedächtnis wie ein süßer Traum eingeprägt, an den man sich nach dem Erwachen noch lange erinnert; und ich werde lebenslänglich an den Augenblick denken, wo Sie mir so brüderlich Ihr Herz aufdeckten und so großmütig mein armes, zerschlagenes Herz als Geschenk hinnahmen, um es zu behüten, zu liebkosen, zu heilen … Wenn Sie mir verzeihen, so wird die Erinnerung an Sie bei mir noch erhöht und verstärkt werden durch das lebenslängliche Gefühl der Dankbarkeit gegen Sie, das in meiner Seele nie erlöschen wird … Ich werde diese Erinnerung bewahren und an ihr ohne Wank festhalten; ich werde ihr nicht untreu werden, werde meinem Herzen nicht untreu werden: Dazu ist mein Herz zu beständig. Auch gestern ist es so schnell zu demjenigen zurückgekehrt, dem es für immer gehörte.

Wir werden uns wiedersehen; Sie werden zu uns kommen; Sie werden uns nicht verlassen; Sie werden lebenslänglich mein Freund, mein Bruder sein … Und wenn wir uns wiedersehen werden, dann werden Sie mir Ihre Hand geben, ja? Sie werden sie mir geben; Sie haben mir verziehen, nicht wahr? Sie lieben mich noch ebenso wie vorher?

Oh, lieben Sie mich, verlassen Sie mich nicht, denn ich liebe Sie in diesem Augenblick so innig und bin Ihrer Liebe würdig und verdiene sie … mein lieber Freund! In der nächsten Woche machen wir Hochzeit. Er liebt mich jetzt nach seiner Rückkehr noch ebenso wie früher und hat mich nie vergessen gehabt … Seien Sie mir nicht böse deswegen, weil ich hier etwas von ihm geschrieben habe. Aber ich will mit ihm zusammen zu Ihnen kommen; Sie werden ihn lieb gewinnen, nicht wahr?

Verzeihen Sie mir, vergessen Sie mich nicht, und behalten Sie lieb Ihre Nastenka.«

Ich brauchte viel Zeit, um diesen Brief durchzulesen; die Tränen traten mir in die Augen. Zuletzt fiel er mir aus der Hand, und ich bedeckte mein Gesicht mit beiden Händen.

»Lieber Herr! Lieber Herr!«, begann Matrjona.

»Was gibt es, Alte?«

»Ich habe ja alle Spinnweben von der Decke abgemacht; jetzt können Sie meinetwegen heiraten und Gäste einladen, ohne Weiteres …«

Ich sah Matrjona an. Sie war eine noch frische, »jugendliche« Alte, aber ich weiß nicht, woher es kam: Plötzlich stand sie vor meinen Augen da mit erloschenem Blick, mit Runzeln im Gesicht, gekrümmt und hinfällig. Und ich weiß nicht, woher es kam: Aber auf einmal hatte ich die Empfindung, als sei mein Zimmer in derselben Weise gealtert wie die alte Frau. Die Wände und der Fußboden waren verblichen, und alles war trübe geworden, die Spinnweben hatten sich gegen früher noch vermehrt. Und ich weiß nicht, woher es kam: Aber als ich durch das Fenster blickte, da schien es mir, dass auch das gegenüberstehende Haus baufällig und missfarbig geworden sei, dass der Putz sich von den Säulen abgelöst habe und heruntergefallen sei, dass die Gesimse schwarz und rissig und die vorher dunkelgelben Wände scheckig geworden seien …

Entweder hatte der Sonnenstrahl, der plötzlich aus der dunklen Regenwolke hervorblickte, sich wieder hinter ihr verborgen, und es erschien infolgedessen alles meinen Augen wieder besonders trübe, oder es hatte sich mir für einen Moment der unfreundliche, traurige Anblick auf meine Zukunft erschlossen, und ich sah mich selbst in derselben Lage wie jetzt, nach fünfzehn Jahren, gealtert, in diesem selben Zimmer, ebenso einsam, mit dieser selben Matrjona zusammen hausend, die in all diesen Jahren auch nicht im Geringsten an Klugheit zugenommen hat.

Aber wie könnte ich dir die erlittene Kränkung nachtragen, Nastenka? Wie könnte ich eine dunkle Wolke über dein helles, ungetrübtes Glück hinführen? Wie könnte ich durch bittere Vorwürfe dein Herz in Gram versenken, es durch heimliche Gewissensbisse quälen und es leidvoll schlagen lassen in den Augenblicken, die der höchsten Seligkeit voll sein sollten? Wie könnte ich auch nur eine der zarten Blüten zerdrücken, die du dir in die schwarzen Locken flichtst, wenn du mit ihm zum Altar gehst? Oh niemals, niemals? Möge dein Lebenshimmel klar und heiter, dein liebes Lächeln hell und ungetrübt sein, und mögest du gesegnet sein für die Stunde der Seligkeit und des Glückes, die du einem andern Herzen, einem einsamen, dankbaren Herzen gewährt hast!

Oh mein Gott! Eine ganze Stunde der Seligkeit! Ist das etwa wenig, selbst für ein ganzes Menschenleben?

Der ehrliche Dieb

Aus den Aufzeichnungen eines Unbekannten

Eines Morgens, als ich mich schon vollständig fertig gemacht hatte, um in den Dienst zu gehen, trat meine Köchin, Wäscherin und Haushälterin Agrafena zu mir ins Zimmer und begann zu meiner Verwunderung ein Gespräch mit mir.

Bisher war diese schlichte Frau so schweigsam gewesen, dass sie außer den paar Fragen täglich, was sie mir zum Mittag kochen solle, in sechs Jahren kaum ein Wort gesprochen hatte. Wenigstens hatte ich nicht mehr aus ihrem Mund gehört.

»Ich wollte Ihnen sagen, Herr«, begann sie unvermittelt: »Sie sollten doch die Kammer vermieten.«

»Was für eine Kammer?«

»Na, die neben der Küche. Sie wissen schon, welche.«

»Wozu?«

»Wozu? Na, wozu eben die Leute Untermieter nehmen. Sie wissen schon, wozu.«

»Aber wer wird sie mieten?«

»Wer sie mieten wird? Ein Untermieter wird sie mieten. Sie wissen schon, was für einer.«

»Aber, meine Beste, da kann man ja nicht einmal ein Bett hinstellen, es ist zu eng. Wer soll da wohnen?«

»Warum soll auch einer da wohnen? Er braucht ja nur einen Platz zum Schlafen zu haben, wohnen kann er am Fenster.«

»An welchem Fenster?«

»Sie wissen schon, an welchem. Wie sollten Sie das nicht wissen! An dem Fenster im Vorzimmer. Da kann er auf dem Fensterbrett sitzen und nähen oder sonst etwas tun. Auch auf einem Stuhl kann er sitzen. Er hat einen Stuhl, auch einen Tisch hat er, es ist alles da.«

»Was ist es denn für ein Mensch?«

»Ein braver Mensch, der schon viel in der Welt erlebt hat. Ich werde für seine Beköstigung sorgen. Für die Wohnung und das Essen werde ich nur drei Rubel monatlich nehmen.«

Nach langen Bemühungen brachte ich es endlich heraus, dass ein schon älterer Mann Agrafena dazu überredet oder wenigstens dazu geneigt gemacht hatte, ihn als Untermieter und Pensionär in die Kammer bei der Küche aufzunehmen. Was Agrafena sich einmal in den Kopf gesetzt hatte, das musste auch geschehen. Ich wusste, dass sie mir sonst keine Ruhe ließ. Wenn es vorkam, dass etwas nicht nach ihrem Wunsch war, dann wurde sie sofort nachdenklich und versank in eine tiefe Melancholie, und ein derartiger Zustand dauerte dann zwei oder drei Wochen. Während dieser Zeit verdarb sie das Essen, wusch die Wäsche nicht ordentlich, scheuerte den Fußboden nicht; kurz, es geschahen viele unangenehme Dinge. Ich hatte schon längst bemerkt, dass diese schweigsame Frauensperson für gewöhnlich nicht im Stande war, einen Entschluss zu fassen und bei einem eigenen Gedanken zu verharren, aber wenn sich einmal in ihrem schwachen Gehirn zufällig etwas herausgebildet hatte, was einem Gedanken, einem Vorhaben ähnlich war, dann durfte man ihr nicht an der Ausführung hinderlich sein; das hätte soviel bedeutet als sie für eine gewisse Zeit seelisch zu vernichten. Und daher erklärte ich, der ich meine eigene Ruhe über alles liebe, mich sogleich einverstanden.

»Hat er wenigstens irgendwelchen Ausweis, einen Pass oder dergleichen?«

»Und ob! Natürlich hat er. Er ist ein braver, erfahrener Mensch, drei Rubel hat er versprochen zu geben.«

Gleich am folgenden Tag erschien in meiner bescheidenen Junggesellenwohnung der neue Untermieter, aber ich war darüber nicht verdrießlich, sondern freute mich sogar im Stillen. Ich führe überhaupt ein zurückgezogenes Leben, ganz wie ein Einsiedler. Bekannte habe ich fast gar keine, ausgehen tue ich nur selten. Nach zehn Jahren eines derartigen Lebens bin ich natürlich an die Einsamkeit gewöhnt. Aber weitere zehn, fünfzehn oder vielleicht noch mehr Jahre dieser selben Einsamkeit, mit dieser selben Agrafena, in dieser selben Junggesellenwohnung, das ist allerdings eine wenig reizvolle Perspektive! Und daher war unter diesen Umständen ein neu hinzutretender friedlicher Mensch eine Wohltat des Himmels!

Agrafena hatte nicht gelogen: Mein Untermieter war wirklich ein erfahrener Mensch. Aus seinem Pass ging hervor, dass er ein verabschiedeter Soldat war, was mir, noch ehe ich den Pass gesehen hatte, bei dem ersten Blick aus seinem Gesicht klar geworden war. Das war leicht zu erkennen. Astafi Iwanowitsch, mein Untermieter, gehörte zu den Besseren seines Standes. Wir lebten uns gut miteinander ein. Aber das Beste war, dass Astafi Iwanowitsch es manchmal verstand, Geschichten zu erzählen, Ereignisse aus seinem eigenen Leben. Bei der stetigen Langeweile meines Daseins war ein solcher Erzähler geradezu ein Schatz. Einmal erzählte er mir eine derartige Geschichte. Sie machte auf mich einigen Eindruck. Der Anlass, bei dem er sie mir vortrug, war folgender.

Ich war einmal allein in der Wohnung: Sowohl Astafi als auch Agrafena waren in Geschäften ausgegangen. Plötzlich hörte ich vom zweiten Zimmer aus, dass jemand in die Wohnung hereinkam, und zwar, wie es mir schien, ein Fremder; ich ging hinaus: Richtig, im Vorzimmer stand ein fremder Mensch, ein Bursche von kleiner Statur, im bloßen Rock trotz der kalten herbstlichen Witterung.

»Was willst du?«

»Ich wollte zu dem Beamten Alexandrow; wohnt der hier?«

»So einer wohnt hier nicht; adieu!«

»Aber der Hausknecht hat mir doch gesagt, dass er hier wohnt«, erwiderte der Besucher, indem er sich vorsichtig zur Tür zurückzog.

»Mach, dass du fortkommst; mach, dass du fortkommst; marsch!«

Am andern Tag nach dem Mittagessen, als Astafi Iwanowitsch mir einen Rock anprobierte, den er für mich umarbeitete, trat wieder jemand in das Vorzimmer. Ich öffnete die Tür ein wenig.

Der Herr von gestern nahm vor meinen sehenden Augen mit größter Seelenruhe meinen schnurbesetzten Pelzrock vom Kleiderständer herab, nahm ihn unter den Arm und verließ eilig die Wohnung. Agrafena sah ihm die ganze Zeit über erstaunt mit offenem Mund zu und tat weiter nichts zur Verteidigung des Pelzrockes. Astafi Iwanowitsch rannte dem Gauner nach und kam nach zehn Minuten ganz atemlos mit leeren Händen wieder zurück. Der Mensch war spurlos verschwunden!

»Na, da haben wir Pech gehabt, Astafi Iwanowitsch. Nur gut, dass er uns noch den Mantel gelassen hat! Sonst hätte er uns vollständig aufs Trockne gesetzt, der Halunke!«

Aber auf Astafi Iwanowitsch hatte dieser Vorgang einen so gewaltigen Eindruck gemacht, dass ich bei seinem Anblick sogar den Diebstahl vergaß. Er konnte gar nicht wieder recht zu sich kommen. Alle Augenblicke warf er die Arbeit hin, mit der er beschäftigt war; alle Augenblicke begann er von Neuem die Geschichte zu erzählen: Wie das alles geschehen sei, wie er dagestanden habe, wie vor seinen Augen, zwei Schritte von ihm entfernt, der Mensch den Pelzrock herabgenommen habe, und wie es gekommen sei, dass er ihn nicht habe ergreifen können. Dann setzte er sich wieder an die Arbeit; dann warf er wieder alles hin, und ich sah, wie er schließlich zu dem Hausknecht hinging, um es diesem zu erzählen und ihm Vorwürfe zu machen, dass er in dem seiner Aufsicht anvertrauten Haus so etwas geschehen lasse. Dann kam er zurück und begann Agrafena auszuschelten. Dann setzte er sich wieder an die Arbeit und murmelte noch lange vor sich hin: Wie das alles zugegangen sei, und wie er da gestanden habe und ich dort, und wie der Mensch vor unsern Augen, zwei Schritte von uns entfernt, den Pelzrock herabgenommen habe usw. Kurz, Astafi Iwanowitsch verstand sich zwar gut auf seine Arbeit, aber es lag in seinem Wesen eine große Umständlichkeit.

»Er hat mich und dich schön übertölpelt, Astafi Iwanowitsch!«, sagte ich am Abend zu ihm, als ich ihm eine Tasse Tee gab. Aus Langeweile wollte ich die Geschichte von dem gestohlenen Pelzrock noch einmal aus ihm herauslocken, die infolge der häufigen Wiederholung und der aufrichtigen Empfindung des Erzählers sehr komisch zu werden anfing.

»Ja, er hat uns übertölpelt, Herr! Selbst für einen, der nicht davon betroffen ist, ist die Sache empörend, und mich packt die Wut, obgleich das gestohlene Kleidungsstück nicht mir gehörte. Meiner Ansicht nach gibt es auf der Welt keine ekelhaftere Kreatur als einen Dieb. So einer stiehlt einem etwas weg, was man sich mit Mühe erworben, wofür man seinen Schweiß vergossen und seine Zeit aufgewandt hat. Pfui, so eine Gemeinheit! Ich mag gar nicht davon reden; der Ingrimm packt mich. Ich wundere mich, Herr, dass es Ihnen um Ihr Eigentum so wenig leid ist.«

»Ja, das ist richtig, Astafi Iwanowitsch; man würde lieber wollen, dass ein Gegenstand verbrennt, aber ihn einem Dieb zu lassen, das empört einen, das mag man nicht.«

»Nein, wahrhaftig nicht! Freilich ist zwischen Dieb und Dieb ein Unterschied … Es ist mir einmal begegnet, Herr, dass ich auf einen ehrlichen Dieb stieß.«

»Wie meinst du das: Auf einen ehrlichen Dieb? Welcher Dieb ist denn ehrlich, Astafi Iwanowitsch?«

»Das ist schon wahr, Herr! Welcher Dieb ist ehrlich? Einen ehrlichen Dieb gibt es eigentlich nicht. Ich wollte auch nur sagen, dass ein Mensch ehrlich war und doch stahl. Er konnte einem ordentlich leidtun.«

»Wie hing denn das zusammen, Astafi Iwanowitsch?«

»Das war vor zwei Jahren, Herr. Es traf sich, dass ich damals fast ein ganzes Jahr lang ohne Stellung war, aber schon vorher, als ich noch eine Stellung hatte, war ich mit einem ganz heruntergekommenen Menschen bekannt geworden. Wir hatten uns in einer Speisewirtschaft kennengelernt. Er war ein Trunkenbold, ein Herumtreiber, ein Faulenzer; er hatte früher irgendwo ein Amt gehabt, war aber wegen seiner Trunksucht schon längst vom Dienst entfernt worden. So ein unwürdiges Subjekt! Sein Anzug war ganz unbeschreiblich! Manchmal fragte man sich, ob er auch wirklich unter dem Mantel ein Hemd auf dem Leib habe; alles Geld, das er in die Hände bekam, vertrank er. Aber ein Krakeeler war er nicht; er hatte einen friedlichen Charakter und war so freundlich und gutmütig; auch bat er einen nie, er schämte sich immer: Na, man sah ja selbst, dass der arme Kerl gern etwas getrunken hätte, und gab ihm etwas. Na, so waren wir also miteinander bekannt geworden, das heißt, er hängte sich an mich. Ich hatte nichts dagegen. Und was war er für ein Mensch! So anhänglich wie ein Hündchen: Wenn ich irgendwohin ging, ging er hinter mir her; und dabei hatten wir uns zum ersten Mal gesehen; so ein schlapper Kerl! Zuerst fragte ich mich, ob ich ihn die nächste Nacht bei mir schlafen lassen sollte – na, ich ließ ihn: Ich sah, sein Pass war in Ordnung, und in seinem Wesen war er ja doch erträglich! Dann, am andern Tag, ließ ich ihn ebenfalls bei mir übernachten; und auch am dritten kam er, saß den ganzen Tag am Fenster und blieb wieder über Nacht. ›Na‹, dachte ich, ›er hat sich an mich gehängt: Nun kann ich ihm zu essen und zu trinken geben und ihn auch noch bei mir übernachten lassen – ich bin selbst ein armer Kerl, und nun sitzt mir noch ein Kostgänger auf dem Hals.‹ Vorher aber war er, geradeso wie jetzt zu mir, immer zu einem Beamten hingegangen, hatte sich an den gehängt, und sie hatten immer zusammen getrunken; der aber hatte sich durch den Trunk zugrunde gerichtet und war infolge irgendwelches Kummers gestorben. Der anhängliche Mensch aber hieß Jemeljan Iljitsch. Ich überlegte und überlegte: ›Was soll ich mit ihm anfangen?‹ Ihn fortjagen – das zu tun schämte ich mich, und er tat mir leid: So ein jämmerlicher, heruntergekommener Mensch, dass Gott erbarm! Und dabei war er so schweigsam, bat um nichts und saß still da und sah einem nur wie ein Hund nach den Augen. Da konnte man so recht sehen, wie der Trunk den Menschen zugrunde richtet Ich dachte bei mir: ›Wie wär's, wenn ich zu ihm sagte, mach, dass du fortkommst, lieber Jemeljan; du hast bei mir nichts zu suchen; du bist an den Unrechten gekommen; ich werde selbst bald nichts mehr zu beißen und zu brechen haben; wie soll ich dich da auf meine Kosten unterhalten?‹ Ich saß und malte mir aus, was er wohl tun werde, wenn ich so zu ihm spräche. Na, und da sah ich es ordentlich vor mir, wie er mich lange ansehen würde, nachdem er meine Rede gehört hätte; wie er lange dasitzen würde, ohne ein Wort davon zu verstehen; wie er dann, wenn es ihm klar geworden wäre, vom Fenster aufstehen und sein Bündelchen nehmen würde (ich sehe es noch wie heute: ein kariertes, rotes, löcheriges Bündelchen, in das er Gott weiß was hineingebunden hatte, und das er überallhin mit sich schleppte); wie er seinen elenden Mantel zurechtschieben würde, sodass er warm hielte und anständig aussähe und die Löcher nicht zu sehen wären (denn er war ein feinfühliger Mensch!); wie er dann die Tür aufmachen und mit einem Tränchen im Auge auf die Treppe hinausgehen würde. Na, man darf doch einen Menschen nicht ganz untergehen lassen … er tat mir leid! Aber dann dachte ich auch wieder: ›Wie steht es mit mir selbst? Warte mal, mein lieber Jemeljan‹, überlegte ich bei mir, ›dein gutes Leben bei mir wird nicht mehr lange dauern: Ich werde bald umziehen; dann wirst du mich nicht finden.‹ Na, Herr, ich zog denn auch um; mein damaliger Herr, Alexander Filimonowitsch, sagte noch zu mir: ›Ich bin mit dir zufrieden gewesen, Astafi; wenn wir alle vom Land wieder zurückkommen, werde ich dich nicht vergessen und dich wieder nehmen.‹ Ich war nämlich bei ihm Hausmeister gewesen; er war ein guter Herr, starb aber noch in jenem selben Jahr. Na, als ich ihm bei seiner Abreise das Geleit gegeben hatte, da nahm ich mein Hab und Gut und das bisschen Geld, das ich hatte, und dachte, ich wollte mich ein Weilchen ausruhen; ich zog zu einer alten Frau und mietete ihr ein Kämmerchen ab. Sie hatte nur das eine Kämmerchen frei. Sie war irgendwo Kinderfrau gewesen und lebte nun für sich und bekam eine Pension. ›Na‹, dachte ich, ›dann lebe wohl, mein lieber Jemeljan; nun wirst du mich nicht finden!‹ Aber was meinen Sie, Herr? Als ich am Abend nach Hause kam (ich hatte einen Bekannten besucht), da war das Erste, was ich sah, Jemeljan, der auf meinem Kasten saß und sein kariertes Bündel neben sich liegen hatte; so saß er in seinem schlechten Mantel da und wartete auf mich. Aus Langeweile hatte er sich von der Alten noch ein geistliches Buch geben lassen; das hielt er verkehrt in der Hand. Also hatte er mich doch gefunden! Die Arme sanken mir am Leib herab. ›Na‹, dachte ich, ›da ist nun nichts zu machen; warum habe ich ihn nicht gleich anfangs weggejagt?‹ Ich fragte ihn also einfach: ›Hast du auch deinen Pass mitgebracht, Jemeljan?‹

Dann setzte ich mich hin, Herr, und begann darüber nachzudenken, ob so ein heimatloser Mensch mir wohl sehr zur Last fallen werde. Und das Resultat meines Nachdenkens war, es werde damit nicht allzu schlimm sein. ›Zu essen muss er etwas bekommen‹, dachte ich. ›Na, morgens ein Stückchen Brot, und damit es schmackhafter ist, muss ich ihm eine Zwiebel dazu kaufen. Und zu Mittag muss ich ihm wieder ein Stück Brot und eine Zwiebel geben, und zum Abendessen wieder eine Zwiebel mit Kwas, und ein Stückchen Brot, wenn er das noch haben möchte. Und wenn wir dann noch ab und zu eine Kohlsuppe haben, dann können wir uns beide völlig satt essen. Ich für meine Person bin kein starker Esser, und ein Trinker isst bekanntlich auch nur wenig: Der ist zufrieden, wenn er nur sein Schnäpschen hat. Aber mit seinem Trinken wird er mir Not machen‹, dachte ich, und da, Herr, kam mir ein anderer Gedanke in den Kopf und nahm mich ganz gefangen, dermaßen, dass, wenn Jemeljan jetzt weggegangen wäre, er mir ein großes Stück meiner Lebensfreude geraubt hätte. Ich nahm mir nämlich damals vor, sein Wohltäter und Retter zu werden. ›Ich werde ihn vor dem Verderben bewahren‹, dachte ich. ›Ich werde ihm das Trinken abgewöhnen! Warte du nur‹, dachte ich. ›Na gut, Jemeljan, bleib hier, aber halte dich jetzt bei mir ordentlich und tu', was ich dir befehle!‹

Und da dachte ich bei mir: ›Ich werde jetzt zuerst versuchen, ihn an das Arbeiten zu gewöhnen, aber nicht so plötzlich; mag er zuerst noch ein bisschen herumbummeln; ich werde dich mir unterdessen näher beschauen, Jemeljan, und zusehen, wozu du eine Fähigkeit besitzt.‹ Denn zu jeder Arbeit, Herr, muss der Mensch von vornherein eine gewisse Fähigkeit besitzen. So fing ich denn an, ihn im Stillen zu beobachten. Ich sah, dass mein Jemeljan ein ganz verzweifelter Kunde war. Zuerst, Herr, versuchte ich es mit gütlichem Zureden: ›So und so‹, sagte ich, ›Jemeljan Iljitsch, du solltest doch etwas mehr auf dich achten und dich ein bisschen bessern. Du hast genug herumgebummelt! Sieh doch nur, du gehst ja in reinen Lumpen; dein Mantel ist, mit Verlaub zu sagen, als Sieb zu gebrauchen; das ist schon nicht mehr schön! Man muss doch auch wissen, was der Anstand erfordert.‹ Mein Jemeljan saß da, ließ den Kopf herunterhängen und hörte mich an. Was sagen Sie dazu, Herr: Es war durch das Trinken mit ihm schon dahin gekommen, dass er nicht mehr im Stande war, ein vernünftiges Wort zu sagen. Man redete zu ihm von Gurken, und er antwortete einem von Bohnen! Er hörte mir zu, hörte mir lange zu und seufzte dann. ›Was seufzt du denn, Jemeljan Iljitsch?‹, fragte ich.

›Ach, das tue ich bloß so, Astafi Iwanowitsch; beunruhigen Sie sich nicht darum! Aber heute haben sich zwei Weiber auf der Straße geprügelt, Astafi Iwanowitsch; die eine hatte der andern einen Korb mit Moosbeeren aus Versehen umgestoßen.‹

›Na, und?‹

›Und die andere stieß ihr dafür absichtlich ihren eigenen Korb mit Moosbeeren um und trat noch mit dem Fuß in die Beeren hinein.‹

›Na, und was weiter, Jemeljan Iljitsch?‹

›Weiter nichts, Astafi Iwanowitsch; ich wollte es bloß erzählen.‹

›Weiter nichts; ich wollte es bloß erzählen! Oh weh‹, dachte ich, ›mein lieber Jemeljan; du hast dir deinen armen Kopf durch das Trinken und Bummeln ruiniert!‹

›Und ein Herr hatte eine Banknote in der Gorochowaja-Straße auf das Trottoir fallen lassen, oder nein, in der Sadowaja-Straße. Und ein Bauer sah es und sagte: »Das ist mein Profit!« Ein Anderer hatte es auch gesehen und sagte: »Nein, das ist mein Profit; ich habe sie vor dir gesehen.«‹

›Na, und, Jemeljan Iljitsch?‹

›Und da fingen die Bauern sich an zu prügeln, Astafi Iwanowitsch. Und ein Schutzmann trat dazu, hob die Banknote auf und gab sie dem Herrn wieder, und den Bauern drohte er, er würde sie alle beide auf die Wache bringen.‹

›Na, und was ist denn nun? Was ist daran so Merkwürdiges, lieber Jemeljan?‹

›Weiter wollte ich nichts sagen. Die Leute lachten, Astafi Iwanowitsch.‹

›Ach, mein lieber Jemeljan! Was kümmern dich die Leute! Du hast deine Seele für einen Kupfergroschen verkauft. Aber weißt du, was ich dir sagen will, Jemeljan Iljitsch?‹

›Was denn, Astafi Iwanowitsch?‹

›Du solltest doch irgendwelche Arbeit vornehmen; wirklich, das solltest du tun. Zum hundertsten Mal sage ich dir: Nimm eine Arbeit vor; erbarme dich deiner selbst!‹

›Was soll ich denn arbeiten, Astafi Iwanowitsch? Ich weiß nicht, was für eine Arbeit ich vornehmen soll, und eine Stellung gibt mir niemand, Astafi Iwanowitsch.‹

›Wegen deiner Trunksucht hast du ja auch dein Amt verloren, Jemeljan!‹

›Und der Einschenker Wlas ist heute aufs Kontor gerufen worden, Astafi Iwanowitsch.‹

›Warum ist er denn dahin gerufen worden, Jemeljan?‹

›Ich weiß nicht, warum, Astafi Iwanowitsch. Es wird doch wohl notwendig gewesen sein, und da haben sie ihn vorgeladen …‹

›Oh weh, oh weh‹, dachte ich, ›wir gehen alle beide zugrunde, ich und du, mein lieber Jemeljan! Gott straft uns für unsere Sünden!‹ Na, was sollte ich mit einem solchen Menschen anfangen, Herr?

Aber ein schlauer Bursche war er, das musste man ihm lassen! Er hörte mir zu, hörte mir lange zu, aber wenn es ihm dann langweilig wurde und er sah, dass ich mich ereiferte, dann nahm er sachte seinen Mantel und machte sich aus dem Staub – weg war er! Den ganzen Tag über trieb er sich umher, und am Abend kam er betrunken nach Hause. Von wem er traktiert worden war, oder wo er das Geld herbekommen hatte, das mag Gott wissen; ich war jedenfalls daran unschuldig!

›Nein, Jemeljan Iljitsch‹, sagte ich, ›du darfst dich nicht zugrunde richten! Hör' auf mit dem Trinken; hörst du wohl, hör' auf! Ein andermal, wenn du betrunken nach Hause kommst, kannst du hier auf der Treppe übernachten. Ich werde dich nicht hereinlassen!‹

Als mein Jemeljan diese Drohung gehört hatte, blieb er einen Tag und noch einen Tag zu Hause, aber am dritten war er wieder verschwunden. Ich wartete und wartete, er kam nicht! Ich bekam es schon, offen gesagt, mit der Angst zu tun, und er tat mir leid. ›Was habe ich bei ihm angerichtet?‹, dachte ich. ›Ich habe ihn verschüchtert. Na, wo mag er jetzt geblieben sein, der arme Kerl? Am Ende wird er noch umkommen, Herr du mein Gott!‹ Es wurde Nacht, aber er kam nicht. Am andern Morgen trete ich auf den Flur hinaus und sehe, dass er die Nacht auf dem Flur zugebracht hat. Er hatte den Kopf auf die Schwelle gelegt und lag so da; vor Kälte war er ganz starr geworden.

›Was machst du nur, Jemeljan? Um Gottes willen! Wie kannst du hier liegen!‹

›Aber Sie waren doch neulich so böse und ärgerlich und sagten. Sie würden mich nur auf dem Flur schlafen lassen; und da habe ich nicht gewagt hereinzukommen, Astafi Iwanowitsch, und habe mich hier draußen hingelegt …‹

Zorn und Mitleid ergriffen mich gleichzeitig!

›Du könntest dir auch eine andere Tätigkeit suchen, Jemeljan‹, sagte ich. ›Wozu brauchst du die Treppe zu bewachen?‹

›Was denn für eine andere Tätigkeit, Astafi Iwanowitsch?‹

›Na, du verlorene Seele‹, sagte ich (ein starker Ingrimm hatte mich gepackt), ›könntest du nicht zum Beispiel das Schneiderhandwerk erlernen? Wie sieht dein Mantel aus! Nicht genug, dass er ganz zerrissen ist, du fegst auch noch die Treppe damit! Du solltest doch eine Nadel nehmen und die Risse zunähen, wie es der Anstand erfordert. Oh weh, du Trunkenbold du!‹

Was glauben Sie, Herr? Er nahm wirklich eine Nadel zur Hand; ich hatte es ja zu ihm eigentlich nur so zum Spott gesagt, aber er hatte Angst bekommen und griff nach der Nadel. Er zog sich den Mantel aus und versuchte einen Faden einzufädeln. Ich beobachtete ihn; na, man kennt das ja: Die Augen waren ihm gerötet und eitrig, die Hände zitterten ihm; es ging nicht! Er stieß und stieß mit dem Faden gegen das Öhr, aber der Faden ging nicht hinein. Er kniff die Augen zusammen, benetzte den Faden mit Speichel und drehte ihn mit den Fingern zusammen – aber nein! Er legte Nadel und Faden hin und sah mich an …

›Na, Jemeljan, du wolltest dich wohl willfährig zeigen! Du einfältiger Mensch, ich hatte es dir doch nur so zum Spott, als Vorwurf gesagt. Lass das nur, in Gottes Namen! Sitze meinetwegen so da, aber tu' nichts, worüber man sich schämen müsste, nächtige nicht auf der Treppe, mach mir keine Schande!‹

›Aber was soll ich tun, Astafi Iwanowitsch; ich weiß ja selbst, dass ich ein Trunkenbold bin und zu nichts tauge! Ich mache nur Ihnen, meinem Wo… Wohltäter, unnötig Ärger …‹

Und da fingen auf einmal seine blauen Lippen an zu beben, und ein Tränchen rollte über seine blasse Wange und zitterte auf seinen unrasierten Bartstoppeln, und dann brach meinem Jemeljan plötzlich ein ganzer Tränenstrom aus den Augen … Oh Gott, es war mir, als stieße mir jemand ein Messer ins Herz.

›Ach‹, dachte ich, ›du empfindsamer Mensch, das hätte ich ja gar nicht gedacht! Wer hätte das geglaubt oder geahnt? Nein, Jemeljan, ich werde mich ganz von dir lossagen; meinetwegen verkomme wie ein alter Lappen!‹

Na, Herr, was ist da noch lange zu erzählen! Die ganze Sache ist ja so gering, so kläglich, nicht der Erwähnung wert; Sie zum Beispiel, Herr, würden dafür nicht zwei zerbrochene Groschen geben; ich aber würde viel darum geben, wenn ich viel hätte, damit nur das alles nicht passiert wäre! Ich besaß eine Reithose, Herr, hol' sie dieser und jener, eine gute, prächtige Reithose, blau kariert; ein Gutsbesitzer, der nach Petersburg gekommen war, hatte sie bei mir bestellt, sie aber dann nicht abgenommen; er sagte, sie sei ihm zu eng; so hatte ich sie denn auf dem Hals behalten. Ich dachte: Es ist immerhin ein wertvoller Gegenstand! Auf dem Trödelmarkt hätten sie vielleicht fünf Rubel dafür gegeben; und wenn nicht, so konnte ich daraus für Petersburger Herren zwei Paar Pantalons machen, und es wäre noch ein Stückchen zu einer kleinen Weste für mich übrig geblieben. Wissen Sie, für einen armen Menschen, wie unsereiner, ist alles gut! Aber der gute Jemeljan hatte damals eine schwere, traurige Zeit durchzumachen. Ich sah, dass er den einen Tag nicht trank, auch den zweiten nicht, und dass auch am dritten kein Tropfen Branntwein in seinen Mund kam; er war ganz verstört; er konnte einem leidtun; den Kopf auf die Hand gestützt, saß er in trübsinnigem Brüten da. ›Na‹, dachte ich, ›entweder hast du nur kein Geld, Mensch, oder du bist von selbst wieder auf den rechten Weg gekommen, hast basta gesagt und auf die Stimme der Vernunft gehört.‹ So lagen die Dinge, Herr; es fiel aber in jene Zeit gerade ein hoher Feiertag. Ich war zur Abendmesse gegangen; als ich zurückkam, saß mein Jemeljan auf dem Fensterbrett, war betrunken und wiegte sich hin und her. ›Ach herrje!‹, dachte ich. ›Also hast du es doch wieder getan, du Patron!‹ Aus irgendwelchem Grund ging ich an meinen Kasten. Ich sehe hinein: Die Reithose ist nicht da … Ich suche hier und da: Sie ist verschwunden! Na, als ich nun alles umgewühlt hatte, ohne sie zu finden, da zog sich mir ordentlich das Herz zusammen! Ich stürzte zu der alten Frau hin, denn die hatte ich zunächst im Verdacht; auf Jemeljan aber verfiel ich gar nicht, obgleich der Umstand, dass er betrunken war, mich hätte stutzig machen können. ›Nein, mein lieber Herr‹, sagte die Alte. ›Ich bitte Sie, was sollte ich mit einer Reithose; kann ich die tragen? Mir ist selbst neulich ein Rock weggekommen; es wird wohl ein guter Mensch aus Ihrer Bekanntschaft gewesen sein; na, das heißt, ich weiß es nicht; bestimmt sagen kann ich es nicht‹, sagte sie. ›Wer ist hier gewesen?‹, fragte ich. ›Wer ist hergekommen?‹ ›Es ist niemand hergekommen, lieber Herr; ich bin die ganze Zeit über hier gewesen. Jemeljan Iljitsch ist ausgegangen und nachher wiedergekommen; da sitzt er! Fragen Sie den!‹ – ›Hast du vielleicht, Jemeljan‹, sagte ich, ›zu irgendwelchem Zweck meine neue Reithose genommen, du besinnst dich wohl, ich hatte sie für einen Gutsbesitzer gemacht?‹ ›Nein, Astafi Iwanowitsch‹, antwortete er, ›ich, hm, das heißt, ich habe sie nicht genommen.‹

Eine dumme Geschichte. Ich fing wieder an zu suchen und suchte und suchte – nichts zu finden! Jemeljan aber saß da und wiegte sich hin und her. Da kauerte ich nun so vor ihm auf dem Kasten, Herr, und auf einmal schielte ich so nach ihm hin … ›Oh je!‹, dachte ich, und das Herz in der Brust fing mir auf einmal an zu brennen, und das Blut stieg mir sogar ins Gesicht. Plötzlich sah mich auch Jemeljan an.

›Nein, Astafi Iwanowitsch‹, sagte er, ›ich habe Ihre Reithose nicht, hm … Sie denken vielleicht, hm … aber ich habe sie nicht genommen.‹

›Aber wo kann sie denn geblieben sein, Jemeljan Iljitsch?‹

›Nein, Astafi Iwanowitsch‹, sagte er, ›ich habe sie gar nicht gesehen.‹

›Na, dann ist sie also wohl von selbst verschwunden, Jemeljan Iljitsch?‹

›Vielleicht ist sie wirklich von selbst verschwunden, Astafi Iwanowitsch.‹

Nachdem ich ihn so verhört hatte, stand ich auf, trat zu ihm, steckte mir Licht an und setzte mich an meine Näharbeit. Ich änderte gerade für einen Beamten, der unter uns wohnte, eine Weste um. Aber in der Brust fühlte ich eine brennende Hitze und einen dumpfen Schmerz. Es wäre mir leichter zumute gewesen, wenn ich mit meiner ganzen Garderobe den Ofen geheizt hätte. Auch Jemeljan merkte, dass mir der Ärger am Herzen fraß. Wenn ein Mensch etwas Schlechtes begangen hat, Herr, dann wittert er schon von Weitem das Unheil, so wie der Vogel das bevorstehende Gewitter.

›Was ich sagen wollte, Astafi Iwanowitsch‹, begann Jemeljan, aber die Stimme zitterte ihm nur so, ›heute hat der Heilgehilfe Antip Prochorowitsch die Witwe des Kutschers, der vor einiger Zeit gestorben ist, geheiratet …‹

Ich sah ihn nur an, so recht zornig sah ich ihn an. Jemeljan verstand das. Da sah ich: Er stand auf, ging zum Bett hin und fing an dort herumzustöbern. Ich wartete; er machte sich da lange zu schaffen und sagte immer dabei: ›Nein, nein, wo mag das nichtswürdige Ding nur geblieben sein!‹ Ich wartete, was daraus werden würde; da sah ich, dass Jemeljan sich auf die Knie niederließ und unter das Bett kroch. Ich konnte mich nicht länger beherrschen.

›Warum kriechen Sie denn auf den Knien herum, Jemeljan Iljitsch?‹, sagte ich.

›Ich wollte zusehen, ob die Reithose vielleicht da wäre, Astafi Iwanowitsch; ob sie da irgendwo herumläge.‹

›Wie kommen Sie nur darauf, mein Herr‹, sagte ich (in meinem Ingrimm redete ich ihn mit ›Herr‹ an), ›wie kommen Sie nur darauf, einem armen, einfachen Menschen, wie ich, behilflich zu sein und unnötigerweise auf den Knien herumzurutschen?‹

›Das tut ja nichts, Astafi Iwanowitsch ... Vielleicht findet sie sich doch irgendwo, wenn man nur ordentlich sucht.‹

›Hm! ...‹, sagte ich. ›Höre mal, Jemeljan Iljitsch!‹

›Was denn, Astafi Iwanowitsch?‹, erwiderte er.

›Hast nicht etwa du sie mir einfach gestohlen, als ein Dieb und Gauner, zum Dank für meine Gastfreundschaft?‹ Nämlich, Herr, ich war zu empört darüber, dass er da vor meinen Augen auf den Knien herumrutschte.

›Nein ... Astafi Iwanowitsch ...‹

Und wie er da war, blieb er unter dem Bett auf dem Bauch liegen. Lange lag er so da; dann kroch er heraus. Ich sah: Er war ganz blass, wie Leinwand. Er stand auf, setzte sich neben mich ans Fenster und saß so etwa zehn Minuten lang da.

›Nein, Astafi Iwanowitsch‹, sagte er auf einmal, indem er aufstand und noch näher an mich herantrat. Ich sehe ihn noch wie jetzt vor mir: Er sah schrecklich aus, wie die leibhafte Sünde. ›Nein, Astafi Iwanowitsch‹, sagte er, ›ich habe Ihre Reithose, hm, nicht genommen.‹

Er bebte am ganzen Leib, stieß sich mit einem zitternden Finger gegen die Brust, und auch die Stimme zitterte ihm so, dass ich, Herr, es selbst mit der Angst bekam und starr sitzen blieb, als ob ich am Fenster angewachsen wäre.

›Na‹, sagte ich, ›verzeihen Sie schon, Jemeljan Iljitsch, wenn ich Sie in meiner Dummheit fälschlich beschuldigt habe. Mag die Reithose in Gottes Namen verloren sein; ich werde auch ohne sie nicht umkommen. Ich habe, Gott sei Dank, meine Hände und werde mich nicht aufs Stehlen legen … und bei einem fremden armen Menschen betteln werde ich auch nicht; ich werde mir schon mein Brot verdienen …‹

Jemeljan hörte mich an und stand lange vor mir; schließlich setzte er sich hin. So saß er den ganzen Abend über da, ohne sich zu rühren; auch als ich schlafen ging, saß er immer noch still auf demselben Fleck. Am andern Morgen sah ich: Er lag zusammengekrümmt, in seinen Mantel gewickelt, auf dem bloßen Fußboden; er hatte sich tief gedemütigt gefühlt und sich darum nicht aufs Bett legen mögen. Na, Herr, ich liebte ihn in jener Zeit nicht, das heißt, in den ersten Tagen hasste ich ihn sogar. Gerade als wenn mich, zum Beispiel gesagt, mein eigener Sohn bestohlen und mir eine blutige Kränkung zugefügt hätte. ›Ach, Jemeljan, Jemeljan!‹ dachte ich. Jemeljan aber, Herr, trank etwa vierzehn Tage lang, ohne jemals nüchtern zu werden. Nämlich er war ordentlich in Raserei geraten und trank sich zuschanden. Am Morgen ging er weg, und erst spät in der Nacht kam er wieder nach Hause, und die ganzen zwei Wochen über bekam ich von ihm auch nicht ein Wort zu hören. Nämlich gewiss nagte der Kummer an ihm, oder er wollte sich irgendwie den Garaus machen. Endlich hörte er damit auf, weil er nämlich alles vertrunken hatte, und setzte sich wieder aufs Fensterbrett. Ich erinnere mich, dass er so drei Tage lang dasaß und schwieg; auf einmal sah ich, dass er weinte. Nämlich er saß da, Herr, und weinte, aber wie weinte er! Es war geradezu ein Brunnen, und er selbst schien es gar nicht zu merken, dass ihm die Tränen aus den Augen strömten. Es ist ein schmerzlicher Anblick, Herr, wenn ein erwachsener Mensch und noch dazu ein so alter Mensch, wie Jemeljan, vor Gram und Leid zu weinen anfängt.

›Was hast du, Jemeljan?‹, sagte ich.

Er zuckte zusammen, und ein Schütteln ging durch seinen ganzen Körper. Ich hatte ihn nämlich zum ersten Mal seit jener Zeit angeredet.

›Ich habe nichts, Astafi Iwanowitsch.‹

›Um Gottes willen, Jemeljan, mag das Ding immer verloren sein! Warum sitzt du denn so da wie eine Eule?‹ Er tat mir leid.

›Ach, Astafi Iwanowitsch, das ist es nicht. Ich möchte eine Arbeit haben, Astafi Iwanowitsch.‹

›Was denn für eine Arbeit, Jemeljan Iljitsch?‹

›Irgendwelche. Vielleicht finde ich eine Stelle, wie ich sie früher hatte. Ich bin schon zu Fedosjei Iwanowitsch gegangen und habe ihn gebeten … Es ist nicht recht, dass ich Sie zu Schaden bringe, Astafi Iwanowitsch. Wenn ich eine Stelle bekommen sollte, Astafi Iwanowitsch, dann werde ich Ihnen alles erstatten und Ihnen alle Ihre Unkosten ersetzen.‹

›Hör' auf, Jemeljan, hör' auf! Na, es war eine Sünde; na, aber nun ist's vorbei. Schwamm drüber! Lass uns wieder in der alten Weise leben!‹

›Nein, Astafi Iwanowitsch, Sie meinen vielleicht immer noch … hm … aber ich habe Ihre Reithose nicht genommen.‹

›Na, schön, schön; lassen wir's gut sein, lieber Jemeljan!‹

›Nein, Astafi Iwanowitsch, ich kann nicht länger bei Ihnen wohnen bleiben; das ist klar. Nehmen Sie es mir nicht übel, Astafi Iwanowitsch!‹

›Aber ich bitte dich‹, sagte ich, ›wer tut dir denn etwas zuleide, Jemeljan Iljitsch? Wer treibt dich denn aus dem Haus? Ich etwa?‹

›Nein, aber es schickt sich nicht, dass ich bei Ihnen wohnen bleibe, Astafi Iwanowitsch … Es ist schon besser, dass ich fortgehe …‹

Er fühlte sich nämlich gekränkt und sagte daher immer dasselbe. Ich sah ihn an: Er stand wirklich auf und zog sich den Mantel an.

›Aber wo willst du denn hin, Jemeljan Iljitsch? So nimm doch Vernunft an! Was willst du? Wohin gehst du?‹

›Nein, ich muss Ihnen schon Lebewohl sagen, Astafi Iwanowitsch; suchen Sie mich nicht mehr zurückzuhalten‹ (er schluchzte wieder). ›Ich gehe von dem Unglücksort weg, Astafi Iwanowitsch. Sie sind jetzt ein anderer geworden.‹

›Wieso ein anderer? Ich bin immer noch derselbe. Aber du wirst wie ein kleines, unvernünftiges Kind so ganz allein zugrunde gehen, Jemeljan Iljitsch.‹

›Nein, Astafi Iwanowitsch, wenn Sie jetzt weggehen, schließen Sie immer Ihren Kasten zu, und wenn ich das sehe, Astafi Iwanowitsch, dann muss ich weinen … Nein, lassen Sie mich lieber gehen, Astafi Iwanowitsch, und verzeihen Sie mir alles, was ich Ihnen während unseres Zusammenlebens Übles getan habe.‹

Was meinen Sie, Herr? Der Mensch ging wirklich fort. Ich wartete einen Tag; ich dachte, er werde zum Abend zurückkommen, aber nein. Auch am zweiten Tag kam er nicht; ebenso wenig am dritten. Ich bekam es mit der Angst zu tun; die Sorge quälte mich; ich konnte nicht essen, nicht trinken, nicht schlafen. Vollständig entwaffnet hatte mich der Mensch! Am vierten Tag machte ich mich auf, sah in alle Schenken hinein und fragte nach Jemeljan – aber ohne Erfolg; er war verschwunden! ›Bist du umgekommen, du armer Kerl?‹, dachte ich. ›Vielleicht bist du in betrunkenem Zustand irgendwo an einem Zaun krepiert und liegst nun da wie ein moderndes Stück Holz.‹ Mehr tot als lebendig kehrte ich nach Hause zurück. Ich beabsichtigte, meine Nachforschungen am folgenden Tag fortzusetzen. Und ich verfluchte mich selbst, weil ich zugelassen hatte, dass der dumme Mensch so nach seinem Kopf von mir wegging. Aber am fünften Tag (es war ein Festtag) hörte ich, als es kaum hell wurde, wie die Tür knarrte. Ich blickte hin: Jemeljan kommt herein! Er sah ganz blau aus, und die Haare waren ihm ganz schmutzig, wie wenn er auf der Straße geschlafen hätte, und mager war er geworden wie ein Span; er zog den Mantel aus, setzte sich zu mir auf den Kasten und sah mich an. Ich freute mich, aber der Gram in meiner Seele wurde noch stärker als vorher. Und das hing so zusammen, Herr: Hätte ich meinerseits so eine menschliche Sünde begangen gehabt, so wäre ich (das kann ich sicher sagen) lieber wie ein Hund krepiert, als dass ich zurückgekommen wäre. Aber Jemeljan kam zurück. Na, es ist peinlich, einen Menschen in einer solchen Lage zu sehen. Ich begann ihn zu streicheln, zu liebkosen und zu trösten. ›Na, lieber Jemeljan‹, sagte ich, ›ich freue mich, dass du zurückgekommen bist. Wärst du ein klein bisschen später gekommen, so wäre ich auch heute wieder in den Schenken herumgegangen, um dich zu suchen. Hast du etwas gegessen?‹

›Ja, ich habe gegessen, Astafi Iwanowitsch.‹

›Wirklich, hast du gegessen? Sieh mal, Brüderchen, es ist noch ein bisschen Kohlsuppe von gestern übrig; sie ist mit Rindfleisch gekocht, nicht so nüchtern; und da ist auch Brot und eine Zwiebel. Iss‹, sagte ich, ›das wird dir guttun.‹

Ich setzte es ihm vor; na und da sah ich, dass er vielleicht ganze drei Tage nichts gegessen hatte; einen solchen Appetit entwickelte er. Also hatte ihn der Hunger wieder zu mir getrieben. Das Herz wurde mir ganz weich, wie ich ihn so ansah. ›Ich werde in einen Branntweinladen laufen‹, dachte ich, ›und ihm eine Herzstärkung holen, und unter alles Vergangene wollen wir einen Strich machen! Nein, ich bin dir nicht mehr böse, lieber Jemeljan!‹ Ich brachte den Branntwein. ›Hier, Jemeljan Iljitsch‹, sagte ich, ›wir wollen dem Festtag zu Ehren einen Schluck trinken. Magst du trinken? Das ist gesund.‹

Er streckte schon die Hand aus, und zwar mit einer Art von Gier, und fasste das Glas, hielt aber dann inne. Er wartete ein Weilchen. Dann sah ich, wie er das Glas nahm und zum Mund führte; dabei schülperte er den Branntwein über, sodass er ihm auf die Hand floss. Aber nein, er führte das Glas zwar zum Mund, stellte es jedoch sogleich wieder auf den Tisch.

›Was hast du, lieber Jemeljan?‹

›Nichts; ich will nur … hm … Astafi Iwanowitsch.‹

›Willst du nicht trinken, wie?‹

›Nein, Astafi Iwanowitsch, ich werde … ich werde nicht mehr trinken, Astafi Iwanowitsch.‹

›Wie denn? Hast du dir vorgenommen überhaupt aufzuhören, oder willst du nur heute nicht trinken, lieber Jemeljan?‹

Er schwieg. Nach einem Weilchen sah ich, dass er den Kopf auf den Arm legte.

›Was machst du? Du bist doch nicht krank, Jemeljan?‹

›Ja, mir ist nicht gut, Astafi Iwanowitsch.‹

Ich brachte ihn schleunigst zu Bett. Ich sah, dass es wirklich schlecht mit ihm stand: Der Kopf glühte, und der Leib wurde vom Fieber geschüttelt. Ich pflegte ihn den Tag über; zur Nacht wurde es schlechter. Ich tat ihm etwas Butter und Zwiebel an den Kwas und brockte ihm Brot hinein. ›Da!‹, sagte ich, ›iss die Brotsuppe, vielleicht wird dir dann besser werden!‹ Er schüttelte den Kopf. ›Nein,‹ sagte er, ›ich mag heute nichts essen, Astafi Iwanowitsch.‹ Ich ließ ihm auch Tee machen und setzte die Alte tüchtig in Bewegung, aber es wurde nicht besser. ›Na‹, dachte ich, ›schlimm!‹ Am dritten Tag ging ich zum Arzt. Ich kannte da in der Nähe einen Arzt, namens Kostoprawow. Ich hatte ihn schon früher kennengelernt, als ich noch bei Bosomjagins im Dienst war; er hatte mich behandelt. Der Arzt kam und besah den Kranken: ›Ja‹, sagte er, ›es steht schlecht. Da hätten Sie mich gar nicht mehr zu rufen brauchen‹, sagte er. ›Aber wir können ihm ja meinetwegen noch Pulver geben.‹ Na, die Pulver gab ich ihm nicht ein; ich dachte: ›Das ist nur so eine Spielerei vom Arzt.‹ Unterdes aber kam der fünfte Tag heran.

Er lag vor mir da, Herr, und es ging mit ihm zu Ende. Ich saß auf dem Fensterbrett und hatte meine Arbeit in den Händen. Die Alte heizte den Ofen. Wir schwiegen alle. Mir wollte das Herz um den Taugenichts brechen, Herr; es war mir zumute, als sollte ich meinen eigenen Sohn verlieren. Ich wusste, dass Jemeljan jetzt nach mir hinsah; schon am Morgen hatte ich bemerkt, dass er sich Gewalt antat, mir etwas sagen wollte, es aber offenbar nicht wagte. Endlich blickte ich ihn an; da sah ich: In den Augen des armen Kerls lag ein tiefer Gram; er hielt seinen Blick unverwandt auf mich gerichtet, als er aber bemerkte, dass ich ihn ansah, schlug er sofort die Augen nieder.

›Astafi Iwanowitsch!‹

›Was willst du, lieber Jemeljan?‹

›Ich wollte sagen: Wenn man zum Beispiel meinen Mantel nach dem Trödelmarkt brächte, würden sie viel dafür geben, Astafi Iwanowitsch?‹

›Na‹, antwortete ich, ›ich weiß nicht, ob sie viel dafür geben würden. Vielleicht würden sie drei Rubel dafür geben, Jemeljan Iljitsch.‹

Aber in Wirklichkeit würden sie, wenn er hingegangen wäre und den Mantel hingebracht hätte, ihm nichts gegeben, sondern ihm nur ins Gesicht gelacht haben, dass er einen solchen Schund zum Kauf anböte. Ich redete nur so, weil ich seine Einfalt kannte, um ihn zu trösten.

›Ich habe auch gedacht, dass sie drei Rubel für ihn geben würden, Astafi Iwanowitsch; er ist ja doch von Tuch, Astafi Iwanowitsch. Gewiss, drei Rubel ist er wert, da er von Tuch ist, nicht wahr?‹

›Ich weiß es nicht, Jemeljan Iljitsch‹, erwiderte ich. ›Wenn du ihn hinbringen willst, musst du natürlich zunächst drei Rubel dafür verlangen.‹

Jemeljan schwieg ein Weilchen. Dann rief er wieder:

›Astafi Iwanowitsch!‹

›Was denn, lieber Jemeljan?‹, fragte ich.

›Verkaufen Sie meinen Mantel, wenn ich tot bin, und begraben Sie mich ohne ihn! Ich kann auch so liegen, und er ist doch ein wertvolles Stück und kann Ihnen zustatten kommen.‹

Da befiel mich eine solche Herzbeklemmung, Herr, dass ich nicht im Stande war zu reden. Ich sah, dass die Todesangst an den Kranken herantrat. Wir schwiegen wieder. So verging eine Stunde. Ich blickte wieder nach ihm hin: Er sah mich immer noch an, aber als unsere Blicke sich begegneten, schlug er wieder die Augen nieder.

›Willst du nicht ein bisschen Wasser trinken, Jemeljan Iljitsch?‹, fragte ich ihn.

›Ja, geben Sie mir, wenn ich bitten darf, Astafi Iwanowitsch!‹

Ich gab ihm zu trinken. Er trank. ›Ich danke Ihnen, Astafi Iwanowitsch‹, sagte er.

›Hast du sonst noch einen Wunsch, lieber Jemeljan?‹

›Nein, Astafi Iwanowitsch, ich brauche nichts; ich wollte nur …‹

›Was denn?‹

›Hm …‹

›Was möchtest du denn, lieber Jemeljan?‹

›Die Reithose … hm … ich habe sie Ihnen damals weggenommen, Astafi Iwanowitsch …‹

›Na‹, sagte ich, ›Gott wird es dir verzeihen, lieber Jemeljan, du armer Kerl, du! Geh hin in Frieden! …‹ Ich selbst aber, Herr, konnte gar keine Luft bekommen; die Tränen stürzten mir aus den Augen, und ich wandte mich für einen Augenblick ab.

›Astafi Iwanowitsch …‹

Ich sah: Jemeljan wollte mir noch etwas sagen, hob sich ein wenig in die Höhe, strengte sich an, bewegte die Lippen … Sein ganzes Gesicht wurde auf einmal rot, er blickte mich an … Plötzlich sah ich: Er wurde wieder blass, ganz blass, bekam in einem Augenblick ein ganz verfallenes Aussehen, warf den Kopf zurück, seufzte einmal und hauchte seinen Geist aus …«

Polsunkow

Eine Novelle

Ich betrachtete diesen Menschen genauer. Sogar sein Äußeres hatte etwas so Eigentümliches, dass man, auch wenn man zerstreut und gedankenlos war, unwillkürlich veranlasst wurde, ihn länger zu fixieren und sofort in ein unhemmbares Gelächter auszubrechen. So erging es auch mir. Ich muss bemerken, dass die Äuglein dieses kleinen Herrn so beweglich waren oder auch er selbst mit seiner ganzen Person für die magnetische Wirkung jedes auf ihn gerichteten Blickes so empfindlich war, dass er es beinah instinktiv merkte, wenn man ihn beobachtete, sich sofort zu seinem Beobachter umdrehte und unruhig darüber ins Klare zu kommen suchte, was der auf ihn gerichtete Blick zu bedeuten habe. Durch seine stete Beweglichkeit und seine fortwährenden Kopfdrehungen hatte er eine entschiedene Ähnlichkeit mit einer Wetterfahne. Und sonderbar: Er schien sich vor Spöttereien zu fürchten, obwohl er sich doch fast nur damit sein Brot erwarb, dass er ein Allerweltsnarr war und sich demütig alle Nasenstüber gefallen ließ, im übertragenen und sogar im eigentlichen Sinn, je nach der Gesellschaft, in der er sich befand. Menschen, die sich freiwillig als Narren missbrauchen lassen, tun einem ja nicht einmal leid. Aber ich merkte bald, dass dieses sonderbare Geschöpf, dieses lächerliche Subjekt keineswegs ein Narr von Profession war. Es steckte noch etwas von einem Gentleman in ihm. Sein ganzes unruhiges Wesen und seine fortwährende Besorgnis um seine Person zeugten zu seinen Gunsten. Sein Wunsch, jedermann Dienste zu erweisen, schien mir eher aus Gutherzigkeit als aus dem Streben nach materiellen Vorteilen zu entspringen. Mit Vergnügen erlaubte er es einem jeden, aus vollem Hals, in der unanständigsten Weise, ganz unverhohlen über ihn zu lachen, aber gleichzeitig (das möchte ich beschwören) zog sich sein Herz schmerzlich bei dem Gedanken zusammen, seine Zuhörer könnten so unedel und grausam sein, nicht über das, was er sagte, sondern über sein ganzes Wesen, über sein Herz, seinen Kopf, sein Äußeres, über seine Individualität zu lachen. Ich bin überzeugt, dass ihm in solchen Augenblicken die ganze Abgeschmacktheit seiner Situation zum Bewusstsein kam, aber sein Protest hiergegen erstarb sofort immer wieder in seiner Brust, obwohl er unfehlbar jedes Mal mit schönem Mut ins Leben getreten war. Ich bin überzeugt, dass auch diese Widerstandslosigkeit ihren Ursprung in seiner natürlichen Gutherzigkeit hatte und nicht etwa in der Befürchtung, eine Auflehnung könne materielle Nachteile für ihn zur Folge haben, indem man ihn vielleicht mit Schlägen wegjagen oder ihm das erbetene Darlehen abschlagen werde, denn dieser Herr borgte sich fortwährend Geld, d. h. er bat in dieser Form um Almosen, sobald er genug Faxen getrieben, die Anwesenden auf seine Kosten zum Lachen gebracht und dadurch seiner Ansicht nach gewissermaßen ein Recht auf ein solches »Darlehen« erworben hatte. Aber Herr des Himmels, wie ging es bei diesem Borgen zu! Was machte er dabei für ein Gesicht! Es war mir unbegreiflich, dass auf einem so kleinen Raum, wie das runzlige, eckige Gesicht dieses Menschen, gleichzeitig so viele verschiedenartige Grimassen, so viele sonderbare, mannigfaltige Affekte, so viele peinliche Empfindungen zum Ausdruck kommen konnten. Was war auf diesem Gesicht nicht alles zu finden: Scham, und erkünstelte Frechheit, und Ärger mit plötzlichem Erröten, und Zorn, und Bangigkeit vor einem Misserfolg, und die Bitte um Verzeihung, dass er zu belästigen wage, und das Bewusstsein der eigenen Würde, und das vollständige Bewusstsein der eigenen Geringwertigkeit – alles das ging wie zuckende Blitze über sein Gesicht hin. Ganze sechs Jahre lang hatte er sich schon in dieser Weise auf der Welt durchgeschlagen, hatte sich aber immer noch nicht eine sichere Haltung in dem kritischen Augenblick der Bitte um ein Darlehen zu eigen gemacht! Selbstverständlich war es ganz ausgeschlossen, dass er jemals ein abgesottener Lump werden konnte; dazu war sein Herz zu warm und zu empfindsam. Meiner Meinung nach war er der ehrenhafteste und anständigste Mensch von der Welt, aber allerdings mit einer kleinen Schwäche behaftet: Auf die erste beste Aufforderung hin war er im Stande, eine unwürdige Handlung zu begehen, in aller Gutherzigkeit und Uneigennützigkeit, nur um einem andern damit einen Gefallen zu tun. Kurz er war, was man so nennt, ein Waschlappen. Das Lächerlichste war, dass er fast ebenso angezogen ging wie alle Leute, nicht schlechter und nicht besser, sauber, sogar mit einer gewissen Eleganz und dem ausgesprochenen Streben, für einen gesetzten, ordentlichen Menschen gehalten zu werden. Diese äußere Gleichheit und innere Ungleichheit mit anderen Menschen, seine ängstliche Besorgnis, man könne seine Persönlichkeit missachten, und gleichzeitig diese stete Selbsterniedrigung, das alles bildete einen schroffen Kontrast und rief Gelächter und Mitleid hervor. Wenn er in seinem Herzen überzeugt gewesen wäre (und trotz aller entgegenstehenden Erfahrungen kamen bei ihm recht häufig Augenblicke vor, wo er davon überzeugt war), dass alle seine Zuhörer die besten Menschen von der Welt seien und nur über einen lächerlichen Spaß, aber nicht über seine respektable Persönlichkeit lachten, so hätte er sich mit Vergnügen den Frack ausgezogen, ihn mit der Innenseite nach außen wieder angezogen und wäre in diesem Aufzug andern zu Gefallen und zu seinem eigenen Genuss durch die Straßen gegangen, lediglich um seinen Gönnern Stoff zum Lachen zu geben und ihnen allen ein Vergnügen zu bereiten. Aber zu einer inneren Gleichheit mit anderen Menschen konnte er es nie und auf keine Weise bringen. Noch ein Charakterzug von ihm verdient angeführt zu werden: Der wunderliche Mensch war nicht ohne Ehrgefühl und bekam, wenn nur nicht gerade Gefahr zu befürchten war, mitunter sogar Anfälle von Mut. Man musste nur sehen und hören, wie er, manchmal ohne sich selbst zu schonen, also mit einem gewissen Risiko, beinah mit Heroismus den einen oder andern seiner Gönner abzutrumpfen verstand, der ihn bis zur äußersten Wut gereizt hatte. Aber das dauerte immer nur ganz kurze Zeit … Kurz gesagt, er war ein Märtyrer im vollen Sinn des Wortes, aber da sein Märtyrertum keinerlei Nutzen hatte, war er ein sehr komischer Märtyrer.

Unter den Gästen war über die Beurteilung einer Persönlichkeit ein Streit entstanden, an dem sich viele beteiligten. Auf einmal sah ich, wie jener seltsame Kauz vom Stuhl aufsprang und aus voller Kehle schreiend verlangte, man solle ihn allein reden lassen.

»Hören Sie einmal zu!«, sagte der Wirt flüsternd zu mir. »Er erzählt manchmal sehr merkwürdige Dinge … Interessiert er Sie?«

Ich nickte mit dem Kopf und drängte mich in den Menschenschwarm hinein. Der Anblick eines anständig gekleideten Herrn, der auf einen Stuhl gestiegen war und aus Leibeskräften etwas schrie, erregte die allgemeine Aufmerksamkeit. Viele, die den wunderlichen Gesellen nicht kannten, wechselten erstaunte Blicke miteinander; andere fingen laut an zu lachen.

»Ich kenne Fedosei Nikolaitsch! Ich muss Fedosei Nikolaitsch besser kennen als jeder andere!«, rief der sonderbare Mensch von seinem erhöhten Platz aus. »Meine Herren, gestatten Sie mir, Ihnen etwas zu erzählen … Ich will Ihnen etwas Hübsches von Fedosei Nikolaitsch erzählen! Ich weiß eine Geschichte, die ist kostbar! …«

»Erzählen Sie, Osip Michailytsch, erzählen Sie!«

»Erzähle!«

»Hören Sie nur zu!«

»Hört, hört, Ruhe!«

»Ich beginne also, aber, meine Herren, es ist eine ganz eigentümliche Geschichte …«

»Gut, gut!«

»Es ist eine komische Geschichte.«

»Sehr gut, vorzüglich, ausgezeichnet! Zur Sache!«

»Es ist ein Vorfall aus dem eigenen Leben Ihres ergebensten Dieners …«

»Na, dann brauchten Sie nicht erst zu sagen, dass die Geschichte komisch ist!«

»Und sie ist zugleich ein wenig tragisch!«

»Nanu?«

»Kurz gesagt, es ist dasjenige Erlebnis, dem Sie alle das Glück zu verdanken haben, dass Sie mir jetzt zuhören können, meine Herren, dasjenige Erlebnis, infolgedessen ich in diese Gesellschaft hineingekommen bin, der anzugehören ich nur als einen Gewinn für mich betrachten kann …«

»Keine Kalauer!«

»Dasjenige Erlebnis …«

»Kommen Sie nur mit Ihrer Vorrede bald zu Ende! Also kurz gesagt: ein Erlebnis, dessen Erzählung uns wohl etwas kosten wird«, bemerkte mit heiserer Stimme ein blonder junger Herr mit Schnurrbart. Er steckte die Hand in seine Rocktasche und zog, wie versehentlich, die Geldbörse statt des Taschentuchs heraus.

»Ein Erlebnis, meine lieben Herren, das mich wünschen lässt, es wären recht viele von Ihnen an meinem Platz gewesen. Und, um auch das noch zum Schluss zu sagen, ein Erlebnis, infolgedessen meine beabsichtigte Verheiratung unterblieb.«

»Beabsichtigte Verheiratung! … Polsunkow hat heiraten wollen!«

»Ich gestehe, ich würde jetzt gern Madame Polsunkowa sehen!«

»Gestatten Sie die Frage: Wie hieß denn die Dame, welche Madame Polsunkowa hatte werden sollen?«, rief mit dünner Stimme ein junger Mann, der sich zu dem Erzähler durchdrängte.

»Also, erstes Kapitel, meine Herren! Es war vor sechs Jahren, im Frühling, am 31. März. Beachten Sie das Datum, meine Herren: Am Tag vor …«

»Vor dem 1. April!«, rief ein junger Mann mit gebrannten Locken.

»Sie sind außerordentlich scharfsinnig. Es war Abend. Über die Kreisstadt N. senkte sich die Dämmerung herab; der Mond wollte eben auftauchen … na, es war alles, wie es sein musste. Da also, in dieser späten Dämmerstunde, tauchte auch ich ganz heimlich und sachte aus meinem bescheidenen Heim auf, nachdem ich mich von meiner Großmutter verabschiedet hatte; die alte Frau (jetzt ist sie verstorben) war ganz von der Welt abgeschieden: Sie war blind, stumm, taub, dumm, alles, was Sie nur wollen! … Ich muss bekennen, ich war in großer Angst, denn ich hatte ein großes Unternehmen vor. Das arme Herz pochte mir wie einem jungen Kater, wenn ihn eine knochige Hand am Genick packt.«

»Gestatten Sie, Monsieur Polsunkow!«

»Was wünschen Sie?«

»Erzählen Sie einfacher! Geben Sie sich nicht so viel Mühe mit der Ausmalung!«

»Sehr wohl«, erwiderte Osip Michailytsch etwas verdrossen. »Ich trat in Fedosei Nikolaitschs Haus, in sein ehrlich erworbenes Haus. Fedosei Nikolaitsch war bekanntlich nicht mein Kollege, sondern mein verehrter Vorgesetzter. Ich wurde gemeldet und sogleich in sein Arbeitszimmer geführt. Ich glaube noch jetzt alles vor mir zu sehen: Das Zimmer war fast ganz dunkel, aber es wurde kein Licht gebracht. Da sah ich, dass jemand eintrat: Es war Fedosei Nikolaitsch. Ich blieb mit ihm im Dunkeln …«

»Was sollte denn da zwischen Ihnen beiden vorgehen?«, fragte ein Offizier.

»Ja, was meinen Sie wohl?«, fragte Polsunkow, indem er sich schnell mit krampfhaft zuckendem Gesicht an den jungen Mann mit dem gelockten Haar wandte.

»Also, meine Herren, da begab sich nun etwas Seltsames. Das heißt, Seltsames war eigentlich nichts dabei, sondern es war ein Vorgang, wie er hienieden nicht selten ist: Ich zog ganz einfach eine Rolle mit Papieren aus der Tasche und er aus der seinigen ein Kuvert mit Reichs-…«

»Reichsbanknoten?«

»Ganz recht, mit Reichsbanknoten, und wir tauschten beides gegeneinander aus.«

»Ich gehe jede Wette ein, dass es sich dabei um Bestechung handelte«, sagte ein gut gekleideter junger Mann mit kurz geschorenem Kopf.

»Bestechung!«, erwiderte Polsunkow. »Ach was! Ein Beamter, der in der Provinz angestellt ist, der muss sich, was man so nennt, die Hände wärmen … am heimischen Herd. Meine Herren, das Vaterland ist unsere Mutter, und wir sind Säuglinge; also müssen wir eben an ihr saugen! …«

Es erscholl ein allgemeines Gelächter.

»Aber glauben Sie mir, meine Herren, ich habe mich nie bestechen lassen«, sagte Polsunkow und ließ einen misstrauischen Blick über die ganze Versammlung hinschweifen. Ein homerisches, unhemmbares Gelächter aller Anwesenden verschlang Polsunkows Worte.

»Es ist wirklich so, meine Herren …«

Aber hier hielt er inne; er schaute immer noch alle mit einem sonderbaren Gesichtsausdruck an. Vielleicht (wer weiß?), vielleicht kam ihm in diesem Augenblick der Gedanke, dass er ehrenhafter sei als viele aus dieser ganzen ehrenhaften Gesellschaft … Aber sein Gesicht behielt den ernsten Ausdruck bei bis zum Ende der allgemeinen Heiterkeit.

»Also«, begann Polsunkow von Neuem, als alle wieder still geworden waren, »obgleich ich mich nie bestechen ließ, beging ich doch diesmal eine Sünde: Ich ließ mir von einem bestechlichen Beamten ein Schweigegeld geben, das ich in meine Tasche steckte. Es befanden sich nämlich in meinen Händen gewisse Papiere; wenn ich die an eine höhere Instanz eingesandt hätte, dann wäre es Fedosei Nikolaitsch sehr schlecht ergangen.«

»Da hat er sie also ausgelöst?«

»Ja, das tat er.«

»Hat er denn viel dafür bezahlt?«

»Er bezahlte dafür einen Preis, für den mancher in unserer Zeit sein ganzes Gewissen mit allen Nebenräumen verkaufen würde … wenn er nur überhaupt etwas dafür bekäme. Aber ich war wie mit heißem Dampf abgebrüht, als ich das Geld in die Tasche steckte. Wahrhaftig, ich weiß nicht, wie mir das immer geht, meine Herren, aber ich war halbtot vor Erregung, ich bewegte die Lippen, und die Beine zitterten mir nur so; na, ich fühlte mich schuldig, sehr schuldig; ich machte mir die schwersten Vorwürfe und war nahe daran, Fedosei Nikolaitsch um Verzeihung zu bitten …«

»Na, hat er Ihnen denn verziehen?«

»Ich habe ihn ja gar nicht um Verzeihung gebeten … ich sage ja nur, dass mir damals so zumute war; ich habe ein sehr weiches, warmes Herz. Ich bemerkte, dass er mir gerade in die Augen sah: ›Sie fürchten sich nicht vor Gott, Osip Michailytsch‹, sagte er. Na, was sollte ich tun? Um des Anstands willen breitete ich, wie wenn ich über den Vorwurf ganz erstaunt wäre, die Arme auseinander und legte den Kopf auf die Seite. ›Warum meinen Sie‹, sagte ich, ›dass ich mich vor Gott nicht fürchte, Fedosei Nikolaitsch?‹ … Aber ich redete so nur um des Anstands willen; in Wirklichkeit wäre ich vor

Scham am liebsten in die Erde gesunken. ›So lange sind Sie ein Freund unserer Familie gewesen; wie ein Sohn, kann ich wohl sagen, sind Sie bei uns behandelt worden, und wer weiß, was der Himmel noch sonst vorhatte, Osip Michailytsch! Und nun auf einmal wollten Sie mich denunzieren! Und wie haben Sie jetzt eben an mir gehandelt! Wenn Sie sich so benehmen, was soll man da von der Menschheit denken, Osip Michailytsch?‹ Ganz gehörig las er mir die Leviten. Wissen Sie, es kratzte mich in der Kehle, und die Stimme zitterte mir, na, und ich fühlte schon, dass mir mein weiches Herz wieder einen Streich spielen wollte, und griff nach meiner Mütze. ›Wo wollen Sie hin, Osip Michailytsch? Wollen Sie wirklich am Vorabend eines solchen Tages, wollen Sie wirklich auch jetzt noch mit mir grollen? Womit habe ich mich denn gegen Sie versündigt?‹ ›Fedosei Nikolaitsch‹, sagte ich, ›Fedosei Nikolaitsch!‹ Na, also ich wurde weich, meine Herren; wie ein nasses Zuckerpüppchen schmolz ich. Und auch das Kuvert mit den Banknoten, das ich in der Tasche hatte, schien mir ordentlich zuzurufen: ›Du Undankbarer, du Räuber, du verfluchter Dieb!‹ Und es zog mich zu Boden, als wenn ein Zentner darin steckte … (Wenn doch in Wahrheit ein Zentner Banknoten darin gewesen wäre!) ›Ich sehe‹, sagte Fedosei Nikolaitsch, ›ich sehe, dass Sie es bereuen … Sie wissen, morgen …‹ ›Morgen ist Maria Aegyptiaca …‹ ›Na, dann weine nicht‹, sagte Fedosei Nikolaitsch. ›Hör auf. Du hast gesündigt und es bereut! Komm mit! Vielleicht gelingt es mir‹, sagte er, ›dich wieder auf den rechten Weg zurückzuführen … Vielleicht erwärmen meine bescheidenen Penaten‹ (ich erinnere mich noch ganz genau: ›Penaten‹, so drückte er sich aus, der Räuber) ›wieder dein verhärtetes … nein, das will ich nicht sagen, dein verirrtes Herz …‹ Er nahm mich bei der Hand, meine Herren, und führte mich zu seiner Familie. Es lief mir kalt über den Rücken. Ich zitterte nur so! Ich dachte: ›Mit welchem Gesicht soll ich nur vor sie hintreten? …‹ Aber nun müssen Sie wissen, meine Herren, dass – wie soll ich mich nur ausdrücken? –, dass da noch so eine heikle Sache passiert war!«

»Nun kommt wohl Madame Polsunkowa?«

»Es handelt sich um Marja Fedosejewna, aber aller dings war es ihr nicht vom Schicksal bestimmt, durch die Ehe den Namen zu erlangen, den Sie soeben aussprachen; auf diese Ehre spitzte sie sich vergebens. Sehen Sie, Fedosei Nikolaitsch hatte ganz Recht, wenn er sagte, ich sei in seinem Haus beinah wie ein Sohn behandelt worden. So war das noch ein halbes Jahr vorher gewesen, als noch ein gewisser Fahnenjunker a. D., namens Michailo Maximytsch Dwigailow, gelebt hatte. Der war indessen nach Gottes Ratschluss gestorben, und da er die Abfassung eines Testaments immer auf die lange Bank geschoben hatte, so war nach seinem Tod keins zu finden. Es war für mich ein recht übles Ding, dass ich nun völlig leer ausging; nämlich obgleich ich nie zu dem Fahnenjunker a. D. hatte ins Haus kommen dürfen (er lebte auf großem Fuß, weil er früher lange Finger gemacht hatte!), so hatte er sich doch vielleicht nicht geirrt, wenn er mich für seinen leiblichen Sohn gehalten hatte.«

»Aha!«

»Ja, so war das! Nun, seit dessen Tod wurde ich bei Fedosei Nikolaitsch sehr kühl behandelt. Ich bemerkte das sehr wohl, harrte aber doch aus. Aber da auf einmal kam zu meinem Unglück (oder vielleicht auch zu meinem Glück!) ein Remonteoffizier in unser Städtchen hereingeschneit. Er hatte in seinem Wesen allerdings so etwas Leichtbewegliches, Kavalleristisches, aber in Fedosei Nikolaitschs Familie fasste er doch festen Fuß; als wenn er da angewachsen wäre. Ich war völlig abgesetzt; da nahm ich nach meiner üblen Gewohnheit Fedosei Nikolaitsch beiseite und sagte zu ihm: ›So und so, Fedosei Nikolaitsch; womit habe ich diese Kränkung verdient? Ich benehme mich gewissermaßen schon als Sohn gegen Sie; wann werde ich denn von Ihnen eine väterliche Behandlung erfahren?‹ Da fing er nun an, mir zu antworten, meine Herren! Das heißt, er fing an zu reden, dass es wie ein langes Gedicht in zwölf Gesängen klang, ordentlich wie in Versen; man konnte nur zuhören und entzückt sein und die Arme vor Vergnügen ausbreiten. Aber Sinn und Verstand war nicht für einen Dreier darin; d. h. was eigentlich der Sinn war, konnte man nicht herauskriegen; man begriff es einfach nicht und stand da wie ein Narr. Wie in einen Nebel hüllte er einen ein; wie ein Aal wand er sich und entschlüpfte einem; na, das war eben bei ihm ein Talent, geradezu ein Talent, eine besondere Gabe, sodass man es ordentlich mit der Angst bekam. Ich versuchte nun alles Mögliche: Ich schleppte ihr Romane heran, brachte ihr Konfekt, sann mir Witzchen aus, ächzte und stöhnte, ›das Herz‹, sagte ich, ›tut mir so weh, von Liebe tut es mir weh‹, und Tränen vergoss ich und machte ihr eine heimliche Liebeserklärung! Ja, der Mensch ist zu dumm! Aber ich kam damit nicht vorwärts; von allen Seiten bekam ich nur Hohn und Spott zu hören. Na, da packte mich denn der Grimm, ordentlich an der Kehle fasste er mich; ich blieb still fort und nahm mir vor, in dieses Haus nie wieder einen Fuß zu setzen. Und Wuppdich, da kam mir der Gedanke, eine Denunziation einzureichen! Nun ja, es war eine gemeine Handlungsweise von mir, ich wollte einen Freund denunzieren, ich gestehe es, aber es war viel belastendes Material vorhanden, und ausgezeichnetes Material war es; es wäre ein großartiger Prozess geworden! Tausendfünfhundert Rubel trug mir die Sache ein, als ich für das Anklagematerial Banknoten eintauschte!«

»Aha, da haben wir das Schweigegeld!«

»Ja, mein Herr, es war ein Schweigegeld, das mir ein bestechlicher Beamter zahlte! Aber das ist doch keine Sünde; nein, eine Sünde ist das wirklich nicht. Nun, aber jetzt will ich in meiner Erzählung fortfahren. Er zog mich also, wenn Sie sich erinnern wollen, mit sich in das Teezimmer; ich war mehr tot als lebendig. Man begrüßte mich; alle waren gewissermaßen gekränkt, d. h. nicht eigentlich gekränkt, sondern mehr betrübt, sodass es einfach nicht zum Ertragen war. Eine Niedergeschlagenheit, eine tiefe Niedergeschlagenheit; und dabei doch auf den Gesichtern ein so würdiger Ernst, und in den Blicken etwas Gemessenes, so etwas Elterliches, Verwandtschaftliches ... der verlorene Sohn kehrte zu ihnen zurück, das war die Situation! Wir setzten uns zum Tee hin, aber mir war zumute, als hätte ich selbst einen Samowar in der Brust; es siedete in mir, aber die Füße waren mir wie Eis; ich machte mich ganz klein und verging vor Angst! Marja Fominischna, seine Gattin, die Frau Hofrat (jetzt ist sie Frau Kollegienrat), begann mich gleich von vornherein zu duzen. ›Du siehst ja so schlecht aus, lieber Freund‹, sagte sie. ›Es ist nichts Besonderes‹, erwiderte ich, ›ich bin nicht ganz wohl, Marja Fominischna.‹ Und wie ich das sagte, zitterte mir die Stimme. Aber sie setzte mir ohne Weiteres die Schrauben an, das schändliche Weib: ›Offenbar hat dich dein Gewissen gepeinigt, lieber Osip Michailytsch‹, sagte sie. ›Unser Brot und Salz, das du wie ein Verwandter bei uns genossen hast, hat zum Himmel geschrien! Meine blutigen Tränen sind auf deine Seele gefallen!‹ Wahrhaftig, so sagte sie, gegen ihr eigenes Gewissen! Das lag so in ihrem Wesen, ein schlaues Weib! Sie saß also da und goss den Tee ein. Ich dachte bei mir: ›Wenn du auf dem Markt wärest, meine Verehrteste, würdest du alle Marktweiber mit deinem Mundwerk schlagen.‹ Ja, so eine war sie, unsere Frau Hofrat! Aber in diesem Augenblick kam zu meinem Unglück Marja Fedosejewna, die Tochter, herein, mit dem ganzen Reiz ihrer Unschuld geschmückt, aber etwas blass, mit geröteten Augen wie von Tränen – und ich Dummkopf war sofort ganz hin. Später stellte sich aber heraus, dass sie die Tränen wegen des Remonteoffiziers vergossen hatte: Der hatte sich nach seinem Wohnort davongemacht und war rechtzeitig verduftet, denn wissen Sie (ich muss das jetzt bei dieser Gelegenheit bemerken), es war für ihn Zeit, wegzufahren, hohe Zeit; nicht in dienstlicher Hinsicht, sondern anderweitig ... die teuren Eltern merkten es erst nachher und erfuhren das ganze Geheimnis, aber was war zu machen, sie reparierten den Schaden ganz in der Stille – es handelte sich um einen Familienzuwachs! … Also, als ich sie erblickte, da war ich verloren, einfach verloren; ich schielte nach meinem Hut, wollte ihn ergreifen und mich so schnell wie möglich davonmachen, aber das gelang mir nicht; man schaffte meinen Hut beiseite. Offen gestanden, ich wollte schon ohne Hut weggehn; auch das ging nicht; sie schlossen die Tür zu. Nun erhob sich ein freundliches Gelächter, sie winkten einander mit den Augen zu, sie scherzten; ich wurde ganz verlegen, redete irgendwelchen Unsinn, schwatzte von Liebe. Sie, mein liebes Täubchen, setzte sich ans Klavier und sang im Ton tiefster Kränkung das Lied von dem Husaren, der sich auf seinen Säbel stützt; das gab mir vollends den Rest! ›Na‹, sagte Fedosei Nikolaitsch, ›alles sei vergessen. Komm, komm … in meine Arme!‹ Ich warf mich ohne Weiteres mit dem Gesicht gegen seine Weste. ›Du mein Wohltäter, mein leiblicher Vater!‹, sagte ich. Die heißen Tränen stürzten mir aus den Augen! Herr mein Gott, was gab es nun für eine Szene! Er weinte, seine Frau weinte, Marja weinte … Da war noch so eine hellblonde Frauensperson, die weinte auch … ja, aus allen Ecken kamen die Kinder hervorgekrochen (Gott hatte sein Haus mit Nachkommenschaft gesegnet!) und fingen ebenfalls an zu heulen … Es flossen eine Unmenge von Tränen, d. h. Tränen der Rührung; alle freuten sich maßlos, dass sie den verlorenen Sohn wiederhatten; es war gerade, wie wenn ein Soldat in die Heimat zurückkehrt! Dann wurde das Abendessen aufgetragen; darauf folgten Pfänderspiele: ›Ach, es tut weh!‹ ›Was tut weh?‹ ›Das Herz.‹ ›Wovon?‹ Sie errötete, das süße Kind! Der Alte und ich tranken Punsch; na, als ich wegging, hatten sie mich mit ihren Liebenswürdigkeiten vollständig eingewickelt … Ich ging zurück zu meiner Großmutter. Im Kopf war es mir ganz wirbelig; auf dem ganzen Heimweg lächelte ich vor mich hin. Zu Hause ging ich zwei geschlagene Stunden lang in meinem Kämmerchen auf und ab; ich weckte die alte

Frau und erzählte ihr mein ganzes Glück. ›Hat er dir Geld gegeben, der Räuber?‹, fragte sie. ›Jawohl, jawohl, Großmütterchen, er hat mir Geld gegeben. Das Glück klopft bei uns an. Wir brauchen ihm nur das Tor zu öffnen!‹ ›Na, jetzt heirate aber auch; nun heirate aber auch gleich!‹, sagte die Alte zu mir. ›Meine Gebete sind erhört!‹ Ich weckte meinen Diener Sofron auf. ›Sofron‹, sagte ich, ›zieh mir die Stiefel aus!‹ Sofron tat es. ›Na, Sofron‹, sagte ich, ›jetzt gratuliere mir und küsse mich! Ich heirate. Wirklich, Brüderchen, ich heirate. Du kannst dich morgen betrinken und amüsieren, guter Kerl‹, sagte ich. ›Dein Herr heiratet!‹ Mein Herz war voll Freude und Lustigkeit! … Ich war schon nahe am Einschlafen, aber es trieb mich wieder auf die Beine. Ich setzte mich auf den Bettrand und dachte nach. Auf einmal fuhr mir ein Gedanke durch den Kopf: Morgen ist ja der erste April. Das ist so ein munterer, spaßhafter Tag. Und da sann ich mir etwas aus! Also, meine lieben Herren, ich stand vom Bett auf, zündete ein Licht an und setzte mich so, wie ich war, im Nachtzeug an den Schreibtisch. Nämlich ich hatte alle ruhige Überlegung verloren und war in einen blinden Eifer hineingeraten. Wissen Sie, meine Herren, ebenso wie wenn jemand beim Spiel in Rage kommt! Kopfüber stürzte ich mich in den Sumpf, Herr du mein Gott! Manch einer hat das so in seinem Wesen: Die Leute nehmen ihm etwas weg, und er gibt ihnen freiwillig noch etwas anderes dazu. ›Da nehmt auch das noch!‹, sagt er. Sie geben ihm eine Ohrfeige, und er hält ihnen mit Vergnügen den ganzen Rücken hin. Und dann locken sie ihn wie einen Hund mit einem Stück Semmel, und er liebkost sie von ganzem Herzen mit seinen dummen Pfoten und leckt ihnen die Hände! So steht's mit mir zum Beispiel auch gerade jetzt, meine Herren! Sie lachen und flüstern, das sehe ich recht wohl. Und nachher, wenn ich Ihnen meine ganze Geschichte erzählt haben werde, werden Sie mich auslachen und verspotten. Aber ich erzähle sie Ihnen trotzdem! Na, wer hat es mir befohlen? Wer treibt mich dazu? Wer steht hinter mir und flüstert mir zu: ›Rede, rede, erzähle!‹ Niemand. Aber ich rede und erzähle und schließe Ihnen mein ganzes Herz auf, als ob Sie meine leiblichen Brüder und intimsten Freunde wären … oh weh! …«

Das Gelächter, das auf allen Seiten allmählich immer stärker geworden war, übertönte schließlich vollständig die Stimme des Erzählers, der tatsächlich in eine Art von Begeisterung hineingeraten war; er hielt inne und ließ seine Augen ein Weilchen über die Versammlung hinschweifen; dann war es, als würde er in diesen Sturm der Heiterkeit mit hineingerissen, er machte eine Handbewegung, mit der er gleichsam alles Trübe hinter sich warf, und lachte selbst laut los, wie wenn er wirklich seine Lage sehr lächerlich fände. Hierauf begann er von Neuem zu erzählen:

»In jener Nacht kam ich kaum zum Schlafen, meine Herren. Fast die ganze Nacht hindurch schrieb ich. Sehen Sie, ich hatte mir einen Spaß ausgedacht! Ach, meine Herren, schon bei der bloßen Erinnerung schäme ich mich. Musste ich mich da in der Nacht hinsetzen und in meiner Trunkenheit verrücktes, erlogenes Zeug hinschreiben! Am Morgen erwachte ich bei Tagesgrauen; ich hatte nur eine oder zwei Stunden geschlafen; und das dafür, dafür! Ich zog mich an, wusch mich, kräuselte mir das Haar, pomadisierte mich, zog meinen neuen Frack an und begab mich geradeswegs zu Fedosei Nikolaitsch, um ihm zum Fest Glück zu wünschen. Beim Eintritt hielt ich mein Schriftstück im Hut. Er empfing mich mit offenen Armen und wollte mich wieder an seine väterliche Weste ziehen. Ich aber nahm eine würdevolle Haltung an, obwohl mir der Kopf noch vom vorhergehenden Tag ganz wüst war, und trat einen Schritt zurück. ›Nein, Fedosei Nikolaitsch‹, sagte ich, ›sondern lesen Sie, wenn es Ihnen gefällig ist, dieses Schriftstück durch!‹ Und mit diesen Worten überreichte ich es ihm. Und wissen Sie, was darin stand? Es stand darin, aus dem und dem Grund bitte ein gewisser Osip Michailytsch um seine Entlassung aus dem Amt; und unter dem Gesuch hatte ich mich mit Namen und Titel unterschrieben! Das war's, was ich mir ausgedacht hatte, oh Gott! Etwas Klügeres hatte mir nicht einfallen wollen! Mein Gedanke war dabei der gewesen: Heute ist der erste April; da will ich mich also spaßeshalber so stellen, als sei meine feindselige Stimmung gestern doch nicht endgültig behoben worden, als hätte ich mich über Nacht anders besonnen und sei nun noch grimmiger und feindseliger als vorher und spräche gewissermaßen: ›Da habt ihr's, meine teuren Wohltäter. Ich will weder von euch noch von eurer Tochter mehr etwas wissen. Das Geld habe ich gestern in meine Tasche gesteckt, sodass ich für einige Zeit versorgt bin. Darum reiche ich jetzt meinen Abschied ein. Ich habe keine Lust, unter einem solchen Vorgesetzten wie Fedosei Nikolaitsch länger zu dienen! Ich will mir ein anderes Amt suchen, und passt mal auf, dann werde ich die Denunziation doch einreichen!‹ Als einen solchen Schurken stellte ich mich hin. Ich wollte sie erschrecken! Und ich hatte mir allerdings etwas ausgedacht, worüber sie arg erschrecken mussten! Nicht wahr? Fein, meine Herren! Das heißt in Wirklichkeit war mein Herz seit dem vorhergehenden Tag wieder durchaus freundlich gegen sie gesinnt, und da wollte ich nun so einen kleinen Scherz machen, wie er unter Familienmitgliedern üblich ist, und Fedosei Nikolaitschs väterliches Herz ein bisschen necken …

Kaum hatte er mein Schriftstück hingenommen und es auseinandergefaltet, da sah ich auch, wie sein ganzes Gesicht in Bewegung geriet. ›Was soll das heißen, Osip Michailytsch?‹, fragte er. Und ich Dummkopf rief: ›April! April! Ich gratuliere Ihnen zum Fest, Fedosei Nikolaitsch!‹ Ich hatte es ganz wie ein kleiner Junge gemacht, der sich hinter dem Lehnstuhl seiner Großmutter still versteckt hat und ihr dann, um sie zu erschrecken, auf einmal laut ins Ohr schreit. Ja … man schämt sich, es zu erzählen, meine Herren! Aber nein! Ich will nicht weiter erzählen!«

»Nicht doch! Was begab sich weiter?«

»Nein, nein, erzählen Sie nur! Erzählen! Erzählen!«, wurde von allen Seiten gerufen.

»Darauf, meine Herren, wurde über meinen Streich geredet, mit zahllosen Ausrufen des Erstaunens und der Verwunderung. Ich war ein Schelm und ein Spaßvogel und hatte sie so erschreckt! Und das alles klang so liebenswürdig, dass ich mich selbst schämte und voll Angst dachte: ›Wie kann nur ein solcher Sünder wie ich einen so heiligen Platz für sich in Anspruch nehmen!‹ ›Nun, lieber Freund‹, sagte die Hofrätin, ›du hast mir einen solchen Schreck eingejagt, dass mir bis jetzt noch die Beine zittern und ich mich kaum auf den Füßen halten kann. Ich lief halb von Sinnen zu Marja. »Marja«, sagte ich, »was wird aus uns werden! Sieh nur, als was für ein Charakter sich dein Verlobter entpuppt!‹ So sündhaft redete ich, lieber Freund; verzeih nur schon mir alten Frau; ich habe mich mit meinem Urteil blamiert! Nun, ich dachte eben: Als er gestern von uns wegging und spät nach Hause kam, da hat er über alles noch einmal nachgedacht, und es hat ihm vielleicht so geschienen, als hätten wir ihm gestern absichtlich den Hof gemacht und ihn für uns gewinnen wollen; ich wurde ganz starr bei diesem Gedanken! Lass nur, Marja, du brauchst mir nicht zuzuwinken; Osip Michailytsch ist uns kein Fremder, und ich bin deine Mutter und werde schon nichts Schlimmes sagen! Gott sei Dank, ich lebe ja nicht erst zwanzig Jahre auf der Welt, sondern ganze fünfundvierzig! …‹

Nun, was meinen Sie, meine Herren? Ich wäre ihr nach diesen Worten beinah zu Füßen gestürzt! Wieder folgten Tränen und Küsse! Auch kleine Scherze wurden gemacht. Fedosei Nikolaitsch dachte sich ebenfalls ein Aprilspäßchen aus: Er erzählte, der Vogel Phönix sei angeflogen gekommen, mit einem Schnabel von Brillanten, und in diesem Schnabel habe er einen Brief gebracht! Mit dieser Geschichte wollte Fedosei Nikolaitsch seinerseits uns anführen! Darüber wurde viel gelacht! Es herrschte eine so gerührte Stimmung! Pfui Teufel! Es ist eine Schande, das zu erzählen!

Also, meine verehrten Herren, jetzt nähert sich meine Geschichte ihrem Ende. So verlebten wir einen Tag, den zweiten, den dritten, eine ganze Woche; ich war bereits endgültig Marjas Bräutigam. Die Ringe waren bestellt, der Tag für die Verlobungsfeier angesetzt; nur sollte die Verlobung einstweilen nicht veröffentlicht werden, weil ein Revisor erwartet wurde. Ich für meine Person konnte seine Ankunft kaum erwarten, weil mit ihr auch mein Glück verzögert wurde. Fedosei Nikolaitsch aber wälzte ganz im Stillen und mit großem Vergnügen alle Arbeit auf meine Schultern ab: die Berechnungen auszuführen, Berichte zu schreiben, die Bücher zu kontrollieren, die Abschlüsse zu machen – ich sah bald: Es herrschte eine grässliche Unordnung, alles war in wüstem Zustand, überall Mängel und Anstöße! ›Na‹, dachte ich, ›willst für deinen Schwiegervater tüchtig arbeiten!‹ Aber der kränkelte jetzt fortwährend. Es bildete sich eine ernstliche Krankheit heraus. Von Tag zu Tag wurde es schlimmer mit ihm. Ich selbst aber war von der vielen Arbeit dünn geworden wie ein Streichholz; ich saß die Nächte über auf und fürchtete umzufallen. Indessen brachte ich die Arbeit doch rechtzeitig und in guter Ausführung zu Ende und half so meinem Schwiegervater aus der Klemme. Auf einmal schickten sie einen Boten zu mir, der mich holen sollte. ›Komm so schnell wie möglich!‹, ließen sie sagen. ›Mit Fedosei Nikolaitsch steht es schlecht.‹ Ich lief Hals über Kopf hin, um zu sehen, was denn mit ihm wäre. Als ich hinkam, saß er da, ganz umwickelt, Essigumschläge auf dem Kopf, machte ein kummervolles Gesicht und ächzte und stöhnte. ›Mein teurer Freund, mein lieber Sohn‹, sagte er, ›ich sterbe; wer wird sich euer annehmen, meine Lieben?‹ (Seine Frau und seine Kinder standen dabei, Marja in Tränen. Na, und ich selbst weinte ebenfalls.) ›Aber Gott wird barmherzig sein‹, sagte er. ›Er wird euch nicht für meine Sünden heimsuchen!‹ Dann schickte er sie alle hinaus und ließ hinter ihnen die Tür zumachen, sodass ich mit ihm allein, unter vier Augen, blieb. ›Ich habe eine Bitte an dich.‹ ›Was für eine denn?‹ ›So und so, lieber Freund. Auch auf dem Sterbebett habe ich keine Ruhe. Ich bin in großer Geldnot!‹ ›Wie geht denn das zu?‹ Das Blut stieg mir in den Kopf, und die Zunge versagte mir den Dienst. ›Ja, siehst du, lieber Freund, ich muss von meinem eigenen Geld in die Staatskasse legen, und wo es sich um das Gemeinwohl handelt, tut mir ja auch das Geld nicht leid. Selbst mein Leben schone ich nicht. Glaube nichts Schlechtes von mir! Es ist mir ein großer Schmerz gewesen, dass mich Verleumder bei dir angeschwärzt hatten … Du hast dich verführen lassen. Der Gram hat seitdem mein Haar gebleicht. Der Revisor ist jeden Augenblick zu erwarten, und in Matwejews Kasse ist ein Defizit von siebentausend Rubeln, und ich muss dafür einstehen … wer auch sonst? Von mir, lieber Freund, wird man das Geld verlangen: »Wozu hast du die Oberaufsicht gehabt?«, wird es heißen. Von Matwejew ist ja nichts zu bekommen! Der hat schon so seine liebe Not; wie kann ich den armen Kerl ins Unglück stürzen?‹ ›All ihr Heiligen‹, dachte ich, ›ist das ein rechtlich denkender Mann! Welch eine edle Seele!‹ Und er fuhr fort: ›Ja, das Geld, das ich meiner Tochter als Mitgift bestimmt habe, will ich nicht angreifen; das ist eine heilige Summe! Ich habe ja auch eigenes Geld, gewiss, aber das ist an Leute ausgeliehen, von denen es nicht so plötzlich zurückzuerhalten ist.‹ Wie ich dastand, warf ich mich, bums, vor ihm auf die Knie. ›Mein Wohltäter‹, rief ich, ›ich habe dich gekränkt, ich habe dich beleidigt. Verleumder hatten hässliche Schriftstücke gegen dich abgefasst. Geh nicht zu streng mit mir ins Gericht; nimm dein Geld zurück!‹ Er blickte mich an, und die Tränen liefen ihm aus den Augen. ›Das hatte ich von dir erwartet, mein Sohn‹, sagte er. ›Stehe auf! Damals habe ich dir um der Tränen meiner Tochter willen verziehen. Jetzt verzeiht dir auch mein eigenes Herz. Du hast Balsam in meine Wunden gegossen. Ich segne dich für dein ganzes Leben!‹ Na also, als er mich gesegnet hatte, meine Herren, da lief ich, so schnell ich nur konnte, nach Hause und holte das Geld. ›Hier, Väterchen‹, sagte ich, ›hier ist alles; nur fünfzig Rubel habe ich davon genommen!‹ ›Nun‹, erwiderte er, ›das darf man jetzt nicht so genau nehmen. Die Zeit drängt. Schreibe eine Eingabe mit einem zurückliegenden Datum, du wärest in Geldnot und bätest um einen Gehaltsvorschuss von fünfzig Rubeln. Ich werde dann als Vorgesetzter im Ausgabetitel angeben, dass du den Vorschuss erhalten hast …‹ Na schön, meine Herren! Was meinen Sie? Ich schrieb auch die Eingabe! …«

»Nun, und weiter?«

»Na, was dann?«

»Na, wie endete denn die Geschichte?«

»Sobald ich die Eingabe geschrieben hatte, meine lieben Herren, ging die Geschichte folgendermaßen zu Ende. Am nächsten Tag frühmorgens erhielt ich einen Brief mit dem Amtssiegel. Ich öffnete ihn, und was fand ich darin? Meine Entlassung! Es hieß darin, ich solle meine Akten abgeben, meine Rechnungen abschließen, und dann möge ich gehen, wohin ich wolle!«

»Wie ging denn das zu?«

»Ja, meine lieben Herren, ich habe damals selbst aus voller Kehle geschrien: ›Wie geht denn das zu?‹ Es sauste mir in den Ohren, und das Herz krampfte sich in meiner Brust zusammen. Wie ich ging und stand, lief ich zu Fedosei Nikolaitsch. ›Was ist das?‹, sagte ich. ›Nun, was denn?‹, erwiderte er. ›Das ist ja meine Entlassung.‹ ›Nun ja, ganz richtig, das ist Ihre Entlassung.‹ ›Aber wie geht denn das zu? Habe ich etwa darum nachgesucht?‹ ›Aber gewiss! Sie haben ja eine Eingabe gemacht; am ersten April haben Sie eine Eingabe gemacht.‹ (Ich hatte das Schriftstück damals nicht wieder an mich genommen.) ›Fedosei Nikolaitsch, ich traue meinen Augen und Ohren nicht. Ich erkenne Sie gar nicht wieder!‹ ›Mich? Was soll das heißen?‹ ›Herr du mein Gott!‹ ›Es tut mir leid, mein Herr, sehr leid, dass

Sie sich dafür entschieden haben, so früh aus dem Dienst auszuscheiden. Ein junger Mann muss ein Amt verwalten, aber Sie, mein Herr, haben in neuerer Zeit wohl allerlei windige Gedanken im Kopf. Was aber ein Zeugnis über Ihre dienstliche Tätigkeit anlangt, so mögen Sie deswegen unbesorgt sein; ich werde Ihnen ein solches ausstellen. Sie haben sich ja auch stets so gut geführt.‹ ›Aber ich habe es ja damals nur im Scherz getan, Fedosei Nikolaitsch. Ich wollte es ja gar nicht. Ich gab Ihnen das Schriftstück bloß so, um Ihrem väterlichen Herzen … ja …‹ ›Was soll das heißen, mein Herr: »Im Scherz?« Scherzt man denn etwa mit solchen Schriftstücken? Für solche Scherze können Sie noch einmal nach Sibirien spediert werden. Jetzt leben Sie wohl; ich habe keine Zeit mehr; bei uns ist der Revisor angekommen; die dienstlichen Pflichten gehen allem andern vor. Sie können ja jetzt faulenzen, aber wir müssen bei der Arbeit sitzen. Aber ein Zeugnis werde ich Ihnen ausstellen, wie es in der Ordnung ist. Und noch eins: Ich habe Matwejews Haus gekauft, und wir ziehen nächster Tage dorthin um. Ich hoffe also, dass ich nicht das Vergnügen haben werde, Sie in meiner neuen Wohnung zu sehen. Leben Sie wohl!‹ Ich stürmte nach Hause. ›Großmutter!‹, rief ich, ›wir sind verloren!‹ Die gute Seele fing an zu heulen. Indem kam ein kleiner Laufdiener von Fedosei Nikolaitsch zu uns mit einem Briefchen und einem Vogelbauer, in dem ein Star saß. Diesen Star hatte ich ihr vor Kurzem im Überschwang meiner Zärtlichkeit geschenkt. In dem Briefchen stand: ›Der erste April!‹, und weiter kein Wort. Na, so etwas, meine Herren; wie denken Sie darüber?«

»Na, was denn? Was geschah denn nun weiter?«

»Was sollte denn noch weiter geschehen? Ich begegnete einmal Fedosei Nikolaitsch und wollte ihm ins Gesicht sagen, dass er ein Schurke sei …«

»Na, und?«

»Ich weiß nicht, ich konnte es nicht herausbringen, meine Herren!«

Ein schwaches Herz

Unter dem gleichen Dach, in der gleichen Wohnung, im gleichen vierten Stock wohnten zwei junge Beamte und Kanzleikollegen: Arkadij Iwanowitsch Nefedewitsch und Wassja Schumkow … Natürlich erachtet es der Autor für notwendig, dem Leser zu erklären, warum der eine Held mit seinem vollen Namen, der andere dagegen mit dem Diminutiv genannt wird; er müsste es schon aus dem einen Grund tun, weil ihm sonst diese letztere Form als unanständig und plump vertraulich übel genommen werden kann. Doch zu diesem Behufe müsste er zunächst den Rang, das Alter und den Beruf eines jeden der handelnden Personen angeben; da es aber allzu viel Schriftsteller gibt, die ihre Erzählungen mit derartigen Charakteristiken beginnen, hat sich der Autor der vorliegenden Novelle entschlossen, nur um den andern nicht zu gleichen (manche werden sagen: um seiner grenzenlosen Einbildung Genüge zu tun), direkt mit der Handlung einzusetzen. Nach dieser Einleitung beginnt er wie folgt.

Schumkow kam am Silvesterabend, so gegen sechs Uhr, nach Hause. Arkadij Iwanowitsch, der gerade auf dem Bett lag, erwachte und blickte mit noch schläfrigen Augen seinen Freund an. Er stellte fest, dass dieser seinen besten Zivilanzug trug und ein blendend weißes Vorhemd anhatte. Das versetzte ihn natürlich in Erstaunen: Wo mag er in diesem Aufzug gewesen sein? Auch hatte er heute nicht zu Hause gegessen! Schumkow steckte indessen eine Kerze an, und Arkadij Iwanowitsch erriet sofort, dass sein Freund ihn, gleichsam unbeabsichtigt und zufällig, wecken wollte. Wassja hüstelte auch tatsächlich zweimal, ging zweimal durchs Zimmer und ließ schließlich ganz zufällig seine Pfeife, die er in der Ecke neben dem Ofen zu stopfen begonnen, auf den Boden fallen. Arkadij Iwanowitsch musste innerlich auflachen.

»Wassja, lass die Komödie!«

»Du schläfst nicht, Arkascha?«

»Bestimmt kann ich es nicht sagen; ich glaube aber, dass ich nicht schlafe.«

»Ach, Arkascha! Guten Abend, mein Teurer! Ja, Bruder! Ja! Du ahnst noch gar nicht, was ich dir erzählen werde!«

»Nein, das ahne ich wirklich nicht! Komm aber etwas näher zu mir.«

Wassja kam sofort näher, als hätte er auf diese Aufforderung nur gewartet; allerdings war er auf die heimtückischen Absichten seines Freundes nicht gefasst. Dieser packte ihn sehr geschickt bei der Hand, drehte ihn um, fiel mit seiner ganzen Körperschwere über ihn her und begann das unglückliche Opfer zu würgen; das schien dem lustigen Arkadij Iwanowitsch ein unbeschreibliches Vergnügen zu machen.

»Nun hab' ich dich!«, rief er. »Nun habe ich dich!«

»Arkascha! Was tust du mit mir! Lass mich um Gottes willen los, so wirst du mir meinen Frack schmutzig machen!«

»Macht nichts! Was brauchst du den Frack? Warum bist du so leichtgläubig und gibst dich mir selbst in die Hände? Sag einmal: Wo warst du? Wo hast du zu Mittag gegessen?«

»Arkascha, um Gottes willen! Lass mich los!«

»Wo hast du gegessen?«

»Das ist es ja, was ich dir erzählen will!«

»Also erzähle!«

»Lass mich erst los!«

»Das will ich eben nicht! Ich lass dich nicht los, bevor du es mir erzählt hast!«

»Arkascha, Arkascha! Verstehst du denn selbst nicht, dass ich in dieser Lage nichts erzählen kann, dass es ganz unmöglich ist!«, schrie der schwächliche Wassja, indem er vergebliche Anstrengungen machte, sich aus den starken Tatzen seines Freundes und Gegners zu befreien. »Denn es gibt Materien …«

»Was für Materien?«

»Nun, Materien, über die man in solcher Situation nicht sprechen kann: sonst verliert man eben jede menschliche Würde; es geht wirklich nicht! Es würde lächerlich erscheinen, doch die Sache ist durchaus nicht lächerlich, sondern bitter ernst!«

»Das Ernste mag der Teufel holen! Was dir nicht einfällt! Du sollst mir die Sache so erzählen, dass ich dabei lachen kann! Ich mag nichts Ernstes hören! Was wärest du sonst für ein Freund? Sag nun selbst: Was wärest du für ein Freund? He?«

»Arkascha! Ich kann es nicht, bei Gott!«

»Keine Widerrede!«

»Also gut, Arkascha!«, begann Wassja, der quer auf dem Bett lag und sich die größte Mühe gab, seinen Worten eine gewisse Würde zu verleihen. »Arkascha! Ich werde es dir vielleicht sagen, doch …«

»Nun?«

»Ich habe mich verlobt!«

Arkadij Iwanowitsch sagte kein Wort. Er nahm Wassja, der durchaus nicht klein, sondern recht lang, nur etwas mager war, auf die Arme und begann ihn mit großem Geschick auf und ab zu tragen und wie ein Kind zu wiegen.

»Gleich werde ich dich, du Bräutigam, wie einen Säugling einwickeln!«, sagte er dabei. Als er aber sah, dass Wassja ganz regungslos und stumm in seinen Armen lag, besann er sich und merkte, dass er in seinem Scherz doch zu weit gegangen war; er stellte seinen Freund mitten im Zimmer hin und drückte ihm einen durchaus herzlichen und freundschaftlichen Kuss auf die Backe.

»Wassja, du bist doch nicht böse?«

»Hör' einmal, Arkascha …«

»Nun, vergib's mir des Silvesters wegen!«

»Ich bin ja nicht böse; warum bist du aber so verrückt und ausgelassen? Wie oft hab' ich's dir schon gesagt; das ist gar nicht witzig, bei Gott, gar nicht witzig!«

»Also böse bist du mir nicht?«

»Nein … Auf wen bin ich je böse?! Doch du hast mich gekränkt, verstehst du das?!«

»Gekränkt? Auf welche Weise?«

»Ich bin zu dir gekommen wie zu einem Freund, mit vollem Herzen, um dir meine Seele auszuschütten und von meinem Glück zu erzählen …«

»Von was für einem Glück? Warum sagst du das nicht gleich?«

»Ich heirate doch!«, antwortete Wassja geärgert; er war wirklich etwas wütend.

»Du? Du heiratest! Ist es dein Ernst?«, schrie Arkascha wie besessen. »Nein, nein, was ist denn das? Er spricht wirklich so sonderbar und weint sogar! … Wassja, Wassjuk, mein Söhnchen, beruhige dich doch! Ist es auch wirklich wahr?« Und Arkadij Iwanowitsch schloss ihn wieder in seine Arme.

»Verstehst du denn meine Aufregung noch nicht? Du bist ja ein guter Freund, ich weiß es. Ich komme zu dir mit solcher Freude, mit solcher Begeisterung in der Seele und muss dir diese meine Herzensfreude, ganz würdelos quer über dem Bett liegend, eröffnen … Du verstehst doch, Arkascha«, setzte er halb lachend hinzu, »dass es eine durchaus komische Situation war; ich bin aber in diesem Augenblick gewissermaßen nicht bei Sinnen. Ich konnte meine Angelegenheiten nicht so erniedrigen. Hättest du mich zum Beispiel nach ihrem Namen gefragt, ich schwöre dir: Du hättest mich morden können, aber den Namen hättest du von mir nicht erfahren!«

»Warum hast du es nicht früher gesagt, Wassja? Hättest du mir das alles früher gesagt, so würde ich nicht so gespaßt haben!«, rief Arkadij Iwanowitsch in aufrichtiger Verzweiflung.

»Nun, lass es gut sein, genug! Ich sage es ja nur so … Du weißt selbst, warum ich so bin: Ich habe eben ein gutes Herz. Nun ärgere ich mich darüber, dass es mir nicht gelungen ist, die Sache dir so gut und schön zu erzählen, wie ich es wollte, dich zu erfreuen, dir ein Vergnügen zu machen, dich einzuweihen … Im Ernst, Arkascha, ich liebe dich so sehr, dass ich, wenn ich dich nicht hätte, wohl überhaupt nicht heiraten würde und auf dieser Welt nicht leben wollte.«

Arkadij Iwanowitsch, der sehr empfindsam war, weinte und lachte zugleich, während Wassja dies sprach. Wassja tat dasselbe. Sie fielen sich schließlich wieder in die Arme und vergaßen den ganzen Vorfall.

»Wie ist es nun geschehen? Erzähle mir alles, Wassja! Du musst mich entschuldigen, mein Lieber: Ich bin so erschüttert, wie vom Blitz getroffen, bei Gott! Das kann ja nicht sein, mein Lieber, du hast doch das Ganze erfunden, bei Gott, du hast es erlogen!«, schrie Arkadij Iwanowitsch auf und blickte mit aufrichtigem Misstrauen Wassja an, als er aber in dessen Gesicht eine glänzende Bestätigung seiner bestimmten Absicht, so schnell als möglich zu heiraten, wahrnahm, warf er sich aufs Bett und begann vor lauter Entzücken Purzelbäume zu schießen, sodass die Wände erzitterten.

»Wassja, setz' dich her!«, rief er schließlich und setzte sich auch selbst hin.

»Ja, mein Lieber, ich weiß wirklich nicht, womit ich beginnen soll!«

Beide blickten einander in freudiger Erregung an.

»Wer ist sie, Wassja?«

»Die Artemjewa! …«, versetzte Wassja mit vor Glück gedämpfter Stimme.

»Ist's wahr?«

»Ich hab' dir ja schon genug von der Familie erzählt, und du hast gar nichts gemerkt. Es fiel mir wirklich schwer, es vor dir zu verheimlichen. Ich hatte solche Angst, davon zu sprechen! Ich fürchtete, das Ganze würde auseinandergehen, ich bin aber verliebt, Arkascha! Ach, mein Gott, mein Gott! Denk' dir nur: Die Sache war so«, begann er, jeden Augenblick vor Erregung stockend: »Sie hatte bereits vor einem Jahr einen Bräutigam, der wurde aber plötzlich irgendwohin versetzt; ich kannte ihn: Er war so ein … Nun, ich will von ihm lieber nicht sprechen. Er ist also fort, lässt nichts von sich hören, ist verschollen. Man wartet und wartet und weiß nicht, was das zu bedeuten hat. Und plötzlich, so vor vier Monaten, kehrt er zurück – ist verheiratet und lässt sich bei den Artemjews nicht einmal sehen! Es ist doch roh und gemein! Und sie haben niemanden, der für sie eintreten könnte. Das arme Mädchen weint und weint, und ich – verliebe mich in sie … Ich war übrigens in sie schon vorher verliebt! Nun begann ich sie zu trösten, kam jeden Tag ins Haus … Ich weiß wirklich nicht, wie das geschah, doch auch sie gewann mich lieb. Vor acht Tagen hielt ich es schließlich nicht aus, fing zu weinen an, zu schluchzen und sagte ihr alles: Nun, dass ich sie liebe – mit einem Wort alles! … ›Auch ich bin bereit, Sie zu lieben, Wassilij Petrowitsch‹, sagte sie zu mir, ›doch ich bin ein armes Mädchen, spotten Sie meiner nicht. Denn ich habe gar nicht den Mut, jemanden zu lieben!‹ Nun, mein Lieber, verstehst du es? … Wir haben uns auch sofort verlobt. Ich überlegte lange hin und her und fragte sie schließlich: ›Wie wollen wir das der Mama sagen?‹ Sie antwortete darauf: ›Ja, es ist schwer! Warten Sie lieber noch eine Zeit lang. Denn Mama hat jetzt Angst; jetzt gleich wird sie mich Ihnen vielleicht noch nicht geben wollen; sie weint ja noch immer.‹ Ohne Lisa auch mit einem Wort vorzubereiten, platzte ich heute vor der Alten mit der Geschichte heraus. Lisa kniete vor ihr nieder, ich ebenfalls … die Alte gab uns ihren Segen. Arkascha, Arkascha! Mein Lieber! Wir wollen doch zusammen wohnen bleiben. Nein, von dir trenne ich mich nicht!«

»Wassja, ich schaue dich an und kann dir doch nicht glauben! Bei Gott, ich schwöre: Ich kann dir unmöglich glauben. Das Ganze kommt mir so vor … Hör' einmal, du willst heiraten? … Wieso habe ich nichts davon gewusst? Ich muss dir gestehen, Wassja: Auch ich hatte die Absicht, zu heiraten; doch da du es jetzt tust, kommt es auf dasselbe heraus! Also ich wünsche dir viel Glück!«

»Mein Freund, ich habe jetzt ein so süßes Gefühl im Herzen, so leicht ist mir zumute …«, sagte Wassja. Er erhob sich vom Bett und ging einige Male erregt durchs Zimmer. »Nicht wahr, du fühlst es ja auch? Wir werden natürlich sehr bescheiden leben, werden aber trotzdem glücklich sein; und das ist doch keine Chimäre; unser Glück ist nicht aus einem Buch geschöpft, es ist die Wirklichkeit: Wir werden wirklich glücklich sein!«

»Wassja! Hör' einmal, Wassja!«

»Was denn?«, fragte Wassja, vor Arkadij Iwanowitsch stehen bleibend.

»Mir kommt eben ein Gedanke; ich weiß nicht warum, ich fürchte, ihn auszusprechen! … Verzeihe mir also und löse meine Zweifel. Wovon willst du eigentlich leben? Ich bin ja entzückt, dass du heiratest, bin ganz außer mir vor Freude, und doch … wovon willst du leben? Wie?«

»Ach, mein Gott! Wie kannst du nur, Arkascha!«, sagte Wassja und blickte Nefedewitsch sehr erstaunt an. »Was denkst du dir denn? Selbst die Alte überlegte sich die Sache keine zwei Minuten lang, als ich ihr alles klarlegte. Frage doch zunächst, wovon sie gelebt haben? Sie haben zu dritt ja nur fünfhundert Rubel im Jahr! Das ist die ganze Pension, die sie nach dem Tod des Vaters bekommen. Sie alle: Lisa und die Alte und noch der kleine Bruder, für den man aus dem gleichen Geld die Schule bezahlen muss, alle drei lebten von den fünfhundert Rubeln; so leben eben andere Leute! Wir beide sind Kapitalisten dagegen! Ich habe ja manches Jahr, wenn es gut geht, beinahe siebenhundert Rubel Einkommen!«

»Höre, Wassja, entschuldige: Bei Gott, ich meine es ja nur so … Ich bin doch wirklich besorgt, dass die Sache nicht auseinandergeht, aber von welchen siebenhundert Rubeln sprichst du? Es sind ja im Ganzen nur dreihundert …«

»Dreihundert! … So, und Julian Mastakowitsch ist nichts? Hast du den vergessen?«

»Julian Mastakowitsch! Das ist aber eine unsichere Sache; das ist doch etwas ganz anderes als dreihundert Rubel sicheres Jahresgehalt, wo man sich auf jeden Rubel wie auf einen treuen Freund verlassen kann. Julian Mastakowitsch ist freilich ein hervorragender Mensch, ich achte und verstehe ihn, obwohl er so viel höher steht als ich; ich liebe ihn sogar, bei Gott, weil er dich so liebt und dir jede Extraarbeit bezahlt, obwohl er die Möglichkeit hätte, mit diesen Arbeiten irgendeinen Beamten von Amts wegen zu betrauen. Du musst dir aber sagen, Wassja … Höre noch folgendes: Ich spreche ja wirklich keinen Unsinn; ich will zugeben, dass es in ganz Petersburg keine Handschrift gibt, die mit der deinigen zu vergleichen wäre; das erkenne ich gerne an!«, sagte Nefedewitsch nicht ohne Entzücken. »Und doch kann es ja, Gott bewahre, vorkommen, dass du ihm einmal etwas nicht recht machst, oder dass er keine Arbeit mehr zu vergeben hat, oder sich einen andern nimmt … es kann ja schließlich alles passieren! Heute hast du ihn, und morgen – nicht; bedenke das nur, Wassja …«

»Höre einmal, Arkascha, ebenso gut kann jetzt über uns die Zimmerdecke einstürzen …«

»Ja, gewiss, du hast Recht, ich meinte es ja nur so …«

»Nein, höre einmal zu, höre, was ich dir sage: Wie kann er mich gehen lassen? Höre mich nur an! Ich erledige ja alles so aufmerksam und zuverlässig, und er ist so gut zu mir; heute hat er mir, höre nur, Arkascha, heute hat er mir fünfzig Silberrubel gegeben!«

»Wirklich, Wassja? Ist es eine Zulage?«

»Keine Zulage! Aus seiner eigenen Tasche hat er es mir gegeben! Er sagte zu mir: ›Du hast, mein Lieber, seit vier Monaten nichts bekommen; wenn du willst, nimm dieses Geld: Ich danke dir‹, sagte er, ›denn ich bin mit dir zufrieden …‹ Bei Gott, das hat er gesagt! ›Du sollst doch nicht umsonst arbeiten!‹ Mir kamen sogar die Tränen! Mein Gott, Arkascha!«

»Sage einmal, Wassja, hast du die zuletzt bestellte Abschrift fertig gemacht?«

»Nein … noch nicht ganz fertig.«

»Wassinka, mein Engel! Was hast du angerichtet?«

»Das macht nichts, Arkascha, ich habe ja noch zwei Tage Zeit.«

»Ja, warum hast du die Arbeit noch nicht fertig?«

»Nun ja! Du siehst mich mit solcher Leichenbittermiene an, dass sich mir der Magen umdreht und das Herz wehtut. Was ist denn dabei? Du bringst mich immer auf diese Weise um, wenn du zu schreien anfängst: A-a-ah! Überlege dir nur: Was ist denn dabei? Ich werde damit noch fertig werden, bei Gott!«

»Und wenn du nicht fertig wirst?«, brüllte Arkadij und sprang vom Bett auf. »Erst heute hast du von ihm Geld bekommen! Und du willst heiraten! … Oh weh!«

»Das macht nichts, ich setze mich gleich an die Arbeit und mache sie fertig. Sei unbesorgt!«

»Wie hast du es versäumen können, Wassja?«

»Ach, Arkascha! Konnte ich denn ruhig hier sitzen bleiben? War ich denn in solcher Stimmung? Selbst in der Kanzlei konnte ich kaum sitzen, so übervoll ist mein Herz! … Ach! Nun werde ich die heutige Nacht durcharbeiten, ebenso morgen und übermorgen und mache es fertig! …«

»Ist noch viel übrig geblieben?«

»Störe mich nicht, um Gottes willen, störe mich nicht, schweig!«

Arkadij Iwanowitsch ging auf den Fußspitzen zum Bett und setzte sich hin; nach einer Weile wollte er schon wieder aufstehen, besann sich aber, dass er seinen Freund damit stören könnte und blieb sitzen, obwohl es ihm bei seiner Aufregung sehr schwerfiel: Die Nachricht hatte ihn offensichtlich furchtbar aufgeregt, und seine Begeisterung war noch nicht abgekühlt. Er warf Schumkow einen Blick zu; auch dieser warf ihm einen Blick zu, lächelte, drohte mit dem Finger, zog furchtbar die Brauen zusammen (als ob davon seine Kraft und der ganze Erfolg der Arbeit abhingen) und vertiefte sich wieder in die Arbeit.

Auch er schien seine Aufregung noch nicht überwunden zu haben: Er wechselte einige Male die Feder, rückte auf seinem Stuhl hin und her, nahm immer neue Stellungen ein, fing immer von Neuem an, doch seine Hand zitterte und wollte ihm nicht gehorchen.

»Arkascha! Ich habe ihnen auch von dir erzählt!«, schrie er plötzlich auf, als wäre es ihm erst eben eingefallen.

»So?«, rief Arkascha, »und ich wollte dich gerade danach fragen! Nun?«

»Nun! Ach, ich werde dir alles später erzählen! Bei Gott, es ist meine Schuld; ich hatte eben meinen Vorsatz vergessen, kein Wort zu sprechen, bevor ich nicht vier Bogen abgeschrieben habe. Und nun musste ich wieder an sie und dich denken. Ich kann, mein Lieber, gar nicht schreiben: Muss immer an euch denken …« Wassja lächelte.

Beide verstummten für eine Weile.

»Pfui! Was für eine elende Feder!«, rief Schumkow plötzlich aus und warf die Feder auf den Tisch. Er nahm wieder eine neue Feder.

»Wassja! Höre einmal: Nur ein Wort …«

»Gut! Aber schnell und zum allerletzten Mal …«

»Ist dir noch viel übrig geblieben?«

»Ach, mein Lieber! …« Wassja machte ein Gesicht, als ob es in der Welt nichts Schrecklicheres und Tödlicheres gäbe als diese Frage. »Es ist noch viel, furchtbar viel!«

»Weißt du, mir kommt eben eine Idee …«

»Was für eine?«

»Nein, nein, schreib nur weiter.«

»Nun, was denn? Was wolltest du sagen?«

»Die Uhr geht schon auf sieben!«

Nefedewitsch lächelte bei diesen Worten Wassja zu, allerdings etwas unsicher: Er wusste nicht, wie Wassja es aufnehmen würde.

»Also was denn?«, fragte Wassja. Er hörte sofort zu schreiben auf, blickte ihm gerade in die Augen und erbleichte vor Erwartung.

»Weißt du was?«

»Um Gottes willen, was denn?«

»Weißt du was? Du bist zu aufgeregt und wirst wohl sowieso nicht viel zustande bringen … Warte, warte, warte, ich weiß schon, was du sagen willst, hör einmal!«, sagte Nefedewitsch, in seiner Begeisterung vom Bett aufspringend und Wassja, der etwas entgegnen wollte, unterbrechend, um jedem Einwand zuvorzukommen: »Vor allen Dingen musst du dich doch beruhigen und dich sammeln! Nicht wahr?«

»Arkascha! Arkascha!«, rief Wassja und sprang von seinem Platz auf. »Ich werde die ganze Nacht durcharbeiten, bei Gott, die ganze Nacht!«

»Nun ja, gewiss! Doch gegen Morgen wirst du einschlafen …«

»Ich werde nicht einschlafen, um nichts in der Welt …«

»Nein, nein! Das geht nicht! Du musst: Um fünf Uhr kannst du dich schlafen legen, und um acht werde ich dich wecken. Morgen ist Feiertag; du setzt dich hin und schreibst den ganzen Tag … und dann wieder die Nacht … Ist noch viel übrig geblieben?«

»Hier! Schau her!«

Wassja zeigte ihm, vor Erregung und Erwartung zitternd, das Heft: »Schau her!«

»Weißt du, mein Lieber: Es ist ja gar nicht viel!«

»Mein Lieber, das ist noch nicht alles: Es ist noch etwas da!«, sagte Wassja und blickte dabei Nefedewitsch so schüchtern an, als hinge von diesem der Entschluss ab, ob sie hingingen oder nicht.

»Wie viel?«

»Zwei Bogen …«

»Nun, was meinst du? Ich meine, wir werden damit noch fertig, bei Gott, wir werden fertig!«

»Arkascha!«

»Wassja! Höre einmal! Den Silvesterabend verbringen doch alle Leute bei bekannten Familien, nur wir beide sind so gottverlassen und wie obdachlos … Ja, Wassinka!«

Nefedewitsch umarmte Wassja und erdrückte ihn beinahe in seinen Löwentatzen.

»Arkadij, es ist abgemacht!«

»Wassjuk, ich wollte dir nur noch das sagen. Sieh mal, Wassjuk, mein Dicker! Hör' einmal! Hör' einmal! Du kannst ja …«

Arkadij hielt mit offenem Mund inne, denn er konnte vor Begeisterung nicht weitersprechen. Wassja hielt ihn an den Schultern, starrte ihm ins Gesicht und bewegte die Lippen, als wollte er den Satz statt seiner zu Ende sprechen.

»Nun?«, sagte er schließlich.

»Stelle mich ihnen heute vor!«

»Arkadij! Wir wollen heute zum Tee hingehen! Weißt du was? Weißt du was? Bis zwölf wollen wir nicht sitzen bleiben, sondern vorher heimgehen!«, rief Wassja in echter Begeisterung.

»Das heißt, wir wollen im Ganzen zwei Stunden dort bleiben, nicht mehr und nicht weniger! …«

»Und dann trennen wir uns, bis ich ganz fertig bin! …«

»Wassjuk!«

»Arkadij!«

In drei Minuten hatte Arkadij seinen besten Anzug an. Wassja bürstete seinen Anzug nur ab; er hatte ihn noch gar nicht abgelegt: Mit solchem Eifer war er soeben an die Schreibarbeit gegangen.

Sie traten eilig auf die Straße hinaus, der eine freudiger als der andere. Ihr Weg ging von der Petersburger Seite zur Kolomna-Vorstadt. Arkadij Iwanowitsch schritt rüstig und energisch aus, sodass man schon an seinem Gang seine Freude über das Glück des sich daran immer mehr berauschenden Wassja merken konnte. Wassja machte kleinere Schritte, trippelte beinahe, bewahrte aber seine Würde vollkommen. Arkadij Iwanowitsch glaubte sogar, noch nie einen so günstigen Eindruck von ihm gehabt zu haben. In diesem Augenblick hatte er sogar mehr Achtung vor ihm als je, und der gewisse körperliche Fehler Wassjas, von dem der Leser noch nichts weiß (Wassja war nämlich etwas schief gewachsen), der im empfindsamen Herzen Arkadij Iwanowitschs immer tiefes Mitgefühl hervorgerufen hatte, trug jetzt noch mehr zum Gefühl inniger Rührung bei, das er in diesen Augenblicken seinem Freund entgegenbrachte und dessen Wassja selbstverständlich in jeder Beziehung würdig war. Arkadij Iwanowitsch hatte sogar Lust, vor Freude zu weinen, doch er beherrschte sich.

»Wohin, wohin, Wassja? Hier ist es näher!«, rief er, als er merkte, dass Wassja die Richtung zum Wosnessenskij-Prospekt einschlagen wollte.

»Schweige, Arkascha, schweige …«

»Hier ist es wirklich näher, Wassja …«

»Arkascha, weißt du was?«, begann Wassja geheimnisvoll, mit vor Glück bebender Stimme. »Weißt du was? Ich möchte Lisa ein kleines Präsent mitbringen …«

»Was für eines?«

»Gleich an der nächsten Ecke ist der Laden von Madame Leroux, ein wundervoller Laden!«

»So, so!«

»Es ist ein Häubchen, mein Lieber, ein Häubchen. Heute habe ich da ein so liebes, nettes Häubchen gesehen und mich danach erkundigt. Die Fasson heißt ›Manon Lescaut‹, es ist wirklich ein Wunderwerk! Die Bänder sind kirschrot, und wenn es nicht zu teuer ist … Arkascha! Und wenn es auch teuer ist …«

»Ich glaube, du bist über alle Poeten erhaben, Wassja! Gehen wir also hin!«

Sie eilten weiter und traten nach zwei Minuten in den Laden. Sie wurden von einer Französin mit schwarzen Augen und Lockenfrisur empfangen, die beim ersten Blick auf die Eintretenden ebenso freudig und glücklich wurde, wie diese es waren, womöglich noch freudiger und glücklicher. Wassja hätte Madame Leroux beinahe abgeküsst: so entzückt war er.

»Arkascha!«, sagte er leise, mit scheinbar gleichgültigem Blick all das Schöne und Erhabene musternd, das, auf hölzernen Haubenstöcken prangend, den großen Ladentisch schmückte. Es sind doch wahre Wunderwerke! Was sagst du zum Beispiel zu dem da? Hier dieses Bonbon meine ich, siehst du es?«, flüsterte Wassja, auf ein reizendes Häubchen weisend, das ganz am Rand stand, doch durchaus nicht dasjenige war, das er zu kaufen beabsichtigte, denn er hatte schon von Weitem seine Blicke in das andere, berühmte, echte Häubchen gebohrt, das am entgegengesetzten Tischende stand. Er starrte es so an, als hätte er Angst, dass jemand es stehlen könnte oder dass das Häubchen selbst, nur damit es nicht Wassja in die Hände fiel, von seinem Haubenstock in die Luft wegfliegen würde.

»Dieses da«, sagte Arkadij Iwanowitsch, auf ein anderes Häubchen zeigend, »dieses da ist nach meiner Ansicht das schönste.«

»Ja, Arkascha, das macht dir sogar Ehre; ich bringe dir von nun an für deinen guten Geschmack noch mehr Achtung entgegen«, sagte Wassja: Seine Rührung vor Arkascha ging so weit, dass er ihm zuliebe aufrichtiges Entzücken vorspiegelte. »Dein Häubchen ist wirklich reizend. Aber komm einmal her!«

»Wo ist denn ein noch schöneres, mein Lieber?«

»Sieh einmal her!«

»Dieses da?«, sagte Arkadij etwas unsicher.

Als aber Wassja, der sich nicht länger beherrschen konnte, das Häubchen vom Ständer nahm, das ihm, gleichsam über den langersehnten guten Käufer erfreut, selbst zuzufliegen schien, als alle die Bänder, Rüschen und Spitzen zu knistern anfingen – da drang aus der mächtigen Brust Arkadij Iwanowitschs ein Schrei des Entzückens. Selbst Madame Leroux, die während der Wahl ihre ganze Würde und Überlegenheit in Sachen des Geschmacks bewahrt und herablassend geschwiegen hatte, belohnte nun Wassja mit einem Lächeln der Anerkennung, und alles in ihr, in ihren Blicken, in ihren Gesten und in ihrem Lächeln schien zu sagen: »Ja, Sie haben das Richtige getroffen und sind des Glückes wert, das Sie erwartet!«

»Es hat ja in seiner Einsamkeit kokettiert!«, rief Wassja aus, der nun seine ganze Liebe auf das reizende Häubchen übertrug. »Es hat sich mit Absicht versteckt, das Täubchen, das Schelmchen!« Und er küsste das Häubchen oder vielmehr die Luft, die es umgab: Denn er fürchtete, seine Kostbarkeit auch nur zu berühren.

»So verbirgt sich auch das wahre Verdienst und die echte Tugend«, setzte Arkadij ganz begeistert hinzu: Diese Phrase hatte er am Morgen in einer geistvollen Zeitung gelesen und tischte sie nun des humoristischen Effekts wegen auf. »Also was meinst du, Wassja?«

»Hurra, Arkascha! Du bist heute auch geistreich, du wirst Furore machen, wie es die Damen nennen – ich prophezeie es dir! – Madame Leroux, Madame Leroux!«

»Was steht zu Diensten?«

»Meine liebe Madame Leroux!«

Madame Leroux blickte Arkadij Iwanowitsch an und lächelte etwas herablassend.

»Sie glauben nicht, wie ich Sie in diesem Augenblick verehre … Gestatten Sie, dass ich Sie küsse …« Und Wassja umarmte und küsste die Verkäuferin.

Sie musste in diesem Augenblick unbedingt ihre ganze Würde zusammennehmen, um sich dem Attentäter gegenüber nichts zu vergeben. Ich behaupte aber, dass dazu auch die ganze angeborene natürliche Liebenswürdigkeit und Grazie gehört, mit der Madame Leroux den Ausbruch von Wassjas Begeisterung hinnahm. Sie verzieh ihm. Und wie geschickt, wie graziös fand sie sich in die Situation! Wie könnte man auch Wassja zürnen?

»Madame Leroux, wie hoch ist der Preis?«

»Fünf Silberrubel«, antwortete sie, sich ihre Frisur in Ordnung bringend und wieder lächelnd.

»Und dieses da, Madame Leroux?«, fragte Arkadij Iwanowitsch, auf das von ihm gewählte Häubchen weisend.

»Dieses kostet acht Silberrubel.«

»Erlauben Sie einmal, erlauben Sie einmal! Sie werden doch zugeben, Madame Leroux … Nun, welches Häubchen ist nach Ihrer Meinung schöner, graziöser, liebenswürdiger, welches sieht Ihnen ähnlicher?«

»Jenes ist etwas reicher, doch das von Ihnen gewählte – c'est plus coquet.«

»Also nehmen wir dieses!«

Madame Leroux schlug das Häubchen in einen Bogen unendlich feinen Seidenpapiers ein, das sie mit einer Nadel zusammensteckte, und das Papier mit dem darin eingewickelten Häubchen schien nun leichter geworden zu sein, als es vorher ohne Häubchen gewesen war. Wassja nahm das Paket mit verhaltenem Atem sehr vorsichtig in die Hand, verabschiedete sich von Madame Leroux, sagte ihr noch etwas höchst Liebenswürdiges und verließ den Laden.

»Ich bin ein Lebemann, Arkascha, ich bin zum Lebemann geboren!«, schrie Wassja lachend. Er lachte wie in einem Krampf, nervös und kaum hörbar. Dabei wich er den Passanten aus, denn er hatte sie alle ohne Ausnahme im Verdacht, ihm sein kostbares Häubchen zerknüllen zu wollen.

»Höre einmal, Arkadij, höre!«, begann er eine Minute später, und eine große Feierlichkeit, eine unsagbare Liebesseligkeit klang aus seiner Stimme. »Arkadij, ich bin so glücklich, so glücklich!«

»Wassinka, und wie glücklich bin ich, mein Lieber!«

»Nein, Arkascha, nein! Deine Liebe zu mir ist grenzenlos – ich weiß es, doch du kannst auch nicht den zehnten Teil von dem empfinden, was ich jetzt empfinde. Mein Herz ist so übervoll!! Arkascha, ich bin ja meines Glückes gar nicht wert! Ich fühle es, ich ahne es. Womit habe ich es verdient«, sagte er mit tränenerstickter Stimme, »was habe ich geleistet, das mir ein Recht darauf gibt? Sage es mir nur! Sieh nur hin, wie viel Menschen es gibt, wie viel Tränen, wie viel Kummer, wie viel grauen Alltag ohne Feste! Und ich! Ich werde von einem solchen Mädchen geliebt, ich … Doch du wirst sie gleich selbst sehen, wirst ihr edles Herz selbst kennenlernen. Ich bin von niedriger Herkunft, doch jetzt habe ich einen Beamtenrang und ein unabhängiges Einkommen – mein Gehalt. Ich bin mit einem Gebrechen auf die Welt gekommen: Ich bin etwas schief gewachsen. Und siehe: Sie liebt mich so wie ich bin. Julian Mastakowitsch war heute so zärtlich, so aufmerksam, so höflich zu mir; er spricht ja sonst fast nie mit mir; heute ging er aber auf mich zu und sagte: ›Nun, Wassja‹, (bei Gott: Er sprach mich mit Wassja an), ›du wirst wohl in den Feiertagen ordentlich bummeln?‹ (Und dabei lachte er!)

Und ich sagte zu ihm: ›Exzellenz‹, sagte ich, ›ich habe ja zu tun!‹ Doch dann fasste ich mir Mut und sagte: ›Vielleicht werde ich mich auch etwas amüsieren, Exzellenz!‹ Bei Gott, das sagte ich ihm. Er gab mir sofort Geld und richtete an mich noch einige Worte. Ich war, mein Lieber, so gerührt, dass mir Tränen in die Augen traten; er war anscheinend auch etwas gerührt; er klopfte mich auf die Schulter und sagte: ›Sei immer so dankbar und ergeben, wie du es jetzt bist, Wassja!‹«

Wassja verstummte für eine Weile. Arkadij Iwanowitsch wandte sich weg und wischte sich gleichfalls einige Tränen aus den Augen.

»Und dann noch etwas …«, sagte Wassja fortfahrend. »Ich habe es dir ja noch niemals gesagt, Arkadij … Arkadij! Du beglückst mich so sehr mit deiner Freundschaft, ohne dich könnte ich gar nicht leben – nein, nein, widersprich mir nicht! Lass mich deine Hand drücken, lass mich dir danken …« Wassja kam nicht weiter.

Arkadij Iwanowitsch wollte schon Wassja um den Hals fallen; da sie aber gerade die Straße überquerten und plötzlich dicht hinter ihren Ohren den warnenden Schrei eines Kutschers: »A-achtung!« hörten, liefen sie beide erregt und erschrocken, so schnell sie konnten, aufs Trottoir. Arkadij Iwanowitsch war über diesen Zwischenfall sogar froh. Er entschuldigte Wassjas Erguss von Dankbarkeit nur mit der ganz außergewöhnlich gehobenen Stimmung, in der sich dieser augenblicklich befand. Denn er selbst machte sich Vorwürfe, dass er bisher so wenig für seinen Freund getan hatte! Er schämte sich sogar, als Wassja ihm für die wenigen Gefälligkeiten, die er ihm erwiesen, zu danken begann! Er hatte aber noch sein ganzes Leben vor sich: Bei diesem Gedanken atmete Arkadij Iwanowitsch wieder freier auf …

Man hatte schon jede Hoffnung aufgegeben, dass sie kommen würden. Ein Beweis: Man saß bereits am Teetisch! Doch ältere Leute haben oft einen richtigeren Instinkt als die Jugend, und als was für eine Jugend! Lisa hatte ja ganz ernsthaft behauptet: »Er wird nicht kommen, Mamachen, mein Herz fühlt es, dass er nicht kommen wird.« Doch Mamachen sagte immer wieder, sie habe im Gegenteil das Gefühl, dass er unbedingt kommen werde: Dass er keine Ruhe finden und herbeieilen würde, umso mehr, als er am Silvester dienstfrei habe! Doch Lisa glaubte noch immer nicht, selbst als sie die Tür öffnete, und sie traute ihren Augen nicht, als die beiden eintraten. Sie war vor Erregung ganz atemlos; ihr Herzchen begann plötzlich wie bei einem eingefangenen Vöglein zu klopfen, und sie wurde so rot wie eine Kirsche, mit der sie auch sonst einige Ähnlichkeit hatte. Mein Gott, diese Überraschung! Was für ein freudiges: »Ach!«, flog ihr von den Lippen! »Du Treuloser! Du Lieber!«, rief sie, Wassenka umarmend … Doch stellen Sie sich vor, wie sie plötzlich erstaunte und verlegen wurde: gerade hinter Wassjas Rücken stand, etwas verlegen, als wollte er sich hinter seinem Freund verstecken, Arkadij Iwanowitsch. Ich muss an dieser Stelle bemerken, dass Arkadij Iwanowitsch sich in Damengesellschaft immer etwas unsicher fühlte; es passierte ihm sogar einmal … Doch davon später. Versuchen Sie sich nur in seine Lage zu versetzen! Es ist wirklich nicht zum Lachen! Er steht im Vorzimmer in Galoschen und Mantel, will sich seine Mütze mit den Ohrenklappen vom Kopf reißen, und sein Kopf ist ganz mit einem entsetzlichen gelben gestrickten Schal umwickelt, der zum größeren Effekt im Nacken verknotet ist. Das alles muss er nun entwirren, aufbinden, um so bald als möglich in vorteilhafterer Gestalt zu erscheinen, denn es gibt keinen Menschen, der nicht wünschte, möglichst vorteilhaften Eindruck zu machen. Und neben ihm steht der unausstehliche und unerträgliche, andererseits natürlich der sonst so liebe und gute Wassja, doch in diesem Augenblick – der unerträgliche und erbarmungslose, und schreit: »Hier ist mein Arkadij, Lisa! Wie gefällt er dir? Er ist mein bester Freund! Umarme und küsse ihn, liebe Lisa! Gib ihm zuerst einen Kuss, und wenn du ihn später näher kennenlernst, wirst du ihm noch mehr Küsse geben ...« Wie gefällt das Ihnen? Ich frage: Was blieb dem Arkadij Iwanowitsch zu tun übrig? Und er hatte seinen Schal erst zur Hälfte aufgebunden! Ich muss mich manchmal selbst für Wassjas übertriebene Begeisterung schämen; sie ist ja meistens der Beweis für Herzensgüte, doch immerhin ... Es war peinlich und ungeschickt!

Endlich traten sie in den Salon ... Die alte Dame war unsagbar erfreut, Arkadij Iwanowitsch kennenzulernen; sie hätte ja schon so viel von ihm gehört, sie ... Sie kam nicht weiter. Ein helles, freudiges: »Ach!«, das plötzlich ertönte, unterbrach sie mitten im Satz. Mein Gott! Lisa stand mit kindlich gefalteten Händen vor dem Häubchen, das plötzlich aus seiner Umhüllung zum Vorschein gekommen war, und lächelte, lächelte ... Mein Gott! Warum hat es bei Madame Leroux nicht ein noch viel schöneres Häubchen gegeben?!

Aber, mein Gott, wo kann man denn auch ein schöneres Häubchen finden? Ich meine es durchaus ernst! Mich ärgert und kränkt es sogar, wenn Verliebte so undankbar sind! Schauen Sie nur her, meine Herrschaften, und sagen Sie selbst, ob es überhaupt etwas Schöneres als dieses entzückende, göttliche Häubchen geben kann! Bitte, schauen Sie es sich nur an! Doch nein, nein, meine Vorwürfe sind unbegründet: Sie sind mit mir bereits alle einverstanden; es war nur eine momentane Verirrung, ein Fieberanfall, der Ihre Sinne verwirrte; und ich will Ihnen gerne verzeihen ... Schauen Sie es sich dennoch an! ... Sie müssen mich schon entschuldigen, meine Herrschaften, ich spreche noch immer von diesem Häubchen: Es ist aus ganz leichtem Tüll, zwischen dem Kopfteil und der Rüsche läuft ein breites, von einer Spitze verdecktes kirschrotes Band, und zwei weitere breite und lange Bänder sind rückwärts angebracht: Sie werden etwas unterhalb des Nackens auf den Hals herabfallen ... Man muss das ganze Häubchen etwas in den Nacken rücken: Schauen Sie nur her! Und ich werde Sie dann nach Ihrer Ansicht fragen! Ich sehe aber, dass Sie gar nicht hinschauen! Das Häubchen scheint Sie gar nicht zu interessieren … Sie haben Ihren Blick auf etwas anderes gerichtet … Sie sehen, wie zwei große perlengleiche Tränen blitzschnell in die pechschwarzen Augen treten, wie sie einen Augenblick in den langen Wimpern zittern und dann in dieses Nichts, das eigentlich Tüll ist und aus dem das Kunstwerk der Madame Leroux gebildet ist, herabfallen. Doch ich muss mich schon wieder ärgern: Diese beiden Tränen galten anscheinend nicht nur dem Häubchen allein! Nein, so einen Gegenstand soll nur ein ganz kaltblütiger Mensch schenken; nur dann kann man seinen Wert richtig einschätzen! Ich muss gestehen, meine Herrschaften, ich gäbe für das Häubchen alles her!

Man nahm Platz: Wassja neben Lisa und das alte Mütterchen neben Arkadij Iwanowitsch; ein Gespräch kam in Fluss, und Arkadij Iwanowitsch war der Situation durchaus gewachsen. Ich stelle dies mit Genugtuung fest. Nach einigen einleitenden Worten über Wassja brachte er das Gespräch sehr geschickt auf Wassjas Wohltäter – Julian Mastakowitsch. Und er sprach so klug, so klug, dass das Gespräch eine ganze Stunde im Fluss blieb. Man muss es wirklich mit angehört haben, mit welchem Geschick und Takt Arkadij Iwanowitsch einige Eigentümlichkeiten Julian Mastakowitschs streifte, die eine direkte oder indirekte Beziehung zu Wassja hatten. Die alte Dame war nun auch wirklich ganz bezaubert: Sie gestand es auch selbst ein; sie rief Wassja etwas zur Seite und sagte ihm, dass sein Freund ein ganz ausgezeichneter und wohlerzogener junger Mann sei; vor allen Dingen aber ein ernster und solider junger Mann. Wassja war nahe daran, vor Entzücken aufzulachen. Er musste denken, wie dieser solide Arkascha ihn eine Viertelstunde lang auf dem Bett gewürgt hatte! Die alte Dame zwinkerte Wassja zu und bat ihn, ihr leise und unbemerkt in das andere Zimmer zu folgen. Ich muss gestehen, dass ihre Handlungsweise gegen Lisa nicht ganz einwandfrei war: Von überschwänglichen Gefühlen verleitet, beging sie einen Treubruch an ihrer Tochter und zeigte

Wassja das Geschenk, das diese ihm als Überraschung zu Neujahr zugedacht hatte. Es war eine mit Glasperlen und Gold bestickte Brieftasche; die Zeichnung war entzückend: Auf der einen Seite war ein sehr schnell rennender Hirsch dargestellt, so natürlich, so ungemein ähnlich und lebenswahr! Auf der anderen Seite war das Bildnis eines sehr bekannten Generals gestickt, gleichfalls vorzüglich ausgeführt und sprechend ähnlich. Von Wassjas Entzücken will ich schon gar nicht reden. Doch auch die im Salon Zurückgebliebenen hatten ihre Zeit nicht unnütz vergeudet. Lisa war auf Arkadij Iwanowitsch zugegangen, hatte seine beiden Hände ergriffen und ihm für irgendetwas gedankt; Arkadij Iwanowitsch hatte begriffen, dass wiederum vom teuren Wassja die Rede war. Lisa war sogar tief gerührt: Sie hätte gehört, dass Arkadij Iwanowitsch ein so guter und aufrichtiger Freund ihres Bräutigams sei, dass er ihn so liebte, bemutterte und auf Schritt und Tritt mit seinen heilsamen Ratschlägen begleitete, darum könne sie, Lisa, nicht umhin, ihm zu danken; ja, sie könne das Gefühl ihrer Dankbarkeit gar nicht unterdrücken. Sie hoffe, dass Arkadij Iwanowitsch auch sie lieb gewinnen würde, und wenn auch nur halb so, wie er seinen Freund liebte. Dann erkundigte sie sich, ob Wassja seine Gesundheit genügend schone, äußerte einige Bedenken wegen der allzu großen Entzündbarkeit von Wassjas Charakter, wegen seines Mangels an Menschenkenntnis sowie seiner Unkenntnis des praktischen Lebens überhaupt; sagte, dass sie hingebungsvoll auf ihn aufpassen und sein Schicksal mit liebevoller Hand leiten würde, und dass sie schließlich hoffe, Arkadij Iwanowitsch werde sie beide nicht verlassen, sondern bei ihnen wohnen.

»Wir wollen alle drei wie ein Mensch sein!«, rief sie in naiver Begeisterung aus.

Doch die Gäste mussten aufbrechen. Man versuchte natürlich, sie zurückzuhalten, Wassja erklärte aber mit aller Entschiedenheit, dass es nicht ginge. Arkadij Iwanowitsch bestätigte dies. Man fragte sie selbstverständlich nach den Gründen, und nun kam es heraus, dass Julian Mastakowitsch Wassja mit einer höchst dringenden und furchtbar wichtigen Arbeit betraut hatte, die unbedingt übermorgen früh abgeliefert werden musste, während Wassja diese Arbeit nicht nur nicht fertig gemacht habe, sondern auch furchtbar im Rückstand sei. Mütterchen schrie vor Entsetzen förmlich auf; auch Lisa erschrak sehr; sie wurde unruhig und drängte Wassja zum Gehen. Der Abschiedskuss hat aber unter dieser Eile nicht im Geringsten gelitten: Er war kürzer und hastiger, dafür aber glühender und leidenschaftlicher. Schließlich trennte man sich, und beide Freunde traten den Heimweg an.

Sobald sie auf der Straße waren, begannen sie sofort ihre Eindrücke auszutauschen. Das war ja durchaus natürlich: Arkadij hatte sich bereits sterblich in Lisa verliebt! Und wem sollte er es anvertrauen, wenn nicht dem Glückspilz Wassja? Er tat es auch ganz ohne Bedenken und gestand Wassja alles. Wassja musste furchtbar lachen und war ganz außer sich vor Freude; er meinte sogar, dass die Verliebtheit Arkadijs durchaus nicht überflüssig sei und dass sie beide von nun an noch bessere Freunde sein würden als zuvor. »Du hast mich richtig verstanden, Wassja«, sagte Arkadij Iwanowitsch, »ich liebe sie genau so wie dich; sie wird mein Schutzengel sein ebenso wie der deinige, denn euer Glück wird sich auch über mich ergießen, und ich werde mich in seinen Strahlen wärmen. Sie wird auch meine Hausfrau sein, Wassja. In ihren Händen wird mein Glück ruhen; ich möchte, dass sie auch in meinem Leben ebenso walten wie in dem deinigen. Ja, meine Freundschaft zu dir ist zugleich auch die Freundschaft zu ihr; ihr beide seid jetzt für mich unzertrennbar; nur werde ich jetzt zwei solche Wesen wie du haben, statt des einen …« Arkadij konnte vor Aufregung nicht weitersprechen, während Wassja durch diese Worte bis ins Innerste seiner Seele erschüttert war. Er hatte nämlich von Arkadij niemals solche Worte erwartet. Arkadij

Iwanowitsch verstand ja sonst gar nichts zu sprechen und war allen Schwärmereien abhold; jetzt baute er auf einmal Luftschlösser, das eine freudiger, lichter und kühner als das andere! »Wie werde ich für euch sorgen und euch bemuttern!«, begann er von Neuem. »Erstens werde ich der Taufpate aller deiner Kinder sein, Wassja, aller ohne Ausnahme; und zweitens – muss man auch an die Zukunft denken. Man muss Möbel kaufen, eine Wohnung mieten, und zwar eine solche, dass jeder von uns dreien ein Zimmer für sich hat. Weißt du, Wassja, ich will gleich morgen gehen, die Zettel an den Haustüren studieren. Drei … nein – zwei Zimmer, mehr brauchen wir nicht. Ich glaube sogar, Wassja, dass ich Unsinn gesprochen habe: Das Geld wird euch schon reichen; ganz gewiss! Als ich ihr vorhin in die Äuglein blickte, rechnete ich im Nu aus, dass das Geld reichen wird. Alles für sie! Ach, wie wir nun arbeiten werden! Man muss riskieren und fünfundzwanzig Rubel für die Wohnung auswerfen. Denn die Wohnung bedeutet alles! Wenn man gute Zimmer hat, so ist man auch gut gelaunt und hat angenehme Gedanken! Zweitens wird Lisa unsere gemeinsame Kasse verwalten: Es darf keine Kopeke unnütz ausgegeben werden! Dass ich jetzt wieder einmal ins Wirtshaus gehe? Für wen hältst du mich eigentlich? Um nichts in der Welt! Auch wird es Gehaltszulagen und Gratifikationen geben, denn wir werden jetzt mit doppeltem Eifer arbeiten. Herrgott, wie wir arbeiten werden! Wie die Ochsen! Nun stelle dir vor« – Arkadij Iwanowitschs Stimme wurde vor Seligkeit ganz matt – »stelle dir vor, dass jeder von uns so ganz unerwartet dreißig oder fünfundzwanzig Rubel als Gratifikation bekommt! Jede Gehaltszulage bedeutet aber ein neues Häubchen oder Tüchlein oder ein Paar Strümpfchen! Sie muss mir übrigens unbedingt einen neuen Schal stricken; schau, wie der meinige aussieht: gelb, ekelhaft; heute hat er mir genug Kummer gemacht! Auch du bist gut, Wassja! Stellst mich ihr vor, während ich in diesem Kummet dastehe … Doch das gehört nicht zur Sache!

Weißt du: Das ganze Silber nehme ich auf mich! Ich muss ja euch ein Hochzeitsgeschenk machen – das verlangt meine Ehre und meine Selbstachtung! Eine Neujahrszulage kriege ich ja sicher; wem wird man sie denn sonst geben? Vielleicht dem Skorochodow? Das Geld würde bei ihm nicht lange in der Tasche bleiben. Ich will euch silberne Löffel kaufen, gute Tafelmesser, keine aus Silber, aber vortreffliche Messer, und eine Weste; das heißt die Weste für mich selbst, denn ich will ja euer Trauzeuge sein! Du musst dich aber jetzt zusammennehmen, mein Lieber! Von heute ab werde ich dich Tag und Nacht mit dem Stock antreiben, auf dich aufpassen, dir keinen Augenblick Ruhe geben, bis du mit der Arbeit fertig bist! Du musst sie schnell fertig machen! Und wenn du fertig bist, gehen wir wieder abends hin und werden beide glücklich sein, werden Lotto spielen – Gott, wird das herrlich sein! Pfui Teufel! Wie schade, dass ich dir nicht helfen kann. Ich würde mich einfach hinsetzen und alles statt deiner fertigschreiben … Warum haben wir nicht die gleiche Handschrift?«

»Ja!«, sagte Wassja. »Ja! Ich muss mich beeilen … An die Arbeit!« Bei diesen Worten wurde Wassja, der die ganze Zeit über bald gelacht, bald die Ergüsse seines Freundes mit irgendeiner Zwischenbemerkung zu unterbrechen versucht hatte und, mit einem Wort, die größte Begeisterung für alles gezeigt hatte, plötzlich nachdenklich, schweigsam und still und begann zu rennen. Es war, als ob irgendein schwerer Gedanke seinen glühenden Kopf mit Eis abgekühlt hätte; als ob sein Herz zusammengeschrumpft wäre.

Arkadij Iwanowitsch wurde sogar unruhig; auf seine hastigen Fragen bekam er fast keine Antwort von Wassja; dieser reagierte nur mit wenigen Worten und Ausrufen, die zuweilen gar nicht zur Sache gehörten. »Was hast du nur, Wassja?«, rief er schließlich aus, als er ihn mit großer Mühe einholte. »Bist du denn so um deine Arbeit besorgt?« – »Ach, mein Lieber, wir haben genug geschwatzt!«, entgegnete Wassja ärgerlich. »Wassja, verzage nicht, beruhige dich!«, unterbrach ihn Arkadij Iwanowitsch. »Wie oft habe ich schon gesehen, dass du ein viel größeres Pensum in viel kürzerer Frist bewältigt hast … Das macht dir wirklich keine Mühe! Du hast doch eine solche Begabung! Im äußersten Fall kannst du einfach das Schreibtempo beschleunigen: Deine Abschrift soll doch nicht als eine Vorlage für den Schönschreibeunterricht lithografiert werden! Du wirst schon fertig werden! Jetzt bist du eben etwas aufgeregt und zerstreut, und die Arbeit wird anfangs etwas schwieriger vonstatten gehen …« Wassja gab keine Antwort oder brummte etwas Unverständliches vor sich hin. Endlich erreichten beide, von Unruhe gepeinigt, ihre Wohnung.

Wassja setzte sich sofort an die Arbeit. Arkadij Iwanowitsch wurde ganz still, zog sich leise aus und legte sich ins Bett, ohne seine Blicke auch nur für einen Augenblick von Wassja zu wenden … Ihn überfiel eine eigentümliche Angst … »Was ist mit ihm los?«, fragte er sich, Wassjas blasses Gesicht, brennende Augen und unruhige Bewegungen betrachtend. »Seine Hand zittert … Verflucht! Soll ich ihm am Ende zureden, dass er sich für etwa zwei Stunden hinlegt, damit er wenigstens seine Aufregung ausschläft? …« Wassja hatte gerade eine Seite beendet; er hob die Augen, doch als sein Blick zufällig Arkadij traf, schlug er sie sofort nieder und ergriff von Neuem die Feder.

»Höre einmal, Wassja«, begann plötzlich Arkadij Iwanowitsch, »wäre es nicht besser, wenn du etwas ausruhtest? Sieh nur: Du bist wie im Fieber! …«

Wassja warf Arkadij einen ärgerlichen, sogar gehässigen Blick zu und erwiderte nichts.

»Höre einmal, Wassja, was machst du mit dir? …« Wassja schien plötzlich zur Vernunft gekommen zu sein.

»Sollte ich nicht etwas Tee trinken, was meinst du, Arkascha?«, sagte er.

»Warum? Wozu?«

»Das kann mich etwas stärken. Ich will nicht mehr schlafen, ich werde nicht schlafen! Ich werde die Nacht durcharbeiten. Beim Teetrinken kann ich mich etwas erholen und den schweren Augenblick überstehen.«

»Ausgezeichnet, mein Lieber! Glänzend! Ich wollte eben dasselbe vorschlagen. Ich wundere mich nur, dass ich nicht schon früher auf diesen Gedanken kam. Weißt du aber was? Mawra wird nicht aufstehen wollen, sie wird um nichts in der Welt aufwachen …«

»Ja! …«

»Unsinn! Das macht nichts!«, schrie Arkadij Iwanowitsch auf und sprang barfuß wie er war aus dem Bett. »Ich werde selbst den Samowar bereiten. Das ist doch wirklich nicht das erste Mal!«

Arkadij Iwanowitsch lief in die Küche und machte sich am Samowar zu schaffen; Wassja schrieb indessen weiter. Arkadij Iwanowitsch kleidete sich an und lief in eine Bäckerei, damit Wassja sich zur Nacht ordentlich stärken könnte. Nach einer Viertelstunde stand der Samowar auf dem Tisch. Sie tranken Tee, doch ein Gespräch wollte nicht zustande kommen. Wassja war zu zerstreut.

»Ja«, sagte er plötzlich, wie zur Besinnung kommend, »morgen muss ich ja Neujahrsvisiten machen …«

»Du musst gar nicht!«

»Nein, mein Lieber, es geht einfach nicht anders!«, sagte Wassja.

»Ich will dich statt deiner bei allen Vorgesetzten in die Gratulantenlisten eintragen. Brauchst gar nicht auszugehen. Bleibe nur zu Hause und schreibe. Ich würde dir raten, heute bis fünf Uhr aufzubleiben und dann schlafen zu gehen. Wie wirst du denn sonst morgen aussehen? Ich werde dich dann um Punkt acht Uhr wecken …«

»Geht denn das, dass du mich in die Listen einträgst?«, wandte Wassja ein, der mit dem Vorschlag schon halb einverstanden war.

»Warum denn nicht? So machen es alle!«

»Ich fürchte …«

»Was fürchtest du?«

»Bei den andern ginge es ja noch; doch bei Julian Mastakowitsch – er ist ja mein Wohltäter, Arkascha! Und wenn er merkt, dass es nicht meine Handschrift ist …«

»Du glaubst, dass er das merkt? Du bist wirklich sonderbar, Wassjuk! Wie kann er es merken? … Du weißt ja, dass ich deine Namensunterschrift täuschend ähnlich nachmachen kann und sogar dieselbe Schleife anhänge, wie du sie machst, bei Gott! Lass das! Wer kann das merken?«

Wassja antwortete nichts und trank eilig sein Glas aus. Dann schüttelte er zweifelnd den Kopf.

»Wassja, mein Lieber! Wenn das uns doch gelingen würde! Wassja, was ist mit dir? Du machst mir Angst! Weißt du, Wassja, jetzt werde ich mich gar nicht mehr hinlegen, denn ich werde nicht einschlafen können. Zeig' mir: Ist dir noch viel übrig geblieben?«

Wassja warf Arkadij Iwanowitsch einen solchen Blick zu, dass diesem das Herz stillstand und der Atem stockte.

»Wassja! Was ist mit dir? Was hast du? Was siehst du mich so an?«

»Arkadij! Ich werde morgen zu Julian Mastakowitsch gehen und gratulieren!«

»Gut! Gehe meinetwegen!«, sagte Arkadij, ihn erwartungsvoll anblickend.

»Höre, Wassja, beschleunige das Tempo: Ich werde dir doch nichts Schlechtes raten, bei Gott! Wie oft hat dir schon Julian Mastakowitsch selbst gesagt, dass ihm an deiner Handschrift am meisten die Leserlichkeit gefällt! Nur Skoropljochin verlangt, dass die Handschrift leserlich und zugleich auch kalligrafisch sei, doch nur, um später irgendein Papier auf die Seite zu schaffen und es seinen Kindern als Schönschreibvorlage nach Hause zu bringen; als ob sich der Schafskopf nicht richtige Vorlagen kaufen könnte! Doch Julian Mastakowitsch verlangt nur das eine: Leserlichkeit! … Was willst du noch mehr? Ich weiß schon gar nicht, Wassja, wie ich mit dir sprechen soll … Ich habe sogar Angst … Du bringst mich mit deinem Trübsinn um!«

»Es ist nichts, es ist nichts …«, sagte Wassja und fiel ermattet in seinen Sessel zurück. Arkadij wurde unruhig.

»Willst du Wasser? Wassja! Wassja!«

»Nein, lass nur«, sagte Wassja, ihm die Hand drückend. »Es ist nichts … Mir wurde etwas traurig zumute, Arkadij … Ich weiß selbst nicht warum … Höre einmal, sprich doch lieber von etwas anderem, erinnere mich nicht daran …«

»Beruhige dich, Wassja, beruhige dich, um Gottes willen! Du wirst schon fertig! Bei Gott, du wirst fertig! Und wenn du sogar nicht fertig wirst, so ist es auch kein großes Unglück! Das wäre doch wirklich kein Verbrechen!«

»Arkadij!«, sagte Wassja und blickte dabei seinen Freund so bedeutungsvoll an, dass dieser noch mehr erschrak; er hatte Wassja noch nie in solcher Unruhe gesehen. »Wäre ich allein, wie früher … Nein, das ist nicht das Richtige! … Ich will dir ja alles sagen und anvertrauen wie einem Freund … warum soll ich dich übrigens beunruhigen? … Siehst du, Arkadij: Den einen ist viel gegeben, und die andern verrichten nur Geringes wie ich. Nun stelle dir vor, dass man von dir ein Zeichen der Dankbarkeit und Anerkennung verlangt, und du es nicht geben kannst? …«

»Wassja, ich verstehe dich wirklich nicht!«

»Ich bin niemals undankbar gewesen«, fuhr Wassja fort, als redete er zu sich selbst. »Doch wenn ich nicht die Kraft habe, alles auszudrücken, was ich sagen will, so sieht es so aus, als ob … Das sieht so aus, Arkadij, als ob ich wirklich undankbar wäre, und das bringt mich um.«

»Was sagst du da! Besteht denn deine ganze Dankbarkeit nur darin, dass du die Arbeit rechtzeitig ablieferst! Überlege dir selbst, was du sagst! Drückt man denn seine Dankbarkeit auf diese Weise aus?«

Wassja verstummte plötzlich und sah Arkadij mit großen Augen an, als hätte dessen unerwartetes Argument alle seine Bedenken zerstreut. Er lächelte sogar, nahm aber sofort wieder seinen nachdenklichen Gesichtsausdruck an. Arkadij, der dieses Lächeln als das Ende aller Angst, und die neue Unruhe als einen Entschluss zu etwas Besserem auffasste, war außerordentlich erfreut.

»Also, lieber Arkascha«, sagte Wassja, »wenn du während der Nacht aufwachst, so schaue nach mir: Denn wenn ich einschlafe, gibt es ein Unglück. Und jetzt mache ich mich an die Arbeit … Arkascha!«

»Was denn?«

»Nein, nichts … Ich wollte nur …«

Wassja setzte sich an die Arbeit, und Arkadij legte sich zu Bett. Weder der eine noch der andere hatte auch nur ein Wort von ihrem Besuch in der Kolomna-Vorstadt fallen lassen. Vielleicht fühlten sie sich beide etwas schuldig, weil sie den Nachmittag geopfert hatten. Arkadij schlief bald ein, bange Sorge um Wassja im Herzen. Zu seinem Erstaunen erwachte er um Punkt acht Uhr. Wassja schlief auf seinem Stuhl, die Feder in der Hand, ganz blass und erschöpft; die Kerze war niedergebrannt. In der Küche machte sich Mawra am Samowar zu schaffen.

»Wassja! Wassja!«, rief Arkadij erschrocken aus: »Wann bist du eingeschlafen?«

Wassja schlug die Augen auf und sprang vom Stuhl.

»Ach!«, sagte er, »nun bin ich also doch eingeschlafen!«

Er stürzte sofort zu seinen Papieren: Alles war in bester Ordnung. Auf den Papieren gab es weder Tintenkleckse noch Talgflecken von der Kerze.

»Ich glaube, ich bin so gegen sechs eingeschlafen«, sagte Wassja. »Wie kalt es doch in der Nacht ist! Nun wollen wir Tee trinken, und dann fange ich wieder an …«

»Nun, hat dich der Schlaf gestärkt?«

»Ja, ja, jetzt geht es!«

»Prosit Neujahr, Wassja!«

»Guten Morgen, mein Freund, guten Morgen! Auch ich wünsche dir alles Gute zum Neuen Jahr!«

Sie umarmten sich. Wassjas Kinn zitterte, und seine Augen füllten sich mit Tränen. Arkadij Iwanowitsch schwieg: Es war ihm recht bitter zumute. Beide tranken ihren Tee hastig herunter …

»Arkadij! Ich habe mich entschlossen: Ich gehe selbst zu Julian Mastakowitsch …«

»Er wird es doch gar nicht merken …«

»Ich habe beinahe Gewissensbisse, mein Lieber.«

»Du sitzt doch seinetwegen da und richtest dich seinetwegen zugrunde … Tue es lieber nicht! … Und ich werde zu ihnen gehen …«

»Zu wem?«, fragte Wassja.

»Zu den Artemjews, ich werde auch in deinem Namen gratulieren.«

»Mein Lieber, mein Guter! Ja! Und ich werde hierbleiben. Dein Einfall ist wirklich gut; ich arbeite ja und vertrödele meine Zeit nicht! Warte nur einen Augenblick: Ich werde gleich einen Brief schreiben.«

»Schreibe ihn nur, mein Lieber, schreibe! Ich werde mich inzwischen waschen und rasieren und den Frack abbürsten. Ja, Freund Wassja, nun werden wir beide zufrieden und glücklich sein. Umarme mich, Wassja!«

»Ach, wenn nur alles gut ausginge!«

»Wohnt hier der Herr Beamte Schumkow?«, ertönte eine Kinderstimme auf der Treppe.

»Hier, Väterchen, hier!«, antwortete Mawra und ließ den Gast eintreten.

»Wer ist da? Wer?«, rief Wassja, von seinem Platz aufspringend und ins Vorzimmer stürzend. »Bist du es, Petinka?«

»Guten Morgen, Wassilij Petrowitsch, habe die Ehre, Ihnen ein glückliches Neues Jahr zu wünschen!«, sagte ein reizender etwa zehnjähriger Bengel mit schwarzen Locken. »Mein Schwesterchen lässt grüßen, Mamachen ebenfalls, und Schwesterchen hat mich beauftragt, Sie von ihr zu küssen …«

Wassja hob den Boten in die Luft und drückte auf seine Lippen, die den Lippen Lisas ungemein ähnlich sahen, einen langen, honigsüßen, leidenschaftlichen Kuss.

»Küsse auch du, Arkadij!«, sagte er zu seinem Freund, ihm Petja übergebend; und Petja wanderte, ohne die Erde zu berühren, in die mächtige und wirklich gierige Umarmung Arkadij Iwanowitschs.

»Willst du Tee, Schätzchen?«

»Ich danke verbindlichst! Wir haben schon Tee getrunken. Heute sind wir früh aufgestanden. Die Unsrigen gingen zur Messe. Schwesterchen hat mir zwei Stunden lang die Locken gekämmt und pomadisiert, hat mich gewaschen und mir die Hose geflickt, denn ich habe sie gestern auf der Straße zerrissen, als ich mit Saschka Schneeballen spielte …«

»Nun, und weiter?«

»Sie putzte mich also aus, um zu Ihnen zu gehen; dann pomadisierte sie mir das Haar, dann küsste sie mich halb tot und sagte dabei: ›Geh jetzt zu Wassja, gratuliere ihm zum Neuen Jahr und frage ihn, ob er sich wohlfühlt, ob er gut geschlafen hat …‹ Und dann sollte ich noch etwas fragen … Ja, ob die Arbeit beendet sei, wegen der Sie gestern … Wie hieß es noch? Sie hat es mir aufgeschrieben«, sagte der Junge und las vom Zettel ab, den er aus der Tasche holte: »Ja! Wegen der Sie gestern so besorgt waren.«

»Ich werde sie fertig machen! Es wird schon werden! Sage ihr, dass ich die Arbeit unbedingt fertig machen werde, mein Ehrenwort drauf!«

»Und dann noch etwas … Ach ja! Ich hätte es beinahe vergessen: Schwesterchen schickt Ihnen ein Brieflein und ein Präsent!«

»Mein Gott! Wo hast du es, mein Schätzchen? Hier! Sieh nur her, was sie mir schreibt! Die Liebe, Gute! … Weißt du, ich sah gestern eine Brieftasche, die sie für mich gestickt hat; das Geschenk ist noch nicht fertig. Nun schreibt sie mir: ›Also schicke ich Ihnen vorläufig eine meiner Locken, und das Geschenk bekommen Sie ein andres Mal.‹ Sieh nur her, mein Lieber!«

Und der erschütterte Wassja zeigte Arkadij Iwanowitsch eine Locke dichtester und schwärzester Haare, die es nur in der Welt gibt, dann küsste er sie und verwahrte sie in der Brusttasche, dem Herzen am nächsten.

»Wassja! Ich werde dir für diese Locke ein Medaillon machen lassen!«, erklärte schließlich Arkadij Iwanowitsch sehr entschieden.

»Und zum Mittag gibt's bei uns heute Kalbsbraten, und morgen Hirn. Mama will auch noch Zuckerbrot backen … Hirsebrei wird es heute nicht geben!«, setzte der Junge nach kurzer Überlegung hinzu, um seinen Bericht abzuschließen.

»Teufel noch einmal! Was das für ein hübscher Knabe ist!«, rief Arkadij Iwanowitsch aus. »Wassja, du bist wirklich der Glücklichste der Sterblichen!«

Der Junge trank seinen Tee aus, erhielt einen Brief samt tausend Küssen und ging, glücklich und munter, wie er gekommen war, nach Hause.

»Nun siehst du, mein Lieber«, begann hocherfreut Arkadij Iwanowitsch, »wie schön alles ist! Alles hat sich zum Besten gewendet, verzage nicht und jammere nicht! Vorwärts, mach deine Arbeit fertig! Um zwei Uhr bin ich wieder zurück. Ich fahre zu ihnen und dann zu Julian Mastakowitsch.«

»Lebe wohl, mein Lieber, auf Wiedersehen! Ach, wenn doch alles gut ablaufen wollte! … Also gut, geh!«, sagte Wassja. »Ich habe mich endgültig entschlossen, nicht zu Julian Mastakowitsch zu gehen.«

»Lebe wohl!«

»Warte noch, mein Lieber; sage ihnen … Nun, das wirst du schon selbst wissen, was du sagen sollst; küsse sie von mir … Und später, wenn du zurück bist, wirst du mir alles ganz genau berichten …«

»Gewiss, gewiss, ich werde schon wissen, was zu sagen! Das Glück hat dich wohl ganz verrückt gemacht! Es kam zu plötzlich … Seit gestern bist du außer Rand und Band. Du hast dich von den gestrigen Eindrücken wohl noch nicht erholt. Nun Schluss! Nimm dich zusammen, Wassja! Lebe wohl!«

Endlich trennten sich die Freunde. Arkadij Iwanowitsch war den ganzen Morgen über zerstreut und dachte nur an Wassja. Er kannte ja dessen schwache und leicht erregbare Natur. »Ja, das Glück hat ihn verrückt gemacht!«, sagte er zu sich selbst. »Ich habe mich nicht getäuscht! Mein Gott! Er hat ja auch mich mit seiner Aufregung angesteckt. Und woraus dieser Mensch eine Tragödie macht! Dieser Heißsporn! Ach, ich muss ihn retten, ich muss ihn retten!«, wiederholte Arkadij Iwanowitsch vor sich hin: Er merkte gar nicht, dass auch er selbst aus einer kleinen häuslichen Unannehmlichkeit ein großes und wahres Unglück gemacht hatte. Erst gegen elf Uhr langte er im Vorzimmer des Julian Mastakowitsch an, um seinen bescheidenen Namen der endlosen Namenreihe anderer ehrfurchtsvoller Gratulanten hinzuzufügen, die sich schon auf der in der Portierloge ausliegenden, verschmierten und vollgekritzelten Liste eingetragen hatten. Wie groß war sein Erstaunen, als er auf dieser Liste die eigenhändige Unterschrift Wassja Schumkows entdeckte! Das wirkte auf ihn geradezu niederschmetternd. »Was ist mit ihm geschehen?«, fragte er sich. Arkadij Iwanowitsch, der erst vor Kurzem wieder zu hoffen angefangen hatte, verließ die Portierloge ganz bestürzt. Irgendein Unglück war im Anzug – das stand fest. Doch was für ein Unglück, und woher sollte es kommen?

Nach der Kolomna-Vorstadt kam er mit trüben Gedanken und war anfangs sehr zerstreut. Nach einer Unterredung mit Lisa verließ er das Haus mit Tränen in den Augen, denn er war wegen Wassja in größter Angst. Er eilte nach Hause im Laufschritt und stieß am Newakai mit Schumkow zusammen, der ebenfalls irgendwohin rannte.

»Wo willst du hin?«, schrie ihn Arkadij Iwanowitsch an.

Wassja blieb stehen, so bestürzt, als hätte man ihn bei einem Verbrechen ertappt.

»Ich bin nur so … etwas ausgegangen, wollte etwas spazieren …«

»Konntest es nicht aushalten? Wolltest eben nach der Kolomna-Vorstadt gehen? Ach, Wassja, Wassja! Warum bist du nun doch zu Julian Mastakowitsch gegangen?«

Wassja gab zuerst keine Antwort. Dann winkte er mit der Hand ab und sagte:

»Arkadij! Ich weiß selbst nicht, was mit mir ist! Ich …«

»Gut, Wassja, beruhige dich! Ich weiß ja, was es ist. Beruhige dich! Du bist ja noch von den gestrigen Eindrücken so aufgeregt! Bedenke doch: Es ist wirklich nicht schwer, diese Aufregung zu überwinden! Alle lieben dich, alle machen dir den Hof, deine Arbeit geht gut vorwärts, du wirst sie fertig machen, du wirst sie unbedingt fertig machen, ich weiß es! Du hast dir wohl etwas eingebildet, hast irgendeinen unbegründeten Angstanfall.«

»Nein, nein, es ist nichts …«

»Weißt du es noch, Wassja? Du hast schon einmal dasselbe gehabt. Kannst du dich noch erinnern? Als du befördert wurdest, verdoppeltest du vor lauter Glück und Dankbarkeit deinen Eifer, und die Folge davon war, dass du eine ganze Woche lang jede Arbeit verdarbst. Und nun bist du im gleichen Zustand …«

»Ja, ja, Arkadij … Doch jetzt ist die Sache anders, ganz anders …«

»Warum soll es jetzt anders sein? Ich bitte dich! Die Arbeit ist vielleicht gar nicht so dringend, und du richtest dich ganz unnütz zugrunde …«

»Nein, nein, es macht nichts … Gehen wir!«

»Also nach Hause und nicht zu ihnen?«

»Nein, mein Lieber! Mit diesem Gesicht kann ich doch nicht zu ihnen kommen! Ich habe es mir schon überlegt. Ich konnte es ohne dich zu Hause nicht aushalten; doch jetzt, wo du wieder bei mir bist, mache ich mich gleich an die Arbeit. Gehen wir!«

Sie gingen zusammen weiter. Anfangs schwiegen sie beide. Wassja hatte jetzt wieder große Eile.

»Warum erkundigst du dich nicht nach ihnen?«, fragte Arkadij Iwanowitsch.

»Ach ja! Arkascha, wie war es dort?«

»Wassja! Du bist plötzlich ganz verändert!«

»Es macht nichts, es macht nichts. Erzähle mir alles, Arkascha!«, sagte Wassja mit flehender Stimme, als wollte er allen weiteren Auseinandersetzungen aus dem Weg gehen. Arkadij Iwanowitsch seufzte auf: Das Benehmen Wassjas brachte ihn ganz aus der Fassung.

Der Bericht aus der Kolomna-Vorstadt belebte Wassja wieder. Er wurde sogar gesprächig. Zu Hause angelangt, aßen sie zuerst zu Mittag. Die alte Dame hatte Arkadij Iwanowitschs Taschen mit Zuckergebäck vollgestopft; die Freunde verzehrten es nun und kamen allmählich in gute Stimmung. Wassja versprach, sich gleich nach dem Essen hinzulegen, um später die ganze Nacht aufbleiben zu können. Er legte sich auch wirklich hin. Noch am Morgen hatte jemand, dem man nicht absagen konnte, Arkadij Iwanowitsch zum Tee eingeladen. Die Freunde mussten sich nun trennen. Arkadij nahm sich vor, möglichst bald heimzukommen, vielleicht schon um acht Uhr. Die drei Stunden der Trennung kamen ihm wie drei Jahre vor. Endlich gelang es ihm, aufzubrechen, und er eilte nach Hause. Im Zimmer war es dunkel. Wassja war nicht zu Hause. Er fragte bei Mawra. Mawra sagte ihm, dass Wassja gar nicht geschlafen, sondern die ganze Zeit über geschrieben habe; dann sei er im Zimmer auf und ab gegangen, und dann, etwa vor einer Stunde, sei er weggelaufen und hätte Mawra gesagt, dass er nach einer halben Stunde wieder da sein würde. »Und wenn der Herr inzwischen kommt, so sag' ihm, Alte«, schloss Mawra ihren Bericht, »dass ich spazieren gegangen sei – das hat er mir drei- oder sogar viermal befohlen.«

»Er ist bei den Artemjews!«, sagte sich Arkadij Iwanowitsch und schüttelte den Kopf.

Eine Minute später sprang er auf, von einer neuen Hoffnung beseelt: »Er ist wohl einfach fertig geworden, das wird es sein! Und dann hielt er es nicht aus und lief hin. Aber nein! Er hätte doch auf mich gewartet ... Ich will einmal nachschauen, wie es mit seiner Arbeit steht!«

Er zündete die Kerze an und ging an Wassjas Schreibtisch: Die Arbeit ging gut vorwärts, und es blieb anscheinend gar nicht so viel übrig. Arkadij Iwanowitsch wollte weiterblättern, doch in diesem Augenblick trat Wassja ein.

»Ach! Du bist hier?«, rief er aus und fuhr vor Schreck zusammen.

Arkadij Iwanowitsch schwieg. Er fürchtete, Wassja irgendetwas zu fragen. Wassja schlug die Augen nieder und begann ebenfalls in den Papieren zu blättern. Schließlich begegneten sich ihre Blicke. Wassjas Blick war so bittend, flehend und hoffnungslos, dass Arkadij zusammenfuhr. Sein Herz erbebte und floss über:

»Wassja, Bruderherz, was ist mit dir? Was hast du?«, schrie er, auf ihn losstürzend und ihn in seine Arme schließend. »Erkläre mir doch alles! Ich verstehe dich nicht, auch deine Traurigkeit verstehe ich nicht! Was ist mit dir, du mein Märtyrer? Was? Sage mir doch alles, ohne etwas zu verheimlichen. Es kann doch nicht sein, dass nur diese eine Ursache ...«

Wassja schmiegte sich fest an ihn und konnte kein Wort hervorbringen. Sein Atem stockte.

»Genug, Wassja, schon gut! Nun, nehmen wir an, dass du mit der Arbeit nicht fertig wirst – was ist denn dabei? Ich verstehe dich nicht! Erzähle mir offen, warum du so leidest. Du siehst doch, dass ich für dich … Ach, mein Gott, mein Gott!«, sagte er, immer auf und ab gehend und nach jedem Gegenstand greifend, der ihm gerade unter die Hände kam, als suchte er eine Arznei für Wassja. »Ich werde morgen statt deiner zu Julian Mastakowitsch gehen, ich werde ihn bitten, ihn um einen Tag Aufschub für dich anflehen. Ich will ihm alles, alles erklären, wenn er dich so quält …«

»Gott behüte!«, schrie Wassja auf. Er war kreidebleich und konnte sich kaum auf den Beinen halten.

»Wassja! Wassja!«

Wassja kam zu sich. Seine Lippen bebten. Er wollte etwas sagen, konnte aber nur stumm und krampfhaft Arkadijs Hand drücken. Seine Hand war kalt. Arkadij stand vor ihm in banger, qualvoller Erwartung. Wassja blickte ihn wieder an.

»Wassja! Gott sei mit dir! Du hast mein Herz zerrissen, du mein lieber, guter Freund!«

Tränenfluten stürzten aus Wassjas Augen; er fiel in Arkadijs Arme.

»Ich habe dich betrogen, Arkadij«, sagte er, »ich habe dich betrogen! Verzeihe es mir … Verzeihe … Ich habe meinen besten Freund betrogen …«

»Was ist denn, Wassja? Was?«, fragte Arkadij voller Entsetzen.

»Hier!«

Und Wassja holte mit verzweifelter Gebärde aus der Tischschublade sechs sehr dicke Hefte hervor, die genau so aussahen wie das, das er abschrieb, und schleuderte sie auf den Tisch.

»Was ist denn das?«

»Das alles muss ich bis übermorgen abschreiben! Ich kann kaum den vierten Teil davon fertig machen!«

»Frage nicht, frage nicht, wie das geschehen ist«, fuhr Wassja fort: Er wollte sich nun offenbar das Herz erleichtern. »Arkadij! Mein Freund! Ich weiß selbst nicht, was mit mir war. Es ist mir, als ob ich jetzt erst aus einem Traum erwachte. Ich habe ganze drei Wochen verloren. Ich bin immer … zu ihr gelaufen … Das Herz tat mir weh, ich verzehrte mich … in Ungewissheit … Ich konnte nicht schreiben. Ich konnte an die Arbeit nicht einmal denken. Und erst jetzt, wo das Glück mir schon so nahe ist, bin ich zur Besinnung gekommen.«

»Wassja!«, begann Arkadij Iwanowitsch energisch. »Wassja! Ich werde dich retten! Jetzt begreife ich alles. Die Sache ist wirklich ernst. Ich werde dich retten! Höre, höre, was ich dir sagen werde: Ich gehe gleich morgen zu Julian Mastakowitsch … Schüttele nicht den Kopf, sondern höre mir zu! Ich werde ihm den ganzen Sachverhalt erzählen; du musst mir erlauben, das zu tun … Ich will ihm alles erklären! … Ich gehe bis zum Äußersten! Ich werde ihm erzählen, wie unglücklich du bist und wie du dich quälst …«

»Weißt du auch, dass du mich jetzt umbringst?«, versetzte Wassja, den es vor Schreck kalt überlief.

Arkadij Iwanowitsch erbleichte zunächst; dann überlegte er sich und lachte auf.

»Ist das alles? Bedenke doch, Wassja, was du sprichst! Schämst du dich gar nicht? Höre einmal! Ich sehe, dass ich dich kränke. Du siehst also, dass ich dich verstehe und dass ich weiß, was in dir vorgeht. Wir leben ja, Gott sei Dank, schon fünf Jahre zusammen. Du bist ein zarter, guter Mensch, doch sehr schwach, unverzeihlich schwach. Das hat auch schon Lisaweta Michailowna bemerkt. Außerdem bist du auch ein Träumer, und das ist ebenfalls nicht gut; man kann dabei leicht den Verstand verlieren, mein Lieber! Höre einmal, ich weiß ja, was du willst! Du willst zum Beispiel, dass Julian Mastakowitsch ganz außer sich vor Freude sei, weil du heiratest, und aus diesem Anlass sogar einen Ball geben möchte … Warte, warte! Du verziehst das Gesicht. Siehst du, schon wegen dieser paar Worte bist du für Julian Mastakowitsch beleidigt! Ich will also nicht mehr von ihm sprechen. Ich verehre ihn ja nicht weniger als du. Aber das wirst du nicht bestreiten und mir auch nicht zu denken verbieten: Dein Wunsch ist, dass es keinen einzigen unglücklichen Menschen auf Erden mehr gäbe, wenn du heiratest … Ja, mein Lieber, du musst mir zugeben, dass es dein Wunsch ist, dass zum Beispiel ich, dein bester Freund, plötzlich ein Kapital von hunderttausend Rubeln besäße; dass alle Feinde, die es nur in der Welt gibt, sich ganz plötzlich ohne sichtbaren Grund aussöhnten, dass sie sich mitten auf der Straße vor Freude umarmten und dann vielleicht alle zu dir in die Wohnung zu Gast kämen. Mein lieber Freund! Ich spaße gar nicht, denn es ist so! Du hast mir schon oft genug ähnliche Bilder ausgemalt! Weil du glücklich bist, willst du, dass auch alle andern glücklich seien. Es ist für dich schwer und kränkend, allein glücklich zu sein! Darum bemühst du dich mit aller Kraft, dich deines Glückes würdig zu erweisen und willst zur Beruhigung deines Gewissens irgendeine Heldentat vollbringen! Nun, ich verstehe es sehr gut, dass du dich quälen musst, wenn du bei irgendeiner Gelegenheit, wo es deinen Eifer, dein Können und, sagen wir einmal, deine Dankbarkeit zu zeigen gilt, es zu tun versäumst! Dich kränkt und bedrückt der Gedanke, dass Julian Mastakowitsch die Nase rümpfen und vielleicht auch wirklich böse werden wird, wenn er sieht, dass du die auf dich gesetzten Hoffnungen nicht erfüllt hast. Es ist dir bitter, daran zu denken, dass du vielleicht von dem, den du für deinen Wohltäter hältst, Vorwürfe zu hören bekommst, und das gerade in einem solchen Augenblick! In einem Augenblick, wo dein Herz von Freude überströmt und du nicht weißt, auf wen du deine Dankbarkeit ergießen sollst … Es ist doch so? Nicht wahr?«

Arkadij Iwanowitsch sagte das mit bebender Stimme. Nun schwieg er und holte tief Atem.

Wassja blickte seinen Freund voller Liebe an. Ein Lächeln umspielte seine Lippen.

Sein Gesicht belebte sich sogar in Erwartung einer Hoffnung.

»Also höre, was ich dir sage«, fuhr Arkadij Iwanowitsch fort, von neuer Hoffnung begeistert. »Es ist doch nicht nötig, dass du Julian Mastakowitschs Gewogenheit verlierst. Es ist doch so, mein Lieber? Ist das nicht der Kernpunkt der Sache? Und wenn das wirklich der Kernpunkt ist, so will ich mich für dich opfern!« Arkadij Iwanowitsch sprang bei diesen Worten vom Stuhl auf. »Ich werde gleich morgen zu Julian Mastakowitsch gehen. Widersprich mir nicht! Wassja, du machst aus deiner kleinen Nachlässigkeit ein Verbrechen. Julian Mastakowitsch ist aber großmütig und barmherzig, er ist auch ein ganz anderer Mensch als du! Er wird uns anhören und dir aus der Klemme helfen. Nun, bist du jetzt beruhigt?«

Wassja, dem die Tränen in den Augen standen, drückte Arkadijs Hand.

»Lass gut sein, Arkadij!«, sagte er. »Es ist nun beschlossene Sache. Ich habe die Arbeit nicht fertig gemacht – gut! Daran ist eben nichts zu ändern. Du brauchst gar nicht hinzugehen: Ich will selbst zu ihm gehen und ihm alles erzählen. Ich bin jetzt ruhig, vollkommen ruhig. Du brauchst also nicht hinzugehen … Höre nur …«

»Wassja, teurer Wassja!«, rief Arkadij Iwanowitsch freudig aus. »Ich habe ja nur deine eigenen Gedanken ausgesprochen. Ich freue mich, dass du nun zur Besinnung gekommen bist und dich beruhigt hast. Was mit dir auch geschehen wird – ich bin immer bei dir, vergiss das nicht! Ich sehe, dich quält der Gedanke, dass ich mit Julian Mastakowitsch sprechen will. Gut, ich will mit ihm nicht sprechen, du wirst selbst mit ihm sprechen und ihm alles sagen. Siehst du, du musst morgen zu ihm gehen … Oder nein: Du bleibst zu Hause und schreibst weiter, verstehst du mich? Und ich werde zu erfahren suchen, ob die Sache sehr dringend ist oder nicht, ob die Arbeit unbedingt zum Termin abgeliefert werden muss oder nicht, und was du riskierst, wenn du den Termin versäumst. Und dann komme ich sofort zu dir und berichte dir alles … Du siehst also: Schon gibt es eine Hoffnung! Stelle dir nur vor, dass die Sache gar nicht dringend ist – dann hast du alles gewonnen! Es ist auch möglich, dass Julian Mastakowitsch das Ganze vergessen hat – dann bist du gerettet!«

Wassja schüttelte zweifelnd den Kopf. Doch er blickte seinen Freund noch immer dankbar an.

»Nun gut! Ich bin so schwach, so matt«, sagte er, nach Atem ringend. »Ich will auch selbst nicht mehr daran denken. Sprechen wir von etwas anderm! Ich werde jetzt sogar nicht mehr schreiben; höchstens nur noch zwei Seiten, bis ich zu einem neuen Absatz komme. Höre! Ich wollte dich schon lange fragen: Wieso kennst du mich so gut?«

Aus seinen Augen fielen Tränen auf Arkadijs Hände.

»Wenn du wüsstest, Wassja, wie sehr ich dich liebe, würdest du nicht so fragen!«

»Ja, ja, Arkadij, das weiß ich eben nicht, denn ich weiß nicht, wofür du mich so lieb gewonnen hast! Ja, Arkadij, weißt du auch, dass deine Liebe mich schon oft bedrückt hat? Weißt du, wie oft ich weinte, wenn ich vor dem Einschlafen an dich dachte (wenn ich mich schlafen lege, muss ich immer an dich denken), und wie mein Herz bebte, weil … Nun, weil du mich so sehr liebst, und ich mein Herz nicht erleichtern und dir nicht so danken kann, wie ich es gern möchte …«

»Siehst du, Wassja, siehst du: So bist du immer! … Sieh nur, wie aufgeregt du jetzt bist«, sagte Arkadij, dem das Herz wehtat beim Gedanken an den gestrigen Auftritt auf der Straße.

»Schon gut! Du willst, dass ich mich beruhige, ich war aber noch nie so ruhig und glücklich, wie ich es in diesem Augenblick bin! Weißt du … Höre einmal, ich möchte dir so gerne alles sagen, ich fürchte aber, dich zu kränken … Denn wenn du gekränkt bist, schreist du mich an, und ich erschrecke dann … Sieh nur, wie ich jetzt zittere, ich weiß selbst nicht warum … Ich wollte dir also

Folgendes sagen. Mir scheint, dass ich mich bisher selbst nicht gekannt habe – ja! Auch die andern Menschen habe ich erst gestern richtig kennengelernt. Ich konnte sie bisher nicht verstehen und richtig einschätzen. Mein Herz … war verhärtet … Höre einmal, wie kam es, dass ich keinem Menschen etwas Gutes getan habe, weil ich es einfach nicht tun konnte, weil auch mein Äußeres unangenehm ist? … Und jeder Mensch hat mir Gutes erwiesen! Du aber am meisten: Sehe ich es denn nicht? Ich habe nur geschwiegen, immer geschwiegen!«

»Wassja, genug!«

»Ja, Arkascha, ja … Ich habe ja nichts gesagt …«, unterbrach ihn Wassja mit tränenerstickter Stimme. »Ich habe dir gestern von Julian Mastakowitsch erzählt; du weißt auch selbst, dass er sonst streng und unzugänglich ist; auch dir hat er schon einige Male Rügen erteilt; nun hat er aber gestern mit mir gescherzt, war so gütig zu mir und hat mir sein gutes Herz gezeigt, das er sonst vor allen andern wohlweislich verbirgt

»Was folgt daraus, Wassja? Nur, dass du deines Glücks durchaus würdig bist.«

»Ach, Arkascha! Wie gerne möchte ich die Arbeit fertig haben … Doch ich werde wohl selbst mein Glück vernichten! Ich habe so eine Vorahnung! … Nein, nicht deswegen«, unterbrach sich Wassja, als er merkte, dass Arkadij nach dem zentnerschweren Papierstoß auf dem Tisch schielte. »Das ist ja nur beschriebenes Papier, also nichts … Unsinn! Diese Frage ist ja schon erledigt! Arkascha, ich war heute in der Kolomna-Vorstadt … Ich bin nicht hineingegangen, so schwer und bitter war es mir zumute! Ich stand nur eine Weile vor der Türe. Sie spielte Klavier, und ich hörte draußen zu. Denn siehst du, Arkadij«, fügte er leise hinzu, »ich wagte nicht einzutreten …«

»Höre, Wassja, was hast du? Warum schaust du mich so an?«

»Was? Nichts! Mir schwindelt ein wenig im Kopf, die Beine zittern mir; das kommt, weil ich die ganze Nacht aufgeblieben bin. Ja! Es ist mir ganz grün vor den Augen. Und hier …«

Er zeigte auf sein Herz und wurde ohnmächtig.

Als er wieder zu sich kam, wollte Arkadij Gewaltmaßregeln ergreifen. Er wollte ihn gewaltsam ins Bett legen. Wassja wollte sich nicht fügen. Er weinte, rang die Hände, wollte sich wieder an die Arbeit machen, um unbedingt noch die zwei Seiten fertig zu schreiben. Um ihn nicht noch mehr aufzuregen, ließ ihn Arkadij an den Schreibtisch gehen.

»Siehst du«, sagte Wassja, während er sich vor seinen Tisch setzte, »siehst du, auch ich habe eine Idee, eine Hoffnung.«

Er lächelte Arkadij zu, und über sein blasses Gesicht schien wirklich etwas wie ein Hoffnungsstrahl zu huschen.

»Ich denke es mir so: Ich will ihm übermorgen einen Teil der Arbeit bringen. Und wegen des Rests will ich ihm etwas vorlügen, werde sagen, dass das Übrige verbrannt ist oder feucht geworden, oder dass ich es einfach verloren habe … nun, schließlich, dass ich nicht fertig geworden bin; ich kann ja nicht lügen! Ich will ihm, weißt du, alles erklären und ihm ganz offen sagen, wie sich die Sache verhält … Ich will ihm von meiner Liebe erzählen; er hat ja selbst vor Kurzem geheiratet, also wird er mich verstehen! Ich werde das alles natürlich in höchst ehrfurchtsvollem, bescheidenem Ton vorbringen; er wird meine Tränen sehen, und sie werden ihn rühren …«

»Ja, gewiss, gehe nur zu ihm hin, erkläre ihm alles … Du brauchst sogar die Tränen nicht! Wozu auch? Wassja, du hast mich wirklich mit deiner Angst angesteckt.«

»Ja, ich werde hingehen, ich werde hingehen. Und jetzt lass mich weiterschreiben, Arkascha. Ich tue ja keinem Menschen etwas, lass mich schreiben!«

Arkadij warf sich aufs Bett. Er traute Wassja nicht, er traute ihm gar nicht. Wassja war zu allem fähig. Doch um Entschuldigung bitten? – Warum, wozu? Es handelte sich doch um etwas ganz anderes. Es handelte sich doch darum, dass Wassja einer übernommenen Pflicht nicht nachgekommen war, dass er sich vor sich selbst schuldig fühlte, dass er dem Schicksal gegenüber undankbar zu sein glaubte, dass er von seinem Glück erschüttert und erdrückt war und sich dieses Glücks für unwürdig hielt; und schließlich, dass das Ganze für ihn nur ein Vorwand war, während er in Wirklichkeit nach all dem Unerwarteten, das er gestern erlebt hatte, noch nicht recht zur Besinnung gekommen war. Das ist es!, sagte sich Arkadij Iwanowitsch. Man muss ihn retten. Man muss ihn mit sich selbst versöhnen. Denn er selbst hat sich beinahe aufgegeben. Er dachte noch lange nach und entschloss sich endlich, sogleich zu Julian Mastakowitsch zu gehen, vielleicht schon morgen, und ihm alles zu erzählen.

Wassja saß und schrieb. Arkadij Iwanowitsch, der sehr müde war, legte sich etwas hin, mit der Absicht, noch etwas über die Sache nachzudenken. Er schlief ein und erwachte erst gegen Morgen.

»Teufel! Schon wieder!«, schrie er auf. Er sah nach Wassja: Dieser saß und schrieb noch immer.

Arkadij stürzte zu ihm hin, nahm ihn in seine Arme und legte ihn mit Gewalt ins Bett. Wassja lächelte; die Augen fielen ihm vor Mattigkeit zu. Er konnte kaum sprechen.

»Ich wollte mich schon selbst hinlegen«, sagte er. »Weißt du, Arkascha, was mir einfällt? Ich werde doch noch fertig werden! Ich habe das Tempo beschleunigt! Noch länger aufbleiben kann ich nicht. Wecke mich, bitte, um acht.«

Er kam nicht weiter und schlief sofort ein.

»Mawra!«, sagte Arkadij Iwanowitsch ganz leise zu Mawra, die eben den Tee hereinbrachte. »Er will um acht Uhr geweckt werden.

Das darf um keinen Preis geschehen! Er soll meinetwegen zehn Stunden schlafen, verstehst du?«

»Ich verstehe, Väterchen, ich verstehe, Herr!«

»Mittagessen brauchst du nicht zu kochen; du sollst dir nicht mit dem Brennholz zu schaffen machen und überhaupt nicht lärmen – sonst wehe dir! Wenn er nach mir fragt, so sagst du ihm, ich sei in die Kanzlei gegangen. Verstehst du?«

»Ich verstehe, Väterchen. Soll er nur schlafen, so viel er mag – was geht's mich auch an? Ich freue mich, wenn die Herren gut schlafen, und passe auf alles auf, was den Herren gehört. Und was die zerschlagene Tasse betrifft, wegen der mir die Herren neulich Vorwürfe machten, so war das nicht ich, das war die Katze … Ich hatte auf sie nicht achtgegeben; mach dass du fortkommst, hab ich ihr gesagt, du Mistvieh …«

»Pssst! Schweig, schweig!«

Arkadij Iwanowitsch geleitete Mawra in die Küche, ließ sich den Schlüssel geben und schloss sie ein. Dann ging er in die Kanzlei. Unterwegs überlegte er sich, wie er vor Julian Mastakowitsch erscheinen sollte, und ob es auch nicht unverschämt von ihm wäre? Als er in die Kanzlei kam, fühlte er sich ziemlich unsicher; er erkundigte sich schüchtern, ob Exzellenz schon anwesend sei. Man sagte ihm, Exzellenz sei nicht da und werde heute überhaupt nicht kommen. Arkadij Iwanowitsch wollte im ersten Augenblick sofort zu ihm in seine Wohnung gehen; doch er sagte sich gleich, dass Julian Mastakowitsch, wenn er zu Hause geblieben sei, offenbar zu Hause zu tun haben müsse … Er blieb also in der Kanzlei. Die Stunden erschienen ihm wie Ewigkeiten. Er versuchte, unter der Hand etwas von der Arbeit zu erfahren, mit der Julian Mastakowitsch Wassja betraut hatte. Niemand konnte ihm aber darüber etwas sagen. Man wusste nur, dass Julian Mastakowitsch Wassja mit besonderen Aufträgen zu betrauen pflegte, doch was es für Aufträge waren, das wusste niemand. Endlich schlug es drei, und Arkadij Iwanowitsch eilte nach Hause. Wie er das Amt verlassen wollte, hielt ihn ein Schreiber an und sagte, dass Wassilij Petrowitsch Schumkow so gegen ein Uhr da gewesen sei und sich erkundigt hätte, »ob Sie da seien, und ob Julian Mastakowitsch da gewesen wäre«. Als Arkadij Iwanowitsch das hörte, nahm er eine Droschke und fuhr, ganz außer sich vor Angst, nach Hause.

Schumkow war zu Hause. Er ging in großer Aufregung auf und ab. Als er Arkadij Iwanowitsch erblickte, kam er gleich zur Besinnung und gab sich sichtbare Mühe, seine Aufregung zu verbergen. Er setzte sich stumm an den Schreibtisch. Er schien den Fragen seines Freundes ausweichen zu wollen, sie direkt zu fürchten. Er hatte wohl selbst irgendeinen Entschluss gefasst und zugleich beschlossen, ihn auch vor Arkadij Iwanowitsch geheim zu halten, »da er sich auch auf die Freundschaft nicht mehr verlassen konnte«. Das wirkte auf Arkadij beinahe niederschmetternd, und sein Herz krampfte sich vor schwerem, bohrendem Schmerz zusammen. Er setzte sich auf das Bett, nahm irgendein Buch in die Hand, übrigens das einzige, das er besaß, wandte aber keinen Blick von dem armen Wassja. Dieser schwieg hartnäckig und schrieb, ohne vom Papier aufzublicken. So vergingen einige Stunden, und Arkadijs Seelenqualen steigerten sich auf das Höchste. Endlich, gegen elf Uhr, hob Wassja den Kopf und sah Arkadij mit stumpfem, starrem Blick an. Arkadij wartete. So vergingen einige Minuten. Wassja schwieg. – »Wassja!«, rief Arkadij. Wassja gab keine Antwort. – »Wassja!«, rief er noch einmal und sprang vom Bett. »Wassja, was ist mit dir? Was hast du?«, schrie er auf und lief zu ihm hin. Wassja hob den Kopf und richtete auf ihn wieder den gleichen stumpfen und starren Blick. »Er hat den Starrkrampf!«, sagte sich Arkadij, von Grauen gepackt. Er nahm die Wasserkaraffe, hob Wassja etwas vom Stuhl, goss ihm Wasser über den Kopf, benetzte seine Schläfen und rieb seine Hände in den seinigen;

und Wassja kam zu sich. – »Wassja! Wassja!«, schrie Arkadij. Tränen stürzten aus seinen Augen: Er konnte sich nicht mehr beherrschen. »Wassja, richte dich nicht zugrunde! Denke doch nur an …« Er sprach den Satz nicht zu Ende. Er hielt Wassja fest in seinen Armen. Wassjas Gesicht drückte einen schweren inneren Kampf aus; er rieb sich die Stirn, griff sich an den Kopf, als fürchtete er, dass er ihm zerspringen würde.

»Ich weiß nicht, was mit mir ist!«, sagte er schließlich.

»Ich glaube, ich habe mich überarbeitet. Gut, gut … Höre auf, Arkadij, jammere nicht, höre auf!«, wiederholte er immer wieder, ihn mit traurigen, müden Augen anblickend. »Was beunruhigst du dich? Höre doch auf!«

»Jetzt willst du mich gar trösten!«, rief Arkadij aus, dessen Herz zerriss. »Wassja«, sagte er schließlich, »lege dich hin, versuche etwas einzuschlafen, ja? Quäle dich nicht umsonst! Es ist besser, wenn du dich später wieder an die Arbeit machst!«

»Ja, ja!«, sagte Wassja. »Gut! Ich lege mich hin … Ja, gut … Siehst du: Ich wollte die Arbeit beenden, jetzt habe ich es mir anders überlegt, ja …«

Und Arkadij schleppte ihn zu Bett.

»Höre, Wassja«, sagte er energisch, »mit der Sache muss man doch endlich ein Ende machen! Sage mir, was du beschlossen hast.«

»Ach!«, erwiderte Wassja. Er winkte schwach mit der Hand und wandte den Kopf auf die andere Seite.

»Mut, Wassja! Entschließe dich! Ich will nicht dein Henker sein, ich kann nicht länger schweigen. Du wirst doch nicht einschlafen, ehe du einen Entschluss gefasst hast, das weiß ich!«

»Wie du willst! Wie du willst!«, wiederholte rätselhaft Wassja.

– Er wird schon nachgeben! – sagte sich Arkadij Iwanowitsch.

»Folge mir, Wassja«, sagte er. »Denke daran, was ich dir gesagt habe: Morgen werde ich dich retten, morgen wird sich dein Schicksal entscheiden! Was sage ich – Schicksal! Du hast mir solche Angst gemacht, Wassja, dass ich nun auch mit deinen Worten spreche. Schicksal ist Unsinn! Du willst dir die Gewohnheit und meinetwegen auch die Liebe Julian Mastakowitschs erhalten, nicht wahr?! Du wirst sie dir auch erhalten, du wirst sehen … Ich …«

Arkadij Iwanowitsch könnte noch lange sprechen, doch Wassja unterbrach ihn. Er setzte sich im Bett etwas auf, umschlang stumm mit beiden Händen Arkadijs Hals und küsste ihn.

»Genug!«, sagte er mit schwacher Stimme. »Genug! Genug davon!« Und er kehrte seinen Kopf wieder zur Wand.

– Mein Gott! – sagte sich Arkadij. – Was hat er nur? Er ist ja ganz von Sinnen. Was mag er beschlossen haben? Er wird sich ja zugrunde richten! –

Arkadij sah ihn ganz verzweifelt an.

– Wenn er doch ernsthaft erkranken würde – dachte sich Arkadij – so wäre das vielleicht besser. Die Krankheit würde alle Sorgen verdrängen, und dann könnte man die ganze Angelegenheit sehr gut ordnen. Doch was für einen Unsinn rede ich? Ach, mein Gott …

Wassja schien inzwischen eingeschlummert zu sein. Arkadij Iwanowitsch freute sich darüber. – Ein gutes Zeichen! – sagte er sich. Er nahm sich vor, die ganze Nacht bei Wassjas Bett zu wachen. Wassja war aber sehr unruhig. Jeden Augenblick zuckte er zusammen, warf sich im Bett hin und her und schlug immer wieder die Augen auf. Die Müdigkeit nahm schließlich doch überhand, und er schlief scheinbar fest ein. Es war gegen zwei Uhr morgens. Arkadij Iwanowitsch nickte auf seinem Stuhl ein, den Ellenbogen auf den Tisch gestützt.

Sein Schlaf war unruhig, und er hatte einen sonderbaren Traum. Ihm war es, als ob er nicht schliefe, während Wassja noch immer auf dem Bett läge. Doch seltsam! Es schien ihm, dass Wassja sich nur schlafend stellte, dass er ihn hinterginge und mit halb geöffneten Augen belauerte und sich schließlich zum Schreibtisch schliche. Ein brennender Schmerz durchzuckte Arkadij Iwanowitsch; es ärgerte ihn und war für ihn unerträglich, dass Wassja ihm misstraute und sich vor ihm in Acht nahm. Er wollte ihn packen, er wollte ihn anschreien und aufs Bett zurückschleppen … Wassja schrie aber in seinen Armen laut auf, und Arkadij trug nur seine leblose Leiche aufs Bett. Kalter Schweiß trat ihm auf die Stirn, und sein Herz klopfte entsetzlich. Er schlug die Augen auf und erwachte. Wassja saß nun wirklich vor dem Tisch und schrieb.

Arkadij wollte seinen Augen nicht trauen und sah auf das Bett: Wassja war nicht im Bett! Arkadij, der noch ganz im Bann seines Traums war, sprang entsetzt auf. Wassja rührte sich nicht. Er schrieb weiter. Nun merkte Arkadij voller Entsetzen, dass Wassja mit trockener Feder über das Papier fuhr, unbeschriebene weiße Seiten umblätterte und sie in größter Hast mit unsichtbaren Zeilen füllte, so geschäftig, als ob seine Arbeit aufs Beste vorwärtsginge!

– Nein, das ist kein Starrkrampf! – sagte sich Arkadij Iwanowitsch und erzitterte an allen Gliedern. »Wassja, Wassja! Antworte mir doch!«, schrie er auf, ihn an der Schulter packend. Aber Wassja schwieg und schrieb mit der trockenen Feder weiter.

»Endlich habe ich das Tempo beschleunigt!«, sagte er, ohne Arkadij anzublicken.

Arkadij packte seine Hände und entriss ihm die Feder.

Ein Stöhnen drang aus Wassjas Brust. Er ließ die Rechte sinken und blickte Arkadij an, dann fuhr er sich mit gequältem Ausdruck über die Stirn, als wollte er sich einer schweren, bleiernen Last entledigen, die sein ganzes Wesen bedrückte; schließlich ließ er seinen Kopf leise, gleichsam nachdenklich auf die Brust fallen.

»Wassja! Wassja!«, schrie Arkadij Iwanowitsch verzweifelt, »Wassja!«

Nach einer Minute sah ihn Wassja wieder an. Seine großen, blauen Augen schwammen in Tränen, und sein blasses, sanftes Gesicht drückte unerträgliche Qual aus … Er flüsterte etwas vor sich hin.

»Was? Was?«, rief Arkadij, sich über ihn beugend.

»Womit … Womit habe ich es verdient?«, flüsterte Wassja. »Wofür? Was habe ich getan?«

»Wassja! Was hast du? Was fürchtest du? Was?«, schrie Arkadij verzweifelnd und die Hände ringend.

»Warum muss ich unter die Soldaten gesteckt werden?«, fragte Wassja und blickte seinem Freund gerade in die Augen. »Wofür? Was habe ich getan?«

Arkadij standen die Haare zu Berge; er traute seinen Sinnen nicht. Er stand vor seinem Freund ganz vernichtet.

Im nächsten Augenblick kam er zur Besinnung. – Das ist nichts, das geht bald vorüber! – sagte er sich, noch immer bleich, mit blauen, zitternden Lippen. Er begann sich hastig anzukleiden, um nach einem Arzt zu laufen. Plötzlich rief ihn Wassja beim Namen. Arkadij stürzte zu ihm hin und umarmte ihn wie eine Mutter, der man ihr Kind entreißen will …

»Arkadij, Arkadij, sage es niemandem! Hörst du? Es ist mein Unglück, und ich will es allein tragen …«

»Was sagst du? Was sagst du? Wassja, besinne dich doch!«

Wassja seufzte tief auf, und Tränen liefen ihm über die Wangen.

»Warum soll man sie umbringen? Was hat sie denn verbrochen? …«, keuchte Wassja herzzerreißend. »Es ist meine Sünde, meine Sünde!«

Er schwieg eine Weile.

»Lebe wohl, Geliebte! Lebe wohl, mein Schatz!«, flüsterte er und bewegte seinen armen Kopf hin und her … Arkadij fuhr auf, nahm sich zusammen und wollte wieder zum Arzt … »Gehen wir! Es ist Zeit!«, schrie Wassja auf, der diese Bewegung Arkadijs missverstand. »Gehen wir, Freund, gehen wir, ich bin bereit … Begleite mich!« Er verstummte und warf Arkadij einen fast leblosen, tief unglücklichen und misstrauischen Blick zu.

»Wassja! Um Gottes willen! Bleibe hier! Erwarte mich hier, ich komme bald zurück! Ich komme sofort zu dir zurück«, sagte Arkadij, der selbst den Kopf verloren hatte. Er griff nach seiner Mütze, um zum Arzt zu laufen. Wassja setzte sich plötzlich auf. Er schien still und folgsam, doch in seinen Augen brannte eine verzweifelte Entschlossenheit. Arkadij kehrte noch einmal um, nahm vom Tisch ein offenes Federmesser weg, warf noch einen Blick auf den Ärmsten und lief hinaus.

Es war nach sieben Uhr morgens. Das Tageslicht hatte bereits die Dämmerung im Zimmer verscheucht.

Arkadij konnte keinen Arzt finden. Er lief schon eine ganze Stunde herum. Er befragte jeden Hausknecht, der vor einem Haustor stand, ob in dem Haus nicht ein Arzt wohne. Doch alle Ärzte, deren Adressen er auf diese Weise erfuhr, waren schon ausgefahren: entweder, um ihre Kranken zu besuchen, oder in privaten Angelegenheiten. Endlich fand er einen, der gerade Sprechstunde hatte. Dieser fragte seinen Diener, der ihm den Beamten Nefedewitsch meldete, lange und umständlich aus: Von wem er geschickt sei, und wer der Herr sei, und was er wolle, und sogar wie er aussehe – und sagte schließlich, dass er unmöglich hinfahren könne, weil er ohnehin viel zu tun habe, und dass man einen Kranken dieser Art in ein Spital bringen müsse.

Arkadij, der einen solchen Misserfolg nicht erwartet hatte und ganz verzweifelt und erschüttert war, gab alles auf, verzichtete auf alle Ärzte, die es nur in der Welt gab, und begab sich eilig nach Hause, in höchster Angst um Wassja. Er rannte die Treppe hinauf und kam in die Wohnung. Mawra kehrte den Fußboden, als ob nichts geschehen wäre, und spaltete Holz, um den Ofen einzuheizen. Er stürzte ins Zimmer: Wassja war fort.

– Wohin? Wohin mag er gelaufen sein, der Unglückliche? – fragte sich Arkadij, vor Schreck erstarrend. Er begann Mawra auszufragen.

Diese wusste von nichts und hatte nicht einmal gehört, wie Wassja weggegangen war. – »Gott sei ihm gnädig!« Nefedewitsch lief nach der Kolomna-Vorstadt.

Es fiel ihm Gott weiß warum ein, dass Wassja dort sein müsse.

Es war schon gegen zehn Uhr, als er zu den Artemjews kam. Man hatte ihn nicht erwartet und wusste von nichts. Er stand vor ihnen erschrocken und erschüttert und fragte: Wo ist Wassja? Die alte Mutter fiel vor Entsetzen auf das Sofa hin. Lisa, die am ganzen Leib zitterte, begann ihn auszufragen, was eigentlich geschehen sei. Was konnte er ihr sagen? Arkadij Iwanowitsch fertigte sie so schnell als möglich ab, indem er irgendeine Fabel auftischte, an die natürlich niemand glaubte; er lief fort und ließ beide Frauen erschüttert und außer sich vor Angst zurück. Er eilte in seine Kanzlei, um den Beginn der Amtsstunden nicht zu versäumen und den Vorfall mit Wassja zu melden, damit man unverzüglich Maßregeln ergreife. Unterwegs fiel ihm aber ein, dass Wassja bei Julian Mastakowitsch sein könne. Das war wohl das Wahrscheinlichste! Arkadij hatte noch vor seinem Besuch bei den Artemjews an diese Möglichkeit gedacht. Als er am Haus seiner Exzellenz vorbeifuhr, wollte er die Droschke anhalten lassen, überlegte sich aber die Sache und befahl dem Kutscher, weiterzufahren. Er beschloss, sich vorher in der Kanzlei zu erkundigen, ob dort irgendetwas Besonderes vorgefallen sei, und dann erst zu Julian Mastakowitsch zu gehen, um über Wassja Bericht zu erstatten. Jemand musste doch den Bericht erstatten!

Schon im Vorzimmer umringten ihn seine jüngeren Kollegen, die fast alle im gleichen Rang mit ihm standen, und begannen ihn wie ein Mann auszufragen, was mit Wassja geschehen sei? Und alle berichteten einstimmig, dass Wassja verrückt geworden sei und sich eingebildet hätte, man wolle ihn für eine Nachlässigkeit im Dienst unter die Soldaten stecken. Arkadij Iwanowitsch beantwortete alle Fragen, die ihm gestellt wurden, oder richtiger, antwortete niemandem etwas Bestimmtes und eilte in die inneren Gemächer des Dienstgebäudes. Unterwegs erfuhr er, dass Wassja sich im Arbeitszimmer Julian Mastakowitschs befinde, und dass alle Beamten mit Esper Iwanowitsch an der Spitze sich ebenfalls dorthin begeben hätten. Er blieb stehen. Einer der Vorgesetzten fragte ihn, wohin er wolle und was er wünsche? Ohne den Vorgesetzten zu erkennen, sagte er ihm irgendetwas über Wassja und lief geradewegs zum Arbeitszimmer, aus dem die Stimme Julian Mastakowitschs drang. Dicht vor der Türe fragte ihn jemand: »Wo wollen Sie hin?« Arkadij Iwanowitsch wurde verlegen und wollte schon umkehren, als er plötzlich durch die halb geöffnete Tür den armen Wassja erblickte. Er drängte sich in das Zimmer hinein. Julian Mastakowitsch schien in großer Aufregung zu sein, und deshalb herrschte im Zimmer allgemeine Verwirrung. Um Julian Mastakowitsch scharten sich alle höheren Beamten; sie besprachen den Fall, konnten aber zu keinem Ergebnis kommen. In einiger Entfernung stand Wassja. Als Arkadij ihn erblickte, krampfte sich sein Herz zusammen. Wassja stand ganz bleich da, mit erhobenem Kopf, in militärischer Haltung, die Hände an der Hosennaht, wie ein Rekrut vor seinem neuen Vorgesetzten. Er blickte Julian Mastakowitsch gerade in die Augen. Arkadij Iwanowitsch wurde sofort bemerkt, und jemand meldete seiner Exzellenz, dass er Zimmergenosse Wassjas sei. Arkadij musste vortreten. Er wollte die Fragen, die man ihm vorlegte, beantworten, doch als er Julian Mastakowitsch anblickte und in seinem Gesicht den Ausdruck aufrichtigen Mitleids sah, erzitterte er am ganzen Körper und begann wie ein Kind zu schluchzen. Er tat noch mehr: Er ergriff die Hand des Vorgesetzten, drückte sie an seine Augen und benetzte sie mit Tränen, sodass Julian Mastakowitsch genötigt war, die Hand zurückzuziehen, mit ihr durch die Luft zu fahren und zu sagen: »Genug, mein Bester, genug! Ich sehe, dass du ein gutes Herz hast.« Arkadij schluchzte weiter und warf allen Anwesenden flehende Blicke zu. Es war ihm, als ob sie sich alle als Brüder seines unglücklichen Wassja fühlten, sich in Gram um ihn verzehrten und ihn beweinten. »Wie ist denn das geschehen?«, fragte Julian Mastakowitsch: »Wieso hat er den Verstand verloren?«

»Aus Dank – Dankbarkeit!«, brachte Arkadij Iwanowitsch stotternd hervor.

Alle waren erstaunt, als sie diese Antwort hörten, und es erschien ihnen sonderbar und unwahrscheinlich, dass ein Mensch aus Dankbarkeit den Verstand verlieren könne. Arkadij erklärte so gut er konnte den Sachverhalt.

»Mein Gott, wie schade!«, sagte schließlich Julian Mastakowitsch, »und dabei war die Arbeit, mit der ich ihn betraut habe, weder besonders wichtig noch dringend. So ist der Mensch wegen nichts zugrunde gegangen! Nun, man muss ihn ins Irrenhaus schaffen! …« Jetzt wandte sich Julian Mastakowitsch wieder an Arkadij und begann ihn von Neuem auszufragen. »Er bittet«, sagte er auf Wassja zeigend, »dass man irgendeinem jungen Mädchen nichts davon erzähle … Ist es seine Braut?«

Arkadij erklärte ihm alles. Wassja schien angestrengt über etwas nachzudenken oder sich auf eine sehr wichtige Sache besinnen zu wollen, die ihm in diesem Augenblick nützlich sein könnte. Zuweilen ließ er seinen gequälten Blick in der Runde schweifen, als erwartete er, dass ihn irgendjemand an das Vergessene erinnern würde. Dann heftete er seinen Blick auf Arkadij. Endlich schimmerte in seinen Augen etwas wie Hoffnung auf; mit dem linken Fuß vortretend, machte er drei Schritte auf Julian Mastakowitsch zu, so militärisch stramm, wie er es nur konnte und schlug, stehen bleibend, die Hacken zusammen, wie es die Soldaten tun, wenn sie auf einen Offizier zugehen, der sie angerufen hat. Alle erwarteten gespannt, was jetzt kommen würde.

»Ich habe ein körperliches Gebrechen, Exzellenz, ich bin klein gewachsen und schwach und tauge nicht zum Militärdienst«, sagte er kurz und trocken.

Alle, die im Zimmer waren, alle ohne Ausnahme, hatten in diesem Augenblick das Gefühl, als ob ihnen jemand das Herz zusammenpresste, und auch Julian Mastakowitsch, der ja sonst durchaus nicht weichherzig war, vergoss einige Tränen. »Führt ihn weg!«, sagte er und winkte mit der Hand ab.

»Also tauglich!«, sagte Wassja halblaut, machte linksum kehrt und verließ das Zimmer. Alle, die sich für sein Schicksal interessierten, stürzten ihm nach. Arkadij drängte sich mit den Übrigen um Wassja, den man, in Erwartung der offiziellen Verfügung und eines Wagens, der ihn ins Spital bringen sollte, im Vorraum auf einen Stuhl gesetzt hatte. Er saß schweigend da und schien in größter Sorge zu sein. Sobald er jemanden erkannte, nickte er ihm, gleichsam Abschied nehmend, zu. Er sah jeden Augenblick nach der Türe und wartete wohl, dass jemand sagte: »Nun ist es Zeit!« Alle standen dicht um ihn gedrängt; alle schüttelten den Kopf, alle jammerten. Viele drückten ihr Erstaunen über die Geschichte aus, die ganz plötzlich allen bekannt geworden war. Die einen besprachen eingehend den Fall, die anderen bemitleideten Wassja und lobten ihn; sie sagten, er sei ein so bescheidener, stiller und vielversprechender junger Mann gewesen. Man erzählte sich, wie strebsam und lernbegierig er gewesen sei, wie er nach Bildung und Wissen lechzte. »Mit eigener Kraft hat er sich aus niederem Stand emporgearbeitet!«, bemerkte jemand. Man sprach mit Rührung von der Sympathie, die ihm seine Exzellenz entgegenbrachte. Einige versuchten eine Erklärung dafür zu finden, dass Wassja gerade darauf verfallen war, dass man ihn unter die Soldaten stecken würde, falls er seine Arbeit nicht beendete. Man erzählte sich, dass der Ärmste erst vor Kurzem, dank der Verwendung Julian Mastakowitschs, der in ihm Talent, Gehorsam und einen ungewöhnlich sanften Charakter entdeckt hatte, aus dem Kleinbürgerstand, dem er angehörte, in die erste Beamtenklasse eingereiht worden war. Es gab mit einem Wort sehr viele Ansichten und Meinungen. Unter denen, die das Geschehnis besonders erschüttert hatte, machte sich ein auffallend klein gewachsener Kollege Wassja Schumkows bemerkbar. Er war durchaus nicht mehr jung, sondern in den Dreißigern. Er war kreideblass, zitterte am ganzen Körper und lächelte sehr sonderbar, vielleicht deswegen, weil jeder Skandal und jeder Unglücksfall den unbeteiligten Zuschauer nicht nur erschreckt, sondern zugleich auch irgendwie erfreut. Er lief immer um den Kreis herum, der sich um Wassja gebildet hatte, stellte sich, da er klein war, auf die Zehenspitzen, fasste jeden, der ihm in den Weg kam, am Rockknopf, das heißt nicht jeden, sondern nur diejenigen, bei denen er sich das erlauben durfte, und sagte, dass er ganz genau wisse, wie alles gekommen sei, dass der Fall durchaus nicht so einfach, sondern sehr schwierig sei, und dass man ihn nicht als erledigt ansehen dürfe. Dann stellte er sich wieder auf die Zehenspitzen, flüsterte seinem Zuhörer etwas ins Ohr, nickte mit dem Kopf und lief zu seinem nächsten Kollegen. Endlich fand die Szene ihren Abschluss: Ein Amtsdiener und ein Heilgehilfe gingen auf Wassja zu und sagten ihm, dass es nun Zeit sei, aufzubrechen. Er sprang in großer Unruhe auf und folgte ihnen, sich immer im Kreis umsehend. Er suchte jemand mit den Augen! »Wassja! Wassja!«, rief Arkadij Iwanowitsch schluchzend. Wassja blieb stehen, und Arkadij Iwanowitsch drängte sich zu ihm heran. Sie fielen sich zum letzten Mal in die Arme und umklammerten einander schwer und fest. Es war ein trauriger Anblick. Welch ein fantastisches Schicksal presste aus ihren Augen diese Tränenfluten! Worüber weinten sie? Wo lag das Unglück? Warum konnten sie einander nicht verstehen?

»Da, nimm es, nimm es? Bewahre es auf!«, sagte Schumkow und drückte Arkadij ein Stück Papier in die Hand. »Sonst werden sie es mir noch fortnehmen. Du kannst es mir später bringen, ja, bringe es mir später! Verwahre es …« Wassja kam nicht weiter, denn er wurde gerufen. Er lief schnell die Treppe hinunter und nickte allen zum Abschied zu. Sein Gesicht drückte Verzweiflung aus. Schließlich setzte man ihn in eine Kutsche, und die Kutsche rollte davon. Arkadij öffnete hastig das Papier: Es war die schwarze Locke Lisas, die Schumkow bei sich getragen hatte. Heiße Tränen traten Arkadij in die Augen: »Ach, arme Lisa!«

Nach Schluss der Kanzleistunden ging er nach der Kolomna-Vorstadt. Es ist gar nicht zu beschreiben, was dort vorging! Selbst Petja, der kleine Petja, der nicht recht verstehen konnte, was mit dem guten Wassja geschehen war, ging in eine Ecke, bedeckte sein Gesicht mit seinen kleinen Händen und begann aus vollem Kinderherzen zu schluchzen. Es dämmerte bereits, als Arkadij nach Hause ging. Am Newa-Kai blieb er für eine Weile stehen und warf einen durchdringenden Blick den Fluss entlang in die neblige frostige Ferne, die im letzten Abglanz des Abendrots, das am grauen Horizont erstarb, in blutigem Purpur schwamm. Die Nacht senkte sich über die Stadt, und auf der ganzen weiten, vom hart gefrorenen Schnee angeschwollenen Fläche der Newa funkelten in den letzten Sonnenstrahlen unzählige Myriaden von Eisnadeln. Der Frost erreichte zwanzig Grad. Milchweißer Dampf stieg von den müdgehetzten Pferden und den laufenden Menschen auf. Die eisige Luft erzitterte vom leisesten Geräusch, und wie Riesen erhoben sich von allen Dächern auf beiden Seiten des Stromes Rauchsäulen in den kalten Himmel; sie flochten sich ineinander und lösten sich wieder, sodass über den alten Gebäuden neue entstanden, und sich in der Luft eine neue Stadt türmte … Es war, als ob diese ganze Welt, mit allen ihren Bewohnern, den Mächtigen und den Geringen, mit allen ihren Behausungen, den Bettlerherbergen und den goldstrotzenden Palästen – der Freude der Mächtigen der Erde, sich in dieser Dämmerstunde in einen fantastischen Märchentraum verwandelte, der jeden Augenblick entschwinden und sich im dunkelblauen Himmel als Rauch auflösen würde. Ein sonderbares Gefühl ergriff den verwaisten Freund des armen Wassja. Er fuhr zusammen, und über sein Herz ergoss sich plötzlich eine heiße Blutwelle, die von einem starken, ihm bis jetzt unbekannten Gefühl aufgepeitscht war. Erst jetzt begriff er den Sinn der ganzen Unruhe, und warum der arme Wassja, der sein Glück nicht tragen konnte, den Verstand verloren hatte. Seine Lippen zitterten, in seinen Augen brannte ein Feuer, er erblasste, und es war ihm, als ob er jetzt eine neue Erkenntnis gewonnen hätte …

Von nun an wurde er schweigsam und verschlossen und verlor seine ganze frühere Fröhlichkeit. Die alte Wohnung wurde ihm unerträglich, und er zog in eine neue. Zu den Artemjews wollte er nicht mehr gehen; er konnte es einfach nicht. Nach zwei Jahren traf er einmal Lisa in einer Kirche. Sie war verheiratet, und ihr folgte die Amme mit ihrem Kind. Sie begrüßten einander und vermieden es anfangs, vom Vergangenen zu sprechen. Lisa erzählte, dass sie, Gott sei Dank, glücklich sei, dass ihr Mann ein vermögender und auch ein guter Mensch sei, den sie liebe … Doch plötzlich, mitten in der Rede, füllten sich ihre Augen mit Tränen, ihre Stimme versagte, sie wandte sich ab und kniete nieder, um ihren Kummer vor den Menschen zu verbergen …

Christbaum und Hochzeit

Neulich sah ich eine Hochzeit … doch nein! Ich will Ihnen lieber von einer Christbaumfeier erzählen. Die Hochzeit war schön; sie gefiel mir sehr, aber die andere Feier war noch schöner. Ich weiß nicht warum, doch als ich die Hochzeit sah, musste ich an die Christbaumfeier denken. Diese sah ich aber bei folgender Gelegenheit. Vor genau fünf Jahren war ich am Silvesterabend zu einem Kinderball eingeladen. Der Gastgeber war ein sehr bekannter Geschäftsmann mit viel Verbindungen, Bekanntschaften und Intrigen, sodass der Kinderball wohl mehr ein Vorwand für die Eltern war, zusammenzukommen, um auf eine scheinbar harmlose und zufällige Weise von andern, wichtigeren Dingen zu sprechen. Ich war in die Gesellschaft ganz zufällig hineingeraten, hatte keinerlei Beziehungen zu den interessanten Dingen, die da besprochen wurden, und konnte daher den Abend ganz unabhängig verbringen. Da war noch ein Herr anwesend, wohl auch ein Fremder in der Gesellschaft, der gleich mir ganz zufällig zu dem Familienfeste gekommen war … Er fiel mir vor allen andern in die Augen. Es war ein schlanker, hagerer Herr, von sehr solidem Äußern und sehr anständig gekleidet. Offenbar interessierten ihn die Freuden des Festes und das Familienglück sehr wenig; sobald er in eine Ecke ging und sich unbeobachtet glaubte, hörte er sofort zu lächeln auf und zog seine schwarzen dicken Brauen zusammen. Außer den Hausherrn kannte er niemand von der Gesellschaft. Man sah ihm an, dass er sich tödlich langweilte, doch entschlossen war, die Rolle eines heiteren und fröhlichen Gastes bis zu Ende durchzuhalten. Später erfuhr ich, dass dieser Herr aus der Provinz gekommen war, um in der Hauptstadt irgendein sehr wichtiges und schwieriges Geschäft abzuwickeln, dass er einen Empfehlungsbrief an den Gastgeber mitgebracht hatte, dass dieser Letztere ihn durchaus nicht con amore protegierte und ihn nur aus Höflichkeit zu seinem Kinderball geladen hatte. Karten spielte man nicht, eine Zigarre wurde ihm nicht angeboten, niemand zog ihn ins Gespräch – vielleicht weil man den Vogel gleich an den Federn erkannt hatte, und so war mein Herr genötigt, um mit seinen Händen nur etwas anzufangen, den ganzen Abend seinen Backenbart zu streicheln. Dieser Backenbart war aber wirklich außergewöhnlich schön. Doch er streichelte ihn so eifrig, dass man bei seinem Anblick entschieden denken musste, der Backenbart sei zuerst erschaffen worden, und dann erst der Herr, nur um ihn zu streicheln.

Außer dieser Gestalt, die am Familienglück des Hausherrn (dieser hatte übrigens sechs wohlgenährte kleine Söhne) auf die angedeutete Weise teilnahm, erregte noch ein anderer Herr mein Gefallen. Dieser war ganz anders geartet. Er war nämlich eine Persönlichkeit. Man nannte ihn Julian Mastakowitsch. Beim ersten Blick konnte man erkennen, dass er hier Ehrengast war und in denselben Beziehungen zum Hausherrn stand, wie dieser Letztere zu dem Herrn mit dem Backenbart. Der Herr und die Dame des Hauses sagten ihm unzählige Komplimente, machten ihm den Hof, schenkten ihm eifrig vom Besten ein und stellten ihm alle anderen Gäste vor; doch ihn selbst stellte man niemandem vor. Ich merkte, wie in die Augen des Hausherrn Freudentränen traten, als dieser Gast meinte, er hätte selten einen Abend so angenehm verbracht wie diesen. Eine solche Persönlichkeit flößt mir immer einige Angst ein, und darum zog ich mich, nachdem ich die Kindergesellschaft genügend bewundert hatte, in einen kleinen Salon zurück, der ganz leer war, und setzte mich in eine Efeulaube, welche fast die Hälfte des Zimmers einnahm.

Die Kinder waren ganz außerordentlich lieb und wollten, trotz aller Ermahnungen der Gouvernanten und Mütter, um keinen Preis den Erwachsenen gleichen. Sie plünderten in einem Augenblick den ganzen Weihnachtsbaum bis zum letzten Bonbon und zerbrachen die Hälfte der Spielsachen, noch bevor sie erfahren hatten, für wen jede einzelne bestimmt war. Besonders nett war ein Knabe mit Lockenkopf und schwarzen Augen, der mich einige Mal mit seinem hölzernen Gewehr erschießen wollte. Noch mehr fiel aber seine Schwester auf, ein Mädchen von etwa elf Jahren, lieblich wie ein Engel, still und verträumt, blass, mit großen versonnenen Augen. Die andern Kinder hatten sie irgendwie beleidigt, und darum zog sie sich in den Salon zurück, wo ich saß, und begann in einem Winkel mit ihrer Puppe zu spielen. Die Gäste zeigten mit großem Respekt auf einen reichen Branntweinpächter, der ihr Vater war, und jemand bemerkte im Flüsterton, dass für sie als Mitgift bereits dreimalhunderttausend Rubel zurückgelegt seien. Ich wandte mich um, um mir die Leute anzusehen, die sich für diese Mitteilung besonders interessierten, und mein Blick fiel auf Julian Mastakowitsch, der, die Hände im Rücken und den Kopf etwas zur Seite geneigt, besonders aufmerksam dem Geschwätz der übrigen Herren lauschte. Später musste ich die Weisheit bewundern, die der Hausherr bei der Verteilung der Geschenke an die Kinder zeigte. Das Mädchen, das bereits dreimalhunderttausend Rubel besaß, bekam eine überaus kostbare Puppe. Dann folgten im absteigenden Wert die übrigen Geschenke, je nach der absteigenden Position der Eltern dieser glücklichen Kinder. Ganz zuletzt kam ein etwa zehnjähriger Junge, schwächlich, klein, mit Sommersprossen und rötlichem Haar, der nur einen Band Erzählungen bekam, die alle von der Erhabenheit der Natur, von Tränen der Empfindsamkeit und dergleichen handelten, doch ohne Bilder und sogar ohne Vignetten. Er war der Sohn der Gouvernante des Hauses, einer armen Witwe, und schien sehr scheu und verschüchtert. Er trug ein ärmliches Jäckchen aus Nanking. Nachdem er sein Buch bekommen hatte, ging er lange um die andern Spielsachen herum: Er hatte große Lust, mit den andern Kindern zu spielen, wagte es aber nicht; man sah ihm an, dass er seine Stellung im Haus durchaus begriff. Ich liebe es sehr, Kinder zu beobachten. Es ist außerordentlich interessant, wenn sich in ihnen die ersten Regungen eines selbstständigen Lebens bemerkbar machen. Ich merkte, dass der rothaarige Junge von den Spielsachen der andern Kinder und besonders vom Puppentheater, in dem er irgendeine Rolle spielen wollte, so mächtig angezogen war, dass er sogar zu einem Kriecher wurde. Er lächelte den andern Kindern zu, machte ihnen den Hof, schenkte einem aufgedunsenen Bengel, der bereits einen ganzen Haufen Näschereien in seinem Taschentuch hatte, seinen Apfel und ließ sich sogar herab, einen andern Bengel Huckepack zu tragen; und alles, nur um am Theater mitspielen zu dürfen! Doch nach einigen Minuten wurde er von einem besonders frechen Jungen ordentlich verprügelt. Der arme Knabe wagte nicht zu weinen. Nun erschien die Gouvernante, seine Mutter, und sagte ihm, dass er die andern Kinder in ihrem Spiel nicht stören solle. Der Knabe ging in denselben Salon, wo schon das Mädchen saß. Sie ließ ihn zu sich heran, und beide Kinder begannen mit großem Eifer, die kostbare Puppe anzukleiden.

Ich saß schon eine halbe Stunde in der Efeulaube und war beim Gespräch des rothaarigen Jungen mit dem hübschen Mädchen, das eine Mitgift von dreimalhunderttausend Rubel besaß, beinahe eingenickt, als plötzlich Julian Mastakowitsch ins Zimmer trat. Irgendeine Streitigkeit unter den Kindern hatte die Aufmerksamkeit der andern Gäste auf sich gezogen, und er schlich sich unbemerkt aus dem Saal hinaus. Ich hatte bemerkt, wie er kurz vorher mit dem Papa der zukünftigen reichen Braut, mit dem er erst soeben bekannt geworden war, über die Vorzüge irgendeiner Beamtenlaufbahn vor einer andern gesprochen hatte. Nun stand er in Nachdenken versunken da und schien etwas an den Fingern zu rechnen.

»Dreihundert … dreihundert«, flüsterte er. »Elf … zwölf … dreizehn … Bis sechzehn sind noch fünf Jahre! Nehmen wir an vier auf hundert, macht zwölf; fünfmal zwölf macht sechzig; nun auf diese sechzig … Im Ganzen werden es in fünf Jahren vierhundert sein … Ja! Nicht übel … Er wird sie aber nicht zu vier auf hundert liegen haben, der Spitzbube. Der wird schon acht oder gar zehn für hundert nehmen. Es werden also wenigstens fünfmalhunderttausend sein, das ist sicher; und der Rest ist dann für die Aussteuer, hm …«

Er beendigte seine Berechnungen, schneuzte sich und wollte schon das Zimmer wieder verlassen, als er plötzlich das Mädchen bemerkte. Ich saß hinter den Blumentöpfen, und er konnte mich nicht sehen. Er schien mir sehr aufgeregt zu sein: Ob es das Resultat seiner Berechnungen war oder irgendetwas anderes, das auf ihn so wirkte, weiß ich nicht; er rieb sich die Hände und konnte nicht ruhig auf einem Fleck stehen. Mit immer wachsender Erregung warf er einen zweiten, sehr entschlossenen Blick auf die künftige Braut. Er wollte auf sie zugehen, sah sich aber zunächst argwöhnisch um. Und dann näherte er sich auf den Zehenspitzen, wie schuldbewusst, dem Kind. Er lächelte der Kleinen zu, beugte sich über sie und küsste sie auf den Kopf. Das Kind, das den Überfall nicht erwartet hatte, schrie erschrocken auf.

»Was machen Sie hier, liebes Kind?«, fragte er flüsternd. Dabei sah er sich im Kreis um und tätschelte zugleich dem Mädchen die Wangen.

»Wir spielen …«

»So? Mit dem da?« Julian Mastakowitsch schielte auf den Knaben.

»Du solltest doch lieber in den Saal gehen, mein Freund!«, sagte er zu ihm.

Der Knabe schwieg und starrte ihn mit weit aufgerissenen Augen an. Julian Mastakowitsch sah sich noch einmal um und beugte sich wieder zur Kleinen.

»Haben Sie ein Püppchen da, liebes Kind?«, fragte er sie.

»Ja, ein Püppchen«, antwortete das Mädchen schüchtern und verzog etwas das Gesicht.

»So, ein Püppchen … Und wissen Sie, liebes Kind, woraus Ihr Püppchen gemacht ist?«

»Ich weiß nicht …«, antwortete die Kleine kaum hörbar und senkte ihr Köpfchen.

»Aus Läppchen, mein Schatz. – Du solltest doch lieber in den Saal zu deinen Freunden gehen, mein Junge!«, sagte Julian Mastakowitsch, mit einem strengen Blick auf den Knaben. Das Mädchen und der Knabe machten unzufriedene Gesichter und fassten sich bei den Händen. Sie wollten sich nicht trennen.

»Und wissen Sie, warum man Ihnen das Püppchen geschenkt hat?«, fragte Julian Mastakowitsch weiter, seine Stimme immer mehr und mehr dämpfend.

»Ich weiß nicht.«

»Nun, weil Sie die ganze Woche über ein liebes und wohlerzogenes Kind gewesen sind!«

Nun sah sich Julian Mastakowitsch, dessen Aufregung wohl ihren Höhepunkt erreicht hatte, wieder um, dämpfte noch mehr seine Stimme und fragte kaum hörbar und bebend:

»Und werden Sie mich lieben, liebes Kind, wenn ich zu Ihren Eltern zu Besuch komme?«

Bei diesen Worten wollte er das liebe Mädchen wieder küssen, doch der rothaarige Knabe, welcher sah, dass das Mädchen dem Weinen nahe war, fasste sie an den Händen und begann aus Mitgefühl zu heulen. Julian Mastakowitsch wurde nun ernsthaft böse.

»Geh' weg! Geh' weg von hier!«, schrie er den Kleinen an. »Geh' in den Saal! Zu deinen Freunden!«

»Nein, ich will nicht! Ich will nicht! Gehen Sie doch weg!«, sagte das Mädchen. »Lassen Sie ihn in Ruhe! Lassen Sie ihn!« Sie weinte schon beinahe.

An der Türe ließ sich ein Geräusch vernehmen; Julian Mastakowitsch erschrak und reckte seinen majestätischen Leib. Noch mehr als er erschrak aber der rothaarige Junge: Er ließ das Mädchen stehen und schlich sich leise an der Wand entlang aus dem Salon ins Esszimmer. Um jeden Verdacht von sich abzulenken, begab sich Julian Mastakowitsch gleichfalls in das Esszimmer. Er war rot wie ein Krebs, und als er sich zufällig in einem Spiegel erblickte, schien er sich vor sich selbst zu schämen. Vielleicht ärgerte er sich über seine eigene Übereilung und Ungeduld. Vielleicht hatte ihn vorher seine Berechnung an den Fingern so sehr begeistert und entzückt, dass er seine ganze Gesetztheit und Würde außer Acht ließ und sich wie ein dummer Junge zu handeln entschloss, der den Gegenstand seines Schwärmens im Sturm zu erobern versucht, obwohl dieser Gegenstand erst in mindestens fünf Jahren ein wirklicher Gegenstand werden kann. Ich folgte dem würdigen Herrn ins Esszimmer, und meinen Augen bot sich ein seltsames Schauspiel. Julian Mastakowitsch, der vor Ärger und Bosheit ganz rot geworden war, suchte den rothaarigen Knaben aus dem Esszimmer zu verjagen. Doch der Knabe zog sich vor ihm immer weiter und weiter zurück und wusste schließlich nicht, wohin er sich in seiner Angst verkriechen sollte.

»Geh' hinaus! Geh' hinaus! Was machst du hier, frecher Bengel? Stiehlst wohl Obst vom Tisch, was? Du stiehlst Obst? Geh' hinaus, rotznasiger Taugenichts! Geh' zu deinen Freunden ...«

Der erschreckte Knabe entschloss sich zum äußersten Mittel und rettete sich unter den Tisch. Nun nahm der wütende Verfolger sein langes Batisttuch aus der Tasche und versuchte damit den Knaben, der ganz still und verängstigt unter dem Tisch kauerte, herauszupeitschen. Ich muss bemerken, dass Julian Mastakowitsch ziemlich korpulent war: ein sattes, rotbackiges, stämmiges Männchen mit ziemlichem Embonpoint und fetten Schenkeln, rund wie eine Nuss. Er schwitzte und schnaubte entsetzlich und war über und über rot. Allmählich geriet er in Raserei: So groß war sein Zorn und vielleicht auch (wer kann es wissen?) seine Eifersucht. Ich lachte aus vollem Hals auf. Julian Mastakowitsch wandte sich nach mir um und wurde, trotz seiner ganzen majestätischen Würde, furchtbar verlegen. In diesem Augenblick zeigte sich an der entgegengesetzten Tür der Herr des Hauses. Der Knabe kroch unter dem Tisch hervor und wischte sich Knie und Ellenbogen ab. Julian Mastakowitsch beeilte sich, sein Taschentuch, das er noch an einem Zipfel in der Hand hielt, an die Nase zu führen, als wollte er sich gerade schneuzen.

Der Hausherr sah uns drei etwas erstaunt an. Doch als ein Mann, der das Leben kennt und es stets von der ernsten Seite nimmt, nützte er sofort die Gelegenheit aus, den Gast ohne viele Zeugen sprechen zu können.

»Das ist der Knabe«, sagte er, auf den Rothaarigen zeigend, »für den ich mir vorhin mich bei Ihnen zu verwenden erlaubte …«

»Ach so!«, erwiderte Julian Mastakowitsch, der sich noch nicht ganz erholt hatte.

»Der Sohn der Gouvernante meiner Kinder«, fuhr der Hausherr in bittendem Ton fort. »Seine Mutter ist eine arme Frau, die Witwe eines sehr ehrlichen Beamten; und darum, wenn es möglich ist, Julian Mastakowitsch …«

»Ach, nein, nein!«, fiel ihm Julian Mastakowitsch hastig ins Wort. »Nein, Sie müssen mich entschuldigen, Philipp Alexejewitsch, aber es geht wirklich nicht. Ich habe mich erkundigt: Es gibt keine einzige Freistelle, und wenn es auch eine gäbe, so warten auf sie bereits zehn andere Kandidaten, die alle mehr Anrecht haben als er … Es tut mir wirklich sehr leid …«

»Schade«, sagte der Hausherr, »denn er ist ein stilles und bescheidenes Kind …«

»Ein unerzogener Bengel, wie ich sehe«, entgegnete Julian Mastakowitsch, seinen Mund hysterisch verziehend. »Geh' weg, Junge! Was stehst du da? Geh' doch zu deinen Freunden!«, sagte er, sich wieder an den Knaben wendend.

Er konnte sich offenbar nicht mehr beherrschen und schielte mit einem Auge auf mich. Auch ich konnte mich nicht beherrschen und lachte ihm gerade ins Gesicht. Julian Mastakowitsch wandte sich sofort wieder weg und fragte den Hausherrn so demonstrativ, dass ich es merken musste, wer dieser sonderbare junge Mann sei? Sie begannen beide zu flüstern und verließen das Zimmer. Ich sah noch, wie Julian Mastakowitsch, den Erklärungen des Hausherrn zuhörend, misstrauisch den Kopf schüttelte.

Als ich genug gelacht hatte, kehrte ich in den Saal zurück. Der große Mann stand, von Vätern und Müttern umgeben, da und sprach mit großer Begeisterung auf eine Dame ein, zu der man ihn eben herangeführt hatte. Die Dame hielt das Mädchen an der Hand, mit dem Julian Mastakowitsch soeben den Auftritt im Salon gehabt hatte. Jetzt erging er sich in begeisterten Lobsprüchen auf die Schönheit, die Talente, Grazie und Wohlerzogenheit des schönen Kindes. Er machte der Mutter ganz offenbar den Hof. Die Mutter hörte ihm zu, vor Entzücken beinahe weinend. Der Mund des Vaters lächelte. Der Hausherr freute sich über die allseitigen Freudenergüsse. Selbst alle Gäste nahmen ihren Anteil daran, und sogar die Kinder mussten ihre Spiele abbrechen, um das Gespräch nicht zu stören. Die ganze Luft war von Ehrfurcht erfüllt. Ich hörte später, wie die bis ins Innerste ihrer Seele gerührte Mutter des interessanten Mädchens Julian Mastakowitsch in gewählten Ausdrücken bat, ihr die besondere Ehre zu erweisen und ihr Haus mit seinem Besuch zu beehren; ich hörte, mit welch echtem Entzücken Julian Mastakowitsch die Einladung annahm, und wie nachher alle Gäste, nachdem sie sich, wie es der Anstand gebot, nach verschiedenen Seiten zerstreut hatten, ein Loblied anstimmten auf den Branntweinpächter, auf seine Gemahlin, auf das Töchterchen und ganz besonders auf Julian Mastakowitsch.

»Ist dieser Herr verheiratet?«, fragte ich ziemlich laut einen meiner Bekannten, der Julian Mastakowitsch am nächsten stand.

Julian Mastakowitsch warf mir einen prüfenden, bösen Blick zu.

»Nein!«, gab mir mein Bekannter zur Antwort. Er war über meine absichtliche Taktlosigkeit bis in die Tiefe seines Wesens gekränkt.

Neulich ging ich an der X-Kirche vorbei. Die große Menschenansammlung vor dem Kirchenportal fiel mir auf. Alle sprachen von einer Hochzeit. Der Tag war trüb, und da es gerade etwas zu regnen anfing, drängte ich mich mit der Menge in die Kirche hinein. Hier sah ich den Bräutigam. Es war ein kleines, sattes, rundliches Männchen mit ziemlichem Embonpoint und sehr geputzt. Er lief geschäftig hin und her und traf die letzten Vorbereitungen. Bald begann man zu flüstern, dass die Braut soeben angekommen sei. Ich drängte mich vor und erblickte eine wunderbare Schönheit, mit allen Reizen des ersten Lenzes geschmückt. Doch die Schöne war blass und traurig. Sie blickte zerstreut um sich, und es schien mir sogar, dass ihre Augen von Tränen gerötet seien. Die antike Strenge ihrer Gesichtszüge verlieh ihrer Schönheit etwas Ernstes und Majestätisches. Doch durch diese Strenge und Feierlichkeit, durch diese Traurigkeit hindurch leuchtete noch die ganze Unschuld ihrer frühen Jugend. Aus ihrem ganzen Wesen sprach etwas unsagbar Naives, Weiches, Kindliches, das ohne Worte um Gnade zu flehen schien.

Man sagte, sie sei erst kaum sechzehn Jahre alt. Ich sah mir den Bräutigam noch einmal aufmerksam an und erkannte in ihm Julian Mastakowitsch, den ich seit fünf Jahren nicht gesehen hatte. Dann sah ich wieder auf die Braut … Mein Gott! Ich bemühte mich, die Kirche so schnell als möglich zu verlassen. Im Publikum sprach man davon, dass die Braut sehr reich sei, dass sie eine Mitgift von fünfmalhunderttausend Rubeln in bar besitze … und dazu noch eine Aussteuer im Werte von soundsoviel …

»Die Rechnung hat also gestimmt!«, sagte ich mir, auf die Straße tretend.

Ein kleiner Held

(Aus unbekannten Memoiren)

Ich war damals noch nicht ganz elf Jahre alt. Im Juli wurde ich nach einem in der Nähe von Moskau gelegenen Gut zum Besuch bei einem Verwandten von mir, Herrn T***w, geschickt, bei dem zu jener Zeit etwa fünfzig Gäste versammelt waren; vielleicht waren es auch noch mehr, ich erinnere mich nicht, gezählt habe ich sie nicht. Es ging lärmend und lustig her. Es machte den Eindruck, als würde ein Fest gefeiert, das dort begonnen hätte, um niemals zu enden. Unser Wirt hatte sich, wie es schien, vorgenommen, sein ganzes riesiges Vermögen so schnell wie möglich alle zu machen, und es ist ihm auch vor Kurzem gelungen, diese Vermutung zu bestätigen, das heißt alles, aber auch absolut alles, bis auf die letzte Kopeke durchzubringen. Alle Augenblicke kamen neue Gäste angefahren; Moskau war ja nur einen Katzensprung weit entfernt; so machten denn die Wegfahrenden nur anderen Gästen Platz, und das Fest nahm seinen Fortgang. Eine Belustigung löste die andere ab, und von den Amüsements war kein Ende abzusehen. Bald wurden in ganzen Trupps Spazierritte in der Umgegend unternommen, bald Spaziergänge im Tannenwald oder Kahnfahrten auf dem Fluss; es wurden Picknicks und Diners auf freiem Feld und Soupers auf der großen Terrasse am Haus veranstaltet. Diese Terrasse war ringsum mit drei Reihen kostbarer Blumen besetzt, die die frische Nachtluft mit ihren Düften erfüllten; dazu kam eine strahlende Beleuchtung, die unsere Damen, welche auch ohnedies fast sämtlich hübsch waren, noch reizender erscheinen ließ mit ihren von den Erlebnissen des Tages freudig erregten Gesichtern, mit ihren blitzenden Augen, mit dem Kreuzfeuer ihrer mutwilligen, von glockenhellem Lachen fortwährend unterbrochenen Reden. Da wurde getanzt, musiziert und gesungen; und wenn der Himmel ein finsteres Gesicht machte, wurden lebende Bilder gestellt und Scharaden und Sprichwörter aufgeführt; auch Theater wurde im Haus gespielt. Es fanden sich geistvolle Köpfe, die hübsche Reden, Erzählungen und Bonmots zum Besten gaben.

Einige Personen standen, sich von den andern scharf abhebend, im Vordergrund. Natürlich war auch üble Nachrede und Klatscherei im Gange, da ohne solche die Welt nun einmal nicht bestehen kann und Millionen von Menschen vor Langeweile wie die Fliegen sterben würden. Aber da ich erst elf Jahre alt war, so bemerkte ich damals, von ganz anderen Dingen in Anspruch genommen, diese Personen gar nicht, und selbst wenn ich etwas bemerkte, so bemerkte ich doch nicht alles. Erst später erinnerte ich mich an einiges. Bei meinem kindlichen Alter konnte mir nur die glänzende Seite des Bildes in die Augen fallen, und dieser allgemeine Rausch, Glanz und Lärm, dieses ganze Treiben, wie ich es bis dahin nie gesehen oder gehört hatte, machte auf mich einen so starken Eindruck, dass ich in den ersten Tagen vollständig die Fassung verlor und mein kleiner Kopf ganz wirblig wurde.

Aber ich rede immer von meinen elf Jahren, und allerdings, ich war noch ein Kind, nicht mehr als ein Kind. Viele dieser schönen Frauen liebkosten mich, ohne sich über mein Lebensalter Gedanken zu machen. Aber seltsam: Ein mir selbst unverständliches Gefühl hatte sich meiner bereits bemächtigt, und es regte sich in meinem Herzen schon eine mir bisher unbekannte Empfindung, von der mein Herz manchmal zu brennen und, wie erschrocken, heftig zu schlagen begann und mein Gesicht sich oft mit einer plötzlichen Röte überzog. Mitunter schämte ich mich gewissermaßen und fühlte mich ordentlich gekränkt dadurch, dass man mir als einem Kind allerlei Privilegien einräumte. Ein andermal ergriff mich eine Art von Staunen, und ich ging irgendwohin, wo mich niemand sehen konnte, gleichsam um Atem zu holen und mich auf etwas zu besinnen, was ich, wie mir schien, bis dahin sehr gut im Gedächtnis gehabt und jetzt auf einmal vergessen hatte, woran ich mich aber notwendig erinnern musste, weil ich mich sonst nirgends zeigen und überhaupt nicht existieren konnte.

Und endlich schien es mir auch manchmal, als ob ich etwas vor aller Augen verbärge und um keinen Preis zu jemandem etwas davon sagen würde, weil ich kleiner Knabe mich darüber bis zu Tränen hätte schämen müssen. Bald kam es dahin, dass ich mitten in dem Wirbel, der mich umgab, mich gewissermaßen vereinsamt fühlte. Es waren zwar auch andere Kinder da, aber diese waren sämtlich entweder sehr viel jünger oder sehr viel älter als ich; übrigens fühlte ich mich auch nicht zu ihnen hingezogen. Allerdings hätte sich mit mir auch nichts zugetragen, wenn ich mich nicht in einer isolierten Stellung befunden hätte. In den Augen aller dieser schönen Damen war ich immer noch ein kleines, unentwickeltes Wesen, das zu liebkosen ihnen manchmal Vergnügen machte, und mit dem sie wie mit einer kleinen Puppe spielen konnten. Besonders eine von ihnen, eine entzückende Blondine mit so üppigem, dichtem Haar, wie ich es nachher nie wieder gesehen habe und wahrscheinlich nie wieder zu sehen bekommen werde, hatte sich, wie es schien, vorgenommen, mir keine Ruhe zu gönnen. Das um uns herum erschallende Gelächter, welches sie alle Augenblicke durch die ausgelassenen, mutwilligen Streiche hervorrief, die sie mit mir angab, setzte mich in Verwirrung und erheiterte sie; dieses Treiben bereitete ihr offenbar ein riesiges Vergnügen. In einem Pensionat hätte sie unter ihren Freundinnen gewiss den Beinamen »die Range« bekommen. Sie war wunderbar schön, und es lag in ihrer Schönheit etwas, was einem gleich beim ersten Blick in die Augen sprang. Allerdings hatte sie keine Ähnlichkeit mit jenen kleinen, schüchternen Blondinen, die so weiß sind wie Flaumfedern und so sanft wie weiße Mäuschen oder Pastorentöchter. Sie war von kleiner Statur und ein wenig voll, aber mit zarten, feinen, wundervoll gezeichneten Gesichtszügen. In diesem Gesicht leuchtete es manchmal blitzartig auf, und in ihrem ganzen Wesen hatte sie mit dem Feuer Ähnlichkeit: So lebhaft, schnell und leicht war sie. Aus ihren großen, weit geöffneten Augen schienen Funken zu sprühen; diese Augen blitzten wie Diamanten, und niemals würde ich solche blauen Funken sprühenden Augen hingeben, um irgendwelche schwarzen dafür einzutauschen, selbst wenn sie schwärzer wären als die schwärzesten Augen, die man bei den Andalusierinnen findet; ja, meine Blondine gab wahrlich jener berühmten Brünette nichts nach, die ein bekannter, vortrefflicher Dichter besungen hat, der in so herrlichen Versen vor ganz Kastilien geschworen hat, er sei bereit, sich den Hals zu brechen, wenn ihm erlaubt würde, auch nur mit einer Fingerspitze die Mantille seiner Schönen zu berühren. Man nehme noch hinzu, dass meine Schöne die lustigste von allen Schönen der Welt, von einer ausgelassenen Lachlust und mutwillig wie ein Kind war, und das alles, trotzdem sie schon seit fünf Jahren einen Mann hatte. Das Lachen wich nie von ihren Lippen, die frisch waren wie eine Rose am Morgen, welche soeben beim ersten Sonnenstrahl ihren purpurroten, duftenden Kelch erschlossen hat, an dem die kalten, dicken Tautropfen noch nicht weggetrocknet sind.

Ich erinnere mich, dass am Tag nach meiner Ankunft eine Theateraufführung im Haus stattfand. Der Saal war gedrängt voll; kein einziger freier Platz war vorhanden, und da ich mich aus irgendwelchem Grund verspätet hatte, so sah ich mich genötigt, die Vorstellung stehend zu genießen. Aber das lustige Spiel zog mich immer mehr nach vorn, und ich arbeitete mich unvermerkt zu den vordersten Reihen hindurch, wo ich endlich stehen blieb, mich mit den Armen auf die Lehne eines Sessels stützend, auf dem eine Dame saß. Es war meine Blondine, aber wir kannten uns noch nicht. Und da versenkte ich mich von ungefähr in die Betrachtung ihrer wundervoll gerundeten, verführerischen Schultern, welche voll und weiß wie Milchschaum waren, obgleich es mir im Grunde ganz gleich war, was ich betrachtete: ein Paar wundervolle Frauenschultern oder die mit feuerroten Bändern verzierte Haube, die das graue Haar einer würdigen Matrone in der ersten Reihe bedeckte. Neben der Blondine saß eine alte Jungfer, eine von denen, die, wie ich später Gelegenheit gehabt habe zu beobachten, sich immer gern in möglichster Nähe junger, hübscher Frauen halten, wobei sie sich solche aussuchen, die die junge Männerwelt nicht von sich scheuchen. Indes handelt es sich jetzt nicht darum, aber kaum hatte diese alte Jungfer bemerkt, worauf meine Augen gerichtet waren, als sie sich zu ihrer Nachbarin hinbeugte und ihr kichernd etwas ins Ohr flüsterte. Die Nachbarin wendete sich auf einmal um, und ich erinnere mich noch ganz deutlich: Ihre feurigen Augen blitzten mich im Halbdunkel dermaßen an, dass ich, auf diese Begegnung nicht vorbereitet, zusammenfuhr, als ob ich mich verbrannt hätte. Die schöne Frau lächelte.

»Gefällt Ihnen das Stück, das gespielt wird?«, fragte sie, indem sie mir schelmisch und spöttisch in die Augen sah.

»Ja«, antwortete ich und blickte sie dabei immer noch mit einer Bewunderung an, die ihr offenbar gefiel.

»Aber warum stehen Sie denn? Sie werden müde werden; haben Sie denn keinen Sitzplatz?«

»Das ist es ja eben, dass keiner da ist«, erwiderte ich, in diesem Augenblick mehr mit meiner Sorge als mit den Funken sprühenden Blicken der schönen Frau beschäftigt und aufrichtig darüber erfreut, dass ich endlich ein gutes Herz gefunden hatte, dem ich meinen

Kummer mitteilen konnte. »Ich habe schon gesucht, aber alle Stühle sind besetzt«, fügte ich hinzu, als wenn ich ihr mein Leid klagen wollte, dass alle Stühle besetzt seien.

»Komm hierher«, sagte sie schnell, denn sie war rasch in der Ausführung jeder tollen Idee, die in ihrem mutwilligen Kopf aufblitzte. »Komm hierher, zu mir, und setze dich auf meinen Schoß.«

»Auf Ihren Schoß?«, erwiderte ich ganz betroffen.

Ich habe schon gesagt, dass ich mich über meine Privilegien ernstlich zu ärgern und zu schämen anfing. Diese Blondine aber trieb es damit zum Spaß und Spott doch gar zu arg. Zudem begann ich, der ich ohnehin schon immer ein schüchterner, verschämter Knabe gewesen war, mich zu jener Zeit ganz besonders vor Frauen zu genieren, und daher wurde ich furchtbar verlegen.

»Nun ja, auf meinen Schoß! Warum willst du nicht auf meinem Schoß sitzen?«, antwortete sie, auf ihrer Einladung beharrend, und kicherte immer stärker und stärker, sodass schließlich ein lautes Gelächter daraus wurde; weiß der Himmel, worüber sie eigentlich lachte, vielleicht über ihren eigenen Einfall oder vor Freude darüber, dass ich so verlegen geworden war. Aber eben das hatte sie gewollt.

Ich errötete und sah mich in meiner Verwirrung rings um, wohin ich mich wohl davonmachen könnte, aber sie kam mir zuvor, indem sie flink meine Hand ergriff, eben zu dem Zweck, damit ich nicht davonginge, sie zu sich hinzog und sie, für mich ganz unerwartet, zu meinem größten Erstaunen schmerzhaft in ihren mutwilligen, heißen Fingerchen drückte. Sie quetschte mir die Finger so heftig zusammen, dass ich alle Anstrengungen machen musste, um nicht aufzuschreien, und dabei die komischsten Grimassen schnitt. Außerdem war ich im höchsten Grad verwundert, erstaunt, ja erschrocken zu sehen, dass es solche komischen, boshaften Damen gibt, die mit Knaben solche Torheiten reden und sie dabei, Gott weiß weshalb, so schmerzhaft kneifen, noch dazu in aller Leute Gegenwart. Wahrscheinlich spiegelte sich auf meinem unglücklichen Gesicht mein ganzes verständnisloses Erstaunen wider, denn die Schelmin lachte mich unverhohlen an wie eine Verrückte und kniff und quetschte unterdessen meine armen Finger immer stärker und stärker. Sie war außer sich vor Entzücken, dass es ihr gelungen war, einen solchen Streich auszuführen und einen armen Jungen verlegen zu machen und in so arge Not zu bringen. Meine Lage war eine verzweifelte. Erstens brannte ich vor Scham, weil fast alle um uns herum sich zu uns hinwandten, die einen verwundert, die andern, welche sogleich merkten, dass die Schöne irgendwelchen Unfug trieb, lachend. Außerdem hatte ich die größte Lust, aufzuschreien, weil sie meine Finger gerade in der Absicht, mich zum Schreien zu bringen, auf das Grausamste misshandelte, aber ich nahm mir wie ein Spartaner vor, den Schmerz auszuhalten, denn ich fürchtete durch einen Schrei einen Aufruhr hervorzurufen, und was wäre dann aus mir geworden! In einem Anfall völliger Verzweiflung begann ich endlich einen Kampf und bemühte mich aus aller Kraft, meine Hand an mich zu ziehen, aber meine Tyrannin war weit stärker als ich. Zuletzt konnte ich es nicht mehr ertragen und schrie auf; darauf hatte sie nur gewartet! Augenblicklich ließ sie mich los und wandte sich von mir ab, als ob nichts geschehen wäre, oder als ob nicht sie, sondern irgendein anderer einen tollen Streich begangen hatte, akkurat wie ein Schulknabe, der, sobald der Lehrer sich umgedreht hat, flink einem seiner Nachbarn einen Possen spielt, etwa einen kleinen, schwächlichen Jungen kneift, ihm ein paar Nasenstüber oder Fußtritte versetzt, ihm den Ellbogen auf den Tisch stößt, und sich sofort wieder wegwendet, sich ordentlich hinsetzt, die Nase ins Buch steckt, seine Aufgabe zu lernen anfängt und auf diese Weise den erzürnten Herrn Lehrer, der auf den Lärm hin wie ein Habicht herbeigestürzt kommt, in Ratlosigkeit versetzt, sodass er mit langer Nase wieder abziehen muss.

Aber zu meinem Glück war die allgemeine Aufmerksamkeit in diesem Augenblick durch das meisterhafte Spiel unseres Wirtes gefesselt, der in dem aufgeführten Stück, einem Scribe'schen Lustspiel, die Hauptrolle übernommen hatte. Alle klatschten Beifall. Während des Lärms glitt ich aus den Stuhlreihen hinaus und lief ganz an das Ende des Saales, in die entgegengesetzte Ecke, von wo ich, hinter einer Säule verborgen, angstvoll dahin zurückblickte, wo die hinterlistige Schöne saß. Sie lachte immer noch, indem sie ihre Lippen mit dem Taschentuch bedeckte. Und noch lange drehte sie sich um und suchte in allen Ecken nach mir mit den Augen; wahrscheinlich tat es ihr sehr leid, dass unser unsinniger Kampf so schnell ein Ende gefunden hatte, und sie überlegte nun, wie sie noch etwas Tolles angeben könne.

Damit hatte unsere Bekanntschaft begonnen, und seit diesem Abend wich sie nicht mehr von meiner Seite. Sie verfolgte mich in einer ganz maßlosen, gewissenlosen Weise und wurde mein Plagegeist, meine Tyrannin. Die ganze Komik ihres Verhaltens zu mir bestand darin, dass sie tat, als sei sie bis über die Ohren in mich verliebt, und mich vor allen Leuten blamierte. Natürlich war mir, einem blöden, scheuen Jungen, das alles so peinlich und ärgerlich, dass ich fast weinte; ja, manchmal war meine Lage so ernst und kritisch, dass ich nahe daran war, mich mit meiner heimtückischen Verehrerin zu prügeln. Meine naive Verlegenheit, mein verzweifelter Kummer munterten sie, wie es schien, dazu auf, ihre Verfolgungen immer weiter fortzusetzen. Sie kannte kein Erbarmen, und ich wusste nicht, wo ich vor ihr bleiben sollte. Das um uns herum ertönende Gelächter, welches sie so geschickt hervorzurufen verstand, spornte sie nur noch zu neuen Streichen an. Aber ihre Scherze gingen schließlich denn doch etwas gar zu weit. Wie ich mich jetzt erinnere, erlaubte sie sich mit einem solchen Kind, wie ich es war, wirklich gar zu viel.

Aber das lag nun einmal in ihrem Charakter; sie war eben ein verwöhntes Wesen, wie es im Buche steht. Ich habe später gehört, dass ihr eigener Mann derjenige war, der sie am meisten verwöhnte, ein sehr dicker Herr von sehr kleiner Statur, mit sehr rotem Gesicht, sehr reich und sehr geschäftstüchtig; wenigstens machte er diesen Eindruck: Bei seiner Beweglichkeit und Geschäftigkeit konnte er nicht zwei Stunden lang an einem Ort bleiben. Täglich fuhr er von uns nach Moskau, mitunter zweimal, und immer, wie er selbst versicherte, in geschäftlichen Angelegenheiten. Etwas Lustigeres und Gutmütigeres als diese komische und dabei doch immer wohlanständige Physiognomie wäre schwer zu finden gewesen. Er liebte seine Frau nicht nur dermaßen, dass es schon eine Schwäche zu nennen war, sondern betete sie geradezu wie einen Abgott an.

Er legte ihr in keiner Hinsicht irgendwelche Beschränkungen auf. Sie hatte eine Menge Freunde und Freundinnen. Erstens gab es wenige Leute, die sie nicht liebten, und zweitens war sie bei ihrem Leichtsinn selbst nicht besonders bedenklich in der Auswahl ihrer Freunde, obgleich ihr Charakter im Grunde ein viel ernsterer war, als man es nach dem von mir jetzt Erzählten vielleicht annimmt. Aber von allen ihren Freundinnen war ihr die liebste und werteste eine junge Frau, die mit ihr entfernt verwandt war und jetzt ebenfalls zu unserer Gesellschaft gehörte. Es bestand zwischen ihnen ein zartes, feines Verhältnis, eines jener Verhältnisse, wie sie sich manchmal bei der Begegnung zweier Charaktere herausbilden, die oft einander völlig entgegengesetzt sind, von denen aber der eine ernster, tiefer und reiner ist als der andere, während dieser im Gefühl der ganzen moralischen Überlegenheit des Ersteren sich ihm mit größter Demut und edler Selbsterkenntnis willig unterordnet und die Freundschaft mit ihm im Herzen als ein Glück empfindet. Dann aber beginnen jene zarten, edlen, feinen Wechselbeziehungen solcher Charaktere: Liebe und Nachsicht auf der einen Seite, Liebe und Hochschätzung auf der andern, eine Hochschätzung, die bis zu einer Art von Furcht und Angst geht, man könne in den Augen dessen, den man so hoch schätzt, gar zu viel verlieren, und die den eifersüchtigen, heißen Wunsch hervorruft, mit jedem Schritt im Leben dem Herzen des andern immer näher und näher zu kommen. Die beiden Freundinnen standen im gleichen Lebensalter, aber zwischen ihnen bestand ein unermesslicher Unterschied in allen Dingen, von der Art der Schönheit angefangen. Frau M*** war ebenfalls sehr schön, aber in ihrer Schönheit lag etwas Besonderes, wodurch sie sich scharf aus der Menge von hübschen Frauen abhob; in ihrem Gesicht war etwas, was ihr sogleich alle Herzen gewann, oder, richtiger gesagt, etwas, was bei jedem, der mit ihr zusammenkam, eine schöne, edle Sympathie erweckte. Es gibt solche glücklichen Gesichter. In ihrer Nähe wurde einem jeden wohler, freier, wärmer ums Herz, und doch blickten ihre großen, traurigen Augen, die voll Feuer und Kraft waren, zaghaft und unruhig wie in steter Furcht vor etwas Feindlichem, Drohendem; und diese seltsame Zaghaftigkeit überzog ihre stillen, sanften, an die klaren Gesichter italienischer Madonnen erinnernden Züge manchmal mit solcher Wehmut, dass dem, der sie ansah, bald ebenso trüb zumute wurde wie bei einem eigenen, persönlichen Kummer. Dieses blasse, magere Gesicht, auf welchem durch die tadellose Schönheit der reinen, regelmäßigen Linien und den wehmütigen Ernst des stummen, verborgenen Grames hindurch noch so oft der ursprüngliche kindlich-klare Ausdruck hervorschimmerte, der Abglanz eines noch nicht weit zurückliegenden vertrauensvollen Lebensalters und vielleicht eines naiven Glücks, und dieses stille, schüchterne, unsichere Lächeln: Alles dies erweckte eine so innige Teilnahme für diese Frau, dass in dem Herzen eines jeden unwillkürlich ein süßes, heißes Mitgefühl rege wurde, welches schon von ferne laut zu ihren Gunsten sprach und selbst einen Fremden gleichsam zu ihrem Verwandten machte.

Aber diese Schöne machte den Eindruck der Schweigsamkeit und Verschlossenheit, obgleich es doch kein sorglicheres, liebevolleres Wesen als sie geben konnte, wenn jemand der Teilnahme bedurfte. Es gibt Frauen, die im Leben gewissermaßen den Beruf barmherziger Schwestern ausüben. Man braucht ihnen nichts zu verbergen, wenigstens nichts, was es in der Seele Krankes und Wundes gibt. Wer da leidet, der möge dreist und hoffnungsvoll zu ihnen gehen, ohne Furcht, ihnen lästig zu fallen, denn nur wenige von uns wissen, wie viel unendlich geduldige Liebe, tiefes Mitleid und alles verzeihende Güte in manchem Frauenherzen wohnt. Ganze Schätze von Mitgefühl, Trost und Hoffnung ruhen in diesen reinen Herzen, die so oft ebenfalls verwundet werden (denn ein Herz, das viel liebt, leidet viel), wo aber die Wunde vor neugierigen Blicken sorgfältig versteckt gehalten wird, da tiefes Leid meist schweigt und sich verbirgt. Diese Frauen schreckt weder die Tiefe einer Wunde zurück, noch ihr garstiger Eiter, noch ihr widriger Geruch: Wer sich vertrauensvoll an sie wendet, der ist dadurch schon ihrer würdig; sie aber sind gewissermaßen dazu geboren, große, edle Taten zu verrichten … Frau M*** war von hohem Wuchs, geschmeidig und schlank, aber etwas mager. Alle ihre Bewegungen hatten etwas Ungleichmäßiges: Bald waren sie langsam, weich und gewissermaßen würdevoll, bald in kindlicher Art rasch und hastig; zugleich aber sprach aus ihren Gebärden eine Art von schüchterner Demut, eine ängstliche Wehrlosigkeit, die aber von niemandem Schutz erbat und erflehte.

Ich habe bereits gesagt, dass die wenig löblichen Attacken der hinterlistigen Blondine mir peinlich waren, mich verletzten, mich bis aufs Blut kränkten. Aber es steckte noch ein geheimer, sonderbarer, dummer Grund dahinter. Diesen Grund verbarg ich; ich zitterte davor, dass er bekannt werden könnte; ja, bei dem bloßen Gedanken an ihn, wenn ich ganz allein mit niedergebeugtem Kopf irgendwo in einem versteckten, dunklen Winkel saß, wohin kein forschender, spöttischer Blick einer blauäugigen Schelmin drang, bei dem bloßen Gedanken daran stockte mir fast der Atem vor Verwirrung, Scham und Furcht – kurz, ich war verliebt. Das heißt, ich gebe zu, dass ich da einen Unsinn gesagt habe: Das war ja ein Ding der Unmöglichkeit, aber warum fesselte von allen Personen, die mich umgaben, nur diese eine meine Aufmerksamkeit? Warum war sie die Einzige, die ich gern mit meinem Blick verfolgte, obgleich mir damals entschieden nichts daran gelegen war, Damen anzuschauen und mit ihnen bekannt zu werden? Am häufigsten geschah das abends, wenn schlechtes Wetter alle in die Zimmer bannte, und wenn ich, einsam in einem Winkel des Saales versteckt, ziellos um mich sah, denn ich fand absolut keine andere Beschäftigung, da mit Ausnahme meiner Verfolgerinnen selten jemand mit mir sprach; so langweilte ich mich denn an solchen Abenden in einer unerträglichen Weise. Zu solchen Zeiten betrachtete ich die Personen, die mich umgaben, und hörte die von ihnen geführten Gespräche mit an, von denen ich oft kein Wort verstand, und siehe da, da waren es die stillen Blicke, das sanfte Lächeln und das schöne Gesicht der Frau M*** (denn sie war es), die, Gott weiß warum, meine Aufmerksamkeit erregten und mich bezauberten, und dieses mein seltsames, undefinierbares aber unbegreiflich süßes Gefühl haftete dann unauslöschbar in meinem Herzen. Oft konnte ich mich ganze Stunden lang nicht von ihr losreißen; ich studierte jede ihrer Gebärden, jede ihrer Bewegungen, horchte auf jeden Klang ihrer vollen, silberhellen, aber etwas gedämpften Stimme, und seltsam: Aus allen meinen Beobachtungen resultierte bei mir neben jener zaghaften, süßen Empfindung eine Art von unbegreiflicher Neugier. Ich befand mich in einer ähnlichen Stimmung, wie wenn ich einem Geheimnis nachspürte.

Am unangenehmsten waren mir jene Spöttereien, wenn Frau M*** zugegen war. Diese Spöttereien und komischen Angriffe hatten nach meiner Auffassung für mich sogar etwas Entwürdigendes. Und wenn dann manchmal ein allgemeines Gelächter auf meine Kosten erscholl, an welchem sogar Frau M*** sich mitunter unwillkürlich beteiligte, dann riss ich mich, ganz verzweifelt und außer mir vor Gram, von meinen Tyranninnen los und lief nach oben auf mein Zimmer, wo ich den übrigen Teil des Tages einsam verbrachte, da ich es nicht wagte, mich nochmals im Saal blicken zu lassen, übrigens verstand ich den Grund meiner Scham und meiner Aufregung selbst noch nicht; dieser ganze Prozess vollzog sich in meinem Innern unbewusst. Mit Frau M*** hatte ich bisher kaum ein paar Worte gesprochen und hätte es natürlich meinerseits auch nicht gewagt. Aber eines Abends, nach einem für mich unerträglichen Tag, war ich auf einem Spaziergang hinter den andern zurückgeblieben; ich war furchtbar müde geworden und wanderte langsam durch den Garten nach dem Haus hin. Da erblickte ich in einer einsamen Allee auf einer Bank Frau M***. Sie saß dort ganz allein, wie wenn sie sich diesen einsamen Ort absichtlich ausgesucht hätte, hielt den Kopf auf die Brust herabgeneigt und drehte mechanisch ihr Taschentuch in den Händen hin und her. Sie war so in ihre Gedanken versunken, dass sie mein Herankommen gar nicht hörte.

Als sie mich bemerkte, stand sie schnell von der Bank auf, wandte sich ab, und ich sah, dass sie sich schnell die Augen mit dem Taschentuche trocknete. Sie hatte geweint. Nachdem sie sich die Augen getrocknet hatte, lächelte sie mir zu und schlug mit mir zusammen die Richtung nach dem Haus ein. Ich erinnere mich nicht mehr, worüber wir miteinander sprachen, aber sie schickte mich alle Augenblicke unter verschiedenen Vorwänden von sich weg: Bald bat sie mich, ihr eine Blume zu pflücken, bald zuzusehen, wer da in der benachbarten Allee reite. Und wenn ich von ihr fortging, führte sie sofort wieder das Tuch an die Augen und wischte sich die ungehorsamen Tränen weg, die sich gar nicht stillen lassen wollten, sondern immer von Neuem aus ihrem Herzen aufstiegen und aus ihren armen Augen flossen. Ich begriff, dass ich ihr offenbar sehr zur Last war, da sie mich so häufig wegschickte; und sie selbst sah bereits, dass ich alles bemerkt hatte, aber sie konnte sich nicht beherrschen, und dadurch wurde mein Mitleid mit ihr noch mehr gesteigert. Ich ärgerte mich in diesem Augenblick über mich selbst beinahe bis zur Verzweiflung, verfluchte mich wegen meines hölzernen Wesens und meiner geistigen Unbeholfenheit und wusste doch nicht, wie ich sie in geschickter Weise verlassen könnte, ohne zum Ausdruck zu bringen, dass ich ihren Kummer bemerkt hatte. Ich ging in traurigem Staunen, ja tief erschrocken neben ihr her; ich war ganz fassungslos und fand schlechterdings auch nicht ein einziges Wort, um unser versiegendes Gespräch im Gang zu halten.

Diese Begegnung hatte auf mich einen so tiefen Eindruck gemacht, dass ich den ganzen Abend über mit gespannter Neugier Frau M*** heimlich beobachtete und kein Auge von ihr verwandte. Aber es traf sich, dass sie mich zweimal unvermutet bei meinen Beobachtungen ertappte; als sie es das zweite Mal bemerkte, lächelte sie. Das war ihr einziges Lächeln an dem ganzen Abend. Die Traurigkeit war noch nicht von ihrem Gesicht gewichen, das jetzt sehr blass aussah. Die ganze Zeit über führte sie ein leises Gespräch mit einer boshaften und zänkischen alten Dame, die niemand wegen ihres Umherspionierens und ihrer Klatschsucht leiden konnte, aber alle hatten vor ihr Furcht und sahen sich deswegen genötigt, sich mit ihr auf guten Fuß zu stellen, mochten sie es nun wollen oder nicht.

Um zehn Uhr traf Frau M***s Mann ein. Bis dahin hatte ich sie sehr aufmerksam beobachtet, ohne die Augen von ihrem traurigen Gesicht wegzuwenden; jetzt aber, bei dem unerwarteten Eintritt ihres Mannes sah ich, wie sie am ganzen Leib zu zittern anfing und ihr ohnehin schon blasses Gesicht auf einmal weiß wie Leinwand wurde. Das war so auffällig, dass auch andere es bemerkten: Ich hörte abseits das Bruchstück eines Gesprächs mit an, aus dem ich mit einiger Mühe entnahm, dass die arme Frau M*** es nicht besonders gut habe. Es wurde gesagt, ihr Mann sei eifersüchtig wie ein Mohr, nicht aus Liebe, sondern aus Selbstsucht. Vor allen Dingen war er ein Verehrer westeuropäischen Wesens, ein moderner Mensch, mit einer Musterkarte von neuen Ideen, auf die er sehr eitel war. Was sein Äußeres anlangt, so war er ein schwarzhaariger, hochgewachsener, sehr kräftig gebauter Herr, mit einem Backenbart nach westeuropäischer Fasson, mit selbstzufriedenem Gesicht, gesundem Teint, zuckerweißen Zähnen und dem tadellosen Benehmen eines Gentleman. Man nannte ihn einen »klugen Kopf«. So nennt man in manchen Kreisen eine besondere Gattung von Menschen, die auf fremde Kosten dick und fett geworden sind, absolut nichts tun, absolut nichts tun wollen, und bei denen infolge der lebenslänglichen Trägheit und Nichtstuerei sich das Herz in ein Stück Fett verwandelt hat. Man kann aus ihrem Mund alle Augenblicke die Bemerkung hören, ihre Untätigkeit sei die Folge irgendwelcher verwickelter feindlicher Umstände, die »ihr Genie lähmten«, und sie böten daher »einen traurigen Anblick«. Das ist nun einmal so eine hochmütige Phrase bei ihnen, ihr mot d'ordre, ihre Parole und Losung, eine Phrase, mit der diese feisten Dickbäuche überall und fortwährend um sich werfen, und man ist dessen als offenbarer Heuchelei und leeren Geredes längst überdrüssig geworden. Manche dieser komischen Käuze, die gar keine Beschäftigung für sich finden können (übrigens haben sie niemals nach einer solchen gesucht), beabsichtigen geradezu alle zu dem Glauben zu bringen, dass sie statt des Herzens nicht etwa ein Stück Fett, sondern im Gegenteil, allgemein ausgedrückt, etwas »sehr Tiefes« haben, was aber eigentlich, darüber würde sich selbst der allererste Chirurg in Schweigen hüllen, allerdings aus Höflichkeit. Das ganze Streben dieser Herren in der Welt ist darauf gerichtet, alles in grober Weise zu verspotten und kurzsichtig zu verurteilen, und sie bekunden dabei einen maßlosen Hochmut. Da sie nichts weiter zu tun haben, als fremde Fehler und Schwächen herauszufinden und laut zu verkünden, und da sie genau so viel Gutherzigkeit besitzen, wie davon der Auster zuteilgeworden ist, so wird es ihnen nicht schwer, unter Anwendung der notwendigen Vorsichtsmaßregeln ohne Anstoß in der Welt zu leben. Darauf sind sie außerordentlich stolz. Sie sind zum Beispiel beinahe davon überzeugt, dass nahezu die ganze Welt ihnen abgabenpflichtig ist; dass alle Menschen außer ihnen Dummköpfe sind; dass jeder ihrer Mitmenschen dazu da ist, von ihnen wie eine Zitrone oder wie ein Schwamm nach Bedürfnis ausgepresst zu werden; dass sie die Herren über alles sind, und dass diese ganze löbliche Ordnung der Dinge nur davon herrührt, dass sie selbst eine solche Klugheit und einen so festen Charakter besitzen. In ihrem maßlosen Stolz räumen sie nicht ein, dass auch sie Mängel hätten. Sie gleichen jener Sorte von Gaunern, den geborenen Tartüffs und Falstaffs, die dermaßen zu Gaunern geworden sind, dass sie schließlich sich selbst die Überzeugung zu eigen gemacht haben, es müsse eben so sein, das heißt, sie müssten leben und Gaunereien ausführen; sie haben allen so oft versichert, sie seien ehrliche Leute, dass sie zuletzt selbst zu dem Glauben gelangt sind, sie seien tatsächlich ehrliche Leute und ihre Gaunerei sei eine ehrliche Handlungsweise. Innerlich über sich selbst Gericht zu halten und eine unbefangene Selbstkritik zu üben, dahin bringen sie es niemals; für manche Dinge sind sie eben gar zu dick und fett. In erster Linie steht bei ihnen immer und in jeder Hinsicht ihre eigene kostbare Persönlichkeit, ihr Moloch und Baal, ihr vortreffliches Ich. Die ganze Natur, die ganze Welt ist für sie nichts anderes als ein einziger prächtiger Spiegel, der dazu geschaffen ist, dass unser Götze sich ununterbrochen in ihm bewundern könne, ohne außer sich sonst jemand oder sonst etwas zu sehen; unter solchen Umständen ist es nicht zu verwundern, dass ihm alles auf der Welt so hässlich vorkommt. Für alles hat er eine Phrase in Bereitschaft und (was bei ihnen der Gipfel der Geschicklichkeit ist) die allermodernste Phrase. Sie befördern sogar selbst diese Mode, indem sie einen Gedanken, von dem sie wittern, dass er Erfolg haben werde, ohne Beweis auf allen Gassen verbreiten. Sie besitzen einen besonderen Instinkt, um eine solche Modephrase aufzuspüren und sie sich früher als andere Leute anzueignen, sodass der Anschein erweckt wird, als stamme sie von ihnen her. Namentlich versorgen sie sich mit einem Vorrat von Phrasen, um ihre tiefste Sympathie mit der Menschheit zum Ausdruck zu bringen, und um klarzumachen, worin die korrekteste von der Vernunft gebilligte Philanthropie bestehe, und endlich, um unaufhörlich auf die Romantik zu schelten, das heißt oft auf alles Schöne und Wahre, wovon jedes Atom wertvoller ist als ihre ganze molluskenartige Sippschaft. Aber mit ihren stumpfen Organen erkennen sie die Wahrheit nicht in einer abweichenden, unfertigen Übergangsform und stoßen alles von sich, was noch nicht ausgereift ist, sich noch nicht geklärt hat und noch gärt. So ein wohlgenährter Mensch hat sein ganzes Leben in Freuden verbracht, alles in Hülle und Fülle gehabt, selbst nichts getan und weiß gar nicht, wie schwer die Verrichtung jeder Arbeit ist; und daher wehe dem, der irgendwie mit rauer Hand seine fetten Gefühle verletzt: Das verzeiht er niemals; das trägt er dem Betreffenden immer nach und rächt sich dafür mit Genuss. Um alles zusammenzufassen: Ein solcher Held ist nicht mehr und nicht weniger als ein riesiger, zum Platzen aufgeblasener Sack voll Sentenzen, Modephrasen und Schlagwörtern aller Art.

Indessen hatte Herr M*** auch seine Besonderheit und war ein beachtenswerter Mensch: Er war witzig, verstand ein Gespräch geschickt zu führen und erzählte interessant, und in den Salons sammelte sich immer um ihn ein Kreis von Zuhörern. An jenem Abend gelang es ihm besonders, Sensation zu erregen. Er beherrschte die Konversation; er war gut disponiert, heiter, über irgendetwas vergnügt und zog die Blicke aller auf sich. Aber Frau M*** war die ganze Zeit über wie eine Kranke; ihr Gesicht war so traurig, dass ich alle Augenblicke glaubte, es würden gleich wieder wie kurz vorher die Tränen an ihren langen Wimpern zittern. Alles dies machte auf mich, wie schon gesagt, einen starken Eindruck und versetzte mich in das größte Erstaunen. Ich ging mit dem Gefühl einer seltsamen Neugier fort und träumte die ganze Nacht von Herrn M***, während ich doch bisher nur selten hässliche Träume gehabt hatte.

Am andern Tag wurde ich früh morgens zu einer Probe lebender Bilder gerufen, bei denen auch ich eine Rolle hatte. Lebende Bilder, eine Theateraufführung und ein Ball, diese Vergnügungen sollten, alle an einem einzigen Abend, in kurzer Zeit, schon in fünf Tagen, aus Anlass eines häuslichen Festes stattfinden, nämlich des Geburtstages der jüngsten Tochter unseres Wirtes. Zu diesem beinahe improvisierten Fest waren aus Moskau und den umliegenden Landhäusern noch etwa hundert Gäste eingeladen, sodass es viel Geschäftigkeit, Unruhe und Wirrwarr gab. Die Probe oder, richtiger gesagt, die Besichtigung der Kostüme war auf eine ungewöhnlich frühe Stunde angesetzt, weil unser Regisseur, der namhafte Künstler R***, ein Freund und Gast unseres Wirtes, der sich aus Freundschaft hatte bereit finden lassen, die Komposition und das Stellen der lebenden Bilder und zugleich die Unterweisung der Mitwirkenden zu übernehmen, es jetzt eilig hatte, nach der Stadt zu fahren, um die erforderlichen Requisiten einzukaufen und die definitiven Vorbereitungen zu dem Fest zu treffen, sodass keine Zeit zu verlieren war. Ich war bei einem Bild mit Frau M*** zusammen beteiligt. Das Bild stellte eine Szene aus dem Leben des Mittelalters vor und hieß: »Die Burgherrin und ihr Page.«

Ich war unsäglich befangen, als ich mit Frau M*** bei der Probe zusammenkam. Es kam mir so vor, als werde sie sofort aus meinen Augen alle die Gedanken, Zweifel und Vermutungen lesen, die sich seit dem vorhergehenden Tag in meinem Kopf gebildet hatten. Außerdem hatte ich immer die Empfindung, als hätte ich mir ihr gegenüber dadurch etwas zuschulden kommen lassen, dass ich sie tags zuvor in Tränen getroffen und sie in ihrem Kummer gestört hatte; ich meinte, sie müsse mich als einen unerwünschten Zeugen und ungebetenen Mitwisser ihres Geheimnisses unwillkürlich mit feindlichen Blicken betrachten. Aber Gott sei Dank, die Sache ging ohne größere Schwierigkeiten ab; sie beachtete mich einfach gar nicht. Sie schien überhaupt mit ihren Gedanken weder bei mir noch bei der Probe zu sein: Sie war zerstreut, traurig und in ein trübes Nachdenken versunken; es war augenscheinlich, dass eine große Sorge sie quälte. Als ich mit meiner Rolle fertig war, lief ich weg, um mich umzukleiden, und trat zehn Minuten darauf auf die Terrasse hinaus, die nach dem Garten zu lag. Fast gleichzeitig trat aus einer andern Tür auch Frau M*** hinaus, und uns gegenüber erschien gerade ihr selbstgefälliger Gatte, der aus dem Garten zurückkehrte, nachdem er soeben einen ganzen Schwarm von Damen dorthin begleitet und sie dort der Obhut eines gewandten cavalier servant übergeben hatte. Das Zusammentreffen von Mann und Frau war offenbar ein unerwartetes. Frau M*** wurde aus einem mir unbekannten Grund auf einmal verlegen, und in ihren hastigen Bewegungen kam ein leichter Ärger zum Ausdruck. Der Gatte, der sorglos eine Arie gepfiffen und auf dem ganzen Weg mit tiefsinniger Miene seinem Backenbart eine schönere Form verliehen hatte, machte jetzt, bei der Begegnung mit seiner Frau, ein finsteres Gesicht und sah sie, wie ich mich jetzt erinnere, mit einem entschieden inquisitorischen Blick an.

»Sie gehen in den Garten?«, fragte er, als er den Sonnenschirm und das Buch in den Händen seiner Frau bemerkte.

»Nein, in das Wäldchen«, antwortete sie und errötete ein wenig.

»Allein?«

»Mit ihm …«, erwiderte Frau M***, auf mich zeigend. »Ich pflege morgens allein spazieren zu gehen«, fügte sie mit unsicherer Stimme hinzu, so wie wenn jemand zum ersten Mal in seinem Leben lügt.

»Hm … Ich meinerseits habe soeben eine ganze Gesellschaft dorthin begleitet. Es versammeln sich da alle bei der Blumenlaube, um Herrn N***oi das Geleit zu geben. Er reist ab, wie Sie wissen … Es ist da bei ihm ein Malheur passiert, in Odessa … Ihre Kusine« (er sprach von der Blondine) »lacht und weint beinah, alles zugleich; man wird nicht aus ihr klug. Sie hat mir übrigens gesagt, Sie seien aus irgendwelchem Grund über Herrn N***oi aufgebracht und wollten ihm darum nicht das Geleit geben. Es ist doch gewiss Unsinn?«

»Sie macht sich lustig«, antwortete Frau M*** und stieg die Stufen der Terrasse hinab.

»Also das ist Ihr cavalier servant?«, fügte Herr M*** hinzu, indem er den Mund schief zog und seine Lorgnette auf mich richtete.

»Page!«, rief ich, ärgerlich über die Lorgnette und den spöttischen Ton, und ihm gerade ins Gesicht lachend, sprang ich mit einem Satz die drei Stufen der Terrasse hinunter.

»Viel Vergnügen!«, brummte Herr M*** und ging seines Weges weiter.

Natürlich war ich sofort zu Frau M*** hingetreten, als sie im Gespräch mit ihrem Mann auf mich zeigte, und hatte so getan, als ob sie mich schon eine ganze Stunde vorher aufgefordert hätte, und als ob ich schon einen ganzen Monat lang mit ihr morgens spazieren gegangen wäre. Aber ich konnte gar nicht daraus klug werden: Warum war sie in solche Verwirrung geraten, so verlegen geworden, und in welcher Absicht hatte sie sich entschlossen, zu dieser kleinen Lüge zu greifen? Warum hatte sie nicht einfach gesagt, dass sie allein gehe? Jetzt wusste ich nicht, wie ich sie ansehen sollte, aber in meiner Verwunderung fing ich doch allmählich höchst naiv an, ihr ins Gesicht zu sehen; indes bemerkte sie ebenso wie eine Stunde vorher bei der Probe weder meine heimlich forschenden Blicke noch meine stummen Fragen. Auf ihrem Gesicht, in ihrer Erregung, in ihrem Gang prägte sich immer noch ebendieselbe quälende Sorge aus, nur noch deutlicher, noch stärker als damals. Sie hatte es eilig, irgendwohin zu kommen, beschleunigte ihren Schritt immer mehr und blickte, sich am Rand des Gartens haltend, in jede Allee, in jede Schneise des Wäldchens hinein. Auch ich erwartete etwas. Auf einmal erscholl hinter uns Pferdegetrappel. Es war eine ganze Kavalkade von Reitern und Reiterinnen, die jenem Herrn N***oi das Geleit gaben, der unsere Gesellschaft so plötzlich verließ.

Unter den Damen befand sich auch meine Blondine, von der Herr M*** gesprochen hatte, indem er von ihren Tränen erzählte. Aber nach ihrer Gewohnheit lachte sie wie ein Kind und sprengte rasch auf einem schönen Braunen einher. Als sie uns eingeholt hatten, nahm Herr N***oi den Hut ab, hielt aber nicht an und sagte zu Frau M*** kein Wort. Bald war der ganze Schwarm unseren Blicken entschwunden. Ich sah Frau M*** an und hätte beinah laut aufgeschrien vor Erstaunen: Sie stand da, blass wie Leinwand, und große Tränen drangen aus ihren Augen. Zufällig begegneten sich unsere Blicke: Frau M*** errötete plötzlich, wandte sich einen Augenblick ab, und ein deutlicher Ausdruck von Beunruhigung und Verdruß huschte über ihr Gesicht. Ich war hier überflüssig, in noch höherem Grad als tags zuvor; das war sonnenklar, aber wo sollte ich hin?

Auf einmal schlug Frau M***, wie wenn sie meinen Wunsch erraten hätte, das Buch auf, das sie in der Hand trug; und indem sie errötete und sich offenbar Mühe gab, mich nicht anzusehen, sagte sie, wie wenn sie dessen eben erst inne würde:

»Ach! Das ist der zweite Band; ich habe mich vergriffen; bitte, hole mir doch den ersten!«

Wie hätte ich das nicht verstehen sollen! Meine Rolle war zu Ende, und es war nicht möglich, mich auf einfachere Weise fortzujagen.

Ich lief mit ihrem Buch fort und kehrte nicht wieder zurück. Der erste Band blieb an diesem Morgen ruhig auf dem Tisch liegen.

Aber ich war ganz verstört; das Herz klopfte mir heftig wie in beständiger Angst. Ich vermied es aus aller Macht, mit Frau M*** irgendwie zusammenzutreffen. Dafür betrachtete ich mit scheuer Neugier die selbstgefällige Person des Herrn M***, als ob an ihm jetzt unbedingt etwas Besonderes zu sehen sein müsse. Ich begreife absolut nicht, welchen Grund diese komische Neugier hatte; ich erinnere mich nur, dass ich in einem sonderbaren Erstaunen über all das befangen war, was ich an diesem Morgen zu sehen bekam. Aber dieser Tag hatte eben erst begonnen und war für mich überreich an Erlebnissen.

Das Mittagessen fand diesmal sehr früh statt. Für den Abend war eine gemeinsame Vergnügungspartie nach einem benachbarten Dorf geplant, zu einem ländlichen Fest, das dort gerade begangen wurde, und daher musste nach dem Mittagessen noch Zeit bleiben, um alles dazu vorzubereiten. Ich hatte mir schon seit drei Tagen von dieser Partie etwas vorfantasiert, von der ich mir außerordentlich viel Vergnügen versprach. Zum Kaffeetrinken versammelten sich fast alle auf der Terrasse. Ich schlich vorsichtig hinter den andern her und verbarg mich hinter der dreifachen Reihe von Lehnstühlen. Es zog mich die Neugier hin, und doch wollte ich um keinen Preis Frau M*** unter die Augen kommen. Aber der Zufall wollte, dass ich nicht weit von meiner Verfolgerin, der Blondine, zu sitzen kam. Diesmal war mit ihr ein Wunder geschehen, etwas Unmögliches hatte sich ereignet: Sie war noch einmal so schön geworden wie sonst. Ich weiß nicht, wie das geschieht, und woher es kommt, aber mit Frauen begeben sich solche Wunder gar nicht so selten. Es befand sich in jenem Augenblick ein neuer Gast unter uns, ein hochgewachsener junger Mann mit blassem Gesicht, ein ausgesprochener Verehrer unserer Blondine; er war soeben erst aus Moskau zu uns gekommen, gleichsam express um den abreisenden Herrn N***oi zu ersetzen, über den das Gerücht ging, dass er in unsere Schöne sterblich verliebt sei. Was den Ankömmling anlangt, so stand er schon lange mit ihr in denselben Beziehungen wie Benedikt mit Beatrice in Shakespeares »Viel Lärm um nichts«. Kurz, unsere Schöne feierte an diesem Tag einen großartigen Triumph. Ihre Scherze und ihr Geplauder waren so anmutig, von einer solchen zutraulichen Naivität, von einer solchen verzeihlichen Unvorsichtigkeit, und sie war mit einer so anmutigen Zuversicht davon überzeugt, der Gegenstand des allgemeinen Entzückens zu sein, dass ihr tatsächlich die ganze Zeit über eine Art von besonderer Verehrung dargebracht wurde. Um sie herum drängte sich ununterbrochen ein dichter Kreis erstaunter, bewundernder Zuhörer, und noch nie war sie so reizend gewesen. Jedes Wort von ihr war verführerisch und interessant, wurde begierig aufgenommen und in die Runde weitergegeben, und kein einziger ihrer Scherze, keine einzige ihrer mutwilligen Äußerungen fiel ins Wasser. Niemand hatte, wie es schien, von ihr so viel Geschmack, Witz und Geist erwartet. Alle ihre guten Eigenschaften lagen für gewöhnlich in dem ausgelassensten Unsinn, in dem eigensinnigsten Übermut vergraben, der beinah bis zur Possenreißerei ging; selten bemerkte jemand diese guten Eigenschaften, und wenn er sie bemerkte, so glaubte er nicht an sie, sodass jetzt ihr ungewöhnlicher Erfolg mit einem allgemeinen begeisterten Flüstern aufgenommen wurde.

Übrigens wirkte zu diesem Erfolg noch ein Umstand mit, ein ziemlich heikler Umstand, heikel wenigstens im Hinblick auf die Rolle, die dabei Frau N***s Mann spielte. Die schelmische Blondine hatte beschlossen (und ich muss hinzufügen: fast zum allgemeinen Vergnügen, oder wenigstens zum Vergnügen des gesamten jungen Volkes), eine grimmige Attacke auf ihn auszuführen; sie hatte dazu eine ganze Menge Gründe, die in ihren Augen wahrscheinlich sehr gewichtig waren. Sie vollführte gegen ihn ein ordentliches Schnellfeuer von Witzen, Spöttereien und Sarkasmen, und zwar war das Charakteristische dieser Angriffe nicht nur ihre unwiderstehliche Heftigkeit, sondern auch ihre Gewandtheit, Hinterlist und schlangenartige Glätte; sie gehörten eben zur Gattung derjenigen Angriffe, die direkt ihr Ziel treffen, aber von keiner Seite dem Angegriffenen die Möglichkeit bieten, einzuhaken und sich zu verteidigen; das arme Opfer erschöpft nur seine Kräfte in nutzlosen Anstrengungen und wird zur Raserei und zur komischsten Verzweiflung gebracht.

Ich weiß es nicht mit Sicherheit, glaube es aber, dass dieser extravagante Streich vorher überlegt und nicht etwa improvisiert war. Schon beim Mittagessen hatte dieses hartnäckige Duell begonnen. Ich sage »hartnäckig«, weil Herr M*** nicht so bald die Waffen streckte. Er musste seine ganze Geistesgegenwart, seinen ganzen Witz, seine ganze seltene Schlagfertigkeit zusammennehmen, um nicht völlig aufs Haupt geschlagen zu werden und sich nicht mit Schimpf und Schande zu bedecken. Die Sache ging unter ununterbrochenem, unhemmbarem Gelächter aller Zeugen und Teilnehmer des Kampfes vor sich. Jedenfalls befand sich Herr M*** an diesem Tag in einer ganz anderen Situation als am vorhergehenden. Man konnte merken, dass Frau M*** mehrere Male den Versuch machte, ihre unbesonnene Freundin zurückzuhalten, die ihrerseits dem eifersüchtigen Gatten durchaus eine Schellenkappe aufsetzen, ihn als Blaubart kostümieren wollte. So fasse ich es wenigstens auf nach dem, was mir davon im Gedächtnis geblieben ist, und nach der Rolle, die mir selbst in dieser Affäre zu spielen beschieden war.

Dies geschah plötzlich, auf die lächerlichste Weise und ganz unerwartet; es traf sich gerade, dass ich in diesem Augenblick frei sichtbar dastand, ohne etwas Schlimmes zu argwöhnen; ich hatte sogar die Vorsichtsmaßregeln von vorhin ganz vergessen. Auf einmal wurde ich ganz in den Vordergrund gerückt durch die Behauptung, ich sei Herrn M***s geschworener Feind und natürlicher Nebenbuhler; ich sei in seine Frau ganz rasend verliebt, bis über die Ohren. Und das versicherte meine Tyrannin mit ihrem Wort und beschwor es und sagte, sie habe dafür Beweise und habe zum Beispiel erst heute im Wald gesehen, dass …

Aber ich ließ sie den Satz nicht zu Ende sprechen, sondern unterbrach sie in diesem für mich so entsetzlichen Augenblick. Dieser Streich war mit so schändlicher Berechnung ausgesonnen, so verräterisch gerade für das Ende, für einen spaßhaften Abschluss vorbereitet und in einer so humoristischen, komischen Weise ins Werk gesetzt, dass eine ganze Salve allgemeinen, unhemmbaren Gelächters diesen letzten tollen Angriff begrüßte. Und obwohl ich gleich damals ahnte, dass nicht ich derjenige war, dem die ärgerlichste Rolle dabei zugefallen war, so war ich doch dermaßen verwirrt, gereizt und erschrocken, dass ich mit weinenden Augen, voll Schmerz und Verzweiflung und fast erstickend vor Scham durch zwei Reihen von Stühlen hindurchdrang, vortrat und, zu meiner Tyrannin gewendet, mit einer Stimme, die mir vor Tränen und Entrüstung fast versagte, ausrief:

»Schämen Sie sich denn nicht … laut … vor den Ohren aller Damen … eine so hässliche Unwahrheit zu sagen!? … Wie ein kleines Mädchen … vor den Ohren aller Männer … Was werden die davon denken? … Und Sie sind doch schon erwachsen … und verheiratet! …«

Aber ich konnte nicht zu Ende sprechen, denn es erscholl ein betäubendes Beifallklatschen. Mein mutiges Auftreten rief einen wahren Sturm der Begeisterung hervor. Meine naiven Gebärden, meine Tränen und namentlich der Umstand, dass ich gewissermaßen als Herrn M***s Beschützer auftrat, alles dies erzeugte ein so gewaltiges, herzliches Gelächter, dass mir sogar jetzt bei der bloßen Erinnerung furchtbar lächerlich zumute wird. Ich war außer mir, fast von Sinnen vor Erregung; und mit brennendem Kopf, das Gesicht in den Händen verbergend, stürzte ich hinaus, stieß in der Tür einen hereinkommenden Diener so an, dass er sein Präsentierbrett fallen ließ, und lief nach oben, nach meinem Zimmer. Ich riss den Schlüssel, der von außen in der Tür steckte, heraus und schloss von innen zu. Daran hatte ich recht getan, denn ich wurde verfolgt. Es war noch keine Minute vergangen, als ein ganzer Schwarm unserer hübschesten Damen meine Tür belagerte. Ich hörte ihr helles Lachen, ihr munteres Reden, ihre wohlklingenden Stimmen; sie zwitscherten alle zusammen wie die Schwalben. Allesamt baten sie mich und flehten sie mich an, ich möchte doch wenigstens für eine Minute die Tür aufmachen; sie schworen, es werde mir nicht das geringste Üble widerfahren; sie wollten mich nur totküssen. Aber was konnte es noch Schrecklicheres geben als diese neue Drohung? Ich glühte vor Scham hinter meiner Tür, verbarg das Gesicht im Kopfkissen und schloss nicht auf; ja, ich antwortete nicht einmal. Sie klopften noch lange und baten mich, aber ich war gefühllos und taub, wie es ein Elfjähriger nur sein kann.

Aber was sollte ich jetzt tun? Alles war aufgedeckt, alles enthüllt, mein ganzes Geheimnis, das ich so eifersüchtig gehütet und verborgen hatte! Ich war für mein ganzes Leben mit Schimpf und Schande bedeckt! In Wahrheit war ich selbst nicht im Stande, dasjenige zu benennen, worum ich so gebangt hatte, und was ich so gern geheim gehalten hatte, aber doch hatte ich um etwas gebangt und vor der Enthüllung dieses »Etwas« wie Espenlaub gezittert. Nur eins hatte ich bis auf diesen Augenblick nicht gewusst: Wie beschaffen dieses Etwas sei, ob schicklich oder unschicklich, rühmlich oder schimpflich, löblich oder tadelnswert. Jetzt aber, in meiner Qual und in meinem schrecklichen Leid, erkannte ich, dass es lächerlich und schimpflich war! Instinktiv fühlte ich gleichzeitig, dass dieses Verdikt unrichtig und unmenschlich und roh war, aber ich war zerschlagen und vernichtet; der Denkprozess war in meinem Innern gewissermaßen in Verwirrung geraten und ins Stocken gekommen; ich war nicht im Stande, mich gegen dieses Verdikt aufzulehnen oder auch nur eine ordentliche Kritik an ihm zu üben: Mein Geist war wie in einen Nebel gehüllt; ich empfand nur, dass mein Herz in unmenschlicher, schamloser Weise verletzt worden war, und vergoss ohnmächtige Tränen. Ich befand mich in heftiger Erregung; in mir kochten Empörung und ein Hass, wie ich ihn bis dahin niemals gekannt hatte, weil ich jetzt zum ersten Mal in meinem Leben ernstes Leid, tiefe Kränkung und Beleidigung erfahren hatte; und alles dies war tatsächlich so, ohne alle Übertreibungen. In mir, dem Kind, war das erste, noch unerfahrene, erst keimende Gefühl mit rauer Hand berührt, das erste duftige, wirkliche Schamgefühl so früh entblößt und beschimpft und das erste, vielleicht sehr ernste ästhetische Empfinden verlacht worden. Allerdings kannten und ahnten diejenigen, die mich verspottet hatten, vieles von meinen Qualen nicht. Zur Hälfte wirkte dabei auch ein verborgener Umstand mit, den ich bisher noch nicht hatte klarlegen können; ja, ich fürchtete mich gewissermaßen, dies zu tun. In Kummer und Verzweiflung blieb ich auf meinem Bett liegen und verbarg mein Gesicht in den Kissen; Hitze und Frostschauer überliefen mich abwechselnd. Zwei Fragen waren es, die mich quälten: Was hatte die nichtswürdige Blondine heute im Wäldchen zwischen mir und Frau M*** vorgehen sehen, und was konnte sie überhaupt gesehen haben? Und dann die zweite Frage: Wie und mit welchen Augen und durch welches Mittel konnte ich jetzt Frau M*** ins Gesicht sehen, ohne in demselben Augenblick auf dem Fleck vor Scham und Verzweiflung zu vergehen?

Ein ungewöhnlicher Lärm auf dem Hof weckte mich schließlich aus der halben Bewusstlosigkeit, in der ich mich befand. Ich stand auf und trat an das Fenster. Der ganze Hof war gedrängt voll von

Equipagen, Reitpferden und geschäftigen Dienern. Es schien, dass alle im Aufbruch begriffen waren; mehrere Reiter saßen schon auf ihren Pferden; andere Gäste nahmen in den Equipagen Platz. Da fiel mir der bevorstehende Ausflug ein, und allmählich füllte sich mein Herz mit einer starken Unruhe; ich hielt auf dem Hof eifrig Ausschau nach meinem Pferdchen, aber dieses war nicht da; man hatte mich also vergessen. Ich konnte mich nicht länger beherrschen und lief Hals über Kopf nach unten, ohne an die Möglichkeit unangenehmer Begegnungen oder an die mir soeben angetane Schmach zu denken.

Eine schreckliche Kunde erwartete mich. Es war diesmal für mich weder ein Reitpferd noch ein Platz in einem Wagen vorhanden: Alles war vergriffen und mit Beschlag belegt, und ich musste hinter anderen zurückstehen.

Bekümmert über dieses neue Unglück blieb ich auf den Stufen vor der Haustür stehen und blickte traurig auf die lange Reihe von Kutschen, Kabrioletts und Kaleschwagen hin, in denen für mich nicht das kleinste Plätzchen vorhanden war, und auf die geputzten Reiterinnen, unter denen die ungeduldigen Pferde von einem Bein auf das andere traten.

Einer der Reiter verspätete sich aus irgendwelchem Grund. Man wartete nur auf ihn, um aufzubrechen. An der Auffahrt stand sein Pferd, nagte am Gebiss, zerwühlte mit den Hufen die Erde, zuckte alle Augenblicke schreckhaft zusammen und bäumte sich. Zwei Stallknechte hielten es vorsichtig am Zügel, und alle hielten sich ängstlich in respektvoller Entfernung von ihm.

Es hatte in der Tat ein recht unangenehmer Vorfall stattgefunden, infolgedessen ich an der Partie nicht teilnehmen konnte. Abgesehen davon, dass neue Gäste eingetroffen waren und alle Wagenplätze und Pferde beschlagnahmt hatten, waren auch noch zwei Reitpferde erkrankt, von denen eines mein Pferdchen war.

Aber ich war nicht der Einzige, der durch diesen Vorfall zu leiden hatte: Es hatte sich herausgestellt, dass für unsern neuen Gast, jenen blassen jungen Mann, von dem ich schon gesprochen habe, ebenfalls kein Reitpferd da war. Um aus der unangenehmen Lage herauszukommen, hatte sich unser Wirt genötigt gesehen, zum letzten Mittel seine Zuflucht zu nehmen, nämlich seinen wilden, nicht zugerittenen Hengst zur Verfügung zu stellen; allerdings hatte er, um sein Gewissen nicht zu beschweren, hinzugefügt, es sei unmöglich, auf dem Tier zu reiten, und er habe es schon längst wegen seiner Wildheit verkaufen wollen, wenn sich nur ein Käufer dafür gefunden hätte. Aber der Gast hatte dieser Warnung gegenüber erklärt, er sei ein tüchtiger Reiter und jedenfalls bereit, sich auf jedes beliebige Pferd zu setzen, um nur mitzureiten. Der Wirt hatte darauf geschwiegen; jetzt aber kam es mir so vor, als spiele ein zweideutiges, schlaues Lächeln um seine Lippen. In Erwartung des Reiters, der sich seiner Kunst gerühmt hatte, hatte er selbst sein Pferd noch nicht bestiegen, rieb sich ungeduldig die Hände und blickte alle Augenblicke nach der Tür hin. Etwas Ähnliches hatte sich sogar den beiden Stallknechten mitgeteilt, die den Hengst hielten und sich vor Stolz kaum zu lassen wussten, da das ganze Publikum sie bei einem Pferd sah, das jeden Augenblick ohne Weiteres einen Menschen zu Tode bringen konnte. Etwas dem schlauen Lächeln ihres Herrn Ähnliches spiegelte sich auch in ihren Augen wider, die sie vor gespannter Erwartung weit aufgerissen hatten und ebenfalls auf die Tür gerichtet hielten, durch die der kühne Gast erscheinen musste. Ja, auch das Pferd benahm sich so, als hätte es sich gleichfalls mit dem Wirt und den Knechten verabredet: Es betrug sich stolz und hochmütig, als fühle es, dass ein paar Dutzend neugieriger Augen es beobachteten, und als brüste es sich vor allen Leuten mit seinem schlechten Ruf, gerade wie mancher unverbesserliche Galgenstrick mit seinen üblen

Streichen prahlt. Der Hengst schien den Wagehals herauszufordern, der so dreist wäre, ein Attentat auf seine Freiheit zu unternehmen.

Endlich erschien dieser Wagehals. Sich schämend, dass er auf sich hatte warten lassen, und sich eilig die Handschuhe anziehend, schritt er, ohne nach etwas hinzublicken, vorwärts, stieg die Stufen vor der Haustür hinab und hob die Augen erst dann in die Höhe, als er die Hand ausstrecken wollte, um das ungeduldig wartende Pferd am Rist zu fassen, wurde aber plötzlich durch dessen wütendes Aufbäumen und einen warnenden Zuruf der ganzen erschrockenen Zuschauerschaft in Bestürzung versetzt. Der junge Mann trat zurück und blickte befremdet das wilde Pferd an, das am ganzen Leib wie Espenlaub zitterte, vor Grimm schnaubte, mit den blutunterlaufenen Augen wild um sich sah und sich alle Augenblicke auf die Hinterbeine stellte und die Vorderbeine in die Höhe hob, wie wenn es sich anschickte, in die Luft hinaufzustürmen und die beiden haltenden Stallknechte mit sich fortzuführen. Eine kleine Weile stand der junge Mann ganz betroffen da; dann errötete er in leiser Verwirrung ein wenig, hob die Augen auf, schaute rings um sich und betrachtete die erschrockenen Damen.

»Ein sehr gutes Pferd!«, sagte er, wie wenn er zu sich selbst spräche, »und meiner Ansicht nach muss es sehr angenehm sein, auf ihm zu reiten, aber … aber wissen Sie was? Ich für meine Person werde nicht mitreiten«, schloss er, zu unserm Wirt gewendet, mit seinem breiten, gutmütigen Lächeln, das seinem guten, klugen Gesicht so gut stand.

»Und ich halte Sie dennoch für einen vorzüglichen Reiter; das schwöre ich Ihnen«, antwortete der erfreute Besitzer des unnahbaren Pferdes und drückte seinem Gast warm und sogar ordentlich dankbar die Hand, »dafür halte ich Sie gerade deswegen, weil Sie gleich von vornherein gemerkt haben, mit was für einer Bestie Sie da zu tun haben«, fügte er mit würdevollem Ernst hinzu. »Werden

Sie es mir glauben: Ich bin dreiundzwanzig Jahre Husar gewesen und habe schon dreimal durch die Gnade dieses Rackers das Vergnügen gehabt, auf der Erde zu liegen, das heißt, gerade so oft, wie ich ihn bestiegen habe, diesen unnützen Fresser … Tankred, mein Freund, wir taugen hier alle nicht für dich; der Reiter, der dich zu bändigen vermag, ist offenbar noch nicht geboren. Na, dann führt ihn wieder weg! Er hat hier die Menschen genug erschreckt! Es ist zwecklos gewesen, dass ihr ihn hergeführt habt«, schloss er und rieb sich dabei wohlgefällig die Hände.

Ich muss dabei bemerken, dass Tankred ihm nicht den geringsten Nutzen brachte, sondern nur, ohne etwas zu leisten, sein Futter fraß; außerdem hatte der alte Husar durch ihn sein ganzes früheres Renommee als Remonteoffizier eingebüßt, da er einen fabelhaften Preis für einen nutzlosen Fresser bezahlt hatte, der nur durch seine Schönheit imponierte. Aber doch war unser Wirt jetzt darüber entzückt, dass sein Tankred seiner Würde nichts vergeben, sondern wieder einmal einen Reiter abgeschreckt und sich dadurch neue Lorbeeren, wenn auch von sinnloser Art, erworben hatte.

»Wie? Sie reiten nicht mit?«, rief die Blondine, die diesmal ihren cavalier servant unbedingt bei sich haben wollte. »Haben Sie wirklich Furcht?«

»Ja, die habe ich wahrhaftig!«, antwortete der junge Mann.

»Sagen Sie das im Ernst?«

»Hören Sie, wünschen Sie wirklich, dass ich mir den Hals breche?«

»Dann setzen Sie sich schnell auf mein Pferd: Seien Sie unbesorgt, es ist sehr fromm. Wir werden keinen Aufenthalt verursachen; die Sättel lassen sich in einem Augenblick vertauschen! Ich will versuchen, Ihr Pferd zu nehmen; Tankred wird doch gewiss nicht immer so unhöflich sein.«

Gesagt, getan! Der Tollkopf sprang aus dem Sattel und stand bei Beendigung des letzten Satzes schon vor uns.

»Da kennen Sie aber Tankred schlecht, wenn Sie glauben, er werde sich Ihren unbequemen Sattel auflegen lassen! Und ich werde auch nicht dulden, dass Sie sich den Hals brechen; das wäre doch wirklich schade!«, sagte unser Wirt, indem er in diesem Augenblick innerer Befriedigung seiner steten Gewohnheit gemäß die auch ohnedies schon affektierte und gekünstelte Derbheit, ja Grobheit seiner Ausdrucksweise geflissentlich noch mehr steigerte, was ihn seiner Meinung nach als einen guten Kerl und alten Militär erscheinen ließ und namentlich den Damen gefallen musste. Es war dies eine fixe Idee von ihm, sein uns allen wohlbekanntes Steckenpferd.

»Nun, und du, du weinerliches Jüngelchen, willst du es nicht probieren? Du hattest ja so große Lust mitzureiten«, sagte die mutige Reiterin, als sie mich bemerkte, und deutete spöttisch mit einer Kopfbewegung auf Tankred hin. Sie sagte das eigentlich nur, um nicht ganz unverrichteter Sache fortgehen zu müssen, da sie schon vergeblich vom Pferd gestiegen war, und um mich nicht ohne ein spitzes Wort davonzulassen, da ich selbst die Unachtsamkeit begangen hatte, ihr wieder vor Augen zu kommen.

»Du bist gewiss nicht so einer wie … nun, was bedarf es da noch der Worte, du bist ja als Held bekannt und wirst dich schämen, dich feige zu zeigen, besonders wenn alle nach dir hinsehen, du schöner Page«, fügte sie mit einem schnellen Seitenblick nach Frau M*** hinzu, deren Equipage am nächsten an der Haustür stand.

Hass und Rachsucht hatten mein Herz geschwellt, als die schöne Amazone mit der Absicht, sich auf Tankred zu setzen, zu uns getreten war. Aber ich vermag nicht zu schildern, was ich bei dieser unerwarteten Herausforderung der mutwilligen Dame empfand. Es wurde mir ordentlich dunkel vor den Augen, als ich den Blick auffing, den sie auf Frau M*** richtete. In einem Augenblick flammte in meinem Kopf eine Idee auf … ja, es war nur ein Augenblick, noch weniger als ein Augenblick, wie ein Aufblitzen von Schießpulver. Entweder war das Maß übervoll geworden, und ich empörte mich nun plötzlich mit meinem ganzen wiedererwachten Mut, und zwar so, dass ich auf einmal Lust bekam, alle meine Feinde schamrot zu machen und mich an ihnen für alles und vor aller Augen zu rächen, indem ich jetzt zeigte, was ich für ein Mensch sei; oder aber es unterrichtete mich durch eine Art von Wunder jemand in diesem Augenblick in der Geschichte des Mittelalters, von der ich bis dahin noch keine Ahnung gehabt hatte, und in meinem von Schwindel ergriffenen Kopf blitzten allerlei romantische Vorstellungen auf: Turniere, Paladine, Helden, schöne Damen, Schwerterklirren, Beifallsrufen und -klatschen der Menge, und zwischen all diesem Lärm ein schüchterner Aufschrei eines angstvollen Herzens, der dem stolzen Geist süßer und teurer ist als Sieg und Ruhm – ich weiß nicht mehr, ob all dieser Unsinn damals wirklich in meinem Kopf vorhanden war oder, wohl richtiger, nur eine Ahnung dieses Unsinns, den ich später einmal unvermeidlich kennenlernen musste: Ich war mir nur bewusst, dass meine Stunde geschlagen hatte. Mein Herz hüpfte und zitterte, und ich erinnere mich selbst nicht mehr, wie ich mit einem Satz die Stufen hinabsprang und nun neben Tankred stand.

»Glauben Sie, dass ich mich fürchte?«, rief ich dreist und stolz. Vor fieberhafter Erregung wurde es mir dunkel vor den Augen, der Atem stockte mir, und ich errötete so, dass mir die Tränen auf den Backen brannten. »Da! Sehen Sie her!« Und Tankred am Rist fassend, trat ich mit dem einen Fuß in den Steigbügel, ehe noch jemand die geringste Bewegung machen konnte, um mich zurückzuhalten, aber in diesem Augenblick richtete sich Tankred auf den Hinterbeinen auf, warf den Kopf in die Höhe, riss sich mit einem mächtigen Sprung aus den Händen der erstarrt dastehenden Stallknechte los und flog wie ein Wirbelwind davon, gefolgt von einem allgemeinen Aufschrei des Schreckens.

Gott weiß, wie es mir gelang, im vollen Dahinjagen den andern Fuß in den Steigbügel hineinzubringen; auch ist es mir unbegreiflich, wie es zuging, dass ich die Zügel nicht verlor. Tankred sprengte mit mir aus dem Gittertor hinaus, machte dann eine scharfe Wendung nach rechts und preschte am Gitter entlang, aufs Geratewohl, ohne sich um den Weg zu kümmern. Erst in diesem Augenblick hörte ich hinter mir das Geschrei von fünfzig Stimmen, und dieses Geschrei erweckte in meinem ersterbenden Herzen ein solches Gefühl der Befriedigung und des Stolzes, dass ich diesen tollen Moment meines Kinderlebens nie vergessen werde. Alles Blut strömte mir nach dem Kopf, betäubte mich und überschwemmte und erstickte meine Furcht. Ich wusste nicht von mir selbst. Tatsächlich war, wie ich mich jetzt erinnere, in alledem gewissermaßen geradezu etwas Ritterhaftes.

Indessen begann und endete mein Rittertum in weniger als einem Augenblick; sonst wäre es auch dem Ritter übel ergangen. Auch so weiß ich nicht, wie ich gerettet wurde. Zu reiten verstand ich; das hatte ich gelernt. Aber mein Pferdchen hatte mehr Ähnlichkeit mit einem Schaf als mit einem richtigen Reitpferd. Selbstverständlich wäre ich von Tankred abgeflogen, wenn er nur Zeit gehabt hätte, mich abzuwerfen, aber nachdem er etwa fünfzig Schritte galoppiert war, scheute er plötzlich vor einem großen Steine, der ihm im Weg lag, und stürzte blindlings zurück. Er wendete so kurz auf dem Fleck um, dass es mir noch jetzt ein Rätsel ist, wie es zuging, dass ich nicht wie ein Ball zwölf Schritte weit aus dem Sattel flog und zerschmettert liegen blieb, und dass Tankred sich bei einer so kurzen Schwenkung nicht die Beine verrenkte. Er stürmte zum Tor zurück, indem er zornig mit dem Kopf herumschlug, von einer Seite zur andern sprang, sinnlos vor Wut die Beine, wie es sich traf, in die Luft schleuderte und bei jedem Sprung mich von seinem Rücken abzuschütteln versuchte, wie wenn ein Tiger auf ihn hinaufgesprungen wäre und die Zähne und die Krallen in sein Fleisch hineingeschlagen hätte. Noch ein Augenblick, und ich wäre heruntergeflogen; ich war bereits im Fallen begriffen, aber schon kamen einige Reiter zu meiner Rettung herbeigejagt. Zwei von ihnen versperrten dem Hengst den Weg ins freie Feld; zwei andere galoppierten auf beiden Seiten dicht neben ihm her und zwängten ihn mit den Flanken ihrer eigenen Pferde so zusammen, dass sie mir fast die Beine zerquetschten; beide hielten ihn schon an den Zügeln fest. In wenigen Sekunden waren wir wieder an der Haustür.

Bleich und kaum atmend wurde ich vom Pferd gehoben. Ich zitterte am ganzen Leib wie ein Grashalm im Wind; Tankred stand, sich mit dem ganzen Körper nach hinten stemmend, da, ohne sich zu rühren, als ob er mit den Hufen in der Erde festgewachsen wäre, stieß heftig den glühenden Atem aus den roten, dampfenden Nüstern, zitterte ebenfalls in kleinen Schauern am ganzen Leib wie ein Blatt und war gleichsam starr vor Empörung und Wut darüber, dass die Dreistigkeit des Kindes ungestraft geblieben war. Um mich herum erschollen Ausrufe der Bestürzung, des Erstaunens und des Schreckens.

In diesem Augenblick begegnete mein umherirrender Blick dem Blick der erregten, ganz blass gewordenen Frau M***, und ich kann das nie vergessen: Plötzlich wurde mein Gesicht von dunkler Röte übergossen und begann wie Feuer zu brennen; ich weiß nicht mehr, was mit mir geschah, aber verwirrt und erschreckt durch mein eigenes Gefühl schlug ich schüchtern die Augen zu Boden. Jedoch mein Blick war bemerkt, abgefasst, aufgefangen worden. Aller Augen wandten sich zu Frau M*** hin, und überrascht von der allgemeinen Aufmerksamkeit, die sich plötzlich auf sie richtete, errötete sie in einer unwillkürlichen, naiven Empfindung selbst wie ein Kind und bemühte sich mit großer Anstrengung, aber mit sehr geringem Erfolg, ihr Erröten durch Lachen zu verdecken.

Alles dies war natürlich vom Standpunkt eines Unbeteiligten aus sehr lächerlich, aber in diesem Augenblick rettete mich vor dem allgemeinen Gelächter eine sehr naive, unerwartete Handlung, die dem ganzen Ereignis ein besonderes Kolorit verlieh. Die Urheberin des ganzen aufregenden Vorfalls, sie, die bisher meine unversöhnliche Feindin gewesen war, meine schöne Tyrannin, stürzte auf einmal auf mich zu, um mich zu umarmen und zu küssen. Sie hatte ihren Augen nicht getraut, als sie sah, dass ich es wagte, ihre Herausforderung anzunehmen und den Handschuh aufzuheben, den sie mir mit einem Seitenblick auf Frau M*** zuwarf. Sie war vor Angst um mich und vor Gewissensbissen beinah gestorben, als ich auf Tankred dahinflog; jetzt aber, wo alles zu Ende war, und besonders wo sie mit den andern zusammen meinen Frau M*** zugeworfenen Blick aufgefangen und meine Verwirrung und mein plötzliches Erröten gesehen hatte, und wo sie es fertig gebracht hatte, meiner Handlungsweise vermöge der romantischen Veranlagung ihres leichtsinnigen Köpfchens eine neue, geheime, unausgesprochene Bedeutung beizulegen, jetzt, nach alledem, geriet sie über meine »Ritterlichkeit« in ein solches Entzücken, dass sie auf mich zustürzte und voller Rührung, voller Stolz auf mich und voller Freude mich an ihre Brust drückte. Einen Augenblick darauf hob sie ihr Gesichtchen, das einen sehr naiven, sehr ernsten Ausdruck trug, und auf dem zwei kleine, kristallhelle Tränchen zitterten und glänzten, zu allen, die um uns beide herumstanden, in die Höhe und sagte in einem würdig-ernsten Ton, wie man ihn von ihr noch nie gehört hatte, indem sie auf mich zeigte: »Mais c'est très sérieux, messieurs, ne riez pas!«, ohne zu bemerken, dass alle wie bezaubert vor ihr standen und sich an dem Anblick ihres reinen, aufrichtigen Entzückens weideten. Diese ganze unerwartete, schnelle Handlung von ihrer Seite, dieses ernste Gesichtchen, diese gutherzige Naivität, diese ernsthaften Tränen, die man ihr bisher nicht zugetraut hatte, und die jetzt ihre sonst immer lachenden Augen füllten, dies alles war an ihr ein so unerwartetes Wunder, dass alle, die vor ihr standen, von ihrem Blick und von ihren schnellen, lebhaften Worten und Gebärden wie elektrisiert waren. Es schien, dass niemand die Augen von ihr abwenden mochte, weil er sich den seltenen Anblick der Begeisterung auf ihrem Gesicht nicht entgehen lassen wollte. Selbst unser Wirt wurde rot wie eine Tulpe, und manche versicherten, nachher aus seinem Mund das Geständnis gehört zu haben, er sei »zu seiner Schande« beinah eine ganze Minute lang in seinen schönen Gast verliebt gewesen. Nun, es versteht sich von selbst, dass ich nach allem, was vorgegangen war, als ein Ritter, als ein Held angesehen wurde.

»Delorges, Toggenburger!«, wurde ringsumher gerufen.

Es erscholl Händeklatschen.

»Donnerwetter, diese heranwachsende Generation!«, fügte unser Wirt hinzu.

»Aber er soll mitkommen, er soll unbedingt mit uns mitkommen!«, rief die Schöne. »Wir müssen und werden einen Platz für ihn finden. Er soll neben mir sitzen, auf meinem Schoß … oder nein, nein! Ich habe mich versprochen!«, verbesserte sie sich kichernd; sie konnte bei der Erinnerung an unsere erste Bekanntschaft das Lachen nicht unterdrücken. Aber während sie lachte, streichelte sie zärtlich meine Hand und bemühte sich aus allen Kräften, mich zu lieblosen, damit ich mich nicht beleidigt fühlen möchte.

»Unbedingt, unbedingt!«, stimmten ihr mehrere bei, »er muss mitkommen; er hat sich einen Platz erobert.«

Und die Angelegenheit wurde sofort in Ordnung gebracht. Eben jene alte Jungfer, die meine Bekanntschaft mit der Blondine herbeigeführt hatte, wurde sofort von allen jungen Leuten mit Bitten überhäuft, sie möchte doch zu Hause bleiben und mir ihren Platz abtreten, und sie sah sich genötigt, einzuwilligen, äußerlich lächelnd, innerlich vor Wut zischend. Ihre Gönnerin, um die sie herum zu sein pflegte, meine frühere Feindin und neue Freundin, rief ihr, während sie schon auf ihrem feurigen Pferd losgaloppierte und wie ein Kind lachte, zu, sie beneide sie und würde selbst gern mit ihr zu Hause bleiben, da es gleich regnen werde und wir alle nass werden würden.

Und den Regen hatte sie richtig prophezeit. Eine Stunde darauf brach ein gehöriger Platzregen los, und unsere Partie wurde gründlich verdorben. Wir mussten mehrere Stunden lang in Bauernhäusern warten und konnten erst nach neun Uhr in der noch vom Regen feuchten Luft die Rückfahrt antreten. Ich hatte ein wenig Fieber bekommen. Gerade in dem Augenblick, als wir einsteigen und abfahren wollten, trat Frau M*** zu mir und wunderte sich darüber, dass ich nur eine Jacke anhatte und in bloßem Hals war. Ich antwortete, ich hätte keine Zeit gehabt, meinen Mantel mitzunehmen. Sie nahm eine Nadel und steckte mir den Umlegekragen meines Hemdes weiter oben zusammen; dann nahm sie ein rotes Batisttüchlein von ihrem Hals und band es mir um, damit ich mir nicht den Hals erkälten möchte. Hierauf entfernte sie sich so eilig, dass ich nicht einmal Zeit hatte, ihr zu danken.

Als wir aber nach Hause gekommen waren, fand ich sie in dem kleinen Salon mit der Blondine und dem blassen jungen Mann zusammen, der sich an diesem Tag den Ruf eines tüchtigen Reiters dadurch erworben hatte, dass er sich gefürchtet hatte, Tankred zu besteigen. Ich trat zu ihr, um mich zu bedanken und ihr das Tuch zurückzugeben. Aber jetzt, nach all meinen Abenteuern, schämte ich mich gewissermaßen; ich wollte so schnell wie möglich nach oben gehen und dort in Ruhe alles überdenken und mit mir ins Klare kommen. Ich war übervoll von Gefühlen. Als ich ihr das Tuch zurückgab, wurde ich wie gewöhnlich rot bis über die Ohren.

»Ich wette darauf, dass er das Tuch gern behalten möchte«, sagte der junge Mann lachend, »man sieht es ihm an den Augen an, dass es ihm schmerzlich ist, sich von Ihrem Tuch zu trennen.«

»Gewiss, gewiss!«, fiel die Blondine ein. »Nein, so einer!«, sagte sie kopfschüttelnd mit fingiertem Ärger, hielt aber schnell vor einem ernsten Blick der Frau M*** inne, die nicht wünschte, dass der Scherz zu weit getrieben werde.

Ich ging so bald wie möglich weg.

»Na, aber was bist du für ein Mensch!«, sagte die Schelmin, die mich im anstoßenden Zimmer einholte und freundschaftlich meine beiden Hände ergriff. »Du hättest das Halstuch doch einfach nicht zurückgeben sollen, wenn dir an seinem Besitz so viel lag. Du konntest ja sagen, du hättest es irgendwo verlegt, und die Sache wäre erledigt gewesen. Was bist du für ein Mensch! Hast so etwas nicht zu machen verstanden! So ein schnurriger Kauz!«

Sie gab mir mit dem Finger einen leichten Schlag unter das Kinn und lachte darüber, dass ich rot wie eine Mohnblume wurde.

»Ich bin ja doch jetzt deine Freundin, nicht wahr? Unsere Feindschaft ist zu Ende, ja?«

Ich lachte und drückte ihr schweigend die Hand.

»Na also! … Wovon bist du denn jetzt so blass und zitterst so? Hast du Fieber?«

»Ja, ich bin nicht wohl.«

»Ach, du Armer! Das kommt von den starken Aufregungen! Weißt du was? Das Beste ist, wenn du dich schlafen legst, ohne auf das Abendbrot zu warten. Dann vergeht es über Nacht. Komm!«

Sie führte mich nach oben und schien sich in ihrer Sorge für mich gar nicht genug tun zu können. Sie verließ mich, damit ich mich auskleiden könne, lief nach unten, bestellte Tee für mich und brachte ihn mir selbst, nachdem ich mich schon hingelegt hatte. Sie brachte mir auch eine warme Decke. Ich war ganz überrascht und gerührt, dass sie mich in dieser Weise pflegte und wartete; oder war ich auch schon durch die Ereignisse des ganzen Tages, durch die Ausfahrt und das Fieber in eine solche Stimmung versetzt: Genug, als ich ihr Gute Nacht sagte, umarmte ich sie fest und innig wie den besten, nächsten Freund, und alle Empfindungen, die ich an diesem Tag durchgemacht hatte, drangen zugleich auf mein ganz matt gewordenes Herz ein; ich schmiegte mich an ihre Brust und weinte beinahe. Sie bemerkte meine empfindsame Stimmung, und sie, meine Schelmin, schien selbst ein bisschen gerührt zu sein.

»Du bist ein sehr guter Junge«, flüsterte sie und sah mich mit sanften Augen an. »Bitte, sei mir nicht mehr böse, nein?«

Kurz, wir waren die zärtlichsten, treuesten Freunde geworden.

Es war noch recht früh, als ich erwachte, aber die Sonne durchflutete schon das ganze Zimmer mit hellem Licht. Ich sprang aus dem Bett und fühlte mich vollständig gesund und frisch, als ob ich tags zuvor gar kein Fieber gehabt hätte; statt seiner empfand ich jetzt eine unaussprechliche Freude. Ich rief mir den vorhergehenden Tag ins Gedächtnis zurück und fühlte, dass ich wer weiß was darum gegeben hätte, wenn ich in diesem Augenblick meine neue Freundin, die blonde Schöne, wie gestern hätte umarmen können, aber es war noch sehr früh, und alle schliefen. Eilig zog ich mich an und ging hinunter in den Garten und von da in das Wäldchen. Ich durchschritt es bis zu einer Stelle, wo das Grün am dichtesten und der Harzgeruch der Bäume am kräftigsten war, und wohin die Sonnenstrahlen am lustigsten hineinschauten, sich freuend, dass es ihnen hier und da gelang, das neblige Dunkel des Laubwerks zu durchdringen. Es war ein herrlicher Morgen.

Unvermerkt kam ich immer weiter und weiter und gelangte schließlich an das andere Ende des Wäldchens, an die Moskwa. Sie floss ungefähr zweihundert Schritte vor mir, am Fuß des Berges. Am gegenüberliegenden Ufer wurde Gras gemäht Ich konnte mich gar nicht daran sattsehen, wie ganze Reihen scharfer Sensen bei jedem Ausholen der Schnitter gleichzeitig aufleuchteten und dann plötzlich wieder verschwanden, gleich feurigen Schlänglein, die sich irgendwohin versteckten, und wie das von der Wurzel abgeschnittene Gras in dichten, fetten Häufchen zur Seite flog und sich in langen, geraden Schwaden lagerte. Ich erinnere mich nicht mehr, wie viel Zeit ich mit diesem Zusehen verbracht hatte, als ich plötzlich zur Besinnung kam, da ich in dem Wäldchen, etwa zwanzig Schritte von mir entfernt, in einer Schneise, die sich von der Chaussee nach dem Gutshaus hinzog, das Schnauben und ungeduldige Stampfen eines Pferdes hörte, das mit dem Huf die Erde zerwühlte. Ich weiß nicht, ob ich dieses Pferd jetzt eben erst hörte und der Reiter soeben erst herbeigekommen war und angehalten hatte, oder ob das Geräusch schon lange an mein Ohr gedrungen war, dieses aber nur erfolglos gekitzelt hatte, ohne mich aus meinen Träumereien erwecken zu können. Neugierig trat ich in das Wäldchen zurück und vernahm, nachdem ich ein paar Schritte gegangen war, Stimmen, die schnell, aber leise sprachen. Ich ging noch näher heran, bog behutsam die Zweige der letzten Büsche auseinander, die die Schneise einsäumten, und prallte sogleich erstaunt zurück: Vor meinen Augen schimmerte ein wohlbekanntes weißes Kleid, und eine sanfte Frauenstimme widerhallte in meinem Herzen wie Musik. Es war Frau M***. Sie stand neben einem Reiter, der eilig vom Pferd herab zu ihr sprach, und zu meiner Verwunderung erkannte ich in ihm Herrn N***oi, jenen jungen Mann, der schon gestern Morgen von uns weggereist war, und mit dem Herrn M***s Gedanken so sehr beschäftigt gewesen waren. Aber damals hatte es geheißen, er reise sehr weit weg, irgendwohin, nach Südrußland, und darum wunderte ich mich sehr, ihn wieder bei uns zu sehen, so früh am Morgen und allein mit Frau M***.

Sie war so lebhaft und erregt, wie ich sie noch nie gesehen hatte, und auf ihren Wangen glitzerten Tränen. Der junge Mann hielt ihre Hand gefasst und küsste sie, indem er sich vom Sattel hinabbeugte. Ich hatte den Augenblick getroffen, wo sie bereits voneinander Abschied nahmen. Sie schienen große Eile zu haben. Zuletzt zog er einen versiegelten Brief aus der Tasche, reichte ihn ihr hin, umschlang sie mit einem Arm, und zwar wie vorher ohne vom Pferd zu steigen, und küsste sie lange und innig. Einen Augenblick darauf versetzte er seinem Pferd einen Schlag mit der Reitpeitsche und jagte wie ein Pfeil an mir vorüber. Frau M*** folgte ihm einige Sekunden lang mit den Augen und schlug dann nachdenklich und niedergeschlagen den Weg nach dem Haus ein. Aber nachdem sie einige Schritte in der Schneise gemacht hatte, schien sie sich plötzlich eines anderen zu besinnen, zerteilte eilig die Büsche und ging durch das Wäldchen.

Ich folgte ihr, verwirrt und erstaunt über alles, was ich gesehen hatte. Mein Herz schlug heftig wie vor Schreck. Ich war wie erstarrt, wie von einem Nebel umfangen; meine Gedanken waren zerstreut und wie zerschlagen, aber ich erinnere mich, dass mir furchtbar traurig zumute war. Ab und zu schimmerte vor mir ihr weißes Kleid durch die Büsche. Mechanisch folgte ich ihr, ohne sie aus den Augen zu lassen, aber ich zitterte bei dem Gedanken, dass sie mich bemerken könne. Endlich trat sie auf den Steig hinaus, der in den Garten führte. Ich wartete eine halbe Minute und tat dann dasselbe, aber wie groß war mein Erstaunen, als ich plötzlich auf dem roten Sand des Steiges einen versiegelten Brief bemerkte, den ich auf den ersten Blick erkannte: Es war jener selbe Brief, den Frau M*** zehn Minuten vorher erhalten hatte.

Ich hob ihn auf: Er wies auf allen Seiten weißes Papier, ohne Aufschrift; dem Äußern nach war er nicht groß, aber dick und schwer, wie wenn drei oder noch mehr Bogen Briefpapier darin wären.

Was hatte dieser Brief zu bedeuten? Ohne Zweifel enthielt er die Erklärung des ganzen Geheimnisses. Vielleicht war darin das dargelegt, wovon Herr N***oi bei der Kürze des eiligen Rendezvous nicht hatte hoffen können, dass er die Möglichkeit haben werde, es auszusprechen. Er war ja nicht einmal vom Pferd gestiegen. Hatte er so große Eile gehabt, oder hatte er vielleicht gefürchtet, in der Stunde des Abschieds seinem Vorsatz untreu zu werden – Gott mochte es wissen …

Ich blieb stehen, ohne auf den Weg hinauszutreten, warf den Brief auf ihn an einer recht sichtbaren Stelle hin und wandte die Augen nicht von ihm ab, in der Annahme, Frau M*** werde, sobald sie den Verlust bemerke, umkehren und suchen. Aber nachdem ich ungefähr vier Minuten lang gewartet hatte, hielt ich es nicht mehr aus, hob meinen Fund wieder auf, steckte ihn in die Tasche und machte mich daran, Frau M*** einzuholen. Ich erreichte sie erst im Garten, in der großen Allee; sie ging geradeswegs nach dem Gutshaus, mit schnellen, eiligen Schritten, aber nachdenklich und die Augen auf den Boden geheftet. Ich wusste nicht, was ich tun sollte. Sollte ich an sie herantreten und ihr den Brief übergeben? Das hätte so viel geheißen als ihr sagen, dass ich alles wisse, alles gesehen hätte. Ich hätte mich beim ersten Wort verraten. Und mit welchen Augen hätte ich sie ansehen sollen? Mit welchen Augen würde sie mich angesehen haben? Ich erwartete immer noch, dass sie an den Brief denken, nach ihm greifen, den Verlust bemerken und denselben Weg zurückgehen werde. Dann hätte ich unbemerkt den Brief auf den Weg werfen können, und sie hätte ihn gefunden. Aber nein! Wir näherten uns schon dem Haus; man hatte sie schon bemerkt …

Es traf sich, dass an diesem Morgen fast alle sehr früh aufgestanden waren, weil sie schon gestern infolge der verunglückten Partie eine neue in Aussicht genommen hatten, von der ich nichts wusste. Alle machten sich zum Aufbruch fertig und frühstückten auf der Terrasse. Ich wartete ungefähr zehn Minuten, um nicht mit Frau M*** zusammen gesehen zu werden, machte im Garten einen Umweg und kam von einer anderen Seite zum Haus, erheblich später als sie. Sie ging blass und erregt auf der Terrasse auf und ab; die Arme hielt sie auf der Brust verschränkt, und aus allen Anzeichen war zu ersehen, dass sie sich aus aller Kraft bemühte, den quälenden, verzweifelten Kummer in ihrem Innern zu ersticken, der sich in ihren Augen, in ihrem Gang, in jeder Bewegung deutlich bekundete. Manchmal stieg sie die Stufen hinab und ging einige Schritte zwischen den Blumenbeeten in der Richtung nach dem Garten zu; ihre Augen suchten hastig, unruhig, ja unvorsichtig etwas auf dem Sand der Steige und auf dem Fußboden der Terrasse. Es war kein Zweifel: Sie hatte den Verlust wahrgenommen und schien zu glauben, dass sie den Brief irgendwo dort, in der Nähe des Hauses, verloren habe; ja, so war es, sie war davon überzeugt!

Ihr blasses Aussehen und ihre Aufregung fielen jemandem, und dann auch anderen, auf. Sie wurde mit Fragen nach ihrem Befinden, mit lästigen Ausdrücken des Bedauerns überschüttet und musste scherzen, lachen, sich heiter stellen. Ab und zu warf sie einen Blick nach ihrem Mann hin, der im Gespräch mit zwei Damen am Ende der Terrasse stand, und die arme Frau wurde von demselben Zittern und derselben Verwirrung befallen wie damals, am ersten Abend seiner Ankunft. Ich stand, die Hand in der Tasche haltend und den Brief fest mit ihr umschließend, etwas entfernt von allen da und flehte das Schicksal an, dass Frau M*** mich bemerken möchte. Ich wollte sie gern ermutigen und beruhigen, wenn auch nur durch einen Blick, ihr flüchtig und verstohlen etwas sagen. Aber als sie mich zufällig ansah, fuhr ich zusammen und schlug die Augen nieder.

Ich sah ihre Qual und irrte mich nicht. Ich kenne auch heutigen Tages ihr Geheimnis nicht und weiß nichts als das, was ich selbst gesehen und soeben erzählt habe. Vielleicht war dieses Verhältnis gar nicht von der Art, wie man es auf den ersten Blick vermuten konnte. Vielleicht war dieser Kuss ein Abschiedskuss gewesen; vielleicht war er der letzte schwache Lohn für das Opfer gewesen, das Herr N***oi durch seine Abreise ihrer Ruhe und ihrer Ehre gebracht hatte. Er war abgereist; er hatte sie verlassen, vielleicht für immer. Und was schließlich sogar diesen Brief betraf, den ich in der Hand hielt, wer wusste, was er enthielt? Wie konnte man darüber urteilen, und wer durfte den Stab über sie brechen? Aber doch (daran war kein Zweifel) wäre die plötzliche Enthüllung des Geheimnisses ein Donnerschlag, eine Katastrophe in ihrem Leben gewesen. Ich erinnere mich noch deutlich an ihr Gesicht in jenem Augenblick: Es war kein tieferes Leid denkbar. Zu fühlen, zu wissen, dass das Unglück herannahte, davon überzeugt zu sein, wie auf die eigene Hinrichtung darauf zu warten, dass in einer Viertelstunde, in einer Minute vielleicht alles aufgedeckt werde, indem jemand den Brief finde und aufhebe; er war ohne Aufschrift; man würde ihn öffnen, und dann … was dann? Welche Hinrichtung konnte schrecklicher sein als die, welche ihrer wartete? Sie ging zwischen ihren künftigen Richtern umher. Im nächsten Augenblick würden ihre lächelnden, liebenswürdigen Gesichter sich in finstere, unerbittliche verwandeln. Sie würde Spott, Schadenfreude und eisige Verachtung auf diesen Gesichtern lesen, und dann würde in ihrem Leben eine stete Nacht anbrechen ohne einen nachfolgenden Morgen … Ja, ich begriff damals alles dies nicht so, wie ich jetzt darüber denke. Ich konnte nur vermuten und ahnen und mich im Herzen wegen ihrer Gefahr grämen, die ich nicht einmal ganz zu ermessen vermochte. Aber welches auch der Inhalt ihres Geheimnisses sein mochte, durch die traurigen Minuten, deren Zeuge ich war, und die ich nie vergessen werde, war vieles gesühnt, wenn überhaupt etwas gesühnt zu werden brauchte.

Aber da erscholl der fröhliche Ruf zur Abfahrt; alle gerieten in freudige Bewegung; von allen Seiten erklang munteres Reden und Lachen. Zwei Minuten darauf war die Terrasse leer geworden. Frau M*** hatte auf die Teilnahme an der Partie verzichtet, indem sie endlich eingestand, dass sie nicht wohl sei. Aber zum Glück hatten es alle mit dem Aufbruch sehr eilig und fanden keine Zeit mehr, ihr mit Ausdrücken des Bedauerns, Fragen und Ratschlägen lästig zu fallen. Nur wenige waren zu Hause geblieben. Ihr Mann sagte ein paar Worte zu ihr; sie antwortete, sie werde noch heute wieder gesund werden; er möge sich nicht beunruhigen; sie habe keinen Grund sich hinzulegen, sondern werde in den Garten gehen, allein … mit mir … Hier sah sie mich an. Nichts konnte sich glücklicher fügen! Ich errötete vor Freude. Eine Minute darauf waren wir unterwegs.

Sie ging dieselben Alleen, Steige und Fußpfade, auf denen sie kurz vorher aus dem Wäldchen zurückgekehrt war. Sie erinnerte sich instinktiv ihres früheren Weges, blickte starr vor sich hin, ohne die Augen von der Erde wegzuwenden und suchte etwas auf ihr; sie gab mir keine Antworten und hatte vielleicht überhaupt vergessen, dass ich mit ihr mitging.

Aber als wir beinahe zu der Stelle gelangt waren, wo ich den Brief aufgehoben hatte, und wo der Steig aufhörte, blieb Frau M*** plötzlich stehen und sagte mit schwacher, vor Kummer fast versagender Stimme, es sei ihr schlechter geworden, und sie wolle nach dem Haus zurückkehren. Als sie jedoch bis an das Gartengitter gelangt war, blieb sie wieder stehen und dachte ungefähr eine Minute lang nach; ein Lächeln der Verzweiflung zeigte sich auf ihren Lippen, und ganz entkräftet und zermartert, zu allem entschlossen und sich in alles ergebend, kehrte sie schweigend auf den ersten Weg zurück, wobei sie diesmal sogar vergaß, mir ein Wort darüber zu sagen.

Das Herz wollte mir brechen vor Gram, und ich wusste nicht, was ich tun sollte.

Wir gingen oder, richtiger gesagt, ich führte sie zu jener Stelle, von der aus ich eine Stunde vorher das Stampfen des Pferdes und ihr Gespräch gehört hatte. Hier befand sich bei einer dicht belaubten Ulme eine aus einem gewaltigen Steinblock gehauene Bank, mit

Efeu umsponnen und von wildem Jasmin und Hundsrosen umwachsen. (Dieses ganze Wäldchen war mit Brückchen, Lauben, Grotten und ähnlichen Überraschungen übersät.) Frau M*** setzte sich auf die Bank und blickte gedankenlos auf die wundervolle Landschaft hin, die sich vor uns ausbreitete. Ein Weilchen darauf öffnete sie das Buch und starrte, ohne sich zu rühren und ohne die Blätter umzuschlagen, hinein; sie las nicht und wusste kaum, was sie tat. Es war schon halb zehn. Die Sonne war bereits hoch gestiegen und schwamm glänzend über uns am blauen, tiefen Himmel; es schien, als zerschmölze sie an ihrem eigenen Feuer. Die Mäher waren schon weit entfernt; man konnte sie von unserem Ufer aus kaum mehr sehen. Hinter ihnen zogen sich endlose Schwaden frisch gemähten Grases hin, und ab und zu trug ein kaum merklicher Windhauch den aromatischen Duft desselben zu uns herüber. Ringsumher ertönte das unermüdliche Konzert derer, die »nicht säen und nicht ernten«, sondern frei sind wie die Luft, die sie mit ihren munteren Flügeln durchschneiden. Es schien, als ob in diesem Augenblick jedes Blümchen und das geringste Hälmchen, von Opferduft dampfend, zu seinem Schöpfer sagte: »Vater, ich bin froh und glücklich!«

Ich blickte nach der armen Frau hin, die inmitten all dieses frohen Lebens einer Toten glich: An ihren Wimpern hingen unbeweglich zwei große Tränen, die der bittere Gram aus ihrem Herzen heraufgetrieben hatte. In meiner Macht stand es, dieses arme, fast vergehende Herz wiederzubeleben und glücklich zu machen, und ich wusste nur nicht, wie ich es angreifen, wie ich den ersten Schritt tun sollte. Ich zermarterte mein Gehirn. Hundertmal war ich nahe daran, zu ihr hinzutreten, und jedes Mal fing mir das Gesicht wie Feuer zu brennen an, und ich unterließ es.

Auf einmal erhellte mich ein glücklicher Gedanke. Das Mittel war gefunden; ich fühlte mich wie neugeboren.

»Wenn Sie erlauben, werde ich Ihnen ein Bukett pflücken!«, sagte ich in so freudigem Ton, dass Frau M*** plötzlich den Kopf in die Höhe hob und mich aufmerksam ansah.

»Tu das!«, sagte sie endlich mit schwacher Stimme und lächelte dabei leise; dann aber versenkte sie die Augen sogleich wieder in ihr Buch.

»Sonst wird auch hier womöglich das Gras abgemäht, und dann ist's mit den Blumen vorbei!«, rief ich und machte mich wohlgemut ans Werk.

Bald hatte ich mein Bukett beisammen; es war schlicht und ärmlich, und man hätte sich schämen müssen, es ins Zimmer zu bringen, aber wie fröhlich schlug mir das Herz, während ich es sammelte und band! Hundsrosen und wilden Jasmin pflückte ich gleich an der Stelle, wo wir waren. Ich wusste, dass nicht weit davon ein Feld mit reifem Roggen war. Dorthin lief ich, um Kornblumen zu holen. Ich untermengte sie mit langen Roggenähren, wobei ich die goldigsten und vollsten aussuchte. Ebendort, nicht weit davon, stieß ich auf einen ganzen Fleck voll Vergissmeinnicht, und mein Bukett begann bereits voll zu werden. Weiterhin auf dem Feld fanden sich blaue Glockenblumen und Feldnelken, und um gelbe Wasserlilien zu holen, lief ich an das Ufer des Flusses hinab. Endlich, als ich mich schon auf dem Rückweg nach der Bank befand und auf einen Augenblick in den Hain hineinging, um mir einige hellgrüne, handförmige Ahornblätter zu beschaffen und mit ihnen das Bukett einzufassen, da stieß ich zufällig auf eine ganze Kolonie von Stiefmütterchen, und in ihrer Nähe verriet mir zu meiner Freude der aromatische Duft eine Menge Veilchen, die in dem saftigen, dichten Gras verborgen und noch ganz mit glänzenden Tautropfen bedeckt waren. Das Bukett war fertig. Ich band es mit langen dünnen Grashalmen zusammen, die ich zu einer Art Schnur zusammendrehte, und steckte den Brief behutsam hinein; er war in den Blumen verborgen, aber so, dass man ihn sehr gut bemerken konnte, wenn man meinem Bukett auch nur ein wenig Aufmerksamkeit zuwandte.

Ich trug es zu Frau M*** hin.

Unterwegs schien es mir, dass der Brief gar zu sichtbar sei, und ich verbarg ihn etwas mehr. Als ich noch näher kam, schob ich ihn noch tiefer in die Blumen hinein, und endlich, als ich schon beinahe bis zur Bank hingelangt war, drückte ich ihn auf einmal so tief in das Innere des Buketts hinein, dass nun von außen gar nichts mehr davon zu bemerken war. Die Backen brannten mir wie Feuer. Ich hätte am liebsten das Gesicht mit den Händen bedeckt und wäre auf der Stelle davongelaufen, aber sie sah meine Blumen so an, als ob sie ganz vergessen hätte, dass ich sie ausdrücklich für sie gepflückt hatte. Mechanisch, fast ohne hinzublicken, streckte sie die Hand aus und nahm mein Geschenk entgegen, legte es aber sogleich auf die Bank, als hätte ich es ihr nur zu diesem Zweck übergeben, und versenkte, wie selbstvergessen, die Augen von Neuem in ihr Buch. Ich war nahe daran, über das Misslingen meines Plans in Tränen auszubrechen. »Aber wenn nur mein Bukett in ihrem Besitz bleibt«, dachte ich, »wenn sie es nur nicht vergisst!« Ich legte mich nicht weit davon auf das Gras, schob den rechten Arm unter den Kopf und schloss die Augen, als ob mich der Schlaf überkäme. Aber ich verwandte keinen Blick von ihr und wartete.

So vergingen etwa zehn Minuten; es kam mir so vor, als ob sie immer blasser und blasser würde … Auf einmal kam mir ein gesegneter Zufall zu Hilfe.

Es war dies eine große, goldfarbene Biene, die ein gütiger Windhauch zu meinem Glück herführte. Sie summte zuerst über meinem Kopf herum und flog dann zu Frau M*** hin. Diese suchte sie einmal und noch einmal mit der Hand wegzuscheuchen, aber die Biene wurde wie mit Absicht immer zudringlicher. Endlich ergriff Frau M*** mein Bukett und schwenkte es vor ihrem

Gesicht hin und her. In diesem Augenblick flog der Brief aus den Blumen heraus und fiel gerade auf das aufgeschlagene Buch. Ich fuhr zusammen. Eine kleine Weile blickte Frau M***, vor Erstaunen sprachlos, bald nach dem Brief, bald nach den Blumen hin, die sie in der Hand hielt; sie schien ihren Augen nicht zu trauen. Auf einmal wurde sie dunkelrot und sah nach mir hin. Aber ich hatte ihren Blick rechtzeitig bemerkt, machte die Augen fest zu und stellte mich schlafend; um keinen Preis der Welt hätte ich ihr jetzt gerade ins Gesicht gesehen. Mein Herz wollte vergehen und zuckte wie ein Vögelchen, das einem kraushaarigen Bauernjungen in die derben Hände geraten ist. Ich erinnere mich nicht, wie lange ich so mit geschlossenen Augen dalag: Es mochten zwei oder drei Minuten sein. Endlich wagte ich es, sie wieder zu öffnen. Frau M*** las begierig den Brief, und aus ihren brennenden Wangen, aus ihrem glänzenden, tränenfeuchten Blick, aus ihrem strahlenden Gesicht, in welchem jeder Muskel vor freudiger Rührung bebte, aus alledem konnte ich entnehmen, dass dieser Brief sie glücklich machte und ihr ganzer Gram wie leichter Rauch verflogen war. Ein schmerzlich-wonniges Gefühl erfüllte mein Herz; es wurde mir schwer, meine Verstellung beizubehalten.

Nie werde ich diesen Augenblick vergessen!

Auf einmal ließen sich, noch fern von uns, Stimmen vernehmen:

»Frau M***! Natalie! Natalie!«

Frau M*** antwortete nicht, aber sie erhob sich schnell von der Bank, trat zu mir und beugte sich über mich. Ich fühlte, dass sie mir gerade ins Gesicht blickte. Meine Wimpern zuckten, aber ich beherrschte mich und öffnete die Augen nicht. Ich bemühte mich, möglichst gleichmäßig und ruhig zu atmen, aber das aufgeregte Schlagen meines Herzens erstickte mich fast. Ihr heißer Atem brannte auf meinen Backen; sie bückte sich ganz nahe zu meinem Gesicht herab, als ob sie es prüfend betrachtete. Endlich küsste sie meine Hand, diejenige, die auf meiner Brust lag, und ihre Tränen fielen darauf. Sie küsste sie zweimal.

»Natalie! Natalie! Wo bist du?«, wurde von Neuem gerufen, und jetzt schon sehr nahe bei uns.

»Ich komme gleich!«, sagte Frau M*** mit ihrer silberhellen Stimme, die aber von Tränen gedämpft war und zitterte, und so leise, dass nur ich allein dieses »Ich komme gleich!« hören konnte.

Aber in diesem Augenblick verriet mich mein Herz endlich doch und trieb mir, wie ich glaube, alles Blut ins Gesicht. In demselben Augenblick brannte ein schneller, heißer Kuss auf meinen Lippen. Ich schrie leise auf und öffnete die Augen, aber sogleich senkte sich das Batisttüchlein von gestern über sie herab – als ob sie mich damit vor der Sonne schützen wollte. Einen Augenblick darauf war sie schon nicht mehr da. Ich hörte nur das leise Geräusch sich eilig entfernender Schritte. Ich war allein …

Ich riss ihr Tüchlein von meinem Gesicht und küsste es, ganz außer mir vor Entzücken; mehrere Minuten lang war ich wie von Sinnen! Kaum im Stande zu atmen, stützte ich mich mit dem Ellbogen auf das Gras und blickte unbewusst und regungslos vor mich hin: Auf die umliegenden, von bunten Wiesen und Feldern bedeckten Hügel, auf den Fluss, der sie in Krümmungen umfloss und in der Ferne, soweit das Auge nur reichte, sich zwischen neuen Hügeln und Dörfern dahinschlängelte, die wie Pünktchen in der ganz von Licht übergossenen Ferne schimmerten, auf die blauen, nur schwach sichtbaren Wälder, die am Rand des glühenden Himmels zu dampfen schienen, und ein süßer Friede, den mir die feierliche Stille des Landschaftsbildes gleichsam zuwehte, beruhigte allmählich mein aufgeregtes Herz. Es wurde mir leichter zumute, und ich atmete freier. Aber meine ganze Seele war von einer dumpfen, süßen Pein erfüllt, wie in Voraussicht oder Vorahnung von etwas Künftigem. Mein erschrockenes Herz erriet irgendetwas schüchtern und freudig und zitterte leise vor Erwartung. Und auf einmal erbebte meine Brust wie von einem sie durchdringenden Schmerz, und Tränen, süße Tränen stürzten aus meinen Augen. Ich bedeckte das Gesicht mit den Händen, und am ganzen Leib zitternd wie ein Grashalm, überließ ich mich widerstandslos dem ersten Bewusstsein und der ersten Offenbarung meines Herzens, der ersten noch unklaren Erkenntnis meiner Natur. Meine erste Kindheit endete mit diesem Augenblick.

Als ich zwei Stunden darauf nach Hause zurückkehrte, fand ich Frau M*** nicht mehr vor. Sie war aus irgendwelchem plötzlich eingetretenen Anlass mit ihrem Mann nach Moskau gefahren. Ich bin nie wieder mit ihr zusammengetroffen.

Die fremde Frau und der Mann unter dem Bett*

Ein ungewöhnliches Begebnis

I

»Verzeihung, mein Herr, gestatten Sie die Frage …« Der angeredete Passant zuckte zusammen und blickte einigermaßen erschrocken den Herrn im Schuppenpelz an, der zwischen sieben und acht Uhr abends auf der Straße so ohne Weiteres an ihn herantrat. Es ist ja bekannt, dass in Petersburg jeder Herr unbedingt einen Schreck bekommt, wenn ihn ein anderer, ihm ganz unbekannter Herr auf der Straße plötzlich anredet.

Also der Passant zuckte zusammen und bekam einen kleinen Schreck.

»Entschuldigen Sie, dass ich Sie belästige«, sagte der Herr im Schuppenpelz, »aber ich … ich weiß wirklich nicht … Sie werden mir hoffentlich verzeihen; Sie sehen, ich befinde mich in starker Aufregung …«

Der angeredete junge Mann, der einen mit Schnüren und Quasten verzierten Pelzrock trug, bemerkte erst jetzt, dass der

* Zwei ursprünglich selbstständige Erzählungen, »Die fremde Frau« und »Der eifersüchtige Ehemann«, sind später von dem Verfasser unter dem obigen Titel vereinigt worden.

Herr im Schuppenpelz allerdings sehr aufgeregt war. Sein runzliges Gesicht sah recht blass aus, die Stimme zitterte ihm, seine Gedanken waren offenbar in Verwirrung geraten, die Worte wollten ihm nicht von der Zunge, und man merkte, dass es ihn eine gewaltige Überwindung kostete, sich notgedrungen mit einer Bitte an jemand zu wenden, der vielleicht an Rang und Stand geringer war als er selbst. Und in der Tat war eine solche Bitte ungewöhnlich, auffällig und seltsam von Seiten eines Herrn, der einen so kostbaren Pelz trug und darunter einen so feinen Frack von prachtvoller dunkelgrüner Farbe und auf diesem Frack so bedeutsame bunte Dekorationen. Man merkte, dass alles dies den Herrn im Schuppenpelz selbst verlegen machte, sodass er sich zuletzt doch entschloss, seine Aufregung zu unterdrücken und die unangenehme Szene, die er selbst hervorgerufen hatte, auf eine anständige Weise zum Abschluss zu bringen.

»Nehmen Sie es mir nicht übel; ich bin ganz fassungslos, aber Sie kennen mich allerdings nicht … Verzeihen Sie, dass ich Sie belästigt habe; ich habe es mir anders überlegt.«

Hier lüftete er höflich den Hut und lief weiter.

»Aber erlauben Sie, tun Sie mir den Gefallen …«

Indes der kleine Herr verschwand in der Dunkelheit und ließ den Herrn mit dem Pelzrock in einem Zustand starrer Verwunderung zurück.

»Ein wunderlicher Kauz!«, dachte dieser. Nachdem er sich dann naturgemäß ein Weilchen gewundert hatte und schließlich von seinem Erstaunen wieder zu sich gekommen war, erinnerte er sich wieder an seine eigenen Angelegenheiten und fing an auf und ab zu gehen, wobei er aufmerksam nach dem Tor eines vielstöckigen Hauses hinblickte. Es begann sich ein Nebel herabzusenken, und dies war dem jungen Mann ganz erwünscht, da sein Hin- und Hergehen im Nebel weniger auffiel; freilich konnte ihn auch nur ein Droschkenkutscher beobachten, der dort den ganzen Tag gehalten hatte, ohne einen Fahrgast zu bekommen.

»Entschuldigen Sie!«

Der Passant zuckte wieder zusammen; derselbe Herr im Schuppenpelz stand wieder vor ihm.

»Entschuldigen Sie, dass ich wieder …«, begann er, »aber Sie, Sie sind gewiss ein ehrenhafter Mensch! Bitte, achten Sie nicht auf meine gesellschaftliche Stellung; ich rede übrigens ganz verwirrt; sondern sehen Sie die Sache vom rein menschlichen Gesichtspunkt aus an … Sie haben einen Menschen vor sich, mein Herr, der sich genötigt sieht, eine ergebenste Bitte an Sie zu richten …«

»Wenn es in meiner Macht steht … was steht zu Ihren Diensten?«

»Sie denken vielleicht, dass ich Sie um Geld bitten will!«, sagte der geheimnisvolle Herr, indem er den Mund schief zog, krampfhaft auflachte und blass wurde.

»Aber ich bitte Sie!«

»Nein, ich sehe, dass ich Ihnen zur Last falle! Verzeihen Sie, ich weiß mir gar nicht zu helfen. Sie sehen einen Menschen vor sich, der sich im Zustand der höchsten Aufregung befindet, ja dem Wahnsinn nahe ist; schließen Sie aber daraus nichts Nachteiliges …«

»Aber zur Sache, zur Sache!«, unterbrach ihn der junge Mann und nickte aufmunternd und ungeduldig mit dem Kopf.

»Ah! Ja, ja, so geht es! Sie, ein so junger Mann, rufen mich zur Sache, wie wenn ich ein fahriger Junge wäre! Mein Geist ist entschieden schon altersschwach geworden! Wie komme ich Ihnen jetzt vor in diesem meinem unwürdigen Zustand? Sagen Sie es offenherzig!«

Der junge Mann schwieg verlegen.

»Erlauben Sie, dass ich Ihnen eine offenherzige Frage vorlege: Haben Sie nicht eine Dame gesehen? Darin besteht meine ganze Bitte!«, sagte der Herr mit dem Schuppenpelz endlich in entschlossenem Ton.

»Eine Dame?«

»Ja, eine Dame.«

»Gesehen habe ich welche … aber ich muss gestehen, es sind so viele vorbeigekommen …«

»Sie haben Recht«, fiel der geheimnisvolle Herr mit bitterem Lächeln ein. »Ich rede verwirrt; ich wollte anders fragen, entschuldigen Sie; ich wollte sagen: Haben Sie nicht eine Dame in einem Fuchspelz gesehen, mit einer dunklen Samtkappe und einem schwarzen Schleier?«

»Nein, so eine ist mir nicht aufgefallen … nein, ich glaube eine solche nicht gesehen zu haben.«

»Ah! Dann entschuldigen Sie!«

Der junge Mann wollte etwas fragen, aber der Herr im Schuppenpelz verschwand wieder und ließ seinen geduldigen Zuhörer wieder starr vor Verwunderung zurück. »Na, hol ihn der Teufel!«, dachte der junge Mann im Pelzrock, offenbar sehr befremdet.

Er schlug ärgerlich seinen Biberkragen in die Höhe und begann wieder mit allen Vorsichtsmaßregeln an dem Tor des vielstöckigen Hauses hin und her zu promenieren. Er war recht verdrießlich.

»Warum kommt sie denn nicht heraus?«, dachte er. »Es ist bald acht.«

Auf dem Turm schlug es acht.

»Ach! Da hol Sie aber doch der Teufel!«, rief er plötzlich.

»Verzeihen Sie! …«

»Verzeihen Sie vielmehr mir, dass ich Sie so derb … Aber Sie kamen mir so unerwartet zwischen die Beine, dass Sie mich ordentlich erschreckt haben«, sagte der junge Mann, sich entschuldigend, aber mit gerunzelter Stirn.

»Ich wende mich nochmals an Sie. Sie werden mich gewiss für einen unruhigen, seltsamen Menschen halten.«

»Tun Sie mir den Gefallen und lassen Sie die Redensarten beiseite; explizieren Sie sich so kurz wie möglich; ich weiß immer noch nicht, was Sie von mir wünschen.«

»Sie haben Eile? Nun, dann hören Sie! Ich werde Ihnen alles offen erzählen, ohne alle überflüssigen Worte. Was hilft's? Die Umstände bringen manchmal Menschen von ganz verschiedenem Charakter zusammen ... Aber ich sehe, Sie sind ungeduldig, junger Mann ... Also dann ... indes ich weiß nicht, wie ich mich ausdrücken soll: Ich suche eine Dame (ich habe mich schon entschlossen, alles zu sagen). Ich muss nämlich wissen, wo diese Dame hingegangen ist. Wer sie ist – ich glaube, ihren Namen brauchen Sie nicht zu wissen, junger Mann.«

»Nur zu, nur zu, weiter!«

»›Weiter!‹ Aber in welchem Ton reden Sie mit mir? Verzeihen Sie, vielleicht habe ich Sie dadurch gekränkt, dass ich Sie ›junger Mann‹ genannt habe, aber ich habe es nicht böse gemeint ... mit einem Wort, wenn Sie mir einen sehr großen Dienst erweisen wollen, dann hören Sie: Eine Dame, das heißt, ich will sagen eine anständige Frau aus vorzüglicher Familie, ich bin mit der Familie bekannt ... ich bin beauftragt worden ... ich selbst habe keine Familie, sehen Sie ...«

»Nur zu!«

»Versetzen Sie sich in meine Lage, junger Mann (ach, schon wieder! entschuldigen Sie; ich nenne Sie immer ›junger Mann‹). Jeder Augenblick ist kostbar ... Stellen Sie sich das vor, diese Dame ... aber können Sie mir nicht sagen, wer in diesem Haus wohnt?«

»Ja ... da wohnen viele Leute.«

»Ja, das heißt, Sie haben vollkommen Recht«, erwiderte der Herr im Schuppenpelz und lachte anstandshalber ein wenig auf. »Ich merke, dass ich mich ein bisschen ungeschickt ausdrücke ... aber was soll denn dieser Ton Ihrer Worte bedeuten? Sie sehen, dass ich meine Verwirrung offen gestehe, und wenn Sie stolz sind, so können Sie sich schon zur Genüge an meiner kläglichen Situation geweidet haben ... Ich sage, eine Dame von anständigem Lebenswandel, das heißt leichteren Inhalts – entschuldigen Sie, ich vergreife mich im

Ausdruck, gerade als ob ich von einem Buch spräche; sehen Sie, man pflegt zu sagen, die Romane von Paul de Kock seien ›leichteren Inhalts‹, und das ganze Malheur kommt von Paul de Kocks Romanen her … sehen Sie …«

Der junge Mann blickte mitleidig den Herrn im Schuppenpelz an, der sich nun anscheinend vollständig verheddert hatte, verstummte, sein Gegenüber mit einem gedankenlosen Lächeln ansah und mit zitternder Hand ohne jeden erkennbaren Grund nach dem Aufschlag von dessen Pelzrock fasste.

»Sie erkundigen sich danach, wer hier wohnt?«, fragte der junge Mann, ein wenig zurücktretend.

»Ja, es wohnen viele Leute da, haben Sie gesagt.«

»Hier … ich weiß, dass hier auch Sofja Ostafjewna wohnt«, sagte der junge Mann flüsternd und sogar einigermaßen mitleidig.

»Nun, sehen Sie, sehen Sie! Sie wissen etwas, junger Mann?«

»Ich versichere Ihnen, nein; ich weiß nichts … Ich hatte nur bei Ihrem verstörten Aussehen so eine Vermutung.«

»Ich habe soeben von der Köchin gehört, dass sie öfters hierher geht, aber Sie haben mit Ihrer Vermutung nicht das Richtige getroffen; das heißt, zu Sofja Ostafjewna ist sie nicht gegangen … mit der ist sie gar nicht bekannt …«

»Nein? Nun, dann entschuldigen Sie …«

»Offenbar interessiert Sie das alles nicht, junger Mann«, sagte der sonderbare Herr mit bitterer Ironie.

»Hören Sie mal«, erwiderte der junge Mann stockend, »ich kenne die Ursache Ihres Zustands nicht, aber Sie sind gewiss betrogen worden? Sagen Sie es offen!«

Der junge Mann lächelte ermutigend.

»Wir werden einander dann wenigstens verstehen«, fügte er hinzu, und seine ganze Körperhaltung drückte den großmütigen Wunsch aus, eine leichte Verbeugung zu machen.

»Sie kränken mich aufs Tiefste mit dieser Vermutung! Aber … ich will es Ihnen offen gestehen … genauso ist es … aber wem passiert das nicht? … Ich bin tief gerührt durch Ihre freundliche Teilnahme. Sie werden zugeben, unter jungen Männern … So jung bin ich ja nun allerdings nicht, aber, wissen Sie, die Gewohnheit, das Junggesellenleben, unter Junggesellen … bekanntlich …«

»Nun, selbstverständlich, selbstverständlich! Aber womit kann ich Ihnen denn behilflich sein?«

»Also hören Sie! Sie müssen selbst sagen, dass ein Besuch bei Sofja Ostafjewna … Ich weiß jedoch noch nicht sicher, zu wem diese Dame gegangen ist; ich weiß nur, dass sie in diesem Haus ist, aber da ich Sie hier hin und her gehen sah (ich selbst ging auf der andern Seite der Straße auf und ab), so dachte ich … Sehen Sie, ich warte auf diese Dame … ich weiß, dass sie hier ist … ich möchte sie treffen und ihr klarmachen, wie unpassend und schmählich … kurz, Sie verstehen mich …«

»Hm! Nun und?«

»Ich tue das gar nicht für mich; glauben Sie das ja nicht … es handelt sich um eine mir fremde Frau! Ihr Mann steht dort auf der Wosnesenski-Brücke; er will sie abfassen, kann sich aber nicht entschließen … er glaubt immer noch nicht, wie das eben jeder Ehemann macht …« (hier bemühte sich der Herr im Schuppenpelz zu lächeln), »ich bin sein Freund; Sie müssen selbst zugeben, ich, ein Mann, der in der Gesellschaft eine gewisse Achtung genießt, ich kann nicht wohl das sein, wofür Sie mich halten.«

»Gewiss; weiter, weiter!«

»Also sehen Sie, ich laure ihr hier auf; ich bin damit beauftragt (der unglückliche Ehemann!), aber ich weiß, dass die schlaue junge Frau (immer hat sie einen Band von Paul de Kock unter dem Kopfkissen) … ich bin überzeugt, dass sie es verstehen wird, irgendwie unbemerkt durchzuschlüpfen … Mir hat, offen gestanden, die Köchin gesagt, dass sie hierher geht; da bin ich, sowie ich diese Mitteilung empfangen hatte, wie ein Irrsinniger hierher gestürzt; ich will sie abfassen; ich habe schon langst Verdacht gehabt, und daher wollte ich Sie bitten … Sie gehen ja hier umher … Sie … Sie … ich weiß nicht …«'

»Na, was steht denn eigentlich zu Ihren Diensten?«

»Ja … Ich habe nicht die Ehre, Sie zu kennen; ich wage nicht zu fragen, wer und was Sie sind … Aber jedenfalls gestatten Sie, bitte, dass wir miteinander Bekanntschaft machen; eine sehr erwünschte Gelegenheit! …«

Der zitternde Herr schüttelte dem jungen Mann warm die Hand.

»Ich hätte das gleich anfänglich tun sollen«, fügte er hinzu, »aber ich habe alle Regeln des Anstands vergessen!«

Während der Herr im Schuppenpelz so sprach, war er nicht im Stande auf einem Fleck stillzustehen, blickte unruhig nach allen Seiten, trippelte mit den Beinen umher und griff alle Augenblicke wie ein Ertrinkender mit der Hand nach dem jungen Mann.

»Sehen Sie«, fuhr er fort, »ich wollte mich freundschaftlich an Sie wenden … entschuldigen Sie, dass ich so frei bin … ich wollte Sie bitten, nebenan in der Seitenstraße auf und ab zu gehen, wo der hintere Eingang des Hauses ist. Ich meinerseits werde hier beim Haupteingang dasselbe tun, sodass sie uns nicht entgehen kann; ich habe nämlich immer gefürchtet, sie könnte mir auskommen, wenn ich allein aufpasse; und ich will sie durchaus abfangen. Sowie Sie sie erblicken, halten Sie sie fest, und rufen Sie mir zu … Aber ich bin wahnsinnig! Erst jetzt erkenne ich die ganze Dummheit und Unschicklichkeit meines Vorschlages!«

»Nicht doch, was ist dabei? Ich bitte Sie! …«

»Suchen Sie keine Entschuldigungen für mich; ich befinde mich in einem Zustand geistiger Zerrüttung und habe alle Fassung verloren, in einem Grad, wie es mir noch nie begegnet ist! Gerade als ob ich vor Gericht gestellt würde! Ich muss Ihnen sogar bekennen (denn ich will gegen Sie offen und ehrlich sein, junger Mann), dass ich Sie selbst zuerst für den Liebhaber gehalten habe!«

»Das heißt, Sie möchten einfach wissen, was ich hier tue?«

»Als anständiger Mensch, mein Herr, bin ich weit von dem Gedanken entfernt, dass Sie der Betreffende sein könnten; ich beflecke Sie nicht mit diesem Verdacht, aber … aber wollen Sie mir Ihr Ehrenwort geben, dass Sie nicht der Liebhaber sind?«

»Nun gut, also mein Ehrenwort darauf, dass ich zwar ein Liebhaber bin, aber nicht der Ihrer Frau; sonst würde ich ja auch jetzt nicht auf der Straße sein, sondern mit ihr zusammen!«

»Meiner Frau? Wer hat Ihnen gesagt, dass es sich um meine Frau handelt, junger Mann? Ich bin Junggeselle; das heißt, ich bin selbst ein Liebhaber …«

»Sie sagten, ihr Mann befinde sich auf der Wosnesenski-Brücke …«

»Gewiss, gewiss, ich rede Unsinn zusammen, aber es sind andere Bande, durch die ich mich dort gebunden fühle! Und Sie werden zugeben, junger Mann, wenn eine Frau einen etwas leichtfertigen Charakter hat, das heißt …«

»Nun ja, nun ja! Gut, gut! …«

»Das heißt, ich bin ganz und gar nicht der Ehemann …«

»Sicherlich nicht. Aber jetzt ein offenes Wort zu Ihnen: Nachdem ich Sie nun überzeugt habe, dass Ihr Verdacht unbegründet ist, möchte ich selbst zur Ruhe kommen und sage Ihnen daher offen, dass Sie mich gestört haben und mir lästig fallen. Ich verspreche Ihnen, Sie zu rufen. Aber ich bitte Sie ganz ergebenst, mir jetzt nicht im Weg zu sein und sich zu entfernen. Ich warte hier ebenfalls auf jemand.«

»Schön, schön, ich entferne mich; ich respektiere die leidenschaftliche Ungeduld Ihres Herzens. Ich habe dafür Verständnis, junger Mann. Oh, wie gut ich Sie jetzt verstehe!«

»Gut, gut …«

»Auf Wiedersehen! … Übrigens, verzeihen Sie, junger Mann, ich komme noch einmal zu Ihnen zurück … Ich weiß nicht, wie ich es vorbringen soll … Geben Sie mir noch einmal Ihr heiliges Ehrenwort, dass Sie nicht der Liebhaber sind!«

»Ach, Herr du mein Gott!«

»Noch eine Frage, die letzte: Kennen Sie den Familiennamen des Mannes Ihrer … das heißt der Dame, die der Gegenstand Ihrer Gefühle ist?«

»Natürlich kenne ich den, aber es ist nicht Ihr Familienname, und damit ist die Sache erledigt!«

»Aber woher kennen Sie meinen Familiennamen?«

»Hören Sie mal, gehen Sie jetzt weg; Sie verlieren Ihre Zeit: Unterdessen kann sie tausendmal davongehen … Na, was wollen Sie denn: Die Ihrige trägt einen Fuchspelz und eine dunkle Kappe, meine aber einen karierten Mantel und einen himmelblauen Samthut … Na, was wollen Sie noch? Was wünschen Sie noch weiter?«

»Einen himmelblauen Samthut! Sie hat ebenfalls einen karierten Mantel und einen himmelblauen Hut«, rief der aufdringliche Herr, der sich schon zum Weggehen gewandt hatte, nun aber sich sofort wieder umdrehte.

»Ach, hol's der Teufel! Na, so etwas kann ja passieren … Übrigens, wozu rede ich da noch? Die Meinige geht nicht an solche Orte!«

»Aber wo ist sie denn, die Ihrige?«

»Das möchten Sie gern wissen, aber was geht Sie das an?«

»Ich muss gestehen, dass mich das beunruhigt …«

»Mein Gott, Sie haben doch aber auch gar kein Schamgefühl! Na, die Meinige hat hier Bekannte, im dritten Stock, nach vorn heraus. Na, nun soll ich Ihnen wohl auch noch den Namen der Leute nennen, wie?«

»Oh Gott! Ich habe ebenfalls Bekannte im dritten Stock, und die Fenster gehen nach der Straße hinaus … General …«

»Ein General?«

»Ja, ein General. Ich will Ihnen meinetwegen auch sagen, was es für ein General ist: na, General Polowizyn.«

»Na so was! Nein, es sind nicht dieselben! (Ach, hol's der Teufel! Hol's der Teufel!)«

»Es sind nicht dieselben?«

»Nein.«

Beide schwiegen und sahen einander erstaunt an.

»Na, warum sehen Sie mich so an?«, rief der junge Mann und schüttelte die Erstarrung und die Überlegungen ärgerlich von sich ab.

Der Herr drehte sich unruhig hin und her.

»Ich, ich muss gestehen …«

»Nein, nun erlauben Sie mal, erlauben Sie mal; lassen Sie uns jetzt ein verständiges Wort miteinander reden. Es ist eine Sache, die uns beide interessiert. Erklären Sie mir … Wen haben Sie da wohnen? …«

»Sie meinen meine Bekannten?«

»Jawohl …«

»Nun sehen Sie, sehen Sie! Ich sehe es Ihnen ja an den Augen an, dass ich erraten habe, wie es steht!«

»Hol's der Teufel! Nein doch, nein doch, hol's der Teufel! Sind Sie denn blind, wie? Ich stehe ja doch vor Ihnen; ich bin ja doch nicht bei ihr. Na, so reden Sie doch! Übrigens ist es mir ganz egal, ob Sie reden oder nicht!«

Der junge Mann drehte sich wütend zweimal auf dem Absatz um und machte eine wegwerfende Handbewegung.

»Aber ich bitte Sie, ich habe ja nichts Beleidigendes gesagt; ich werde Ihnen als anständiger Mann alles erzählen. Anfangs ging meine Frau öfters allein zu ihnen auf Besuch. Sie ist mit ihnen verwandt; ich hegte keinen Verdacht; gestern begegnete ich Seiner Exzellenz: Er sagte, er sei schon vor drei Wochen von dort weggezogen, in eine andere Wohnung; meine Frau aber … das heißt, nicht meine Frau, sondern die Frau eines andern, des Herrn auf der Wosnesenski-Brücke, diese Dame hatte gesagt, sie sei noch vorgestern bei ihnen gewesen, das heißt in dieser Wohnung … Die Köchin aber erzählte mir, dass die Wohnung Seiner Exzellenz ein junger Mann namens Bobynizyn gemietet habe …«

»Ach, hol's der Teufel, hol's der Teufel!«

»Mein Herr, ich bin ganz erschrocken, ich bin ganz bestürzt!«

»Hol's der Teufel! Was schert das mich, dass Sie ganz erschrocken und ganz bestürzt sind! Ach! Da, da huschte etwas, da …«

»Wo, wo? Sie brauchen nur zu rufen: ›Iwan Andrejewitsch!‹ Dann komme ich Ihnen sogleich nachgelaufen …«

»Schön, schön! Ach hol's der Teufel, hol's der Teufel! Iwan Andrejewitsch!«

»Hier!«, rief Iwan Andrejewitsch, der ganz außer Atem hineilte. »Nun, was denn? Was denn? Wo denn?«

»Nein, ich habe bloß so gerufen … ich wollte wissen, wie die Dame heißt.«

»Glaf…«

»Glafira?«

»Nein, nicht ganz so … entschuldigen Sie, ich kann Ihnen den Namen der Dame nicht sagen.«

Bei diesen Worten war der achtungswerte Herr bleich wie Leinwand geworden.

»Selbstverständlich nicht Glafira; das weiß ich selbst, dass sie nicht Glafira heißt; auch die Meinige heißt nicht Glafira. Übrigens, bei wem ist sie denn da?«

»Wo?«

»Nun, dort! Ach, hol's der Teufel, hol's der Teufel!« (Der junge Mann konnte vor Wut kaum auf einer Stelle stehen bleiben.)

»Ach, sehen Sie! Woher wussten Sie denn, dass sie Glafira heißt?«

»Na, hol's der Teufel, nun wird mir's zu arg! Nun soll ich mich noch mit Ihnen hier herumplagen! Aber Sie sagen ja, dass die Ihrige nicht Glafira heißt! …«

»Mein Herr, was ist das für ein Ton!«

»Ach, zum Teufel, der Ton ist mir jetzt ganz egal! Wer ist sie eigentlich, Ihre Frau?«

»Nein, das heißt, ich bin nicht verheiratet … Aber ich würde doch nicht im Gespräch mit einem anständigen Menschen, der sich im Unglück befindet, mit einem Menschen, der, ich will nicht sagen alle Hochachtung verdient, aber doch wenigstens zu den Gebildeten gehört, bei jedem dritten Wort den Teufel erwähnen. Sie sagen fortwährend: ›Hol's der Teufel! Hol's der Teufel!‹«

»Na, hol's der Teufel! Da haben Sie es; haben Sie es verstanden?«

»Der Zorn macht Sie blind, und ich schweige. Mein Gott, wer ist das?«

»Wo?«

Es wurde Geräusch und Lachen hörbar; zwei hübsche Mädchen kamen aus der Haustür; die beiden Männer stürzten auf sie zu.

»Nein, solche Dreistigkeit! Was wollen Sie von uns?«, sagte die eine.

»Lassen Sie uns in Ruhe!«, fügte die Zweite hinzu.

»Wir sind nicht solche!«

»Da sind Sie an die Unrichtigen gekommen! Kutscher!«

»Wohin wollen Sie, Fräulein?«, fragte der Rosselenker.

»Nach der Pokrow-Kirche. Steig ein, Annuschka; ich werde dich hinbringen.«

»Ich werde von der andern Seite einsteigen. Vorwärts, Kutscher; fahre recht schnell!«

Die Droschke fuhr davon.

»Mein Gott, mein Gott! Aber sollte man eigentlich nicht hingehen?«, sagte der junge Mann.

»Wohin?«

»Zu Bobynizyn …«

»Nein, das geht nicht …«

»Warum nicht?«

»Ich würde natürlich hingehen, aber dann wird sie eine Ausrede haben und sich verteidigen; ich kenne sie! Sie wird sagen, sie sei absichtlich gekommen, um mich mit jemand abzufassen, und wird die ganze Schuld auf mich schieben!«

»Und zu wissen, dass sie vielleicht dort ist! Aber Sie … Ich weiß nicht, warum Sie das nicht tun sollten … na, gehen Sie doch zu dem General! …«

»Der ist ja aber umgezogen!«

»Das ist doch ganz egal; verstehen Sie denn nicht? Sie ist ja doch selbst angeblich zu dem General gegangen; na, das können Sie doch auch tun; haben Sie nun verstanden? Tun Sie doch, als wüssten Sie von dem Umzug des Generals nichts, und als hätten Sie zu ihm gehen wollen, um Ihre Frau abzuholen, na usw.«

»Und dann?«

»Na, und dann überrumpeln Sie die Betreffende bei Bobynizyn. Pfui Teufel, was für ein einfäl…«

»Aber was haben Sie denn davon, dass ich sie überrumpele? Sehen Sie wohl, sehen Sie wohl!«

»Was ich davon habe? Kommen Sie wieder auf den Argwohn von vorhin zurück? Ach, mein Gott, mein Gott! Schämen Sie sich, Sie lächerlicher Mensch, Sie einfältiger Mensch!«

»Na, aber warum interessieren Sie sich denn so dafür? Sie möchten wohl herausbringen …«

»Was denn herausbringen? Hol's der Teufel, was kümmere ich mich jetzt um Sie! Ich kann auch allein hingehen. Gehen Sie nur fort; machen Sie, dass Sie wegkommen; halten Sie Wache; laufen Sie dort auf und ab; vorwärts!«

»Mein Herr, Sie vergessen sich!«, rief der Herr mit dem Schuppenpelz in heller Verzweiflung.

»Na, was ist dabei, wenn ich mich vergesse?«, erwiderte der junge Mann; er presste die Zähne aufeinander und trat wütend auf den Herrn mit dem Schuppenpelz zu. »Na, was ist dabei? Wem gegenüber vergesse ich mich?«, schrie er mit geballten Fäusten.

»Aber erlauben Sie, mein Herr …«

»Na, wer sind Sie denn, demgegenüber ich mich vergesse? Wie ist Ihr Familienname?«

»Ich weiß nicht, was das heißen soll, junger Mann; wozu wollen Sie meinen Familiennamen wissen? … Ich kann Ihnen den nicht sagen … Lieber will ich mit Ihnen mitgehen. Kommen Sie; ich werde nicht zurückbleiben; ich bin zu allem bereit … Aber glauben Sie mir: Ich verdiene es, dass man höflicher mit mir spricht! Man muss nie die Geistesgegenwart verlieren, und wenn Sie durch irgendetwas in Aufregung geraten sind (ich kann mir denken, wodurch), so dürfen Sie sich darum denn doch nicht vergessen … Sie sind noch ein sehr, sehr junger Mensch! …«

»Ach, was kümmert mich das, dass Sie alt sind! Das ist wohl ein großes Wunder! Machen Sie, dass Sie fortkommen; was laufen Sie hier herum?«

»Warum nennen Sie mich alt? Bin ich etwa ein alter Mann? Allerdings, in Anbetracht meines Standes ist meine Situation eigentümlich, aber ich laufe nicht herum …«

»Das sieht man ja. Scheren Sie sich fort …«

»Nein, ich will mit Ihnen gehen; das können Sie mir nicht verbieten; ich bin ebenfalls bei der Sache beteiligt; ich will mit Ihnen …«

»Na, dann aber leise, leise, und den Mund gehalten!«

Sie gingen beide in die Haustür und stiegen die Treppe zum dritten Stockwerk hinan; es war recht dunkel.

»Warten Sie mal!«, sagte der junge Mann. »Haben Sie Streichhölzer?«

»Streichhölzer? Was für Streichhölzer?«

»Rauchen Sie Zigarren?«

»Ah so! Ja! Die habe ich, die habe ich; hier sind sie, hier; warten Sie einen Augenblick!« Der Herr im Schuppenpelz geriet in geschäftige Bewegung.

»Nein, was für ein einfäl… hol's der Teufel! Ich glaube, diese Tür wird es sein …«

»Ja, diese wird es sein, diese wird es sein, diese wird es sein …«

»Diese wird es sein … was schreien Sie denn so? Leise! …«

»Mein Herr, ich muss mir Gewalt antun … Sie sind ein dreister Mensch; nun wissen Sie's! …«

Das Streichholz flammte auf.

»Na, es stimmt; sehen Sie das Messingtäfelchen? Da steht: Bobynizyn; sehen Sie wohl: Bobynizyn.«

»Ich sehe, ich sehe!«

»Lei-se! Was, ist das Streichholz ausgegangen?«

»Ja.«

»Sollen wir klopfen?«

»Ja, das wollen wir tun«, antwortete der Herr im Schuppenpelz.

»Nun, dann klopfen Sie!«

»Nein, warum ich? Fangen Sie doch an; klopfen Sie …«

»Sie Memme!«

»Selbst eine Memme!«

»Scheren Sie sich fort!«

»Ich bereue fast, Ihnen das Geheimnis anvertraut zu haben; Sie …«

»Ich? Nun, was ist mit mir?«

»Sie haben meine Aufregung gemissbraucht; Sie sahen, dass ich mich in aufgeregtem Zustand befand, und da …«

»Ach, Unsinn! Sie kommen mir einfach komisch vor, weiter nichts!«

»Warum sind Sie hier?«

»Und Sie, warum sind Sie hier?«

»Eine schöne Moralität scheinen Sie ja zu besitzen!«, bemerkte der Herr im Schuppenpelz empört.

»Na, was reden Sie von Moralität? Und Sie, was sind Sie?«

»Gerade diese Ihre Anschauung ist unmoralisch.«

»Wieso?«

»Nach Ihrer Anschauung ist jeder beleidigte Ehemann eine Schlafmütze!«

»Sind Sie denn der Ehemann? Der Ehemann ist ja auf der Wosnesenski Brücke? Was haben Sie denn damit zu tun? Warum drängen Sie sich denn dabei vor?«

»Ich glaube aber, dass Sie, Sie selbst der Liebhaber sind! …«

»Hören Sie mal, wenn Sie so fortfahren, so werde ich annehmen müssen, dass Sie, Sie selbst eine solche Schlafmütze sind! Wissen Sie also, wofür ich Sie halte?«

»Das heißt, Sie wollen sagen, dass ich der Ehemann bin!«, sagte der Herr im Schuppenpelz und trat dabei zurück, wie wenn er mit siedend heißem Wasser begossen würde.

»Ssst! Schweigen Sie! Hören Sie …«

»Das ist sie.«

»Nein.«

»Ärgerlich, dass es so dunkel ist!«

Sie verhielten sich beide nun völlig still; in Bobynizyns Wohnung ließ sich Geräusch vernehmen.

»Warum sollen wir uns streiten, mein Herr?«, flüsterte der Herr im Schuppenpelz.

»Aber hol's der Teufel, Sie sind ja derjenige gewesen, der sich beleidigt fühlte!«

»Sie haben aber auch meine Geduld erschöpft.«

»Seien Sie ruhig!«

»Sie müssen doch selbst zugeben, dass Sie noch ein sehr junger Mensch sind …«

»Ruhig!«

»Gewiss, ich stimme mit Ihnen in der Anschauung überein, dass ein Ehemann, der sich in solcher Situation befindet, eine Schlafmütze ist.«

»Wollen Sie nicht den Mund halten? Oh Sie …«

»Aber weshalb eigentlich ein so erbitterter Hass gegen den unglücklichen Ehemann?«

»Das ist sie!«

Aber das Geräusch verstummte in diesem Augenblick.

»Ja? Ist sie es?«

»Sie ist es, sie ist es, sie ist es! Aber warum machen Sie sich denn mit der Sache so viel Mühe? Sie sind ja doch dabei nicht der Leidtragende!«

»Mein Herr, mein Herr!«, murmelte der Herr im Schuppenpelz (er war ganz blass geworden und sprach in weinerlichem Tone), »ich befinde mich allerdings in einem Zustand geistiger Zerrüttung … Sie haben meine unwürdige Lage hinreichend gesehen, aber jetzt ist Nacht, gewiss, aber morgen … übrigens werden wir morgen einander bestimmt nicht begegnen, obgleich ich eine Begegnung mit Ihnen nicht fürchte, … und zudem bin nicht ich hier beteiligt, sondern mein Freund, der auf der Wosnesenski-Brücke steht; wirklich, der ist es! Es handelt sich um seine Frau, um eine fremde Frau! Der unglückliche Mensch! Ich versichere Ihnen, dass es so ist. Ich bin mit ihm gut bekannt; wenn Sie erlauben, werde ich Ihnen alles erzählen. Ich bin sein Freund, wie Sie leicht sehen können, denn sonst würde ich mir die Sache jetzt nicht so zu Herzen nehmen … Sie sehen es ja selbst. Ich habe mehrmals zu ihm gesagt: ›Warum willst du dich verheiraten, lieber Freund? Du hast deinen Beruf, ein anständiges Vermögen, bist ein geachteter Mann; warum willst du das alles mit der Laune einer koketten Frauensperson vertauschen?‹ Sagen Sie selbst! ›Nein‹, erwiderte er mir, ›ich werde mich verheiraten; ich sehne mich nach einem glücklichen Familienleben‹. Na, da hat er nun sein glückliches Familienleben! Früher hat er selbst Ehemänner betrogen, aber jetzt ist es an ihm, den Kelch zu trinken … Sie werden es mir nicht übel nehmen, aber zu dieser Darlegung sah ich mich durch die Notwendigkeit gezwungen! … Er ist ein unglücklicher Mensch und trinkt jetzt den Kelch!« Hier wurde die Stimme des Herrn im Schuppenpelz so weinerlich, als ob er in ein gehöriges Schluchzen ausbrechen wollte.

»Ach, hol sie alle der Teufel! Solche Dummköpfe gibt es die schwere Menge! Aber wer sind Sie denn?«

Der junge Mann knirschte vor Wut mit den Zähnen.

»Aber sagen Sie selbst, ich habe zu Ihnen so anständig und offenherzig gesprochen, und nun trotz alledem von Ihrer Seite ein solcher Ton!«

»Nein, erlauben Sie die Frage, nehmen Sie mir's nicht übel: Wie ist Ihr Familienname?«

»Wozu wollen Sie denn meinen Familiennamen wissen?«

»Ah!!«

»Meinen Familiennamen kann ich Ihnen nicht sagen …«

»Kennen Sie Herrn Schabrin?«, fragte der junge Mann schnell.

»Schabrin!!«

»Ja, Schabrin!«, wiederholte in ähnlichem Ton der Herr im Pelzrock, um den Herrn im Schuppenpelz zu verhöhnen. »Haben Sie die Sache begriffen?«

»Nein, wie sollte ich denn Schabrin sein!«, antwortete der Herr im Schuppenpelz ganz bestürzt. »Ich bin durchaus nicht Schabrin; übrigens ist das ein achtbarer Mann. Ich entschuldige Ihre Unhöflichkeit mit den Qualen der Eifersucht.«

»Ein Schurke ist er, ein käuflicher Patron, ein bestechlicher Beamter, ein Gauner, er hat Staatsgelder gestohlen! Nächstens wird er vor Gericht gestellt werden!«

»Entschuldigen Sie«, sagte der Herr im Schuppenpelz erbleichend, »Sie kennen ihn nicht; er ist Ihnen, wie ich sehe, völlig unbekannt.«

»Ja, von Gesicht kenne ich ihn allerdings nicht, aber ich weiß von ihm aus dem Mund von Leuten, die sehr nahe mit ihm zu tun haben.«

»Was sind das für Leute, mein Herr? Ich bin in Aufregung, wie Sie sehen …«

»Ein Dummkopf ist er! Von Eifersucht geplagt! Er versteht seine Frau nicht ordentlich zu beaufsichtigen! So einer ist er, wenn Sie's hören wollen!«

»Entschuldigen Sie, Sie sind in einem argen Irrtum befangen, junger Mann …«

»Ach!«

»Ach!«

Aus Bobynizyns Wohnung war wieder Geräusch vernehmbar. Die Tür begann sich zu öffnen. Man hörte Stimmen.

»Ach, sie ist es nicht, sie ist es nicht! Ich erkenne an der Stimme, dass sie es nicht ist; ich bin jetzt über alles ins Klare gekommen, sie ist es nicht!«, sagte der Herr im Schuppenpelz; er war bleich wie Leinwand.

»Stille!«

Der junge Mann drückte sich an die Wand.

»Mein Herr, ich laufe fort; sie ist es nicht; ich bin sehr froh!«

»Gut, gut! Gehen Sie, gehen Sie!«

»Aber warum bleiben Sie denn hier?«

»Aber warum zögern Sie denn noch?«

Die Tür öffnete sich, und der Herr im Schuppenpelz konnte nun seinem inneren Trieb nicht länger widerstehen, sondern rannte Hals über Kopf die Treppe hinunter.

An dem jungen Mann gingen eine Mannsperson und eine Frauensperson vorüber, und das Herz stand ihm beinah still. Er hörte eine ihm wohlbekannte Frauenstimme und dann eine heisere Männerstimme, die ihm völlig unbekannt war.

»Es macht nichts; ich werde einen Schlitten vorfahren lassen«, sagte die heisere Stimme.

»Nun gut, gut, mir ist es recht; tun Sie das …«

»Er wird sofort vor der Haustür sein.«

Die Dame blieb allein zurück.

»Glafira! Wo sind deine Schwüre?«, rief der junge Mann im Pelzrock und ergriff die Dame bei der Hand.

»Ach! Wer ist da? Sie sind es, Tworogow? Mein Gott! Was tun Sie hier?«

»Bei wem waren Sie hier?«

»Aber das war mein Mann; gehen Sie weg, gehen Sie weg; er wird im nächsten Augenblick von dort zurückkehren; wir kommen von Polowizyns; gehen Sie weg, um Gottes willen, gehen Sie weg!«

»Polowizyns sind schon vor drei Wochen umgezogen! Ich weiß alles!«

»Ach Gott!« Die Dame lief die Treppe hinab und vor die Haustür. Der junge Mann holte sie ein.

»Wer hat es Ihnen gesagt?«, fragte die Dame.

»Ihr Mann, gnädige Frau, Iwan Andrejewitsch; er ist hier und steht vor Ihnen, gnädige Frau …«

Iwan Andrejewitsch stand tatsächlich vor der Haustür.

»Ah, du bist da?«, rief der Herr im Schuppenpelz.

»Ah, c'est vous?«, rief Glasira Petrowna und stürzte mit ungekünstelter Freude auf ihn zu. »Mein Gott, was mir passiert ist! Ich war bei Polowizyns; und nun stell dir einmal vor … Du weißt, dass sie jetzt bei der Ismailowski-Brücke wohnen; ich habe es dir gesagt, erinnerst du dich? Ich nahm mir von da eine Droschke. Die Pferde wurden scheu, gingen durch, zerschlugen den Schlitten, und ich fiel hundert Schritte von hier heraus; der Kutscher wurde arretiert; ich wusste vor Schreck von mir selbst nicht. Zum Glück kam Herr Tworogow vorbei …«

»Wie?«

Herr Tworogow glich mehr einer Versteinerung als Herrn Tworogow.

»Herr Tworogow sah mich hier und erbot sich, mich zu begleiten, aber jetzt bist du ja hier, und ich kann Ihnen nur meinen wärmsten Dank aussprechen, Iwan Iljitsch …«

Die Dame reichte dem immer noch ganz erstarrt dastehenden Iwan Iljitsch die Hand, aber statt die seinige zu drücken, kniff sie ihn vielmehr hinein.

»Herr Tworogow, ein Bekannter von mir; wir haben auf dem Ball bei Skorlupows das Vergnügen gehabt, uns kennenzulernen; ich habe dir, glaube ich, davon gesagt; erinnerst du dich wirklich nicht, Koko?«

»Oh gewiss, gewiss! Ja, ich erinnere mich!«, erwiderte der Herr im Schuppenpelz, den sie Koko genannt hatte. »Sehr angenehm, sehr angenehm!«

Und er drückte Herrn Tworogow warm die Hand.

»Mit wem reden Sie denn da? Was gibt es denn? Ich warte …«, erscholl eine heisere Stimme.

Vor der Gruppe stand ein Herr von endlos großer Statur; er nahm seine Lorgnette heraus und betrachtete aufmerksam den Herrn im Schuppenpelz.

»Ah, Herr Bobynizyn!«, zwitscherte die Dame. »Wo kommen Sie denn her? Das ist einmal ein Zusammentreffen! Denken Sie sich nur, mir sind soeben die Pferde durchgegangen, sodass ich aus dem Schlitten herausgeschleudert wurde. Aber da ist mein Mann! Erlaube, Jean, dass ich dir Herrn Bobynizyn vorstelle, den ich auf dem Ball bei Karpows …«

»Oh, sehr, sehr, sehr angenehm! … Aber ich will gleich einen Wagen nehmen, liebe Frau.«

»Das tu, Jean, das tu; der Schreck ist mir in die Glieder gefahren; ich zittere; es ist mir geradezu schlecht … Heute auf dem Maskenball«, flüsterte sie Herrn Tworogow zu … »Adieu, adieu, Herr Bobynizyn! Wir werden uns gewiss morgen auf dem Ball bei Karpows treffen …«

»Nein, entschuldigen Sie, ich werde morgen nicht hinkommen; ich werde morgen, hm, wenn es jetzt nicht geht …« Herr Bobynizyn murmelte noch etwas zwischen den Zähnen, machte mit seinem großen Stiefel einen Kratzfuß, stieg in seinen Schlitten und fuhr weg.

Der Wagen fuhr vor; die Dame stieg ein. Der Herr im Schuppenpelz blieb noch stehen; er war anscheinend außerstande sich zu bewegen und blickte gedankenlos den Herrn im Pelzrock an. Der Herr im Pelzrock lächelte ziemlich geistlos.

»Ich weiß nicht …«

»Entschuldigen Sie, ich bin sehr erfreut, Ihre Bekanntschaft gemacht zu haben«, antwortete der junge Mann mit einer Verbeugung; auf seinem Gesicht malte sich eine gewisse Neugier und ein bisschen Furcht.

»Es ist mir eine große, große Freude …«, versicherte der Herr im Schuppenpelz.

»Es ist Ihnen, glaube ich, der eine Überschuh vom Fuß abgefallen«, bemerkte der junge Mann.

»Mir? Ach ja! Ich danke Ihnen, danke Ihnen; ich wollte mir immer schon solche von Gummi anschaffen …«

»In Gummischuhen transpiriert der Fuß, wie es heißt«, sagte der junge Mann, der von grenzenloser Teilnahme erfüllt zu sein schien.

»Jean, kommst du nicht bald?«

»Allerdings transpiriert er. Sogleich, sogleich, mein Herzchen; ich bin hier gerade in einem interessanten Gespräch begriffen! Allerdings, wie Sie richtig bemerkten, transpiriert der Fuß … Aber entschuldigen Sie, ich …«

»Aber ich bitte Sie!«

»Es ist mir eine große, große, große Freude, Ihre Bekanntschaft gemacht zu haben …«

Der Herr im Schuppenpelz stieg in den Wagen; der Wagen setzte sich in Bewegung; der junge Mann stand immer noch auf demselben Fleck und folgte ihm verwundert mit den Augen.

II

Gleich am folgenden Abend fand eine Vorstellung in der Italienischen Oper statt. Iwan Andrejewitsch fiel wie eine Bombe in den Saal. Noch nie hatte man an ihm eine solche Begeisterung, eine solche Leidenschaft für die Musik bemerkt. Wenigstens wusste man mit Bestimmtheit, dass Iwan Andrejewitsch sehr gern ein oder zwei Stündchen in der Italienischen Oper schlummerte; er hatte sich sogar mehrmals dahin geäußert, dass das ein höchst angenehmer Genuss sei, »wenn einem die Primadonna«, pflegte er zu seinen Freunden zu sagen, »wie ein weißes Kätzchen etwas vormiaut, dann schläfert einen das ein wie ein Wiegenlied.« Aber dass er so zu reden pflegte, war schon lange her; das war in der vorigen Saison gewesen, aber jetzt, oh weh, oh weh! Iwan Andrejewitsch konnte nicht einmal bei sich zu Hause nachts schlafen. Er fiel also wie eine Bombe in den dichtgefüllten Saal. Sogar der Theaterdiener fuhr zusammen und schielte argwöhnisch nach der Brusttasche des Ankömmlings, in der bestimmten Erwartung, dort den Griff eines für alle Fälle versteckten Dolchs zu erblicken. Es muss bemerkt werden, dass damals zwei Parteien bestanden und eine jede eifrig für ihre eigene Primadonna eintrat. Die einen hießen die ***sisten, die andern die ***nisten. Beide Parteien liebten die Musik dermaßen, dass die Theaterdiener schließlich befürchteten, die Liebe zu allem Schönen und Hohen, das sich in den Personen der beiden Primadonnen vereinigte, werde noch in einer sehr energischen Weise zutage treten. Dies war der Grund, weshalb der Theaterdiener, als er einen schon grauhaarigen alten Herrn in so jugendlicher Art in den Theatersaal hineinstürmen sah (übrigens war er nicht ganz grau, sondern nur so ein bisschen, ungefähr fünfzigjährig, mit beginnender Glatze, und überhaupt allem Anschein nach ein Mann von solidem Charakter), dies war der Grund, weshalb der Theaterdiener unwillkürlich an die erhabenen Worte des Dänenprinzen Hamlet denken musste:

»Wenn selbst das Alter solchen Fehl begeht,
Was soll man von der Jugend dann erwarten?« usw. und, wie oben gesagt, nach der Brusttasche des Fracks schielte, in der Erwartung, dort einen Dolch zu sehen. Aber es war nur eine Brieftasche da und weiter nichts.

Als Iwan Andrejewitsch in das Theater hereingestürmt war, überflog er sofort mit seinen Blicken alle Logen des zweiten Ranges, und – oh Schrecken, das Herz stand ihm beinah still: Sie war da! Sie saß in einer Loge! Dort befand sich auch der General Polowizyn mit seiner Gattin und seiner Schwägerin; auch der Adjutant des Generals war da, ein außerordentlich gewandter junger Mann; ferner noch ein Zivilist … Iwan Andrejewitsch strengte all seine Aufmerksamkeit und all seine Sehkraft an, aber leider, leider hielt sich der Zivilist heimtückischerweise hinter dem Adjutanten versteckt und blieb so im Dunkeln und für den Spähenden unkenntlich.

Sie war in der Oper und hatte doch gesagt, sie würde nicht da sein!

Diese Doppelnatur trat seit einiger Zeit in allem, was Glafira Petrowna tat, an den Tag, und eben diese Doppelnatur war es, welche Iwan Andrejewitsch als eine Marter empfand. Dieser junge Zivilist da brachte ihn schließlich vollständig zur Verzweiflung, sodass er sich ganz vernichtet in seinen Parkettsessel sinken ließ. Fragt jemand nach dem Grund? Der Grund war sehr einfach: Eifersucht.

Es muss bemerkt werden, dass Iwan Andrejewitschs Sessel sich unmittelbar neben den Parkettlogen befand, und dass überdies jene Verräterloge im zweiten Rang gerade über seinem Sessel lag, sodass er zu seinem größten Leidwesen schlechterdings nicht wahrnehmen konnte, was über seinem Kopf vorging. Darüber geriet er in heftige Wut, und es kochte in ihm wie in einem Samowar. Der ganze erste Akt ging für ihn unbemerkt vorüber, das heißt, er hörte davon keine einzige Note. Man sagt, ein besonderer Vorzug der Musik bestehe darin, dass sie mit jeder Empfindung harmoniere: Der Frohe finde in den Tönen Freude, der Traurige Trauer. Und so heulte sie in Iwan Andrejewitschs Ohren wie ein richtiger Sturm. Um seinen Ärger auf den Gipfel zu bringen, wurde hinter ihm, vor ihm und neben ihm so laut gesprochen, dass ihm das Herz davon wehtat. Endlich war der erste Akt aus. Aber in dem Augenblick, als der Vorhang fiel, hatte unser Held ein Erlebnis, das keine Feder beschreiben kann.

Es kommt manchmal vor, dass von den oberen Logenrängen ein Theaterzettel herunterfliegt. Wenn das Stück langweilig ist und die Zuschauer gähnen, dann ist das für sie ein interessantes Ereignis. Mit besonderer Teilnahme beobachten sie den Flug eines solchen weichen Blattes Papier von dem allerobersten Rang herab und finden ein Vergnügen darin, seinem Zickzackweg bis zu den Parkettsesseln zu folgen, wo es sich unfehlbar jemandem, der auf einen solchen Zufall in keiner Weise vorbereitet ist, auf den Kopf legt. Es ist tatsächlich sehr amüsant zu sehen, wie der Betreffende in Verwirrung gerät (denn in Verwirrung gerät er unbedingt). Ich ängstige mich auch immer wegen der Operngläser, die die Damen oft auf die Brüstung der Logen legen; ich denke immer, so ein Ding könnte im nächsten Augenblick einem ahnungslos darunter Sitzenden auf den Kopf fallen. Aber ich sehe, dass eine solche tragische Bemerkung hier nicht am Platz ist, und werde sie daher lieber denjenigen Zeitungen zur Aufnahme in das Feuilleton einsenden, die es sich zur Aufgabe machen, uns vor allerlei bösen Dingen zu behüten: vor dem Betrogenwerden, vor gewissenlosem Handeln, vor Schaben, falls wir solche im Haus haben, und zwar dies durch Empfehlung des berühmten Herrn Principe, des furchtbaren Feindes und Widersachers aller Schaben auf der Welt, nicht nur der russischen, sondern auch der ausländischen, usw.

Aber dem armen Iwan Andrejewitsch stieß ein Unglück zu, wie es bisher noch nirgends geschildert worden ist. Es flog ihm auf den, wie schon gesagt, ziemlich kahlen Kopf etwas, was kein Theaterzettel war. Ich muss gestehen, ich schäme mich geradezu, zu sagen, was ihm auf den Kopf flog, denn es ist in der Tat peinlich, es auszusprechen, dass auf den achtungswerten, entblößten, das heißt zum Teil der Haare beraubten Kopf des eifersüchtigen, aufgeregten Iwan Andrejewitsch ein so unmoralischer Gegenstand herabfiel, wie es zum Beispiel ein parfümiertes Liebesbriefchen ist. Wenigstens fuhr der arme Iwan Andrejewitsch, der auf einen so unvorhergesehenen, ungeheuerlichen Zufall in keiner Weise gefasst war, nicht anders zusammen, als wenn er auf seinem Kopf eine Maus oder ein anderes derartiges Tier ergriffen hätte.

Dass in dem Brief von Liebe die Rede war, daran war kein Zweifel möglich. Er war auf parfümiertes Papier geschrieben, ganz so, wie das immer in Romanen geschieht, und zweitens war er zu einem so heimtückischen kleinen Format zusammengelegt, dass er sich in einem Damenhandschuh verbergen ließ. Heruntergefallen war er wahrscheinlich zufällig, während des Überreichens; der junge Zivilist hatte zum Beispiel vielleicht um den Theaterzettel gebeten; der Brief war hurtig in den Theaterzettel geschlagen und ihm hingereicht worden; unversehens mochte der Adjutant dagegen gestoßen haben, der sich dann sehr gewandt wegen seiner Ungeschicklichkeit entschuldigt hatte, und der Brief war dem kleinen, vor Aufregung zitternden Händchen entglitten, und der junge Zivilist, der schon seine ungeduldige Hand ausstreckte, hatte auf einmal statt des Briefes nur den Theaterzettel erhalten, mit dem er absolut nichts anzufangen wusste. Ein unangenehmer, sonderbarer Zufall, das ist ganz richtig, aber jeder wird zugeben müssen, dass Iwan Andrejewitschs Situation noch unangenehmer war.

»Prédestiné«, flüsterte er, während ihm der kalte Schweiß auf die Stirn trat und er das Briefchen in der Hand zusammendrückte, »prédestiné! ›Die Kugel findet den Schuldigen!‹«, ging es ihm durch den Kopf. »Nein, das passt nicht her; inwiefern wäre ich denn schuldig? Aber es gibt noch ein anderes Sprichwort: ›Auf den Kopf des Kahlen fallen immer die größten Hagelkörner.‹«

Aber was erklingen nicht alles für Töne in einem Kopf, der von einem so plötzlichen Ereignis betäubt ist! Iwan Andrejewitsch saß ganz starr auf seinem Sessel da, mehr tot als lebendig, wie man zu sagen pflegt. Er war davon überzeugt, dass das, was sich mit ihm zugetragen hatte, von allen Seiten bemerkt worden war, obgleich gerade in diesem Augenblick im ganzen Saal sich ein gewaltiger Tumult erhoben hatte und die Sängerin lärmend herausgerufen wurde. Er saß so verlegen da, errötete so und hielt die Augen so ängstlich zu Boden geschlagen, als wenn ihm in einer schönen, zahlreichen Gesellschaft irgendwelche unerwartete, mit der Umgebung arg dissonierende Unannehmlichkeit passiert wäre. Zuletzt entschloss er sich doch, die Augen aufzuschlagen.

»Sehr hübsch haben sie gesungen!«, bemerkte er, sich an einen Elegant wendend, der links von ihm saß.

Der Elegant, der sich im höchsten Stadium des Enthusiasmus befand und mit den Händen Beifall klatschte, namentlich aber mit den Füßen arbeitete, blickte Iwan Andrejewitsch flüchtig und zerstreut an, bildete sogleich zur Verstärkung des Tons mit den Händen einen Schild über seinem Mund und schrie den Namen der Sängerin. Iwan Andrejewitsch, der noch nie ein solches Geschrei gehört hatte, war entzückt. »Der hat nichts bemerkt!«, dachte er und wandte sich nach hinten um. Aber der dicke Herr, der hinter ihm saß, hatte ihm jetzt seinerseits den Rücken zugedreht und musterte durch die Lorgnette die Logen. »Gleichfalls gut!«, dachte Iwan Andrejewitsch. Die vor ihm Sitzenden hatten natürlich nichts gesehen. Schüchtern und voll froher Hoffnung schielte er nach der Parkettloge neben seinem Sessel und fuhr in einer höchst unangenehmen Empfindung zusammen. Dort saß eine schöne Dame, die den Mund mit dem Taschentuch verbarg, sich in ihrem Sessel zurücklehnte und wie toll lachte.

»Nein, diese Weiber!«, flüsterte Iwan Andrejewitsch vor sich hin und setzte sich mit einem Schwarm anderer Zuschauer nach dem Ausgang zu in Bewegung.

Jetzt schlage ich vor, dass die Leser selbst entscheiden mögen, und bitte sie, zwischen mir und Iwan Andrejewitsch Richter zu sein. Hatte er wirklich in diesem Augenblick Recht? Ein großes Theater besitzt bekanntlich vier Logenränge und dann noch als fünften die Galerie. Warum musste denn unbedingt angenommen werden, dass der Brief gerade von einem bestimmten Rang herabgefallen war, gerade von eben diesem und nicht von irgendeinem andern, zum Beispiel von der Galerie, wo sich ebenfalls Damen befanden? Aber die Leidenschaft ist exklusiv, und die Eifersucht ist die exklusivste Leidenschaft auf der Welt.

Iwan Andrejewitsch eilte in das Foyer, trat zu einer Lampe, erbrach das Siegel und las:

»Heute, gleich nach der Vorstellung, in der G***waja-Straße, Ecke der ***ski-Gasse, im K***schen Haus, im dritten Stock, rechts von der Treppe. Eingang von der Auffahrt aus. Finde dich dort ein, sans faute; ich bitte dringend darum.«

Die Handschrift erkannte Iwan Andrejewitsch nicht, aber es konnte nicht zweifelhaft sein, dass dies die Einladung zu einem Rendezvous war. »Abfassen, ertappen und das Übel schon beim Beginn verhindern«, das war Iwan Andrejewitschs erster Gedanke. Es kam ihm auch der Einfall, die Betreffenden gleich jetzt, hier, an diesem Ort zu überführen, aber wie sollte er das anfangen? Er lief sogar zum zweiten Rang hinauf, kehrte aber verständigerweise wieder um. Er wusste absolut nicht, wohin er laufen sollte. Da er nichts Besseres zu tun wusste, lief er nach der andern Seite herum und sah durch die offen stehende Tür einer fremden Loge nach der gegenüberliegenden Seite. Richtig, richtig! In allen fünf Rängen senkrecht übereinander saßen junge Damen und junge Männer. Das Briefchen konnte von allen fünf Rängen herabgefallen sein. Aber nichts, kein Augenschein vermochte ihn von seiner Meinung abzubringen. Während des ganzen zweiten Aktes rannte er auf allen Korridoren umher und konnte nirgends zur Ruhe seiner Seele gelangen. Er lief auch zur Theaterkasse, in der Hoffnung, von dem Kassierer die Namen derjenigen zu erfahren, die in allen vier Rängen an der betreffenden Stelle Logen genommen hatten, aber die Kasse war schon geschlossen. Endlich ertönte ein rasendes Bravorufen und Händeklatschen. Die Vorstellung war zu Ende. Es begannen die Hervorrufe, und besonders laut schrien ganz von oben her zwei Stimmen, die Anführer der beiden Parteien. Aber was kümmerte sich Iwan Andrejewitsch um diese Menschen. Er hatte sich schon einen Plan für sein weiteres Verhalten zurechtgemacht. Er zog seinen schnurbesetzten Pelzrock an und eilte nach der G***waja-Straße, um dort abzufassen, zu enthüllen, zu überführen und überhaupt etwas energischer aufzutreten als am vorhergehenden Tag. Er fand bald das Haus und ging schon die Auffahrt hinauf, als auf einmal die Gestalt eines Elegants in einem Paletot dicht an ihm vorbeiglitt und vor ihm die Treppe zum dritten Stock hinauflief. Es schien unserm

Iwan Andrejewitsch, dass dies eben jener Elegant von gestern sei, obgleich er auch damals das Gesicht desselben nicht deutlich hatte sehen können. Das Herz stand ihm beinah still. Der junge Mann war ihm bereits zwei Treppen voraus. Endlich hörte Iwan Andrejewitsch, wie im dritten Stock eine Tür geöffnet wurde, und zwar ohne vorhergehendes Klingeln, wie wenn jemand den Ankömmling erwartet hätte. Der junge Mann schlüpfte in die Wohnung hinein. Iwan Andrejewitsch erreichte den dritten Stock, als diese Tür noch nicht wieder zugeschlossen war. Er wollte eigentlich vor der Tür ein Weilchen stehen bleiben, sein Vorhaben vernünftig überlegen und bedenken und dann erst einen entscheidenden Schritt beschließen, aber gerade in diesem Augenblick fuhr mit starkem Getöse eine Equipage an der Auffahrt vor; die Haustür wurde geräuschvoll geöffnet, und es begann jemand mit schweren Schritten unter Räuspern und Husten die Treppe hinaufzusteigen. Iwan Andrejewitsch blieb nun doch nicht stehen, sondern öffnete die Tür und betrat die Wohnung mit der ganzen Würde eines beleidigten Ehemanns. Ein Stubenmädchen stürzte ihm ganz aufgeregt entgegen; dann erschien ein Diener, aber Iwan Andrejewitsch ließ sich durch nichts aufhalten. Wie eine Bombe drang er in die Wohnung ein und befand sich, nachdem er zwei dunkle Zimmer durchschritten hatte, auf einmal in einem Schlafzimmer einer schönen jungen Dame gegenüber, die vor Furcht am ganzen Leib zitterte und ihn höchst erschrocken ansah, als begriffe sie gar nicht, was um sie herum vorgehe. In diesem Augenblick wurden im anstoßenden Zimmer schwere Schritte hörbar, die gerade auf das Schlafzimmer zukamen: Es waren dieselben Schritte, die die Treppe hinaufgekommen waren.

»Mein Gott! Das ist mein Mann!«, rief die Dame, schlug die Hände zusammen und wurde bleicher als ihr Frisiermantel.

Iwan Andrejewitsch merkte, dass er nicht an die richtige Stelle gekommen war, dass er eine kindische Dummheit begangen, seinen

Schritt nicht recht bedacht, nicht hinreichend auf der Treppe überlegt hatte. Aber es war nichts zu machen. Im nächsten Augenblicke musste sich die Tür öffnen; im nächsten Augenblick musste der wuchtig gebaute Mann (denn für einen solchen musste man ihn nach seinen schweren Schritten halten) ins Zimmer treten. Ich weiß nicht, wofür sich Iwan Andrejewitsch in diesem Augenblick hielt! Ich weiß nicht, was ihn davon abhielt, dem Ehemann gerade entgegenzugehen, zu erklären, dass er durch seine Unachtsamkeit hierher geraten sei, zu bekennen, dass er, ohne sich dessen bewusst zu sein, höchst unangemessen gehandelt habe, um Verzeihung zu bitten und zu verschwinden; dabei hätte er sich ja allerdings nicht sehr mit Ehre und Ruhm bedeckt, aber er hätte sich doch wenigstens in einer anständigen, offenen Weise entfernt. Aber nein, Iwan Andrejewitsch handelte wieder wie ein Junge, als ob er sich für einen Don Juan oder Lovelace* hielte! Er versteckte sich zuerst hinter den Bettvorhängen; dann aber, als er fühlte, dass sein Mut völlig gesunken war, warf er sich auf die Erde und kroch, ohne etwas dabei zu denken, unter das Bett. Die Angst wirkte auf ihn stärker als der Verstand, und Iwan Andrejewitsch, der selbst ein beleidigter Ehemann war oder sich wenigstens für einen solchen hielt, wagte es nicht, einem andern Ehemann vor die Augen zu kommen, vielleicht weil er ihn durch seine Gegenwart zu beleidigen fürchtete. Wie dem nun auch sein mochte, jedenfalls befand er sich unter dem Bett, ohne recht zu begreifen, wie er dahin gekommen war. Aber, was das Allererstaunlichste war, die Dame erhob dagegen keinerlei Widerspruch. Sie hatte auch nicht aufgeschrien, als sie sah dass ein höchst sonderbarer, älterer Herr in ihrer Schlafstube Zuflucht suchte. Aller Wahrscheinlichkeit nach war sie so erschrocken, dass ihr die Zunge den Dienst versagte.

* Anm. d. Ü.: In Samuel Richardsons (1689–1761) Roman Clarissa Harlowe.

Der Ehemann trat ächzend und sich räuspernd ein, begrüßte seine Frau in singendem, greisenhaftem Ton und ließ sich so in einen Lehnstuhl sinken, als ob er soeben eine Tracht Holz heraufgebracht hätte. Ein dumpfes, lang dauerndes Husten ließ sich vernehmen. Iwan Andrejewitsch, der sich aus einem grimmigen Tiger in ein Lämmchen verwandelt hatte, zitterte und zagte wie ein Mäuschen vor einem Kater und wagte kaum zu atmen vor Angst, obwohl er aus eigener Erfahrung hätte wissen können, dass nicht alle beleidigten Ehemänner beißen. Aber dieser Gedanke kam ihm nicht in den Sinn, sei es aus Mangel an Überlegung oder aus sonst welchem andern Grund. Vorsichtig, leise, tastend begann er sich unter dem Bett zu orientieren, um sich möglichst bequem hinzulegen. Wie groß war aber sein Erstaunen, als er mit der Hand einen Gegenstand fühlte, der sich zu seiner größten Verwunderung bewegte und ihn seinerseits bei der Hand ergriff! Unter dem Bett befand sich schon ein anderer Mensch.

»Wer ist da?«, flüsterte Iwan Andrejewitsch.

»Na, ich werde Ihnen auch wohl gleich sagen, wer ich bin!«, flüsterte der seltsame Unbekannte zurück. »Liegen Sie ruhig, und schweigen Sie, wenn Sie nun doch einmal in diese Situation hineingeraten sind!«

»Aber …«

»Stille!«

Und der überflüssige Mensch (denn es wäre unter dem Bett an einem völlig genug gewesen) presste in seiner Faust Iwan Andrejewitschs Hand so zusammen, dass dieser vor Schmerz beinah laut aufschrie.

»Mein Herr …«

»Ssst!«

»Drücken Sie mich nicht so, oder ich schreie.«

»Na, dann schreien Sie! Probieren Sie es einmal!«

Iwan Andrejewitsch errötete vor Scham. Der Unbekannte war grimmig und zornig. Vielleicht war er ein Mensch, der schon oft Verfolgungen seitens des Schicksals erlitten und sich schon oft in so beengter Lage befunden hatte, aber Iwan Andrejewitsch war ein Neuling und konnte in dieser Enge kaum atmen. Das Blut stieg ihm in den Kopf. Indes war nichts zu machen; er musste still auf dem Bauch liegen. Er ergab sich in sein Schicksal und schwieg.

»Ich war bei Pawel Iwanowitsch, mein Herzchen«, begann der Ehemann, »bei Pawel Iwanowitsch. Wir setzten uns hin, um Préférence zu spielen, aber der Rücken, kchi-kchi-kchi!« (er hustete) »tat mir … kchi! tat mir so … kchi! Na, hol ihn … Kchi-kchi-kchi!«

Der alte Mann hatte einen lang dauernden Hustenanfall.

»Der Rücken …«, sagte er endlich mit Tränen in den Augen, »der Rücken tat mir so weh … die verdammten Hämorriden. Nicht stehen, nicht sitzen … nicht sitzen kann man! Akchi-kchi-kchi! …«

Es schien, dass dem von Neuem beginnenden Husten beschieden war weit länger zu leben als seinem Eigentümer, dem alten Mann, selbst. Dieser murmelte etwas in den Zwischenpausen, aber es war absolut nichts davon zu verstehen.

»Mein Herr, um Gottes willen rücken Sie ein bisschen!«, flüsterte der unglückliche Iwan Andrejewitsch.

»Wohin denn? Es ist kein Platz da.«

»Aber das müssen Sie doch selbst sagen, ich kann doch unmöglich so liegen bleiben. Ich befinde mich zum ersten Mal in so widerwärtiger Lage.«

»Und ich in so unangenehmer Gesellschaft.«

»Aber, junger Mann …«

»Maul halten!«

»Maul halten? Aber Sie benehmen sich sehr unhöflich, junger Mann … Wenn ich nicht irre, sind Sie noch sehr jung; ich bin bedeutend älter als Sie.«

»Maul halten!«

»Mein Herr, Sie vergessen sich; Sie wissen nicht, mit wem Sie reden!«

»Mit einem Herrn, der unter dem Bett liegt ...«

»Aber mich hat nur ein unglücklicher Zufall hierher gebracht, ein Irrtum, Sie aber, wenn ich nicht irre, Ihre Sittenlosigkeit.«

»Gerade darin irren Sie sich eben.«

»Mein Herr, ich bin älter als Sie; ich sage Ihnen ...«

»Mein Herr, Sie wissen, dass wir hier einer wie der andere auf der Diele liegen. Ich ersuche Sie, mir nicht ins Gesicht zu fassen!«

»Mein Herr, ich kann nichts sehen. Nehmen Sie es mir nicht übel, aber ich habe eben keinen Raum.«

»Warum sind Sie so dick?«

»Oh Gott! Ich habe mich noch nie in einer so erniedrigenden Lage befunden!«

»Ja, niedriger kann man nicht liegen.«

»Mein Herr, mein Herr! Ich weiß nicht, was Sie für ein Mensch sind, und verstehe nicht, wie das so gekommen ist, aber ich bin nur infolge eines Irrtums hier; ich bin nicht das, was Sie von mir denken ...«

»Ich würde gar nichts von Ihnen denken, wenn Sie mich nicht immer stießen. Aber schweigen Sie doch endlich!«

»Mein Herr, wenn Sie nicht ein bisschen weiter rücken, so rührt mich der Schlag. Sie werden meinen Tod zu verantworten haben. Ich versichere Ihnen, ich bin ein achtbarer Mensch, ein Familienvater. Ich kann mich doch gar nicht durch meine Schuld in einer solchen Lage befinden!«

»Sie haben sich selbst in eine solche Lage hineinbegeben. Na, dann rücken Sie noch ein bisschen her! Da haben Sie noch etwas Platz; mehr gibt's aber nicht!«

»Sie sind ein edler junger Mann, mein Herr! Ich sehe, dass ich mich in Ihnen geirrt habe«, sagte Iwan Andrejewitsch ganz entzückt und dankbar für den überlassenen Raum und brachte seine taub gewordenen Gliedmaßen in Ordnung. »Ich habe volles Verständnis für Ihre beengte Lage, aber was soll man machen? Ich sehe, dass Sie über mich schlecht denken. Gestatten Sie mir, mein Renommee in Ihren Augen zu bessern; gestatten Sie mir, dass ich Ihnen sage, wer und was ich bin. Ich bin gegen meinen Willen hierhergekommen, versichere ich Ihnen, nicht etwa in der Absicht, die Sie bei mir voraussetzen … Ich bin in größter Angst.«

»Wollen Sie nicht endlich schweigen? Begreifen Sie nicht, dass es uns übel geht, wenn man Sie hört? Ssst! … Er redet wieder.« In der Tat schien der Hustenanfall des Alten vorüberzugehen.

»Also, mein Herzchen«, sagte er in weinerlich singendem Ton mit heiserer Stimme, »also, mein Herzchen, kchi-kchi! Ach, ist das ein Unglück! Fedosjei Iwanowitsch sagte: ›Sie sollten es mal mit Schafgarbentee versuchen‹, sagte er. Hörst du, mein Herzchen?«

»Ja, ich höre, lieber Mann.«

»Na, also er sagte: ›Sie sollten es mal mit Schafgarbentee versuchen‹, sagte er. Ich sagte: ›Ich habe mir Blutegel gesetzt.‹ Aber er sagte zu mir: ›Nein, Alexander Demjanowitsch, Schafgarbentee ist besser; er löst, sage ich Ihnen.‹ Kchi-kchi! Ach, mein Gott! wie denkst du darüber, mein Herzchen? Kchi-kchi! Ach du mein Schöpfer! Kchi-kchi! … Meinst du auch, dass Schafgarbentee besser ist, ja? … Kchi-kchi-kchi! Ach! Kchi!« usw.

»Ich glaube, dass es ganz gut wäre, mit diesem Mittel einen Versuch zu machen«, erwiderte die Gattin.

»Ja, es wäre ganz gut! ›Sie haben vielleicht die Schwindsucht‹, sagte er; kchi-kchi! Aber ich sagte: ›Ich habe das Podagra und eine Magenaffektion‹; kchi-kchi. Aber er sagte zu mir: ›Vielleicht auch die Schwindsucht.‹ Was meinst du, kchi-kchi! Was meinst du, mein Herzchen: Ist es die Schwindsucht?«

»Ach, mein Gott, was reden Sie da!«

»Ja, er glaubt, es ist die Schwindsucht. Aber du solltest dich nun ausziehen, mein Herzchen, und dich schlafen legen, kchi-kchi! Aber ich habe heute, kchi, einen argen Schnupfen.«

»Puh!«, machte Iwan Andrejewitsch, »um Gottes willen, rücken Sie ein bisschen weiter!«

»Ich muss mich im höchsten Grad über Ihr Benehmen wundern; können Sie denn nicht ruhig liegen?«

»Sie sind gegen mich erbittert, junger Mann, und wollen mich verletzen. Das sehe ich. Sie sind wahrscheinlich der Liebhaber dieser Dame?«

»Schweigen Sie still!«

»Ich werde nicht schweigen! Ich werde mir nichts von Ihnen befehlen lassen! Ja, Sie sind gewiss der Liebhaber. Wenn wir entdeckt werden, so bin ich an nichts schuld; ich weiß von nichts.«

»Wenn Sie nicht schweigen«, sagte der junge Mann zähneknirschend, »so werde ich sagen, Sie hätten mich hierher gelockt; ich werde sagen, Sie seien mein Onkel, der sein ganzes Vermögen durchgebracht habe. Dann wird man wenigstens nicht denken, dass ich der Liebhaber dieser Dame sei.«

»Mein Herr! Sie machen sich über mich lustig. Sie erschöpfen meine Geduld.«

»Ssst! Oder ich werde Sie zwingen zu schweigen! Sie sind mein Unglück! Sagen Sie nur, wozu sind Sie hier? Wenn Sie nicht hier wären, würde ich ruhig bis zum Morgen daliegen und dann hinausgehen.«

»Aber ich kann hier nicht bis zum Morgen liegen bleiben; ich bin ein verständiger, gesetzter Mensch, ich habe Konnexionen … Was meinen Sie, wird er wirklich die Nacht über hierbleiben?«

»Wer?«

»Nun, dieser alte Mann …«

»Selbstverständlich wird er das tun. Nicht alle Ehemänner sind von der Art wie Sie. Es gibt auch solche, die nachts zu Hause bleiben.«

»Mein Herr, mein Herr!«, rief Iwan Andrejewitsch, den vor Schreck ein kalter Schauder überlief, »seien Sie überzeugt, dass auch ich sehr häuslich bin, und dass dies jetzt bei mir das erste Mal ist, aber, mein Gott, ich sehe, dass Sie mich falsch beurteilen. Was sind Sie eigentlich für einer, junger Mann? Sagen Sie es mir schnell, ich bitte Sie inständig darum, aus uneigennütziger Freundschaft bitte ich Sie: Was sind Sie für einer?«

»Hören Sie mal, ich werde Gewalt anwenden …«

»Aber erlauben Sie, erlauben Sie, dass ich Ihnen alles erzähle, mein Herr; erlauben Sie, dass ich Ihnen diese ganze widerwärtige Sache erkläre …«

»Ich will keine Erklärungen hören; ich will nichts wissen. Schweigen Sie still, oder …«

»Aber ich kann doch nicht …«

Unter dem Bett fand ein kleiner Kampf statt, und Iwan Andrejewitsch verstummte.

»Mein Herzchen, ist hier nicht ein Geräusch, wie wenn Katzen zischten?«

»Was für Katzen? Was Sie für sonderbare Einfälle haben!«

Offenbar wusste die Gattin nicht, wovon sie mit ihrem Mann reden sollte. Sie war so verstört, dass sie noch gar nicht ihre Gedanken sammeln konnte. Jetzt aber fuhr sie zusammen und horchte auf.

»Was für Katzen?«

»Katzen, mein Herzchen. Neulich kam ich in mein Arbeitszimmer, saß da unser Kater und zischte mich an: schjuschju-schju! Ich sagte zu ihm: ›Was hast du denn, Katerchen?‹ Aber er machte wieder: schju-schju-schju! Und so zischte er immerzu. Ich dachte sogar: ›Ach, ihr Heiligen! Das wird doch nicht am Ende gar meinen Tod bedeuten?‹«

»Was für Dummheiten Sie aber heute auch reden! Schämen Sie sich!«

»Nun, lass es gut sein, sei nicht böse, mein Herzchen; ich sehe, es ist dir unangenehm, wenn ich von meinem Tod spreche; sei nicht böse; ich sagte es ja nur so. Aber du solltest dich wirklich ausziehen, mein Herzchen, und dich schlafen legen; ich werde hier noch ein Weilchen sitzen, bis du dich hingelegt hast.«

»Nicht doch, nicht doch, hören Sie davon auf; ich werde mich erst später hinlegen …«

»Nun, sei nicht böse, sei nicht böse! Aber wirklich, es ist mir immer, als ob hier Mäuse wären.«

»Na aber! Erst Katzen und dann Mäuse! Ich weiß wirklich nicht, was Sie heute haben.«

»Nun, nun, lass es gut sein, lass es … kchi! Lass es gut sein, kchi-kchi-kchi-kchi! Ach mein Gott! Kchi!«

»Hören Sie wohl? Sie sind so unruhig, dass auch er es gehört hat«, flüsterte der junge Mann.

»Aber wenn Sie wüssten, wie es mir geht! Mir blutet die Nase.«

»Lassen Sie sie bluten, und schweigen Sie still; warten Sie, bis er hinausgegangen ist.«

»Junger Mann, aber versetzen Sie sich in meine Lage: Ich weiß ja nicht, mit wem ich hier zusammen liege.«

»Würde Ihnen denn dann leichter zumute sein, wie? Ich interessiere mich ja auch nicht dafür, Ihren Familiennamen zu erfahren. Na, welches ist denn Ihr Familienname?«

»Nein, wozu soll ich Ihnen meinen Familiennamen angeben? … Ich möchte Ihnen nur erklären, auf welche unsinnige Weise …«

»Ssst … er redet wieder …«

»Wirklich, mein Herzchen, es ist da ein Geräusch.«

»Nicht doch, die Watte in Ihren Ohren sitzt wohl schlecht; das wird es sein.«

»Ach so, wegen der Watte. Weißt du, hier über uns … kchi-kchi! Hier über uns, kchi-kchi-kchi!« usw.

»›Über uns‹!«, flüsterte der junge Mann. »Ach, hol's der Teufel! Und ich habe gedacht, dass dies das oberste Stockwerk wäre; ist denn dieses erst das zweite?«

»Junger Mann«, flüsterte Iwan Andrejewitsch in großer Aufregung zurück, »was reden Sie da? Um Gottes willen, warum interessiert Sie das? Auch ich habe geglaubt, dies sei das letzte Stockwerk. Um Gottes willen, ist hier etwa noch ein Stockwerk darüber?«

»Wirklich, es bewegt sich jemand«, sagte der Alte, der endlich aufhörte zu husten.

»Ssst! Hören Sie wohl?«, flüsterte der junge Mann und presste Iwan Andrejewitschs beide Hände zusammen.

»Mein Herr, Sie halten meine Hände in einem Schraubstock. Lassen Sie mich los!«

»Ssst ...«

Es folgte ein kurzer Kampf, und darauf trat wieder Schweigen ein.

»Ja, da traf ich ein hübsches Frauchen ...«, begann der Alte.

»Wie? Ein hübsches Frauchen?«, unterbrach ihn seine Gattin.

»Ja, ich habe dir das ja wohl vorhin schon erzählt, dass ich eine hübsche Dame auf der Treppe traf, oder habe ich vergessen, es zu erzählen? Mein Gedächtnis ist schon so schwach. Ich müsste Johanniskrauttee ... kchi!«

»Was?«

»Ich müsste Johanniskrauttee trinken. Man sagt, das hilft ... kchi-kchi-kchi! Das soll helfen!«

»Sie sagten, Sie hätten heute eine hübsche Dame getroffen?«, fragte die Frau.

»Wie?«

»Sie hätten eine hübsche Dame getroffen?«

»Wer hat getroffen?«

»Nun, Sie!«

»Ich? Wann denn? Ja, richtig! ...«

»Endlich! So eine Mumie, na!«, flüsterte der junge Mann, der in Gedanken den vergesslichen Alten zur Eile antrieb.

»Mein Herr! Ich zittre vor Angst. Mein Gott, was höre ich? Das ist wie gestern, gerade wie gestern! …«

»Ssst …«

»Ja, ja, ja! Jetzt fällt es mir wieder ein: So eine richtige Schelmin! Und so lustige Äugelchen hatte sie … und ein himmelblaues Hütchen …«

»Ein himmelblaues Hütchen! Ei, ei!«, sagte die Frau.

»Sie ist es! Sie hat ein himmelblaues Hütchen. Mein Gott!«, rief Iwan Andrejewitsch.

»Sie? Was für eine ›sie‹?«, flüsterte der junge Mann und presste Iwan Andrejewitschs Hände zusammen.

»Ssst!«, machte nun seinerseits Iwan Andrejewitsch. »Er redet.«

»Ach, mein Gott, mein Gott!«

»Nun, übrigens: Welche Frau hat kein himmelblaues Hütchen? … Also!«

»Und so ein schelmisches Gesichtchen!«, fuhr der Alte fort. »Sie hat hier irgendwelche Bekannten, die sie besucht. Und immer kokettiert sie. Und zu diesen Bekannten kommen dann auch junge Männer von ihrer Bekanntschaft …«

»Ach, wie langweilig das ist«, unterbrach ihn seine Frau, »ich bitte Sie, wie können Sie sich für so etwas interessieren?«

»Nun gut, gut! Sei nur nicht böse!«, erwiderte der Alte in seinem singenden Ton, »na, ich werde nichts weiter davon sagen, wenn du es nicht wünschst. Du bist heute nicht bei guter Laune …«

»Aber wie sind Sie denn eigentlich hierher geraten?«, fragte der junge Mann.

»Aha, sehen Sie, sehen Sie! Jetzt interessieren Sie sich dafür, und vorhin wollten Sie nichts davon hören!«

»Na, mir kann es ja ganz egal sein! Dann sagen Sie es meinetwegen nicht! Ach, hol's der Teufel, was für eine scheußliche Geschichte!«

»Junger Mann, seien Sie mir nicht böse; ich weiß nicht, was ich rede; ich habe das nur so hingeredet; ich wollte nur sagen, dass Sie gewiss einen Grund haben, an der Sache solchen Anteil zu nehmen … Aber wer sind Sie, junger Mann? Ich sehe, Sie sind mir unbekannt, aber wer sind Sie denn schließlich? Oh Gott, ich weiß nicht, was ich rede!«

»Ach, lassen Sie mich in Ruhe!«, unterbrach ihn der junge Mann, der etwas zu überlegen schien.

»Aber ich will Ihnen alles erzählen, alles. Sie denken vielleicht, dass ich es nicht erzählen werde, und dass ich Ihnen böse bin, nicht doch! Da ist meine Hand! Ich bin nur sehr niedergeschlagen, weiter nichts. Aber um Gottes willen, sagen Sie mir alles von Anfang an: Wie geht es zu, dass Sie selbst hier sind? Wie ist das gekommen? Was mich betrifft, so bin ich Ihnen nicht böse; weiß Gott, ich bin Ihnen nicht böse; hier meine Hand darauf! Es ist hier nur sehr staubig, und da habe ich sie mir ein bisschen schmutzig gemacht, aber wer von hohen Gefühlen erfüllt ist, dem verschlägt das nichts.«

»Ach, bleiben Sie mir mit Ihrer Hand vom Leib! Man kann sich hier nicht umdrehen, und er kommt mit seiner Hand!«

»Aber mein Herr, Sie gehen mit mir um wie, mit Verlaub zu sagen, mit einer alten Stiefelsohle«, sagte Iwan Andrejewitsch in einem Anfall sanftester Verzweiflung und im Ton flehentlicher Bitte. »Behandeln Sie mich höflicher, wenigstens ein bisschen höflicher, und ich werde Ihnen alles erzählen! Wir könnten einander lieb gewinnen; ich bin sogar bereit, Sie zum Mittagessen zu mir einzuladen. Aber dass wir länger so zusammen liegen bleiben, ist unmöglich, das sage ich Ihnen ganz offen. Sie sind in einem Irrtum befangen, junger Mann! Sie wissen nicht …«

»Wann mag er sie denn getroffen haben?«, murmelte der junge Mann, augenscheinlich in der größten Aufregung, vor sich hin. »Sie wartet vielleicht jetzt auf mich … Ich werde wirklich von hier weggehen!«

»Sie? Wer ist ›sie‹? Mein Gott! Von wem reden Sie, junger Mann? Sie glauben, dass dort im Stockwerk über uns … Mein Gott! Mein Gott! Wofür werde ich so schwer gestraft?«

Iwan Andrejewitsch versuchte zum Zeichen seiner Verzweiflung sich auf den Rücken zu drehen.

»Wozu brauchen Sie zu wissen, wer sie ist? Ach was, hol's der Teufel! In Gottes Namen, ich krieche heraus! …«

»Mein Herr! Was tun Sie? Und ich? Was soll aus mir werden?«, flüsterte Iwan Andrejewitsch und klammerte sich in einem Anfall von Verzweiflung an die Frackschöße seines Nachbarn.

»Was kümmert mich das? Na, bleiben Sie doch allein hier! Oder wenn Sie das nicht wollen, dann werde ich meinetwegen sagen, Sie seien mein Onkel, der sein Vermögen durchgebracht habe, damit der Alte nicht denkt, dass ich ein Liebhaber seiner Frau sei.«

»Aber, junger Mann, das ist unmöglich; das ist unnatürlich, wenn Sie mich als Ihren Onkel ausgeben. Das wird Ihnen niemand glauben; nicht einmal ein kleines Kind wird das glauben«, flüsterte Iwan Andrejewitsch in heller Verzweiflung.

»Na, dann schwatzen Sie nicht, und bleiben Sie ruhig liegen! Nötigenfalls übernachten Sie hier, und schlüpfen Sie morgen irgendwie heraus; niemand wird Sie bemerken, denn wenn schon einer herausgekrochen ist, wird man bestimmt nicht annehmen, dass noch ein anderer dageblieben sei. Da könnte sogar ein ganzes Dutzend daruntersteckten, ohne bemerkt zu werden. Übrigens kommen Sie allein einem ganzen Dutzend gleich. Rücken Sie mal ein bisschen an die Seite; ich will herauskriechen!«

»Sie kränken mich, junger Mann … Wie aber, wenn ich anfange zu husten? Man muss alles vorher bedenken!«

»Ssst!«

»Was ist da los? Mir ist, als höre ich über uns wieder Lärm«, sagte der Alte, der unterdessen anscheinend geschlummert hatte.

»Über uns?«

»Hören Sie, junger Mann, ich krieche heraus.«

»Na ja, ich höre!«

»Mein Gott, junger Mann, ich krieche heraus.«

»Ich aber werde dann nicht herauskriechen! Mir ist alles egal! Wenn die Sache nun doch einmal verdorben ist, dann ist mir alles egal! Aber wissen Sie, was ich glaube? Ich glaube, dass Sie selbst ein betrogener Ehemann sind; ja, das glaube ich! …«

»Oh Gott, was für ein Zynismus! … Glauben Sie das wirklich? Aber warum soll ich denn schlechterdings ein Ehemann sein … ich bin nicht verheiratet.«

»Nicht verheiratet? Schwindel!«

»Ich bin vielleicht selbst ein Liebhaber!«

»Ein netter Liebhaber!«

»Mein Herr, mein Herr! Nun gut, ich werde Ihnen alles erzählen. Vernehmen Sie den Hergang, der mich in diese verzweifelte Lage gebracht hat. Ich bin kein betrogener Ehemann; ich bin nicht verheiratet. Ich bin ebenfalls ein Junggeselle wie Sie. Der, um den es sich handelt, ist ein Freund von mir; er war in den Kinderjahren mein Kamerad … ich aber bin ein Liebhaber … Er sagte zu mir: ›Ich bin ein unglücklicher Mensch, ich trinke‹, sagte er, ›den Kelch des Leidens. Ich habe meine Frau im Verdacht der Untreue.‹ ›Aber‹, erwiderte ich ihm sehr verständig, ›warum hast du sie denn in diesem Verdacht?‹ … Aber Sie hören mir ja gar nicht zu. Hören Sie doch zu, hören Sie doch zu! ›Die Eifersucht‹, sagte ich, ›ist etwas Lächerliches. Die Eifersucht ist ein Laster!‹ ›Nein‹, antwortete er, ›ich bin ein unglücklicher Mensch! Ich trinke‹, na und so weiter, ›ich habe sie im Verdacht.‹ ›Du bist mein Freund‹, sagte ich, ›du bist der Genosse meiner zarten Kindheit. Wir haben zusammen die Blumen des Vergnügens gepflückt und uns auf den Pfühlen des Genusses gewälzt.‹ Mein Gott, ich weiß nicht, was ich rede. Sie lachen immer, junger Mann. Sie machen mich noch verrückt.«

»Das sind Sie jetzt schon!«

»Richtig, richtig, das habe ich doch geahnt, dass Sie das sagen würden … als ich den Ausdruck ›verrückt‹ gebrauchte. Lachen Sie nur, lachen Sie nur, junger Mann! Auch ich habe einmal eine Blütezeit gehabt; auch ich habe verführt. Ach! Ich bekomme noch eine Gehirnentzündung!«

»Was ist das, mein Herzchen? Mir ist, als ob hier jemand bei uns niest?«, näselte der Alte. »Hast du geniest, mein Herzchen?«

»Oh mein Gott!«, flüsterte die Gattin vor sich hin.

»Ssst!«, wurde unter dem Bett gemacht.

»Sie machen gewiss oben Lärm«, bemerkte die junge Frau voller Angst, weil es in der Tat unter dem Bett geräuschvoll wurde.

»Ja, es ist oben«, erwiderte der Gatte, »es ist oben! Ich habe dir wohl schon gesagt, dass ich so einen Elegant – kchi-kchi! einen Elegant mit einem Schnurrbärtchen – kchi-kchi! Ach, mein Gott, mein Rücken! … dass ich vorhin eben einen Elegant mit einem Schnurrbärtchen getroffen habe!«

»Mit einem Schnurrbärtchen! Mein Gott, das sind gewiss Sie!«, flüsterte Iwan Andrejewitsch.

»Herr du mein Schöpfer, was für ein Mensch! Ich bin ja doch hier, hier und liege neben Ihnen! Wie könnte er mich denn getroffen haben? Aber greifen Sie mir doch nicht fortwährend ins Gesicht!«

»Oh Gott, ich werde gleich ohnmächtig werden.«

In diesem Augenblick wurde tatsächlich in dem darüberliegenden Stockwerk Lärm vernehmbar.

»Was mag da vorgehen?«, flüsterte der junge Mann.

»Mein Herr, ich schwebe in der größten Angst! Helfen Sie mir!«

»Ssst!«

»In der Tat, mein Herzchen, da ist Lärm; sie machen ja einen gewaltigen Spektakel. Und noch dazu gerade über deinem Schlafzimmer. Soll ich nicht hinaufschicken und um Ruhe bitten lassen?«

»Ach, am Ende gar! Was Sie für Einfälle haben!«

»Nun, nun, dann werde ich es nicht tun; wirklich, du bist heute so reizbar! …«

»Ach mein Gott, Sie sollten schlafen gehen.«

»Lisa, du liebst mich gar nicht.«

»Ach, doch! Ich liebe Sie, aber ich bin so müde.«

»Nun gut, ich werde weggehen!«

»Ach nein, nein, gehen Sie nicht weg!«, rief die junge Frau. »Oder ja, gehen Sie, gehen Sie!«

»Aber was hast du denn eigentlich? Bald sagst du: ›Gehen Sie weg!‹ bald: ›Gehen Sie nicht weg!‹ Kchi-kchi! Aber es ist wirklich Zeit sich schlafen zu legen … kchi-kchi! Bei Panafidins hatten die kleinen Mädchen … Kchi-kchi! Die kleinen Mädchen … kchi! Bei dem einen kleinen Mädchen sah ich eine Nürnberger Puppe, kchi-kchi …«

»Na, jetzt fängt er noch von Puppen an!«

»Kchi-kchi! Eine schöne Puppe, kchi-kchi!«

»Er wird gleich Gute Nacht sagen und weggehen«, sagte der junge Mann, »und dann werden wir uns sofort davonmachen. Hören Sie wohl? Freuen Sie sich!«

»Oh, das gebe Gott! Das gebe Gott!«

»Lassen Sie sich das eine Lehre sein …«

»Junger Mann, inwiefern eine Lehre? Aber Sie sind noch jung; Sie können mir keine Lehren geben.«

»Ich will Ihnen trotzdem eine geben … Hören Sie!«

»Mein Gott, ich muss niesen! …«

»Ssst! Unterstehen Sie sich nicht!«

»Aber was soll ich machen? Es riecht hier so nach Mäusen; ich kann es nicht unterdrücken; um Gottes willen, ziehen Sie mir das Taschentuch aus der Tasche; ich kann mich nicht rühren … Oh Gott, oh Gott! Wofür werde ich so schwer gestraft?«

»Da ist Ihr Taschentuch! Wofür Sie gestraft werden, das werde ich Ihnen sofort sagen. Sie sind eifersüchtig. Aufgrund Gott weiß welcher Unterlagen für Ihren Verdacht rennen Sie wie ein Verrückter umher, dringen in eine fremde Wohnung ein, rufen eine Skandalszene hervor …«

»Junger Mann, ich habe keine Skandalszene hervorgerufen.«

»Schweigen Sie!«

»Junger Mann, Sie können mir keine Moralpredigten halten; ich besitze mehr Moralität als Sie!«

»Schweigen Sie!«

»Oh mein Gott, mein Gott!«

»Sie rufen eine Skandalszene hervor, erschrecken eine junge schüchterne Frau, die nicht weiß, wo sie vor Angst bleiben soll und vielleicht vor Schreck krank werden wird; Sie beunruhigen einen achtungswerten, von Hämorriden geplagten Greis, der vor allen Dingen der Ruhe bedarf – und weswegen das alles? Weil Sie sich irgendwelchen Unsinn eingebildet haben, mit dem Sie nun in allen Gassen herumlaufen! Verstehen Sie auch wohl, verstehen Sie auch wohl, in welcher misslichen Situation Sie sich jetzt befinden? Haben Sie ein Gefühl dafür?«

»Jawohl, mein Herr, ich habe ein Gefühl dafür, aber Sie sind nicht berechtigt …«

»Schweigen Sie! Was soll das heißen: ›nicht berechtigt‹? Verstehen Sie auch wohl, dass diese Sache ein tragisches Ende nehmen kann? Verstehen Sie auch wohl, dass der alte Mann, der seine Frau liebt, vielleicht den Verstand verlieren wird, wenn er Sie unter dem Bett hervorkriechen sieht? Aber nein, Sie sind nicht im Stande eine Tragödie herbeizuführen! Wenn Sie herauskriechen, dann muss, glaube ich, jeder, der Sie ansieht, laut loslachen. Ich würde Sie gern im Hellen sehen; gewiss werden Sie höchst komisch aussehen.«

»Und Sie? Sie werden in solchem Fall nicht weniger komisch sein. Ich möchte Sie ebenfalls gern so sehen.«

»Ach Gott, Sie, Sie!«

»Ihnen ist gewiss der Stempel der Unsittlichkeit auf das Gesicht geprägt, junger Mann!«

»So! Sie reden von Sittlichkeit! Aber woher wissen Sie, warum ich hier bin? Ich bin durch einen Irrtum hier; ich habe mich im Stockwerk geirrt. Und weiß der Teufel, warum man mich hier hereingelassen hat! Gewiss erwartete sie wirklich jemanden (selbstverständlich nicht Sie). Ich versteckte mich unter das Bett, als ich Ihre dummen Schritte hörte und die Angst der Dame sah. Zudem war es dunkel. Und inwiefern könnte ich Ihnen zur Entschuldigung dienen? Sie, mein Herr, sind ein komischer, eifersüchtiger alter Mann. Und warum ich nicht herauskrieche und weggehe? Sie denken vielleicht, ich fürchte mich, das zu tun? Nein, mein Herr, ich wäre schon längst weggegangen und bleibe nur aus Mitleid mit Ihnen hier. An wem würden Sie denn einen Halt haben, wenn ich nicht da wäre? Sie würden ja wie ein Stock vor ihnen dastehen und sich nicht zu helfen wissen …«

»Aber warum denn wie ein Stock? Warum denn wie ein solcher Gegenstand? Konnten Sie mich denn nicht mit etwas anderem vergleichen, junger Mann? Warum soll ich mir nicht zu helfen wissen? Ich werde mir allerdings zu helfen wissen … Oh mein Gott, wie dieser kleine Köter bellt!«

»Ssst! Ach wahrhaftig … Das kommt davon, dass Sie immer schwatzen. Sehen Sie, nun haben Sie den Hund aufgeweckt. Nun haben wir das Malheur!«

In der Tat war das Hündchen der Dame, das die ganze Zeit über auf einem Kissen in der Ecke geschlafen hatte, auf einmal aufgewacht, witterte die fremden Menschen und stürzte mit lautem Gebell unter das Bett.

»Oh mein Gott! Was für ein dummer kleiner Racker!«, flüsterte Iwan Andrejewitsch, »er wird uns beide verraten. Er wird alles an den Tag bringen. Ist das einmal eine Strafe des Himmels!«

»Na ja, Sie sind so feige, dass das passieren kann.«

»Ami, Ami, hierher!«, rief die Dame, »ici, ici!«

Aber das Hündchen hörte nicht und ging geradeswegs auf Iwan Andrejewitsch los.

»Warum bellt denn Ami fortwährend, mein Herzchen?«, fragte der Alte. »Es sind gewiss Mäuse oder der Kater unter dem Bett. Ich höre auch immerzu ein Niesen; immerzu ein Niesen. Und der Kater hat ja heute auch einen Schnupfen.«

»Liegen Sie ganz still!«, flüsterte der junge Mann, »drehen Sie sich nicht um! Er wird vielleicht auch so von uns ablassen.«

»Mein Herr, mein Herr! Lassen Sie meine Hände los! Warum halten Sie sie mir fest?«

»Ssst! Schweigen Sie!«

»Aber, ich bitte Sie, junger Mann, er beißt mich ja in die Nase! Sie wollen wohl, dass ich meiner Nase verlustig gehe?«

Es folgte ein Ringkampf, und Iwan Andrejewitsch machte seine Hände frei. Das Hündchen bellte aus voller Kehle, aber auf einmal hörte es auf zu bellen und winselte nur leise.

»Um Gottes willen!«, schrie die Dame auf.

»Sie Unmensch! Was tun Sie?«, flüsterte der junge Mann. »Sie richten uns beide zugrunde! Warum haben Sie ihn gepackt? Mein Gott, er erwürgt ihn! Erwürgen Sie ihn nicht! Lassen Sie ihn los! Sie Unmensch! Man sieht, dass Sie das Frauenherz nicht kennen! Sie wird uns beide preisgeben, wenn Sie ihr Schoßhündchen erwürgen.«

Aber Iwan Andrejewitsch hörte auf nichts mehr. Es war ihm gelungen, das Hündchen fest zu fassen, und dem Selbsterhaltungstrieb gehorchend, drückte er ihm die Kehle zu. Das Tierchen winselte nur ein wenig und gab dann seinen Geist auf.

»Wir sind verloren!«, flüsterte der junge Mann.

»Ami, Ami!«, schrie die Dame. »Mein Gott, was machen sie mit meinem Ami! Ami, Ami! Ici! Oh die Unmenschen! Die Barbaren! Oh Gott, mir wird schlecht!«

»Was ist denn? Was ist denn?«, rief der Alte und sprang von seinem Lehnstuhl auf. »Was hast du denn, mein Herzchen? Ami, hierher! Ami, Ami, Ami!«, rief der Alte, schnippste mit den Fingern, schnalzte mit der Zunge und suchte so Ami unter dem Bett hervorzulocken. »Ami! Ici, ici! Es ist doch nicht möglich, dass ihn der Kater aufgefressen haben sollte. Wir müssen den Kater durchhauen, liebe Frau; der Spitzbube hat schon einen ganzen Monat lang keine Hiebe bekommen. Was meinst du dazu? Ich werde morgen mit Praskowja Sacharjewna darüber Rat halten. Aber mein Gott, liebe Frau, was ist dir denn? Du bist ja ganz blass geworden. Oh! Oh! Hilfe! Hilfe!«

Und der alte Mann lief ratlos im Zimmer umher.

»Diese Bösewichte, diese Unmenschen!«, rief die Dame, sich auf die Chaiselongue werfend.

»Wer? Wer? Von wem sprichst du?«, rief der Alte.

»Es sind Menschen hier, fremde Menschen! Dort unter dem Bett! Oh mein Gott! Ami, Ami! Was haben sie mit dir gemacht?«

»Ach Herr du mein Gott! Was für Menschen? Ami … Nein, Hilfe, Hilfe, hierher! Wer ist da unten? Wer ist da unten?«, schrie der Alte, ergriff eine Kerze und bückte sich, um unter das Bett zu sehen. »Wer ist da? Hilfe, Hilfe! …«

Iwan Andrejewitsch lag mehr tot als lebendig neben Amis entseeltem Leichnam. Aber der junge Mann passte auf jede Bewegung des Alten auf. Auf einmal ging der Alte nach der andern Seite, nach der Wand zu, herum und bückte sich dort. In einem Augenblick kroch der junge Mann unter dem Bette hervor und schickte sich an wegzulaufen, während der Ehemann seine Gäste auf der anderen Seite des ehelichen Lagers suchte.

»Oh Gott!«, flüsterte die Dame, als sie den jungen Mann genauer ansah. »Wer sind Sie denn? Ich hatte gedacht …«

»Jener Unmensch ist dageblieben«, flüsterte der junge Mann. »Er hat Amis Tod verschuldet!«

»Um Gottes willen!«, schrie die Dame.

Aber der junge Mann war bereits aus dem Zimmer verschwunden.

»Ha! Hier ist jemand! Hier ist ein Stiefel!«, rief der Ehemann und fasste Iwan Andrejewitsch ans Bein.

»Ein Mörder, ein Mörder!«, schrie die Dame. »Oh Ami, Ami!«

»Kommen Sie hervor, kommen Sie hervor!«, rief der Alte und trampelte dabei mit beiden Beinen auf dem Teppich. »Kommen Sie hervor; wer sind Sie denn? Sagen Sie, wer Sie sind! Oh Gott, was für ein sonderbarer Mensch!«

»Räuber und Mörder sind es! …«

»Um Gottes willen, um Gottes willen!«, rief Iwan Andrejewitsch hervorkriechend, »um Gottes willen, Exzellenz, rufen Sie nicht Ihre Leute! Exzellenz, rufen Sie nicht Ihre Leute! Das ist ganz unnötig. Sie können mich nicht aus dem Haus werfen lassen! Ich bin nicht so einer! Ich bin ein ordentlicher Mensch. Exzellenz, es ist nur durch einen Irrtum geschehen! Ich werde es Ihnen sofort erklären, Exzellenz«, fuhr Iwan Andrejewitsch weinend und schluchzend fort. »An allem ist meine Frau schuld, das heißt, nicht meine Frau, sondern eine fremde Frau; ich bin nicht verheiratet, ich bin Junggeselle … Ich habe da einen Freund; ich bin sein Jugendkamerad …«

»Ach was, Jugendkamerad!«, rief der Alte, mit den Füßen stampfend. »Ein Dieb sind Sie, der hergekommen ist, um zu stehlen, und kein Jugendkamerad …«

»Nein, ich bin kein Dieb, Exzellenz; ich bin wirklich ein Jugendkamerad … ich habe mich nur zufällig geirrt, bin in eine falsche Haustür geraten.«

»Jawohl, das kann ich mir denken!«

»Exzellenz, ich bin nicht so einer. Sie irren sich. Ich versichere Ihnen, dass Sie sich in einem grausamen Irrtum befinden, Exzellenz. Sehen Sie mich an, betrachten Sie mich, und Sie werden an vielen Anzeichen erkennen, dass ich unmöglich ein Dieb sein kann. Exzellenz! Exzellenz!«, rief Iwan Andrejewitsch, indem er sich mit gefalteten Händen an die junge Frau wandte, »Sie als Dame werden mich verstehen … Ich habe Ami ums Leben gebracht … Aber ich bin nicht schuld daran … weiß Gott, ich bin nicht schuld daran. An allem ist meine Frau schuld. Ich bin ein unglücklicher Mensch; ich trinke den Kelch!«

»Aber ich bitte Sie, was geht das mich an, dass Sie einen Kelch getrunken haben; vielleicht haben Sie auch nicht bloß einen getrunken; nach Ihrem Zustand ist das wohl anzunehmen, aber wie sind Sie hierhergekommen, mein Herr?«, rief der Alte, der vor Aufregung am ganzen Leib zitterte, aber tatsächlich aufgrund mancher Anzeichen zu der Überzeugung gelangt war, dass Iwan Andrejewitsch kein Dieb sein konnte. »Ich frage Sie: Wie sind Sie hierhergekommen? Sie sind wie ein Räuber hier eingedrungen …«

»Ich bin kein Räuber, Exzellenz. Ich habe nur die Haustür verfehlt; wirklich, ich bin kein Räuber! Das kommt alles davon her, dass ich eifersüchtig bin. Ich werde Ihnen alles erzählen, Exzellenz; ich werde es Ihnen offenherzig erzählen, als wenn ich zu meinem Vater spräche, denn Sie stehen ja auch in einem solchen Lebensalter, dass ich Sie als meinen Vater betrachten könnte.«

»Was? In einem solchen Lebensalter?«

»Exzellenz, habe ich Sie vielleicht gekränkt? Wirklich, eine so junge Dame … und Ihr eigenes Lebensalter … es ist ein Vergnügen, Exzellenz, eine solche Ehe zu sehen, wirklich ein Vergnügen … in der Blüte der Jahre … Aber rufen Sie nicht Ihre Leute … um Gottes willen, rufen Sie nicht Ihre Leute … Ihre Leute würden nur darüber lachen … ich kenne sie … Das heißt, ich will damit nicht sagen, dass ich nur mit Dienern bekannt wäre – ich habe selbst Diener, Exzellenz, und immer lachen sie … die Esel! … Durchlaucht … Ich glaube mich nicht zu irren in der Annahme, dass ich mit einem Fürsten spreche …«

»Nein, ich bin kein Fürst; ich bin ein gewöhnlicher Mensch, mein Herr … Bitte, suchen Sie mich nicht durch Ihre Durchlaucht zu bestechen! Wie sind Sie hierhergekommen, mein Herr? Wie sind Sie hierhergekommen?«

»Durchlaucht, wollte sagen: Exzellenz … verzeihen Sie, ich glaubte, Sie seien eine Durchlaucht. Ich habe mich versehen … ich habe mich geirrt – so etwas kann vorkommen. Sie haben eine solche Ähnlichkeit mit dem Fürsten Korotkouchow, mit dem ich die Ehre hatte bei einem meiner Bekannten, Herrn Pusyrew, zusammenzukommen. … Sehen Sie, ich bin ebenfalls mit Fürsten bekannt und habe ebenfalls einen Fürsten bei einem meiner Bekannten gesehen: Sie können mich nicht für das halten, wofür Sie mich halten. Ich bin kein Dieb. Exzellenz, rufen Sie nicht Ihre Leute; was würde das für eine Geschichte geben, wenn Sie Ihre Leute riefen?«

»Aber wie sind Sie hierhergekommen?!«, rief die Dame. »Was sind Sie für ein Mensch?«

»Ja, was sind Sie für ein Mensch?«, wiederholte der Ehemann. »Und ich dachte, mein Herzchen, es säße der Kater da unter dem Bett und nieste. Und da war es dieser Mensch. Ach, Sie Liedrian! … Wer sind Sie? Reden Sie!«

Und der Alte trampelte wieder mit den Beinen auf dem Teppich umher.

»Ich kann nicht reden, Exzellenz. Ich warte, bis Sie fertig sind. … Ich höre bei Ihren geistreichen Scherzen zu. Was mich anlangt, so ist das eine lächerliche Geschichte, Exzellenz. Ich werde Ihnen alles erzählen. Alles lässt sich auch ohne das aufklären, das heißt, ich will sagen: Rufen Sie nicht Ihre Leute, Exzellenz! Verfahren Sie gegen mich edelmütig … Dass ich unter dem Bett gesteckt habe, hat weiter nichts zu bedeuten … ich habe dadurch nichts von meiner Würde verloren. Es ist eine höchst komische Geschichte, Exzellenz!«, rief Iwan Andrejewitsch, indem er sich mit flehender Miene an die Dame wendete, »besonders Sie, Exzellenz, werden darüber lachen! Sie sehen hier auf der Bühne einen eifersüchtigen Ehemann. Sie sehen, ich erniedrige mich, ich erniedrige mich selbst freiwillig. Allerdings habe ich Ami umgebracht, aber … Mein Gott, ich weiß nicht, was ich rede!«

»Aber wie, wie in aller Welt sind Sie hierhergekommen?«

»Unter Benutzung der Dunkelheit der Nacht, Exzellenz, unter Benutzung dieser Dunkelheit … Verzeihen Sie mir, Exzellenz! Ich bitte demütig um Verzeihung! Ich bin nur ein betrogener Ehemann, weiter nichts! Glauben Sie nicht, Exzellenz, dass ich ein Liebhaber wäre! Ich bin kein Liebhaber! Ihre Gattin ist höchst tugendhaft, wenn ich wagen darf mich so auszudrücken. Sie ist rein und unschuldig!«

»Was? Was? Was erdreisten Sie sich zu sagen!«, schrie der Alte und trampelte von Neuem mit den Füßen. »Sind Sie verrückt geworden, wie? Wie können Sie es wagen, von meiner Frau zu reden?«

»Dieser Bösewicht, dieser Mörder, der meinen Ami umgebracht hat!«, schrie die Dame und brach in Tränen aus. »Und er wagt es noch!«

»Exzellenz, Exzellenz! Ich habe mich nur versprochen«, rief Iwan Andrejewitsch erschrocken, »ich habe mich versprochen, weiter nichts! Nehmen Sie an, dass ich nicht meinen Verstand habe … Um Gottes willen, nehmen Sie an, dass ich nicht meinen Verstand habe … Ich schwöre Ihnen bei meiner Ehre, dass Sie mir damit einen außerordentlichen Gefallen erweisen. Ich würde Ihnen meine Hand reichen, aber ich wage es nicht zu tun … Ich war nicht allein da; ich bin der Onkel … das heißt, ich will sagen, dass man mich nicht für einen Liebhaber ansehen kann … Oh Gott, ich habe mich wieder versprochen … Fühlen Sie sich nicht beleidigt, Exzellenz!«, rief Iwan Andrejewitsch der Dame zu. »Sie sind eine Dame; Sie werden Verständnis dafür haben, was Liebe ist – dieses zarte Gefühl … Aber was rede ich? Ich verspreche mich schon wieder! Das heißt, ich will sagen, dass ich ein alter Mann bin, das heißt ein älterer Mann, nicht ein alter Mann – dass ich nicht Ihr Liebhaber sein kann; Richardson, das ist ein Liebhaber, das heißt, ich wollte sagen Lovelace … ich habe mich versprochen, aber Sie sehen, Exzellenz, dass ich ein gebildeter Mann bin und in der Literatur Bescheid weiß. Sie lachen, Exzellenz. Ich freue mich, ich freue mich, dass es mir gelungen ist, Sie zum Lachen zu bringen, Exzellenz! Oh, wie freue ich mich darüber, dass ich Sie zum Lachen gebracht habe!«

»Mein Gott! Was für ein lächerlicher Mensch!«, rief die Dame, die sich vor Lachen ausschütten wollte.

»Ja, er ist sehr lächerlich; und wie schmutzig er aussieht!«, fügte der Alte hinzu, erfreut darüber, dass seine Frau so lachte. »Mein Herzchen, er kann kein Dieb sein. Aber wie ist er hierhergekommen?«

»In der Tat, es ist seltsam! In der Tat, es ist seltsam, Exzellenz; ganz wie in einem Roman! Nicht wahr? In stiller Mitternacht, in der Residenzstadt, ein Mensch unter einem Bett! Komisch, sonderbar! Sozusagen ein Rinaldo Rinaldini. Aber es hat nichts zu bedeuten, es hat nichts zu bedeuten, Exzellenz. Ich werde Ihnen alles erzählen … Und ich werde Ihnen, Exzellenz, ein neues Bologneserhündchen verschaffen … ein wundervolles Bologneserhündchen! Die Haare ganz lang und die Beinchen ganz kurz, sodass das Tierchen auch nicht zwei Schritte gehen kann: Sowie es laufen will, verwickelt es sich in seinen eigenen Haaren und fällt hin. Es muss ausschließlich mit Zucker gefüttert werden. Ich werde es Ihnen herbringen, Exzellenz; ich werde es Ihnen bestimmt herbringen.«

»Ha-ha-ha-ha-ha!« Die Dame warf sich lachend auf dem Sofa von einer Seite zur andern. »Mein Gott, ich bekomme einen Lachkrampf! Ach, was für ein komischer Mensch!«

»Ja, ja! Ha-ha-ha! Kchi-kchi-kchi! Ein komischer Mensch, und so schmutzig; kchi-kchi-kchi!«

»Exzellenz, Exzellenz, ich bin jetzt ganz glücklich! Ich würde Ihnen meine Hand hinstrecken, aber ich wage es nicht, Exzellenz. Ich fühle, dass ich in einem Irrtum befangen gewesen bin, aber jetzt sind mir die Augen aufgegangen. Ich glaube, dass meine Frau rein und schuldlos ist! Ich habe sie ohne Grund im Verdacht gehabt.«

»Seine Frau, seine Frau!«, rief die Dame; die Tränen standen ihr vor Lachen in den Augen.

»Er ist verheiratet! Ist es möglich? Das hätte ich nie gedacht!«, fiel der Alte ein.

»Exzellenz, meine Frau – sie ist an allem schuld, das heißt, ich bin daran schuld; ich hatte sie im Verdacht; ich wusste, dass hier ein Rendezvous verabredet war – hier darüber; ich hatte ein Briefchen in die Hände bekommen; ich irrte mich im Stockwerk und kroch unter das Bett …«

»He-he-he-he!«

»Ha-ha-ha-ha!«

»Ha-ha-ha-ha!«, lachte endlich auch Iwan Andrejewitsch. »Oh, wie glücklich bin ich! Oh, wie rührend ist es, zu sehen, dass wir alle so einmütig und glücklich sind! Und meine Frau ist völlig unschuldig! Davon bin ich überzeugt. So ist es ja doch sicherlich, Exzellenz, nicht wahr?«

»Ha-ha-ha! Kchi-kchi! Weißt du, Herzchen, wer seine Frau ist?«, sagte endlich der Alte, als er vor Lachen wieder reden konnte.

»Nun, wer? Ha-ha-ha! Wer denn?«

»Die hübsche Person, die immer so kokettiert, die mit dem jungen Elegant. Sie ist es! Ich möchte darauf wetten, dass das seine Frau ist!«

»Nein, Exzellenz, ich bin überzeugt, dass sie es nicht ist, vollkommen überzeugt.«

»Aber, mein Gott, Sie verlieren Ihre Zeit«, rief die Dame und hörte auf zu lachen. »Machen Sie, dass Sie schnell nach oben kommen! Vielleicht finden Sie die beiden da …«

»Ich will wirklich hinauflaufen, Exzellenz. Aber ich werde niemand dort finden, Exzellenz; sie ist es nicht; davon bin ich im Voraus überzeugt. Sie ist jetzt zu Hause! Ich bin an allem schuld! Ich bin nur eifersüchtig, weiter nichts … Was meinen Sie, werde ich sie wirklich dort mit einem Liebhaber finden?«

»Ha-ha-ha!«

»Hi-hi-hi! Kchi-kchi!«

»Gehen Sie schnell, gehen Sie schnell! Und auf dem Rückweg kommen Sie wieder zu uns herein, und erzählen Sie uns alles!«, rief die Dame. »Oder nein: Kommen Sie lieber morgen vormittag her, und bringen Sie sie mit; ich möchte sie gern kennenlernen.«

»Leben Sie wohl, Exzellenz, leben Sie wohl! Ich werde sie unfehlbar herbringen. Ich freue mich sehr, Ihre Bekanntschaft gemacht zu haben. Ich bin glücklich und froh, dass alles so unerwartet seine Lösung gefunden hat und zu einem guten Ende gelangt ist.«

»Und das Bologneserhündchen! Vergessen Sie das ja nicht: Vor allen Dingen bringen Sie mir ein Bologneserhündchen!«

»Das werde ich Ihnen bringen, Exzellenz; ich werde Ihnen bestimmt eines bringen«, erwiderte Iwan Andrejswitsch und trat schnell wieder ins Zimmer zurück, denn er hatte bereits seine Verbeugung gemacht und war im Hinausgehen begriffen. »Ich werde Ihnen bestimmt eines bringen. Ein recht hübsches! Wie vom Konditor gemacht! So eines: Wenn es geht, verwickelt es sich in seinen eigenen Haaren und fällt hin. Wirklich, gerade so eines! Ich werde es vorher noch meiner Frau zeigen und zu ihr sagen: ›Sieh mal, Herzchen, es fällt ja immer hin!‹ ›Ach‹, wird sie antworten, ›was für ein winzig kleines Tierchen!‹ Wie aus Zucker gemacht, Exzellenz, wahrhaftig, wie aus Zucker gemacht! Leben Sie wohl, Exzellenz; ich habe mich sehr gefreut, Ihre Bekanntschaft gemacht zu haben; sehr gefreut habe ich mich!«

Iwan Andrejewitsch verbeugte sich und ging hinaus.

»He! Hören Sie, mein Herr! Warten Sie; kommen Sie noch einmal zurück!«, rief der Alte dem hinausgehenden Iwan Andrejewitsch nach.

Iwan Andrejewitsch kehrte noch einmal um.

»Ich kann den Kater gar nicht finden. Haben Sie ihn nicht gesehen, als Sie unter dem Bett lagen?«

»Nein, ich habe ihn nicht gesehen, Exzellenz, aber ich freue mich sehr, Ihre Bekanntschaft gemacht zu haben, und rechne es mir zur größten Ehre an …«

»Er hat jetzt den Schnupfen und niest fortwährend, fortwährend niest er. Er muss mal tüchtige Prügel bekommen.«

»Ja gewiss, Exzellenz; Strafen zum Zweck der Besserung sind bei Haustieren ein Ding der Notwendigkeit.«

»Was?«

»Ich sage, Exzellenz, dass Strafen nicht entbehrt werden können, um Haustiere gehorsam zu machen.«

»Ah so! … Nun, dann leben Sie wohl, leben Sie wohl; weiter wollte ich nichts.«

Als Iwan Andrejewitsch auf die Straße hinaustrat, blieb er dort lange Zeit in einer Haltung stehen, als erwarte er, dass ihn sofort der Schlag rühre. Er nahm den Hut ab, wischte sich den kalten Schweiß von der Stirn, machte ein finsteres Gesicht, überlegte etwas und ging dann nach Hause.

Wie groß war sein Erstaunen, als er zu Hause erfuhr, dass Glafira Petrowna schon längst aus dem Theater zurück sei, dass sie Zahnschmerzen gehabt und zum Arzt geschickt habe, sich habe Blutegel setzen lassen und jetzt im Bett liege und ungeduldig auf Iwan Andrejewitschs Heimkehr warte.

Iwan Andrejewitsch schlug sich zuerst vor die Stirn; dann ließ er sich Waschwasser und eine Kleiderbürste geben und entschloss sich schließlich, in das Schlafzimmer seiner Frau hineinzugehen.

»Wo bleiben Sie denn so lange? Und wie sehen Sie nur aus? Sie machen ja ein ganz verstörtes Gesicht! Wo haben Sie sich denn herumgetrieben? Ich bitte Sie, mein Herr: Ihre Frau liegt im Sterben, und Sie sind in der ganzen Stadt nicht zu finden! Wo sind Sie gewesen? Haben Sie mir etwa wieder aufgelauert und ein Rendezvous vereiteln wollen, das ich, ich weiß nicht mit wem, verabredet haben soll? Schämen Sie sich, mein Herr; was sind Sie für ein Ehemann! Die Leute werden bald mit Fingern auf Sie weisen.«

»Mein Herzchen!«, erwiderte Iwan Andrejewitsch.

Aber hier geriet er in eine solche Verwirrung, dass er sich genötigt sah, nach seinem Taschentuch in die Tasche zu greifen, und die begonnene Erwiderung abbrach, da es ihm an Worten, an Gedanken und an Mut gebrach … Wie groß aber war sein Erstaunen, sein Schreck, seine Angst, als mit dem Tuch der tote Ami aus seiner Tasche herausfiel! Iwan Andrejewitsch war sich dessen gar nicht bewusst geworden, dass er, genötigt unter dem Bett hervorzukriechen, in einem Anfall sinnloser Furcht und heller Verzweiflung Amis Leichnam in die Tasche gesteckt hatte, in der schwachen Hoffnung, durch Verbergung des Corpus delicti sein Verbrechen zu verheimlichen und so der wohlverdienten Strafe zu entgehen.

»Was ist das?«, schrie seine Gattin auf, »ein totes Hündchen! Oh Gott! Wie hängt das zusammen? Was haben Sie getan? Wo sind Sie gewesen? Sagen Sie sofort, wo Sie gewesen sind!«

»Mein Herzchen!«, antwortete Iwan Andrejewitsch, der toter war als Ami. »Mein Herzchen! …«

Aber an diesem Punkt verlassen wir unsern Helden, um die Erzählung ein andermal wieder aufzunehmen, denn hier beginnt ein ganz besonderes, neues Erlebnis desselben. Später einmal, meine Herren, werde ich den Bericht über all die Nöte und Verfolgungen, die er von Seiten des Schicksals zu erdulden hatte, zu Ende führen. Aber Sie müssen selbst zugeben, dass die Eifersucht eine unverzeihliche Leidenschaft, ja mehr als das: dass sie geradezu ein Unglück ist! …

Aufzeichnungen aus dem Kellerloch

Erster Teil

Das Dunkel*

I

Ich bin ein kranker Mensch … Ich bin ein schlechter Mensch. Ich besitze nichts Anziehendes. Ich glaube, ich bin leberleidend. Indes verstehe ich von meiner Krankheit nicht die Bohne und weiß nicht genau, was eigentlich bei mir krank ist. Ich wende keine Kur an und habe es nie getan, obwohl ich vor der medizinischen Wissenschaft und den Ärzten Respekt habe. Zudem bin ich auch noch äußerst abergläubisch, wie schon aus meinem Respekt vor der medizini-

* Sowohl der Autor der Aufzeichnungen als auch die Aufzeichnungen selbst sind selbstverständlich erdacht. Indessen ist die Existenz solcher Persönlichkeiten wie der Verfasser dieser Aufzeichnungen in unserer Gesellschaft nicht nur möglich, sondern sogar ein Ding der Notwendigkeit; das ist eben eine Folge der Umstände, unter denen sich unsere Gesellschaft überhaupt gebildet hat. Ich wollte dem Lesepublikum einen Charakter aus der unlängst verflossenen Zeit in etwas anschaulicherer Weise vor Augen stellen, als das sonst gewöhnlich geschieht. Es ist dies ein Vertreter der noch bis auf unsere Tage herabreichenden Generation. In diesem Fragment, das den Titel »Das Dunkel« führt, präsentiert er sich selbst und seine Anschauungsweise und möchte gewissermaßen die Gründe verständlich machen, warum er in unserer Mitte aufgetreten ist und hat auftreten müssen. In dem folgenden Fragment werden dann die wirklichen »Aufzeichnungen« dieses Menschen über einige seiner Erlebnisse zur Mitteilung gelangen.

Fjodor Dostojewski

schen Wissenschaft zu ersehen ist. (Ich besitze eine hinreichende Bildung, um nicht abergläubisch zu sein, aber ich bin es trotzdem.) Nein, dass ich keine Kur anwende, geschieht aus Bosheit. Das wird Ihnen gewiss nicht verständlich sein. Na, aber mir ist es verständlich. Ich kann Ihnen natürlich nicht klarmachen, wem ich denn eigentlich in diesem Fall mit meiner Bosheit einen Tort antun will; ich weiß recht wohl, dass ich auch die Ärzte nicht dadurch kränken kann, dass ich mich nicht von ihnen behandeln lasse; ich weiß besser als sonst jemand, dass ich durch mein ganzes Verhalten einzig und allein mir selbst schade und sonst niemandem. Aber dennoch: Wenn ich gegen meine Krankheit nichts tue, so unterlasse ich es aus Bosheit. Meine werte Leber ist krank; nun, da mag sie noch kränker werden!

Ich lebe schon lange in dieser Weise, schon zwanzig Jahre. Jetzt bin ich vierzig. Ich bekleidete früher ein Amt, aber jetzt habe ich keines. Ich war ein boshafter Beamter. Ich war grob und fand darin mein Vergnügen. Da ich keine Douceurs annahm, so musste ich mir wenigstens durch meine Grobheit das Leben versüßen. (Ein misslungenes Bonmot, aber ich streiche es nicht aus. Ich schrieb es hin in der Meinung, es werde sehr geistreich herauskommen, aber jetzt, wo ich selbst einsehe, dass ich nur in einer widerwärtigen Weise großtun wollte, streiche ich es absichtlich nicht aus!) Sobald an den Tisch, an dem ich saß, Bittsteller mit Anfragen herantraten, sah ich sie wütend und unter Zähneknirschen an und hatte eine höchst wonnevolle Empfindung, wenn es mir gelang, einen in Angst zu versetzen. Und das gelang mir fast immer. Es war eben größtenteils ein schüchternes Völkchen, wie das im Wesen der Bittsteller zu liegen pflegt. Aber unter den flotten jungen Leuten konnte ich besonders einen Offizier nicht leiden. Er wollte sich mir schlechterdings nicht fügen und rasselte in einer widerwärtigen Weise mit dem Säbel. Wegen dieses Säbels habe ich mit ihm anderthalb Jahre lang Krieg geführt. Endlich trug ich den Sieg davon. Er hörte auf, mit dem Säbel zu rasseln. Übrigens begab sich das, als ich noch ein junger Mensch war. Aber wissen Sie wohl, meine Herren, worüber ich mich am allermeisten erboste? Gerade darin bestand der ganze Verdruss, gerade darin lag die größte Gemeinheit, dass ich in jedem Augenblick, sogar im Moment des ärgsten Grimmes mir schmählicherweise bewusst war, dass ich nicht nur kein boshafter, sondern nicht einmal ein jähzorniger Mensch bin, dass ich nur zwecklos Spatzen erschreckte und mich damit amüsierte. Und sollte mir sogar vor Wut der Schaum vor dem Mund stehen, so reiche man mir ein Püppchen oder gebe mir ein Tässchen Tee mit Zucker, und ich glaube, ich beruhige mich völlig. Ich werde sogar ganz gerührt, obgleich ich nachher sicher auf mich selbst wütend sein und vor Scham ein paar Monate lang an Schlaflosigkeit leiden werde. Das ist eben so meine Gewohnheit.

Wenn ich vorhin von mir selbst gesagt habe, ich sei ein boshafter Beamter gewesen, so habe ich damit gelogen, aus Bosheit gelogen. Dass ich die Bittsteller und den Offizier so behandelte, war von mir einfach Mutwille; in Wirklichkeit konnte ich nie boshaft werden. Ich war mir fortwährend vieler, sehr vieler dem ganz entgegengesetzter Elemente in meinem Innern bewusst. Ich fühlte, dass sie in mir nur so wimmelten, diese entgegengesetzten Elemente. Ich wusste, dass sie mein ganzes Leben lang in mir gewimmelt und aus mir herausgewollt hatten, aber ich ließ sie nicht heraus, nein, ich ließ sie nicht heraus, absichtlich nicht. Sie peinigten mich bis zum Schamgefühl, brachten mich bis zu Krampfanfällen und wurden mir schließlich ganz zuwider; oh, wie sehr zuwider wurden sie mir! Sie werden doch nicht etwa glauben, meine Herren, dass ich jetzt vor Ihren Ohren Reue über irgendetwas ausspreche, Sie wegen irgendetwas um Verzeihung bitte? … Ich bin davon überzeugt, dass Sie das glauben … Übrigens kann ich Ihnen versichern, dass es mir ganz gleichgültig ist, wenn Sie das glauben …

Dass ich nicht verstanden habe, boshaft zu werden, ist nicht das Einzige: Ich habe überhaupt nicht verstanden, etwas zu werden, weder boshaft noch gutmütig, weder ein Schuft noch ein Ehrenmann, weder ein Held noch ein Wurm. Jetzt aber lebe ich in meinem stillen Winkel und ziehe mich mit dem boshaften, wirkungslosen Trost auf, dass ein verständiger Mensch überhaupt nichts ernstlich werden kann, sondern etwas zu werden nur einem Dummkopf möglich ist. Ja, ein Mensch des neunzehnten Jahrhunderts muss ein im höchsten Grad charakterloses Wesen sein; dazu ist er moralisch verpflichtet. Ein charakterfester Mensch dagegen, ein Mann der Tat, ist ein im höchsten Grad beschränktes Wesen. Das ist die Überzeugung, zu der ich durch ein vierzigjähriges Leben gelangt bin. Ich bin jetzt vierzig Jahre alt, und vierzig Jahre, das ist ja das ganze Leben; das ist ja das höchste Greisenalter. Länger als vierzig Jahre zu leben ist unanständig, gemein, unmoralisch. Wer lebt denn länger als vierzig Jahre? Antworten Sie offen und ehrlich! Ich will Ihnen sagen, wer länger lebt: Das tun nur Dummköpfe und Taugenichtse. Das sage ich allen alten Herren ins Gesicht, all diesen respektablen, silberhaarigen, wohlparfümierten alten Herren! Der ganzen Welt sage ich das ins Gesicht! Ich habe ein Recht, so zu reden, weil ich selbst bis zum sechzigsten Jahr leben werde. Bis zum siebzigsten werde ich leben! Bis zum achtzigsten werde ich leben! … Warten Sie mal! Lassen Sie mich erst wieder Atem holen …

Sie denken gewiss, meine Herren, ich wolle Sie zum Lachen bringen? Aber auch darin haben Sie sich geirrt. Ich bin überhaupt nicht ein so lustiger Mensch, wie Sie glauben, oder wie Sie *vielleicht* glauben; übrigens, wenn Sie, gereizt durch dieses ganze Geschwätz (und ich habe schon die Empfindung, dass Sie gereizt sind), auf den Einfall kommen, mich zu fragen, wer ich denn eigentlich sei, so will ich Ihnen darauf antworten: Ich besitze den Rang eines Kollegienassessors. Ich bin im Staatsdienst tätig gewesen, um mein tägliches

Brot zu haben (einzig und allein deshalb), und als mir im vorigen Jahr ein entfernter Verwandter testamentarisch sechstausend Rubel hinterließ, nahm ich sofort den Abschied und siedelte mich in diesem meinem stillen Stübchen an. Gewohnt habe ich in diesem Stübchen auch schon vorher, aber jetzt habe ich mich hier fest angesiedelt. Es ist eine jämmerliche, garstige Behausung, ganz am Rand der Stadt. Meine Aufwärterin ist ein altes Bauernweib, das vor lauter Dummheit boshaft ist und überdies immer hässlich riecht. Es wird mir gesagt, das Petersburger Klima werde mir schädlich werden und für meine sehr geringen Mittel sei das Leben in Petersburg zu teuer. Ich weiß das alles, besser als all diese erfahrenen, weisen Ratgeber. Aber trotzdem bleibe ich in Petersburg; ich werde nicht aus Petersburg wegziehen! Das werde ich deswegen nicht tun, weil … Ach was! Es ist ja völlig gleichgültig, ob ich wegziehe oder nicht.

Übrigens: Wovon kann ein ordentlicher Mensch mit dem größten Vergnügen sprechen?

Antwort: Von sich.

Na, dann werde ich also von mir sprechen.

II

Ich möchte Ihnen jetzt erzählen, meine Herren (mögen Sie nun Lust haben, es anzuhören, oder nicht), warum ich nicht einmal ein Wurm zu werden verstanden habe. Ich sage Ihnen in allem Ernst, dass ich oftmals den Wunsch gehabt habe, ein Wurm zu werden. Aber auch dessen bin ich nicht gewürdigt worden. Ich versichere Ihnen mit aller Bestimmtheit, meine Herren, dass zu viel Erkenntnis eine Krankheit ist, eine wirkliche, reguläre Krankheit. Für den menschlichen Bedarf wäre eine gewöhnliche menschliche Erkenntnis vollkommen ausreichend, das heißt die Hälfte oder ein Viertel derjenigen Portion, die auf einen geistig entwickelten Menschen unseres unglücklichen neunzehnten Jahrhunderts entfällt, der obendrein noch das doppelte Unglück hat, in Petersburg zu wohnen, derjenigen Stadt des ganzen Erdballs, in der das abstrakte Denken am meisten im Schwange ist. (Es gibt Städte, in denen abstrakt gedacht wird, und solche, in denen das nicht geschieht.) Ganz ausreichend würde zum Beispiel eine solche Erkenntnis sein wie die, mit der alle Männer des unmittelbaren praktischen Handelns leben. Ich möchte darauf wetten, Sie glauben, dass ich das alles aus Renommage schreibe, um über die Männer des praktischen Lebens zu witzeln und außerdem mit meinem schlechten Ton zu renommieren, und dass ich gleichsam wie mein Offizier mit dem Säbel rassele. Aber, meine Herren, wer kann denn auf seine Krankheiten stolz sein und gar noch mit ihnen renommieren?

Aber was rede ich da? Das tun ja doch alle; gerade auf ihre Krankheiten sind sie stolz, und ich vielleicht in höherem Grad als alle andern. Wir wollen darüber nicht streiten: Ich gebe zu, dass mein Einwand absurd war. Dennoch aber bin ich fest davon überzeugt, dass nicht nur sehr viel Erkenntnis, sondern sogar jede Erkenntnis eine Krankheit ist. Dabei bleibe ich. Aber lassen wir auch dieses Thema ein Weilchen beiseite! Sagen Sie mir bitte einmal Folgendes: Wie ging es zu, dass ich gerade in denselben Minuten, ja, gerade in denselben Minuten, in denen ich am fähigsten war, alle Feinheiten »alles Schönen und Erhabenen« zu erkennen, wie man sich bei uns ehemals ausdrückte, wie ging es zu, dass ich da so garstige Dinge nicht nur dachte, sondern auch tat, Dinge, wie sie … na ja, kurz gesagt, Dinge, die zwar vielleicht alle Menschen begehen, die mir aber, wie ausgerechnet, gerade dann passierten, wenn ich am klarsten erkannte, dass man sie überhaupt nicht tun dürfe? Je mehr ich das Gute und all dieses »Schöne und Erhabene«, erkannte, umso tiefer versank ich in meinen Sumpf und umso fähiger war ich, vollständig in ihm stecken zu bleiben.

Aber der wichtigste, charakteristischste Zug bestand darin, dass das alles sich in meinem Innern nicht zufällig zutrug, sondern gewissermaßen, als ob es mit Notwendigkeit so sein müsste. Wie wenn das mein durchaus normaler Zustand wäre und keineswegs eine Krankheit, eine sittliche Verderbtheit, sodass mir schließlich die Lust verging, gegen diese sittliche Verderbtheit anzukämpfen. Es endete damit, dass ich beinah glaubte (und vielleicht glaubte ich es tatsächlich), dass dies wohl wirklich mein normaler Zustand sei. Aber zuerst, am Anfang, wie viel Qualen hatte ich da bei diesem Kampf auszuhalten! Ich glaubte nicht, dass es anderen ebenso ginge, und verbarg daher mein ganzes Leben lang diesen Vorgang wie ein Geheimnis. Ich schämte mich (ja, vielleicht schäme ich mich auch jetzt noch); es kam so weit, dass ich manchmal eine Art von geheimem, unnatürlichem, gemeinem Genuss darin empfand, so in einer besonders ekelhaften Petersburger Nacht zu mir nach Hause in mein Stübchen zurückzukehren und mir mit Gewalt dessen bewusst zu werden, dass ich auch jetzt wieder eine Schändlichkeit begangen hätte, eine nie wieder rückgängig zu machende Schändlichkeit, und dann innerlich deswegen im Geheimen an mir herumzunagen, herumzusägen, herumzusaugen, bis die Bitterkeit sich schließlich in eine Art von schmählicher, nichtswürdiger Süße verwandelte und zuletzt in einen ausgesprochenen, wirklichen Genuss! Ja, in einen Genuss, in einen Genuss! Ich bleibe dabei. Ebendeswegen habe ich hiervon zu sprechen angefangen, weil ich gern zuverlässig in Erfahrung bringen möchte, ob bei anderen solche Genussempfindungen ebenfalls vorkommen. Ich werde Ihnen den Kausalzusammenhang erklären: Der Genuss rührte hier gerade von einer besonders klaren Erkenntnis der eigenen Erniedrigung her, von der Empfindung, dass man bis an die letzte Mauer gelangt sei, dass diese Handlungsweise schändlich sei, aber doch eben nicht anders sein könne, dass man keinen Ausweg mehr habe und niemals ein anderer Mensch werden würde, dass, selbst wenn man Zeit zu einer Umwandlung hätte und an die Möglichkeit einer solchen glaubte, man doch zu einer derartigen Umwandlung selbst keine Lust haben würde, und wenn man Lust dazu hätte, auch dann nichts ausrichten würde, weil es vielleicht tatsächlich nichts gebe, in was man sich umwandeln könnte. Die Hauptsache aber und das letzte Ende ist, dass sich dies alles nach den normalen Fundamentalgesetzen der gesteigerten Erkenntnis und aufgrund des Beharrungsvermögens vollzieht, welches direkt auf diesen Gesetzen beruht; infolgedessen aber ist nicht nur eine Umwandlung unmöglich, sondern man richtet einfach überhaupt nichts aus. Es ergibt sich zum Beispiel aus der gesteigerten Erkenntnis der Satz: »Du hast Recht; du bist ein Schuft«, als ob das für einen Schuft ein Trost wäre, wenn er nunmehr selbst die Empfindung hat, dass er tatsächlich ein Schuft ist. Aber genug … Ach, ich habe da viel zusammengeschwatzt, aber was habe ich deutlich gemacht? Wodurch wird hierbei der Genuss erklärt? Aber ich werde mich schon verständlich machen. Ich werde diesen Gegenstand schon zu Ende führen! Zu diesem Zweck habe ich ja auch die Feder zur Hand genommen …

Ich besitze zum Beispiel eine gewaltige Eigenliebe. Ich bin misstrauisch und empfindlich wie ein Buckliger oder ein Zwerg, aber ungelogen, ich habe Augenblicke gehabt, wo ich, wenn mir jemand eine Ohrfeige gegeben hätte, mich vielleicht sogar darüber gefreut hätte. Ich rede im vollen Ernst: Sicherlich hätte ich verstanden, auch darin einen eigenartigen Genuss zu finden, selbstverständlich den Genuss der Verzweiflung, aber gerade in der Verzweiflung liegen die stärksten Genussempfindungen, besonders wenn man seine Rettungslosigkeit bereits sehr genau kennt. Hier aber, bei der Ohrfeige, da erdrückt einen ja ordentlich die Erkenntnis, zu was für einer schmierigen Masse man zerrieben worden ist. Die Hauptsache aber ist dies: Wie auch immer ich es überlegen mag, es ergibt sich doch stets als Resultat, dass in erster Linie immer ich selbst an allem schuld bin, und zwar, was das Schmerzlichste ist, unschuldigerweise daran schuld bin, sozusagen nach den Naturgesetzen. Erstens trage ich deswegen Schuld, weil ich klüger bin als alle, die mich umgeben. (Ich habe mich von jeher für klüger gehalten als alle, die mich umgeben, und mich manchmal – sollten Sie es glauben? – sogar deswegen geschämt. Wenigstens habe ich mein ganzes Leben lang gleichsam zur Seite geblickt und den Leuten nie gerade in die Augen sehen können.) Ferner trage ich insofern Schuld, als, selbst wenn ich auch Hochherzigkeit besäße, doch infolge der Erkenntnis der ganzen Nutzlosigkeit dieser Hochherzigkeit meine eigenen Qualen nur umso größer sein würden. Ich würde ja sicherlich mit meiner Hochherzigkeit nichts anzufangen wissen; ich könnte weder mit ihr verzeihen, weil der Beleidiger mich vielleicht nach den Naturgesetzen geschlagen hat und man den Naturgesetzen nichts zu verzeihen hat, noch auch könnte ich mit ihr vergessen, weil es doch immer eine Beleidigung bleibt, mag sie auch nach den Naturgesetzen erfolgt sein. Und endlich, selbst wenn ich überhaupt nicht hochherzig sein wollte, sondern vielmehr den Wunsch hätte, mich an dem Beleidiger zu rächen, so würde ich mich doch an niemandem und für nichts rächen können, weil ich mich sicherlich nicht dazu entschließen würde, etwas zu tun, selbst wenn ich es könnte. Warum würde ich mich nicht dazu entschließen? Darüber möchte ich ein paar Worte besonders sagen.

III

Wie geht es denn zum Beispiel bei Menschen zu, die es verstehen, sich zu rächen und überhaupt sich ihrer Haut zu wehren? Sobald sie das Rachegefühl erfasst, bleibt in ihrem ganzen Wesen außer diesem Gefühl nichts übrig. Ein solcher Herr stürmt geradeaus auf das Ziel los, wie ein wütender Stier mit gesenkten Hörnern, und höchstens etwa eine Mauer kann ihn aufhalten. (Apropos: Vor der Mauer üben solche Herren, das heißt die Männer des unmittelbaren praktischen Handelns, eine aufrichtig gemeinte Resignation, wie wenn jemand beim Kartenspiel »passt«. Für sie ist die Mauer nicht ein Hemmnis, wie zum Beispiel für uns denkende Menschen, die wir infolge des Denkens nichts tun; auch nicht ein Vorwand, um auf dem Weg umzukehren, ein Vorwand, an den unsereiner gewöhnlich selbst nicht glaubt, über den er sich aber immer sehr freut. Nein, sie »passen« in aller Aufrichtigkeit. Die Mauer hat für sie etwas Beruhigendes; sie gibt für sie in sittlicher Hinsicht den endgültigen Ausschlag; ja, sie legen ihr wohl gar eine Art von mystischer Bedeutung bei … Aber auf die Mauer komme ich später noch zurück.) Nun also, sehen Sie, einen solchen Menschen des unmittelbaren Handelns halte ich für den wahren Normalmenschen, wie ihn die zärtliche Mutter Natur selbst haben wollte, als sie ihn liebevoll auf der Erde erzeugte. Ich beneide einen solchen Menschen so heftig, dass ich grün und gelb werde. Er ist dumm; darüber streite ich mit Ihnen nicht, aber vielleicht muss der Normalmensch auch dumm sein; woher soll man das wissen? Vielleicht ist das sogar sehr hübsch. Und ich bin von der Richtigkeit dieses sozusagen Verdachts aus einem bestimmten Grund umso mehr überzeugt, denn wenn man zum Beispiel den Gegensatz des Normalmenschen nimmt, das heißt den Menschen mit der gesteigerten Erkenntnis, der selbstverständlich nicht aus dem Schoß der Natur, sondern aus der Retorte hervorgegangen ist (das streift schon an Mystizismus, meine Herren, aber das gehört mit zu meinem Verdacht), dann »passt« dieser Retortenmensch manchmal dermaßen vor seinem Gegensatz, dass er trotz all seiner gesteigerten Erkenntnis sich selbst ganz ehrlich für eine Maus und nicht für einen Menschen hält. Mag er auch eine Maus mit gesteigerter Erkenntnis sein, aber er ist doch eben nur eine Maus, und dort ist ein

Mensch, folglich und so weiter. Und was die Hauptsache ist: Er hält sich ja von selbst für eine Maus, von selbst; niemand hat ihn darum ersucht; das ist ein wichtiger Punkt. Betrachten wir jetzt die Maus in ihrem Handeln! Setzen wir zum Beispiel den Fall, dass sie ebenfalls beleidigt ist (und sie wird fast immer beleidigt) und ebenfalls den Wunsch hat, sich zu rächen. Ingrimm sammelt sich in ihr vielleicht noch mehr an als in dem homme de la nature et de la vérité. Der hässliche, gemeine Wunsch, dem Beleidiger Böses mit Bösem zu vergelten, kann sie vielleicht noch heftiger peinigen als den homme de la nature et de la vérité, weil der Letztere nach seiner angeborenen Dummheit seine Rache ganz einfach für eine Handlung der Gerechtigkeit hält, während die Maus infolge ihrer gesteigerten Erkenntnis der Ansicht ist, dass von Gerechtigkeit dabei nicht die Rede sei. Es kommt nun schließlich zum Handeln selbst, zum eigentlichen Racheakt. Die unglückliche Maus hat außer der einen ursprünglichen Garstigkeit schon in Gestalt von Fragen und Zweifeln so viele andere Garstigkeiten um sich herum zusammengebracht und an die eine Frage so viele unlösbare Fragen angeknüpft, dass sich ganz von selbst um sie herum eine Art von verhängnisvoller Jauche ansammelt, eine Art von stinkendem Schmutz, bestehend aus ihren Zweifeln und Gemütserregungen und schließlich auch aus dem Speichel, der auf sie von den Männern des unmittelbaren praktischen Handelns hernieder regnet, welche als Richter und Diktatoren feierlich um sie herumstehen und sie aus vollem Hals auslachen. Selbstverständlich hat sie noch die Möglichkeit, mit einer geringschätzigen Bewegung ihres Pfötchens die ganze Sache auf sich beruhen zu lassen und mit dem Lächeln einer fingierten Verachtung, an die sie selbst nicht glaubt, schimpflich in ihr Mauseloch zu schlüpfen. Dort in ihrer hässlichen, übel riechenden, unterirdischen Behausung vergräbt sich unsere beleidigte, misshandelte, ausgelachte Maus sofort in einen kalten, boshaften und vor allen Dingen lebenslänglichen Groll. Vierzig Jahre lang wird sie sich ununterbrochen der ihr angetanen Beleidigung bis auf die geringsten, schmählichsten Einzelheiten erinnern, dabei jedes Mal aus ihrem Eigenen noch schmählichere Einzelheiten hinzufügen und auf diese Weise sich mit den Erfindungen ihrer eigenen Fantasie aufreizen und höhnen. Sie wird sich ihrer Erinnerung und ihrer Fantasie selbst schämen, dennoch aber sich alles ins Gedächtnis zurückrufen, alles durchmustern, sich Nichtgeschehenes ausdenken mit der Begründung, das hätte sich doch auch noch zutragen können, und wird nichts verzeihen. Vielleicht wird sie auch anfangen, sich zu rächen, aber nur so bei einzelnen Gelegenheiten, in kleinlicher Weise, hinter dem Ofen hervor, inkognito, ohne selbst an ihr Recht zur Rache oder an den Erfolg ihrer Rache zu glauben, und vorherwissend, dass sie selbst von all ihren Racheversuchen hundertmal mehr zu leiden haben wird als derjenige, an dem sie sich rächt, dieser aber sich an der Bissstelle vielleicht nicht einmal kratzen wird. Auf ihrem Sterbebett wird sie sich wieder an alles erinnern, nebst den Zinsen, die sich in der ganzen Zeit angesammelt haben, und … Aber gerade in dieser kalten, widerwärtigen halben Verzweiflung, in diesem halben Glauben, in diesem Verfahren, sich selbst mit Bewusstsein vor Leid auf vierzig Jahre in einer elenden Höhle lebendig zu begraben, in dieser mittels der gesteigerten Erkenntniskraft wahrgenommenen und dennoch zum Teil zweifelhaft bleibenden Rettungslosigkeit der Lage, in diesem ganzen Gift unbefriedigter, in die Seele eingedrungener Wünsche, in diesem ganzen Fieber des Hin- und Herschwankens, der für alle Zeit gefassten Entschlüsse und der einen Augenblick darauf sich wieder einstellenden Reue – darin liegt ja eben die Quelle dieses seltsamen Genusses, von dem ich sprach. Er ist von einer solchen Subtilität und manchmal dermaßen schwer zu erkennen, dass einigermaßen beschränkte Leute oder sogar einfach Leute mit starken Nerven von ihm nicht die Spur verstehen. »Vielleicht verstehen auch diejenigen nichts davon«, fügen Sie Ihrerseits schmunzelnd hinzu, »die niemals Ohrfeigen bekommen haben«, und Sie deuten mir auf diese Art in höflicher Form an, dass ich in meinem Leben vielleicht ebenfalls eine Ohrfeige aus Erfahrung kennengelernt habe und daher als Sachverständiger spreche. Ich möchte darauf wetten, dass Sie das meinen. Aber beruhigen Sie sich, meine Herren, ich habe keine Ohrfeigen bekommen, wiewohl es mir völlig gleichgültig ist, wie Sie darüber denken. Vielleicht bedauere ich sogar selbst, dass ich in meinem Leben nur wenig Ohrfeigen ausgeteilt habe. Aber genug; kein Wort mehr von diesem Thema, das Sie so außerordentlich interessiert.

Ich fahre ruhig fort, von den Leuten mit starken Nerven zu sprechen, die für eine gewisse Feinheit des Genusses kein Verständnis haben. Diese Herren brüllen zwar in manchen Fällen wie die Stiere aus vollem Hals, und das trägt ihnen allerdings sogar die größte Ehre ein, aber, wie ich schon gesagt habe, angesichts der Unmöglichkeit beruhigen sie sich sofort. Denn die Unmöglichkeit, das ist eine steinerne Mauer! Was ist das für eine steinerne Mauer? Nun, selbstverständlich die Naturgesetze, die Resultate der Naturwissenschaften, die Mathematik. Wenn man dir zum Beispiel beweist, dass du vom Affen abstammst, dann hat es keinen Zweck, die Stirn zu runzeln; nimm die Sache hin, wie sie ist. Und wenn man dir beweist, dass ein einziges Gramm deines eigenen Fettes dir in Wahrheit teurer sein muss als hunderttausend dir ähnliche Wesen und dass dieses Resultat mit allen sogenannten Tugenden und Pflichten und anderen Albernheiten und vorgefassten Meinungen endgültig aufräumt, so nimm auch das hin; da ist weiter nichts zu machen, denn zweimal zwei ist vier, lehrt die Mathematik. Versuche es einmal, diesen Satz zu widerlegen!

»Erlauben Sie!«, ruft man uns zu, »dagegen kann man sich nicht auflehnen: Das ist so sicher, wie zweimal zwei vier ist! Die Natur fragt Sie nicht; sie kümmert sich nicht darum, ob Ihnen ihre Gesetze gefallen oder nicht. Sie müssen die Natur so nehmen, wie sie ist, und folglich auch alles, was aus ihr resultiert. Eine Mauer ist eben eine Mauer …« und so weiter, und so weiter. Herr Gott, aber was scheren mich die Gesetze der Natur und der Mathematik, wenn mir diese Gesetze und der Satz: »Zweimal zwei ist vier« aus irgendwelchem Grund missfallen? Selbstverständlich werde ich gegen eine solche Mauer nicht mit der Stirn anrennen, wenn ich tatsächlich nicht die Kraft habe, sie einzurennen, aber ich werde mich mit ihr auch nicht einzig und allein deswegen versöhnen, weil sie von Stein ist und meine Kraft ihr gegenüber nicht ausreicht.

Als ob eine solche Steinmauer wirklich eine Beruhigung wäre und wirklich etwas auch nur einigermaßen Versöhnliches enthielte, einzig und allein deshalb, weil sie eine Art von »Zweimal zwei ist vier« ist. Oh Absurdität der Absurditäten! Etwas ganz anderes ist es, alles zu verstehen, alles zu erkennen, alle Unmöglichkeiten und steinernen Mauern; sich mit keiner dieser Unmöglichkeiten und steinernen Mauern auszusöhnen, wenn einem eine solche Aussöhnung widersteht; in Betreff jenes ewigen Themas auf dem Weg der zwingendsten logischen Kombinationen zu der widerwärtigen Schlussfolgerung zu gelangen, dass man sogar an der steinernen Mauer gewissermaßen selbst schuld sei, obgleich es hinwiederum bis zur Evidenz klar ist, dass man überhaupt nicht daran schuld ist, und infolgedessen schweigend und mit ohnmächtigem Zähneknirschen wollüstig in Untätigkeit zu erstarren, indem man den Gedanken ausspinnt, dass man somit nicht einmal Grund habe, auf jemanden böse zu sein, und dass kein Objekt zu finden sei und vielleicht nie zu finden sein werde und dass hier Unterschiebung, betrügerisches Kartenmischen, Falschspielerei stattfinde und dass hier einfach ein ekelhafter Zustand vorliege – man weiß nicht, was es eigentlich ist und wer die Schuld trägt, aber trotz all dieser Unklarheiten und Betrügereien schmerzt es einen doch, und je unklarer es einem ist, umso mehr schmerzt es!

IV

»Ha-ha-ha! Wenn Sie so denken, dann werden Sie ja auch im Zahnschmerz einen Genuss finden!«, rufen Sie mir lachend zu.

»Gewiss! Auch im Zahnschmerz liegt ein Genuss!«, erwidre ich. Mir haben einen ganzen Monat lang die Zähne wehgetan; ich weiß, dass darin ein Genuss liegt. Man ärgert sich dabei natürlich nicht schweigend, sondern stöhnt, aber dieses Stöhnen ist nicht aufrichtig; dieses Stöhnen ist mit einer gewissen Bosheit verbunden, und in dieser Bosheit liegt der Kern der Sache. In diesem Stöhnen kommt der Genuss des Leidenden zum Ausdruck; wenn er darin keinen Genuss fände, so würde er nicht stöhnen. Das ist ein gutes Beispiel, meine Herren, und ich werde es noch weiter benutzen. In diesem Stöhnen kommt erstens die ganze für Ihre Erkenntnis demütigende Zwecklosigkeit Ihres Schmerzes zum Ausdruck, die ganze Gesetzmäßigkeit der Natur, auf die Sie selbstverständlich spucken können, durch die Sie aber trotzdem leiden, während sie selbst nicht leidet. Es kommt darin die Erkenntnis zum Ausdruck, dass niemand vorhanden ist, der Ihr Feind wäre, der Schmerz aber vorhanden ist, die Erkenntnis, dass Sie samt allen möglichen Zahnärzten à la Wagenheim sich vollständig in der Sklaverei Ihrer Zähne befinden, dass, wenn jemand will, Ihre Zähne zu schmerzen aufhören und, wenn er es nicht will, noch weitere drei Monate lang schmerzen, und schließlich, dass Ihnen, wenn Sie immer noch nicht klein beigeben und immer noch protestieren, zu Ihrer eigenen Tröstung nichts weiter übrig bleibt, als sich selbst durchzupeitschen oder recht schmerzhaft mit der Faust gegen Ihre Wand schlagen, absolut weiter nichts. Nun sehen Sie: Gerade diese blutigen Beleidigungen, gerade dieser einem angetane Hohn, bei dem man nicht weiß, wer der Höhnende ist, gerade das wird schließlich zur Quelle des Genusses, eines Genusses, der manchmal bis zur höchsten Wollust gehen kann. Ich bitte

Sie, meine Herren, achten Sie einmal auf das Gestöhn eines gebildeten Menschen des neunzehnten Jahrhunderts, der an Zahnschmerzen leidet, so am zweiten oder dritten Tag der Krankheit, wenn er bereits nicht mehr so stöhnt wie ein plumper Bauer, sondern so wie ein Mensch, der von der Bildung und der europäischen Zivilisation ergriffen ist, wie ein Mensch, der, nach dem heutzutage üblichen Ausdruck, »sich von der Scholle und den Elementen der unteren Volksschicht losgelöst hat«. Sein Gestöhn bekommt dann eine Art von hässlichem, gemein-boshaftem Ton und dauert volle Tage und Nächte lang an. Und er weiß ja selbst, dass er sich mit diesem Gestöhn keinerlei Nutzen verschafft; er weiß besser als jeder andere, dass er damit nur sich selbst und andere reizt und aufbringt; er weiß, dass sogar das Publikum, vor dem er sich abmüht, und seine ganze Familie das Anhören schon zum Ekel bekommen haben, ihm absolut nicht mehr glauben und im Stillen denken, er könne doch auch in anderer, einfacherer Weise stöhnen, ohne solche Rouladen und ohne diesen Hokuspokus, und stelle sich nur aus Bosheit und Tücke absichtlich so an. Nun also, gerade in dieser ganzen Erkenntnis und in diesem ganzen Schauspiel liegt der Genuss. Der Betreffende sagt sich: »Ich beunruhige euch, ich zerreiße euch das Herz, ich raube euch allen im Haus den Schlaf. Nun, dann schlaft eben nicht; fühlt ebenfalls in jedem Augenblick, dass mir die Zähne wehtun. Ich bin jetzt für euch nicht mehr der Held, der ich früher scheinen wollte, sondern einfach ein garstiger Mensch, ein geringes Subjekt. Na, in Gottes Namen! Freut mich sehr, dass ihr mich durchschaut habt. Es ist euch widerwärtig, mein unwürdiges Gestöhn mit anzuhören? Na schön, wenn es euch widerwärtig ist; ich werde euch sogleich eine noch hässlichere Roulade zu hören geben …« Verstehen Sie es auch jetzt noch nicht, meine Herren? Nein, offenbar ist doch ein ziemlich hoher Grad der geistigen Entwicklung und Bildung erforderlich, um die tiefsten Falten dieses Genusses zu verstehen. Sie lachen?

Freut mich sehr! Meine Herren, meine Späße zeugen ja freilich von schlechtem Ton, sind ungeschickt und unklar und ermangeln des rechten Selbstvertrauens. Aber das kommt eben daher, dass ich keine Achtung vor mir selbst habe. Kann denn ein Mensch, der zur Erkenntnis gelangt ist, noch irgendwelche Selbstachtung besitzen?

V

Na, ist es denn möglich, ist es denn überhaupt möglich, dass derjenige irgendwelche Selbstachtung besitzt, der es sogar darauf anlegt, selbst in dem Gefühl seiner eigenen Erniedrigung einen Genuss zu finden? Ich rede so nicht etwa aus irgendwelchem abgeschmackten Gefühl von Reue. Es hat mir überhaupt immer widerstanden, zu sagen: »Verzeihen Sie mir, lieber Papa; ich werde es nicht wieder tun« – nicht weil ich unfähig gewesen wäre, das zu sagen, sondern im Gegenteil vielleicht gerade deswegen, weil ich dessen gar zu fähig war; und wie fähig! Ich habe mich manchmal sogar absichtlich durch Selbstbeschuldigung in eine unangenehme Lage gebracht, in Fällen, wo mich nicht im Entferntesten eine Schuld traf. Das war das Allergarstigste. Und dazu geriet ich in eine so gerührte, reuige Stimmung hinein, vergoss Tränen und betrog natürlich mich selbst, obgleich ich mich ganz und gar nicht verstellte; es war eben mein Herz, das mir solche dummen Streiche spielte … Ich konnte dabei nicht einmal die Naturgesetze beschuldigen, wiewohl doch gerade sie mich mein ganzes Leben lang beständig und am allermeisten geschädigt haben. Es ist widerwärtig, sich an all dies zu erinnern, und es war auch damals widerwärtig. Manchmal erkannte ich ja schon nach wenigen Minuten, dass das alles Unwahrhaftigkeit war, widerwärtige Unwahrhaftigkeit und Lüge, ich meine alle diese Anfälle von Reue und von Rührung, alle diese Gelöbnisse einer geistigen

Wiedergeburt. Nun fragen Sie vielleicht, warum ich mich so wand und krümmte und mich quälte. Darauf antworte ich: Weil es mir gar zu langweilig war, so mit den Händen im Schoß dazusitzen; so ließ ich mich denn auf solchen Hokuspokus ein. Es verhält sich wirklich so. Achten Sie einmal besser auf sich selbst, meine Herren, dann werden Sie einsehen, dass es sich so verhält. Ich habe mir sogar Abenteuer ausgedacht und mir selbst ein Leben ersonnen, um wenigstens auf diese Weise etwas zu erleben. Wie oft ist es mir begegnet, dass ich – nun, sagen wir zum Beispiel, mich beleidigt gefühlt habe, aus heiler Haut, ohne jeden Grund, absichtlich; und man pflegt dabei selbst zu wissen, dass man sich ohne Grund gekränkt fühlt und sich nur aufhetzt; man bringt sich aber doch dahin, dass man sich zuletzt wirklich und wahrhaftig beleidigt fühlt. Ich habe mein ganzes Leben lang einen eigentümlichen Drang verspürt, solche Kunststücke zu machen, sodass ich mich schließlich selbst nicht mehr in der Gewalt hatte. Einmal wollte ich mich mit aller Gewalt verlieben, sogar zweimal. Ich litt dabei, meine Herren; das kann ich Ihnen versichern. In tiefster Seele glaubt man nicht, dass man leidet; der Spott regt sich, aber dennoch leide ich, und sogar in echter, wirklicher Weise, ich werde eifersüchtig, ich gerate außer mir … Und das alles aus langer Weile, meine Herren, alles aus langer Weile; die Untätigkeit hat mich erdrückt. Denn die direkte, regelmäßige, unmittelbare Frucht der Erkenntnis ist die Untätigkeit, das heißt das bewusste Dasitzen mit den Händen im Schoß. Ich habe davon bereits oben gesprochen. Ich wiederhole es mit allem Nachdruck: Alle Männer des unmittelbaren praktischen Handelns sind ebendeshalb tätig, weil sie stumpfsinnig und beschränkt sind. Wie ist das zu erklären? Nun, folgendermaßen: Infolge ihrer Beschränktheit nehmen sie die nächstliegenden Ursachen, die Ursachen zweiten Grades, für uranfängliche und gelangen auf diese Weise schneller und leichter als andere Menschen zu der Überzeugung, dass sie eine unwandelbare Grundlage für ihr Handeln gefunden haben; na, und da beruhigen sie sich denn; und das ist ja die Hauptsache. Denn wenn man anfangen soll zu handeln, so muss man vorher vollständig beruhigt sein, und es dürfen keine Zweifel mehr bei einem zurückbleiben. Na, aber wie könnte zum Beispiel ich mich beruhigen? Wo habe ich uranfängliche Ursachen, auf die ich mich stützen könnte; wo habe ich die erforderlichen Grundlagen? Woher soll ich die nehmen? Ich übe mich im Denken, und folglich zieht bei mir jede uranfängliche Ursache sofort eine andere noch tiefer liegende Ursache hinter sich her, und so weiter bis ins Unendliche. Darin besteht eben das Wesen aller Erkenntnis und allen Denkens. Da hätten wir also schon wieder die Naturgesetze. Nun, und was ist schließlich das Resultat? Das Resultat ist eben jenes selbe. Erinnern Sie sich einmal: Ich habe vorhin von der Rache gesprochen. (Sie haben das gewiss nicht verstanden.) Ich habe gesagt: Der Mensch rächt sich, weil er die Rache für einen Akt der Gerechtigkeit ansieht. Also hat er eine uranfängliche Ursache gefunden, nämlich die Gerechtigkeit. Folglich ist er nach jeder Richtung hin beruhigt; mithin rächt er sich ruhig und erfolgreich, da er davon überzeugt ist, dass er eine ehrenhafte, gerechte Handlung vollführt. Ich dagegen sehe darin keine Gerechtigkeit, und eine Tugend finde ich darin ebenfalls nicht; folglich, wenn ich anfange mich zu rächen, so tue ich es höchstens aus Bosheit. Die Bosheit könnte ja nun zwar alles überwinden, alle meine Zweifel und Bedenken, und könnte folglich mit völligem Erfolg statt einer uranfänglichen Ursache dienen, eben weil sie keine Ursache ist. Aber was soll ich machen, wenn ich nicht einmal Bosheit besitze (davon habe ich ja vorhin zu reden begonnen). Die Bosheit unterliegt bei mir, wieder infolge dieser verdammten Gesetze der Erkenntnis, einem chemischen Zersetzungsprozess. Man sieht: Der Gegenstand verflüchtigt sich, die Gründe verdampfen, ein Schuldiger ist nicht zu finden, die Beleidigung stellt sich nicht als Beleidigung, sondern als Fatum heraus, als etwas im Genre der Zahnschmerzen, an denen niemand die Schuld trägt, und folglich bleibt wieder nur eben jener selbe Ausweg übrig, das heißt, möglichst schmerzhaft die Wand zu prügeln. Na, da verzichtet man denn entsagungsvoll, weil man die uranfängliche Ursache nicht gefunden hat. Aber versuche es einmal, lass dich durch dein Gefühl blindlings ohne Überlegung und ohne uranfängliche Ursache hinreißen, jage die Erkenntnis wenigstens für diese Zeit davon, hasse oder liebe, um nur nicht mit den Händen im Schoß dazusitzen: Übermorgen (und das ist schon der späteste Termin) wirst du anfangen, dich selbst dafür zu verachten, dass du dich selbst wissentlich hinters Licht geführt hast. Das Resultat ist: eine Seifenblase und Untätigkeit. Oh meine Herren, vielleicht halte ich mich nur deswegen für einen klugen Menschen, weil ich mein ganzes Leben lang weder vermocht habe, etwas zu beginnen noch etwas zu beenden. Nun gut, mag ich ein Schwätzer sein, ein unschädlicher, lästiger Schwätzer wie wir alle. Aber was ist zu tun, wenn der einzig wahre Beruf jedes verständigen Menschen ist zu schwatzen, das heißt mit bewusster Absicht leeres Stroh zu dreschen?

VI

Oh wenn ich doch lediglich aus Faulheit nichts täte! Oh Gott, welche Hochachtung würde ich dann vor mir empfinden! Ich würde mich gerade deswegen hoch achten, weil ich dann im Stande wäre, wenigstens Faulheit mein Eigen zu nennen, weil ich dann wenigstens eine positive Eigenschaft besäße, von der ich selbst überzeugt wäre. Auf die Frage: »Was ist das für ein Mensch?«, würde dann die Antwort lauten: »Ein Faulpelz«, und es würde mir höchst angenehm sein, das über mich zu hören. Nämlich, dann wäre ich doch positiv definiert, dann gäbe es doch etwas, was über mich gesagt werden kann. »Ein Faulpelz!«, das ist ja ein Beruf und eine Bestimmung, das ist ja eine Karriere. Lachen Sie nicht; es ist wirklich so. Ich wäre dann rechtmäßiges Mitglied des vornehmsten Klubs und würde mich nur damit beschäftigen, mich unaufhörlich selbst hoch zu achten. Ich habe einen Herrn gekannt, der sein ganzes Leben lang darauf stolz war, dass er sich auf Lafitte verstand. Er hielt dies für einen positiven Vorzug, der ihm eigen sei, und zweifelte nie an seinen Verdiensten. Er starb nicht nur mit ruhigem Gewissen, sondern sogar mit einem triumphierenden Bewusstsein seiner Vortrefflichkeit und hatte damit vollkommen Recht. Ich aber würde mir dann eine bestimmte Laufbahn wählen: Ich würde Faulpelz und Vielfraß sein, aber nicht so ein gewöhnlicher, sondern zum Beispiel einer, der eine Empfindung für alles Schöne und Erhabene hat. Wie gefällt Ihnen das? Mir hat das schon lange als Ideal vorgeschwebt. Dieses »Schöne und Erhabene« hat mir in meinen vierzig Jahren schwer auf dem Nacken gelastet; das lag jedoch an meinem Wesen in diesen vierzig Jahren, aber dann – oh dann stände die Sache anders! Ich hätte sogleich eine meiner Eigenart entsprechende Tätigkeit gefunden, nämlich auf das Wohl alles Schönen und Erhabenen zu trinken. Ich würde jede Gelegenheit benutzen, um zuerst in meinen Becher eine Träne hineinfallen zu lassen und ihn dann auf alles Schöne und Erhabene auszutrinken. Ich würde dann alles in der Welt in Schönes und Erhabenes verwandeln; in dem garstigsten, zweifellosesten Quark würde ich das Schöne und Erhabene finden. Ich würde es mir angewöhnen, so viel zu weinen, als ob ich ein nasser Schwamm wäre. Da hat zum Beispiel der Maler Gay ein Bild gemalt. Sofort trinke ich auf seine Gesundheit, weil ich alles Schöne und Erhabene liebe. Ein Schriftsteller hat einen Aufsatz verfasst mit dem Titel: »Wie es einem gefällig ist«; sofort trinke ich auf diese Schrift, weil ich alles Schöne und Erhabene liebe. Für diese meine Tätigkeit beanspruche ich, dass man mich hoch achte, und werde denjenigen als meinen Feind betrachten, der mir keine Hochachtung zollt. Ich werde ein ruhiges Leben führen und mit einem Gefühl des Triumphs sterben – und das ist doch entzückend, geradezu entzückend! Und einen solchen Bauch würde ich mir dann stehen lassen und ein solches dreifaches Kinn anlegen und meiner Nase zu einer so schönen roten Farbe verhelfen, dass jeder Begegnende bei meinem Anblick sagen würde: »Das ist mal ein Hauptkerl! Das ist etwas Echtes, etwas Positives!« Und da mögen Sie sagen, was Sie wollen, meine Herren, aber solche Urteile zu hören ist ein wahrer Genuss in unserem negativen Jahrhundert.

VII

Aber das alles sind nur goldene Träume. Oh sagen Sie mir doch, wer war der Erste, der die Behauptung aufstellte und die Lehre verkündete, der Mensch begehe nur deswegen Schlechtigkeiten, weil er seine wahren Interessen nicht kenne; wenn man ihn darüber aufkläre, ihm die Augen über seine wahren, normalen Interessen öffne, dann werde der Mensch sogleich aufhören, Schlechtigkeiten zu begehen, und sogleich gut und edel werden, denn wenn er über seinen wahren Vorteil aufgeklärt sei und diesen verstehe, so werde er im Guten seinen eigenen Vorteil erkennen. Nun könne aber bekanntlich kein Mensch wissentlich gegen seinen eigenen Vorteil handeln, folglich werde er mit Notwendigkeit anfangen, das Gute zu tun. Oh du Säugling! Oh du reines, unschuldiges Kind! Aber erstens, wann ist es denn in allen diesen Jahrtausenden vorgekommen, dass ein Mensch nur um seines eigenen Vorteils willen gehandelt hätte? Was soll man denn mit den Millionen von Tatsachen anfangen, die da deutlich bezeugen, dass die Menschen wissentlich, das heißt, in voller Erkenntnis ihrer wahren Vorteile, dennoch diese Vorteile hintangesetzt und mit stürmischem Eifer auf gut Glück und aufs Geratewohl einen anderen Weg eingeschlagen haben, ohne von jemandem oder durch etwas dazu gezwungen zu sein, anscheinend nur aus Abneigung gegen den ihnen gewiesenen Weg, und dass sie eigenwillig und hartnäckig einen anderen, schwierigen, unsinnigen Weg verfolgt haben, den sie beinah im Dunkeln suchten? Offenbar waren ihnen dieser Eigenwille und diese Hartnäckigkeit angenehmer als alle Vorteile … Vorteil! Worin besteht der Vorteil? Wollen Sie sich anheischig machen, ganz genau zu definieren, worin eigentlich der Vorteil des Menschen besteht? Wie aber, wenn es manchmal vorkommt, dass der Vorteil des Menschen nicht nur darin bestehen kann, sondern sogar darin bestehen muss, dass der Betreffende sich das Schlechte wünscht und nicht das Vorteilhafte? Wenn dem aber so ist, wenn dieser Fall überhaupt möglich ist, so fällt die ganze Regel zusammen. Wie denken Sie darüber: Kommt ein solcher Fall vor? Sie lachen; lachen Sie immerhin, meine Herren, aber antworten Sie nur auf eine Frage: Hat denn jemand die Vorteile des Menschen in völlig zuverlässiger Weise zusammengestellt? Gibt es nicht solche, die nicht nur in keiner Kategorie untergebracht sind, sondern auch in keiner untergebracht werden können? Soviel ich weiß, meine Herren, haben Sie ja Ihr ganzes Register der menschlichen Vorteile als Durchschnitt aus den statistischen Ziffern und den nationalökonomischen Formeln entnommen. Ihre Vorteile sind ja doch: Wohlleben, Reichtum, Freiheit, Ruhe, na und so weiter und so weiter, sodass ein Mensch, der zum Beispiel mit klarer Einsicht gegen dieses ganze Register handeln würde, nach Ihrer (na, und allerdings auch nach meiner) Ansicht ein Obskurant oder ein vollständiger Verrückter wäre, nicht wahr? Aber da ist nun eines erstaunlich: Woher kommt es, dass alle diese Statistiker, Weisen und Freunde des Menschengeschlechtes bei der

Aufzählung der menschlichen Vorteile beständig einen gewissen Vorteil auslassen? Sie stellen ihn nicht in der Art in Rechnung, wie sich das gehören würde, und doch hängt davon die ganze Rechnung ab. Der Schaden wäre ja nun nicht groß; man brauchte ihn nur zu nehmen, diesen Vorteil, und ihn in die Liste einzufügen. Aber das Malheur besteht eben darin, dass dieser wunderliche Vorteil unter keine Kategorie fällt und in keinem Verzeichnis Platz findet. Ich habe zum Beispiel einen Freund … Ach, meine Herren, er ist ja auch Ihr Freund, und wessen Freund wäre er denn nicht? Wenn dieser Herr sich zum Handeln anschickt, so wird er Ihnen sofort mit großer Redseligkeit und Klarheit auseinandersetzen, wie er nach den Gesetzen der Vernunft und Wahrheit handeln muss. Ja noch mehr: Er wird Ihnen in aufgeregter, leidenschaftlicher Weise von den wahren, normalen Interessen der Menschen reden; in spöttischen Ausdrücken wird er die kurzsichtigen Dummköpfe tadeln, die weder ihre Vorteile noch die wahre Bedeutung der Tugend verstehen, und – genau eine Viertelstunde darauf wird er ohne jeden plötzlichen äußeren Anlass, sondern aus einem inneren Trieb, der stärker ist als alle seine Interessen, eine ganz andere Melodie anstimmen, das heißt, er wird gegen das handeln, was er selbst gesagt hat: sowohl gegen die Gesetze der Vernunft als auch gegen seinen eigenen Vorteil, na kurz, gegen alles … Ich mache darauf aufmerksam, dass mein Freund eine Kollektivperson ist und es deshalb misslich ist, ihn allein zu beschuldigen. Das ist es eben, meine Herren: Gibt es nicht tatsächlich etwas, was fast jedem Menschen teurer ist als seine besten Vorteile, oder (um nicht gegen die Logik zu verstoßen) gibt es einen vorteilhafteren Vorteil (eben jenen weggelassenen, von dem ich soeben gesprochen habe), der wichtiger und vorteilhafter ist als alle anderen Vorteile, und um deswillen der Mensch nötigenfalls bereit ist, gegen alle Gesetze zu handeln, das heißt gegen Vernunft, Ehre, Ruhe, Wohlleben, kurz, gegen alle diese schönen, nützlichen Dinge, wenn er nur diesen uranfänglichen, vorteilhaftesten Vorteil erlangt, der ihm teurer ist als alles?

»Na, aber doch strebt auch er nach einem Vorteil!«, unterbrechen Sie mich. Erlauben Sie, wir wollen uns darüber noch näher miteinander aussprechen, und es handelt sich dabei nicht um ein mehrdeutiges Wort, sondern darum, dass dieser Vorteil gerade dadurch bemerkenswert ist, dass er alle Ihre Klassifikationen über den Haufen stößt und alle Systeme, die von den Freunden des Menschengeschlechts zur Beglückung des Menschengeschlechts aufgestellt sind, beständig in Stücke schlägt. Kurz, er stört alles. Aber bevor ich Ihnen diesen Vorteil nenne, will ich mich persönlich kompromittieren und erkläre darum dreist, dass alle diese schönen Systeme, alle diese Theorien, die die Menschheit über ihre wahren, normalen Interessen aufklären wollen, damit sie dann nicht umhin könne, nach der Erreichung dieser Interessen zu streben, und sofort gut und edel werde – dass das alles meiner Ansicht nach vorläufig nur falsche Logik ist! Ja, falsche Logik. Denn diese Theorie von der Erneuerung des ganzen Menschengeschlechts mittels eines Systemes seiner eigenen Vorteile zu verfechten, das ist meines Erachtens fast dasselbe, wie wenn man der Behauptung Buckles beipflichtet, dass der Mensch durch die Zivilisation milder, also weniger blutdürstig und zum Krieg weniger geneigt und fähig werde. Dieses Resultat ergibt sich, glaube ich, bei ihm auf logischem Weg. Aber der Mensch besitzt eine solche Leidenschaft für Systematik und abstrakte Folgerungen, dass er es fertigbringt, wissentlich die Wahrheit zu verdrehen und mit sehenden Augen nicht zu sehen und mit hörenden Ohren nicht zu hören, um nur ja seiner Logik Recht geben zu können. Ich wähle dieses Beispiel deswegen, weil es besonders klar und einleuchtend ist. Sehen Sie doch nur um sich: Das Blut fließt in Strömen, und noch dazu in einer so lustigen Weise wie Champagner. Werfen Sie einen Blick auf unser neunzehntes Jahrhundert, in welchem auch

Buckle gelebt hat. Da haben Sie Napoleon, sowohl den Großen als den jetzigen. Da haben Sie Nordamerika, die ewige Union. Da haben Sie endlich noch Schleswig-Holstein, diese Karikatur … Und welchen mildernden Einfluss übt denn die Zivilisation auf unser Wesen aus? Die Zivilisation verhilft dem Menschen nur zu einer Vielseitigkeit der Empfindungen – weiter hat sie absolut keine Wirkung. Und infolge der Entwicklung dieser Vielseitigkeit wird der Mensch womöglich noch dahin gelangen, im Blutvergießen einen Genuss zu finden. Das hat sich ja auch bereits mit ihm begeben. Haben Sie wohl bemerkt, dass gerade die raffiniertesten Blutvergießer fast ausnahmslos die zivilisiertesten Herren waren, mit denen Männer wie Attila und Stenka Rasin manchmal gar nicht zu vergleichen waren, und wenn sie einem nicht so stark in die Augen springen wie Attila und Stenka Rasin, so kommt das eben daher, dass sie gar zu häufig vorkommen und gar zu gewöhnliche Erscheinungen geworden sind. Wenigstens ist infolge der Zivilisation der Blutdurst des Menschen wenn nicht größer, so doch sicherlich hässlicher und schändlicher geworden, als er früher war. Früher sah der Mensch im Blutvergießen eine Handlung der Gerechtigkeit und mordete den zu Ermordenden mit ruhigem Gewissen; jetzt aber halten wir zwar das Blutvergießen für etwas Schändliches, geben uns aber doch mit dieser Schändlichkeit ab, und in noch größerem Umfang als früher. Was ist nun schlechter? Urteilen Sie selbst! Man sagt, Kleopatra (entschuldigen Sie, dass ich ein Beispiel aus der römischen Geschichte entnehme!) habe es geliebt, ihren Sklavinnen goldene Nadeln in die Brüste hineinzubohren, und habe in deren Geschrei und Qualen einen Genuss gefunden. Sie werden sagen, das sei in (relativ gesprochen) barbarischen Zeiten geschehen; auch jetzt seien noch barbarische Zeiten, da (wiederum relativ gesprochen) auch jetzt noch Nadeln hineingebohrt würden; der Mensch habe jetzt zwar gelernt, manchmal klarer zu sehen als in den barbarischen Zeiten, habe sich aber noch lange nicht gewöhnt, so zu handeln, wie es ihm die Vernunft und die Wissenschaft vorschrieben. Aber doch sind Sie vollkommen überzeugt, dass er sich mit Sicherheit daran gewöhnen wird, sobald nur erst einige alte schlechte Gewohnheiten vorübergegangen sein werden und die gesunde Vernunft und die Wissenschaft die menschliche Natur vollständig umgebildet und ihr die normale Richtung gegeben haben werden. Sie sind davon überzeugt, dass der Mensch dann ganz von selbst aufhören wird, freiwillig Fehler zu begehen, und dass er sozusagen unwillkürlich seinen Willen mit seinen normalen Interessen in Einklang bringen wird. Ja noch mehr: Dann, sagen Sie, wird die Wissenschaft selbst den Menschen darüber belehren (wiewohl das nach meiner Ansicht sogar ein Luxus ist), dass er tatsächlich weder einen Willen noch eine Laune besitzt und auch niemals besessen hat, sondern dass er selbst nichts weiter ist als eine Art von Klaviertaste oder von Stift in einem Leierkasten, und dass es außerdem auf der Welt noch die Naturgesetze gibt, sodass alles, was er nur tun mag, überhaupt nicht nach seinem Willen, sondern von selbst, nach den Naturgesetzen geschieht. Folglich braucht man diese Naturgesetze nur zu entdecken, und der Mensch wird für seine Handlungen nicht mehr verantwortlich sein und ein überaus leichtes Leben haben. Alle menschlichen Handlungen werden dann selbstverständlich nach diesen Gesetzen mathematisch in Form einer Logarithmentafel bis 108 000 ausgerechnet und in einen Kalender eingetragen werden; oder, noch besser, es werden einige wohlgemeinte Bücher, nach Art der jetzigen Konversationslexika erscheinen, in denen alles so genau ausgerechnet und angegeben sein wird, dass es auf der Welt künftig weder unerwartete Taten noch unerwartete Begebenheiten mehr geben wird.

Dann (all das sagen Sie) werden neue wirtschaftliche Verhältnisse eintreten, die schon vollständig vorbereitet und ebenfalls mit mathematischer Genauigkeit ausgerechnet sein werden, sodass mit einem

Schlag alle Fragen verschwinden werden, ebendeswegen weil sie sämtlich ihre erledigende Beantwortung erhalten. Dann wird ein kristallenes Schloss erbaut werden. Dann … na, mit einem Wort, dann wird ein märchenhaftes Leben beginnen. Allerdings kann man nicht garantieren (das sage jetzt wieder ich), dass es dann nicht zum Beispiel furchtbar langweilig sein wird (denn was soll man überhaupt noch tun, wenn alles schon in der Tabelle ausgerechnet ist?), aber dafür wird alles außerordentlich vernünftig zugehen. Freilich, auf was für Einfälle gerät man nicht aus langer Weile? Auch die goldenen Nadeln werden ja aus langer Weile hineingebohrt, aber das alles wäre noch nichts. Das Ärgerliche ist dies (das sage wiederum ich), dass die Menschen dann am Ende womöglich an den goldenen Nadeln noch ihre Freude haben werden. Denn der Mensch ist ja dumm, phänomenal dumm. Das heißt, dumm ist er zwar eigentlich überhaupt nicht, aber dafür ist er dermaßen undankbar, dass man trotz allen Suchens etwas Undankbareres nicht finden kann. So werde ich mich zum Beispiel nicht im Geringsten wundern, wenn auf einmal mir nichts dir nichts mitten in der allgemeinen zukünftigen Vernünftigkeit ein Gentleman mit unvornehmer Physiognomie oder, besser gesagt, mit der Physiognomie eines Reaktionärs und Spötters aufträte, die Hände in die Seiten stemmte und zu uns allen sagte: »Wie ist's, meine Herren? Wollen wir nicht dieser ganzen Vernünftigkeit ohne Weiteres einen Tritt geben, bloß damit alle diese Logarithmen zum Teufel gehen und wir wieder nach unserm dummen Willen leben können?« Und das wäre noch nicht weiter schlimm, aber das Bedauerliche ist, dass er mit Sicherheit Nachfolger finden würde: Das liegt eben in der Natur des Menschen. Und all das aus einem ganz nichtigen Grund, der, wie es scheint, nicht einmal der Erwähnung wert ist; nämlich deswegen, weil der Mensch immer und überall, wer es auch gewesen ist, es geliebt hat, so zu handeln, wie er wollte, und durchaus nicht so, wie es ihm die Vernunft und der Vorteil befahlen; wollen aber kann man auch gegen den eigenen Vorteil, und manchmal muss man es sogar entschieden (das ist nun eben meine Anschauung). Das eigene freie Wollen, die eigene, ob auch noch so wunderliche Laune, die eigenen fantastischen Einfälle, mögen sie auch manchmal geradezu an Wahnwitz streifen, das, das alles ist eben jener weggelassene vorteilhafteste Vorteil, der sich in keine Kategorie einfügen lässt und durch den alle Systeme und Theorien beständig zum Teufel gehen. Und woher haben alle diese Weisen ihre Ansicht genommen, dass der Mensch ein normales, tugendhaftes Wollen brauche? Warum haben sie sich gerade die Vorstellung zurechtgemacht, dass der Mensch unbedingt ein vernünftiges, vorteilhaftes Wollen brauche? Was der Mensch braucht, ist einzig und allein ein selbstständiges Wollen, was auch immer diese Selbstständigkeit kosten und wohin auch immer sie führen mag. Na, und das Wollen, weiß der Teufel …

VIII

»Ha-ha-ha! Aber ein Wollen gibt es ja, wenn Sie erlauben wollen, überhaupt nicht!«, unterbrechen Sie mich lachend. »Die Wissenschaft hat den Menschen bereits so weit seziert, dass wir auch jetzt schon wissen, dass das Wollen und der sogenannte freie Wille nichts anderes sind als …«

Warten Sie, meine Herren, davon wollte ich ja selbst zu reden anfangen. Ich muss gestehen, ich habe einen ordentlichen Schreck bekommen. Ich wollte gerade ausrufen, dass das Wollen weiß der Teufel wovon abhänge und dass wir dafür am Ende Gott dankbar sein müssten, aber da fiel mir die Wissenschaft ein, und … ich verstummte. Und in diesem Augenblick fingen Sie an zu reden. In der Tat, wenn wirklich einmal die Formel für all unser Wollen und für alle unsere Launen gefunden sein wird, das heißt, wovon sie abhängen, nach welchen Gesetzen sie entstehen, wie sie sich ausbreiten, wohin in diesem oder jenem Fall ihr Streben geht, und so weiter, das heißt die richtige mathematische Formel – dann wird ja der Mensch vielleicht sofort aufhören zu wollen, ja, er wird wohl bestimmt aufhören. Na, was ist das für ein Vergnügen, nach der Tabelle zu wollen? Und damit nicht genug: Er verwandelt sich sogleich aus einem Menschen in den Stift eines Leierkastens oder etwas Ähnliches, denn was ist ein Mensch ohne Wünsche und ohne Wollen anderes als ein Stift auf der Walze eines Leierkastens? Wie denken Sie darüber? Lassen Sie uns die Wahrscheinlichkeit berechnen, ob das geschehen kann oder nicht!

»Hm! …«, erwidern Sie, »die Fehlerhaftigkeit unserer Wünsche kommt größtenteils von einem fehlerhaften Urteil über unsere Vorteile her. Wir wollen manchmal ebendeswegen reinen Unsinn, weil wir nach unserer Dummheit in diesem Unsinn den leichtesten Weg zur Erlangung eines vermeintlichen Vorteils sehen. Na, aber wenn nun das alles klar auseinandergesetzt und auf dem Papier ausgerechnet sein wird (was sehr möglich ist, da es doch schmählich und sinnlos sein würde, im Voraus zu glauben, dass der Mensch gewisse Naturgesetze niemals erkennen werde), dann wird es selbstverständlich keine sogenannten Wünsche mehr geben. Denn wenn erst einmal das Wollen mit der Vernunft vollständig im Einklang sein wird, dann werden wir nur vernunftgemäß denken, aber nicht wollen, ebendeswegen weil es unmöglich ist, beispielsweise gleichzeitig vernünftig zu sein und Sinnloses zu wollen und auf diese Weise wissentlich gegen die Vernunft zu handeln und sich selbst Schaden zu wünschen … Aber da alle Wünsche und vernunftmäßigen Überlegungen tatsächlich werden berechnet werden können (denn irgendeinmal werden doch die Gesetze unseres sogenannten freien Willens entdeckt werden), so wird sich wirklich, ohne Scherz gesagt, so etwas wie eine

Tabelle herstellen lassen, sodass wir tatsächlich nach dieser Tabelle wollen werden. Denn wenn man mir zum Beispiel vorrechnet und beweist, dass, wenn ich jemandem mit den Fingern eine gewisse höhnische Gebärde gemacht habe, ich dies ebendeswegen getan habe, weil ich nicht umhin konnte es zu tun, und dass ich es unbedingt mit dieser Fingerhaltung habe tun müssen: Was bleibt da bei mir an freiem Willen übrig, besonders wenn ich ein Gelehrter bin und irgendwo einen wissenschaftlichen Kursus absolviert habe? Ich kann ja dann mein ganzes Leben auf dreißig Jahre hinaus vorherberechnen; kurz, wenn die Dinge sich so gestalten, so werden wir nichts dagegen machen können; wir müssen uns dann eben darein finden. Und überhaupt müssen wir es uns unermüdlich wiederholen, dass in dem und dem Augenblick und unter den und den Umständen die Natur uns nicht um Erlaubnis fragt, und dass wir sie so hinnehmen müssen, wie sie ist, und nicht so, wie wir sie uns in unserer Fantasie vorstellen; und wenn wir uns tatsächlich auf dem Weg zur Tabelle und zum Kalender, na, und am Ende sogar zur Retorte befinden, so ist da weiter nichts zu machen, dann müssen wir auch die Retorte hinnehmen. Sonst wird sie sich von selbst, ohne unsere Zustimmung durchsetzen …«

Ja, aber sehen Sie, gerade hier liegt für mich die Schwierigkeit! Meine Herren, verzeihen Sie mir, dass ich ins Grübeln und Klügeln hineingekommen bin; das machen die vierzig Jahre, die ich in der Einsamkeit verlebt habe! Erlauben Sie, dass ich mich ein bisschen meiner Fantasie überlasse. Sehen Sie mal: Die Vernunft, meine Herren, ist ein gut Ding, das ist nicht zu bestreiten, aber die Vernunft ist nur Vernunft und befriedigt nur die vernunftmäßige Fähigkeit des Menschen; das Wollen aber ist eine Bekundung des gesamten Lebens, das heißt des gesamten menschlichen Lebens mitsamt der Vernunft und allem sonstigen Zubehör. Und obgleich unser Leben bei dieser Bekundung sich oft als ein rechter Quark erweist, so ist es doch Leben und nicht nur das bloße Ausziehen einer Quadratwurzel. Ich will ja zum Beispiel ganz selbstverständlich leben, um meiner ganzen Lebensfähigkeit Genüge zu tun und nicht bloß meiner Fähigkeit, vernunftgemäß zu denken, das heißt etwa dem zwanzigsten Teil meiner ganzen Lebensfähigkeit. Was weiß denn die Vernunft? Die Vernunft weiß nur das, was sie erfahren hat (manches wird sie vielleicht überhaupt nie erfahren; das ist zwar kein Trost, aber warum soll man es nicht aussprechen?), aber die menschliche Natur handelt als ein vollständiges Ganzes, mit allem, was zu ihr gehört, bewusst und unbewusst, und wenn sie auch Unsinn macht, so lebt sie doch. Ich vermute, meine Herren, dass Sie mich mitleidig ansehen. Sie wiederholen mir, dass ein gebildeter, aufgeklärter Mensch, kurz, ein solcher, wie es der Mensch der Zukunft sein werde, nicht im Stande sei, wissentlich etwas für ihn selbst Unvorteilhaftes zu wünschen; das sei mathematisch sicher. Ganz einverstanden; das ist wirklich mathematisch sicher. Aber ich wiederhole Ihnen zum hundertsten Mal: Es gibt nur einen Fall, nur einen einzigen, wo der Mensch absichtlich und wissentlich sich sogar etwas Schädliches, Dummes, ja etwas riesig Dummes wünschen kann, nämlich um *das Recht zu haben*, sich sogar etwas riesig Dummes zu wünschen und nicht durch die Pflicht dazu gezwungen zu sein, sich nur Kluges zu wünschen. Dieses riesig Dumme, diese eigene Laune, meine Herren, kann ja doch tatsächlich für unsereinen das Vorteilhafteste von allem, was es auf der Welt gibt, sein, besonders in manchen Fällen. Und speziell kann es vorteilhafter als alle Vorteile sogar in einem Fall sein, wo es uns offenbaren Schaden bringt und unseren gesündesten Vernunftschlüssen über Vorteile widerstreitet, denn es erhält uns in jedem Fall das Wichtigste und Wertvollste, nämlich unsere Persönlichkeit und unsere Individualität; wenigstens behaupten manche, dass dies tatsächlich für den Menschen das Wertvollste sei. Das Wollen kann sich allerdings, wenn es will, auch mit der Vernunft vereinigen, namentlich wenn man diese nicht missbraucht, sondern maßvoll verwendet; das ist sowohl nützlich als auch sogar manchmal löblich. Aber sehr oft und sogar größtenteils befindet sich das Wollen mit der Vernunft in völliger, hartnäckiger Misshelligkeit, und … und … und wissen Sie wohl, dass auch dies nützlich und sogar manchmal sehr löblich ist? Meine Herren, nehmen wir an, dass der Mensch nicht dumm ist. (Das kann man ja auch wirklich schlechterdings nicht von ihm sagen, schon allein aus folgendem Grund: Wenn er dumm wäre, wer würde dann klug sein?) Aber wenn er nicht dumm ist, so ist er doch in erstaunlichem Grad undankbar! Undankbar in ganz phänomenaler Weise! Ich glaube sogar, dass die beste Definition des Menschen diese ist: ein zweibeiniges, undankbares Wesen. Aber das ist noch nicht alles; das ist noch nicht sein Hauptfehler; sein Hauptfehler ist diese beständige Immoralität, die von der Sintflut bis zur Schleswig-Holsteinischen Periode der Menschengeschichte ohne Unterbrechung gedauert hat. Die Immoralität und infolgedessen auch die Unvernunft, denn es ist längst bekannt, dass die Unvernunft aus nichts anderem hervorgeht als aus der Immoralität. Versuchen Sie es doch einmal und werfen Sie einen Blick auf die Geschichte des Menschengeschlechts: Nun, was sehen Sie da? Großartigkeit? Meinetwegen auch Großartigkeit; schon allein zum Beispiel der Koloss von Rhodos, was ist der nicht wert? Es hat etwas Bedeutsames, wenn Herr Anajewski von ihm bezeugt, dass die einen gesagt hätten, er sei ein Gebilde von Menschenhand, andere aber der Ansicht gewesen wären, er sei von der Natur selbst geschaffen. Oder Buntscheckigkeit? Meinetwegen auch Buntscheckigkeit: Wenn man auch nur in allen Jahrhunderten und bei allen Völkern die Paradeuniformen der Militärs und Beamten durchmustern wollte, was wäre das allein schon für eine Arbeit; und wenn man nun noch die Interimsuniformen hinzunähme, so ergäbe sich eine Aufgabe, der kein Historiker gewachsen wäre. Oder Einförmigkeit?

Na, meinetwegen auch Einförmigkeit: Die Menschen prügeln sich und prügeln sich; sie prügeln sich jetzt und haben sich früher geprügelt und werden sich in Zukunft prügeln – Sie müssen zugeben, dass das sogar im höchsten Grade einförmig ist. Kurz, man kann über die Weltgeschichte alles Mögliche sagen, alles, was nur der wüstesten Fantasie in den Kopf kommen kann. Nur eines kann man nicht sagen: dass sie vernünftig wäre. Wenn Sie das zu sagen versuchten, würde Ihnen gleich die erste Silbe in der Luftröhre stecken bleiben, sodass Sie husten müssten. Und nun sehen Sie einmal, was für einen wunderlichen Vorgang man alle Augenblicke erlebt: Fortwährend treten ja im Leben solche sittlich guten und vernünftigen Leute, solche Weisen und Freunde des Menschengeschlechts auf, die es sich ausdrücklich zur Aufgabe machen, sich ihr ganzes Leben hindurch möglichst sittlich gut und vernünftig zu benehmen, sozusagen ihren Nächsten ein leuchtendes Vorbild zu sein, express um ihnen zu beweisen, dass man tatsächlich auf der Welt sittlich gut und vernünftig leben kann. Und was ist das Resultat? Bekanntlich sind viele dieser Menschenfreunde, früher oder später, gegen das Ende ihres Lebens sich selbst untreu geworden und haben arge Streiche, manchmal sogar von der allerunanständigsten Art, begangen. Nun frage ich Sie: Was kann man von dem Menschen, als von einem mit so sonderbaren Eigenschaften begabten Wesen, erwarten? Überschütten Sie ihn mit allen irdischen Gütern, versenken Sie ihn in Glück bis über den Kopf, sodass, wie im Wasser, nur Blasen an die Oberfläche des Glücks hinaufsteigen; stellen Sie ihn in materieller Hinsicht so günstig, dass er weiter nichts mehr zu tun hat, als zu schlafen, Pfefferkuchen zu essen und dafür zu sorgen, dass die Weltgeschichte nicht vor der Zeit aufhört – so wird er, der Mensch, Ihnen auch dann, auch dann lediglich aus Undankbarkeit, lediglich aus Bosheit irgendeine Gemeinheit begehen. Er wird sogar die Pfefferkuchen aufs Spiel setzen und sich absichtlich den verderblichsten Unsinn, den materiell nachteiligsten Blödsinn wünschen, einzig und allein um dieser ganzen positiven Vernünftigkeit sein eigenes verderbliches fantastisches Element beizumischen. Gerade seine fantastischen Träumereien, seine grundgemeine Dummheit wird er sich zu erhalten wünschen, lediglich um sich selbst den Beweis zu liefern (als wäre das unumgänglich notwendig), dass die Menschen immer noch Menschen sind und keine Klaviertasten, auf denen zwar die Naturgesetze selbst eigenhändig spielen, sich aber so einzuspielen drohen, dass es nicht mehr möglich sein wird, etwas vom Kalender Abweichendes zu wünschen. Und damit noch nicht genug: Sogar im Fall, dass er sich wirklich als eine bloße Klaviertaste herausstellt und man ihm das sogar durch die Naturwissenschaften und auf mathematischem Weg beweist, selbst dann wird er sich nicht zur Vernunft bringen lassen, sondern im Gegenteil absichtlich etwas anrichten, nur aus bloßer Undankbarkeit; eigentlich nur um auf seinem Willen zu bestehen. Und wenn er nicht über die dazu erforderlichen Mittel verfügt, so wird er auf den Gedanken kommen, die Zerstörung und das Chaos herbeizuführen und allerlei Leiden hinzunehmen, um nur auf seinem Willen zu bestehen! Er wird einen Fluch über die ganze Welt aussprechen, und da fluchen eben nur der Mensch kann (das ist sein Privileg, welches den hauptsächlichsten Unterschied zwischen ihm und den anderen lebenden Wesen bildet), so wird er ja vielleicht schon allein durch den Fluch seine Absicht erreichen, nämlich wirklich zu der Überzeugung gelangen, dass er ein Mensch ist und keine Klaviertaste! Wenn Sie sagen, dass man auch dies alles nach der Tabelle berechnen könne, das Chaos und die Finsternis und den Fluch, sodass schon allein die Möglichkeit der Vorherberechnung den ganzen Widerstand hemme und die Vernunft den Sieg davontrage, so wird in diesem Fall der Mensch absichtlich verrückt werden, um keine Vernunft zu haben und auf seinem Willen zu bestehen! Ich glaube das, ich garantiere das, da ja alles menschliche

Tun, wie es scheint, tatsächlich nur darin besteht, dass der Mensch alle Augenblicke sich selbst den Beweis liefert, dass er ein Mensch und kein Walzenstift sei! Und wenn er auch selbst Schaden davon hat, aber er hat sich doch selbst den Beweis geliefert; und mag er sich diesen Beweis auch dadurch geliefert haben, dass er sich zum Troglodyten machte, aber er hat ihn sich doch geliefert. Wie soll man also unter diesen Umständen (mag's auch Sünde sein) sich nicht darüber freuen, dass es mit jenen Einrichtungen noch nichts ist und der Wille vorläufig noch weiß der Teufel wovon abhängt?

Sie rufen mir zu (wenn Sie mich überhaupt noch eines Einwandes würdigen), dass mir ja niemand meinen Willen nehmen wolle; das Streben gehe lediglich dahin, es auf irgendeine Weise so einzurichten, dass mein Wille von selbst, nach seinem eigenen Willen, mit meinen normalen Interessen, mit den Naturgesetzen und mit der Mathematik zusammenfalle.

Ach, meine Herren, was ist das dann noch für ein eigener Wille, wenn die Sache schon bis zur Tabelle und bis zur Mathematik gediehen ist und nur noch der Satz: »Zweimal zwei ist vier« gilt? Zweimal zwei wird auch ohne meinen Willen vier sein. Kann man da überhaupt noch von freiem Willen reden?

IX

Meine Herren, ich scherze allerdings und weiß selbst, dass ich geschickt scherze, aber man darf doch auch nicht alles als Scherz auffassen. Ich knirsche vielleicht mit den Zähnen, während ich scherze. Meine Herren, mich quälen einige Fragen; bitte, beantworten Sie sie mir! Da wollen Sie zum Beispiel den Menschen von seinen alten Gewohnheiten abbringen und seinen Willen verbessern, ihn mit den Forderungen der Wissenschaft und des gesunden Menschenverstands in Einklang bringen. Aber woher wissen Sie denn, dass es möglich oder gar notwendig ist, den Menschen so umzugestalten? Woraus schließen Sie, dass das menschliche Wollen einer Verbesserung so unumgänglich notwendig bedarf? Kurz, woher wissen Sie, dass eine solche Verbesserung dem Menschen wirklich Vorteil bringen wird? Und wenn ich schon alles sagen darf: Warum sind Sie so fest davon überzeugt, dass, wenn der Mensch den wahren, normalen, durch die Gründe der Vernunft und durch die Mathematik garantierten Vorteilen nicht zuwiderhandelt, dies wirklich für ihn immer vorteilhaft ist, und dass das ein für die ganze Menschheit gültiges Gesetz ist? Das ist ja doch vorläufig nur erst eine Annahme von Ihnen. Aber gesetzt, dass dies ein Gesetz der Logik ist, so braucht es darum vielleicht noch nicht ein Gesetz der Menschheit zu sein. Sie glauben vielleicht, dass ich verrückt bin, meine Herren? Gestatten Sie, dass ich mich rechtfertige. Ich gebe zu: Der Mensch ist ein in hervorragendem Maße schöpferisches Lebewesen, das dazu verurteilt ist, mit Bewusstsein nach einem Ziel zu streben und sich mit der Ingenieurkunst zu beschäftigen, das heißt lebenslänglich und ohne Unterlass sich einen Weg anzulegen, ganz gleich wohin. Aber gerade deswegen hat er vielleicht manchmal Lust, zur Seite auszuweichen, weil er dazu *verurteilt* ist, sich diesen Weg zu bahnen und vielleicht auch noch deswegen, weil, wie dumm auch der Mann des unmittelbaren praktischen Handelns im Allgemeinen sein mag, ihm doch manchmal der Gedanke in den Kopf kommt, dass dieser Weg offenbar fast immer »ganz gleich wohin« führt, und dass die Hauptsache dabei nicht ist, wohin er führt, sondern dass er überhaupt irgendwohin führe und das wohlgesittete Kind nicht die Ingenieurkunst an den Nagel hänge und sich dem verderblichen Müßiggang ergebe, der bekanntlich aller Laster Anfang ist. Der Mensch liebt es, schöpferisch tätig zu sein und Wege anzulegen; das ist nicht zu bestreiten. Aber wie kommt es, dass er auch Zerstörung und Chaos leidenschaftlich liebt? Das sagen Sie mir mal! Aber darüber möchte ich selbst gern ein paar Worte besonders sagen. Liebt er nicht vielleicht Zerstörung und Chaos darum so (denn dass er sie manchmal sehr liebt, ist nicht zu bestreiten; das ist nun einmal so), weil er selbst sich instinktiv davor fürchtet, das Ziel zu erreichen und das geschaffene Gebäude zu vollenden? Woher wollen Sie es wissen: Vielleicht liebt er das Gebäude nur aus der Entfernung, aber ganz und gar nicht aus der Nähe; vielleicht liebt er nur, es zu schaffen, aber nicht, es zu bewohnen, und überlässt das Wohnen in einem solchen Gebäude aux animaux domestiques, als da sind: Ameisen, Hammel und so weiter. Ja, die Ameisen, die haben einen ganz anderen Geschmack. Sie haben ein bewundernswürdiges Gebäude von ebendieser Art, dessen Bauart ewig unverändert bleibt: den Ameisenhaufen.

Mit dem Ameisenhaufen haben die achtungswerten Ameisen angefangen, und mit dem Ameisenhaufen werden sie sicherlich auch enden, was ihrer Beständigkeit und ihrem Positivismus die größte Ehre macht. Aber der Mensch ist ein leichtsinniges, wankelmütiges Wesen und liebt vielleicht, ähnlich wie ein Schachspieler, nur den Prozess des Strebens nach dem Ziel, nicht das Ziel selbst. Und wer weiß (garantieren kann man es nicht): Sehr möglich, dass auch das ganze Ziel, nach dem die Menschheit auf Erden trachtet, nur in diesem ununterbrochenen Prozess des Strebens besteht, anders ausgedrückt: im Leben selbst, aber nicht eigentlich im Ziel, das selbstverständlich nichts anderes sein kann als »Zweimal zwei ist vier«, also eine Formel, aber »Zweimal zwei ist vier«, das ist ja kein Leben mehr, meine Herren, sondern der Anfang des Todes. Wenigstens hat der Mensch immer dieses »Zweimal zwei ist vier« gefürchtet, und ich fürchte es auch jetzt. Allerdings tut der Mensch weiter nichts, als dass er dieses »Zweimal zwei ist vier« sucht, bei diesem Suchen Ozeane durchschwimmt und sein Leben opfert, aber es zu finden, es wirklich zu finden, davor fürchtet er sich gewissermaßen, wahrhaftig. Er fühlt ja, dass, wenn er es gefunden hat, er nichts mehr haben wird, was er suchen könnte. Arbeiter, die eine Arbeit beendet haben, bekommen wenigstens Geld, gehen in die Schenke und werden dann auf die Polizeiwache gebracht – na, so haben sie die ganze Woche ihre Beschäftigung. Aber der Mensch, wohin soll der gehen? Wenigstens kann man an ihm jedes Mal, wenn er ein ähnliches Ziel erreicht hat, eine gewisse Unbehaglichkeit wahrnehmen. Das Streben liebt er, aber die Erreichung nicht besonders, und das nimmt sich freilich furchtbar komisch aus. Kurz, der Mensch ist komisch eingerichtet; es steckt in alledem offenbar ein Witz. Aber »Zweimal zwei ist vier« ist dennoch eine ganz unerträgliche Sache. »Zweimal zwei ist vier«, das ist meiner Ansicht nach geradezu eine Frechheit. »Zweimal zwei ist vier« steht mitten in unserem Weg, stemmt die Hände in die Seiten und spuckt. Ich gebe zu, dass »Zweimal zwei ist vier« eine vortreffliche Sache ist, aber wenn man schon alles lobt, dann ist auch »Zweimal zwei ist fünf« manchmal ein allerliebstes Sächelchen.

Und warum sind Sie so fest, so triumphierend davon überzeugt, dass nur das Normale und Positive, kurz gesagt, nur das Wohlbefinden für den Menschen vorteilhaft ist? Irrt sich die Vernunft auch nicht in Bezug auf die Vorteile? Vielleicht liebt der Mensch ja nicht allein das Wohlbefinden? Vielleicht liebt er genau ebenso sehr das Leiden? Vielleicht ist das Leiden für ihn auch genau ebenso vorteilhaft wie das Wohlbefinden? Und der Mensch liebt das Leiden manchmal ganz außerordentlich, leidenschaftlich; das ist eine Tatsache. Darüber braucht man gar nicht erst die Weltgeschichte zurate zu ziehen; fragen Sie sich selbst, meine Herren, wenn anders Sie Menschen sind und auch nur ein wenig gelebt haben. Was meine persönliche Meinung anlangt, so scheint es mir sogar gewissermaßen unanständig, nur das Wohlbefinden zu lieben. Mag es nun sittlich gut oder sittlich schlecht sein, aber etwas zu zerbrechen ist manchmal doch auch eine sehr angenehme Empfindung. Ich bin ja eigentlich nicht für das Leiden und auch nicht für das Wohlbefinden. Ich bin vielmehr für das eigene Belieben und dafür, dass ich die Garantie habe, erforderlichenfalls danach handeln zu dürfen. Das Leiden hat zum Beispiel in Vaudevilles keine Stätte; das weiß ich. In dem kristallenen Schloss ist es ja geradezu undenkbar: Leiden ist Zweifeln, ist Verneinung; was ist das aber für ein kristallenes Schloss, in dem ein Zweifeln möglich ist? Indessen bin ich davon überzeugt, dass der Mensch auf das wirkliche Leiden, das heißt auf die Zerstörung und das Chaos, niemals verzichten wird. Das Leiden, das ist ja die einzige Ursache der Erkenntnis. Und wiewohl ich am Anfang gesagt habe, die Erkenntnis sei meiner Ansicht nach für den Menschen das größte Unglück, so weiß ich doch, dass der Mensch sie liebt und sie gegen keine Befriedigung eintauschen würde. Die Erkenntnis steht zum Beispiel unendlich viel höher als das »Zweimal zwei ist vier«. Nach dem »Zweimal zwei ist vier« bleibt selbstverständlich nichts mehr übrig, was man tun, ja nicht einmal etwas, was man erkennen könnte. Alles, was dann noch möglich ist, das ist: seine fünf Sinne zu verstopfen und sich in die Beschauung zu versenken. Na, aber bei der Erkenntnis ist zwar das Ergebnis dasselbe, das heißt, es wird ebenfalls nichts mehr zu tun sein; indessen kann man doch wenigstens manchmal sich selbst durchpeitschen, und das hat doch eine auffrischende Wirkung. Das ist allerdings etwas Reaktionäres, aber doch immerhin besser als gar nichts.

X

Sie glauben an ein ewig unzerstörbares kristallenes Bauwerk, das heißt an ein solches, dem man weder heimlich die Zunge herausstrecken noch in der Tasche mit den Fingern eine höhnische Gebärde machen kann. Na, aber ich fürchte dieses Bauwerk vielleicht ebendeswegen, weil es von Kristall und ewig unzerstörbar ist, und weil es unmöglich ist, ihm auch nur heimlich die Zunge herauszustrecken.

Überlegen Sie mal folgendes: Wenn anstelle des Schlosses ein Hühnerstall da wäre und es anfinge zu regnen, so würde ich vielleicht auch in den Hühnerstall hineinkriechen, um nicht nass zu werden, aber dennoch werde ich den Hühnerstall nicht aus Dankbarkeit deshalb für ein Schloss halten, weil er mich vor dem Regen geschützt hat. Sie lachen, Sie sagen sogar, in diesem Fall kämen ein Hühnerstall und ein ordentliches Wohnhaus auf dasselbe hinaus. Ja, antworte ich, wenn der Zweck des Lebens eben nur der wäre, nicht nass zu werden.

Aber was ist zu machen, wenn ich es mir nun einmal in den Kopf gesetzt habe, dass man nicht zu diesem Zweck allein lebt und dass, wenn man nun einmal lebt, man auch in einem ordentlichen Haus wohnen soll. Das ist mein Wille, das sind meine Wünsche. Und dagegen werden Sie nur dann etwas vermögen, wenn Sie meine Wünsche ändern. Na, so ändern Sie sie doch; locken Sie mich durch etwas anderes; geben Sie mir ein anderes Ideal! Bis dahin aber werde ich einen Hühnerstall nicht für ein Schloss ansehen. Mag es sogar so stehen, dass das kristallene Bauwerk nur eine Flunkerei ist, dass es nach den Naturgesetzen nicht im Bereiche der Möglichkeit liegt und dass ich es mir nur infolge meiner eigenen Dummheit, infolge gewisser altmodischer, vernunftwidriger Angewohnheiten unserer Generation ausgedacht habe. Aber was kümmert es mich, dass dieses Bauwerk nicht im Bereich der Möglichkeit liegt? Ist es nicht ganz dasselbe, wenn es in meinen Wünschen existiert oder, besser gesagt, existiert, solange meine Wünsche existieren? Vielleicht lachen Sie wieder? Lachen Sie meinetwegen; ich nehme allen Spott hin und werde dennoch nicht sagen, dass ich satt sei, wenn ich Hunger habe, und weiß dennoch, dass ich mich nicht mit einem Kompromiss beruhigen werde, mit einer steten, periodischen Null, nur deshalb, weil sie nach den Naturgesetzen existiert und *wirklich* existiert. Ich werde niemals für die Krone meiner Wünsche eine Mietskaserne halten, mit Wohnungen für arme Leute bei tausendjährigem Kontrakt und unfehlbar mit dem Namen so eines Zahnarztes Wagenheim auf einem Aushängeschild. Vernichten Sie meine Wünsche, wischen Sie meine Ideale weg, zeigen Sie mir etwas Besseres, und ich will zu Ihrer Partei übergehen. Sie werden vielleicht sagen, es sei nicht der Mühe wert, eine Verbindung mit mir einzugehen, aber in diesem Fall kann ich Ihnen da dieselbe Antwort geben. Wir disputieren ernsthaft, aber wenn Sie mich Ihrer Aufmerksamkeit nicht würdigen wollen, dann werde ich Sie nicht demütig bitten. Ich habe meine stille Klause.

Aber einstweilen lebe und wünsche ich noch – und möge meine Hand verdorren, wenn ich auch nur einen einzigen Ziegelstein zum Bau einer solchen Mietskaserne herbeitrage! Nehmen Sie nicht daran Anstoß, dass ich selbst vorhin das kristallene Bauwerk einzig und aus dem Grund ablehnte, weil es unmöglich sei, es durch Herausstrecken der Zunge zu verhöhnen. Ich habe das keineswegs deswegen gesagt, weil ich eine besondere Neigung dazu hätte, die Zunge herauszustrecken. Ich habe mich vielleicht nur darüber geärgert, dass es unter allen Ihren Bauwerken bisher noch keines gibt, das einen nicht dazu zwänge, die Zunge herauszustrecken. Im Gegenteil, ich würde mir gern die Zunge aus bloßer Dankbarkeit ganz ausschneiden lassen, wenn es nur so eingerichtet würde, dass ich selbst niemals mehr Lust verspürte, sie herauszustrecken. Was kann ich dafür, dass es unmöglich ist, es so einzurichten, und dass man sich mit Mietswohnungen begnügen muss? Warum bin ich so eingerichtet, dass ich solche Wünsche hegen muss? Verfolgt denn meine ganze geistige Einrichtung wirklich nur den Zweck, mich zu dem Schluss gelangen zu lassen, dass sie nur Betrug ist? Ist das die ganze Absicht? Das kann ich nicht glauben.

Übrigens, wissen Sie was? Ich bin der bestimmten Meinung, dass ein solcher Höhlenbewohner wie ich kurz im Zaum gehalten werden muss. Er ist zwar fähig, schweigend in seiner Höhle vierzig Jahre lang zu sitzen, aber wenn er dann einmal ans Licht herauskommt, dann geht er auch durch, dann redet er und redet und redet …

XI

Das Endresultat, meine Herren, ist dieses: Das Beste ist, nichts zu tun! Das Beste ist eine beschauliche Untätigkeit! Und also: Es lebe die Abgeschiedenheit! Ich habe zwar gesagt, dass ich grün und gelb werde vor Neid auf den normalen Menschen, aber unter den Verhältnissen, in denen ich ihn sehe, möchte ich nicht er sein (obgleich ich trotzdem nicht aufhören werde, ihn zu beneiden). Nein, nein, die Abgeschiedenheit ist auf jeden Fall vorteilhafter! Dort ist es wenigstens möglich … Ach! Ich lüge ja auch hier! Ich lüge, weil ich selbst so sicher wie »Zweimal zwei ist vier« weiß, dass das Beste ganz und gar nicht die Abgeschiedenheit ist, sondern etwas anderes, etwas ganz anderes, wonach ich dürste, was ich aber absolut nicht zu finden vermag! Hol der Teufel die Abgeschiedenheit!

Ich will Ihnen sagen, was das Beste wäre: Wenn ich selbst etwas von alledem glaubte, was ich jetzt niedergeschrieben habe. Ich versichere Ihnen aber, meine Herren, dass ich nichts, auch nicht ein Wort von dem glaube, was ich hier hingeschmiert habe! Das heißt, ich glaube es ja vielleicht auch, aber gleichzeitig fühle und argwöhne ich aus einem mir nicht recht verständlichen Grund, dass ich lüge wie ein Schuster.

»Warum haben Sie denn das alles geschrieben?«, sagen Sie zu mir.

Sehen Sie, ich möchte Sie mal auf vierzig Jahre ohne jede Beschäftigung einsperren und dann nach Ablauf der vierzig Jahre zu Ihnen in Ihre Abgeschiedenheit kommen, um mich zu erkundigen, wie weit Sie es gebracht haben. Darf man denn einen Menschen ohne Tätigkeit vierzig Jahre lang allein lassen?

»Ist denn das nicht unwürdig? Schämen Sie sich denn nicht?«, sagen Sie vielleicht zu mir, indem Sie den Kopf verächtlich hin und her wiegen. »Sie dürsten nach dem Leben, aber Sie selbst beantworten die Lebensfragen mit konfuser Dialektik. Und wie aufdringlich und dreist sind Ihre Ausfälle, und wie fürchten Sie sich gleichzeitig! Sie reden Unsinn und sind mit ihm zufrieden; Sie reden Dreistigkeiten, sind aber selbst deswegen in beständiger Furcht und bitten um Entschuldigung. Sie versichern, dass Sie keine Furcht hätten, und buhlen gleichzeitig um unsere gute Meinung. Sie versichern, dass Sie mit den Zähnen knirschen, und witzeln gleichzeitig, um uns zum Lachen zu bringen. Sie wissen, dass Ihre Witze nicht geistreich sind, aber Sie sind offenbar mit dem literarischen Wert derselben sehr zufrieden. Es ist Ihnen vielleicht wirklich begegnet, leiden zu müssen, aber Sie bekunden keinerlei Achtung vor Ihren Leiden. Sie haben etwas von der Wahrheit erkannt, aber Sie besitzen kein Schamgefühl; aus kleinlichster Eitelkeit stellen Sie Ihre Wahrheit zur Schau und bringen sie in schimpflicher Weise auf den Markt. Sie wollen wirklich etwas sagen, aber aus Furcht halten Sie das letzte, entscheidende Wort zurück, denn Sie besitzen nicht die Energie, es auszusprechen, sondern nur eine feige Unverschämtheit. Sie rühmen sich Ihrer Erkenntnis, aber Sie schwanken immer nur hin und her, weil zwar Ihr Verstand arbeitet, Ihr Herz aber von Verderbtheit verdunkelt ist; und ohne ein reines Herz wird es nie eine volle, richtige Erkenntnis geben. Und wie aufdringlich benehmen Sie sich, und was schneiden Sie für Grimassen! Lüge, Lüge, lauter Lüge!«

Selbstverständlich habe ich alle diese Ihre Worte jetzt selbst verfasst. Das stammt auch aus meinem einsamen Winkel. Ich habe dort vierzig Jahre lang diese Ihre Worte durch eine Spalte erlauscht. Ich habe sie mir selbst ausgedacht, und das ist ja auch alles, was ich mir ausgedacht habe. Es ist kein Wunder, dass ich sie auswendig kann und sie eine schriftmäßige Form angenommen haben …

Aber sind Sie denn wirklich und wahrhaftig so leichtgläubig zu meinen, ich würde alles dies drucken lassen und es Ihnen obendrein zum Lesen geben? Und da ist noch ein Punkt, der mir rätselhaft ist: Warum nenne ich Sie eigentlich »meine Herren«, warum wende ich mich an Sie wie an wirkliche Leser? Solche Bekenntnisse, wie ich sie zu machen beabsichtige, lässt man nicht drucken und gibt sie andern nicht zum Lesen. Wenigstens besitze ich nicht so viel Charakterfestigkeit und halte es auch nicht für nötig, sie zu besitzen. Aber sehen Sie: Es ist mir da so eine Laune in den Kopf gekommen, und nun will ich sie auch um jeden Preis verwirklichen. Es handelt sich um Folgendes:

Es gibt in den Erinnerungen eines jeden Menschen Dinge, die er nicht allen Menschen aufdeckt, sondern höchstens seinen Freunden. Es gibt auch Dinge, die er auch den Freunden nicht aufdeckt, sondern höchstens sich selbst, und auch das nur unter dem Siegel der Verschwiegenheit. Endlich aber gibt es auch Dinge, die der Mensch sogar sich selbst aufzudecken Scheu trägt, und solcher Dinge sammelt sich bei jedem ordentlichen Menschen eine ziemlich große Menge an. Ja, man kann sogar sagen: Je ordentlicher ein Mensch ist, umso größer wird die Anzahl solcher Dinge bei ihm sein. Wenigstens habe ich selbst mich erst ganz kürzlich dazu entschlossen, mich an einige meiner früheren Erlebnisse zu erinnern; bisher aber bin ich immer um sie herumgegangen, sogar mit einer gewissen Unruhe. Jetzt jedoch, wo ich sie mir nicht nur ins Gedächtnis zurückrufe, sondern mich sogar dazu entschlossen habe, sie niederzuschreiben, jetzt will ich gerade ein Experiment machen: Bekommt man es fertig, wenigstens sich selbst gegenüber vollkommen aufrichtig zu sein und ohne Scheu die ganze Wahrheit zu sagen? Beiläufig bemerkt: Heine behauptet, der Wahrheit entsprechende Selbstbiografien seien so gut wie unmöglich; man sage von sich selbst bestimmt die Unwahrheit. Nach Heines Ansicht hat zum Beispiel Rousseau sich in seinen Bekenntnissen zweifellos verleumdet, und zwar absichtlich, aus Eitelkeit. Ich bin überzeugt, dass Heine Recht hat; ich habe durchaus ein Verständnis dafür, wie man sich manchmal lediglich aus Eitelkeit ganzer Verbrechen fälschlich beschuldigen kann, und verstehe sogar sehr gut, von welcher Art diese Eitelkeit sein kann. Aber Heine urteilte über jemanden, der vor dem Publikum beichtete. Ich jedoch schreibe für mich allein und erkläre ein für alle Mal, dass, wenn ich so schreibe, als ob ich mich an Leser wendete, ich das lediglich zum Schein tue, weil mir das Schreiben auf diese Art leichter wird. Es ist das eine bloße Form, eine leere Form; Leser werde ich nie haben. Ich habe das schon einmal ausgesprochen …

Ich will mir bei der Niederschrift meiner Aufzeichnungen keinerlei Beschränkungen auferlegen. Eine bestimmte Ordnung und eine bestimmte Methode werde ich nicht befolgen. Was mir gerade ins Gedächtnis kommen wird, das werde ich hinschreiben.

Da könnten Sie nun zum Beispiel dieses Wort dazu benutzen, mir etwas am Zeug zu flicken, und mich fragen: »Wenn Sie wirklich nicht auf Leser rechnen, warum treffen Sie denn jetzt mit sich selbst, und noch dazu schriftlich, solche Verabredungen, nämlich dass Sie keine bestimmte Ordnung und keine bestimmte Methode befolgen werden, dass Sie hinschreiben werden, was Ihnen gerade ins Gedächtnis kommen wird, und so weiter und so weiter? Wozu geben Sie Erklärungen ab? Wozu entschuldigen Sie sich?«

»Sie mit Ihren Einwendungen!«, antworte ich.

Das hat alles seine psychologischen Gründe. Vielleicht bin ich einfach feige. Vielleicht aber stelle ich mir auch absichtlich vor, ich hätte ein Publikum vor mir, damit ich mich während des Schreibens anständiger benehme. So kann es tausend Gründe geben.

Aber noch eins: Warum und wozu will ich eigentlich schreiben? Wenn ich es nicht für ein Publikum tue, dann könnte ich mich doch an das alles auch bloß so, in Gedanken, erinnern, ohne es zu Papier zu bringen?

Das ist richtig, aber auf dem Papier macht sich das gewissermaßen feierlicher. Es gewinnt größeren Nachdruck; es wird mehr ein Gericht, das man über sich selbst abhält; der Stil bessert sich. Außerdem: Vielleicht wird mir durch das Niederschreiben wirklich eine Art von Erleichterung zuteil. Da bedrückt mich zum Beispiel gerade jetzt eine weit zurückliegende Erinnerung ganz besonders. Erst vor einigen Tagen ist sie mir wieder deutlich ins Gedächtnis gekommen, und seitdem haftet sie in meinem Kopf wie eine ärgerliche Melodie, die man nicht loswerden kann. Und doch muss ich diese Erinnerung wieder loswerden. Solcher Erinnerungen habe ich Hunderte, aber manchmal tritt aus der ganzen Menge eine einzelne hervor und bedrückt mich. Aus irgendwelchem Grund glaube ich, dass es mir gelingen wird, sie loszuwerden, wenn ich sie niederschreibe. Warum soll ich es nicht versuchen?

Und schließlich: Ich langweile mich und gehe beständig müßig. Das Niederschreiben aber ist tatsächlich eine Art von Arbeit. Man sagt, von der Arbeit werde der Mensch gut und ehrenhaft. Na, da hätte ich ja also wenigstens eine Möglichkeit.

Heute schneit es; es ist ein nasser, gelblicher, trüber Schnee. Gestern hat es ebenfalls geschneit und vor einigen Tagen auch. Ich glaube, aus Anlass des nassen Schnees ist mir die Geschichte eingefallen, die mir jetzt nicht aus dem Kopf gehen will. So mag denn diese Erzählung: »Bei nassem Schnee« heißen.

Zweiter Teil

Bei nassem Schnee

Als aus der grausen Nacht der Fehle
Ich deine tief gefallne Seele
Mit heißem Zuspruch hob zum Licht;
Da, als du händeringend suchtest
Nach Worten und dem Laster fluchtest,
Das wie ein Todesnetz umflicht;
Als du dein schlummerndes Gewissen
Aufpeitschtest durch Erinnerung
Und mir erzähltest, was gerissen
Zum Pfuhl dich, die so zart und jung:
Als ich dich sah voll Scham und Schrecken,
Empört, erschüttert, schuldbewusst
Das Antlitz mit der Hand bedecken
Und Schluchzen brach aus deiner Brust …
Und so weiter und so weiter und so weiter

*N. A. Nekrassow**

I

Ich war zu jener Zeit erst vierundzwanzig Jahre alt. Mein Leben war auch damals schon düster, unordentlich und bis zur Menschenscheu einsam. Ich verkehrte mit keinem Menschen, vermied es sogar, mit jemandem zu reden, und verkroch mich immer mehr in meinen Winkel. Während der Dienststunden in der Kanzlei gab ich mir sogar Mühe, niemanden anzusehen, und ich bemerkte recht wohl, dass

* Nach der Übersetzung von Friedrich Fiedler.

meine Kollegen mich nicht nur für einen wunderlichen Kauz hielten, sondern (auch das schien mir immer so) mich sogar mit einer Art von Ekel anblickten. Es kam mir der Gedanke: Warum hat denn niemand außer mir die Empfindung, dass man ihn mit Ekel anblickt? Einer unserer Kanzleibeamten hatte ein ganz widerwärtiges, pockennarbiges Gesicht, die reine Verbrecherphysiognomie. Hätte ich ein so unanständiges Gesicht gehabt, so würde ich, glaube ich, nicht gewagt haben, jemanden anzusehen. Ein anderer trug eine so abgenutzte Uniform, dass es in seiner Nähe schon schlecht roch. Und doch zeigte keiner dieser Herren irgendwelche Verlegenheit, weder wegen seiner Kleidung noch wegen seines Gesichts noch in geistiger Hinsicht. Weder der eine noch der andere von ihnen hatte die Vorstellung, dass jemand sie mit Ekel ansähe; und wenn sie diese Vorstellung gehabt hätten, so wäre es ihnen ganz gleichgültig gewesen; wenn nur die Vorgesetzten sie nicht so ansahen. Jetzt ist es mir vollkommen klar, dass ich selbst infolge meiner grenzenlosen Eitelkeit und, im Zusammenhang damit, infolge der maßlosen Ansprüche, die ich an mich selbst stellte, mich sehr häufig mit einer grimmigen, bis zum Ekel gehenden Unzufriedenheit betrachtete und infolgedessen in Gedanken meine Auffassung einem jeden zuschrieb. Ich hasste zum Beispiel mein Gesicht, fand es hässlich und vermutete sogar, dass ein gemeiner Ausdruck in ihm liege; und darum bemühte ich mich jedes Mal, wenn ich zum Dienst kam, in qualvoller Weise, mich möglichst selbstbewusst zu benehmen und auf meinem Gesicht möglichst viel edle Gesinnung zum Ausdruck zu bringen, um nicht in den Verdacht der Gemeinheit zu geraten. »Mag mein Gesicht meinetwegen unschön sein«, dachte ich, »wenn es dafür nur edelmütig, ausdrucksvoll und vor allen Dingen außerordentlich klug aussieht.« Zu meinem größten Leidwesen wusste ich jedoch mit Bestimmtheit, dass ich es niemals fertigbrachte, mit meinem Gesicht all diese schönen Eigenschaften zum Ausdruck zu bringen. Aber was das Allerschrecklichste war: Ich fand mein Gesicht entschieden dumm. Und doch hätte ich mich vollkommen zufriedengegeben, wenn es nur klug ausgesehen hätte. Ich hätte mir sogar einen gemeinen Ausdruck gefallen lassen, falls man nur gleichzeitig mein Gesicht furchtbar klug gefunden hätte.

Selbstverständlich hasste ich unsere Kanzleibeamten sämtlich vom ersten bis zum letzten und verachtete sie alle, fürchtete mich aber gleichzeitig vor ihnen gewissermaßen auch. Es kam vor, dass ich sie auf einmal sogar über mich stellte. Das äußerte sich damals bei mir oft ganz plötzlich: Bald verachtete ich sie, bald stellte ich sie über mich. Ein gebildeter, ordentlicher Mensch kann nicht eitel sein, ohne an sich selbst grenzenlose Ansprüche zu stellen und ohne sich in manchen Augenblicken bis zum Hass zu verachten. Aber fast vor jedem, mit dem ich zusammenkam, mochte ich ihn nun über mich stellen oder ihn verachten, schlug ich die Augen nieder. Ich stellte sogar Experimente an: ob ich wohl den Blick wenigstens dieses oder jenes Menschen würde aushalten können, und immer war ich der Erste, der den Blick senkte. Das quälte mich bis zur Raserei. Ebenso hatte ich eine krankhafte Furcht davor, lächerlich zu erscheinen, und hielt mich daher in allem, was das Äußere betraf, sklavisch an das allgemein Übliche; hingebungsvoll bewegte ich mich in dem gemeinsamen Geleise und bekam einen großen Schreck vor jeder exzentrischen Regung, die ich an mir bemerkte. Aber wie hätte ich das auf die Dauer aushalten können? Meine geistige Entwicklung hatte etwas Krankhaftes, wie sich das bei einem gebildeten Menschen unserer Zeit so gehört. Meine Kollegen aber waren alle stumpfsinnig und einer dem andern ähnlich wie Hammel in einer Herde. Vielleicht schien es in der ganzen Kanzlei nur mir allein beständig, dass ich ein Feigling und ein Sklave sei, und zwar ebendeswegen, weil ich geistig fortgeschritten war. Aber es schien mir nicht nur so, sondern es war auch tatsächlich so der Fall: Ich war ein Feigling und ein Sklave. Ich sage das ohne alle Verlegenheit. Jeder ordentliche Mensch unseres Zeitalters ist ein Feigling und ein Sklave und muss es sein. Das ist sein normaler Zustand. Davon bin ich tief überzeugt. Er ist so geschaffen und dazu eingerichtet. Und nicht nur in der Gegenwart, infolge irgendwelcher ihr eigenen zufälligen Umstände, sondern überhaupt in allen Zeitaltern muss ein ordentlicher Mensch ein Feigling und ein Sklave sein. Das ist ein Naturgesetz für alle ordentlichen Menschen auf der Erde. Und wenn es wirklich einmal vorkommt, dass einer von ihnen bei irgendwelcher Gelegenheit ein bisschen Mut entwickelt, so möge er sich darüber nicht weiter freuen und stolz sein; er wird schon bald bei einer anderen Gelegenheit den Schwanz einklemmen. Das ist das einzig Mögliche, und das wiederholt sich ewig. Wirklich mutig sind nur die Esel und ihre Bastarde, aber auch die nur bis zu der bewussten Mauer. Sie verdienen keine Beachtung, denn sie sind ganz bedeutungslos.

Noch ein anderer Umstand war es, der mich damals quälte, nämlich: dass niemand mir und ich niemandem ähnlich war. »Ich bin ein Einzelner, und sie sind die gesamte Masse«, dachte ich und versank in Grübeleien.

Daraus ist zu ersehen, dass ich noch völlig knabenhaft war.

Es kamen auch seltsame Widersprüche vor. Manchmal war es mir ja furchtbar zuwider, in die Kanzlei zu gehen; das ging so weit, dass ich oft vom Dienst ganz krank nach Hause zurückkehrte. Aber plötzlich, ganz ohne sichtbaren Grund, folgte dann wieder eine Periode des Skeptizismus und der Gleichgültigkeit (bei mir vollzog sich alles periodenweise), und siehe da, ich lachte selbst über meine Unduldsamkeit und Mäkelei und machte mir selbst wegen meiner »romantischen Denkweise« Vorwürfe. Bald wollte ich mit niemandem reden, bald wieder wurde ich in vollem Gegensatz dazu nicht nur gesprächig, sondern geriet sogar auf den Einfall, meinen Kollegen freundschaftlich näherzutreten. Meine ganze Mäkelei war plötzlich (warum eigentlich?) verschwunden. Wer weiß, vielleicht war sie mir niemals wirklich eigen gewesen, sondern nur so etwas Äußerliches, aus Büchern Angenommenes? Ich bin bis heute noch nicht dazu gelangt, diese Frage zu beantworten. Einmal freundete ich mich sogar vollständig mit ihnen an, besuchte sie in ihren Wohnungen, spielte mit ihnen Préférence, trank mit ihnen Schnaps und unterhielt mich mit ihnen über das Avancement … Aber hier erlauben Sie mir bitte eine Abschweifung!

Bei uns in Russland hat es, allgemein gesagt, niemals die dummen verstiegenen deutschen und namentlich französischen Romantiker gegeben, auf die nichts wirkt: Mag auch die Erde unter ihnen krachen, mag auch ganz Frankreich auf den Barrikaden zugrunde gehen – sie bleiben dieselben, ändern sich nicht einmal anstandshalber und werden bis an ihr Lebensende ihre verstiegenen Lieder singen, weil sie eben Dummköpfe sind. Bei uns aber, in Russland, gibt es keine Dummköpfe; das ist bekannt: Gerade dadurch zeichnen wir uns vor den westeuropäischen Völkern und speziell vor den Deutschen aus. Folglich gibt es bei uns auch keine verstiegenen Charaktere in ihrem reinen Zustand. Das alles haben unsere damaligen »positiven« Publizisten und Kritiker, die damals für Männer wie Kostanschoglo* schwärmten und sie aus Dummheit für das russische Ideal hielten, unsern Romantikern nur angedichtet, da sie sie für ebenso verstiegene Menschen erachteten wie die in Deutschland oder Frankreich. Im Gegenteil bilden die Eigenschaften unseres Romantikers den vollständigen, diametralen Gegensatz zu denen des verstiegenen Westeuropäers und lassen sich mit den kleinen westeuropäischen Maßstäben

* Anm. d. Ü.: Ein wirtschaftlich sehr tüchtiger Gutsbesitzer im zweiten Teil von Gogols »Toten Seelen«.

gar nicht messen. (Erlauben Sie mir schon, mich des Wortes »Romantiker« zu bedienen; es ist so ein altertümlicher, ehrbarer, würdiger, allbekannter Ausdruck.) Die Eigenschaften unseres Romantikers sind: Alles zu verstehen, alles zu sehen, und zwar es oft unvergleichlich viel klarer zu sehen als unsere positivsten Geister, mit niemandem und mit nichts Kompromisse einzugehen, aber zugleich nichts gering zu schätzen; allem aus dem Weg zu gehen, allem schlau nachzugeben, niemals das nützliche, praktische Ziel aus dem Auge zu verlieren (zum Beispiel hübsche Dienstwohnungen, nette Ruhegehälter, blitzende Orden); dieses Ziel durch alle enthusiastischen Schwärmereien und Bändchen lyrischer Gedichte hindurch unbeirrt zu verfolgen und gleichzeitig auch »das Schöne und Erhabene« sich bis zu seinem Lebensende unversehrt zu bewahren und nebenbei trotz aller Mühen und Sorgen auch seine eigene werte Persönlichkeit wie ein kostbares Kleinod vollkommen unbeschädigt zu erhalten, sei es auch nur zum Nutzen dieses selben »Schönen und Erhabenen«. Ja, unser Romantiker ist ein großzügiger Mensch und der größte Spitzbube, den es bei uns gibt; das kann ich Ihnen versichern; sogar aus eigener Erfahrung. Natürlich trifft das alles nur zu, wenn der Romantiker klug ist. Aber was rede ich da! Ein Romantiker ist immer klug; ich wollte auch nur bemerken, dass es zwar bei uns auch dumme Romantiker gegeben hat, dies aber nicht in Betracht kommt, da sie sich noch in der Blüte ihrer Kraft vollständig in Deutsche umgewandelt und, um ihr Kleinod bequemer erhalten zu können, sich dort irgendwo, meist in Weimar oder im Schwarzwald, niedergelassen haben. Ich zum Beispiel habe die dienstliche Tätigkeit aufrichtig verachtet und sie nur notgedrungen nicht an den Nagel gehängt, weil ich für mein Sitzen im Büro Geld bekam. Das Resultat also war (beachten Sie das wohl!), dass ich sie trotz meiner Verachtung nicht an den Nagel hängte. Unser Romantiker wird eher den Verstand verlieren (was übrigens nur sehr selten passiert), als dass er seine Tätigkeit an den Nagel hängt, wenn er nicht eine andere Karriere in Aussicht hat; und mit Gewalt wird man ihn auch nicht wegjagen, sondern ihn höchstens als »König von Spanien« ins Irrenhaus bringen, aber auch das nur, wenn er in besonders hohem Grad verrückt geworden sein sollte. Aber verrückt werden ja bei uns nur dünne, hellblonde Leute. Eine überaus große Zahl von Romantikern macht bei uns eine vorzügliche Karriere. Sie besitzen eine ganz außerordentliche Vielseitigkeit! Und welche Fähigkeit zu den verschiedenartigsten Verfehlungen! Ich habe schon damals meine Freude daran gehabt und bin auch jetzt noch derselben Meinung. Ebendaher gibt es bei uns so viele »großzügige Charaktere«, die sogar beim tiefsten Fall niemals ihr Ideal verlieren; und obgleich sie für ihr Ideal keinen Finger rühren, und obgleich sie ausgesprochene Räuber und Diebe sind, so lieben und achten sie doch ihr ursprüngliches Ideal bis zu Tränen und sind im Grunde ihres Herzens außerordentlich ehrenhaft. Ja, nur bei uns kann der ausgesprochene Schuft im Grunde seines Herzens von vollkommener und sogar edler Ehrenhaftigkeit sein und dabei doch gleichzeitig ruhig ein Schuft bleiben. Ich wiederhole: Fortwährend entwickeln sich unsere Romantiker zu solchen Spitzbuben in geschäftlichen Dingen (das Wort »Spitzbuben« gebrauche ich in freundlichem Sinn) und beweisen eine so feine Nase für die Wirklichkeit und eine solche Kenntnis des realen Lebens, dass die Obrigkeit und das Publikum bei diesem Anblick vor Staunen starr sind und nur bewundernd mit der Zunge schnalzen können. Ihre Vielseitigkeit ist wahrhaft erstaunlich, und Gott weiß, wozu diese sich unter den kommenden Verhältnissen noch herausbilden wird und was sie uns für die Zukunft verspricht. Aber das Material ist nicht übel! Ich sage das nicht etwa aus übertriebenem, lächerlichem Patriotismus. Übrigens bin ich überzeugt, dass Sie wieder glauben, ich machte mich lustig. Aber wer weiß, vielleicht ist auch das Umgekehrte der Fall, und Sie sind überzeugt, dass ich wirklich so denke. In jedem Fall, meine Herren, werde ich mir Ihre beiden Meinungen zur Ehre anrechnen und sie mir zu besonderem Vergnügen gereichen lassen. Meine Abschweifung aber wollen Sie mir bitte verzeihen!

Die Freundschaft mit meinen Kollegen hielt ich selbstverständlich nicht lange aus, verzankte mich sehr bald gründlich mit ihnen und hörte infolge meiner damaligen jugendlichen Unerfahrenheit sogar auf, sie zu grüßen, als ob ich alle Beziehungen zu ihnen abbrechen wollte. Das hat sich mit mir übrigens nur ein einziges Mal zugetragen. Im Ganzen bin ich immer allein gewesen.

Zu Hause bildete die Lektüre meine Hauptbeschäftigung. Ich wollte durch äußere Eindrücke alles das, was unaufhörlich in mir siedete, ersticken. Aber von äußeren Eindrücken war das Einzige, was für mich im Bereich der Möglichkeit lag, die Lektüre. Diese half natürlich viel: Sie erregte mich, labte mich und peinigte mich. Aber manchmal langweilte sie mich doch auch furchtbar. Ich wollte doch auch Bewegung haben, und so ergab ich mich denn plötzlich einer geheimen, verborgenen, garstigen Ausschweifung, wiewohl nur in mäßigem Umfang. Infolge meiner steten, krankhaften Reizbarkeit hatten meine Leidenschaften eine brennende Schärfe. Die Ausbrüche waren hysterisch, von Tränen und Krämpfen begleitet. Außer der Lektüre hatte ich nichts, wozu ich hätte meine Zuflucht nehmen können; das heißt, es war in meiner Umgebung damals nichts vorhanden, was ich hätte achten können und wonach es mich hingezogen hätte. Außerdem befand ich mich in einer trüben Seelenstimmung; es stellte sich ein hysterisches Verlangen nach Gegensätzen, nach Kontrasten ein, und da fing ich denn an, ausschweifend zu leben. Aber ich habe das alles ja soeben nicht gesagt, um mich zu rechtfertigen … Übrigens, nein! Ich habe gelogen! Ich wollte mich wirklich rechtfertigen. Diese Bemerkung mache ich für mich, meine Herren. Ich will nicht lügen. Ich habe mein Wort gegeben.

Ich betrieb diese Ausschweifungen einsam, bei Nacht, im Geheimen, ängstlich, in schmutziger Manier, mit einem Schamgefühl, das mich selbst in den ekelhaftesten Augenblicken nicht verließ und mich in solchen Augenblicken sogar dazu brachte, mich selbst zu verwünschen. Meine Seele empfand schon damals den Drang, mich von den Menschen abzusondern. Ich hatte eine furchtbare Angst, dass mir jemand begegnen, mich sehen und erkennen könnte. Ich besuchte verschiedene, sehr obskure Lokale.

Als ich einmal in der Nacht bei einem Restaurant niedrigen Ranges vorbeikam, sah ich durch das erleuchtete Fenster, wie die Herren sich beim Billard mit den Queues prügelten und wie einer von ihnen durch das Fenster hinausgeworfen wurde. Zu anderer Zeit wäre mir das sehr ekelhaft erschienen, aber damals überkam mich plötzlich eine solche Stimmung, dass ich diesen hinausgeworfenen Herrn beneidete, ihn dermaßen beneidete, dass ich sogar in das Restaurant, in das Billardzimmer hineinging: »Vielleicht«, dachte ich, »werde auch ich mich prügeln und ebenfalls aus dem Fenster hinausgeworfen werden.«

Ich war nicht betrunken, aber was sollte ich machen – bis zu solchen hysterischen Anfällen kann einen der Trübsinn peinigen! Aber es kam zu nichts Besonderem. Es stellte sich heraus, dass ich nicht einmal fähig war, aus dem Fenster zu springen, und ich ging weg, ohne mich geprügelt zu haben.

Gleich nach meinem Eintritt erledigte mich dort ein Offizier.

Ich stand beim Billard und versperrte ihm, als er vorbeigehen wollte, ohne es zu bemerken, den Weg; da fasste er mich bei den Schultern und stellte mich ohne ein Wort der Ankündigung und der Erklärung schweigend von dem Platz, wo ich stand, auf einen anderen; er selbst aber ging vorbei, als ob er mich gar nicht bemerkt hätte. Ich hätte es ihm sogar verziehen, wenn er mich geprügelt hätte, aber das konnte ich ihm schlechterdings nicht verzeihen, dass er mich an einen anderen Platz gestellt und so vollständig ignoriert hatte.

Weiß der Teufel, was ich damals für einen richtigeren, regelrechteren, anständigeren, sozusagen mehr buchmäßigen Streit gegeben hätte! Man hatte mich behandelt wie eine Fliege. Dieser Offizier war von hohem Wuchs, ich dagegen ein kleiner, schwächlicher Mensch. Übrigens hatte ich es in der Hand, einen Streit herbeizuführen: Ich brauchte nur meiner Entrüstung Ausdruck zu geben, und man hätte mich gewiss aus dem Fenster hinausgeworfen. Aber ich entschied mich anders und zog es vor, ergrimmt zu verschwinden.

In Verwirrung und Aufregung verließ ich das Restaurant und begab mich geradewegs nach Hause; am andern Tag aber setzte ich meine Ausschweifung fort; ich war noch schüchterner, bedrückter und trauriger als früher, als ob mir die Tränen in die Augen kommen wollten, aber ich setzte mein Treiben dennoch fort. Glauben Sie übrigens nicht, dass der Grund für mein feiges Benehmen dem Offizier gegenüber Feigheit gewesen wäre: Ich war im Grunde meines Herzens nie ein Feigling, wiewohl ich mich, wo es aufs Handeln ankam, stets feige benommen habe, aber – warten Sie noch ein wenig mit Ihrem Lachen; es gibt dafür eine Erklärung; ich habe für alles eine Erklärung; davon können Sie überzeugt sein.

Oh wenn doch dieser Offizier einer von denen gewesen wäre, die sich auf ein Duell einließen! Aber nein, er war gerade einer von jenen (leider längst verschwundenen) Herren, die es vorzogen, mit den Queues zu operieren oder, wie der Leutnant Pirogow bei Gogol, mittels der Vorgesetzten. Auf ein Duell aber ließen sie sich nicht ein, und mit unsereinem, einem armseligen Zivilisten, hätten sie ein Duell unter allen Umständen für unpassend gehalten – und überhaupt hielten sie das Duell für etwas Unsinniges, Freidenkerisches, Französisches; sie selbst aber erlaubten sich oft Beleidigungen, namentlich wenn sie hochgewachsen waren.

Dass ich mich damals feige benahm, geschah nicht aus Feigheit, sondern aus grenzenloser Eitelkeit. Ich fürchtete nicht die große

Gestalt des Offiziers, auch nicht, dass man mich gehörig durchprügeln und durchs Fenster hinauswerfen werde; physische Tapferkeit besaß ich wirklich in ausreichendem Maße, aber an moralischer Tapferkeit mangelte es mir. Ich fürchtete, dass alle Anwesenden, von dem frechen Marqueur angefangen bis zu dem niedrigen, übel riechenden, dort herumschwänzelnden Beamten mit seinem pickelbesäten Gesicht und mit seinem fettigen Rockkragen, mich nicht verstehen und mich auslachen würden, wenn ich meiner Entrüstung Ausdruck gegeben und angefangen hätte, in buchmäßiger Sprache zu ihnen zu reden. Denn über den Ehrenpunkt, das heißt nicht über die Ehre, sondern über den Ehrenpunkt (point d'honneur) kann man ja bei uns bis auf den heutigen Tag überhaupt nicht anders als in buchmäßiger Sprache reden. In gewöhnlicher Sprache geschieht des Ehrenpunktes gar keine Erwähnung. Ich war vollkommen überzeugt (so viel richtiges Gefühl für die Wirklichkeit besaß ich trotz aller Romantik!), dass sie alle geradezu geplatzt wären vor Lachen, der Offizier aber mich nicht einfach (das heißt in nicht beleidigender Weise) durchgeprügelt, sondern mir sicherlich Stöße mit dem Knie versetzt, mich in dieser Art um das Billard herumgetrieben und erst dann sich vielleicht erbarmt und mich durchs Fenster hinausspediert hätte. Selbstverständlich konnte ich diese klägliche Geschichte mit meinem Davongehen nicht abgetan sein lassen. Ich begegnete dem Offizier nachher häufig auf der Straße und erkannte ihn sehr gut wieder. Ich weiß nur nicht, ob auch er mich erkannte. Wahrscheinlich nicht; ich schließe das aus gewissen Anzeichen. Aber ich, ich blickte ihn voll Grimm und Hass an, und so dauerte das … mehrere Jahre! Mein Ingrimm wuchs und steigerte sich sogar mit den Jahren. Zuerst begann ich, heimlich über diesen Offizier Erkundigungen einzuziehen. Das hatte für mich seine Schwierigkeiten, da ich mit keinem Menschen bekannt war. Aber einmal rief ihn jemand auf der Straße mit seinem Familiennamen an, als ich ihm von

Weitem nachging, wie wenn ich an ihn angebunden wäre, und so erfuhr ich seinen Familiennamen. Ein andermal folgte ich ihm bis zu seiner Wohnung und erfuhr für ein Zehnkopekenstück von dem Hausknecht, wo er wohnte, in welchem Stockwerk, ob allein oder mit jemandem zusammen, und so weiter – kurz, alles, was man von einem Hausknecht erfahren kann. Eines Morgens kam mir, obwohl ich mich sonst nie mit Schriftstellerei befasste, der Gedanke, diesen Offizier in satirischer Art, karikierend, in Form einer Novelle abzukonterfeien. Ich schrieb diese Novelle mit vielem Genuss. Ich bediente mich einer scharfen Polemik, ja sogar der Verleumdung; den Familiennamen modelte ich anfangs nur so um, dass man ihn sogleich erkennen konnte, aber dann, nach reiflicher Überlegung, änderte ich ihn vollständig und sandte meine Schrift den »Vaterländischen Aufzeichnungen« ein. Aber die polemische Literatur war damals noch nicht Mode geworden, und so wurde meine Novelle nicht gedruckt. Das ärgerte mich sehr. Manchmal war ich nahe daran, vor Wut zu ersticken. Endlich fasste ich den Entschluss, meinen Gegner zum Duell zu fordern. Ich verfasste einen schönen, reizvollen Brief an ihn, in dem ich ihn anflehte, mich um Entschuldigung zu bitten; im Falle der Weigerung deutete ich ziemlich bestimmt auf ein Duell hin. Der Brief war so abgefasst, dass der Offizier, wenn er auch nur eine Spur von Verständnis für das »Schöne und Erhabene« besaß, unfehlbar musste zu mir gelaufen kommen, um mir um den Hals zu fallen und mir seine Freundschaft anzubieten. Und wie schön wäre das gewesen! Was für ein herrliches Leben hätten wir zusammen geführt! »Er würde mich mit seiner stattlichen Gestalt beschützen, und ich würde ihn durch meine Bildung und durch meine Ideen veredeln, und was könnte sich nicht sonst noch alles daraus entwickeln!« Stellen Sie sich vor, dass damals schon zwei Jahre seit der mir angetanen Beleidigung vergangen waren und meine Herausforderung ein schauderhafter Anachronismus war, trotz der

Geschicklichkeit, mit der ich ihn in meinem Brief zu erklären und zu bemänteln suchte. Aber Gott sei Dank (bis auf den heutigen Tag danke ich dem Allerhöchsten dafür mit Tränen), ich schickte meinen Brief nicht ab. Ein kalter Schauer läuft mir über die Haut, wenn ich daran denke, welche Folgen eine Absendung desselben hätte haben können. Und auf einmal … auf einmal rächte ich mich auf die einfachste, genialste Weise! Es kam mir plötzlich ein leuchtender Gedanke. Ich ging an Festtagen manchmal zwischen drei und vier Uhr nach dem Newski-Prospekt und promenierte dort auf der Sonnenseite. Das heißt, ein Promenieren war es eigentlich nicht, sondern ich machte dort zahllose Qualen, Demütigungen und Gallenergüsse durch, aber gerade das war mir gewiss Bedürfnis. Ich wand mich wie ein Aal in der unschönsten Weise zwischen den Fußgängern hin und her und wich unaufhörlich aus; bald vor Generälen, bald vor Chevaliergarde- und Husarenoffizieren, bald vor Damen; ich fühlte in diesen Augenblicken krampfhafte Schmerzen im Herzen und eine Hitze im Rücken bei dem bloßen Gedanken an die Jämmerlichkeit meiner Kleidung und an die Jämmerlichkeit und Gemeinheit meiner sich hin und her windenden kleinen Gestalt. Das war eine Märtyrerpein, eine ununterbrochene, unerträgliche Demütigung durch einen Gedanken, der in eine dauernde, unmittelbare Empfindung überging, dass ich nämlich all diesen vornehmen Leuten gegenüber nur eine kleine Fliege sei, eine garstige, unnütze Fliege, zwar klüger als sie alle, gebildeter als sie alle, edler als sie alle (das verstand sich von selbst), aber doch eine Fliege, die allen fortwährend Platz machte und von allen fortwährend erniedrigt und beleidigt wurde. Warum ich mich dieser Pein unterzog, warum ich auf den Newski-Prospekt ging, das weiß ich nicht. Aber es zog mich einfach dorthin, sowie ich eine Möglichkeit dazu hatte.

Ich begann damals bereits jene Genussempfindungen durchzumachen, von denen ich schon im ersten Teil gesprochen habe. Nach der Geschichte mit dem Offizier aber fühlte ich mich noch stärker dorthin gezogen: Auf dem Newski-Prospekt begegnete ich ihm am häufigsten; dort konnte ich ihn nach Herzenslust betrachten. Er ging ebenfalls vorzugsweise an Festtagen dorthin. Zwar trat auch er vor Generälen und anderen vornehmen Persönlichkeiten zur Seite und schlängelte sich ebenfalls wie ein Aal zwischen ihnen hin, aber solche Leute wie unsereinen, ja auch noch besser gekleidete, drückte er einfach beiseite; er ging gerade auf sie zu, als ob er freien Luftraum vor sich hätte, und wich unter keinen Umständen aus. Ich berauschte mich, wenn ich ihn so ansah, an meinem Ingrimm und … trat jedes Mal ingrimmig vor ihm zur Seite. Es war mir eine qualvolle Empfindung, dass ich es nicht einmal auf der Straße fertigbrachte, mich mit ihm auf gleichen Fuß zu stellen. »Warum trittst du unfehlbar als Erster zur Seite?«, schalt ich mich selbst in einem Wutanfall, wenn ich manchmal in der Nacht um zwei oder drei Uhr aufwachte. »Warum gerade du und nicht er? Für dergleichen gibt es ja doch kein Gesetz; das steht ja doch nirgends geschrieben. Na, kann es denn nicht zu gleichen Teilen geschehen, wie es gewöhnlich geschieht, wenn höfliche Leute einander begegnen: Er weicht zur Hälfte aus und du zur Hälfte, und so geht ihr, einander wechselseitig respektierend, vorüber.« Aber das geschah nicht, und immer war ich derjenige, der zur Seite trat; er aber bemerkte es gar nicht, dass ich ihm auswich. Und da blitzte auf einmal ein höchst bewundernswerter Gedanke in meinem Kopf auf. »Wie wär's«, dachte ich, »wenn ich es absichtlich unterließe, selbst auf das Risiko hin, ihn zu stoßen; was wird dann daraus werden?« Dieser dreiste Gedanke gewann allmählich so viel Gewalt über mich, dass er mir keine Ruhe mehr ließ. Ich malte mir das fortwährend mit Anstrengung aus und ging absichtlich häufiger nach dem Newski-Prospekt, um es mir noch deutlicher vorzustellen, wie ich das angreifen würde, falls ich es täte. Ich war von diesem Plan ganz entzückt. Er schien mir immer mehr probabel und ausführbar. »Natürlich werde ich ihm nicht geradezu einen Stoß versetzen«, dachte ich, schon im Voraus durch die Freude gutmütiger gestimmt, »sondern ich werde einfach nicht zur Seite treten und infolgedessen mit ihm zusammenstoßen, nicht so, dass es sehr wehtut, sondern nur so, dass die Schultern aneinander kommen, gerade so viel, als es nach den Regeln des Anstands zulässig ist; sodass ich ihn ebenso stark stoße wie er mich.« Endlich war ich vollkommen dazu entschlossen. Aber die Vorbereitungen nahmen noch sehr viel Zeit in Anspruch. Erstens musste ich zur Zeit der Ausführung möglichst anständig aussehen und daher auf mein Äußeres Sorgfalt verwenden. »Das ist für alle Fälle gut; wenn zum Beispiel ein öffentlicher Skandal entsteht (und es ist dort ein erstklassiges Publikum: Da geht eine Gräfin, da geht Fürst D., da gehen alle möglichen Schriftsteller), dann muss man gut gekleidet sein; das tut seine Wirkung und stellt uns ohne Weiteres in den Augen der höchsten Gesellschaft gewissermaßen auf gleiche Stufe.« In dieser Absicht ließ ich mir mein Gehalt im Voraus geben und kaufte mir bei Tschurkin ein Paar schwarze Handschuhe und einen anständigen Hut. Schwarze Handschuhe schienen mir den Eindruck größerer Gesetztheit zu machen und mehr bon ton zu sein als zitronengelbe, die ich zuerst in Aussicht genommen hatte. »Das ist eine zu grelle Farbe; das sieht zu sehr danach aus, als wollte der Betreffende auffallen«, und ich nahm die zitronengelben nicht. Ein gutes Hemd mit weißen, knöchernen Knöpfen hatte ich schon längst bereitgelegt, aber was mich sehr aufhielt, war der Mantel. Mein Mantel war an sich recht gut und hielt warm, aber er war nicht mit Pelz gefüttert, sondern nur wattiert und hatte einen Schuppkragen, was höchst lakaienhaft aussah. Ich musste unter allen Umständen den Kragen umändern und mir einen Biberkragen anschaffen, in der Art, wie ihn die Offiziere tragen. Zu diesem Zweck ging ich häufig nach dem Kaufhof, und nach längerem Schwanken entschied ich mich für einen billigen deutschen Biber. Diese deutschen Biber tragen sich zwar sehr schnell ab und nehmen dann ein miserables Aussehen an, aber am Anfang, solange sie noch neu sind, sehen sie sogar sehr anständig aus; und ich brauchte ihn ja auch nur für ein Mal. Ich fragte nach dem Preis: Er war doch recht teuer. Nach gründlichem Überlegen beschloss ich, meinen Schuppkragen zu verkaufen. Was die noch fehlende, für mich sehr beträchtliche Summe anlangte, so wollte ich meinen Tischvorsteher Anton Antonowitsch Setotschkin bitten, sie mir zu leihen; dies war ein bescheidener, ernster, gesetzter Mann, der niemandem Geld lieh, dem ich aber früher, bei meinem Eintritt in den Dienst, von der hohen Persönlichkeit, die meine Anstellung verfügte, besonders empfohlen worden war. Dieses Vorhaben bereitete mir schreckliche Qualen. Anton Antonowitsch um Geld zu bitten, das erschien mir als ein ungeheuerliches Unternehmen, dessen ich mich schämen müsste. Ich konnte sogar zwei, drei Nächte nicht schlafen, wie ich denn überhaupt damals wenig schlief und mich in einem fieberhaften Zustand befand; mein Herz schlug bald so matt, als ob es ganz aussetzen wollte, bald wieder begann es auf einmal zu springen, zu springen, zu springen! Anton Antonowitsch war zuerst sehr erstaunt, dann runzelte er die Stirn, dann überlegte er, lieh mir aber doch schließlich das Geld, nachdem er sich von mir hatte einen Schuldschein ausstellen lassen, der ihm das Recht gab, sich das geliehene Geld nach zwei Wochen aus meinem Gehalt auszahlen zu lassen. Auf diese Weise war endlich alles bereit; ein hübscher Biberkragen prangte an der Stelle des hässlichen Schupps, und ich begann allmählich zur Ausführung zu schreiten. Es gleich bei der ersten Begegnung so aufs Geratewohl zu tun, das war denn doch nicht möglich; das musste mit Verstand ausgeführt werden, also allmählich. Ich muss indes gestehen, dass ich nach mehrfachen Versuchen der Verzweiflung nahe war: Wir stießen eben nicht zusammen; es war absolut nicht zu machen! Ich mochte mich noch so sehr vorbereitet haben und noch so fest entschlossen sein – es schien, dass wir im nächsten Augenblick zusammenstoßen würden; ich blickte hin – und wieder war ich seitwärts ausgewichen, und er ging vorbei, ohne mich zu bemerken. Ich sprach sogar, wenn ich ihm näherkam, ein Gebet, dass Gott mir Energie verleihen möge. Einmal war ich schon vollständig entschlossen, aber die Sache endete damit, dass ich ihm nur vor die Füße geriet, weil es mir im allerletzten Augenblick auf handbreite Entfernung an Mut fehlte. Er ging in aller Ruhe an mir vorbei, und ich flog wie ein Ball zur Seite. In dieser Nacht war ich wieder krank; ich fieberte und fantasierte. Und plötzlich endete alles auf die denkbar beste Weise. In der vorhergehenden Nacht hatte ich endgültig beschlossen, mein verderbliches Vorhaben nicht zur Ausführung zu bringen und alles zu unterlassen, und mit dieser Absicht ging ich zum letzten Mal nach dem Newski-Prospekt, bloß um zu sehen, wie ich alles unterlassen würde. Plötzlich, drei Schritte von meinem Feind entfernt, fasste ich ganz unerwartet einen Entschluss, kniff die Augen zusammen, und – wir prallten kräftig aufeinander, Schulter gegen Schulter! Ich war keinen Zoll breit zur Seite gewichen und ging wie ein vollkommen Gleichberechtigter an ihm vorbei! Er blickte sich nicht einmal um und tat, als hätte er es nicht bemerkt, aber er tat nur so, davon bin ich überzeugt. Bis auf den heutigen Tag bin ich davon überzeugt! Selbstverständlich hatte ich bei dem Zusammenstoß das meiste abbekommen, da er stärker war als ich, aber darauf kam es nicht an. Die Hauptsache war, dass ich meine Absicht erreicht, meine Würde aufrechterhalten hatte, nicht im Geringsten ausgewichen war und mich öffentlich mit ihm auf die gleiche soziale Stufe gestellt hatte. Nachdem ich mich so für alles vollständig gerächt hatte, kehrte ich nach Hause zurück. Ich war in einer begeisterten Stimmung. Ich triumphierte und sang italienische Arien. Natürlich werde ich Ihnen nicht das schildern, was mit mir drei Tage darauf geschah; wenn Sie meinen ersten Teil, »Das Dunkel«, gelesen haben, so können Sie es selbst erraten. – Der Offizier wurde später irgendwohin versetzt; es sind jetzt schon vierzehn Jahre, dass ich ihn nicht gesehen habe. Wie mag es ihm jetzt gehen, dem lieben Menschen? Wen mag er beiseitedrängen?

II

Aber die Periode meiner Ausschweifungen war zu Ende gegangen, und ein schreckliches Gefühl von Übelkeit hatte mich überkommen. Es stellte sich Reue ein, aber ich jagte sie davon: Es war mir sowieso schon gar zu übel. Allmählich jedoch gewöhnte ich mich auch daran. Ich gewöhnte mich an alles; das heißt, nicht dass ich mich eigentlich daran gewöhnt hätte, sondern ich ließ mich sozusagen freiwillig bereitfinden, es zu ertragen. Aber ich hatte ein Hilfsmittel, das mir über alles hinweghalf; das war, mich in »alles Schöne und Erhabene« zu retten, natürlich in meinen Träumereien. Denen gab ich mich in großem Umfang hin; drei Monate lang beschäftigte ich mich, in meinen Winkel verkrochen, nur mit ihnen, und Sie können mir glauben, dass ich in diesen Augenblicken keine Ähnlichkeit mit jenem Herrn hatte, der sich in der Verwirrung seines Hasenherzens an seinen Mantelkragen ein deutsches Biberfell nähen ließ. Ich wurde auf einmal ein Held. Meinen hochgewachsenen Leutnant hätte ich damals nicht einmal angenommen, wenn er mir hätte eine Visite machen wollen. Ich konnte ihn mir damals nicht einmal vorstellen. Welches der Inhalt meiner Träumereien war, und wie ich damit zufrieden sein konnte, das ist jetzt schwer zu sagen, aber damals war ich damit zufrieden. Übrigens ist das ja zum Teil auch jetzt der Fall. Besonders angenehm und lebhaft waren die Träumereien, die mir nach meinen Ausschweifungen in den Sinn kamen; sie waren mit Reue und Tränen, mit Selbstverwünschungen und einem Gefühl des Entzückens verbunden. Es gab dabei Augenblicke einer so völligen Berauschtheit, einer solchen Glücksempfindung, dass nicht der geringste Spott sich in mir regte, wahrhaftig nicht. Glaube, Hoffnung und Liebe waren in meiner Seele vorhanden. Das war es ja eben, dass ich damals blind glaubte, durch irgendein Wunder, durch irgendein äußeres Ereignis werde dies alles sich plötzlich auseinanderschieben, einen weiten Zwischenraum freimachen, und es werde sich mir auf einmal ein Ausblick auf eine meiner Persönlichkeit entsprechende Tätigkeit darbieten, auf eine segensreiche, schöne und vor allen Dingen völlig bereitstehende Tätigkeit (was für eine genauer, das wusste ich niemals, aber vor allen Dingen war es eine völlig bereitstehende), und da würde ich auf einmal in die Welt hinaustreten, beinah auf einem weißen Ross und mit einem Lorbeerkranz. Für eine Rolle zweiten Ranges hatte ich überhaupt kein Verständnis, und gerade dies war der Grund, weshalb ich in Wirklichkeit mit größter Seelenruhe die letzte Rolle spielte. Entweder ein Held sein oder im Schmutz liegen; ein Mittelding gab es für mich nicht. Eben dies war es auch, was mich verdarb, denn im Schmutz tröstete ich mich damit, dass ich zu anderer Zeit ein Held war; der Held aber verdeckte mit seiner Persönlichkeit den Schmutz. »Für einen gewöhnlichen Menschen«, sagte ich mir, »ist es eine Schande, sich zu beschmutzen, aber ein Held steht zu hoch, um ganz im Schmutz zu versinken; folglich kann er sich ruhig beschmutzen.« Es ist beachtenswert, dass diese Gedanken an »alles Schöne und Erhabene« mir auch während der Ausschweifung in den Sinn kamen, und zwar gerade dann, wenn ich mich bereits auf dem tiefsten Grund derselben befand; sie kamen von ungefähr, in einzelnen Stößen, als ob sie sich in Erinnerung bringen wollten, vereitelten aber durch ihr Erscheinen die Ausschweifung nicht; vielmehr belebten sie sie gewissermaßen durch den Kontrast und stellten sich genau in dem Quantum ein, das zu einer guten Sauce erforderlich war. Diese Sauce bestand aus Widersprüchen und Leiden, aus qualvoller innerer Selbstprüfung, und alle diese großen und kleinen Qualen verliehen meiner Ausschweifung eine Art von pikantem Geschmack, ja sogar einen gewissen Sinn – kurz, sie erfüllten vollkommen die Pflicht einer guten Sauce. Alles dies ermangelte nicht einmal einer gewissen Tiefe. Und hätte ich mich denn auch zu einer einfachen, gemeinen, direkten, schreiberhaften Ausschweifung verstehen und an mir all diesen Schmutz ertragen können? Was hätte mich denn damals an diesem Schmutze reizen und nachts auf die Straße locken können? Nein, ich hatte für alles ein edles Schlupfloch.

Aber wie viel Liebe, oh Gott, wie viel Liebe erlebte ich manchmal in diesen meinen Träumereien, wenn ich mich »in das Schöne und Erhabene« rettete; wenn es auch eine fantastische Liebe war und wenn sie auch niemals auf etwas Menschliches in Wirklichkeit angewendet wurde, so war diese Liebe doch in einer solchen Fülle vorhanden, dass sich später in Wirklichkeit gar kein Bedürfnis fühlbar machte, sie darauf anzuwenden: Das wäre ein überflüssiger Luxus gewesen. Alles endete übrigens immer in glücklichster Weise mit einem trägen, berauschenden Übergang zur Kunst, das heißt zu den schönen Formen des Daseins, vollständig gebrauchsfertigen Formen, die vorwiegend den Dichtern und Romanschriftstellern gestohlen und allen möglichen Verwendungen und Anforderungen angepasst waren. Ich triumphiere zum Beispiel über alle; alle liegen selbstverständlich vor mir im Staub und sehen sich genötigt, freiwillig alle meine vorzüglichen Eigenschaften anzuerkennen; ich aber verzeihe ihnen allen. In bin ein berühmter Dichter und Kammerherr und verliebe mich; ich nehme zahllose Millionen ein und verwende sie unverzüglich zum Besten des Menschengeschlechts, und gleichzeitig beichte ich vor allem Volk meine Laster, die selbstverständlich nicht einfach Laster sind, sondern außerordentlich viel »Schönes und Erhabenes« in sich schließen, so etwas Manfredartiges. Alle weinen und küssen mich (sonst wären sie ja auch geradezu Holzklötze);

ich aber gehe barfuß und hungrig von dannen, um neue Ideen zu predigen, und schlage die Reaktionäre bei Austerlitz. Dann wird ein Marsch gespielt; eine Amnestie wird erlassen; der Papst willigt ein, von Rom nach Brasilien überzusiedeln; darauf Ball für ganz Italien in der Villa Borghese, die am Ufer des Comersees liegt, da der Comersee express für dieses Fest nach Rom verlegt worden ist; dann eine Szene im Gebüsch, und so weiter und so weiter – Sie kennen das ja alles! Sie werden sagen, es sei gemein und unwürdig, das alles jetzt auf den Markt zu bringen, nach so häufigem Wonnerausch und so vielen Tränen, die ich selbst eingestanden habe. Aber warum soll das unwürdig sein? Glauben Sie denn, dass ich mich jetzt alles dessen schäme und dass das alles dümmer ist als irgendetwas aus Ihrem Leben, meine Herren? Und überdies können Sie mir glauben, dass ich dieses und jenes gar nicht so übel erdichtet hatte. Es begab sich doch nicht alles am Comersee. Indessen, Sie haben Recht; es ist wirklich gemein und unwürdig. Aber am unwürdigsten ist es, dass ich jetzt angefangen habe, mich vor Ihnen zu rechtfertigen. Und noch unwürdiger ist es, dass ich jetzt diese Bemerkung mache. Aber nun genug; sonst kommen wir ja nie zu Ende: Eines würde immer unwürdiger sein als das andere.

Länger als drei Monate hintereinander war ich aber schlechterdings nicht im Stande, so zu träumen, und verspürte dann ein unabweisbares Bedürfnis, mich in die Gesellschaft der Menschen zu stürzen. Mich in die Gesellschaft der Menschen zu stürzen, das bedeutete bei mir, meinen Tischvorsteher Anton Antonowitsch Setotschkin besuchen. Dies war mein einziger ständiger Bekannter in meinem ganzen Leben, und ich wundere mich jetzt sogar selbst über diese Tatsache. Aber auch zu ihm ging ich nur dann, wenn die entsprechende Periode herangekommen war und meine Träumereien mich in eine solche glückselige Stimmung versetzt hatten, dass ich unbedingt und unverzüglich Menschen und die ganze Menschheit umarmen musste; zu diesem Zweck aber war es erforderlich, wenigstens *einen* wirklich wahrhaftig existierenden Menschen zu haben. Zu Anton Antonowitsch musste man übrigens dienstags kommen (das war sein jour fixe), und somit musste ich auch das Bedürfnis, die ganze Menschheit zu umarmen, immer auf den Dienstag verschieben. Wohnen tat dieser Anton Antonowitsch bei den Fünf Ecken, im vierten Stockwerk, in vier niedrigen, winzigen Zimmerchen, deren Einrichtung den Eindruck großer Sparsamkeit machte. Bei ihm wohnten seine beiden Töchter und deren Tante, die immer das Tee-Eingießen besorgte. Von den Töchtern war die eine dreizehn, die andre vierzehn Jahre alt; beide hatten Stupsnäschen, und ich war in ihrer Gegenwart immer schrecklich verlegen, weil sie fortwährend miteinander flüsterten und kicherten. Der Hausherr saß gewöhnlich in seinem Zimmer auf einem Ledersofa am Tisch und bei ihm irgendein bejahrter Besucher, ein Beamter aus unserem oder auch aus einem fremden Ressort. Mehr als zwei oder drei Besucher, und zwar immer ein- und dieselben, habe ich dort nie gesehen. Man sprach über die Akzise, über die Submissionen im Senat, über die Gehälter, über Beförderungen, über Seine Exzellenz, über die Mittel, sich beliebt zu machen, und so weiter und so weiter. Ich hatte die Geduld, neben diesen Leuten wie ein Dummkopf oft vier Stunden lang zu sitzen, ohne dass ich selbst gewagt oder verstanden hätte, über irgendein Thema mit ihnen ein Gespräch zu führen. Ich wurde dabei ganz stumpfsinnig, begann manchmal zu schwitzen und befürchtete einen Schlaganfall, aber doch waren diese Besuche gut und nützlich. Nach Hause zurückgekehrt, verschob ich die Ausführung meiner Absicht, die ganze Menschheit zu umarmen, auf eine etwas spätere Zeit.

Übrigens hatte ich noch einen, wenn man's so nennen will, Bekannten, einen gewissen Simonow, einen früheren Schulkameraden von mir. Schulkameraden hatte ich allerdings auch sonst noch viele in Petersburg, aber ich verkehrte nicht mit ihnen und hatte sogar aufgehört, sie auf der Straße zu grüßen. Vielleicht hatte ich auch bei meinem Übergang in ein anderes Dienstressort die Absicht verfolgt, nicht mit ihnen zusammen zu sein und ein für alle Mal unter meine ganze verhasste Kindheit einen Strich zu machen. Verflucht sei diese Schule und diese schrecklichen Gefängnisjahre! Kurz, mit meinen Kameraden war ich sofort auseinandergekommen, als ich in die Freiheit hinausgetreten war. Es waren nur zwei oder drei übrig geblieben, mit denen ich mich noch grüßte, wenn wir uns begegneten. Zu diesen gehörte auch Simonow, der sich bei uns in der Schule durch nichts ausgezeichnet und still und gleichmäßig gelebt hatte, aber ich hatte an ihm eine gewisse Selbstständigkeit des Charakters und sogar eine ehrenhafte Gesinnung wahrgenommen. Ich glaube nicht einmal, dass er besonders beschränkt war. Zu einer gewissen Zeit hatten er und ich recht heitere Augenblicke miteinander verlebt, aber diese hatten keine längere Fortsetzung gefunden: Es hatte sich auf einmal gleichsam ein Nebel darüber hingebreitet. Ihm waren diese Erinnerungen anscheinend peinlich, und ich glaube, er fürchtete immer, ich könnte in den früheren Ton verfallen. Ich argwöhnte, dass ich ihm sehr zuwider sei, aber dennoch ging ich zu ihm, da ich davon nicht sicher überzeugt war.

Einmal an einem Donnerstag konnte ich meine Einsamkeit nicht ertragen; ich wusste aber, dass donnerstags Anton Antonowitschs Tür verschlossen war, und da kam mir der Gedanke an Simonow. Als ich zu ihm zum vierten Stock hinaufstieg, sagte ich mir ausdrücklich, dass dieser Herr sich durch meinen Besuch belästigt fühlen werde, und dass ich nicht gut daran täte, zu ihm zu gehen. Aber da es bei mir immer damit endete, dass solche Überlegungen mich erst recht dazu aufstachelten, mich in eine missliche Lage zu begeben, so ging ich doch zu ihm hinein. Es war fast ein Jahr her, dass ich ihn zum letzten Mal gesehen hatte.

III

Ich traf bei ihm noch zwei meiner Schulkameraden. Sie redeten, wie es schien, über eine wichtige Angelegenheit. Meinem Eintritt schenkte keiner von ihnen merkliche Beachtung, was recht seltsam war, da wir uns schon seit Jahren nicht gesehen hatten. Offenbar hielten sie mich sozusagen für eine gewöhnliche Fliege. So hatten sie mich nicht einmal in der Schule behandelt, obgleich mich dort alle gehasst hatten. Ich begriff natürlich, dass sie mich jetzt verachten mussten: wegen meines Misserfolgs in der dienstlichen Laufbahn, und weil ich schon sehr heruntergekommen war und in schlechten Kleidern ging und so weiter, was in ihren Augen ein Beweis meiner Unfähigkeit und Geringwertigkeit war. Aber eine so weitgehende Verachtung hatte ich doch nicht erwartet. Simonow brachte sogar seine Verwunderung über mein Kommen zum Ausdruck. Alles dies machte mich stutzig; ich setzte mich einigermaßen verstimmt hin und hörte zu, wovon sie sprachen.

Das ernste und sogar erregte Gespräch drehte sich um ein Abschiedsdiner, das diese Herren gemeinsam gleich am folgenden Tag ihrem Kameraden Swerkow, einem aktiven Offizier, vor seiner Versetzung nach einem fernen Gouvernement geben wollten. Monsieur Swerkow war die ganze Zeit über auch mein Schulkamerad gewesen. In den oberen Klassen hatte ich ihn besonders stark zu hassen begonnen. In den unteren Klassen war er nur ein netter, ausgelassener Junge gewesen, den alle gern hatten. Ich hatte ihn übrigens auch schon in den unteren Klassen gehasst, und zwar gerade, weil er ein netter, ausgelassener Junge war. Er lernte immer nur schlecht, und je länger, umso schlechter, indessen machte er das Gymnasium doch glücklich durch, weil er gute Protektion hatte. In seinem letzten Jahr auf unserer Schule fiel ihm eine Erbschaft zu, zweihundert Seelen, und da bei uns fast alle arm waren, so begann er uns gegenüber großzutun. Er war ein im höchsten Grade fader Mensch, aber doch ein guter Junge, sogar dann, wenn er großtat. Bei uns aber scharwenzelten, trotz der äußerlichen, fantastischen und phrasenhaften Regeln über Ehre und Ehrenpunkt, doch alle mit Ausnahme sehr weniger um Swerkow herum, und umso mehr, je ärger er großtat. Und nicht um irgendwelches Vorteils willen erniedrigten sie sich so, sondern lediglich weil die Natur ihn mit ihren Gaben begünstigt hatte. Außerdem war es bei uns herkömmlich geworden, Swerkow für einen Matador auf dem Gebiet der Lebensgewandtheit und der guten Manieren zu halten. Das Letztere ärgerte mich ganz besonders. Ich hasste den ausgelassenen, selbstbewussten Klang seiner Stimme, die Bewunderung seiner eigenen Witze, die meist schrecklich dumm ausfielen, obwohl er nicht auf das Maul gefallen war; ich hasste sein hübsches, aber ein bisschen dummes Gesicht (das ich übrigens gern gegen mein »kluges« eingetauscht hätte) und sein ungeniertes Benehmen, bei dem ihm die Offiziere der vierziger Jahre als Vorbilder dienten. Ich hasste es, dass er von seinen künftigen Erfolgen bei den Frauen erzählte (er wollte nicht eher mit den Frauen anfangen, als bis er die Offiziersepauletten haben würde, und wartete auf sie mit Ungeduld) und davon, wie er sich alle Augenblicke duellieren werde. Ich erinnere mich, wie ich, der ich sonst immer schweigsam war, mit ihm heftig zusammengeriet, als er einmal in der Freizeit mit den Kameraden über seine künftigen Liebschaften sprach und schließlich, wohlig wie ein junger Hund in der Sonne, erklärte, er werde kein einziges Bauernmädchen auf seinem Gut in Ruhe lassen; das sei das droit de seigneur; und wenn die Bauern sich erkühnen sollten, dagegen Einspruch zu erheben, so werde er sie alle durchpeitschen lassen und ihnen allen, diesen bärtigen Kanaillen, die doppelte Abgabe auferlegen. Unsere Knechtsseelen applaudierten ihm; ich aber geriet mit ihm in einen heftigen Streit, und zwar durchaus nicht aus Mitleid mit den Mädchen und ihren

Vätern, sondern einfach, weil ein solcher Molch solchen Beifall fand. Ich trug damals den Sieg davon, aber Swerkow war trotz seiner Dummheit ein lustiger, dreister Patron; so zog er sich denn mit Lachen aus der Affäre, sogar so, dass ich, die Wahrheit zu sagen, nicht vollständig den Sieg davontrug: Die Lacher blieben auf seiner Seite. Er trumpfte mich später noch einige Male ab, aber ohne Bosheit, sondern bloß so im Scherz, en passant, mit lachendem Mund. Aus Ärger und Geringschätzung gab ich ihm keine Antwort. Nachdem wir das Gymnasium verlassen hatten, machte er den Versuch einer Annäherung an mich; ich widerstrebte nicht sonderlich, weil mir das schmeichelte, aber es war nur natürlich, dass wir bald wieder auseinanderkamen. Dann hörte ich von seinen Leutnantserfolgen und von dem flotten Leben, das er führte. Dann gelangten andere Gerüchte zu meiner Kenntnis: dass er im Dienst gut vorwärtskomme. Auf der Straße grüßte er mich nicht mehr, und ich vermutete, dass er fürchtete, sich zu kompromittieren, wenn er mit einer so unbedeutenden Persönlichkeit wie mir einen Gruß wechselte. Einmal sah ich ihn auch im Theater, im dritten Rang; er hatte schon die Achselschnüre. Er machte den Töchtern eines alten Generals die Cour und benahm sich gegen sie äußerst betulich. In den drei Jahren hatte sein Äußeres sehr verloren, wiewohl er immer noch wie früher ein ganz hübscher, gewandter Mensch war, aber er war gleichsam aufgegangen und fing an, fett zu werden; es war deutlich, dass er im Alter von dreißig Jahren ein vollständig aufgedunsenes Gesicht haben werde. Also diesem Swerkow wollten unsere Kameraden vor seiner Abreise ein Diner geben. Sie hatten während dieser ganzen drei Jahre ununterbrochen mit ihm verkehrt, obgleich sie selbst innerlich nicht der Ansicht waren, dass sie mit ihm auf gleicher Stufe ständen; davon bin ich überzeugt.

Von Simonows beiden Gästen war der eine ein Deutschrusse namens Ferfitschkin, ein Mensch von kleiner Statur mit einem Affengesicht, ein Dummkopf, der sich über alle lustig machte, mein ärgster Feind schon von den untersten Klassen an, gemein, dreist, ein Renommist, der das empfindlichste Ehrgefühl fingierte, obwohl er natürlich im Grunde seines Herzens ein Feigling war. Er gehörte zu denjenigen Verehrern Swerkows, die ihm in bestimmter Absicht schmeichelten und oft Geld von ihm borgten. Simonows anderer Gast, Trudoljubow, war keine bemerkenswerte Persönlichkeit. Militär, hochgewachsen, mit einem kalten Gesichtsausdruck, ziemlich ehrenhaft, aber bereit, sich vor jedem Erfolg zu beugen; reden konnte er über nichts als über das Avancement. Mit Swerkow war er irgendwie entfernt verwandt, und dies hatte ihm auf der Schule dummerweise unter uns zu einem gewissen Ansehen verholfen. Mich hatte er die ganze Zeit über sehr gering eingeschätzt; benommen hatte er sich gegen mich wenn auch nicht gerade höflich, so doch leidlich.

»Nun gut, also jeder gibt sieben Rubel«, sagte Trudoljubow, »wir sind unser drei, das macht einundzwanzig Rubel; dafür kann man ganz gut dinieren. Swerkow bezahlt natürlich nicht.«

»Selbstverständlich nicht, wenn wir ihn doch einladen«, erwiderte Simonow.

»Glaubt ihr wirklich«, warf Ferfitschkin hitzig in hochmütigem Ton dazwischen, wie ein frecher Lakai, der mit den Orden seines Generals prahlt, »glaubt ihr wirklich, dass Swerkow uns allein bezahlen lassen wird? Er wird es aus Zartgefühl annehmen, aber dafür seinerseits ein halbes Dutzend ponieren.«

»Na, ein halbes Dutzend für uns vier, das ist doch etwas zu viel«, bemerkte Trudoljubow, der nur das halbe Dutzend beachtet hatte.

»Also wir drei, mit Swerkow vier, einundzwanzig Rubel, im Hotel de Paris, morgen um fünf Uhr«, sagte Simonow abschließend, den sie zum Arrangeur gewählt hatten.

»Wieso einundzwanzig?«, sagte ich in etwas erregtem Ton, wobei ich mir sogar den Anschein gab, als ob ich mich gekränkt fühlte,

»wenn Sie mich mitzählen, kommen nicht einundzwanzig Rubel heraus, sondern achtundzwanzig.«

Ich hatte die Vorstellung, wenn ich mich so plötzlich und unerwartet anböte, würde sich das sehr hübsch machen und ihnen allen sofort stark imponieren, und sie würden dann Respekt vor mir bekommen.

»Wollen Sie sich denn auch daran beteiligen?«, fragte Simonow missvergnügt, wobei er es vermied, mich anzusehen. Er kannte mich auswendig.

Es ärgerte mich wütend, dass er mich auswendig kannte.

»Warum denn nicht? Ich bin ja, möchte ich meinen, ebenfalls ein Schulkamerad von ihm, und ich muss gestehen, es ist mir sogar kränkend, dass Sie mich nicht hinzugezogen haben«, sprudelte ich wieder heraus.

»Aber wo hätten wir Sie suchen sollen?«, mischte sich Ferfitschkin grob ein.

»Sie haben sich doch immer mit Swerkow schlecht gestanden«, fügte Trudoljubow mit finsterer Miene hinzu. Aber ich hatte mich nun einmal engagiert und ließ nicht mehr davon ab.

»Mir scheint, dass darüber zu urteilen niemand berechtigt ist«, erwiderte ich; die Stimme bebte mir, als ob Gott weiß was passiert wäre. »Vielleicht will ich es jetzt gerade deswegen, weil ich mich früher mit ihm schlecht gestanden habe.«

»Na, wer kann aus Ihnen klug werden … solche Verstiegenheiten!«, bemerkte Trudoljubow lächelnd.

»Wir nehmen Ihre Anmeldung an«, entschied Simonow, zu mir gewendet. »Morgen um fünf Uhr im Hotel de Paris; keine Missverständnisse!«

»Wie ist's mit dem Geld?«, begann Ferfitschkin halblaut zu Simonow, indem er mit dem Kopf nach mir hindeutete, aber er verstummte dann, da auch Simonow verlegen wurde.

»Nun genug«, sagte Trudoljubow und stand auf. »Wenn er so große Lust hat, mag er kommen.«

»Aber wir bilden doch einen geschlossenen Freundeskreis«, bemerkte Ferfitschkin boshaft und griff ebenfalls nach seinem Hut. »Das ist keine offizielle Zusammenkunft. Vielleicht wollen wir Sie gar nicht haben …«

Sie gingen weg; Ferfitschkin grüßte mich beim Hinausgehen überhaupt nicht; Trudoljubow nickte kaum mit dem Kopf, ohne mich anzusehen. Simonow, mit dem ich allein zurückblieb, war verwundert und verdrießlich und sah mich in sonderbarer Manier an. Er setzte sich nicht hin und lud mich nicht zum Sitzen ein.

»Hm! … Ja … also morgen. Wollen Sie das Geld gleich jetzt bezahlen? Ich sage es nur, um es genau zu wissen«, murmelte er verlegen.

Ich fuhr auf, aber dabei fiel mir ein, dass ich Simonow seit undenklichen Zeiten fünfzehn Rubel schuldete; ich hatte das allerdings nie vergessen gehabt, aber ihm das Geld nie zurückgegeben.

»Sie müssen sich selbst sagen, Simonow, dass ich das nicht vorher wissen konnte, als ich herkam … es ist mir sehr verdrießlich, dass ich vergessen habe, mir Geld einzustecken.«

»Gut, gut, es ist ja ganz gleich. Dann bezahlen Sie morgen nach dem Diner. Ich fragte ja nur, um zu wissen … Haben Sie die Güte …«

Er verstummte und begann mit noch gesteigertem Ärger im Zimmer auf und ab zu gehen. Dabei trat er mit den Hacken auf und stampfte stark.

»Ich halte Sie doch von nichts ab?«, fragte ich nach einem Stillschweigen, das wohl zwei Minuten gedauert hatte.

»Oh nein!«, erwiderte er, plötzlich zusammenfahrend, »das heißt, die Wahrheit zu sagen: ja. Sehen Sie, ich hatte noch einen notwendigen Gang vor … Hier in der Nähe …«, fügte er im Ton der Entschuldigung hinzu; er schämte sich einigermaßen.

»Ach, mein Gott! Aber warum sagen Sie das denn nicht?«, rief ich und griff nach meiner Mütze; übrigens zeigte ich dabei eine erstaunliche Ungeniertheit; Gott weiß, woher ich die auf einmal hatte.

»Es ist ja nicht weit … nur zwei Schritte von hier …«, wiederholte Simonow, als er mich mit einer geschäftigen Miene, die ihm gar nicht gut stand, bis ins Vorzimmer begleitete.

»Also morgen Punkt fünf Uhr!«, rief er mir auf die Treppe nach. Er war höchst zufrieden, dass ich wegging. Ich aber war wütend.

»Musste mich der Teufel plagen, mich da hineinzumischen!«, rief ich zähneknirschend, während ich auf der Straße dahinschritt. »Und wegen dieses Swerkows, eines solchen Schufts und Schweinehunds! Natürlich brauche ich nicht hinzugehen; natürlich pfeife ich auf die ganze Geschichte; bin ich denn etwa gebunden, wie? Morgen werde ich Simonow durch die Stadtpost benachrichtigen …«

Aber eben darum war ich so wütend, weil ich genau wusste, dass ich doch hingehen würde, dass ich nun gerade hingehen würde, dass ich, je taktloser und unpassender mein Hingehen war, umso sicherer hingehen würde.

Und dabei hatte ich einen positiven Hinderungsgrund: Ich hatte kein Geld. Alles in allem hatte ich nur neun Rubel zu Hause liegen. Aber davon musste ich gleich morgen sieben als Monatslohn meinem Diener Apollon auszahlen, der bei mir wohnte, für seine Dienste sieben Rubel empfing, sich aber selbst beköstigte.

Ihm den Lohn nicht auszuzahlen, war in Anbetracht des Charakters dieses Apollon ein Ding der Unmöglichkeit. Aber von dieser Kanaille, von diesem Krebsschaden an meinem Leib werde ich noch weiter unten reden.

Indessen wusste ich ja vorher, dass ich ihm seinen Lohn doch nicht geben, sondern unter allen Umständen zu dem Diner gehen würde.

In dieser Nacht träumte ich das hässlichste Zeug. Und das war kein Wunder: Den ganzen Abend über hatten mich die Erinnerungen an die Gefängniszeit meines Schullebens gepeinigt, und ich hatte mich ihrer nicht erwehren können. In diese Schule hatten mich entfernte Verwandte von mir gegeben, von denen ich abhing und von denen ich bis dahin keinerlei Kenntnis gehabt hatte. Ich war eine Waise, durch ihre Vorwürfe ganz verschüchtert, schwieg am liebsten, fing aber schon an, nachzudenken und scheu alles zu beobachten. Meine Kameraden empfingen mich mit boshaften, erbarmungslosen Spöttereien, weil ich mit ihnen allen so gar keine Ähnlichkeit hatte. Aber ich konnte diese Spöttereien nicht ertragen; ich konnte mich mit ihnen nicht so leicht einleben, wie sie sich miteinander eingelebt hatten. Ich warf sogleich einen Hass auf sie und schloss mich in schreckhaftem, leicht verwundbarem, maßlosem Stolz von ihnen allen ab. Ihr rohes Wesen versetzte mich in Empörung. Sie lachten offen und unverschämt über mein Gesicht, über meine ungeschickte Gestalt; und dabei, was hatten sie selbst für dumme Gesichter! In unserer Schule wandelte sich der Ausdruck der Gesichter in einer eigentümlichen Weise um und wurde dümmer. Wie viele schöne Kinder traten bei uns ein: Aber nach einigen Jahren war es einem widerwärtig, sie auch nur anzusehen. Schon mit sechzehn Jahren waren sie der Gegenstand meines Erstaunens und meiner Abneigung; schon damals setzten mich die Kleinlichkeit ihrer Denkweise und die Dummheit ihrer Beschäftigungen, Spiele und Gespräche in Verwunderung. Für die wichtigsten Dinge hatten sie so wenig Verständnis, für die merkwürdigsten, auffallendsten Gegenstände so wenig Interesse, dass ich unwillkürlich zu der Ansicht gelangte, sie ständen weit unter mir. Es war nicht verletzte Eitelkeit, was mich so denken ließ, und kommen Sie mir um Gottes willen nicht mit den bis zum Ekel durchgekauten herkömmlichen Phrasen: Ich hätte in einer Traumwelt gelebt; sie aber hätten auch damals schon Verständnis für das wirkliche Leben gehabt. Für nichts hatten sie Verständnis, für kein wirkliches Leben, und ich versichere Ihnen, ebendas war es, was mich am meisten gegen sie aufbrachte. Vielmehr fassten sie die offenkundigste, augenfälligste Wirklichkeit in einer fantastisch dummen Weise auf und gewöhnten sich schon damals, nur vor dem Erfolg Respekt zu haben. Alles, was recht und gut, aber erniedrigt und gedemütigt war, darüber machten sie sich in grausamer, schmählicher Weise lustig. Hohen Rang hielten sie für Verstand; schon mit sechzehn Jahren redeten sie von behaglichen Stellungen. Allerdings kam vieles davon von ihrer Dummheit her und von den schlechten Beispielen, von denen sie in ihrer Kindheit und in der Zeit des Heranwachsens beständig umgeben gewesen waren. Unsittlich waren sie in einem ungeheuerlichen Grad. Selbstverständlich war auch hierbei das meiste nur äußerlich angenommen, nur künstlicher Zynismus; selbstverständlich schimmerten auch bei ihnen die Jugendlichkeit und eine gewisse Frische sogar durch die Unsittlichkeit hindurch, aber selbst die Frische hatte bei ihnen nichts Anziehendes und äußerte sich in einer Art von Dreistigkeit. Ich hasste sie gewaltig, obgleich ich vielleicht noch schlechter war als sie. Sie zahlten mir mit gleicher Münze und machten aus ihrer Abneigung gegen mich kein Hehl. Aber ich hatte auch gar kein Verlangen mehr nach ihrer Liebe; im Gegenteil, ich dürstete beständig danach, sie zu demütigen. Um ihren Spöttereien zu entgehen, begann ich absichtlich, möglichst gut zu lernen, und arbeitete mich zu den ersten Plätzen in die Höhe. Das imponierte ihnen. Zudem fingen sie alle allmählich an einzusehen, dass ich schon Bücher las, die sie nicht lesen konnten, und Dinge verstand, die außerhalb des Rahmens unseres Schulunterrichts lagen und von denen sie nie etwas gehört hatten. Verwunderung und Spott, das war die Stellung, die sie demgegenüber einnahmen, aber innerlich ordneten sie sich mir unter, umso mehr, da selbst die Lehrer in dieser Hinsicht mir ihre Aufmerksamkeit zuwandten. Die Spöttereien hörten auf, aber die Feindseligkeit dauerte fort, und es bildete sich ein kaltes, gespanntes Verhältnis heraus. Gegen das Ende meiner

Schulzeit hielt ich diesen Zustand selbst nicht mehr aus: Mit den Jahren hatte sich ein Bedürfnis nach Menschen, nach Freunden herausgebildet. Ich versuchte, mich einigen zu nähern, aber diese Annäherung kam immer gar zu unnatürlich heraus und hörte daher von selbst bald wieder auf. Einmal hatte ich wirklich einen Freund. Aber ich war bereits meinem ganzen Wesen nach ein Despot; ich wollte unbeschränkt über seine Seele herrschen; ich wollte ihm Verachtung gegen seine Umgebung einflößen; ich forderte von ihm einen stolzen, endgültigen Bruch mit dieser Umgebung. Ich ängstigte ihn mit meiner leidenschaftlichen Freundschaft; ich brachte ihn zu Tränen, zu Krämpfen; er war eine naive, hingebungsvolle Seele, aber als er sich mir ganz hingegeben hatte, fing ich sogleich an, ihn zu hassen, und stieß ihn von mir – gerade als ob ich ihn nur gebraucht hätte, um über ihn den Sieg davonzutragen, um ihn zu unterjochen. Aber über alle konnte ich nicht den Sieg davontragen; mein Freund war, ebenso wie ich, keinem von ihnen ähnlich und bildete eine sehr seltene Ausnahme. Das Erste, was ich nach meinem Austritt aus der Schule tat, war, diejenige dienstliche Laufbahn, für die meine Verwandten mich bestimmt hatten, zu verlassen, um alle Fäden zu zerreißen, die Vergangenheit zu verfluchen und ihre Asche in die Winde zu streuen … Und weiß der Teufel, warum ich nach alledem zu diesem Simonow hintrollte! …

Am andern Morgen sprang ich früh aus dem Bett, wie wenn das alles sogleich in Szene gehen würde. Aber ich glaubte, es werde an diesem Tag ganz bestimmt ein radikaler Umschwung in meinem Leben eintreten. Ob es von mangelnder Gewöhnung kam, aber mein ganzes Leben hindurch habe ich bei jedem äußeren, wenn auch ganz unbedeutenden Ereignis immer die Vorstellung gehabt, dass nun sofort ein radikaler Umschwung in meinem Leben eintreten werde. Ich ging jedoch wie gewöhnlich in den Dienst, schlich mich aber zwei Stunden vor Büroschluss fort nach Hause, um mich zurechtzumachen. Die Hauptsache, dachte ich, ist, dass ich nicht als Erster hinkomme; sonst werden sie denken, ich hätte mich schon sehr darauf gefreut. Aber solcher Hauptsachen gab es Tausende, und alle regten sie mich dermaßen auf, dass ich ganz schwach wurde. Ich putzte mir eigenhändig meine Stiefel noch einmal; Apollon hätte sie um keinen Preis der Welt zweimal an einem Tag geputzt, da er fand, dass das nicht in der Ordnung sei. Ich putzte sie, nachdem ich die Bürsten heimlich aus dem Vorzimmer entwendet hatte, damit er es nicht merkte und mich dann verachtete. Darauf musterte ich eingehend meinen Anzug und fand, dass alles alt, abgerieben und abgetragen sei. Ich war in dieser Hinsicht schon gar zu nachlässig geworden. Meine Dienstuniform war allerdings in Ordnung, aber ich konnte doch nicht in der Dienstuniform an einem Diner teilnehmen. Aber die Hauptsache war, dass sich an den Beinkleidern, gerade an dem einen Knie, ein gewaltiger gelber Fleck befand. Ich ahnte, dass schon allein dieser Fleck mir neun Zehntel meiner persönlichen Würde rauben werde. Ich wusste auch, dass es sehr unwürdig war, so zu denken. »Aber jetzt handelt es sich nicht um das Denken; jetzt rückt das wirkliche Leben heran«, dachte ich und wurde ganz kleinmütig. Desgleichen wusste ich schon damals ganz genau, dass ich alle diese Dinge in einer ungeheuerlichen Weise übertrieb, aber was war zu machen? Ich war nicht mehr im Stande, mich zu beherrschen, und wurde vom Fieber geschüttelt. In voller Verzweiflung stellte ich mir alles im Voraus vor: wie dieser »Schuft«, der Swerkow, mich von oben herab und kühl begrüßen, mit welcher stumpfsinnigen, durch nichts zu überwindenden Verachtung der dumme Trudoljubow mich ansehen, in einer wie hässlichen, dreisten Weise der nichtswürdige Ferfitschkin, um seinem Gönner Swerkow zu gefallen, über mich kichern, wie vorzüglich Simonow das alles im Stillen verstehen und wie sehr er mich wegen meiner elenden Eitelkeit und meines unwürdigen Kleinmuts verachten werde, und vor allen

Dingen: Wie kläglich und alltäglich das alles sein werde, wie wenig dem höheren Stil der Literatur entsprechend! Gewiss, das Beste wäre gewesen, überhaupt nicht hinzugehen. Aber das war nun schon völlig unmöglich; wenn es mich irgendwohin zog, dann konnte ich schlechterdings nicht widerstehen. Ich hätte mich nachher mein ganzes Leben lange gehöhnt: »Siehst du wohl, du hast Angst gehabt, hast vor dem wirklichen Leben Angst gehabt, hast Angst gehabt!« Vielmehr wünschte ich leidenschaftlich, diesem ganzen »Gesindel« zu zeigen, dass ich ganz und gar nicht ein solcher Feigling sei, wie ich selbst es von mir glaubte. Ja noch mehr: Gerade im stärksten Paroxysmus meines Feigheitsfiebers fantasierte ich davon, dass ich die Oberhand gewinnen, den Sieg davontragen, sie in Entzücken versetzen, sie zwingen würde, mich zu lieben, na, zum Beispiel »wegen meiner erhabenen Gedanken und wegen meines unzweifelhaften Esprits«. Ich sagte mir: »Sie werden Swerkow links liegen lassen; er wird abseits sitzen, schweigen und sich schämen; ich werde ihn einfach plattdrücken. Nachher werde ich mich meinetwegen wieder mit ihm versöhnen und mit ihm Brüderschaft trinken.« Aber am allerschmerzlichsten und kränkendsten war für mich dies, dass ich schon damals wusste, vollkommen und bestimmt wusste, dass mir in Wahrheit an alledem nichts lag, dass ich in Wahrheit überhaupt nicht den Wunsch hatte, sie plattzudrücken, zu unterwerfen, in Entzücken zu versetzen, und dass ich für dieses ganze Resultat, wenn mir seine Erreichung wirklich gelänge, keinen Groschen geben würde. Oh wie heiß bat ich Gott, dass dieser Tag recht schnell vorübergehen möchte! In unbeschreiblicher Beängstigung trat ich an das Fenster, öffnete die Luftscheibe und sah in den trüben Nebel des dicht herabfallenden nassen Schnees hinaus …

Endlich schlug meine jämmerliche kleine Wanduhr fünf. Ich ergriff meine Mütze, und indem ich mir Mühe gab, Apollon nicht anzusehen, der schon seit dem Morgen auf die Auszahlung seines

Lohns wartete, aber in seiner Dummheit davon nicht als Erster anfangen wollte, schlüpfte ich an ihm vorbei aus der Tür und fuhr in einem Droschkenschlitten erster Klasse, den ich mir absichtlich für meinen letzten halben Rubel genommen hatte, wie ein vornehmer Herr nach dem Hotel de Paris.

IV

Ich hatte schon am vorhergehenden Abend gewusst, dass ich als Erster ankommen würde. Aber darauf kam es mir jetzt gar nicht mehr an.

Von den andern war nicht nur noch niemand da, sondern ich hatte sogar Mühe, unser Zimmer zu finden. Der Tisch war noch nicht ganz fertig gedeckt. Was bedeutete das? Nach vielem Fragen erfuhr ich endlich von den Kellnern, dass das Diner zu sechs Uhr, nicht zu fünf, bestellt worden sei. Auch am Büfett wurde mir das bestätigt. Ich schämte mich sogar meiner Fragen. Es war erst fünfundzwanzig Minuten nach fünf. Wenn sie die Stunde umgeändert hatten, so wäre es jedenfalls ihre Pflicht gewesen, mich zu benachrichtigen, dazu ist die Stadtpost da, aber sie durften mich nicht in die Lage bringen, mich vor mir selbst ... und auch vor den Kellnern schämen zu müssen. Ich setzte mich hin; ein Kellner deckte den Tisch zu Ende; seine Gegenwart steigerte bei mir das Gefühl der Kränkung. Kurz vor sechs Uhr wurden zu den bereits brennenden Lampen noch Kerzen ins Zimmer gebracht. Es war dem Kellner aber gar nicht eingefallen, diese gleich nach meiner Ankunft hereinzubringen. In dem anstoßenden Zimmer dinierten an verschiedenen Tischen zwei schweigsame Gäste, welche finstere, ärgerliche Gesichter machten. In einem der weiter entfernt gelegenen Zimmer ging es sehr lärmend her; es wurde sogar geschrien; man hörte eine ganze Rotte Menschen lachen; auch hässliches französisches Gekreisch war vernehmbar: Es war ein Diner mit Damen. Kurz, es war mir sehr verdrießlich zumute. Selten hatte ich in meinem Leben unangenehmere Minuten durchgemacht, sodass ich, als sie Punkt sechs Uhr alle zusammen erschienen, mich im ersten Augenblick über sie wie über eine Art von Befreiern freute und beinahe vergessen hätte, dass ich gekränkt aussehen musste.

Swerkow trat als Erster von allen durch die Tür; offenbar räumten die andern ihm den Vorrang ein. Sowohl er wie die andern lachten, aber als Swerkow mich erblickte, nahm er eine würdevolle Haltung an, trat ohne Eile, sich in der Taille wie aus Koketterie etwas nach vorn biegend, an mich heran und reichte mir freundlich, aber nicht *sehr* freundlich, die Hand, mit einer Art von vorsichtiger, beinahe generalmäßiger Höflichkeit, wie wenn er beim Handgeben sich vor irgendetwas in Acht nähme. Ich hatte ganz im Gegenteil geglaubt, er würde sogleich beim Eintritt in sein altes dünnes, kreischendes Lachen ausbrechen und gleich bei den ersten Worten anfangen, seine flachen Späße und Witzchen loszulassen. Darauf war ich seit dem vorhergehenden Abend gefasst gewesen, aber in keiner Weise hatte ich ein solches Benehmen von oben herab, eine solche exzellenzenhafte Freundlichkeit erwartet. Also war er jetzt völlig der Ansicht, dass er in jeder Hinsicht unermesslich weit über mir stehe? Wenn er nur die Absicht hätte, mich durch dieses generalmäßige Benehmen zu beleidigen, dann würde das noch nicht viel zu sagen haben, dachte ich; dann würde ich einfach ausspucken. Wie aber, wenn wirklich, ohne jede Absicht, mich zu beleidigen, sich in seinem Hammelkopf die Vorstellung gebildet hatte, dass er unermesslich hoch über mir stehe und sich überhaupt nicht anders als gönnerhaft gegen mich benehmen könne? Schon diese bloße Vorstellung benahm mir den Atem.

»Ich habe mit Erstaunen von Ihrem Wunsch, an unserm Zusammensein teilzunehmen, gehört«, begann er lispelnd und zischend und die Worte reckend, was er früher nicht getan hatte. »Wir sind so sehr lange nicht mit Ihnen zusammengekommen. Sie meiden uns. Mit Unrecht. Wir sind nicht so schreckliche Menschen, wie Sie glauben. Nun, jedenfalls freue ich mich, unsere Bekanntschaft zu erneuern …«

Er wendete sich lässig ab, um seinen Hut auf das Fensterbrett zu legen.

»Warten Sie schon lange?«, fragte Trudoljubow.

»Ich bin Punkt fünf Uhr gekommen, wie es mir gestern gesagt wurde«, antwortete ich laut und in gereiztem Ton, der eine nahe Explosion erwarten ließ.

»Hast du ihm denn nicht mitgeteilt, dass wir die Stunde umgeändert haben?«, wandte sich Trudoljubow an Simonow.

»Nein. Ich habe es vergessen«, erwiderte dieser, aber ohne jedes Bedauern, und ging, ohne sich auch nur bei mir zu entschuldigen, weg, um die kalten Vorspeisen zu bestellen.

»Also sind Sie schon eine Stunde hier? Ach, Sie Armer!«, rief Swerkow spöttisch, denn nach seiner Auffassung musste das wirklich furchtbar komisch gewesen sein. In sein Gelächter stimmte dann auch Ferfitschkin mit seiner niederträchtigen, hellen, dünnen Stimme ein, die wie das Gekläff eines Schoßhündchens klang. Auch ihm erschien meine Situation als eine sehr verlegene und komische.

»Das ist durchaus nicht lächerlich!«, schrie ich Ferfitschkin an, da ich in immer größere Erregung geriet. »Nicht ich trage die Schuld, sondern andere, die es versäumt haben, mir Mitteilung zu machen. Das … das … das … ist einfach absurd.«

»Nicht nur absurd, sondern noch etwas Ärgeres«, brummte Trudoljubow, der sich in einer ungeschickten Weise meiner annahm. »Sie sind gar zu gutmütig. Das ist geradezu eine Unhöflichkeit. Natürlich keine absichtliche. Wie hat Simonow nur … hm!«

»Wenn mir jemand einen solchen Streich gespielt hätte«, bemerkte Ferfitschkin, »dann hätte ich …«

»Ja, dann hätten Sie sich etwas zu essen und zu trinken bestellt«, unterbrach in Swerkow, »oder sich einfach, ohne zu warten, das Diner servieren lassen.«

»Sie werden zugeben müssen, dass ich das ohne Weiteres hätte tun können«, sagte ich in scharfem Ton. »Wenn ich wartete, so …«

»Setzen wir uns, meine Herren!«, rief der wieder eintretende Simonow. »Es ist alles bereit; für den Champagner übernehme ich jede Bürgschaft; er ist vorzüglich gekühlt … Ich wusste ja Ihre Wohnung nicht; wo hätte ich Sie da suchen sollen?«, wandte er sich auf einmal an mich, aber wieder, ohne mich anzusehen. Offenbar war er gegen mich missgestimmt; gewiss hatte er nach meinem Besuch vom vorhergehenden Tag über die Sache nachgedacht.

Alle setzten sich hin, auch ich. Der Tisch war rund. Zu meiner Linken saß Trudoljubow, zu meiner Rechten Simonow. Swerkow saß mir gegenüber. Ferfitschkin neben ihm, zwischen ihm und Trudoljubow.

»Sa-a-gen Sie mal, sind Sie … in einem Ministerialdepartement?«, fuhr Swerkow fort, sich mit mir abzugeben. Da er sah, dass ich verdrießlich war, glaubte er allen Ernstes, er müsse gegen mich freundlich sein und mich sozusagen aufmuntern. »Was will der Mensch nur von mir?«, dachte ich wütend. »Will er, dass ich ihm eine Weinflasche an den Kopf werfe?« Infolge mangelnder Gewöhnung geriet ich überaus schnell in eine gereizte Stimmung hinein.

»Nein, ich bin in der ***-Kanzlei«, antwortete ich kurz und blickte dabei auf meinen Teller.

»Und … ge-fällt es Ihnen in Ihrer Stel-lung? Sa-agen Sie, was hat Sie ver-an-lasst, Ihre frühere Stellung aufzugeben?«

»Die Ver-an-las-sung war eben, dass ich meine frühere Stellung aufgeben wollte«, erwiderte ich und zog dabei die Worte dreimal so arg in die Länge, denn ich konnte mich kaum noch beherrschen. Ferfitschkin prustete los. Simonow warf mir einen ironischen Blick zu; Trudoljubow hörte auf zu essen und betrachtete mich neugierig.

Swerkow krümmte sich ein wenig zusammen, tat aber so, als hätte er nichts bemerkt.

»Nu-u-un, und Ihr Lohn?«

»Was für ein Lohn?«

»Ich meine Ihr Ge-halt?«

»Aber wozu examinieren Sie mich so?«

Indessen sagte ich sogleich, wie viel Gehalt ich bekam. Ich war furchtbar rot geworden.

»Das ist nicht viel«, bemerkte Swerkow würdevoll.

»Ja, da kann man nicht in feinen Restaurants dinieren!«, fügte Ferfitschkin frech hinzu.

»Meiner Ansicht nach ist das sogar geradezu ärmlich«, bemerkte Trudoljubow ernst.

»Und wie mager Sie geworden sind, wie Sie sich verändert haben … seit jener Zeit …«, fügte Swerkow hinzu, nunmehr nicht ohne Bosheit, indem er mit einer Art von unverschämtem Mitleid mich und meinen Anzug musterte.

»Aber machen Sie ihn doch nicht ganz verlegen!«, rief Ferfitschkin kichernd.

»Mein Herr, lassen Sie sich sagen, dass ich mich nicht verlegen machen lasse«, brach ich nun endlich los. »Hören Sie wohl? Ich diniere hier, ›in einem feinen Restaurant‹, für mein eigenes Geld, für mein eigenes und nicht für fremdes; merken Sie sich das, Monsieur Ferfitschkin!«

»Wie-ie? Wer diniert denn hier nicht für sein Geld? Sie reden, als ob …«, nahm Ferfitschkin den Kampf auf; er war krebsrot geworden und sah mir grimmig gerade in die Augen.

»Nun ja, nun ja!«, antwortete ich, da ich fühlte, dass ich zu weit gegangen war, »und ich glaube, es wäre besser, wenn wir uns mit einem klügeren Gespräche unterhielten.«

»Sie beabsichtigen wohl, Ihren Verstand leuchten zu lassen?«

»Seien Sie unbesorgt; das wäre hier völlig überflüssig.«

»Aber Sie sind wohl ganz ins Gackern hineingekommen, mein Herr, wie? Haben Sie auch nicht in Ihrem Lepartement« (so!) »den Verstand verloren?«

»Genug, meine Herren, genug!«, rief Swerkow im Ton des unbestrittenen Gebieters.

»Wie dumm das Gerede ist!«, brummte Simonow.

»Wahrhaftig, es ist dumm; wir sind hier als eine Gesellschaft von Freunden zusammengekommen, um mit einem guten Freund vor seiner Abreise eine Abschiedsfeier zu begehen, und da fangen Sie Streit an!«, sagte Trudoljubow, sich in grobem Ton an mich allein wendend. »Sie haben sich uns gestern selbst aufgedrängt; stören Sie nun nicht die allgemeine Harmonie ...«

»Genug, genug!«, rief Swerkow. »Hören Sie auf, meine Herren; das schickt sich wirklich nicht. Da will ich Ihnen lieber erzählen, wie ich mich vorgestern beinahe verheiratet hätte ...«

Und nun folgte eine satirische Erzählung, wie dieser Herr sich vor zwei Tagen beinahe verheiratet hätte. Von der Heirat sagte er übrigens kein Wort, aber in der Erzählung wimmelte es von Generälen, Obersten und sogar von Kammerjunkern, und Swerkow war unter ihnen fast die Hauptperson. Es erhob sich ein beifälliges Gelächter; Ferfitschkin kreischte sogar vor Vergnügen.

Alle ließen mich unbeachtet, und ich saß mundtot gemacht und gedemütigt da.

»Mein Gott, ist das eine Gesellschaft für mich!«, dachte ich.

»Und als was für einen Dummkopf habe ich mich ihnen gezeigt! Diesem Ferfitschkin habe ich aber doch zu viel erlaubt. Sie denken, die Tölpel, sie hätten mir eine Ehre damit erwiesen, dass sie mir einen Platz an ihrem Tisch eingeräumt haben, und begreifen nicht, dass ich, ich es bin, der ihnen eine Ehre erweist und nicht sie mir! ›Mager geworden! Anzug!‹ Ach, die verfluchten Hosen! Swerkow hat vorhin gleich den gelben Fleck an meinem Knie bemerkt … Aber was soll ich hier noch? Ich will sofort, diesen Augenblick vom Tisch aufstehen, meinen Hut nehmen und einfach weggehen, ohne ein Wort zu sagen … Aus Verachtung! Morgen aber kann ich sie ja meinetwegen zum Duell fordern. Die Schufte! Die sieben Rubel sollen mir nicht leidtun. Am Ende denken sie … Hol's der Teufel! Die sieben Rubel tun mir nicht leid! Diesen Augenblick gehe ich fort! …« Natürlich blieb ich da.

Ich trank vor Verdruss Lafitte und Sherry, immer ganze Gläser voll. Da ich das nicht gewohnt war, wurde ich schnell betrunken, und mit der Trunkenheit wuchs auch mein Ärger. Ich bekam auf einmal Lust, sie alle in der dreistesten Weise zu beleidigen und dann sogleich wegzugehen. »Ich will den richtigen Augenblick abpassen und ihnen dann zeigen, wen sie vor sich haben; dann mögen sie sagen: ›Er ist zwar ein komischer, aber ein kluger Mensch‹, … und … und … kurz, hol sie der Teufel!«

Ich ließ meine trüb gewordenen Augen in frecher Manier bei ihnen allen herumgehen. Aber sie taten, als hätten sie mich vollständig vergessen. Bei ihnen war viel Lärm, Geschrei und Lustigkeit. Das Wort führte immer Swerkow. Ich begann zuzuhören. Swerkow erzählte von einer schönen, stolzen Dame, die er schließlich dahin gebracht habe, ihm ihre Liebe zu gestehen (natürlich log er pferdemäßig); besonders behilflich sei ihm bei dieser Affäre sein intimer Freund Kolja gewesen, ein Fürst, Husarenoffizier, Besitzer von dreitausend Seelen.

»Dabei existiert dieser Kolja, der Besitzer von dreitausend Seelen, überhaupt nicht; er schwindelt Ihnen etwas vor«, warf ich plötzlich dazwischen.

Eine kleine Weile waren alle stumm.

»Sie sind schon jetzt betrunken«, äußerte endlich Trudoljubow, indem er sich dazu herabließ, mich zu bemerken, und verächtlich einen schrägen Blick nach meiner Seite zu warf. Swerkow betrachtete mich schweigend wie einen merkwürdigen Käfer. Ich schlug die Augen nieder. Simonow goss mit möglichster Beschleunigung Champagner in die Gläser.

Trudoljubow hob sein Glas in die Höhe, und nach ihm taten dies alle, außer mir.

»Auf deine Gesundheit und auf eine glückliche Reise!«, rief er Swerkow zu. »Auf die alten Jahre unserer Freundschaft, meine Herren, und auf unsere Zukunft! Hurra!«

Alle tranken aus und drängten sich dann um Swerkow, um ihn zu küssen. Ich rührte mich nicht; das volle Glas stand vor mir, ohne dass ich es erhoben hätte.

»Werden Sie denn nicht trinken?«, brüllte Trudoljubow, der die Geduld verloren hatte und sich drohend zu mir wandte.

»Ich will selbst einen Toast ausbringen, einen eigenen Toast … und dann werde ich austrinken, Herr Trudoljubow.«

»Ein grässliches Subjekt!«, brummte Simonow.

Ich richtete mich auf meinem Stuhl gerade und ergriff in fieberhafter Aufregung das Glas; ich bereitete mich darauf vor, etwas Ungewöhnliches zu sagen, wusste aber selbst noch nicht, was ich eigentlich sagen würde.

»Silence!«, rief Ferfitschkin. »Jetzt kommt etwas Kluges!«

Swerkow wartete mit sehr ernster Miene; er begriff, wie die Sache stand.

»Herr Leutnant Swerkow«, begann ich, »lassen Sie sich sagen, dass ich die Phrasen und die Phrasenhelden und die geschnürten Taillen hasse … Das ist der erste Punkt; auf diesen folgt der zweite.«

Alle gerieten in unruhige Bewegung.

»Zweiter Punkt: Ich hasse die leichtfertigen Weiber und die Schürzenjäger. Und besonders die Schürzenjäger! Dritter Punkt: Ich liebe die Wahrheit und die Aufrichtigkeit und die Ehrenhaftigkeit«, fuhr ich fast mechanisch fort, denn ich selbst begann schon, vor Schreck starr zu werden, da ich gar nicht begriff, wie ich das alles so hinredete. »Ich liebe den Gedanken, Monsieur Swerkow; ich liebe die wahre Kameradschaftlichkeit auf gleichem Fuß, nicht … hm … Ich liebe … Indes, warum nicht? Auch ich werde auf Ihre Gesundheit trinken, Monsieur Swerkow. Verführen Sie Tscherkessinnen, erschießen Sie die Feinde des Vaterlandes, und … und … Auf Ihre Gesundheit, Monsieur Swerkow!«

Swerkow erhob sich von seinem Stuhl, machte mir eine Verbeugung und sagte: »Ich danke Ihnen sehr.«

Er war furchtbar beleidigt und war sogar ganz blass geworden.

»Hol's der Teufel!«, brüllte Trudoljubow und schlug mit der Faust auf den Tisch.

»Nein, für so etwas haut man einem eins in die Fresse!«, kreischte Ferfitschkin.

»Hinausjagen muss man ihn!«, brummte Simonow.

»Kein Wort, meine Herren, keine Gebärde!«, rief Swerkow feierlich und hemmte dadurch die allgemeine Entrüstung. »Ich danke Ihnen allen, aber ich werde selbst verstehen, ihm zu zeigen, wie ich seine Worte schätze.«

»Herr Ferfitschkin, gleich morgen werden Sie mir Genugtuung für die soeben von Ihnen gesprochenen Worte geben!«, sagte ich laut, mich würdevoll zu Ferfitschkin wendend.

»Sie meinen ein Duell? Wie es Ihnen beliebt«, antwortete dieser, aber wahrscheinlich kam meine Herausforderung so komisch heraus und passte so wenig zu meiner Figur, dass alle, darunter zuletzt auch Ferfitschkin, sich nur so schüttelten vor Lachen.

»Na, wir wollen uns nicht um ihn kümmern! Er ist ja schon vollständig betrunken!«, sagte Trudoljubow mit einer Miene des Ekels.

»Ich werde es mir nie verzeihen, dass ich ihn habe teilnehmen lassen!«, brummte Simonow wieder.

»Jetzt sollte ich ihnen allen ein paar Flaschen an die Köpfe werfen«, dachte ich, ergriff eine Flasche und … goss mir ein ganzes Glas ein.

»Nein, ich will lieber bis zum Schluss sitzen bleiben!«, dachte ich weiter. »Sie würden sich nur darüber freuen, meine Herren, wenn ich wegginge. Um keinen Preis. Ich werde absichtlich bis zum Schluss sitzen bleiben und trinken, zum Zeichen meiner völligen Geringschätzung Ihrer Personen. Ich werde sitzen bleiben und trinken, denn hier ist eine Schenke, und ich bezahle mein Geld. Ich werde sitzen bleiben und trinken, weil ich Sie für Nullen erachte, für Menschen, die gar nicht existieren. Ich werde sitzen bleiben und trinken … und auch singen, wenn ich Lust habe, ja, auch singen, denn dazu habe ich das Recht … zum Singen … hm!«

Aber ich sang nicht. Ich gab mir nur Mühe, keinen von ihnen anzusehen; ich nahm die ungeniertesten Haltungen ein und wartete mit Ungeduld auf den Moment, wo sie selbst, als Erste, anfangen würden, mit mir zu sprechen. Aber leider fingen sie nicht an. Und wie sehr, wie sehr wünschte ich in diesem Augenblick, mich mit ihnen zu versöhnen! Es schlug acht, endlich auch neun. Sie gingen vom Tisch zum Sofa hinüber. Swerkow streckte sich auf das Polster hin und legte das eine Bein auf ein rundes Tischchen. Dorthin wurde auch der Wein gebracht. Er ponierte ihnen wirklich drei Flaschen. Mich lud er natürlich nicht dazu ein. Alle setzten sich um ihn, wie er da auf dem Sofa lag, herum. Sie hörten ihm beinah mit andächtiger Verehrung zu. Es war zu sehen, dass sie ihn wirklich gern hatten. »Warum nur? Warum nur?«, dachte ich im Stillen. Mitunter gerieten sie in einen trunkenen Enthusiasmus und küssten einander. Sie redeten vom Kaukasus und worin die wahre Leidenschaft bestehe und vom Galbik* und von vorteilhaften Dienststellen und wie viel Einkünfte der Husarenoffizier Podcharschewski habe, den kei-

* Anm. d. Ü.: Ein Kartenspiel.

ner von ihnen persönlich kannte (sie freuten sich über die Höhe seiner Einkünfte), und über die außerordentliche Schönheit und Anmut der Fürstin D***a, die ebenfalls keiner von ihnen jemals gesehen hatte; zuletzt sprachen sie sich dahin aus, dass Shakespeare unsterblich sei.

Ich lächelte geringschätzig und ging auf der anderen Seite des Zimmers, dem Sofa gerade gegenüber, an der Wand entlang hin und her: vom Tische bis zum Ofen und wieder zurück. Ich wollte ihnen mit Gewalt zeigen, dass ich sie nicht nötig hätte, aber dabei trat ich absichtlich mit den Hacken auf und stampfte tüchtig. Aber es war alles vergeblich. Sie wandten mir keine Aufmerksamkeit zu. Ich hatte die Geduld, in dieser Weise gerade vor ihnen von acht bis elf Uhr auf und ab zu gehen, immer an ein und derselben Stelle: vom Tisch bis zum Ofen und vom Ofen wieder bis zum Tisch.

»Das ist nun eben so mein Wille, und niemand kann es mir verbieten.« Mehrmals blieb der Kellner, wenn er hereinkam, stehen, um nach mir hinzusehen; von dem häufigen Umwenden war mir der Kopf schwindlig; zeitweilig glaubte ich im Fieberdelirium befangen zu sein. Innerhalb dieser drei Stunden schwitzte ich dreimal und wurde dreimal wieder trocken. Manchmal drang mit tiefstem, ätzendem Schmerz in mein Herz der Gedanke ein, dass zehn Jahre, zwanzig Jahre, vierzig Jahre vergehen würden und ich immer noch, selbst noch nach vierzig Jahren, mit einem Gefühl des Ekels und der Scham an diese unwürdigsten, lächerlichsten und schrecklichsten Augenblick meines ganzen Lebens zurückdenken würde. In einer gewissenloseren, freiwilligeren Weise sich selbst zu erniedrigen, war ein Ding der Unmöglichkeit; ich begriff das vollständig, jawohl, und fuhr dennoch fort, vom Tisch bis zum Ofen und wieder zurück zu gehen. »Oh, wenn ihr nur wüsstet, welcher Gefühle und Gedanken ich fähig bin und welchen hohen Grad geistiger Entwicklung ich erreicht habe!«, dachte ich in einzelnen Augenblicken, indem ich mich in Gedanken nach dem Sofa wandte, wo meine Feinde saßen. Aber meine Feinde benahmen sich so, als ob ich gar nicht im Zimmer wäre. Einmal, nur ein einziges Mal, wandten sie sich zu mir, nämlich als Swerkow von Shakespeare zu reden anfing und ich plötzlich verächtlich auflachte. Ich prustete in einer so gemachten, hässlichen Weise los, dass sie alle mit einem Male ihr Gespräch unterbrachen und schweigend, ernsthaft und ohne zu lachen mich etwa zwei Minuten lang beobachteten, wie ich an der Wand hin und her ging, vom Tisch bis zum Ofen, und »ihnen keinerlei Beachtung schenkte«. Aber weitere Folgen hatte das nicht: Sie redeten mich nicht an und kümmerten sich nach den zwei Minuten wieder nicht mehr um mich. Es schlug elf.

»Meine Herren!«, rief Swerkow, sich vom Sofa erhebend. »Jetzt wollen wir alle *dorthin*!«

»Natürlich, natürlich!«, antworteten die andern.

Ich drehte mich mit einer kurzen Wendung zu Swerkow hin. Ich war dermaßen zerbrochen und zermartert, dass ich diesen Zustand selbst um den Preis meines Lebens beenden musste. Ich fieberte; meine vom Schweiße durchnässten Haare waren an der Stirn und an den Schläfen festgetrocknet.

»Swerkow, ich bitte Sie um Verzeihung«, sagte ich in scharfem, entschlossenem Ton. »Ferfitschkin, und Sie auch, und Sie alle, Sie alle; ich habe Sie alle beleidigt!«

»Aha! Das Duell ist ihm doch unbehaglich!«, zischelte Ferfitschkin boshaft.

Ich fühlte einen scharfen Schmerz am Herzen.

»Nein, ich fürchte mich nicht vor dem Duell, Ferfitschkin! Ich bin bereit, mich gleich morgen mit Ihnen zu duellieren, aber erst nach der Versöhnung. Ich bestehe sogar auf dem Duell, und Sie können es mir nicht abschlagen. Ich will Ihnen beweisen, dass ich mich nicht vor dem Duell fürchte. Sie sollen den ersten Schuss haben; ich aber werde in die Luft schießen.«

»Er will sich selbst trösten!«, bemerkte Simonow.

»Er kneift einfach!«, fügte Trudoljubow hinzu.

»So lassen Sie einen doch vorbeigehen; warum stellen Sie sich einem denn in den Weg? … Na, was wollen Sie noch?«, fragte Swerkow verächtlich.

Sie hatten sämtlich rote Köpfe und ihre Augen glänzten: Sie hatten viel getrunken.

»Ich bitte Sie um Ihre Freundschaft, Swerkow; ich habe Sie beleidigt, aber …«

»Beleidigt? Sie mich? Lassen Sie sich sagen, mein Herr, dass Sie nie und unter keinen Umständen mich beleidigen können.«

»Nun haben wir uns aber lange genug mit Ihnen aufgehalten; scheren Sie sich weg!«, fügte Trudoljubow hinzu. »Wir wollen fahren.«

»Aber Olimpija bekomme ich, meine Herren; das ist meine Bedingung!«, rief Swerkow.

»Wir machen sie dir nicht streitig, nein, nein!«, antworteten die anderen lachend.

Ich stand blamiert da. Lärmend verließ die Rotte das Zimmer; Trudoljubow stimmte irgendein dummes Lied an. Simonow blieb noch einen Augenblick zurück, um den Kellnern ein Trinkgeld zu geben. Ich trat plötzlich an ihn heran.

»Simonow, geben Sie mir sechs Rubel!«, sagte ich in entschlossenem, verzweifeltem Ton.

Er sah mich höchst erstaunt mit stumpfsinnigen Augen an. Auch er war betrunken.

»Wollen Sie denn etwa auch dorthin mit uns mit?«

»Ja.«

»Ich habe kein Geld!«, antwortete er kurz, lächelte verächtlich und wollte aus dem Zimmer gehen.

Ich ergriff ihn am Mantel. Ich hatte eine Empfindung, als ob mich ein schwerer Traum bedrückte.

»Simonow, ich habe gesehen, dass Sie Geld haben; warum schlagen Sie es mir ab? Bin ich denn ein Schuft? Hüten Sie sich, es mir abzuschlagen: Wenn Sie wüssten, wenn Sie wüssten, zu welchem Zweck ich Sie darum bitte! Es hängt davon alles ab, meine ganze Zukunft, alle meine Pläne …«

Simonow holte das Geld heraus und warf es mir beinahe hin.

»Nehmen Sie, wenn Sie sich nicht schämen!«, sagte er mitleidlos und lief davon, um die andern einzuholen.

Ich blieb einen Augenblick allein. Unordnung, Speisereste, ein zerschlagenes Glas auf dem Fußboden, verschütteter Wein, Zigarettenstümpfe, Berauschtheit und Fieberhitze im Kopfe, quälendes Leid im Herzen und schließlich der Kellner, der alles mit angesehen und mit angehört hatte und mir nun neugierig ins Gesicht blickte.

»Dorthin!«, rief ich. »Entweder werden sie alle vor mir auf die Knie fallen, meine Füße umfassen und mich um meine Freundschaft anflehen, oder … oder ich werde diesem Swerkow eine Ohrfeige geben!«

V

»Da ist er nun, da ist er nun endlich, der Zusammenstoß mit der Wirklichkeit!«, murmelte ich, während ich Hals über Kopf die Treppe hinablief. »Das ist nun nicht mehr der Papst, der Rom verlässt und nach Brasilien übersiedelt; das ist nun nicht mehr der Ball am Comersee!«

»Ein Schuft bist du«, ging es mir durch den Kopf, »wenn du dich jetzt über diese Träumereien lustig machst.«

»Meinetwegen!«, rief ich, mir selbst antwortend. »Jetzt ist ja doch schon alles verloren!«

Von denen war nichts mehr zu sehen und zu hören, aber das schadete nichts: Ich wusste, wohin sie gefahren waren.

Vor der Haustür stand nur eine einzige Nachtdroschke; der Kutscher, in seinem Kaftan von grobem Bauerntuch, war ganz weiß von dem immer noch fallenden nassen und sozusagen warmen Schnee. Die Luft war lau und schwül. Das kleine, zottige, scheckige Pferdchen war ebenfalls ganz beschneit und hustete; das habe ich noch deutlich in der Erinnerung. Ich sprang in den Schlitten, aber kaum hatte ich den Fuß hineingesetzt, um mich hinzusetzen, als bei der Erinnerung an die Art, wie Simonow mir soeben die sechs Rubel gegeben hatte, mir die Beine ganz schwach wurden und ich wie ein Sack auf den Sitz niedersank.

»Nein, da muss ich viel tun, um das alles wieder wettzumachen!«, rief ich. »Aber ich werde es wieder wettmachen, oder ich gehe noch in dieser Nacht auf dem Fleck zugrunde. Fahr zu!«

Wir fuhren los. Ein ganzer Wirbelsturm von Gedanken kreiste in meinem Kopf herum.

»Sie werden mich nicht auf den Knien um meine Freundschaft anflehen. Das ist ein Fantasiebild, ein gemeines, ekelhaftes, romantisches Fantasiebild – ganz wie der Ball am Comersee. Und darum muss ich Swerkow eine Ohrfeige geben; ich muss es! Ich bin dazu verpflichtet. Also mein Entschluss steht fest: Ich fahre jetzt hin, um ihm eine Ohrfeige zu geben. Fahr schneller!«

Der Kutscher schüttelte mit den Zügeln.

»Sowie ich hereinkomme, werde ich sie ihm geben. Ob ich wohl vor der Ohrfeige ein paar Worte als Vorrede sagen muss? Nein, ich werde einfach hereingehen und sie ihm geben. Sie werden alle im Salon sitzen und er mit Olimpija auf dem Sofa. Diese verfluchte Olimpija! Sie hat sich einmal über mein Gesicht lustig gemacht und mich abgewiesen. Ich werde Olimpija an den Haaren fortziehen und Swerkow an den Ohren! Nein, lieber an einem Ohr, und an dem Ohr werde ich ihn durch das ganze Zimmer führen. Sie werden vielleicht alle auf mich losschlagen und mich hinauswerfen. Das ist sogar so gut wie sicher. Meinetwegen! Ich werde doch als Erster eine Ohrfeige gegeben haben; die Initiative ist bei mir gewesen; nach den Gesetzen der Ehre ist das alles, worauf es ankommt: Er ist dann schon gebrandmarkt und kann sich nachher die Ohrfeige durch keine Schläge abwaschen, sondern nur durch ein Duell. Er wird sich mit mir duellieren müssen. Mögen sie mich meinetwegen jetzt schlagen! Mögen sie, die Undankbaren! Besonders wird Trudoljubow schlagen; er ist so stark; Ferfitschkin wird mich von der Seite packen und mir unfehlbar in die Haare fahren; das ist sicher. Aber meinetwegen, meinetwegen! Dazu bin ich hergekommen. Ihre Hammelköpfe werden doch endlich die Tragik, die in alledem steckt, begreifen müssen! Wenn sie mich zur Tür schleppen werden, werde ich ihnen zuschreien, dass sie in Wirklichkeit nicht so viel wert sind wie mein kleiner Finger. Fahr schneller, Kutscher, fahr schneller!«, rief ich ihm zu. Er zuckte ordentlich zusammen und schwang dann die Peitsche. Ich hatte ihn gar zu wild angeschrien.

»Bei Tagesanbruch werden wir uns duellieren; das ist nun beschlossene Sache. Mit einer Anstellung in einem Departement ist es dann aus. Ferfitschkin sagte vorhin für Departement Lepartement. Aber wo soll ich Pistolen herbekommen? Unsinn! Ich lasse mir einen Gehaltsvorschuss geben und kaufe welche. Aber Pulver und Kugeln? Das ist Sache des Sekundanten. Und wie soll ich mit alledem bis zum Anbruch des Tages fertig werden? Und wo soll ich einen Sekundanten hernehmen? Ich habe keine Bekannten. Unsinn!«, rief ich, in noch größere Aufregung geratend, »Unsinn! Der Erstbeste, der mir auf der Straße begegnet und an den ich mich wende, ist verpflichtet, mein Sekundant zu sein, gerade ebenso wie er verpflichtet wäre, einen Ertrinkenden aus dem Wasser zu ziehen. Auch die exzentrischsten Fälle müssen als berechtigt anerkannt werden. Ja, wenn ich morgen sogar den Direktor selbst bäte, mein Sekundant zu sein, so müsste auch der einwilligen, schon allein aus Ritterlichkeit, und müsste das Geheimnis bewahren! Anton Antonowitsch …«

Ich brach ab, denn in demselben Augenblick trat mir klarer und deutlicher, als bei irgendeinem Menschen auf der ganzen Welt möglich gewesen wäre, die ganze grässliche Absurdität meiner Voraussetzungen und die ganze Kehrseite der Medaille vor Augen, aber …

»Fahr schneller, Kutscher, fahr schneller, du Schuft, fahr schneller!«

»Aber, gnädiger Herr!«, wandte dieser ein.

Plötzlich überlief mich ein Frostschauder.

»Aber wäre es nicht das Beste … wäre es nicht das Beste … jetzt geradeswegs nach Hause zu fahren? Oh mein Gott! Warum, warum habe ich mich gestern nur zu diesem Diner gedrängt! Aber nein, das ist unmöglich! Und der dreistündige Spaziergang vom Tisch zum Ofen? Nein, für diesen Spaziergang müssen sie mir büßen, sie und kein andrer! Sie müssen mir diese Schmach abwaschen! Fahr schneller!

Aber wie, wenn sie mich auf die Polizeiwache bringen? Das werden sie nicht wagen! Vor einem Skandal werden sie sich fürchten. Aber wie, wenn Swerkow aus Geringschätzung ein Duell ablehnt? Das ist sogar höchstwahrscheinlich, aber dann werde ich ihnen zeigen … Dann werde ich morgen zu der Zeit, wo er abfährt, auf den Posthof kommen und ihn, wenn er in den Postschlitten einsteigen will, am Bein packen, ihm den Mantel abreißen. Mit den Zähnen werde ich ihn am Arm festhalten, ich werde ihn beißen. ›Seht alle, wozu man einen verzweifelten Menschen bringen kann!‹ Mag er mich meinetwegen auf den Kopf schlagen und die andern alle mich von hinten anfallen! Ich werde dem ganzen Publikum zuschreien: ›Seht diesen jungen Hund hier, der hinfährt, um die Tscherkessinnen zu bezaubern, aber ich habe ihm ins Gesicht gespuckt!‹

Selbstverständlich ist dann alles aus! Mit der Aussicht auf Anstellung in einem Departement ist es dann für immer vorbei. Man wird mich ergreifen, mich vor Gericht stellen, mich meines Amtes entsetzen, mich ins Gefängnis sperren und mich zur Ansiedlung nach Sibirien verschicken. Aber das schadet nichts! Nach fünfzehn Jahren, nach meiner Freilassung, werde ich mich in Lumpen als Bettler zu ihm schleppen. Ich werde ihn irgendwo in einer Provinzialstadt finden. Er wird verheiratet und glücklich sein. Er wird eine fast erwachsene Tochter haben. Ich werde sagen: ›Sieh her, du Unmensch! Sieh meine eingefallenen Wangen und meine Lumpen! Ich habe alles verloren: meine Karriere, mein Glück, die Kunst, die Wissenschaft, *ein geliebtes Weib*, und alles deinetwegen. Da sind Pistolen. Ich bin hergekommen, um meine Pistolen abzuschießen, und … und ich verzeihe dir.‹ Dann werde ich in die Luft schießen, davongehen und spurlos verschwinden …«

Es kamen mir sogar die Tränen in die Augen, obgleich ich in diesem selben Augenblick ganz genau wusste, dass das alles aus dem »Sylvio« und dem »Maskenball« Lermontows herstammte. Und auf einmal begann ich mich furchtbar zu schämen, dermaßen, dass ich den Kutscher anhalten ließ, aus dem Schlitten stieg und mich mitten auf der Straße im Schnee hinstellte. Der Kutscher sah mich erstaunt an und seufzte.

Was sollte ich tun? Ich konnte weder dorthin, da dabei nur Unsinn herauskommen würde, noch auch konnte ich die Sache auf sich beruhen lassen, denn dann würde sich ein Resultat ergeben, ein Resultat … Gott, wie könnte ich es denn auf sich beruhen lassen! Nach solchen Beleidigungen! »Nein!«, rief ich und sprang wieder in den Schlitten, »das ist nun einmal so vorherbestimmt; das ist Fatum! Fahr schneller, fahr schneller, dorthin!«

Und in meiner Ungeduld schlug ich den Kutscher mit der Faust in den Nacken.

»Aber was hast du denn? Warum haust du mich?«, rief der kümmerliche Mensch, peitschte aber doch seinen Klepper so, dass er anfing, mit den Hinterbeinen auszuschlagen.

Der nasse Schnee fiel in großen Flocken; ich schlug meinen Mantel auseinander, ohne mich um den Schnee zu kümmern. Ich hatte alles Übrige vergessen, weil ich mich endgültig zu der Ohrfeige entschlossen hatte und mir mit Entsetzen bewusst war, dass dies jetzt unfehlbar in kürzester Frist geschehen werde und durch keine Gewalt mehr aufgehalten werden könne. Die einsamen Laternen schimmerten trübe durch den Schneenebel hindurch, wie Fackeln bei einem Begräbnis. Der Schnee drang mir unter den Mantel, unter den Rock, unter das Halstuch und schmolz dort, aber ich machte den Mantel nicht zu: Es war ja sowieso schon alles verloren! Endlich kamen wir am Ziel an. Ich sprang fast bewusstlos aus dem Schlitten, lief die Stufen hinan und begann mit Händen und Füßen an die Tür zu pochen. Besonders die Beine waren mir in den Knien furchtbar matt geworden. Es wurde merkwürdig schnell geöffnet, als wenn man dort gewusst hätte, dass ich kommen würde. (In der Tat hatte Simonow gesagt, es werde vielleicht noch einer kommen; an diesem Ort aber musste man sich anmelden und sich überhaupt vorsichtig benehmen. Es war dies eines jener damaligen »Modegeschäfte«, die jetzt schon längst durch die Polizei beseitigt sind. Bei Tage war es tatsächlich ein Ladengeschäft; abends aber konnte, wer eine Empfehlung hatte, einen Besuch machen.) Ich ging mit schnellen Schritten durch den dunklen Laden in den mir bekannten Salon, wo nur eine einzige Kerze brannte, und blieb erstaunt stehen: Es war niemand da.

»Wo sind sie denn?«, fragte ich jemanden.

Aber sie hatten sich selbstverständlich schon in die einzelnen Zimmer verteilt.

Vor mir stand, dumm lächelnd, die Wirtin selbst, die mich einigermaßen kannte. Einen Augenblick darauf öffnete sich eine Tür, und es trat noch eine andere Person herein.

Ohne mich um irgendetwas zu kümmern, ging ich im Zimmer auf und ab und redete, glaube ich, mit mir selbst. Ich hatte ein Gefühl, als wäre ich vom Tod errettet, und empfand das freudig mit meinem ganzen Wesen: Ich hätte ja die Ohrfeige verabfolgt, hätte sie unfehlbar, unfehlbar verabfolgt! Aber jetzt waren sie nicht da, und … alles war verschwunden, alles hatte sich geändert! Ich blickte um mich. Ich konnte immer noch nicht recht zu mir kommen. Mechanisch sah ich nach dem eingetretenen jungen Mädchen hin: Undeutlich sah ich vor mir ein frisches, jugendliches, etwas blasses Gesicht mit regelmäßig gezeichneten, dunklen Augenbrauen und mit ernstem, anscheinend etwas verwundertem Blick. Das gefiel mir sofort; ich würde sie gehasst haben, wenn sie gelächelt hätte. Ich begann, sie aufmerksamer zu betrachten, was mich eine gewisse Anstrengung kostete: Es war mir immer noch nicht möglich, alle meine Gedanken zu sammeln. Es lag etwas Treuherziges und Gutmütiges in diesem Gesicht, aber zugleich auch ein Ernst, der geradezu seltsam erschien. Ich bin überzeugt, dass sie dadurch an diesem Ort ihr Spiel oft verlor und von jenen Dummköpfen niemand sie beachtet hatte. Übrigens konnte man sie nicht eine Schönheit nennen, obgleich sie hochgewachsen, kräftig und wohlgebaut war. Gekleidet war sie außerordentlich einfach. Ein garstiger Gedanke versetzte mir gewissermaßen einen Biss; ich ging geradeswegs auf sie zu.

Zufällig sah ich mich in einem Spiegel. Mein aufgeregtes Gesicht erschien mir äußerst abstoßend: blass, boshaft, gemein, mit unordentlichem Haar. »Meinetwegen; ich freue mich darüber«, dachte ich, »ich freue mich gerade darüber, dass ich ihr widerwärtig vorkomme; das ist mir lieb …«

VI

… Irgendwoher hinter der Zwischenwand hob mit heiserem Schnarren eine Uhr aus; es klang, als ob ein starker Druck auf ihr lastete, als ob jemand sie würgte. Nach einem unnatürlich langen

Schnarren folgte ein dünner, hässlicher, gewissermaßen unerwarteter Ton, wie wenn jemand plötzlich nach vorn spränge. Es schlug zwei. Ich kam zur Besinnung, wiewohl ich nicht eigentlich geschlafen, sondern nur in halber Bewusstlosigkeit dagelegen hatte.

In dem schmalen, engen, niedrigen Zimmer, in welchem noch ein gewaltig großer Kleiderschrank sowie herumliegende Kartons, Lappenzeug und allerlei Kleiderkram viel Platz beanspruchten, war es fast ganz dunkel. Ein Lichtstümpfchen, das auf einem Tisch am Ende des Zimmers brannte, war schon dem Ausgehen nahe und flackerte nur ab und zu noch ein wenig auf. Nach einigen Minuten musste vollständige Dunkelheit eintreten.

Es dauerte nicht lange, bis ich wieder zu mir kam; alles kam mir mit einem Male ohne jede Anstrengung sogleich ins Gedächtnis, als ob diese Erinnerungen ordentlich auf mich gelauert hätten, um wieder über mich herzufallen. Aber auch während der halben Bewusstlosigkeit selbst war ein bestimmter Punkt mir beständig im Gedächtnis geblieben, ohne in Vergessenheit zu versinken, und um diesen Punkt hatten sich meine schlaftrunkenen, träumerischen Gedanken schwerfällig herumbewegt. Eines jedoch war sonderbar: Alles, was ich an diesem Tag erlebt hatte, kam mir jetzt nach dem Aufwachen so vor, als sei es schon lange, lange vergangen, als liege es schon weit, weit hinter mir.

Der Kopf war mir benommen. Ich hatte eine Empfindung, als schwebe etwas über mir, was mich reize, aufrege und beunruhige. Ärger und Ingrimm brodelten wieder auf und suchten einen Ausgang. Auf einmal erblickte ich neben mir zwei geöffnete Augen, die mich forschend und starr betrachteten. Der Blick derselben war kalt, teilnahmslos, finster, als ob sie einer ganz fremden Person gehörten; er rief bei mir ein peinliches Gefühl hervor.

Ein missmutiger Gedanke entstand in meinem Gehirn und verbreitete sich mit einer widerwärtigen Empfindung durch meinen ganzen Körper; diese Empfindung hatte Ähnlichkeit mit der, wenn man in einen feuchten, dumpfen Keller tritt. Es war gewissermaßen unnatürlich, dass diese beiden Augen gerade jetzt erst auf den Gedanken gekommen waren, mich zu betrachten. Ich erinnerte mich auch, dass ich im Lauf von zwei Stunden mit diesem Wesen nicht ein einziges Wort gesprochen und das für ganz unnötig gehalten hatte; das hatte mir vorhin sogar aus irgendwelchem Grund gefallen. Jetzt aber trat mir auf einmal vor die Seele das absurde, gleich einer Spinne ekelhafte Bild einer Ausschweifung, die ohne Liebe, roh und schamlos geradezu damit anfängt, womit die wahre Liebe ihre Krönung findet. So sahen wir einander lange an, aber sie schlug ihre Augen vor den meinigen nicht nieder und änderte ihren Blick nicht, sodass es mir schließlich gewissermaßen unheimlich wurde.

»Wie heißt du?«, fragte ich kurz, um dieser Situation möglichst schnell ein Ende zu machen.

»Lisa«, antwortete sie beinahe flüsternd, aber sehr unfreundlich und wandte die Augen ab.

Ich schwieg eine Weile.

»Ist das heute ein Wetter … Schnee … scheußlich!«, sagte ich, fast nur so vor mich hin, legte melancholisch die Hand unter meinen Kopf und sah nach der Decke.

Sie antwortete nicht. All das war ekelhaft.

»Bist du eine Hiesige?«, fragte ich einen Augenblick darauf und drehte den Kopf ein wenig nach ihr hin.

»Nein«.

»Wo bist du denn her?«

»Aus Riga«, sagte sie widerwillig.

»Bist du eine Deutsche?«

»Nein, eine Russin.«

»Bist du schon lange hier?«

»Wo?«

»In diesem Haus?«

»Zwei Wochen.«

Sie sprach in immer schrofferem Ton. Das Licht war vollständig ausgegangen; ich konnte ihr Gesicht nicht mehr unterscheiden.

»Hast du noch einen Vater und eine Mutter?«

»Ja … nein … ja.«

»Wo wohnen sie?«

»Dort … in Riga.«

»Was sind sie?«

»Nichts Besonderes …«

»Was heißt das: ›Nichts Besonderes?‹ Was sind sie, was haben sie für einen Beruf?«

»Kleinbürger.«

»Hast du immer bei ihnen gewohnt?«

»Ja.«

»Wie alt bist du?«

»Zwanzig.«

»Warum bist du denn von ihnen weggegangen?«

»Bloß so …«

Dieses »bloß so«, bedeutet: »Lass mich in Ruhe; es wird mir zum Ekel.« Wir verstummten beide.

Weiß Gott, warum ich nicht wegging. Mir selbst wurde immer widerwärtiger und melancholischer zumute. Die Bilder des ganzen vorhergehenden Tages begannen wie von selbst, ohne meinen Willen, unordentlich vor meinem geistigen Auge vorüberzuziehen. Ich erinnerte mich auf einmal an eine Szene, die ich am Morgen auf der Straße gesehen hatte, als ich, den Kopf voll Sorgen, nach meinem Büro trabte.

»Heute trugen sie einen Sarg heraus und ließen ihn beinah hinfallen«, sagte ich plötzlich laut, ganz und gar nicht in der Absicht, ein Gespräch anzufangen, sondern ohne mir etwas dabei zu denken, fast unwillkürlich.

»Einen Sarg?«

»Ja, auf dem Heumarkt; sie brachten ihn aus einem Keller heraus.«

»Aus einem Keller?«

»Nicht eigentlich aus einem Keller, sondern aus einer Kellerwohnung … Na, du weißt wohl … von da unten … aus einem schlechten Haus … Es war ringsumher ein grässlicher Schmutz … Eierschalen, Kehricht … es roch hässlich, es war gräulich.«

Stillschweigen.

»Es ist schauderhaft, heute begraben zu werden!«, begann ich von Neuem, nur um nicht zu schweigen.

»Weshalb schauderhaft?«

»Der Schnee, die Nässe …« (Ich gähnte.)

»Das ist doch ganz egal«, sagte sie plötzlich nach einem kurzen Stillschweigen.

»Nein, es ist garstig …« (ich gähnte wieder). »Die Totengräber haben gewiss geschimpft, weil der Schnee sie durchweichte. Und im Grab hat gewiss Wasser gestanden.«

»Warum soll denn im Grab Wasser gestanden haben?«, fragte sie mit einer gewissen Neugier, aber in noch unfreundlicherem, schrofferem Ton als vorher. Ich kam auf einmal in eine gereizte Stimmung hinein.

»Natürlich ist Wasser da gewesen, auf dem Boden, einen Fuß hoch. Da auf dem Wolkowski-Kirchhof ist kein einziges Grab, das gegraben wird, trocken.«

»Woher kommt das?«

»Wie kannst du so fragen! Es ist eine sumpfige Gegend. Hier ist überall Sumpf. So werden denn die Särge einfach ins Wasser gelegt. Ich habe es selbst gesehen … viele Male …«

(Ich hatte es kein einziges Mal gesehen und war auch niemals auf dem Wolkowski-Kirchhof gewesen, sondern hatte es nur erzählen hören.)

»Ist es dir denn ganz egal, ob du stirbst?«

»Aber, warum soll ich denn sterben?«, antwortete sie, als ob sie sich verteidigte.

»Irgendeinmal wirst du schon sterben und wirst genauso sterben wie die Tote, von der ich redete. Das war … ebenfalls ein junges Mädchen … Sie ist an der Schwindsucht gestorben.«

»Das Mädchen hätte im Krankenhaus sterben sollen …«

(Sie weiß damit schon Bescheid, dachte ich, und hat gesagt: »das Mädchen« und nicht: »das junge Mädchen«.)

»Sie war ihrer Wirtin Geld schuldig«, erwiderte ich, durch den Streit immer hitziger werdend, »und so hat sie ihr denn bis fast zu ihrem Tod gedient, obwohl sie die Schwindsucht hatte. Die umherstehenden Droschkenkutscher sprachen davon mit Soldaten und erzählten es. Das waren gewiss frühere Bekannte von ihr. Sie lachten und hatten auch noch vor, in der Schenke auf ihr Gedächtnis zu trinken.« (Auch hier log ich vieles hinzu.)

Stillschweigen, tiefes Stillschweigen. Sie rührte sich nicht einmal.

»Im Krankenhaus ist es wohl besser zu sterben, wie?«

»Ist es nicht alles dasselbe? … Aber warum sollte ich sterben?«, fügte sie in gereiztem Ton hinzu.

»Wenn nicht jetzt, so doch später.«

»Na, auch später …«

»Was redest du! Sieh mal, jetzt bist du jung, hübsch und frisch; darum wird auch ein solcher Preis für dich angesetzt. Aber nach einem Jahr eines solchen Lebens wirst du bereits anders aussehen; du wirst verwelkt sein.«

»Nach einem Jahr?«

»Jedenfalls wirst du nach einem Jahr minder hoch im Preis stehen«, fuhr ich schadenfroh fort. »Du wirst von hier anderswohin ziehen, in ein anderes Haus, von niedrigerem Rang. Und wieder nach einem Jahr in ein drittes Haus, immer tiefer und tiefer, und nach etwa sieben Jahren wirst du nach dem Heumarkt in eine Kellerwohnung kommen. Und das ist noch der günstigste Fall. Aber wenn sich nun bei dir außerdem unglücklicherweise eine Krankheit einfindet, na, eine Brustschwäche … oder du erkältest dich, oder so etwas. Bei einem solchen Leben haftet eine Krankheit fest und geht nicht so leicht vorüber. Siehst du, dann wirst du sterben.«

»Na, dann sterbe ich!«, antwortete sie, nunmehr ganz ärgerlich, und bewegte sich schnell hin und her.

»Aber es ist doch schade.«

»Um was?«

»Um das Leben ist es schade.«

Stillschweigen.

»Hast du einen Bräutigam gehabt, ja?«

»Wozu wollen Sie das wissen?«

»Nun, ich will dich nicht ausfragen. Was geht es mich an? Warum bist du ärgerlich geworden? Du hast gewiss deine Unannehmlichkeiten gehabt. Was geht es mich an? Aber ich habe doch Mitleid.«

»Mit wem?«

»Mit dir.«

»Kein Anlass …«, flüsterte sie kaum hörbar und bewegte sich wieder hin und her.

Ich wurde über ihr Verhalten sogleich ärgerlich. Wie! Ich war so freundlich gegen sie; und sie …

»Was denkst du denn? Bist du auf gutem Weg?«

»Ich denke gar nichts.«

»Das ist eben schlimm, dass du nichts denkst. Komm zu Besinnung, solange es noch Zeit ist. Und Zeit ist es noch. Du bist noch jung und schön; du könntest dich verlieben, dich verheiraten, glücklich werden …«

»Nicht alle verheirateten Frauen sind glücklich«, unterbrach sie mich in der früheren unfreundlichen, hastigen Weise.

»Das ist richtig, gewiss, aber doch ist es weit besser, verheiratet zu sein als hier zu sein. Unvergleichlich viel besser. Und wenn man liebt, kann man auch ohne Glück leben. Auch im Leid ist das Leben schön; es ist schön, auf der Welt zu leben, wie auch immer man lebt. Aber hier, was ist hier anderes als … Gestank? Pfui!«

Ich drehte mich voll Ekel um; ich trug meine Meinungen nicht mehr kaltblütig vor. Ich begann selbst das zu empfinden, was ich sagte, und wurde hitzig. Ich brannte schon vor Begierde, die hübschen kleinen Ideen, die ich mir in meinem Stübchen zurechtgemacht hatte, auseinanderzusetzen. Eine Glut flammte in mir auf; ein Ziel wurde mir sichtbar.

»Sieh nicht darauf, dass ich ebenfalls hier bin; ich kann dir nicht als Vorbild dienen. Ich bin vielleicht noch schlechter als du. Übrigens bin ich in betrunkenem Zustand hierhergekommen«, beeilte ich mich doch zu meiner Entschuldigung hinzuzufügen. »Zudem ist ein Mann für ein Weib überhaupt kein Vorbild. Das ist doch eine andere Sache; wenn ich mich auch beflecke und beschmutze, so bin ich doch wenigstens niemandes Sklave; nachdem ich hier gewesen bin, gehe ich wieder weg und bin nicht mehr da. Ich schüttele es von mir ab und bin wieder ein anderer Mensch. Aber dagegen zieh in Betracht, dass du gleich vom ersten Anfang an eine Sklavin bist. Ja, eine Sklavin! Du gibst alles hin, deine ganze Willensfreiheit. Und wenn du später diese Ketten zerreißen willst, so geht das nicht mehr; sie werden dich immer fester und fester gefesselt halten. Von der Art sind diese verfluchten Ketten nun einmal. Ich kenne sie. Von anderen Punkten will ich schon gar nicht reden; du würdest es vielleicht auch nicht verstehen, aber sag mir mal das eine: Du bist deiner Wirtin gewiss schon Geld schuldig? Na, siehst du wohl!«, fügte ich hinzu, obgleich sie mir nicht geantwortet hatte, sondern nur schweigend mit gespannter Aufmerksamkeit zuhörte, »da hast du deine Ketten! Du wirst dich niemals loskaufen können. Das richten die

Wirtinnen schon so ein. Das ist gerade, wie wenn du dem Teufel deine Seele verkauft hättest …

Und außerdem bin ich vielleicht ein ebenso unglücklicher Mensch wie du (woher willst du es wissen?) und steige absichtlich in den Schmutz hinab, ebenfalls aus Kummer. Trinken ja doch manche Leute aus Gram; na, und ich, siehst du, bin aus Gram hier. Na, sag mal, was ist denn daran Gutes: Ich und du, wir sind hier vorhin zusammengekommen und haben die ganze Zeit über kein Wort miteinander geredet, und du hast erst so lange nachher angefangen, mich scheu zu betrachten; und ebenso ich dich. Liebt man denn so? Soll etwa ein Mensch mit dem andern in dieser Weise verkehren? Das ist ja etwas ganz Widerliches, jawohl!«

»Ja«, stimmte sie mir in scharfem Ton eilig bei. Die Eile, mit der sie dieses Ja sprach, setzte mich sogar in Erstaunen. »Also auch ihr«, dachte ich, »ist vielleicht dieser selbe Gedanke schon durch den Kopf gegangen, als sie mich vorhin betrachtete? Also ist auch sie bereits gewisser Gedanken fähig? … Hol's der Teufel, das ist merkwürdig; das ist Seelenverwandtschaft«, dachte ich und rieb mir beinahe die Hände. »Und wie sollte man auch mit so einer jungen Seele sich nicht verständigen können! …«

Am meisten Reiz hatte es für mich, so mein Spiel zu treiben.

Sie drehte ihren Kopf näher zu mir hin und stützte sich, wie es mir in der Dunkelheit schien, auf den Arm. Vielleicht betrachtete sie mich. Wie leidtat es mir, dass ich ihre Augen nicht unterscheiden konnte. Ich hörte ihr tiefes Atmen.

»Warum bist du hierhergekommen?«, begann ich, nunmehr in einer Art von autoritativem Ton.

»Es hat sich so gemacht.«

»Aber es ist doch so schön, im Vaterhaus zu leben. Da hat man es warm und behaglich; man hat sein eigenes Nest.«

»Aber wenn es da schlechter war als hier?«

»Ich muss den richtigen Ton treffen«, ging es mir durch den Kopf, »vielleicht lässt sich durch Empfindsamkeit etwas erreichen.«

Übrigens war das bei mir nur so ein flüchtiger Gedanke. Ich versichere, dass sie mich wirklich interessierte. Überdies befand ich mich in einer Art von Schwächezustand und in sentimentaler Stimmung. Und Spitzbüberei verträgt sich ja auch sehr leicht mit Sentimentalität.

»Dagegen lässt sich nichts sagen«, beeilte ich mir zu antworten, »es kommt alles Mögliche vor. Siehst du, ich bin davon überzeugt, dass dich jemand gekränkt hat, und dass eher die Menschen sich dir gegenüber schuldig gemacht haben als du dich ihnen gegenüber. Ich weiß ja von deiner Lebensgeschichte nichts, aber ein solches Mädchen wie du begibt sich nicht aus eigener Neigung an einen Ort wie diesen hier …«

»Was bin ich denn für ein Mädchen?«, flüsterte sie kaum hörbar, aber ich hörte es doch.

»Hol's der Teufel«, dachte ich, »ich sage ja Schmeicheleien. Das ist hässlich. Aber vielleicht ist es auch gut so …« Sie schwieg.

»Siehst du, Lisa, ich will einmal von mir reden! Wenn ich von meiner Kindheit an eine Familie gehabt hätte, so würde ich nicht ein solcher Mensch sein, wie ich es jetzt bin. Ich denke darüber oft nach. Mag es in der Familie auch noch so schlecht sein, es sind doch immer Vater und Mutter und keine Feinde, keine Fremden. Und wenn sie einem auch nur einmal im Jahr ihre Liebe zeigen. Man weiß doch, dass man bei sich zu Hause ist. Siehst du, ich bin ohne Familie aufgewachsen; daher kommt es auch gewiss, dass ich ein solcher Mensch geworden bin, ein so gefühlloser Mensch.«

Ich wartete wieder.

»Vielleicht versteht sie mich überhaupt nicht«, dachte ich.

»Und es ist ja auch lächerlich: Ich als Moralprediger!«

»Wenn ich Vater wäre und eine Tochter hätte, dann würde ich, glaube ich, die Tochter mehr lieben, als die Söhne, wirklich«, begann ich von einer anderen Seite her, als wollte ich, um sie zu zerstreuen, den Gegenstand wechseln. Ich muss gestehen, dass ich errötete.

»Warum denn?«, fragte sie.

Also hörte sie doch zu.

»So unwillkürlich; ich weiß nicht warum, Lisa. Siehst du, ich habe einen Vater gekannt, der war ein strenger, finsterer Mensch, aber vor seiner Tochter lag er oft auf den Knien, küsste ihr die Hände und Füße und konnte sich an ihr gar nicht sattsehen, wirklich. Wenn sie auf einer Abendgesellschaft tanzte, so stand er fünf Stunden lang auf ein und demselben Fleck und verwandte kein Auge von ihr. Er war in sie ganz vernarrt: Ich habe dafür Verständnis! Wenn sie nachts schlief, so stand er auf und ging zu der Schlafenden hin, um sie zu küssen und zu bekreuzen. Er selbst ging in einem schmierigen Rock umher und war für alle andern geizig, aber ihr kaufte er für sein letztes Geld etwas, machte ihr wertvolle Geschenke und freute sich von Herzen, wenn ein Geschenk ihr gefiel. Der Vater liebt die Töchter immer mehr, als es die Mutter tut. Manches junge Mädchen hat bei sich zu Hause ein vergnügliches Leben! Ich aber würde, glaube ich, meine Tochter keinem zur Frau geben.«

»Warum denn nicht?«, fragte sie mit einem ganz leisen Lächeln.

»Ich würde eifersüchtig sein, wahrhaftig. Na, sie sollte einen andern küssen? Sie sollte einen Fremden mehr lieben als ihren Vater? Schon die bloße Vorstellung ist peinlich. Gewiss, das alles ist Unsinn; gewiss, ein Vater nimmt schließlich Vernunft an. Aber was mich betrifft, ich würde, glaube ich, bevor ich meine Tochter einem zur Frau gäbe, mich schon allein mit Sorgen totquälen: An allen Bewerbern würde ich etwas auszusetzen haben. Schließlich aber würde ich meine Tochter doch demjenigen geben, den sie selbst liebt. Derjenige, den die Tochter selbst liebt, erscheint ja freilich dem Vater immer als der Schlechteste von allen. Das ist nun einmal so. Davon rührt in den Familien viel Unheil her.«

»Es gibt auch andere, die, statt ihre Tochter in Ehren wegzugeben, sich freuen, wenn sie sie verkaufen können«, sagte sie plötzlich.

»Aha«, dachte ich, »so steht die Sache!«

»So, Lisa, geht es in jenen verfluchten Familien zu, wo es weder Gottesfurcht noch Liebe gibt«, fiel ich eifrig ein, »wo aber keine Liebe ist, da ist auch keine Vernunft. Solche Familien gibt es allerdings, aber von denen rede ich nicht. Du hast offenbar in deiner Familie nichts Gutes erlebt, da du so sprichst. Wahrlich, du bist eine Unglückliche. Hm! … All das geschieht meist aus Armut.«

»Ist es denn bei den vornehmen Leuten besser? Auch in der Armut können ehrenhafte Leute gut und brav leben.«

»Hm … ja. Vielleicht. Bedenke auch das, Lisa: Der Mensch liebt es, nur sein Leid zu zählen, aber sein Glück zählt er nicht. Zählte er aber gebührendermaßen beides, so würde er sehen, dass er von beidem zur Genüge bekommt. Nun, wie aber, wenn in einer Familie alles wohlgelingt und Gott sie segnet und dein Mann sich als ein guter Mensch erweist und dich liebt und auf den Händen trägt und nicht von deiner Seite weicht? Schön ist es in einer solchen Familie! Manchmal ist es sogar schön, wenn man das Leid gemeinsam trägt; und wo gäbe es kein Leid? Vielleicht wirst du dich verheiraten; dann wirst du das selbst erfahren. Nimm auch nur die erste Zeit der Ehe mit dem, den du liebst: wie viel Glück, wie viel Glück schließt die manchmal in sich! Volles, ununterbrochenes Glück. In der ersten Zeit nehmen sogar die Streitigkeiten mit dem Mann ein gutes Ende. Manche Frau fängt, je mehr sie ihren Mann liebt, umso häufiger Streit mit ihm an. Wirklich, ich habe eine solche Frau gekannt: ›Ich liebe dich so sehr‹, sagte sie, ›und quäle dich nur aus Liebe; das musst du doch fühlen.‹ Weißt du wohl, dass man aus Liebe einen Menschen absichtlich quälen kann? Am meisten tun das die Frauen. So eine denkt im Stillen: ›Dafür werde ich ihn nachher so lieben und so nett zu ihm sein, dass es keine Sünde sein kann, ihn jetzt auch ein bisschen zu quälen.‹ Und im Haus freuen sich alle über euch, und alles geht schön und heiter und friedlich und ehrenhaft zu … Da gibt es auch andere, die eifersüchtig sind. Wenn der Mann irgendwohin geht, dann kann die Frau (ich habe eine solche gekannt) es nicht aushalten, sondern springt mitten in der Nacht auf und läuft heimlich weg, um nachzusehen: ob er auch nicht da und da ist, in dem und dem Haus, mit der und der zusammen. Das ist nun allerdings nicht schön. Und sie weiß selbst, dass es nicht schön ist, und ihr Herz quält sich und martert sich ab, aber sie liebt ja und tut das alles aus Liebe. Und wie schön ist es, nach einem Streit sich zu versöhnen, wenn die Frau selbst den Mann um Verzeihung bittet oder ihm verzeiht! Und beiden wird auf einmal so fröhlich, so fröhlich zumute, als ob sie von Neuem einander zum ersten Mal begegneten, sich von Neuem vermählten und ihre Liebe von Neuem anfinge. Und niemand, niemand darf wissen, was zwischen Mann und Frau vorgeht, wenn sie einander lieben. Und was auch immer für ein Streit zwischen ihnen vorkommen mag, so dürfen sie doch nicht einmal die eigene Mutter als Richterin anrufen, und keiner darf von dem andern etwas erzählen. Sie selbst sind ihre Richter. Die Liebe ist ein göttliches Geheimnis und muss vor allen fremden Augen verborgen bleiben, was auch immer vorgehen mag. Sie wird dadurch noch heiliger und besser. Sie lernen einander immer mehr achten, und auf der Achtung beruht gar vieles. Und wenn einmal Liebe vorhanden gewesen ist und sie sich aus Liebe geheiratet haben, warum sollte dann die Liebe vergehen? Ist es denn unmöglich, sie zu erhalten? Dass es unmöglich wäre, sie zu erhalten, ist doch nur ein seltener Fall. Na, wenn es sich nun so trifft, dass der Ehemann ein guter, ehrenhafter Mensch ist, wie sollte dann die Liebe schwinden? Die erste, leidenschaftliche Liebe wird ja allerdings vergehen, aber dann wird eine andere, noch schönere Liebe kommen. Dann werden die Gatten sich seelisch aneinander schließen; alle ihre Angelegenheiten werden sie gemeinsam erledigen; keiner wird vor dem andern ein Geheimnis haben. Und wenn Kinder kommen, dann erscheint jede, auch die schwerste Zeit als eine glückliche; man braucht nur zu lieben und Mut zu haben. Dann ist auch die Arbeit eine Lust, und man versagt sich manchmal ein Stück Brot um der Kinder willen, und auch das ist eine Freude. Sie werden dich ja dafür später lieben; so sammelst du dir selbst einen Schatz. Die Kinder wachsen heran; du fühlst, dass du ihnen ein Vorbild, eine Stütze bist, dass sie auch nach deinem Tod ihr ganzes Leben lang deine Gefühle und Gedanken, so wie sie sie von dir empfangen haben, in sich tragen werden, dass sie dir ähnlich, deine Ebenbilder sein werden. Also darin liegt eine große Pflicht. Wie sollten da Vater und Mutter sich nicht enger aneinander schließen? Ja, da sagt man, Kinder zu haben sei eine Last. Wer sagt das? Es ist vielmehr ein himmlisches Glück! Hast du kleine Kinder gern, Lisa? Ich habe sie furchtbar gern. Weißt du, wenn so ein rosiges Knäblein an deiner Brust trinkt, welches Mannes Herz könnte da seiner Frau grollen, wenn er sieht, wie sie mit seinem Kind dasitzt! Das rosige, dicke Kindchen streckt sich behaglich; seine Beinchen und Ärmchen sind so voll und weich, die Nägelchen so rein und klein, so klein, dass sie lächerlich anzusehen sind; und die Äuglein sehen aus, als ob sie schon alles verständen. Und während es trinkt, zupft es dir mit dem Händchen an der Brust herum und spielt. Wenn der Vater hinzutritt, reißt es sich von der Brust los, biegt sich ganz zurück, sieht den Vater an und lacht, als ob da etwas Gott weiß wie lächerlich wäre, und macht sich dann wieder daran zu trinken. Und manchmal beißt es ohne Weiteres die Mutter in die Brust, wenn bei ihm schon die Zähnchen durchgekommen sind, und schielt sie dabei mit den Äuglein an: ›Siehst du wohl, ich habe dich gebissen!‹ Ist das nicht alles das schönste Glück, wenn sie zu dreien beisammen sind, Mann, Frau und Kind? Für solche Augenblicke kann man viel verzeihen. Nein, Lisa, man muss zuerst selbst leben lernen, ehe man andere beschuldigt!«

»Solche Bilder, ja, solche Bilder, die sind das richtige Mittel, um auf dich zu wirken!«, dachte ich im Stillen, obgleich ich wirklich mit echter Empfindung gesprochen hatte. Aber plötzlich wurde ich rot: »Aber wenn sie nun auf einmal auflacht, was soll ich dann anfangen?«

Dieser Gedanke machte mich wütend. Gegen das Ende meiner Rede war ich tatsächlich warm geworden, und jetzt fühlte sich meine Eitelkeit verletzt. Das Stillschweigen dauerte ziemlich lange. Ich wollte ihr schon einen Stoß versetzen.

»Was Sie da nur …«, begann sie auf einmal, stockte aber dann.

Aber nun begriff ich schon alles: In ihrer Stimme zitterte schon etwas anderes, nicht mehr die frühere Schroffheit, Herbheit und Widerspenstigkeit, sondern eine gewisse Weichheit und Verschämtheit, eine solche Verschämtheit, dass ich selbst mich auf einmal vor ihr zu schämen anfing und mich ihr gegenüber schuldig fühlte.

»Was willst du sagen?«, fragte ich mit zärtlicher Neugier.

»Ach, Sie …«

»Nun, was denn?«

»Was Sie da nur reden … Wie aus einem Buch«, sagte sie, und ihre Stimme schien auf einmal wieder einen spöttischen Klang zu haben.

Bei dieser Wahrnehmung fühlte ich innerlich einen Stich. Das hatte ich nicht erwartet.

Ich verstand eben nicht, dass sie absichtlich den Spott als Maske gebrauchte, dass dies der gewöhnliche letzte Kunstgriff schamhaft und keusch empfindender Menschen ist, in deren innerstes Empfinden sich jemand in roher, rücksichtsloser Weise eindrängt, und die sich aus Stolz bis zum letzten Augenblick nicht ergeben und sich scheuen, vor einem Fremden ihre Empfindungen zu äußern. Schon aus der Zaghaftigkeit, mit der sie erst nach mehreren Anläufen zur Waffe des Spotts griff und sich dazu entschloss, ihre Bemerkung auszusprechen, schon daraus hätte ich erraten sollen, wie es stand. Aber ich erriet es nicht, und ein böses Gefühl bemächtigte sich meiner.

»Warte nur!«, dachte ich.

VII

»Ach, nicht doch, Lisa; wie kannst du nur von einem Buch reden, während doch ich selbst als Fernstehender hier ein Gefühl des Ekels habe. Übrigens bin ich eigentlich kein Fernstehender. All diese Vorstellungen sind jetzt wirklich in meiner Seele erwacht … Hast du selbst denn hier nicht ein Gefühl des Ekels? Nein, da sieht man, dass die Gewohnheit viel vermag! Weiß der Teufel, was die Gewohnheit aus einem Menschen machen kann. Und glaubst du wirklich im Ernst, dass du niemals altern, sondern lebenslänglich hübsch bleiben wirst und man dich hier in alle Ewigkeit behalten wird? Ich rede gar nicht einmal davon, dass es hier gräulich ist … Indessen, eines möchte ich dir doch darüber sagen, ich meine über dein jetziges Leben: Jetzt bist du jung, nett, hübsch, voll Gemüt und Gefühl; na, aber weißt du wohl, dass ich, als ich vorhin wieder zu mir kam, sogleich ein Gefühl des Ekels darüber empfand, hier mit dir zusammen zu sein? Man kann ja doch nur in betrunkenem Zustand hierher geraten. Wärest du aber an einem andern Ort und lebtest du so, wie ordentliche Leute leben, dann würde ich, ich sage nicht: dir den Hof machen, sondern mich vielleicht einfach in dich verlieben und mich über jedes Wort, ja über jeden Blick von dir freuen; beim Haustor würde ich auf dich warten und vor dir auf die Knie fallen; ich würde mich um deine Hand bewerben und es für eine Ehre halten, wenn mir dieselbe zuteilwürde. Ich würde es nicht wagen, etwas Unreines von dir zu denken. Hier aber weiß ich ja, dass ich nur zu pfeifen brauche, dann kommst du zu mir, ob du willst oder nicht, und ich frage dann nicht nach deinem Willen, sondern du nach dem meinigen. Wenn der geringste Mann aus dem niederen Volk sich als Arbeiter verdingt, so begibt er sich doch nicht vollständig in die Sklaverei und weiß auch, dass er zu einem bestimmten Termin wieder frei wird. Aber du, wo hast du einen solchen Termin? Und was verkaufst du in die Sklaverei? Deine Seele, deine Seele, über die du gar nicht einmal zu verfügen berechtigt bist, mitsamt dem Körper! Deine Liebe gibst du jedem Trunkenbold zur Beschimpfung hin! Deine Liebe! Und das ist ja doch das gesamte Eigentum eines Mädchens, sein Edelstein, sein Schatz, die Liebe. Um diese Liebe zu erringen, ist mancher bereit, sein Leben hinzugeben, in den Tod zu gehen. Aber wie hoch wird deine Liebe hier eingeschätzt? Du bist ja ganz käuflich, mit Haut und Haar; wozu soll da einer erst nach deiner Liebe trachten, wenn er auch ohne Liebe alles erreichen kann? Eine größere Beleidigung kann es ja aber für ein Mädchen gar nicht geben, verstehst du das? Da habe ich nun gehört, man suche euch Närrinnen dadurch zu trösten, dass man euch erlaubt, euch hier Liebhaber zu halten. Aber das ist ja doch nur eine Spielerei, nur ein Betrug, ein Spott über euch; und ihr glaubt, ihr hättet daran wirklich etwas! Wie? Liebt er dich etwa wirklich, dein Liebhaber? Ich kann's nicht glauben. Wie wird er dich lieben, wenn er weiß, dass man dich jeden Augenblick von ihm wegrufen kann? Wenn er sich darein fügt, muss er ein grundgemeiner Mensch sein! Hat er auch nur eine Spur von Achtung vor dir? Was hast du mit ihm gemein? Er macht sich über dich lustig und bestiehlt dich; das ist seine ganze Liebe! Du kannst noch froh sein, wenn er dich nicht schlägt. Aber vielleicht schlägt er dich auch. Frage ihn doch mal, wenn du einen solchen Liebhaber hast, ob er dich heiraten wird. Er wird dir ins Gesicht lachen, wenn er dich nicht anspuckt oder prügelt; und dabei ist er selbst vielleicht nicht einen zerbrochenen Groschen wert. Und was meinst du, für welchen Lohn hast du hier dein Leben zugrunde gerichtet?

Dafür, dass man dir Kaffee zu trinken und satt zu essen gibt? Aber zu welchem Zweck gibt man dir satt zu essen? Ein anderes, ehrenhaftes Mädchen würde keinen solchen Bissen herunterbringen, weil es weiß, wozu es gefüttert wird. Du bist hier deiner Wirtin Geld schuldig, und so wird das immer sein, bis zum letzten Ende, bis zu der Zeit, wo die Besucher anfangen werden, dich zu verschmähen. Und diese Zeit wird schnell herankommen; vertraue nicht auf deine Jugend! Hier geht es ja damit im Galopp. Dann wird deine Wirtin dich hinauswerfen. Und sie wird dich nicht einfach hinauswerfen, sondern vorher lange mit dir herumzanken, dir Vorwürfe machen, dich ausschimpfen, als ob du nicht deine Gesundheit ihr zum Opfer gebracht und deine Jugend und deine Seele für sie zugrunde gerichtet, sondern vielmehr sie um ihre Habe gebracht, sie zur Bettlerin gemacht, sie bestohlen hättest. Und hoffe nicht, dass dir jemand beistehen werde: Die andern Mädchen, deine Kameradinnen, werden ebenfalls über dich herfallen, um sich der Wirtin gefällig zu zeigen, denn hier befinden sich alle im Zustand der Sklaverei und haben längst alles Gewissen und Mitleid verloren. Sie sind zur tiefsten Stufe der Nichtswürdigkeit herabgesunken, und es gibt auf der Welt keine garstigeren, gemeineren, kränkenderen Schimpfreden als die, die du dann von ihnen zu hören bekommen wirst. Und alles wirst du hier opfern, alles ohne Ausnahme: Deine Gesundheit und deine Jugend und deine Schönheit und deine Hoffnungen, und wirst im Alter von zweiundzwanzig Jahren wie eine Fünfunddreißigjährige aussehen und noch froh sein können und Gott danken müssen, wenn du nicht krank bist. Du denkst jetzt wohl, hier habest du keine Arbeit und könntest ein bequemes Leben führen. Aber eine schwerere Zuchthausarbeit hat es auf der ganzen Welt nie gegeben. Ich glaube, das ganze Herz müsste in Tränen zergehen. Und kein Wort darfst du zu sagen wagen, keine Silbe, wenn du von hier weggejagt wirst; du wirst weggehen wie eine Schuldbeladene. Du wirst in ein anderes Haus gehen, dann in ein drittes, dann noch irgendwohin und wirst zuletzt auf dem Heumarkt anlangen. Dort aber wirst du fortwährend geprügelt werden; das ist dort die liebenswürdige Form des Verkehrs; dort versteht der Besucher es gar nicht, zärtlich zu sein, wenn er das Mädchen nicht vorher geprügelt hat. Du glaubst vielleicht nicht, dass es da so hässlich zugeht? Geh einmal hin und pass auf; vielleicht wirst du es mit deinen eigenen Augen zu sehen bekommen. Ich habe dort einmal am Neujahrstag ein Mädchen an der Tür gesehen. Ihre Hausgenossen warfen sie zum Spott hinaus, damit sie ein bisschen durchfrieren sollte, weil sie gar zu sehr geheult hatte; und die Tür machten sie hinter ihr zu. Um neun Uhr morgens war sie schon vollständig betrunken, zerzaust, halb nackt, ganz zerprügelt. Ihr Gesicht war weiß geschminkt, aber die Augen lagen in schwarzen Beulen, und aus Mund und Nase lief ihr das Blut; irgendein Droschkenkutscher hatte soeben sein Mütchen an ihr gekühlt. Sie setzte sich auf die Steinstufen; in der Hand hatte sie einen Salzfisch; sie heulte, jammerte über ihr ›trauriges Schicksal‹ und schlug mit dem Fisch auf die Stufen. Um sie herum drängten sich Droschkenkutscher und betrunkene Soldaten und hänselten sie. Du glaubst nicht, dass auch du einmal eine ebensolche werden wirst? Auch ich würde es nicht glauben wollen, aber woher weißt du es: Vielleicht war zehn, acht Jahre vorher dieses selbe Mädchen mit dem Salzfisch von irgendwo hierhergekommen, frisch und unschuldig und rein wie ein Engel Gottes; sie wusste von nichts Schlechtem und errötete über jedes arge Wort. Vielleicht war sie von gleicher Art wie du, stolz, empfindlich, den anderen unähnlich; sie sah wie eine Königin aus und wusste selbst, welch ein hohes Glück denjenigen erwartete, der sie lieb gewinnen und dessen Liebe sie erwidern würde. Und siehst du nun, womit es geendet hat? Wie? Wenn ihr nun gerade in dem Augenblick, als sie mit diesem Fisch auf die schmutzigen Stufen schlug, betrunken und zerzaust, wenn ihr in diesem Augenblick all ihre früheren reinen Jahre im Vaterhaus ins Gedächtnis kamen, als sie noch zur Schule ging und der Nachbarsohn sie auf dem Weg erwartete und ihr beteuerte, dass er sie sein ganzes Leben lang lieben und ihr sein Dasein widmen werde, und als sie miteinander verabredeten, einander lebenslänglich zu lieben und sich zu heiraten, sobald sie groß geworden sein würden! Nein, Lisa, es wird noch ein Glück, ein wahres Glück für dich sein, wenn du dort irgendwo in einem Winkel im Kellergeschoss möglichst bald an der Schwindsucht stirbst, wie das Mädchen von gestern. Du sagst, ein Mädchen müsse sich ins Krankenhaus bringen lassen. Gut, wenn man sie dahin bringt, aber wenn die Wirtin sie nun noch brauchen kann? Die Schwindsucht ist eine solche Krankheit; das ist kein hitziges Fieber. Dabei hofft der Mensch, noch bis zum letzten Augenblick und sagt, er sei gesund; er tröstet sich selbst. Aber für die Wirtin ist das gerade vorteilhaft. Du kannst sicher sein; es ist so; du hast ja deine Seele verkauft, und der Wirtin bist du überdies Geld schuldig; also darfst du nicht einmal mucksen. Wenn du aber im Sterben liegst, kümmert sich kein Mensch mehr um dich; alle wenden sich von dir ab, denn was können sie von dir noch für Nutzen haben? Sie machen dir noch Vorwürfe, dass du unnütz einen Platz einnimmst und nicht schnell genug stirbst. Wenn du trinken willst, kannst du lange bitten, und sie reichen dir nur mit Schimpfworten etwas: ›Wann wirst du denn endlich krepieren, du Aas; du störst uns im Schlaf; die Besucher werden verdrießlich.‹ Das ist zuverlässig so; ich habe solche Reden selbst gehört. Wenn du im Verscheiden bist, stecken sie dich in den unsaubersten Winkel der Kellerwohnung, wo es dunkel und feucht ist; welches werden dann deine Gedanken sein, wenn du da so allein liegst? Sobald du gestorben bist, lässt man die Leiche eilig unter ungeduldigem Gebrumm von fremden Händen zurechtmachen; niemand segnet dich, niemand seufzt um dich; sie möchten dich nur so schnell wie möglich loswerden. Als Sarg kaufen sie einen ausgehöhlten Baumstamm und tragen dich hinaus, wie sie gestern jenes arme Mädchen hinausgetragen haben, und gehen zum

Gedächtnistrinken in die Schenke. Im Grab ist schlackriger, ekelhafter Schmutz und nasser Schnee; die Leute werden sich doch um deinetwillen nicht erst Umstände machen? ›Lass sie runter, Iwan; na, nu sieh mal an, so'ne Geschichte: Auch hier geht sie mit den Beinen nach oben, so'n Frauenzimmer! Fass doch die Stricke kürzer, Schlingel!‹ – ›Es geht auch so.‹ – ›Was heißt: Geht auch so? Sie liegt ja auf der Seite. Sie ist doch auch ein Mensch gewesen; oder meinst du nicht? Na, dann ist's gut; schütte zu!‹ Nicht einmal schimpfen mögen sie sich um deinetwillen lange. Sie schütten das Grab so schnell wie möglich mit der nassen, bläulichen Lehmerde zu und gehen dann in die Schenke … Damit hat dein Andenken auf Erden ein Ende; zu anderen kommen die Kinder, die Väter, die Ehemänner ans Grab, aber an deinem Grab fließt keine Träne, ertönt kein Seufzer, gedenkt deiner niemand. Kein Mensch, kein Mensch auf der ganzen Welt kommt jemals zu dir; dein Name verschwindet von dem Antlitz der Erde, gerade als wärest du überhaupt nicht da gewesen, als wärest du nie geboren! In Schmutz und Sumpf liegst du da, magst du auch nachts, wenn die Toten aufstehen, an den Sargdeckel pochen und rufen: ›Lasst mich noch einmal auf die Welt, ihr guten Leute, damit ich noch ein bisschen lebe! Ich habe gelebt, ohne von meinem Leben etwas gehabt zu haben; mein Leben war ein elendes, klägliches; in einer Schenke am Heumarkt ist die Gedächtnisfeier begangen worden; lasst mich noch einmal ein bisschen auf der Erde leben, ihr guten Leute!‹«

Ich war dermaßen in eine pathetische Redeweise hineingeraten, dass ich einen Kehlkrampf herannahen fühlte, und … auf einmal hielt ich inne, richtete mich erschrocken halb auf und begann mit ängstlich geneigtem Kopf und stark pochendem Herzen zu lauschen. Und zur Aufregung hatte ich allen Grund.

Schon lange hatte ich geahnt, dass ich ihr die ganze Seele umkehrte und ihr das Herz zerriss, und je sicherer mir diese Vermutung wurde, umso mehr wünschte ich, mein Ziel möglichst schnell und möglichst vollständig zu erreichen. Das Spiel, das ich trieb, riss mich hin; übrigens war es nicht ein bloßes Spiel.

Ich wusste, dass ich steif, gekünstelt, ja mit einem Wort buchmäßig redete, und ich verstand auch gar nicht anders zu reden als »wie aus einem Buch«. Aber das setzte mich nicht in Verlegenheit; ich wusste ja, ich fühlte, dass ich verstanden wurde, und dass gerade diese buchmäßige Ausdrucksweise der Sache noch förderlich sein konnte. Aber jetzt, wo ich die Wirkung erzielt hatte, wurde ich auf einmal ängstlich. Nein, noch nie, noch nie in meinem Leben war ich Zeuge einer solchen Verzweiflung gewesen! Sie lag mit dem Gesicht nach unten, drückte es fest in das Kissen und umfasste dieses mit beiden Armen. Die Brust wollte ihr zerspringen. Ihr ganzer junger Leib zuckte wie in Krämpfen. Das in der Brust zusammengepresste Schluchzen beengte diese, zerriss sie und bahnte sich plötzlich in Jammerlauten und Geschrei einen Ausgang. Da drückte sie sich noch fester gegen das Kissen: Sie wollte, dass niemand hier, keine lebende Seele von ihrer Qual und von ihren Tränen etwas merkte. Sie biss in das Kissen, biss sich den Arm blutig (das sah ich nachher), krallte sich mit den Fingern in ihre aufgelösten Haarflechten, hielt den Atem an, presste die Zähne aufeinander und wurde ganz starr vor übermäßiger Anstrengung. Ich wollte etwas zu ihr sagen; ich bat sie, sich zu beruhigen, aber ich fühlte, dass ich das nicht durfte; selbst am ganzen Leib von einem Fieberschauder geschüttelt und beinah von Entsetzen gepackt, sprang ich plötzlich auf und begann tastend, so gut es ging, mich zum Weggehen fertig zu machen. Es war dunkel; so sehr ich mich auch bemühte, konnte ich damit doch nicht so schnell zustande kommen. Auf einmal fand ich beim Herumfühlen ein Streichholzschächtelchen und einen Leuchter mit einem ganzen, noch nicht angezündet gewesenen Licht. Sowie das Zimmer hell wurde, sprang Lisa plötzlich vom Bett auf, setzte sich hin und sah mich mit ganz entstelltem Gesicht, mit einem halb wahnsinnigen Lächeln wie von Sinnen an. Ich setzte mich neben sie und ergriff ihre Hände; sie kam wieder zu sich, machte eine Bewegung zu mir hin, als ob sie mich umarmen wollte, wagte es aber doch nicht und ließ leise den Kopf vor mir sinken.

»Lisa, liebes Kind, ich habe Unrecht getan … verzeih mir«, begann ich, aber der kräftige Druck, mit dem sie meine Hände zwischen ihren Fingern zusammenpresste, ließ mich erraten, dass meine Worte unangebracht waren, und ich schwieg.

»Da hast du meine Adresse, Lisa; komm zu mir!«

»Ja, ich werde kommen …«, flüsterte sie in festem Ton, aber den Kopf hob sie immer noch nicht in die Höhe.

»Jetzt aber werde ich weggehen; lebe wohl … auf Wiedersehen!«

Ich stand auf, und sie erhob sich ebenfalls; auf einmal aber errötete sie über das ganze Gesicht, zuckte zusammen, ergriff ihr Tuch, das auf einem Stuhl lag und schlug es um Schultern und Brust bis ans Kinn hinauf. Nachdem sie das getan hatte, lächelte sie wieder in einer schmerzlichen Weise, errötete und sah mich seltsam an. Mir war weh ums Herz; ich hatte es eilig, wegzugehen und zu verschwinden.

»Warten Sie einen Augenblick!«, sagte sie plötzlich, als wir schon auf dem Flur dicht bei der Tür waren, hielt mich mit der Hand am Mantel zurück, stellte hastig das Licht hin und lief fort; offenbar war ihr etwas eingefallen, und sie wollte etwas holen, um es mir zu zeigen. Als sie weglief, war sie wieder ganz rot geworden, ihre Augen glänzten, auf ihren Lippen zeigte sich ein Lächeln: Was mochte sie nur haben? Ich wartete in unwillkürlicher Spannung. Eine Minute darauf kehrte sie wieder zurück mit einem Blick, der für etwas um Verzeihung zu bitten schien. Überhaupt war das nicht mehr jenes Gesicht und jener Blick wie am Anfang: finster, misstrauisch und starr. Ihr Blick war jetzt bittend, weich und zugleich zutraulich, freundlich und schüchtern. So blicken Kinder jemanden an, den sie sehr lieb haben und den sie um etwas bitten. Sie hatte hellbraune Augen, schöne, lebhafte Augen, die es verstanden, sowohl Liebe als auch finsteren Hass widerzuspiegeln.

Ohne mir eine Erklärung zu geben, als ob ich wie ein höheres Wesen alles auch ohne Erklärungen verstehen müsste, hielt sie mir ein Blatt Papier hin. Ihr ganzes Gesicht strahlte in diesem Augenblick nur so auf in einem überaus naiven, fast kindlichen Gefühl des Triumphes. Ich faltete das Blatt auseinander. Es war ein Brief, den ein Student der Medizin oder etwas Ähnliches an sie gerichtet hatte, eine sehr schwülstige, blumenreiche, aber außerordentlich respektvolle Liebeserklärung. Ich habe die einzelnen Ausdrücke jetzt nicht mehr im Gedächtnis, aber ich erinnere mich noch sehr gut, dass durch die hochtrabenden Wendungen ein echtes Gefühl hindurchblickte, das sich nicht fingieren lässt. Als ich zu Ende gelesen hatte, begegnete ich ihrem auf mich gerichteten heißen, gespannten, kindlich ungeduldigen Blick. Sie hing mit den Augen ordentlich an meinem Gesicht und wartete ungeduldig, was ich sagen würde. Mit wenigen Worten und eilig, aber mit einer Art von freudigem Stolz sagte sie mir zur Erklärung, sie sei irgendwo auf einem Tanzabend gewesen, in einer Familie, »bei sehr, sehr guten Leuten, in einer Familie, und wo sie noch nichts, gar nichts wissen«, denn sie sei ja auch hier erst seit Kurzem und nur so vorläufig und hätte sich überhaupt noch nicht dazu entschlossen, dazubleiben, und werde unbedingt weggehen, sowie sie ihre Schuld werde abbezahlt haben … Na, und da sei denn auch dieser Student gewesen und habe den ganzen Abend mit ihr getanzt und geredet, und es habe sich herausgestellt, dass er ebenfalls aus Riga stammte und schon als kleiner Knabe mit ihr bekannt gewesen war, und dass sie miteinander gespielt hatten; nur sei das schon sehr lange her; und er kenne auch ihre Eltern, aber »davon« wisse er nichts, nichts, nichts und argwöhne auch nichts! Und am Tag nach der Tanzgesellschaft (das heißt, vor drei Tagen) habe er ihr durch ihre Freundin, mit der sie zu der Gesellschaft gegangen sei, diesen Brief geschickt … und … na, das sei alles.

Sie schlug wie verschämt ihre leuchtenden Augen nieder, als sie mit ihrer Erzählung fertig war.

Die Ärmste, sie bewahrte den Brief dieses Studenten wie eine Kostbarkeit auf und war hingelaufen, um diese ihre einzige Kostbarkeit zu holen, weil sie nicht wollte, dass ich wegginge, ohne erfahren zu haben, dass auch sie ehrenhaft und aufrichtig geliebt werde und jemand mit ihr respektvoll rede. Gewiss ist es diesem Brief beschieden, für immer in der Schatulle ohne weitere Folgen zu liegen. Aber wenn auch; ich bin überzeugt, dass sie ihn ihr ganzes Leben lang wie eine Kostbarkeit aufbewahren wird, wie ihren Stolz und ihre Rechtfertigung; hatte sie doch auch jetzt in einem solchen Augenblick an diesen Brief gedacht und ihn mir gebracht, um vor mir naiv damit zu prahlen und ihr Ansehen in meinen Augen zu erhöhen; auch ich sollte ihn sehen und loben. Ich sagte nichts, drückte ihr die Hand und ging hinaus. Es war mir ein Bedürfnis fortzugehen. Ich ging den ganzen Weg zu Fuß, trotzdem es immer noch mit großen Flocken schneite. Ich fühlte mich erschöpft, bedrückt, von verständnisloser Benommenheit gequält. Aber die Wahrheit blitzte schon durch die Benommenheit hindurch. Die hässliche Wahrheit!

VIII

Es dauerte übrigens lange, bis ich mich dazu verstand, diese Wahrheit anzuerkennen. Als ich am Morgen nach einigen Stunden eines tiefen, bleiernen Schlafs aufgewacht war und mir sogleich den ganzen vorhergehenden Tag ins Gedächtnis zurückgerufen hatte, wunderte ich mich sogar über die »Sentimentalität«, die ich im Gespräch mit Lisa an den Tag gelegt hatte, und über all diese »Empfindungen von Schrecken und Mitleid«. »Dass einen eine solche weibische Nervenschwäche überkommen kann, pfui Teufel!«, dachte ich. »Und wozu habe ich ihr meine Adresse gegeben? Wie nun, wenn sie zu mir kommt? Übrigens, mag sie meinetwegen auch kommen; es schadet nichts« … Aber das war jetzt offenbar nicht die Hauptsache, nicht das Wichtigste; ich musste mich beeilen und um jeden Preis so schnell wie möglich meine Reputation in Swerkows und Simonows Augen wiederherstellen. Das war die Hauptsache. Lisa aber vergaß ich, mit diesen Sorgen beschäftigt, an diesem Morgen sogar vollständig.

Vor allen Dingen musste ich unverzüglich an Simonow meine Schuld vom vorhergehenden Tag zurückzahlen. Ich entschloss mich zu einem verzweifelten Mittel: mir ganze fünfzehn Rubel von Anton Antonowitsch zu borgen. Es traf sich gut, dass er an diesem Morgen bei vorzüglicher Laune war: Er gab mir das Geld sofort, auf die erste Bitte hin. Ich freute mich darüber so, dass ich, während ich den Wechsel unterschrieb, ihm mit dem Air eines Lebemannes in lässigem Ton erzählte, ich hätte gestern mit Freunden an einem Gelage im Hotel de Paris teilgenommen, »es war ein Abschiedsessen für einen Schulkameraden, ja ich kann sagen für einen Jugendfreund; und wissen Sie, er ist ein gewaltiger Bonvivant, an ein luxuriöses Leben gewöhnt; na, selbstverständlich von guter Familie, beträchtliches Vermögen, glänzende Karriere, geistreich, liebenswürdig, hat Liebesintrigen mit vornehmen Damen, Sie verstehen. Wir haben ein halb Dutzend Flaschen mehr getrunken, als gut war, und …« Und es machte sich nicht übel: Ich brachte das alles mit großer Leichtigkeit, Ungezwungenheit und Selbstzufriedenheit heraus.

Als ich nach Hause gekommen war, schrieb ich sogleich an Simonow.

Noch heutigen Tages erinnere ich mich mit Vergnügen an den wahrhaft eines Gentlemans würdigen, gutmütigen, offenherzigen Ton meines Briefes. In gewandter und vornehmer Weise, vor allen

Dingen aber ganz ohne überflüssige Worte nahm ich die Schuld an allem Geschehenen auf mich. Ich entschuldigte mich, »wenn es mir überhaupt gestattet ist, mich noch zu entschuldigen«, damit, dass ich, an den Genuss von Alkohol ganz und gar nicht gewöhnt, schon durch das erste Glas Branntwein betrunken geworden sei, das ich (wie ich angab) noch vor ihrer Ankunft, als ich auf sie im Hotel de Paris wartete, zwischen fünf und sechs Uhr getrunken hätte. Meine Bitte um Entschuldigung richtete ich vornehmlich an Simonow; ihn aber bat ich, von meinen Erklärungen auch allen andern Mitteilung zu machen, besonders Swerkow, den ich »nach meiner nebelhaften Erinnerung« wohl beleidigt hätte. Ich fügte hinzu, ich würde selbst zu allen hinfahren, wenn ich nicht heftige Kopfschmerzen hätte und noch mehr mich schämte. Besonders zufrieden war ich mit dieser »Légèreté«, ja beinah Lässigkeit (übrigens von durchaus anständiger Art), die sich auf einmal in meiner Schreibweise bekundete und ihnen besser als alle möglichen Auseinandersetzungen von vornherein zu verstehen gab, dass ich »diese ganze gestrige widerwärtige Geschichte« sehr kaltblütig ansähe und ganz und gar nicht zu Boden geschmettert wäre, wie die Herren wahrscheinlich dächten, sondern vielmehr die Sache mit der Gemütsruhe betrachtete, mit der ein sich selbst achtender Gentleman sie betrachten müsse. »Einem frischen jungen Mann ist aus so etwas kein Vorwurf zu machen«, das sollte ihnen als meine Anschauung erscheinen.

»Und was liegt sogar für ein scherzhafter Esprit darin, der eines Marquis würdig wäre!«, dachte ich voll Bewunderung, als ich mein Schriftstück noch einmal durchlas. »Und das kommt alles daher, dass ich ein fortschrittlich entwickelter, gebildeter Mensch bin! Ein anderer würde an meiner Stelle nicht wissen, wie er sich aus der Klemme ziehen solle, aber ich habe mir schon herausgeholfen und bin schon wieder fidel, und alles daher, dass ich ein gebildeter, fortschrittlich entwickelter Mensch der Neuzeit bin. Und vielleicht ist das auch wirklich gestern alles vom Alkohol hergekommen. Hm! … aber nein, vom Alkohol kann es nicht gekommen sein. Branntwein habe ich überhaupt nicht getrunken, als ich von fünf bis sechs auf sie wartete. Ich habe Simonow belogen, gewissenlos belogen, aber ich mache mir kein Gewissen daraus …

Übrigens scher' ich mich den Teufel um die ganze Geschichte. Die Hauptsache ist, dass ich sie hinter mir habe.« Ich legte sechs Rubel in den Brief, siegelte ihn zu und ersuchte Apollon, ihn zu Simonow hinzutragen. Als Apollon hörte, dass in dem Brief Geld liege, wurde er höflicher und erklärte sich bereit hinzugehen. Gegen Abend ging ich aus, um einen Spaziergang zu machen, Ich hatte vom vorhergehenden Tag her noch Kopfschmerzen und ein Gefühl des Schwindels. Aber je mehr der Abend heranrückte, und je mehr sich die Dämmerung verdichtete, umso mehr änderten und verwirrten sich meine Empfindungen und mit ihnen auch meine Gedanken. Es war da in meinem Innern, in der Tiefe meines Herzens und Gewissens, etwas, was nicht starb, nicht sterben wollte und sich in einem brennenden Schmerz kundgab. Ich drängte mich vorzugsweise in den belebtesten Geschäftsstraßen umher, in der Meschtschanskaja-Straße, in der Sadowaja-Straße und am Jussupow-Garten. Besonders liebte ich es immer, in diesen Straßen in der Dämmerung umherzugehen, namentlich wenn dort die bunte Menge der Passanten dichter wird; es sind das Geschäftsleute und Handwerker, die mit sorgenvollen, ja ärgerlichen Gesichtern von ihrer Tagesarbeit nach Hause gehen. Es gefiel mir besonders dieses Hasten um den kleinen Gewinn, dieses brutal prosaische Treiben. Diesmal aber hatte dieses ganze Straßengedränge die Wirkung, meine Nerven noch mehr zu reizen. Ich konnte schlechterdings nicht mit mir zurechtkommen und zu einem Abschluss gelangen. In meiner Seele erhob sich etwas, erhob sich unaufhörlich schmerzend und wollte sich nicht beruhigen. Ganz verstört kehrte ich nach Hause zurück.

Ich hatte eine Empfindung, als ob ein Verbrechen auf meiner Seele lastete.

Es quälte mich beständig der Gedanke, dass Lisa kommen könnte. Sonderbar kam es mir vor, dass von all den Erinnerungen an den vergangenen Tag die Erinnerung an sie mich besonders, gewissermaßen ganz abgesondert von den übrigen, quälte. Alles andere hatte ich gegen Abend schon vollständig vergessen; ich hatte es mit einer geringschätzigen Gebärde hinter mich geworfen und war mit meinem Brief an Simonow immer noch ganz zufrieden. Aber was jene Sache anlangte, so war ich eigentümlicherweise nicht mehr zufrieden. Es war gerade, als wenn ich mich lediglich um Lisa quälte. »Wie nun, wenn sie kommt?«, dachte ich unaufhörlich. »Nun gut, das schadet ja nichts; mag sie kommen! Hm! Unangenehm ist zum Beispiel schon allein dies, dass sie sehen wird, wie ich lebe. Gestern erschien ich ihr gegenüber als ein solcher Held … aber jetzt, hm! Das ist aber auch wirklich unangenehm, dass ich so heruntergekommen bin. Es sieht geradezu bettlermäßig in meiner Wohnung aus. Und ich habe es fertiggebracht, gestern in einem solchen Anzug zum Diner zu fahren! Und mein Wachstuchsofa, aus dem die Bastfüllung herauskommt! Und mein Schlafrock, mit dem ich meinen Körper nicht bedecken kann! Welche Lumpen! … Und sie wird das alles sehen; auch meinen Apollon wird sie sehen. Dieser Racker wird sie gewiss beleidigen. Er wird gegen sie ungezogen sein, um mich zu ärgern. Ich aber werde selbstverständlich nach meiner Gewohnheit es mit der Angst bekommen, werde vor ihr hin und her trippeln und mich mit meinen Schlafrockschößen zu bedecken suchen, werde lächeln und lügen. Ach, wie hässlich! Und das ist noch nicht einmal das Hässlichste! Es gibt noch etwas Wichtigeres, Garstigeres, Gemeineres! Ja, Gemeineres! Dass ich wieder, wieder diese ehrlose, lügnerische Maske vorbinden muss! …«

Als ich bis zu diesem Gedanken gelangt war, fuhr ich heftig auf:

»Warum soll diese Maske ehrlos sein? Worin besteht die Ehrlosigkeit? Ich habe gestern aufrichtig gesprochen. Ich erinnere mich, dass auch in mir echte Empfindung vorhanden war. Ich beabsichtigte gerade, in ihr edle Empfindungen wachzurufen … Wenn sie zu weinen anfing, so war das ganz gut; das wirkt wohltätig …«

Aber trotzdem konnte ich mich absolut nicht beruhigen. Diesen ganzen Abend über, noch als ich schon nach Hause zurückgekehrt war, noch nach neun Uhr, als in keiner Weise mehr mit der Möglichkeit von Lisas Kommen zu rechnen war, schwebte mir ihr Bild vor, und was die Hauptsache war, ich hatte sie immer in ein und derselben Situation vor Augen. Speziell ein bestimmter Augenblick von all den Ereignissen des vorhergehenden Tages stand mir besonders klar vor der Seele: der Augenblick, als ich das Zimmer mit dem Streichholz erleuchtete und ihr blasses, verzerrtes Gesicht mit dem gequälten Blick sah. Und was für ein klägliches, unnatürliches, verzerrtes Lächeln in jenem Augenblick auf ihrem Gesicht lag! Aber ich wusste damals noch nicht, dass ich noch nach fünfzehn Jahren mir Lisa immer gerade mit diesem kläglichen, verzerrten, unangebrachten Lächeln vorstellen würde, das sie damals gezeigt hatte.

Am andern Tage war ich schon wieder geneigt, das alles für Unsinn, für Nervenüberreizung und vor allen Dingen für Übertreibung zu halten. Ich hatte immer diese meine schwache Seite gekannt und mich manchmal sehr vor ihr gefürchtet: »Ich übertreibe alles; das ist mein Fehler«, wiederholte ich mir allstündlich. Aber »übrigens wird Lisa doch vielleicht kommen«, das war der Refrain, mit dem damals alle meine Überlegungen schlossen. Ich beunruhigte mich dermaßen, dass ich manchmal in Wut geriet: »Sie wird kommen; unbedingt wird sie kommen!«, rief ich aus und rannte dabei im Zimmer hin und her, »wenn nicht heute, so wird sie morgen kommen und wird mich antreffen! All diese ›reinen Herzen‹ haben diesen verdammten Hang zum Romantischen! Oh über die Ekelhaftigkeit, Dummheit, Borniertheit dieser garstigen ›sentimentalen Seelen‹! Na, wie kann man das nur nicht begreifen, wie kann man das nur nicht begreifen?« Aber hier stockte ich selbst und sogar in starker Betroffenheit.

»Und wie weniger Worte«, dachte ich so nebenbei, »wie weniger idyllischer Schilderungen bedurfte es (und diese idyllischen Schilderungen waren noch dazu unecht, buchmäßig, ein Kunstprodukt), um sofort einem menschlichen Leben die Richtung zu geben, die ich wollte! Das macht die Jungfräulichkeit und die Frische des Bodens!«

Manchmal kam mir der Gedanke, selbst zu ihr hinzufahren, »ihr alles zu erzählen« und sie zu bitten, sie möchte nicht zu mir kommen. Aber da, bei diesem Gedanken, wurde in mir ein solcher Ingrimm rege, dass ich, wie ich glaube, diese »verdammte« Lisa zermalmt hätte, wenn sie auf einmal neben mir gestanden hätte; beleidigt hätte ich sie, angespuckt, hinausgejagt, geprügelt!

Aber es verging ein Tag, ein zweiter, ein dritter – sie kam nicht, und ich begann mich zu beruhigen. Besonders munter und heiter pflegte ich nach neun Uhr abends zu werden, ja ich überließ mich dann sogar manchmal Träumereien, und zwar solchen von recht angenehmer Art; ich sagte mir zum Beispiel: »Ich rette Lisa gerade dadurch, dass sie zu mir kommt und ich mit ihr rede. Ich unterrichte und bilde sie. Schließlich bemerke ich, dass sie mich liebt, leidenschaftlich liebt. Ich tue, als ob ich es nicht wahrnähme (ich weiß eigentlich nicht, warum ich so tue; wahrscheinlich nur so um des guten Scheines willen.) Zuletzt wirft sie, das schöne Mädchen, ganz verwirrt, zitternd und schluchzend sich mir zu Füßen und sagt, ich sei ihr Retter und sie liebe mich mehr als alles auf der Welt. Ich bin erstaunt, aber … ›Lisa‹, sage ich, ›meinst du denn, dass ich deine Liebe nicht bemerkt habe? Ich habe alles gesehen, alles erraten, aber ich durfte nicht als Erster an dein Herz herantreten, weil ich für dich eine Respektsperson war und fürchtete, du könntest dich aus Dankbarkeit absichtlich zwingen, meine Liebe zu erwidern, und selbst gewaltsam in deinem Herzen ein Gefühl hervorzurufen, das vielleicht vorher nicht vorhanden war; das wollte ich aber nicht, denn das ist Despotismus. Das ist taktlos‹« (nun, kurz gesagt, ich verhedderte mich da in so einer westeuropäischen, George Sand'schen, unsagbar edlen Finesse). »›Aber jetzt, jetzt bist du mein; du bist mein Geschöpf; du bist rein und schön; du bist mein schönes Weib.

Als volle, wahre Herrin tritt
Erhobnen Hauptes in mein Haus!‹

Darauf führen wir dann ein schönes Leben, reisen ins Ausland …« Und so ging das noch eine ganze Weile weiter. Aber diese Fantasien wurden mir schließlich selbst zuwider, und das Ende vom Lied war, dass ich mir selbst die Zunge herausstreckte.

»Aber die Wirtin wird ihr, ›so einem gemeinen Frauenzimmer‹, gar nicht die Erlaubnis zum Ausgehen geben«, dachte ich. »Ich glaube, diese Mädchen dürfen nicht viel spazieren gehen, am wenigsten abends« (ich hatte aus unklarem Grund die Vorstellung, sie müsse unbedingt am Abend kommen, speziell um sieben Uhr). »Indessen hat sie gesagt, sie habe sich noch nicht vollständig in die Knechtschaft begeben, sondern genieße besondere Rechte; also, hm! Hol's der Teufel, sie wird kommen, bestimmt kommen!«

Es war noch ein Glück, dass mich in dieser Zeit Apollon durch seine Grobheiten zerstreute. Er brachte mich um den letzten Rest meiner Geduld! Er war mein Plagegeist, die Geißel, die mir die Vorsehung gesandt hatte. Ich und er, wir führten schon seit mehreren Jahren einen ununterbrochenen Krieg miteinander, und ich hasste ihn. Oh Gott, und wie hasste ich ihn! Ich glaube, ich hatte in meinem ganzen Leben noch keinen Menschen so gehasst, wie ich ihn hasste, namentlich in manchen Augenblicken. Er war schon bei Jahren, hatte ein würdevolles Wesen und beschäftigte sich zum Teil mit Schneiderei. Aber (ich weiß nicht warum) er verachtete mich, und sogar in einer maßlosen Weise, und benahm sich gegen mich mit einem unerträglichen Hochmut. Übrigens behandelte er alle Menschen sehr von oben herab. Man brauchte nur diese weißen Augenbrauen und Wimpern, diesen glatt gekämmten Kopf, diese Tolle, die er sich über der Stirn frisierte und mit Fastenöl salbte, diesen ernsten, immer spitz zusammengedrückten Mund anzusehen, und man fühlte, dass eine Persönlichkeit vor einem stand, die niemals an ihrer eigenen Vortrefflichkeit zweifelte. Er war im höchsten Grad Pedant, der größte Pedant, mit dem ich jemals auf der Erde zusammengekommen bin, und dabei von einem Selbstgefühl, wie es höchstens für Alexander den Großen gepasst hätte. Er war in jeden Knopf, den er am Leib trug, in jeden seiner Fingernägel verliebt, entschieden verliebt; das sah man ihm an! Er benahm sich gegen mich wie ein reiner Despot, redete mit mir äußerst wenig, und wenn es sich so traf, dass er mich ansah, so tat er das mit einem festen, majestätischselbstbewussten, beständig spöttischen Blick, der mich manchmal geradezu wütend machte. Seine Obliegenheiten verrichtete er mit einer Miene, als ob er mir die größte Gnade erwiese. Übrigens tat er für mich so gut wie nichts und hielt sich überhaupt nicht für verpflichtet, etwas zu tun. Es konnte kein Zweifel darüber bestehen, dass er mich für den größten Dummkopf auf der ganzen Welt hielt und, wenn er »die Beziehungen zu mir fortbestehen ließ«, dies einzig und allein deswegen tat, weil er von mir monatlich Lohn beziehen konnte. Er war damit einverstanden, für einen Monatslohn von sieben Rubel bei mir nichts zu tun. Für den Ärger, den ich mit ihm hatte, werden mir gewiss einmal viele Sünden verziehen werden. Mein Hass gegen ihn steigerte sich mitunter so, dass ich beim bloßen Anblick seines Ganges beinah Krämpfe bekam. Besonders widerwärtig aber war mir seine Art zu lispeln und zu zischen. Er hatte eine etwas zu lange Zunge oder so etwas Ähnliches, infolge wovon er beständig lispelte und zischte, und ich glaube, er war darauf furchtbar stolz in der Vorstellung, dass ihm das eine außerordentliche Würde verleihe. Er sprach leise und gemessen, legte dabei die Hände auf den Rücken und schlug die Augen nieder. Besonders brachte er mich in Wut, wenn er manchmal anfing, in seinem Kämmerchen hinter der Halbwand Psalmen zu lesen. Ihn lesen zu hören, war für mich eine wahre Folter. Aber er liebte es außerordentlich, abends Psalmen zu lesen, mit seiner leisen, gleichmäßigen Stimme, in etwas singendem Ton, ganz wie das neben einer Leiche üblich ist. Es ist interessant, dass er das schließlich zu seiner Haupttätigkeit gemacht hat: Er beschäftigt sich jetzt berufsmäßig damit, bei Leichen die Psalmen zu lesen; außerdem vertilgt er Ratten und fabriziert Wichse. Aber damals war ich nicht im Stande, ihn wegzujagen; es war, als wäre er mit meiner Existenz chemisch verbunden. Zudem hätte auch er selbst um keinen Preis eingewilligt, von mir wegzugehen. In einer Chambre garnie zu wohnen, das war mir unmöglich: Meine Wohnung war mein Separatwinkel, meine Schildkrötenschale, mein Futteral, in dem ich mich vor der ganzen Menschheit versteckte; Apollon aber erschien mir (weiß der Teufel warum) als ein notwendiges Zubehör zu dieser Wohnung, und ich brachte es ganze sieben Jahre lang nicht fertig, ihn wegzujagen.

Es war zum Beispiel ein Ding der Unmöglichkeit, ihm seinen Lohn auch nur für zwei oder drei Tage vorzuenthalten. Er hätte mich in einer solchen Weise behandelt, dass ich nicht gewusst haben würde, wo ich bleiben sollte. Aber in diesen Tagen war ich dermaßen auf alle Menschen ergrimmt, dass ich, ohne mir über den Grund und Zweck klar zu sein, mir vornahm, Apollon zu *bestrafen* und ihm seinen Lohn erst nach vierzehn Tagen auszuzahlen. Ich hatte schon vor langer Zeit, schon vor ein paar Jahren, einmal versucht, dies zu tun, lediglich um ihm zu zeigen, dass er sich mir gegenüber nicht so aufspielen dürfe, und dass ich, wenn ich wolle, ihm seinen Lohn jederzeit vorenthalten könne. Ich hatte mir damals vorgenommen, zu ihm kein Wort darüber zu sagen und sogar absichtlich zu schweigen, um seinen Stolz zu brechen und ihn dazu zu zwingen, dass er selbst als Erster von dem Lohn zu reden anfing. Dann wollte ich die ganzen sieben Rubel aus dem Tischkasten herausnehmen, ihm zeigen, dass ich das Geld besäße und express beiseitegelegt hätte, ihm aber sagen, ich wolle ihm seinen Lohn nicht geben, ich wolle es nicht, wolle es einfach nicht, weil das nun einmal so mein Wille als Herr sei, denn er benehme sich respektlos und sei ein Grobian, aber wenn er mich respektvoll bitte, dann würde ich mich vielleicht erweichen lassen und ihm das Geld geben; andernfalls könne er noch vierzehn Tage warten oder drei Wochen oder einen ganzen Monat …

Aber wie grimmig ich damals auch war, so hatte er mich dennoch besiegt. Ich hatte es nicht einmal vier Tage lang ausgehalten. Er hatte mit demjenigen Mittel angefangen, mit dem er in ähnlichen Fällen immer anfing (denn ähnliche Fälle hatte es schon mehrere gegeben, so probeweise, und ich bemerkte, dass ich alles vorherwusste und seine gemeine Taktik auswendig kannte); nämlich er pflegte das so zu machen: Er begann damit, einen außerordentlich ernsten Blick auf mich zu richten und ihn mehrere Minuten lang nicht von mir abzuwenden, namentlich wenn ich die Wohnung verließ oder er mich bei meiner Rückkehr empfing. Wenn ich dann standhielt und tat, als ob ich diese Blicke gar nicht bemerkte, so schritt er, immer noch schweigend wie vorher, zum zweiten Grad der Folter. Er pflegte dann auf einmal ohne jeden äußeren Anlass mit leisem, weichem Gang in mein Zimmer zu kommen, wenn ich darin auf und ab ging oder las, an der Tür stehen zu bleiben, die eine Hand auf den Rücken zu legen, den einen Fuß seitwärts zu stellen und seinen Blick, der dann nicht mehr bloß ernst, sondern höchst verächtlich war, auf mich zu richten. Wenn ich ihn plötzlich fragte, was er wolle, so gab er keine Antwort und fuhr noch einige Sekunden lang fort, mich starr anzusehen; darauf presste er in einer ganz besonderen Art mit vielsagender Miene die Lippen zusammen, drehte sich langsam auf dem Flecke um und ging langsam in sein Kämmerchen. Etwa zwei Stunden darauf kam er auf einmal wieder heraus und erschien wieder in derselben Weise vor mir. Es kam vor, dass ich in meiner Wut ihn gar nicht erst fragte, was er wolle, sondern einfach selbst in strenger, gebieterischer Manier den Kopf in die Höhe hob und ebenfalls anfing, ihn starr anzusehen. So sahen wir einander manchmal ein paar Minuten lang an; endlich drehte er sich langsam und würdevoll um und ging wieder auf zwei Stunden weg … Wenn ich mich auch durch dieses Mittel nicht zur Vernunft bringen ließ und zu revoltieren fortfuhr, so begann er auf einmal, mich ansehend, zu seufzen, lange und tief zu seufzen, als wolle er mit diesem einen Seufzer die ganze Tiefe meines moralischen Falles ausmessen, und selbstverständlich endete die Sache schließlich damit, dass er vollständig siegte: Ich wütete und schrie, aber ich sah mich trotzdem genötigt, das, um was es sich handelte, auszuführen.

Diesmal jedoch hatte das gewöhnliche Manöver der ernsten Blicke kaum angefangen, als ich sogleich außer mich geriet und wütend auf ihn losstürzte. Ich befand mich auch ohne dies schon in übermäßig gereiztem Zustand.

»Hiergeblieben!«, schrie ich wie ein Rasender, als er sich, die eine Hand auf den Rücken haltend, langsam und schweigend umdrehte, um sich nach seinem Kämmerchen zu begeben, »hiergeblieben! Dreh dich um, dreh dich um; ich rede mit dir!« Und mein Brüllen klang wohl sehr ungewöhnlich, denn er drehte sich wirklich um und begann mich sogar mit einer gewissen Verwunderung zu betrachten. Indessen sagte er auch jetzt noch kein Wort, und eben das war es, was mich wütend machte.

»Wie kannst du dich erdreisten, ungerufen zu mir hereinzukommen und mich so anzusehen? Antworte!«

Aber nachdem er mich wieder schweigend eine halbe Minute lang angesehen hatte, begann er von Neuem sich umzudrehen.

»Hiergeblieben!«, brüllte ich, indem ich zu ihm hinstürzte. »Nicht von der Stelle! So! Jetzt antworte: Was hast du hier gewollt?«

»Wenn Sie jetzt einen Befehl für mich haben, so ist es meine Obliegenheit, ihn auszuführen«, antwortete er, wieder erst nach einigem Stillschweigen, mit seiner lispelnden Sprache leise und gemessen, wobei er die Augenbrauen in die Höhe zog und langsam den Kopf von einer Schulter nach der andern hin und her bog; und alles das tat er mit einer entsetzlichen Seelenruhe.

»Das ist keine Antwort auf meine Frage, du Henkersknecht!«, schrie ich, vor Zorn zitternd. »Ich will dir selbst sagen, du Henkersknecht, weshalb du hierherkommst: Du siehst, dass ich dir deinen Lohn nicht auszahle; du selbst aber willst aus Stolz mich nicht darum höflich bitten, und deshalb kommst du her, um mich mit deinen dummen Blicken zu bestrafen, zu peinigen, und hast gar keine Ahnung, du Henkersknecht, wie dumm das ist, wie dumm, wie dumm, wie dumm!«

Er wollte sich wieder schweigend umdrehen, aber ich packte ihn bei der Schulter.

»Hör mal zu!«, schrie ich ihn an. »Da ist das Geld, siehst du, da ist es!« (ich nahm es aus dem Tischkasten heraus), »die ganzen sieben Rubel, aber du bekommst sie nicht, bekommst sie nicht eher, als bis du mit respektvoller, unterwürfiger Miene kommst und mich um Verzeihung bittest. Nun hast du es gehört!«

»Das kann nicht geschehen!«, antwortete er mit maßlosem Selbstgefühl.

»Es wird geschehen!«, schrie ich. »Ich gebe dir mein Ehrenwort, es wird geschehen!«

»Ich habe auch gar nichts getan, wofür ich Sie um Verzeihung bitten sollte«, fuhr er fort, wie wenn er gar nicht gehört hätte, was ich ihm zuschrie. »Vielmehr haben Sie selbst mich einen Henkersknecht genannt, wofür ich Sie jederzeit bei der Polizei wegen Beleidigung belangen kann.«

»Geh hin! Belange mich!«, schrie ich, »geh sofort, diese Minute, diese Sekunde! Aber du bist doch ein Henkersknecht! Ein Henkersknecht! Ein Henkersknecht!« Aber er sah mich nur an, drehte sich dann um und ging, ohne auf das zu hören, was ich ihm nachrief, und ohne sich noch einmal zurückzuwenden, mit ruhigen Schritten in sein Kämmerchen.

»Wenn Lisa nicht gewesen wäre, so wäre nichts von alledem geschehen!«, sagte ich mir im Stillen. Nachdem ich dann etwa eine Minute lang dagestanden hatte, begab ich mich würdevoll und feierlich, aber mit langsam und stark pochendem Herzen selbst zu ihm hinter die Halbwand.

»Apollon!«, sagte ich leise und in einzelnen Absätzen; ich konnte nur mühsam atmen, »geh sofort und ohne den geringsten Verzug hin und hole den Polizeiinspektor!«

Er hatte sich unterdessen schon an seinem Tisch niedergelassen, die Brille aufgesetzt und eine Näharbeit vorgenommen. Aber als er meinen Befehl hörte, prustete er auf einmal vor Lachen los.

»Geh sofort hin, augenblicklich! Geh hin, oder es passiert etwas, was du nicht ahnst.«

»Sie sind wahrhaftig nicht bei Verstand«, bemerkte er, ebenso langsam lispelnd wie sonst; er hob nicht einmal den Kopf in die Höhe und fuhr fort, seine Nadel einzufädeln.

»Wo hat man das je gehört, dass jemand selbst gegen sich die Polizei rufen lässt? Und was den Versuch, mich einzuschüchtern anlangt, so haben Sie sich damit vergebliche Mühe gemacht, denn es wird nichts passieren.«

»Geh hin!«, kreischte ich und fasste ihn an der Schulter. Ich fühlte, dass ich im nächsten Augenblick auf ihn losschlagen würde.

Aber ich bemerkte nicht, dass gerade in diesem Moment die Flurtür leise und langsam geöffnet wurde und eine Gestalt eintrat, stehen blieb und uns erstaunt zu betrachten begann. Ich blickte hin, wurde starr vor Scham und stürzte in mein Zimmer. Dort griff ich mir mit beiden Händen in die Haare, lehnte mich mit dem Kopf gegen die Wand und verharrte wie versteinert in dieser Stellung.

Nach etwa zwei Minuten hörte ich die langsamen Schritte Apollons.

»Da fragt eine nach Ihnen«, sagte er und sah mich dabei besonders ernst an; dann trat er zur Seite und ließ Lisa an sich vorbei. Er wollte nicht fortgehen und betrachtete uns spöttisch.

»Geh hinaus! Geh hinaus!«, befahl ich ihm ganz fassungslos. In diesem Augenblick machte meine Wanduhr eine gewaltige Anstrengung, fing an zu zischen und schlug dann sieben.

IX

»Als volle, wahre Herrin tritt
Erhobnen Hauptes in mein Haus!«

Ganz niedergeschmettert, tödlich blamiert, in schmählicher Verwirrung stand ich vor ihr, und ich glaube, ich lächelte, während ich mich aus allen Kräften bemühte, die Schöße meines defekten wattierten Schlafrocks übereinanderzuschlagen – also genau so, wie ich mir das unlängst in meiner Mutlosigkeit vorgestellt hatte. Apollon ging, nachdem er noch ein paar Minuten bei uns gestanden hatte, hinaus, aber es wurde mir dadurch nicht leichter ums Herz. Das Schlimmste war, dass auch sie auf einmal verlegen wurde, und zwar in einem Grad, wie ich es gar nicht erwartet hatte. Was sie verlegen machte, war selbstverständlich mein Anblick.

»Setz dich!«, sagte ich mechanisch und schob ihr einen Stuhl an den Tisch; ich selbst aber setzte mich auf das Sofa. Gehorsam setzte sie sich sogleich hin, sah mich mit großen Augen an und erwartete offenbar sogleich etwas von mir. Eben diese naive Erwartung war es, die mich wütend machte, aber ich beherrschte mich.

»Gerade unter diesen Umständen«, dachte ich, »müsste sie sich doch Mühe geben, nichts zu bemerken, als ob alles in Ordnung wäre, aber sie …« Und ich hatte unklar das Gefühl, dass sie mir für all das werde schwer büßen müssen.

»Du hast mich in einer sonderbaren Situation getroffen, Lisa«, begann ich stockend; ich wusste recht wohl, dass ich gerade so nicht hätte anfangen sollen.

»Nein, nein, denke nur nicht etwas Falsches!«, rief ich, da ich sah, dass sie auf einmal errötete, »ich schäme mich meiner Armut nicht … Im Gegenteil, ich bin stolz darauf. Ich bin arm, aber von edler Denkweise … Man kann arm sein und doch eine edle Denkweise haben«, murmelte ich. »Aber … möchtest du Tee?«

»Nein …«, fing sie an.

»Warte einen Augenblick!«

Ich sprang auf und lief zu Apollon. Ich musste unbedingt von Lisa irgendwohin weglaufen.

»Apollon«, flüsterte ich in fieberhafter Hast und warf die sieben Rubel, die ich die ganze Zeit über in der geschlossenen Hand behalten hatte, vor ihm auf den Tisch, »da ist dein Lohn; siehst du, ich gebe ihn dir, aber zum Dank dafür musst du mich retten: Hole mir unverzüglich aus einem Restaurant Tee und zehn Zwiebacke. Wenn du nicht gehen willst, so machst du einen Menschen unglücklich! Du weißt nicht, was das für eine Frauensperson ist … Mehr sage ich nicht! Du denkst vielleicht irgendetwas … Aber du weißt nicht, was das für ein Wesen ist! …«

Apollon, der sich bereits wieder an seine Arbeit gemacht und die Brille aufgesetzt hatte, schielte zuerst, ohne die Nadel hinzulegen, schweigend nach dem Geld hin; dann fuhr er, ohne mir irgendwelche Aufmerksamkeit zuzuwenden und ohne mir etwas zu antworten, fort, sich mit dem Faden zu beschäftigen, den er immer noch nicht eingefädelt hatte. Ich wartete ungefähr drei Minuten, indem ich, die Arme à la Napoleon über der Brust verschränkt, vor ihm stand. Meine Schläfen waren feucht von Schweiß; ich selbst war blass, das fühlte ich. Aber Gott sei Dank, er empfand gewiss bei meinem Anblick Mitleid. Nachdem er mit seinem Faden zurechtgekommen war, stand er langsam von seinem Platz auf, schob langsam den Stuhl zurück, nahm langsam die Brille ab, zählte langsam das Geld durch und fragte mich endlich über die Schulter weg: »Soll ich eine ganze Portion Tee holen?«, und ging langsam hinaus. Während ich zu Lisa zurückging, kam mir unterwegs der Gedanke in den Sinn: »Soll ich nicht so, wie ich bin, im Schlafrock, davonlaufen, wohin es sich gerade trifft? Mag dann werden, was da will!« Ich setzte mich wieder hin. Sie sah mich beunruhigt an. Einige Minuten lang schwiegen wir beide.

»Ich werde ihn töten!«, rief ich plötzlich und schlug mit der Faust so heftig auf den Tisch, dass die Tinte aus dem Tintenfass herausspritzte.

»Ach, was haben Sie nur!«, rief sie erschrocken.

»Ich werde ihn töten, ich werde ihn töten!«, kreischte ich, auf den Tisch schlagend; ich war ganz rasend und begriff gleichzeitig durchaus, wie dumm es war, so zu rasen.

»Du weißt nicht, Lisa, was dieser Henkersknecht für mich zu bedeuten hat. Er ist mein Folterer … Er ist jetzt gegangen, um Zwieback zu holen; er …«

Und auf einmal brach ich in Tränen aus. Das war ein Anfall. Ich schämte mich furchtbar, während ich so schluchzte, aber ich konnte mich nicht mehr beherrschen.

Sie bekam einen großen Schreck.

»Was ist Ihnen? Was ist Ihnen nur?«, rief sie und bemühte sich um mich.

»Wasser, gib mir Wasser; dort ist welches!«, murmelte ich mit schwacher Stimme; ich war mir übrigens dabei im Stillen bewusst, dass ich sehr wohl ohne Wasser zurechtkommen konnte und nicht mit so schwacher Stimme zu murmeln brauchte. Aber ich stellte mich, wie man das nennt, so an, um den Anstand zu wahren, wiewohl der Anfall selbst echt war.

Sie reichte mir Wasser und sah mich ganz verstört an. In diesem Augenblick brachte Apollon den Tee.

Es schien mir auf einmal, dass dieser gewöhnliche, prosaische Tee nach alledem, was geschehen war, etwas schrecklich Unanständiges und Elendes sei, und ich errötete. Lisa blickte den Henkersknecht Apollon ordentlich ängstlich an. Er ging hinaus, ohne uns anzusehen.

»Lisa, du verachtest mich wohl?«, fragte ich; ich hielt meinen Blick unverwandt auf sie gerichtet und zitterte vor Ungeduld zu erfahren, was sie dächte.

Sie war verlegen und wusste nicht, was sie antworten sollte.

»Trink den Tee!«, sagte ich ärgerlich. Ich ärgerte mich über mich selbst, aber selbstverständlich musste sie es entgelten. Ein furchtbarer Grimm gegen sie wallte plötzlich in meinem Herzen auf; ich glaube, ich hätte sie ohne Weiteres töten können. Um mich an ihr zu rächen, nahm ich mir in Gedanken fest vor, die ganze Zeit über mit ihr kein Wort zu sprechen.

»Sie ist an allem schuld«, dachte ich.

Unser Schweigen dauerte schon fünf Minuten. Der Tee stand auf dem Tische, aber wir langten ihm nicht zu: Ich war so ergrimmt, dass ich absichtlich nicht anfangen wollte zu trinken, um ihr ihre Lage dadurch noch peinlicher zu machen; sie selbst konnte anständigerweise nicht wohl den Anfang machen. Mehrere Male blickte sie mich verwundert und traurig an. Ich schwieg hartnäckig. Der Hauptmärtyrer war allerdings ich selbst, weil ich mir der ganzen ekelhaften Gemeinheit meiner boshaften Dummheit vollkommen bewusst war und mich gleichzeitig schlechterdings nicht überwinden konnte.

»Ich will … von dort … ganz und gar weggehen«, begann sie, um das Schweigen irgendwie zu unterbrechen. Aber die Ärmste: Gerade davon hätte sie in einem ohnehin schon so dummen Augenblick zu einem ohnehin schon so dummen Menschen wie ich, nicht anfangen dürfen zu reden. Das Herz tat mir sogar weh vor Mitleid mit ihrer Ungeschicklichkeit und unzeitigen Offenheit. Aber eine hässliche Regung erstickte in mir auf der Stelle das ganze Mitleid und reizte mich sogar noch mehr auf; mochte alles in der Welt zugrunde gehen! Es vergingen noch fünf Minuten.

»Habe ich Sie auch nicht gestört?«, begann sie schüchtern, kaum hörbar, und erhob sich vom Stuhl.

Aber sowie ich diese erste Äußerung beleidigter Würde wahrnahm, fing ich an zu zittern vor Bosheit und brach sofort los.

»Warum bist du zu mir gekommen? Das sage mir doch, bitte!«, fing ich, nur mühsam atmend, an. Ich hielt in meinen Worten nicht einmal die logische Ordnung inne; ich wollte alles mit einem Mal aussprechen, in einem einzigen Erguss; ich kümmerte mich nicht einmal darum, womit ich anfing. »Warum bist du gekommen? Antworte! Antworte!«, schrie ich; ich wusste kaum von mir selbst. »Ich werde dir sagen, meine Beste, warum du gekommen bist. Du bist gekommen, weil ich damals mitleidige Worte zu dir gesagt habe. Na, und nun bist du in eine gerührte Stimmung hineingeraten und hast Lust bekommen, wieder mitleidige Worte zu hören. So wisse denn, dass ich mich damals über dich lustig gemacht habe. Und auch jetzt mache ich mich über dich lustig. Warum zitterst du? Ja, ich habe mich über dich lustig gemacht! Ich war vorher beleidigt worden, bei einem Diner, von eben jenen Herren, die damals vor mir zu euch kamen. Ich kam zu euch in der Absicht, einen von ihnen durchzuprügeln, den Offizier, aber das gelang mir nicht, da ich ihn nicht mehr antraf. Da musste ich meinen Ingrimm über die erlittene Kränkung an irgendjemandem auslassen, jemandem meine Überlegenheit zu fühlen geben; du kamst mir in den Wurf, und da goss ich denn meine Bosheit über dich aus und machte mich über dich lustig. Man hatte mich gedemütigt; so wollte ich auch einen andern Menschen demütigen; man hatte mich unwürdig behandelt; so wollte auch ich meine Macht zeigen … So lag die Sache; du aber hast am Ende gedacht, ich wäre damals absichtlich hingekommen, um dich zu retten, ja? Hast du das gedacht? Hast du das gedacht?«

Ich wusste, dass sie vielleicht konfus werden und die Einzelheiten nicht verstehen werde, aber ich wusste auch, dass sie den Kern der Sache vorzüglich begreifen werde. Und so war es denn auch. Sie wurde blass wie Leinwand, wollte etwas sagen, und ihre Lippen verzogen sich schmerzlich, aber wie wenn jemand sie mit einem Beil erschlagen hätte, sank sie auf den Stuhl nieder. Und in der folgenden Zeit, während ich sprach, hörte sie mir mit offenem Mund, mit weit geöffneten Augen und zitternd vor schrecklicher Angst zu. Der rohe Zynismus, der rohe Zynismus meiner Worte schlug sie zu Boden …

»Um dich zu retten!«, fuhr ich fort, sprang vom Stuhl auf und lief vor ihr im Zimmer hin und her, »wovon denn? Aber ich selbst bin ja vielleicht schlechter als du. Warum hast du mir denn damals, als ich dir so erbauliche Reden hielt, nicht die Frage ins Gesicht geschleudert: ›Aber du selbst, warum bist du zu uns gekommen? Um uns Moral zu predigen?‹ Nach Macht, nach Macht verlangte mich damals; es verlangte mich danach, mein Spiel zu treiben, dich zum Weinen zu bringen, dich zu demütigen, hysterische Krämpfe bei dir hervorzurufen – das war es, wonach mich damals verlangte! Allerdings blieb ich damals selbst nicht fest, weil ich eben ein Waschlappen bin; ich bekam Angst und gab dir aus Dummheit, weiß der Teufel wozu, meine Adresse. Aber dann schimpfte ich dich, noch ehe ich nach Hause gekommen war, wegen dieser Adresse mit den hässlichsten Ausdrücken. Ich hasste dich bereits, weil ich dich damals belogen hatte. Denn ich kann nur mit Worten spielen und Hirngespinste bilden, aber weißt du wohl, was ich in Wirklichkeit möchte: dass ihr alle in die Erde versänket, das möchte ich! Ich will meine Ruhe haben. Wenn ich dadurch erreichen kann, dass man mich nicht in meiner Ruhe stört, so verkaufe ich die ganze Welt sofort für eine Kopeke. Soll die Welt untergehen, oder soll ich auf meinen Tee verzichten? Ich sage: Die Welt möge untergehen, wenn ich nur immer meinen Tee trinken kann. Hast du das gewusst oder nicht? Na, aber ich weiß, dass ich ein schändlicher, gemeiner Mensch, ein Egoist, ein Faulpelz bin. Siehst du, ich habe diese drei Tage über vor Furcht gezittert, dass du kommen würdest. Und weißt du, was mich diese drei Tage über besonders beunruhigt hat? Das war der Umstand, dass ich mich dir damals als einen solchen Helden präsentiert hatte und du mich nun hier auf einmal in meinem zerrissenen Schlafrock als garstigen Bettler erblicken würdest. Ich habe vorhin zu dir gesagt, ich schämte mich meiner Armut nicht; so wisse denn, dass ich mich ihrer hoch schäme, mich ihrer über alles schäme, vor ihr einen größeren Abscheu habe als vor allem anderen, einen größeren als vor dem Begehen eines Diebstahls, denn ich bin in meiner Eitelkeit so empfindlich, als ob man mir die Haut abgezogen hätte und mir schon die bloße Luft Schmerz verursachte. Hast du es denn wirklich auch jetzt noch nicht begriffen, dass ich es dir nie verzeihen werde, dass du mich in diesem Schlafrock angetroffen hast, in dem Augenblick, als ich wie ein ergrimmtes Hündchen auf Apollon losging? Der Erlöser, der ehemalige Held stürzt wie ein räudiger, zottiger kleiner Köter auf seinen Diener los, und der lacht ihn aus! Und die Tränen von vorhin, die ich wie ein beschämtes altes Weib vor dir nicht zurückhalten konnte, die werde ich dir niemals verzeihen! Und das, was ich dir jetzt bekenne, werde ich dir ebenfalls niemals verzeihen! Ja, du, du allein bist für das alles verantwortlich, weil du mir so in den Wurf gekommen bist, und weil ich ein gemeiner Mensch, weil ich der garstigste, lächerlichste, kleinlichste, dümmste aller Erdenwürmer bin, die ganz und gar nicht besser sind als ich, die aber, weiß der Teufel woher, niemals verlegen werden; ich aber werde mein ganzes Leben lang von jedem Lump Nasenstüber bekommen; das ist nun eben ein Charakterzug an mir! Und was geht es mich an, dass du davon nichts begreifst? Und was, ja was in aller Welt gehst du selbst mich an, und ob du dort zugrunde gehst oder nicht? Und begreifst du wohl, wie ich jetzt, nachdem ich mich so dir gegenüber ausgesprochen habe, dich dafür hassen werde, dass du hier gewesen bist und es angehört hast? Der Mensch spricht sich ja nur ein einziges Mal im Leben so aus, und auch das nur in einem Anfall von Hysterie! … Was willst du nun noch? Warum sitzt du nun noch nach alledem vor mir und peinigst mich und gehst nicht fort?«

Aber da begab sich auf einmal etwas Sonderbares.

Ich war dermaßen daran gewöhnt, mir alles aufgrund meines Bücherwissens in Gedanken zurechtzulegen und mir alles in der Welt so vorzustellen, wie ich selbst es mir schon vorher in meinen fantastischen Träumereien ausgedacht hatte, dass ich diesen sonderbaren Vorgang damals nicht einmal sofort begriff. Was sich aber begab, war dies: Lisa, die nun von mir beleidigte und gedemütigte Lisa, verstand alles weit besser, als ich angenommen hatte. Sie verstand von alledem namentlich das, was ein Weib immer vor allem versteht, wenn es wahrhaft liebt, nämlich dass ich selbst unglücklich war.

Das Gefühl der Angst und des Schmerzes über die erlittene Kränkung, das sich auf ihrem Gesicht ausgeprägt hatte, war zuerst von einem trauernden Erstaunen abgelöst worden. Als ich aber anfing, mich einen schändlichen, gemeinen Menschen zu nennen, und mir die Tränen zu fließen begannen (ich brachte diese ganze Tirade unter Tränen heraus), da verzerrte sich ihr ganzes Gesicht wie von einem Krampf. Sie wollte aufstehen und mir Einhalt tun; als ich aber schloss, da kümmerte sie sich nicht um meine heftigen Fragen: ›Warum bist du hier, warum gehst du nicht fort?‹, sondern beachtete nur das eine, dass es mir offenbar selbst eine große Pein war, das alles auszusprechen. Aber sie war so verschüchtert, die Ärmste; sie meinte, unendlich weit unter mir zu stehen; wie hätte sie böse werden, sich beleidigt fühlen können? Sie sprang auf einmal in einem unwiderstehlichen Impuls vom Stuhl auf, aber obwohl sie mit ihrem ganzen Wesen zu mir hinstrebte, war sie doch noch so zaghaft, dass sie nicht wagte, sich vom Platz zu rühren, und nur die Arme nach mir ausstreckte ... Da drehte sich auch mir das Herz in der Brust herum. Dann stürzte sie plötzlich zu mir hin, umschlang meinen Hals mit ihren Armen und brach in Tränen aus. Ich konnte mich ebenfalls nicht beherrschen und schluchzte so, wie es noch nie bei mir vorgekommen war ...

»Man lässt mich nicht ... Ich kann nicht ... ich kann kein guter Mensch sein!«, stieß ich mühsam hervor; dann ging ich zum Sofa, ließ mich mit dem Gesicht nach unten darauf niederfallen und schluchzte eine Viertelstunde lang in einem echten hysterischen Anfall. Sie warf sich zu mir hin, umarmte mich und verharrte wie erstarrt in dieser Haltung.

Aber die Sache war die, dass dieser Anfall doch einmal wieder aufhören musste. Und siehe da (ich schreibe ja die ekelhafte Wahrheit nieder), während ich da so vornüber auf dem Sofa lag und das Gesicht fest auf mein schäbiges Lederkissen presste, da begann ich allmählich, ganz von Weitem, unwillkürlich, aber unwiderstehlich zu fühlen, dass es mir unbehaglich sein werde, den Kopf aufzuheben und Lisa gerade in die Augen zu sehen. Worüber schämte ich mich? Ich weiß es nicht, aber schämen tat ich mich. Es kam mir auch in meinen aufgeregten Kopf der Gedanke, dass sie jetzt die Heldin sei und ich ein genau ebenso erniedrigtes, niedergedrücktes Geschöpf, wie sie es mir gegenüber in jener Nacht, vor vier Tagen, gewesen war … Und alle diese Gedanken kamen mir noch zu der Zeit, wo ich mit dem Gesicht auf dem Sofa lag!

Oh Gott, ob ich sie damals wirklich beneidet habe?

Ich weiß es nicht; selbst heutigentags kann ich diese Frage nicht beantworten; damals aber war ich natürlich noch weniger im Stande, es zu begreifen, als jetzt. Ohne jemanden zu beherrschen und zu tyrannisieren kann ich eben nicht leben … Aber … aber mit Reflexionen lässt sich ja nichts erklären, und daher hat es auch keinen Zweck zu reflektieren.

Ich überwand mich jedoch und hob den Kopf in die Höhe; ich musste ihn ja doch einmal aufheben … Und da bin ich noch heutigentags davon überzeugt, dass gerade, weil ich mich schämte, sie anzusehen, in meinem Herzen damals plötzlich ein anderes Gefühl entbrannte und aufflammte: die Begierde, zu herrschen und zu besitzen. Meine Augen blitzten vor Leidenschaft, und ich drückte ihr kräftig die Hände. Wie hasste ich sie in diesem Augenblick, und wie zog es mich gleichzeitig zu ihr hin! Das eine Gefühl überwältigte das andere. Das hatte beinahe mit Rache Ähnlichkeit! Auf ihrem Gesicht malte sich anfangs eine Art von verständnisloser Verwunderung, ja von Furcht, aber nur einen Augenblick lang. Voller Entzücken umarmte sie mich leidenschaftlich.

X

Eine Viertelstunde darauf lief ich in wütender Ungeduld im Zimmer auf und ab, trat alle Augenblicke an den Bettschirm heran und blickte durch einen Spalt nach Lisa hin. Sie saß auf dem Fußboden, lehnte den Kopf an das Bett und weinte wahrscheinlich. Aber sie ging nicht fort, und gerade das war es, was mich in Erregung versetzte. Diesmal verstand und durchschaute sie alles. Ich hatte sie in einer nicht wieder gutzumachenden Weise beleidigt, aber … es hat keinen Zweck, das zu erzählen. Sie hatte erkannt, dass der Ausbruch meiner Leidenschaft geradezu ein Racheakt gewesen war, eine neue ihr zugefügte Erniedrigung, und dass sich zu meinem früheren fast gegenstandslosen Hass jetzt noch ein persönlicher, neidischer Hass gegen sie gesellt hatte … Indessen will ich nicht behaupten, dass sie das alles mit völliger Klarheit erkannt hätte, aber dafür begriff sie vollkommen, dass ich ein schändlicher Mensch und vor allen Dingen nicht fähig war, sie zu lieben.

Ich weiß, man wird mir vorhalten, das sei unwahrscheinlich; es sei unwahrscheinlich, dass jemand so boshaft und dumm sein könne, wie ich nach meiner Schilderung. Vielleicht wird man noch hinzufügen, es sei unwahrscheinlich, dass ich sie nicht hätte lieb gewinnen oder nicht wenigstens ihre Liebe nach Verdienst schätzen sollen. Warum sollte es unwahrscheinlich sein? Erstens war ich überhaupt nicht mehr fähig zu lieben, denn (ich wiederhole es) lieben bedeutete bei mir so viel wie tyrannisieren und moralisch beherrschen. Ich habe mir sogar mein ganzes Leben lang die Liebe nicht anders vorstellen können und bin dahin gelangt, dass ich jetzt manchmal glaube, die Liebe bestehe eben darin, dass das geliebte Wesen einem gutwillig das Recht einräumt, es zu tyrannisieren. Auch in den Träumereien, denen ich mich in meiner Abgeschiedenheit hingab, habe ich mir die Liebe immer nur als einen Kampf vorgestellt, sie stets mit Hass begonnen und mit moralischer Unterjochung des geliebten Wesens beendet, dann aber mir überhaupt keine Vorstellung davon zu machen vermocht, was ich mit dem unterjochten Wesen weiter anfangen könne. Und was kann denn hierbei unwahrscheinlich sein, da ich doch schon dermaßen moralisch verkommen, dermaßen des »lebendigen Lebens« entwöhnt war, dass ich mir ein

Weilchen vorher hatte beikommen lassen, ihr zu ihrer Beschämung den Vorwurf zu machen, sie sei zu mir gekommen, um »mitleidige Worte« zu hören, während ich selbst nicht erriet, dass sie ganz und gar nicht gekommen war, um mitleidige Worte zu hören, sondern um mich zu lieben, weil für ein Weib in der Liebe die ganze Auferstehung, die ganze Rettung von allem Verderben und die ganze Wiedergeburt besteht und sich überhaupt auf keine andere Weise als darin offenbaren kann. Indessen hasste ich sie nicht so besonders mehr, als ich da im Zimmer hin und her lief und durch die Spalte des Bettschirms hindurchsah. Es war mir nur unerträglich peinlich, dass sie da war. Ich wollte, dass sie verschwinden möchte. Ruhe wollte ich haben, allein bleiben in meinem Stübchen. Das »lebendige Leben« bedrückte mich, der ich an dasselbe nicht gewöhnt war, dermaßen, dass mir sogar das Atmen schwer wurde.

Aber es vergingen noch mehrere Minuten, und sie erhob sich immer noch nicht, als ob sie alles um sich her vergessen hätte. Ich war gewissenlos genug, leise an den Bettschirm zu klopfen, um sie aus ihrer Versunkenheit aufzuwecken. Sie schrak plötzlich zusammen, sprang in die Höhe und machte sich eilig daran, ihr Brusttuch, ihren Hut, ihren Pelz zu suchen, wie wenn sie sich vor mir irgendwohin retten wollte. Zwei Minuten darauf trat sie langsam hinter dem Bettschirm hervor und sah mich ernst und traurig an. Ich lächelte boshaft, indes nur gezwungen, »anstandshalber«, und wandte meinen Blick von ihr ab.

»Leben Sie wohl«, sagte sie und ging nach der Tür hin. Ich lief auf einmal zu ihr hin, ergriff ihre Hand, öffnete sie, schob ihr etwas hinein und machte sie dann wieder zu. Darauf wandte ich mich sogleich ab und stürzte so schnell wie möglich nach der entgegengesetzten Ecke des Zimmers, um wenigstens nichts weiter zu sehen.

Ich wollte soeben lügen und hinschreiben, dass ich das ohne Überlegung, ohne recht von mir selbst zu wissen, in geistiger Verwirrung, aus Dummheit getan hätte. Aber ich will nicht lügen, und darum sage ich offen: Dass ich ihr die Hand aufmachte und etwas hineinschob, geschah aus Bosheit. Der Einfall, dies zu tun, war mir gekommen, als ich im Zimmer hin und her lief und sie hinter dem Bettschirm saß. Aber Folgendes kann ich wahrheitsgemäß sagen: Ich beging diese Grausamkeit zwar absichtlich, aber sie kam nicht aus meinem Herzen, sondern aus meinem argen Kopf. Diese Grausamkeit war dermaßen erkünstelt, ausspintisiert, absichtlich ersonnen, »buchmäßig«, dass ich selbst es auch nicht eine Minute lang ertragen konnte: Zuerst stürzte ich in die Ecke, um nichts mehr zu sehen; dann aber eilte ich voll Scham und Verzweiflung Lisa nach. Ich öffnete die Flurtür und horchte.

»Lisa! Lisa!«, rief ich auf die Treppe hinaus, aber nicht mit dreister Stimme, sondern nur halblaut.

Es erfolgte keine Antwort; ich glaubte ihre Schritte auf den untersten Stufen zu hören.

»Lisa!«, rief ich lauter.

Keine Antwort. Aber in demselben Augenblick hörte ich von unten, wie sich die schwerfällige Haustür kreischend öffnete und schwerfällig wieder zuschlug. Ein dumpfer Widerhall erscholl auf der Treppe.

Sie war weggegangen. Unentschlossen kehrte ich ins Zimmer zurück. Ich fühlte mich schrecklich bedrückt.

Ich blieb am Tisch neben dem Stuhl stehen, auf dem sie gesessen hatte, und starrte gedankenlos vor mich hin. So verging etwa eine Minute; auf einmal zuckte ich mit dem ganzen Leib zusammen: Gerade vor mir erblickte ich auf dem Tisch … kurz, ich erblickte einen zusammengeknitterten blauen Fünfrubelschein, denselben Schein, den ich ihr eine Minute vorher in die Hand gesteckt hatte. Es war derselbe Schein; es konnte kein andrer sein; ein andrer war überhaupt in der Wohnung nicht vorhanden. Sie hatte also in dem Augenblick, wo ich in die entgegengesetzte Ecke stürzte, Zeit gefunden, ihn aus der Hand auf den Tisch zu werfen.

Nun ja, ich hätte erwarten können, dass sie das tun werde. Konnte ich es wirklich erwarten? Nein. Ich war ein solcher Egoist und schätzte tatsächlich die Menschen so gering, dass ich mir gar nicht vorstellen konnte, dass sie so handeln werde. Das ertrug ich nicht. Einen Augenblick darauf begann ich wie ein Unsinniger mich anzukleiden, indem ich mir auf den Leib zog, was ich in der Hast ergriff, und lief ihr Hals über Kopf nach. Sie konnte noch nicht zweihundert Schritte weit weg sein, als ich auf die Straße hinauslief.

Es war still und schneite; der Schnee fiel fast senkrecht herunter und breitete sich wie ein Kissen auf das Trottoir und auf die menschenleere Straße. Es waren keine Passanten vorhanden; kein Laut war zu hören. Trübselig und nutzlos schimmerten die Laternen. Ich lief etwa zweihundert Schritte bis zu einer Straßenkreuzung und blieb dann stehen. Wohin war sie gegangen? Und wozu lief ich ihr nach?

Ja, wozu? Um vor ihr niederzufallen, vor Reue zu schluchzen, ihre Füße zu küssen, sie um Verzeihung zu bitten! Das wollte ich; die Brust drohte mir in Stücke zu springen, und niemals, niemals werde ich mit Gleichmut an diesen Augenblick zurückdenken. Aber – wozu?, ging es mir durch den Kopf. Werde ich sie nicht vielleicht schon morgen gerade dafür hassen, dass ich heute ihre Füße geküsst habe? Kann ich sie etwa glücklich machen? Habe ich nicht heute wieder, zum hundertsten Male, erkannt, dass ich ein ganz wertloser Mensch bin? Werde ich sie etwa nicht zu Tode quälen?

Ich stand im Schnee da, starrte in die trübe Dunkelheit hinein und überlegte dies alles.

»Und wird es nicht das Beste, wirklich das Beste sein«, fantasierte ich nachher, als ich schon zu Hause war und mit solchen Fantasien den scharfen Seelenschmerz zu betäuben versuchte, »wird es nicht das Beste sein, wenn sie jetzt für ihre ganze Lebenszeit die Beleidigung mit sich fortträgt? Eine Beleidigung, das ist ja doch zugleich eine Läuterung; das ist die bitterste, schmerzlichste Form der Selbsterkenntnis! Gleich morgen hätte ich durch mein weiteres Verhalten ihre Seele beschmutzt und ihr Herz matt gemacht. Aber das Gefühl, beleidigt zu sein, wird in ihr jetzt niemals ersterben, und wie ekelhaft auch der Schmutz sein mag, der sie erwartet, die Beleidigung wird sie adeln und läutern … durch den Hass … hm! … vielleicht auch durch Vergebung … Aber wird ihr von alledem leichter ums Herz werden?«

Und in der Tat, da möchte ich jetzt von mir aus eine müßige Frage stellen: Was ist besser, ein billiges Glück oder ein erhabenes Leid? Na also, was ist besser?

Diese Gedanken gingen mir durch den Kopf, als ich an jenem Abend bei mir zu Hause saß und vor Seelenschmerz fast vergehen wollte. Noch niemals hatte ich so viel Leid und Reue durchgemacht, aber konnte es denn im Geringsten zweifelhaft sein, als ich aus der Wohnung hinauslief, dass ich auf halbem Weg kehrtmachen und nach Hause zurückkehren würde? Ich habe Lisa nie wiedergesehen und nie mehr etwas von ihr gehört. Ich füge noch die Bemerkung hinzu, dass die Phrase von dem Nutzen der Beleidigung und des Hasses mir lange Zeit hindurch eine gewisse Befriedigung gewährte, trotzdem ich selbst vor Leid damals beinahe krank wurde.

Selbst jetzt, nach so vielen Jahren, habe ich bei der Erinnerung an all dies die Empfindung, dass es doch gar zu hässlich war. Vieles erscheint mir jetzt als hässlich, aber … soll ich nicht an diesem Punkt meine Aufzeichnungen abschließen? Ich glaube, ich habe einen Fehler damit begangen, dass ich sie überhaupt zu schreiben angefangen habe. Wenigstens habe ich mich die ganze Zeit über, während ich diese »Novelle« schrieb, geschämt: Folglich war das nicht sowohl eine literarische Tätigkeit als vielmehr eine Korrektionsstrafe. Lange

Geschichten darüber zu erzählen, wie ich mir mein Leben verhunzt habe durch meine moralische Fäulnis in meinem abgeschiedenen Winkel, durch den Mangel einer angemessenen Umgebung, durch die Entwöhnung von dem »lebendigen Leben« und durch die Bosheit, die ich in meiner ärmlichen Behausung sorgsam ausklügelte, das ist wahrhaftig nicht interessant. In einem Roman muss ein Held sein; hier aber kommen wie absichtlich alle Charakterzüge für das Gegenteil eines Helden zusammen, und, was die Hauptsache ist, dies alles macht einen unangenehmen Eindruck, weil wir alle uns des Lebens entwöhnt haben, weil wir alle an diesem Fehler laborieren, der eine mehr, der andere weniger. Wir haben uns seiner dermaßen entwöhnt, dass wir manchmal vor dem wirklichen »lebendigen Leben« eine Art von Abscheu empfinden und es deswegen auch nicht leiden mögen, wenn man uns an dieses erinnert. Sind wir ja doch dahin gelangt, dass wir das wirkliche »lebendige Leben« beinahe für eine Mühe, beinahe für eine drückende dienstliche Arbeit halten und sämtlich im Stillen darüber einig sind, dass es sich »buchmäßig« besser lebt. Und warum sind wir manchmal so unruhig und launisch? Worauf richten sich unsere Wünsche? Wir wissen selbst nicht worauf. Uns selbst würde es schlechter gehen, wenn unsere törichten Wünsche in Erfüllung gingen. Na, machen Sie doch einmal einen Versuch, geben Sie uns zum Beispiel größere Selbstständigkeit, binden Sie irgendeinem von uns die Hände los, erweitern Sie den Kreis seiner Tätigkeit, lockern Sie die Bevormundung, und wir … ich versichere Ihnen: Wir werden sogleich wieder um die Bevormundung bitten. Ich weiß, dass Sie vielleicht deswegen über mich empört sein, mit den Füßen stampfen und mir zurufen werden: »Reden Sie von sich allein und von Ihrer Misere in Ihrem einsamen Winkel, aber erdreisten Sie sich nicht zu sagen: ›wir alle!‹« Erlauben Sie, meine Herren, wenn ich »wir alle« sage, so tue ich das ja doch nicht, um mich zu entschuldigen. Was speziell mich anlangt, so habe ich ja in meinem Leben nur dasjenige bis zur äußersten Grenze durchgeführt, was Sie nicht einmal bis zur Hälfte durchzuführen gewagt haben; und dabei haben Sie noch Ihre Feigheit als Vernunft aufgefasst und sich durch diesen Selbstbetrug getröstet. Daher ergibt sich am Ende, dass ich noch lebendiger bin als Sie. Aber sehen Sie doch einmal schärfer hin! Wir wissen ja nicht einmal, wo das Lebendige jetzt eigentlich lebt, und von welcher Art es ist, und wie es heißt. Lassen Sie uns einmal allein sein, ohne Bücher, und wir werden sofort in Verwirrung geraten und ratlos sein und nicht wissen, woran wir uns anschließen und was wir festhalten sollen, was wir lieben und hassen, verehren und verachten sollen. Wir halten es sogar für eine Last, dass wir Menschen sein sollen. Menschen mit wirklichem, eigenem Leib und Blut; wir schämen uns dessen, betrachten es als eine Schande und möchten eine Art von nie da gewesenen Universalmenschen sein. Wir sind Totgeburten und werden schon seit langer Zeit nicht von lebendigen Vätern erzeugt, und das sagt uns je länger je mehr zu. Wir bekommen allmählich Geschmack daran. Bald werden wir ein Mittel ausfindig machen, irgendwie aus der Idee geboren zu werden. Aber nun genug; mehr will ich »aus dem Dunkel der Großstadt« nicht schreiben.

Übrigens enden die Aufzeichnungen dieses Liebhabers paradoxer Behauptungen hier doch noch nicht. Er hat sich nicht beherrschen können und hat weitergeschrieben. Aber auch uns scheint es, dass wir hier abbrechen können.

Das Krokodil

I

Am 13. Januar des Jahres 1865, um halb ein Uhr nachmittags, äußerte Jelena Iwanowna, Gattin Iwan Matwejewitschs, meines hochgebildeten Freundes und Kollegen, der zugleich mein entfernter Verwandter ist, den Wunsch, das Krokodil zu sehen, das gegen Eintrittsgeld in der Passage gezeigt wurde. Da Iwan Matwejewitsch bereits die Fahrkarte für eine bevorstehende Reise ins Ausland in der Tasche hatte und infolgedessen für dienstlich beurlaubt galt, fühlte er sich diesen Morgen vollkommen frei und widersetzte sich daher nicht dem Wunsche seiner Gattin, sondern wurde selbst Opfer der Neugier. »Fein«, sagte er wohlgelaunt, »betrachten wir das Krokodil! Wenn man sich nach Europa begibt, sollte man sich vorher mit seiner Heimat bekannt machen.« Hiermit schob er den Arm seiner Gattin unter den seinen und begab sich mit ihr in die Passage. Ich, als alter Hausfreund, ging wie gewöhnlich mit. Ich kann mich nicht erinnern, Iwan Matwejewitsch jemals in so guter Stimmung gesehen zu haben wie an jenem für mich denkwürdigen Morgen. Ja, man weiß eben nie, was einem bevorsteht! Sobald wir die Passage betreten hatten, fing er an, sich an der Pracht des Gebäudes zu ergötzen, und als wir uns vor dem Geschäft befanden, wo das erst kürzlich in die Hauptstadt gebrachte Ungeheuer gezeigt wurde, wünschte er das Eintrittsgeld für mich selbst dem Krokodilmann zu entrichten, wozu er sonst nie aufgelegt gewesen wäre. Wir betraten einen engen Raum und bemerkten, dass er außer dem Krokodil noch einige Papageien von der fremdländischen Gattung des Kakadu und überdies noch in einer Nische einen Käfig mit Affen beherbergte. Linker Hand, dicht am Eingang, stand ein wannenähnlicher Behälter, der mit einem Drahtnetz bedeckt und wohl zollhoch mit Wasser gefüllt war. In dieser seichten Pfütze wurde ein riesenhaftes Krokodil gehalten. Es lag regungslos wie ein Balken da; unser raues Klima schien es aller seiner Fähigkeiten beraubt zu haben. Dieses Ungeheuer erregte zunächst in keinem von uns ein besonderes Interesse.

»Also das ist das Krokodil«, meinte Jelena Iwanowna gedehnt, »ich habe es mir anders vorgestellt!« Vermutlich hatte sie sich ein Krokodil aus Brillanten vorgestellt. Der Wirt und Eigentümer des Krokodils, ein Deutscher, war herangetreten und betrachtete uns mit außerordentlicher Herablassung.

»Er hat Recht«, flüsterte mir Iwan Matwejewitsch zu, »denn er ist sich dessen wohl bewusst, dass er zur Zeit der Einzige in Russland ist, der ein lebendes Krokodil vorzuweisen hat.« Diese überflüssige Bemerkung führe ich gleichfalls auf die gute Laune zurück, die sich Iwan Matwejewitschs bemächtigt hatte, der sonst recht neidisch war.

»Ihr Krokodil ist ja nicht lebendig!«, bemerkte Jelena Iwanowna wieder. Sie war durch die Unzugänglichkeit des Eigentümers pikiert und wandte sich nun von Neuem mit anmutigem Lächeln an ihn, um den Klotz zu bezaubern (ein bekanntes Manöver der Frauenzimmer).

»Oh nein, Madame«, antwortete jener in gebrochenem Russisch. Er hob ein wenig das Netz vom Behälter und begann das Krokodil mit einem Stäbchen zu reizen. Das tückische Ungeheuer gab ein Lebenszeichen von sich, indem es Tatzen und Schwanz ein wenig bewegte, den Kopf hob und einen Laut ausstieß, der wie verhaltenes Schnaufen klang.

»Nicht gleich so böse, Karlchen«, sagte der Deutsche. Sein Ehrgeiz war befriedigt.

»Was für ein ekliges Krokodil! Es hat mich erschreckt!«, flüsterte Jelena Iwanowna, wenn möglich noch koketter. »Jetzt wird es mich im Traum verfolgen!«

»Aber im Traum wird es Sie nicht beißen, Madame«, flocht der Deutsche galant ein und lachte als Erster über seinen Witz. Doch keiner von uns ging darauf ein.

»Kommen Sie, Semjon Semjonowitsch!«, fuhr Jelena Iwanowna fort, sich ausschließlich an mich wendend. »Wir wollen uns lieber die Affen ansehen. Ich liebe die Affen leidenschaftlich; einige sind so süß! Aber das Krokodil ist grässlich.«

»Oh, fürchte dich nicht, meine Teure!«, rief uns Iwan Matwejewitsch nach, seinen Mut vor der Gattin herauskehrend. »Dieser schläfrige Einwohner des Pharaonenreiches wird uns nichts tun!«, rief's und blieb bei dem Krokodilbehälter stehen; nicht genug damit, er nahm seinen Handschuh und fing an, damit die Nüstern des Krokodils zu kitzeln; wie er später gestand, mit dem Wunsch, es wieder zum Schnaufen zu bringen. Der Besitzer aber folgte höflich Jelena Iwanowna zum Affenkäfig.

Auf dies Weise verlief alles glänzend, und nichts Schlimmes vorauszusehen. Jelena Iwanowna ergötzte sich auf das Lebhafteste an den Affen und war, wie es schien, von ihnen hingerissen. Sie jauchzte vor Vergnügen, sich beständig an mich wendend und den Krokodilmann scheinbar außer Acht lassend. Sie wollte sich ausschütten vor Lachen, indem sie Beobachtungen anstellte über die Ähnlichkeit der Affen mit ihren nächsten Bekannten und Freunden. Ihre Heiterkeit griff auch auf mich über, denn die Ähnlichkeit war unverkennbar. Der Deutsche wusste nicht, ober er mitlachen sollte oder nicht, und blickte daher düster drein.

In diesem Augenblick durchdrang ein grässlicher, ein unnatürlicher Schrei den Raum. Was war das?! Ich erstarrte. Doch als mir klar wurde, dass auch Jelena Iwanowna einen Schrei ausgestoßen hatte, wandte ich mich um – und was sah ich? Ich sah, oh Gott! Ich sah den unglücklichen Iwan Matwejewitsch im grässlichen Krokodilsrachen, von den Zähnen des Ungeheuers bis zur Mitte des Rumpfes erfasst, horizontal in die Luft gehoben und verzweifelt mit den Beinen strampelnd. – Noch einen Augenblick, und er war verschwunden. Ich will den Vorgang genauer beschreiben, da ich unbeweglich stand und ihm mit der allergrößten Aufmerksamkeit folgte. Denn wie – dachte ich in jenem verhängnisvollen Moment –, wenn das, was Iwan Matwejewitsch traf, mir zugestoßen wäre? Wie wäre mir dann wohl zumute gewesen. – Doch nun zur Sache. Das Krokodil begann damit, dass es den bedauernswerten Iwan Matwejewitsch in seinem grässlichen Rachen zuerst von den Füßen her verschluckte und ihn dann halb von sich gab, um den sich verzweifelt Wehrenden und sich mit den Händen am Kasten Anklammernden aufs Neue, diesmal bis zu den Hüften, zu verschlingen. Dann gab es ihn nochmals halb wieder und machte nochmals eine Schlingbewegung. Auf diese Weise entschwand Iwan Matwejewitsch zusehends unseren Blicken. Schließlich gelang es dem Krokodil, meinen armen hochgebildeten Freund endgültig in sich aufzunehmen, diesmal restlos. Es war am Krokodil deutlich zu sehen, wie Iwan Matwejewitsch mit allen seinen Umrissen dessen Eingeweide passierte. Ich machte mich zu einem neuen Schreckensruf bereit, als ein tückisches Schicksal uns noch einmal narren wollte. Das Krokodil setzte noch einmal an, wohl an der Größe des verschlungenen Gegenstandes würgend. Es riss seinen ganz entsetzlichen Rachen auf, und aus ihm hervor, wie bei einem letzten Aufstoßen, wurde für eine Sekunde der Kopf Iwan Matwejewitschs mit angstverzerrtem Gesicht sichtbar, wobei seine Brille ihm von der Nase glitt und auf den Boden des Behälters fiel. Es schien, dass dieser unselige Kopf nur deswegen hervorsprang, um noch einen letzten Blick auf die Umgebung zu werfen und sich von allen Freuden der Welt zu verabschieden. Doch es gelang nicht.

Das Krokodil raffte sich noch einmal auf, machte eine verzweifelte Schlingbewegung, und augenblicklich verschwand der Kopf, diesmal endgültig. Dieses letzte Auftauchen war so entsetzlich, und zugleich barg dieser Moment, entweder wegen der überraschenden Wirkung des Vorgangs oder wegen der Geschichte mit der Brille, so viel Lächerliches, dass ich, mir selbst ganz unerwartet, herausplatzte. Da es mir aber sofort zum Bewusstsein kam, dass in einem solchen Augenblick für mich, als dem Hausfreund, das Lachen nicht angebracht sei, wandte ich mich zu Jelena Iwanowna und sagte teilnahmsvoll: »Dahin ist unser Iwan Matwejewitsch!«

Die Aufregung Jelena Iwanownas während dieses Vorgangs kann ich nicht beschreiben. Anfangs, nach dem ersten Schrei, stand sie wie erstarrt und sah, scheinbar gleichgültig, nur mit weit aufgerissenen Augen auf das grässliche Bild; dann brach sie plötzlich in ein herzzerreißendes Jammergeheul aus. Auch der Eigentümer, der bis dahin scheinbar vor Schreck versteinert war, rang plötzlich die Hände und rief mit zum Himmel erhobenem Blick: »Oh mein Krokodil! Oh mein herzallerliebstes Karlchen! Mutter! Mutter! Mutter!« Auf diesen Ruf hin öffnete sich eine Nebentür, und seine Ehehälfte erschien auf der Schwelle; ältlich, rotwangig, die Haube schief auf dem Kopf, und stürzte jammernd auf ihren Mann zu.

Und nun begann ein Sodom und Gomorra. Jelena Iwanowna zeterte wie besessen: »Geht ihm zu Leibe! Geht ihm zu Leibe!« und lief vom Eigentümer zu dessen Ehehälfte, die beiden in ihrer Verzweiflung anflehend, jemandem zu Leibe zu gehen. Doch diese beiden kümmerten sich gar nicht um uns; sie standen am Behälter und heulten wie die Schlosshunde.

»Es ist aus mit ihm! Er wird gleich platzen, weil er einen ganzen Beamten verschluckt hat!«, rief der Besitzer.

»Oh, unser Karlchen, unser allerliebstes Karlchen wird sterben!«, wimmerte seine Frau.

»Geht ihm zu Leibe! Geht ihm zu Leibe!«, zeterte Jelena Iwanowna, sich an die Rockschöße des Deutschen klammernd.

»Er hat es gereizt! Warum hat Ihr Mann es gereizt!«, schrie der Besitzer, sich verzweifelnd wehrend. »Wenn Karlchen stirbt, müssen Sie bezahlen! Es war wie mein Sohn, mein einziger Sohn!«

Ich muss gestehen, dass ich über den Egoismus des zugereisten Deutschen und die Hartherzigkeit der zerzausten Mutter einigermaßen aufgebracht war, doch die ununterbrochenen Rufe Jelena Iwanownas: »Geht ihm zu Leibe! Geht ihm zu Leibe!«, regten mich so auf, dass mir zuletzt bange wurde. Ich schicke voraus, dass ich diese Worte Jelena Iwanownas missdeutete: Mir schien, sie sei von Sinnen und schlüge, im Verlangen, sich an dem Krokodil für den Untergang ihres geliebten Mannes zu rächen, vor, dieses zu ihrer Genugtuung durchpeitschen zu lassen. Stattdessen meinte sie etwas ganz anderes. Nicht ohne Bangen die Tür im Auge behaltend, flehte ich nun Jelena Iwanowna an, sich zu beruhigen und das kitzlige Wort »zu Leibe gehen« nicht zu benutzen, da ein so rückständiger Wunsch an diesem Ort, im Herzen der Passage und der feinen Gesellschaft, wenige Schritte von dem Saal entfernt, in dem Herr Lawrow eben vielleicht einen fortschrittlichen Vortrag hielt, nicht nur unmöglich, nein, geradezu undenkbar wäre und jederzeit das Hohngelächter von Seiten der hochgebildeten Leute zur Folge haben könnte; auch könnte es Herrn Stepanow veranlassen, eine Karikatur von uns zu machen.

Zu meinem Entsetzen erwies es sich, dass meine ängstlichen Vermutungen gerechtfertigt waren. Der Vorhang, welcher den Krokodilraum von dem Vorstübchen trennte, wo das Eintrittsgeld kassiert wurde, teilte sich plötzlich, und auf der Schwelle erschien ein schnauzbärtiger Jemand mit der Mütze in der Hand. Der Jemand bog seinen Oberkörper weit vor und war ängstlich bemüht, seine Füße jenseits der Schwelle zu lassen, um so um den Eintrittsgroschen herumzukommen.

»Ein so rückständiger Wunsch, meine Gnädige«, sagte der Fremde, mit dem Bestreben, das Gleichgewicht nicht zu verlieren und auf neutralem Boden zu bleiben, »ein so rückständiger Wunsch macht Ihren Fähigkeiten keine Ehre und ist durch Mangel an Phosphor in Ihrem Gehirn bedingt. Die Chronik des Fortschritts und die satirischen Blätter werden Sie verlachen und verspotten!« Er kam nicht zum Schluss. Der Eigentümer, der sich endlich besonnen hatte, gewahrte mit Entsetzen ein Subjekt, das im Krokodilraum sprach, ohne dafür bezahlt zu haben, stürzte sich auf den fortschrittlichen Fremden und drängte ihn mit den Fäusten aus der Bude. Für einen Moment verschwanden die beiden hinter dem Vorhang, und nun erst wurde mir klar, dass der ganze Radau ohne jede Ursache war. Jelena Iwanowna erwies sich als vollständig unschuldig. Sie hatte, wie ich schon früher bemerkte, gar nicht daran gedacht, das Krokodil der demütigenden und rückschrittlichen Züchtigung zu unterwerfen, sie wollte nur den Wunsch äußern, man möge ihm mit einem Messer den Leib aufschlitzen, um den armen Iwan Matwejewitsch aus seinen Eingeweiden zu befreien.

»Was, Sie wollen meinem Krokodil den Garaus machen?«, zeterte der Wirt, der wieder hereingelaufen kam. »Nein, erst mag Ihr Mann draufgehen und dann mein Krokodil. Mein Vater hat das Krokodil gezeigt, mein Großvater hat es gezeigt, und mein Sohn soll auch noch das Krokodil zeigen. Ganz Europa kennt mich, aber Sie kennt ganz Europa nicht. Sie werden mir für das Krokodil bezahlen!«

»Ja! ja!«, keifte die boshafte Deutsche, »wir lassen Sie nicht fort! Strafe zahlen, wenn Karlchen platzt!«

»Aufschlitzen wird auch nichts nützen«, fügte ich gelassen hinzu, um Jelena Iwanowna schneller heimwärts zu locken, »denn aller Wahrscheinlichkeit nach schwebt unser lieber Iwan Matwejewitsch schon irgendwo in den seligen Gefilden!«

»Mein Bester!«, ertönte plötzlich und ganz unerwartet die Stimme Iwan Matwejewitschs, welche uns bis aufs Äußerste überraschte, »meiner Meinung nach ist es das Beste, direkt durch die Polizei zu wirken, da der Kerl ohne polizeiliche Nachhilfe die Sachlage nicht erfassen wird!«

Diese mit großem Nachdruck gesprochenen Worte, die außergewöhnliche Geistesgegenwart bekundeten, setzten uns derart in Staunen, dass wir kaum unseren Ohren trauten. Selbstverständlich eilten wir sofort an den Krokodilbehälter und lauschten mit ebenso viel Andacht wie Verwunderung der Stimme des unglücklichen Gefangenen. Sie klang gedämpft, hoch und piepend, als ob sie aus einer bedeutenden Entfernung zu uns dränge. Es schien, als ob ein Schelm aus dem Nebenzimmer, der sich ein Kissen vor den Mund genommen, zu rufen anfinge, um dem Publikum im anderen Zimmer darzustellen, wie zwei Bauern in der Wüste oder durch einen Abgrund getrennt einander etwas zurufen – was ich einst in den Weihnachtstagen das Vergnügen hatte, bei meinen Bekannten zu hören.

»Iwan Matwejewitsch, mein Liebster, du lebst also!«, flüsterte Jelena Iwanowna.

»Ich lebe und bin wohlbehalten«, antwortete Iwan Matwejewitsch, »und dank der gütigen Vorsehung bin ich unverletzt verschlungen worden. Mich beunruhigt nur, wie die Obrigkeit diesen Vorfall auffassen wird, denn mit einer Fahrkarte über die Grenze geriet ich in ein Krokodil hinein, was nicht besonders geistreich ist.«

»Mein Lieber, kümmere dich nicht um Geist, vor allen Dingen muss man dich irgendwie hier herausholen!«, unterbrach ihn Jelena Iwanowna.

»Herausholen?!«, rief der Eigentümer. »Ich lasse mein Krokodil nicht aufschlitzen! Jetzt wird sehr viel Publikum kommen, und ich werde fünfzig Kopeken Eintrittsgeld nehmen, und Karlchen wird nicht platzen!«

»Gott sei Dank«, ergänzte die Frau.

»Die Leute haben Recht«, bemerkte Iwan Matwejewitsch kaltblütig, »das ökonomische Prinzip geht vor!«

»Mein Freund!«, rief ich, »ich eile zu deinen Vorgesetzten und werde mich beschweren, denn ich fühle, dass wir allein diese Suppe nicht auslöffeln können!«

»Das glaube ich auch«, bemerkte Iwan Matwejewitsch, »aber in unserem Zeitalter der wirtschaftlichen Krisis dürfte es schwierig sein, umsonst den Bauch eines Krokodils aufzutrennen; wir stehen also nun vor der unvermeidlichen Frage: Wie viel will der Eigentümer für sein Krokodil haben? Und zweitens: Wer wird dafür zahlen? Denn du weißt, dass ich keine Mittel habe …«

»Vielleicht wäre ein Vorschuss auf dein Gehalt zu erlangen?«, meinte ich schüchtern; doch der Eigentümer unterbrach mich sofort: »Ich verkaufe mein Krokodil nicht! Ich verkaufe es nicht für dreihundert Rubel, für vierhundert Rubel verkaufe ich es nicht! Jetzt wird viel Publikum kommen. Ich verkaufe das Krokodil nicht für fünfhundert Rubel.«

Kurz, er wurde ganz unausstehlich – Gewinnsucht und schäbiger Geiz funkelten freudig in seinem Blick.

»Ich eile!«, rief ich entrüstet.

»Und ich auch, ich auch«, zeterte Jelena Iwanowna. »Ich werde zu Andrej Ossipowitsch fahren. Meine Tränen werden ihn erweichen.

»Tu das nicht, meine Liebste!«, unterbrach Iwan Matwejewitsch sie eilig, weil er schon längst glaubte, begründeten Verdacht zur Eifersucht diesem Herrn gegenüber zu haben, und wusste, dass seine Gattin ganz gerne einem so hochstehenden Mann etwas vorweinen würde, wohl wissend, dass Tränen ihr gut standen.

»Auch dir, mein Freund«, fuhr er fort, sich an mich wendend, »rate ich nicht, so mir nichts, dir nichts hinzufahren, wer weiß, was noch dabei herauskommt; sprich lieber heute bei Timofej Semjonowitsch vor, so ganz privatim. Er ist zwar altmodisch und nicht sehr klug, aber zuverlässig und vor allem – aufrichtig. Grüß ihn von mir und beschreibe die Sachlage. Da ich ihm für den letzten Whist noch sieben Rubel schuldig bin, übergib sie ihm bei dieser Gelegenheit. Das wird den griesgrämigen Alten erweichen. In jedem Fall kann sein Rat uns die Richtung weisen. Nun aber führe vorläufig Jelena Iwanowna nach Hause.«

»Beruhige dich, meine Teure«, wandte er sich wieder an sie, »ich bin müde von diesem Lärm und Weibergeschrei und wünsche ein wenig zu schlummern. Hier ist es warm und mollig, obwohl ich noch nicht dazugekommen bin, mich genauer in diesem unerwarteten Nachtquartier umzusehen.«

»Umsehen? Hast du denn Licht da?«, rief die erfreute Jelena Iwanowna.

»Mich umgibt finstere Nacht«, entgegnete der arme Gefangene, »doch kann ich tasten und mich sozusagen mit den Händen umsehen. Lebe wohl denn! Sei ruhig und amüsiere dich. Du aber, Semjon Semjonowitsch, komm gegen Abend zu mir, und weil du zerstreut bist und es etwa vergessen könntest, binde dir einen Knoten ins Taschentuch!«

Ich muss gestehen, ich war froh fortzukommen, weil ich zu müde war; auch fing es an, mir langweilig zu werden. Ich ergriff also den Arm der betrübten Jelena Iwanowna, die übrigens durch die Aufregung hübscher geworden war, und führte sie aus dem Krokodilraum hinaus. – »Am Abend wieder einen Groschen Eintrittsgeld«, rief uns der Besitzer nach.

»Oh, wie geldgierig sind diese Leute!«, plauderte Jelena Iwanowna, während sie jedem Spiegel an den Wänden der Passage Blicke zuwarf und selbst zu fühlen schien, wie gut sie aussah.

»Ja, das ist das ökonomische Prinzip!«, entgegnete ich mit einer gewissen Regung von Stolz auf meine hübsche Gefährtin.

»Ökonomisches Prinzip?«, säuselte sie. »Ich habe nichts davon verstanden, was Iwan Matwejewitsch eben über dieses garstige ökonomische Prinzip sagte.«

»Das kann ich Ihnen erklären«, antwortete ich und fing sofort an, ihr von den wohltätigen Resultaten der Hinzuziehung auswärtiger Kapitalien in unser Vaterland zu erzählen, worüber ich heute früh erst einen Artikel in den ›Petersburger Nachrichten‹ und im ›Wolos‹ gelesen hatte.

»Wie sonderbar das alles ist!«, unterbrach sie mich nach kurzer Zeit. – »Sie garstiger Mensch, hören Sie doch auf, über solche Dinge zu sprechen! Sagen Sie – sehe ich sehr echauffiert aus?«

»Rosig – wie eine Rose –«, benutzte ich die Gelegenheit, ihr ein Kompliment zu machen.

»Sie Schelm!«, lispelte sie geschmeichelt. – »Armer Iwan Matwejewitsch«, fügte sie nach einer Minute hinzu, ihr Köpfchen kokett zur Seite neigend. – »Er tut mir wirklich leid! Ach Gott«, rief sie plötzlich aus, »sagen Sie, wie wird er denn heute dort essen? Und was, wenn … wenn … er da was nötig hat?«

»Das ist eine unerwartete Frage«, antwortete ich, gleichfalls überrascht. Aufrichtig gesagt, war mir so etwas gar nicht in den Sinn gekommen. Die Frauen sind eben um vieles praktischer als die Männer, wenn es sich um Lebensfragen handelt.

»Der Ärmste! Dass das ihm passieren musste! Und keinen Zeitvertreib hat er da, finster ist's auch … Wie schade, dass ich keine Fotografie von ihm habe! Ich bin also jetzt beinahe eine Witwe«, fügte sie mit einem bezaubernden Lächeln hinzu. Offenbar fand sie diesen neuen Zustand ganz interessant. – »Hm … er tut mir doch leid! …«

Kurz, sie gab sich dem begreiflichsten und allernatürlichsten Schmerz einer jungen und hübschen Frau über den Verlust ihres Gatten hin. Ich brachte sie endlich nach Hause, tröstete sie und ging, nachdem ich noch bei ihr zu Mittag gegessen und eine Tasse duftenden Kaffee getrunken hatte, so gegen sechs Uhr zu Timofej Semjonowitsch, in der Berechnung, dass alle Familienväter von bestimmtem Beruf um diese Zeit zu Hause zu sitzen oder zu liegen pflegen.

II

Der ehrenwerte Timofej Semjonowitsch empfing mich ein wenig eilig und war scheinbar etwas verwirrt. Er führte mich in sein enges Studierzimmer und drückte die Türe fest ins Schloss – »damit die Kinder nicht stören«, fügte er mit sichtbarer Unruhe hinzu. Nachdem er mich gebeten hatte, auf einem Stuhl am Schreibtisch Platz zu nehmen, sank er selbst in seinen Lehnstuhl und schlug die Schöße seines alten gesteppten Schlafrocks an den Knien übereinander, wobei er für alle Fälle eine offiziöse, ja beinahe strenge Miene aufsetzte, obgleich er weder mein noch Iwan Matwejewitschs Vorgesetzter war und bis jetzt als unser Kollege und sogar guter Bekannter gegolten hatte.

»Vor allem«, begann er, »muss ich Sie darauf aufmerksam machen, dass ich keine hochgestellte Persönlichkeit bin. Ich bin ebenso gut ein subordinierter Beamter wie Sie oder Iwan Matwejewitsch … und ich habe durchaus nicht die Absicht, mich irgendwie einzumischen.«

Ich wunderte mich, dass er scheinbar schon alles wusste. Doch dessen ungeachtet erzählte ich ihm die ganze Geschichte von Anfang an und mit allen Einzelheiten. Ich sprach sogar mit einiger Bewegung, denn ich erfüllte in diesem Augenblick eine heilige Freundespflicht.

»Glauben Sie«, sagte er, nachdem er mich angehört hatte, »ich habe immer gedacht, dass ihm so etwas zustoßen müsste!«

»Warum denn, Timofej Semjonowitsch? Der Vorfall an und für sich ist doch höchst ungewöhnlich.«

»Einverstanden. Aber während seiner ganzen Dienstzeit neigte Iwan Matwejewitsch immer zu so einem Schlusseffekt. Er ist zu hitzig, sogar ein wenig herausfordernd. Spricht immer von Fortschritt und anderen Ideen. Na, da haben wir's, wohin der Fortschritt einen bringt!«

»Aber dieser Vorfall ist ja ganz ungewöhnlich und kann nicht als Regel für alle Fortschrittler gelten …!«

»Nein, das ist nun einmal so … Das kommt von zu großer Bildung, glauben Sie mir! Denn die überklugen Leute müssen ihre Nasen überall hineinstecken, und am liebsten dahin, wo es am wenigsten nötig ist … Aber vielleicht wissen Sie selbst darüber mehr als ich«, fügte er, scheinbar gekränkt, hinzu. – »Ich bin ein alter Mann und nicht so hochgebildet … Habe ganz klein angefangen und werde in diesem Jahr mein fünfzigjähriges Dienstjubiläum feiern …«

»Oh nein, Timofej Semjonowitsch, entschuldigen Sie, bitte! Im Gegenteil, Iwan Matwejewitsch bedarf Ihres Rates, fleht um Ihre Führung, sozusagen mit Tränen in den Augen …!«

»Sozusagen mit Tränen. So, so … Nun, das sind Krokodilstränen, und man braucht ihnen nicht allzu viel Glauben zu schenken … Sagen Sie nur, warum zog es ihn ins Ausland? Und mit welchen Mitteln wollte er reisen, er hat ja gar keine?«

»Von seinem Ersparten, Timofej Semjonowitsch, die letzten Gratifikationen –«, antwortete ich kläglich, »er wollte nur auf drei Monate verreisen, in die Schweiz, die Heimat Wilhelm Tells.«

»Wilhelm Tells? Hm, so – so …«

»In Neapel wollte er den Frühling erleben; die Museen besuchen, die Sitten und die Fauna beobachten …«

»So, so – also die Fauna wollte er beobachten! Meiner Ansicht nach nur aus Hochmut. Welche Fauna? Tiere? Haben wir denn nicht genug Tiere hier? Es gibt doch Menagerien, Museen, Kamele.

In der nächsten Umgebung Petersburgs leben Bären. Und jetzt ist er gar selbst in einem Krokodil stecken geblieben!«

»Timofej Semjonowitsch, erbarmen Sie sich! Ein Mensch ist in Not, wendet sich an Sie als einen Freund, einen Vater, fleht um einen Rat – und Sie machen ihm Vorwürfe. Denken Sie wenigstens an die unglückliche Jelena Iwanowna.«

»Ach, Sie meinen die Gattin? Ein nettes Dämchen!«, meinte Timofej Semjonowitsch, sichtlich erweicht, und nahm eine Prise Tabak. »Ein feines Persönchen! Und wie rundlich. Und wie sie das Köpfchen immer so schräg auf die Seite hält; sehr nett! Andrej Ossipowitsch sprach von ihr erst vorgestern.«

»Sprach von ihr?«

»Ja, und in sehr schmeichelhaften Wendungen. ›Die Büste‹, sagte er, ›der Blick, die Coiffure – kurz‹, sagte er, ›ein Bonbon‹, und lachte dazu. Ja, ja, er ist jung!« Und Timofej Semjonowitsch schneuzte sich geräuschvoll. – »Und doch, sehen Sie, welche Karriere dieser junge Mann macht!«

»Hier handelt es sich aber um ganz etwas anderes, Timofej Semjonowitsch!«

»Gewiss, gewiss!«

»Also, bitte, Timofej Semjonowitsch?«

»Was kann ich denn dabei tun?«

»Raten Sie, helfen Sie! Als ein Mann der Erfahrung, als Vater! Was soll ich unternehmen? Soll ich zu den Vorgesetzten gehen?«

»Zu den Vorgesetzten? Nein, auf keinen Fall«, meinte Timofej Semjonowitsch hastig. – »Wenn ich Ihnen raten soll, muss man die Sache vertuschen und sozusagen als Privatperson handeln. Der Fall ist verdächtig und nie da gewesen. Vor allem: Nie da gewesen! Man hat noch kein Exempel, und es ist auch eine schlechte Empfehlung. Darum – vor allem: Vorsicht, Vorsicht, Vorsicht … Mag er lieber eine Weile dort liegen bleiben. Abwarten, abwarten!!«

»Wieso abwarten, Timofej Semjoliowitsch? Er kann ja dort ersticken!«

»Aber woran denn? Sie meinten doch, glaube ich, dass er es dort ganz bequem hätte?«

Ich erzählte wieder alles von Anfang an. Timofej Semjonowitsch dachte nach.

»Hm«, meinte er, mit der Tabaksdose spielend. »Meine Ansicht ist, dass es für ihn ganz gut wäre, ein Weilchen dort zu liegen, statt ins Ausland zu reisen. Er kann da in Muße nachdenken … Natürlich soll er nicht ersticken, und darum muss man die entsprechenden Maßnahmen zur Aufrechterhaltung seiner Gesundheit treffen, als da sind: sich vor Husten schützen und so weiter. Was den Deutschen anlangt, so hat er, meiner Meinung nach, Recht, und sogar mehr als die anderen, denn man ist ohne Erlaubnis in sein Krokodil hineingekrochen; es ist ja nicht er in Iwan Matwejewitschs Krokodil hineingekrochen, der übrigens, soviel ich mich entsinne, auch gar kein Krokodil hatte. Nun, und ein Krokodil stellt einen gewissen Besitz dar und darf nicht ohne Entschädigung aufgeschlitzt werden.«

»Aber zur Rettung eines Menschenlebens, Timofej Semjonowitsch?«

»Das ist Sache der Polizei, mit der Sie sich in Verbindung setzen müssen.«

»Aber man kann unterdessen im Dienst nach Iwan Matwejewitsch verlangen. Man kann ihn suchen.«

»Nach Iwan Matwejewitsch fragen? Ha, ha! Außerdem hat er ja Urlaub, wir können infolgedessen die ganze Geschichte ignorieren, und er kann sich ›Europa ansehen‹. Etwas anderes ist es, wenn er nicht rechtzeitig zurückkehrt; dann werden wir Erkundigungen einziehen, nach ihm forschen.«

»Es sind aber drei Monate bis dahin, Timofej Semjonowitsch, erbarmen Sie sich!«

»Seine Schuld! Was wollte er da! Wenn er sich so aufführt, müsste der Staat für ihn eine Wärterin engagieren, was im Etat nicht vorgesehen ist. Und vor allem: Das Krokodil ist ein Eigentum, folglich tritt hier das sogenannte ökonomische Prinzip in Kraft. Und das ökonomische Prinzip geht vor. Noch vorgestern Abend hat Ignatij Prokojewitsch in einer Gesellschaft bei Luca Andrejitsch darüber gesprochen. Kennen Sie Ignatij Prokofjewitsch? Ein Kapitalist! Ein Geschäftsmann! Und spricht so glatt und fließend! Wissen Sie, was er gesagt hat? Wir brauchen die Industrie, sagte er, die ist bei uns zu wenig entwickelt. Die Industrie muss also bei uns geschaffen werden. Der Mittelstand, die sogenannte Bourgeoisie, muss bei uns geschaffen werden. Und weil bei uns kein Kapital ist, muss es aus dem Ausland herangezogen werden. Vor allen Dingen muss man den ausländischen Landeinkaufsgesellschaften bei uns Konzessionen geben. Das Gemeindewesen ist ein Gift, sagte er, ein Ruin für das Volk. Und Sie sollten sehen, mit welchem Eifer er spricht; nun, er kann es sich leisten, hat Geld und ist nicht im Dienst. Er meint, dass bei der Gemeindewirtschaft weder die Industrie noch die Landwirtschaft einen Aufschwung nehmen werden. Es ist notwendig, sagt er, dass die ausländischen Gesellschaften unseren ganzen Grundbesitz stückweise aufkaufen, und dann parzelliert man und parzelliert in möglichst kleine Teile. Und wie er das so energisch ausspricht, par-zel-liert, sagt er, und dann verkauft man es als persönlichen Besitz – oder besser: Man verpachtet es. Dann, sagt er, wird das ganze Land in den Händen der herangezogenen Firmen sein, und die Pacht kann beliebig hoch angesetzt werden. Folglich wird der Bauer noch einmal so viel arbeiten müssen, um sein Geld herauszuschlagen, man kann ihm jederzeit kündigen, und das wird er fühlen, wird gefügig und fleißig sein und noch einmal so viel für denselben Preis leisten. Aber worum braucht er sich bei der Gemeindewirtschaft zu kümmern? Er weiß, dass er nicht verhungern wird, faulenzt und trinkt deshalb.

Inzwischen wird das Geld hereingezogen, Kapitalien werden gesammelt, und die Bourgeoisie wird sich bilden. Vor einiger Zeit meinte doch die englische politische und literarische Zeitung ›Times‹, dass unsere Finanzen deshalb nicht wüchsen, weil wir keinen Mittelstand, keine großen Geldsäcke, keine dienstbeflissenen Proletarier hätten ... Ja, gut spricht er, der Ignatij Prokofjewitsch, ein Redner von Gottes Gnaden! Er will selbst bei der Regierung ein Memorandum darüber erreichen und es dann in den ›Nachrichten‹ drucken lassen. Das ist doch mehr als die Verse von Iwan Matwejewitsch.«

»Ja, was wird dann mit Iwan Matwejewitsch?«, warf ich ein, nachdem ich den Alten ein wenig hatte reden lassen. Timofej Semjonowitsch liebte es nämlich, abzuschweifen und damit zu beweisen, dass auch er nicht hinter der Zeit zurückstehe und in allem Bescheid wisse.

»Iwan Matwejewitsch? Ja, davon rede ich doch gerade. Sie sehen doch, dass wir selbst uns um die Heranziehung ausländischer Kapitalien bemühen, und jetzt urteilen Sie selbst: Das Kapital des zugezogenen Krokodilbesitzers hat sich soeben durch Iwan Matwejewitsch verdoppelt, und nun denken wir, statt den ausländischen Eigentümer zu protegieren, daran – seinem Grundkapital den Bauch aufzuschlitzen. Ist das logisch? Als ein treuer Sohn seines Vaterlands müsste Iwan Matwejewitsch sich, meiner Ansicht nach, noch freuen, dass er mit seiner Person den Preis des ausländischen Krokodils verdoppelt hat. Das ist ja zur Anlockung nötig. Wenn es einem gelungen ist, kommt, eh' man sich's versieht, ein Zweiter, und der Dritte bringt vielleicht gleich zwei oder drei mit, und um sie herum gruppiert sich das Kapital. Und da haben wir die Bourgeoisie. Nein, das muss alles unterstützt werden.«

»Erbarmen Sie sich, Timofej Semjonowitsch«, rief ich aus. »Sie verlangen ja eine beinah unnatürliche Selbstaufopferung von dem armen Iwan Matwejewitsch!«

»Gar nichts verlange ich, und ich bitte Sie vor allem, zu bedenken, dass ich kein Vorgesetzter bin und folglich von niemandem etwas verlangen kann. Ich spreche als getreuer Sohn meines Vaterlands, das heißt nicht wie ›der Sohn des Vaterlands‹*, sondern, ganz einfach, wie ein Sohn des Vaterlands, sage ich. Warum musste er denn in das Krokodil hinein? Er ist doch ein gutsituierter Mann, hat eine Frau, und auf einmal so ein Schritt? Das verstehe einer!«

»Aber das ist doch ganz aus Versehen passiert!«

»Wer weiß? Und aus welchen Mitteln soll denn der Eigentümer des Krokodils bezahlt werden?«

»Vielleicht als Vorschuss, Timofej Semjonowitsch?«

»Wird denn das ausreichen?«

»Nein, Timofej Semjonowitsch«, entgegnete ich bedrückt, »der Eigentümer erschrak erst und meinte, sein Krokodil würde platzen; als er sich aber überzeugt hatte, dass alles in bester Ordnung sei, wurde er hochfahrend und freute sich, dass er nun den Eintrittspreis verdoppeln könne.«

»Was verdoppeln! Verdreifachen, vervierfachen kann er den Preis! Das Publikum wird jetzt in Massen hingehen, und die Menageriebesitzer sind geriebene Leute. Zudem ist jetzt Karneval, man neigt zu Vergnügungen, und deshalb wiederhole ich, es ist am besten, dass Iwan Matwejewitsch vorläufig das Inkognito wahrt und sich nicht beeilt. Meinetwegen mögen alle wissen, dass er im Krokodil sitzt, doch es braucht nicht offiziell bekannt zu sein. In dieser Hinsicht ist Iwan Matwejewitsch sogar in einer besonders günstigen Lage. Man wird sagen, dass er im Krokodil ist, aber wir brauchen es nicht zu glauben. Es könnte unangenehme Folgen haben. Vor allem aber soll er warten, er hat ja keine Eile!«

»Aber wenn …«

* Anm. d. Ü.: Eine Zeitschrift.

»Oh, sorgen Sie sich nicht, er ist recht wohlgenährt.«

»Nun, und wenn er es abgewartet hat, was dann?«

»Nun, ich kann nicht leugnen, der Fall ist äußerst schwierig. Es ist schwer, sich hineinzudenken, und was das Schlimmste ist, es ist noch nie da gewesen. Hätten wir wenigstens ein Beispiel, so könnten wir uns daran halten. Aber was soll man hier tun? Man denkt darüber nach, und die Sache zieht sich in die Länge.«

Ein glücklicher Gedanke kam mir.

»Könnte es nicht so eingerichtet werden«, sagte ich, »dass er, wenn es ihm beschieden sein sollte, im Innern des Krokodils bleiben zu müssen und, so Gott will, sein Leben erhalten bliebe, dass er dann ein Gesuch einreichte, im Dienst belassen zu werden?«

»Hm, so, so! Vielleicht als beurlaubt und ohne Gehalt.«

»Oh nein, könnte es nicht mit Beibehaltung des Gehalts sein?«

»Warum?«

»In Gestalt eines besonderen Auftrags vielleicht?«

»Welches Auftrags? Und wohin?«

»Nun, in das Innere, in das Krokodilsinnere. Sozusagen zum Studium der Bedingungen an Ort und Stelle. Natürlich wäre das neu, aber es ist fortschrittlich und würde zugleich unser Interesse für die Volksaufklärung beweisen ...«

Timofej Semjonowitsch dachte ein Weilchen nach, dann meinte er endlich: »Einen Beamten für besondere Aufträge in das Innere eines Krokodils zu senden, ist meiner Ansicht nach unsinnig. Es ist im Etat nicht vorgesehen. Und welche Aufträge könnten es denn sein?«

»Nun, zur Erforschung der Natur an Ort und Stelle und bei lebendigem Leib, im Lebenden sozusagen. Jetzt sind ja die Naturwissenschaften obenauf, Botanik und so weiter. Er könnte dort leben und Bericht erstatten, über die Verdauung zum Beispiel oder die Sitten im Allgemeinen. Zur Sammlung von Tatsachenmaterial.«

»Das fällt also in das Gebiet der Statistik. Nun, das ist nicht meine Stärke; auch bin ich kein Philosoph. Sie sprechen da von Tatsachen, wir sind schon ohnedies überhäuft mit Tatsachen und wissen nicht, was wir damit anfangen sollen. Zudem ist diese Art von Statistik gefährlich.«

»Wieso?«

»Gefährlich. Und, das müssen Sie einsehen, er wird die Tatsachen mitteilen, gleichsam ohne etwas zu tun; und kann man denn im Dienst sein, ohne etwas zu tun? Das ist wieder eine Neuerung, und zudem eine gefährliche; auch hat sie kein Vorbild. Wenn wir nur irgendein Exempelchen hätten, könnte man ihn vielleicht danach abkommandieren.«

»Aber, Timofej Semjonowitsch, lebendige Krokodile sind bis jetzt noch nie hier gewesen!«

»Hm, ja!« Er versank wieder in Nachdenken. »Wenn Sie wollen, ist dieser Einwand ganz richtig und könnte sogar als Grundlage zur weiteren Bearbeitung der Sache dienen. Aber andererseits müssen Sie auch gestehen, wenn beim Erscheinen lebendiger Krokodile die Beamten anfangen zu verschwinden und sich, nur weil es dort warm und mollig ist, dorthin abkommandieren lassen und nichts tun … Das wäre ein schlimmes Beispiel, Sie müssen das selbst einsehen. Dann wird vielleicht ein jeder da reinkriechen, um umsonst Geld zu verdienen!«

»Seien Sie doch barmherzig, Timofej Semjonowitsch! Übrigens bat mich Iwan Matwejewitsch, Ihnen seine kleine Schuld von der letzten Whistpartie zu überreichen.«

»Ach, die hat er neulich bei Nikifor Nikiforowitsch verspielt! Ich erinnere mich. Wie ausgelassen er damals war, wie er uns lachen machte! Und nun …« – Der Alte war wirklich gerührt.

»Oh bitte, Timofej Semjonowitsch! Tun Sie etwas für ihn.«

»Ich werde mich bemühen. Werde von mir aus sprechen, ganz privatim. So als Erkundigung. Übrigens, suchen Sie doch ganz inoffiziell zu erfahren, welchen Preis wohl der Eigentümer für das Krokodil verlangen wird.«

»Unbedingt«, erwiderte ich, »und ich werde Ihnen sofort darüber Bescheid sagen.«

»Nun, und was macht die Frau Gemahlin? Ist wohl allein und grämt sich?«

»Sie müssen sie doch besuchen, Timofej Semjonowitsch!«

»Ja, das werde ich tun. Ich habe erst neulich daran gedacht, und die Gelegenheit wäre jetzt günstig. Und warum, warum trieb es ihn denn so, das Krokodil zu sehen?! Übrigens hätte ich auch nicht übel Lust, es mir anzusehen.«

»Besuchen Sie den Unglücklichen, Timofej Semjonowitsch.«

»Das werde ich. Natürlich möchte ich ihm damit keine Hoffnungen machen. Werde als Privatperson kommen. Nun, auf Wiedersehen! Ich gehe wieder zu Nikifor Nikiforowitsch. Werden wir uns dort treffen?«

»Nein, ich gehe jetzt zu unserem Gefangenen.«

»Ja, jetzt ist er auch ein Gefangener. Ja, ja, der Leichtsinn!«

Ich verabschiedete mich von dem alten Herrn. Die verschiedensten Gedanken durchkreuzten mein Hirn. Timofej Semjonowitsch ist einer der besten und ehrlichsten Leute, und doch freute ich mich sehr, als ich von ihm fortging, dass schon sein fünfzigjähriges Jubiläum bevorstünde, und dass solche Menschen wie er bei uns jetzt zu den Seltenheiten zählen. Es versteht sich, dass ich sofort in die Passage eilte, um dem ärmsten Iwan Matwejewitsch alles zu berichten. Auch plagte mich die Neugier, wie er sich wohl im Krokodil eingerichtet hätte und wie es wohl möglich sei, darin zu leben. Wäre es wohl überhaupt möglich, in einem Krokodil zu leben? Es schien mir wahrhaftig alles wie ein ungeheurer Traum, besonders, da es sich ja auch um ein Ungeheuer handelte.

III

Und doch war es kein Traum, sondern nackte, unzweifelhafte Wirklichkeit. Würde ich denn sonst davon erzählen? Doch ich fahre fort.

In die Passage gelangte ich erst spät, gegen neun Uhr, und war genötigt, um in den Krokodilraum zu kommen, die Hintertür zu benutzen, weil der Deutsche das Geschäft vorzeitig geschlossen hatte. Er spazierte behaglich in einem schäbigen Hausröckchen auf und ab und war noch viel zufriedener als am Vormittag. Man sah es ihm an, dass er jetzt nichts mehr befürchtete und viel Publikum da gewesen war. Die Frau erschien erst später, offenbar, um mich zu beobachten. Der Deutsche flüsterte häufig mit ihr. Obwohl das Geschäft bereits geschlossen war, verlangte er von mir den Groschen Eintrittsgeld.

»Sie werden jedes Mal zahlen«, sagte er. »Das Publikum wird einen Rubel zahlen und Sie einen Groschen, denn Sie sind ein guter Freund Ihres guten Freundes, und ich schätze Ihren Freund sehr hoch.«

»Lebt er noch? Lebt er noch, mein hochgeschätzter Freund?«, rief ich laut, mich dem Krokodil nähernd, in der Hoffnung, dass meine Worte noch aus der Entfernung Iwan Matwejewitsch erreichen könnten und ihm wohltun würden.

»Er lebt und ist wohl!«, antwortete er, scheinbar von ferne oder wie unter einem Bett liegend, obgleich ich nahe bei ihm stand. »Er lebt und ist wohl, doch davon später. Wie stehen die Dinge?«

Ich tat absichtlich, als wenn ich diese Frage nicht gehört hätte, und fing selbst an, ihn eilig und teilnahmsvoll auszufragen: wie es ihm gehe und was es im Krokodilsinnern gäbe und wie es dort aussähe. Das verlangte die Pflicht der Freundschaft und Höflichkeit. Doch er unterbrach mich heftig und aufgeregt.

»Wie stehen die Dinge?«, rief er, wie gewöhnlich im Kommandoton mit einer schrillen, diesmal höchst unangenehmen Stimme.

Ich erzählte ihm ganz genau meine Unterhaltung mit Timofej Semjonowitsch, wobei ich versuchte, in möglichst gekränktem Ton zu sprechen.

»Der Alte hat Recht«, entschied Iwan Matwejewitsch in dem scharfen Ton, den er mir gegenüber zu gebrauchen pflegte. »Ich liebe die praktischen Leute und kann die Süßholzraspler nicht leiden. Ich bin aber bereit einzuräumen, dass deine Idee mit dem Sonderauftrag nicht ganz blödsinnig ist. Ich kann wirklich vieles berichten, sowohl in wissenschaftlicher als in moralischer Hinsicht. Doch nun nimmt alles eine ganz neue und unerwartete Wendung, und es lohnt sich nicht, sich wegen des Gehalts zu bemühen. Höre aufmerksam zu! Sitzt du?«

»Nein, ich stehe.«

»Setz dich irgendwohin, meinetwegen auf den Fußboden, und höre aufmerksam zu.«

Ich ergriff ärgerlich einen Stuhl und stieß ihn beim Hinstellen grimmig auf den Fußboden.

»Nun höre«, begann er im Befehlston. »Es war heute eine Unmenge Publikum da. Gegen Abend war kein Platz mehr, sodass die Polizei eingreifen musste. Schon um acht Uhr, das heißt früher als gewöhnlich, hielt der Besitzer es für geraten, das Geschäft zu schließen und die Vorstellung zu beenden, um das eingenommene Geld zu zählen und sich für morgen einzurichten. Ich weiß, dass morgen hier ein ganzer Jahrmarkt sein wird. Man muss also voraussetzen, dass die allergebildetsten Leute der Stadt hierherkommen werden, Damen aus den besten Häusern, Juristen und so weiter. Nicht genug damit, aus allen Ecken und Enden unseres unermesslichen und neugierigen Vaterlands werden Leute herbeiströmen. Das Ergebnis ist, dass ich, obwohl verborgen, doch vor aller Augen die erste Rolle spielen werde. Ich werde die müßige Menge belehren, werde ihr das Beispiel der seelischen Größe und Ergebenheit in das Schicksal zeigen. Werde sozusagen die Kanzel sein, von welcher ich beginne, die Menschheit zu belehren. Schon die naturgeschichtlichen Mitteilungen, die ich über das von mir bewohnte Ungeheuer machen kann, sind wertvoll. Und darum murre ich nicht über das Schicksal und hoffe fest auf eine glänzende Laufbahn.«

»Wenn es dir nur nicht langweilig wird«, bemerkte ich giftig. Mich ärgerte am meisten seine Wichtigtuerei. Trotzdem machte mich alles etwas irre. Warum, warum renommiert der Leichtfuß so?, knirschte ich vor mich hin. Er müsste weinen und nicht renommieren.

»Nein!«, antwortete er scharf auf meine Bemerkung. »Denn ich bin ganz von großen Ideen durchdrungen, kann erst jetzt in Muße über die Verbesserung des menschlichen Daseins nachdenken. Wahrheit und Licht werden nun von dem Krokodil ausstrahlen. Ich werde zweifellos eine ganz neue und eigene Theorie der ökonomischen Beziehungen erfinden und stolz auf sie sein, was mir bis jetzt nicht möglich war, da der Dienst und meine gesellschaftlichen Verpflichtungen mich daran hinderten. Übrigens, hast du Timofej Semjonowitsch die sieben Rubel gegeben?«

»Von meinem eigenen Geld«, erwiderte ich, indem ich mich bemühte, mit der Stimme auszudrücken, dass ich mit *meinem* Geld bezahlt hatte.

»Wir werden abrechnen«, entgegnete er hochfahrend. »Ich erwarte bestimmt eine Gehaltszulage, denn wer soll sonst Zulagen erhalten? Der Nutzen, den ich bringe, ist jetzt unermesslich. Doch nun zur Sache. Was macht sie?«

»Du fragst wohl nach Jelena Iwanowna?«

»Ja, sie?«, kreischte er diesmal schrill.

Da war nichts zu machen. Scheinbar geduldig, jedoch innerlich mit den Zähnen knirschend, erzählte ich ihm, wie ich Jelena Iwanowna verlassen hatte. Er hörte mich nicht einmal bis zu Ende an.

»Ich habe besondere Pläne für sie«, begann er ungeduldig. »Wenn ich *hier* berühmt werde, so soll sie *dort* berühmt sein. Gelehrte, Dichter, Philosophen, durchreisende Mineralogen, Staatsmänner werden sie, nach einem Morgenstündchen bei mir, abends in ihrem Salon besuchen. Von der nächsten Woche an muss sie jeden Abend einen Empfang haben. Das verdoppelte Gehalt wird die Mittel zum Empfang der Gäste bestreiten, der sich auf Tee und Lohndiener beschränken muss. Hier wie dort wird man von mir sprechen. Ich habe schon lange auf die Gelegenheit gewartet, berühmt zu werden, konnte es aber nicht erreichen wegen meiner zu geringen Mittel und zu wenig bedeutenden Stellung. Jetzt aber ist es durch eine ganz gewöhnliche Schlingbewegung eines Krokodils gelungen. Jedes Wort von mir wird angehört werden, jeden Ausspruch wird man bedenken, weitererzählen, drucken. Ich werde ihnen schon zeigen, wer ich bin. Sie werden endlich begreifen, welche Fähigkeiten sie in dem Innern eines Ungeheuers verschwinden ließen! ›Dieser Mensch hätte im Ausland ein Minister sein und ein Königreich regieren können‹, werden die einen sagen. ›Und hat dieser Mann nicht einen Staat regiert?‹, werden sich die andern fragen. Bin ich etwa weniger als irgendein Garnier-Pagessy, oder wie er heißt? Meine Frau muss ein Gegenstück zu mir sein. Ich habe den Verstand, sie die Schönheit und Liebenswürdigkeit. ›Sie ist schön, und *darum* ist sie seine Gattin‹, werden die einen sagen, und die andern werden verbessern: ›Sie ist schön, *weil* sie seine Gattin ist.‹ Jedenfalls muss Jelena Iwanowna sich morgen schon das enzyklopädische Wörterbuch kaufen, das von Andrej Krajewskij herausgegeben wurde, um über alle Dinge reden zu können. Am häufigsten müsste sie die Leitartikel in den ›Petersburger Nachrichten‹ lesen und sie täglich mit dem ›Wolos‹ vergleichen. Ich vermute, dass der Krokodilbesitzer einverstanden sein wird, mich zuweilen samt dem Krokodil in den glänzenden Salon meiner Frau zu bringen. Ich werde im Behälter im prunkvollen Saal stehen und werde von geistreichen Wortspielen sprühen, die ich mir schon am Morgen überlegt habe. Dem Staatsmann werde ich meine neuen Projekte mitteilen, mit dem Dichter werde ich in Versen sprechen, zu den Damen werde ich unterhaltend und anziehend sein, weil ich für ihre Ehemänner vollständig ungefährlich bin. Allen anderen werde ich ein Beispiel der Ergebenheit in den Willen der Vorsehung bedeuten. Meine Frau will ich zur glänzenden literarischen Dame machen. Ich werde sie hervorheben und dem Publikum erklären. Sie muss als meine Gattin alle Tugenden besitzen, und wenn man gerechterweise Andrej Alexandrowitsch den ›russischen Alfred de Musset‹ nennt, wird man sie als unsere russische Eugenie Tour feiern.«

Ich muss gestehen, dass dieser Unsinn, obgleich er dem alltäglichen Iwan Matwejewitsch ähnlich sah, mich doch sehr in Erstaunen setzte, sodass ich glaubte, er habe Fieber und rede irre. Es war derselbe gewöhnliche Iwan Matwejewitsch, aber wie durch ein zwanzigfaches Vergrößerungsglas gesehen.

»Mein Freund«, fragte ich ihn, »hoffst du denn auf Unsterblichkeit? Und sage mir überhaupt, ob du gesund bist, was du isst, wie du schläfst und wieso du atmest. Ich bin dein Freund, und du wirst einsehen, dass der Vorfall zu ungewöhnlich und meine Neugier daher höchst erklärlich ist.«

»Müßige Neugier, weiter nichts!«, erwiderte er hochfahrend. »Doch sie soll befriedigt werden. Du fragst, wie ich mich im Innern des Krokodils eingerichtet habe? Erstens hat sich das Krokodil zu meinem Erstaunen als vollkommen hohl erwiesen. Sein Inneres besteht aus etwas, was einem großen, leeren Gummisack ähnlich sieht, wie sie bei uns in der Erbsenstraße oder der Seestraße und, wenn ich nicht irre, auf dem Himmelfahrtsprospekt verkauft werden. Bedenke, ob ich sonst wohl dort Platz finden könnte?«

»Ist es möglich?«, rief ich voll Staunen. »Ist das Krokodil wirklich ganz hohl?«

»Vollkommen!«, bestätigte Iwan Matwejewitsch streng und lehrhaft. »Und vermutlich ist es nach den Gesetzen der Natur so eingerichtet. Das Krokodil hat nur einen mit spitzen Zähnen bewaffneten Rachen und als Fortsetzung des Rachens einen ziemlich langen Schwanz, und das ist eigentlich alles. In der Mitte aber zwischen diesen beiden Endpunkten befindet sich ein Raum, der mit etwas Gummiartigem bezogen ist. Höchstwahrscheinlich ist es wohl auch Gummi.«

»Aber die Rippen, der Magen, die Gedärme, die Leber, das Herz, wo bleiben die alle?«, unterbrach ich, innerlich wütend.

»Nichts, gar nichts dergleichen, und wahrscheinlich hat es nie so etwas gegeben. Das alles waren müßige Einbildungen leichtsinniger Reisender. So wie man ein Gummikissen mit Luft füllt, so fülle ich jetzt das Krokodil mit mir selbst. Es ist unglaublich dehnbar. Sogar du, in deiner Eigenschaft als Hausfreund, könntest darin neben mir Platz finden, wenn du so großmütig wärst. Ich habe sogar daran gedacht, im äußersten Fall Jelena Iwanowna hierher zu beordern. Übrigens ist diese hohle Einrichtung des Krokodils vollkommen im Einklang mit den Naturgesetzen. Denn, gesetzt den Fall, dass es dir befohlen würde, ein neues Krokodil herzustellen, würdest du dich naturgemäß zuerst fragen: Welches ist die Grundeigenschaft eines Krokodils? Die Antwort ist klar: das Menschenverschlingen. Wodurch erreicht man aber, dass es Menschen verschlingt? Die Antwort ist noch einfacher: Man stellt es eben hohl her. Die Physik hat schon längst nachgewiesen, dass die Natur keine leeren Räume verträgt. Darum muss auch das Innere des Krokodils hohl sein, damit es den leeren Raum fürchtet und infolgedessen alles verschlingt, was es erreichen kann, um sich zu füllen. Das ist der einzige vernünftige Grund, warum alle Krokodile unseresgleichen verschlingen. Bei den Menschen ist es nicht so. Je hohler zum Beispiel ein Menschenschädel ist, umso weniger verspürt er das Bedürfnis, sich zu füllen, und das ist die einzige Ausnahme von der Regel. All das ist mir jetzt sonnenklar. Ich habe das alles begriffen, während ich mich, sozusagen, im Schoße der Natur, in ihrer Retorte befand und ihrem Pulsschlag lauschte. Sogar die Etymologie stimmt mir zu, denn schon die Bezeichnung ›Krokodil‹ bedeutet Gefräßigkeit. Das Wort Krokodil – crocodillo – ist vermutlich italienischen Ursprungs, vielleicht aus der Zeit der ältesten ägyptischen Pharaonen, und kommt offenbar von der französischen Wurzel ›croquer‹, was so viel bedeutet wie aufessen, auffressen oder überhaupt knacken. Das soll etwa der Inhalt des ersten Vortrags sein, den ich dem Publikum in Jelena Iwanownas Salon zu halten gedenke, wenn man mich im Behälter dorthin bringt.«

»Mein Freund! Willst du nicht wenigstens ein Abführmittel einnehmen?«, rief ich besorgt. »Er hat hohes Fieber, er redet irre«, wiederholte ich verzweifelt.

»Unsinn!«, erwiderte er verächtlich. »Außerdem wäre das in meiner gegenwärtigen Lage höchst unbequem. Ich wusste übrigens schon, dass du von Abführmitteln sprechen würdest.«

»Aber, mein Freund, wie ernährst du dich jetzt? Hast du heute zu Mittag gegessen oder nicht?«

»Nein, doch bin ich satt und werde vermutlich nie mehr Speise zu mir nehmen. Das ist auch vollkommen verständlich. Indem ich das ganze Innere des Krokodils ausfülle, mache ich es für immer satt. Man braucht es jetzt mehrere Jahre nicht zu füttern. Andererseits, da es von mir gesättigt ist, wird es mir natürlich alle Lebenssäfte seines Körpers mitteilen, so wie einige raffinierte Kokotten ihren Körper nachts mit rohen Koteletts belegen und nach dem Morgenbad frisch, strotzend und verführerisch werden. Indem ich ihm Nahrung gebe, werde ich vom Krokodil ernährt, wir ernähren uns sozusagen gegenseitig. Doch da es sogar einem Krokodil schwerfällt, einen Menschen wie mich zu verdauen, muss es selbstverständlich eine gewisse Schwere im Magen, den es übrigens nicht hat, empfinden, und deshalb drehe ich mich nur selten von einer Seite auf die andere, um dem Ungeheuer keine unnützen Schmerzen zu bereiten. Ich tue das aus Menschenliebe. Es ist der einzige Übelstand meiner jetzigen Lage, und im allegorischen Sinn hat Timofej Semjonowitsch Recht, wenn er mich einen Nichtstuer nennt. Allein ich werde ihm beweisen, dass man auch nichtstuend, ja vielmehr nur durch Nichtstun das Schicksal der Menschheit verändern kann. Alle großen Ideen und geistigen Strömungen unserer Zeitungen und Journale sind augenscheinlich von Nichtstuern erfunden, darum nennt man sie auch Studierzimmerideen. Doch es ist einerlei, wie man sie nennt. Ich werde jetzt ein neues soziales System erfinden, und du glaubst gar nicht, wie leicht das ist. Man braucht sich nur in die Einsamkeit zurückzuziehen oder auch in das Innere eines Krokodils zu geraten, die Augen zu schließen, und sofort erfindet man ein Paradies auf Erden. Als ihr heute Morgen weggingt, begann ich gleich zu erfinden und habe schon drei Systeme erdacht, jetzt arbeite ich am vierten. Allerdings muss man vorerst alles umstürzen, doch das ist aus dem Krokodil heraus leicht zu tun, ja es scheint alles noch viel übersichtlicher. Übrigens gibt es noch einige Übelstände in meiner Lage, obwohl es nur Kleinigkeiten sind. Das Innere des Krokodils ist nämlich ein wenig feucht und schleimig, auch riecht es ein wenig nach Gummi, wie meine vorjährigen Gummischuhe. Das ist alles, andere Unannehmlichkeiten gibt es nicht.«

»Iwan Matwejewitsch«, unterbrach ich, »das sind alles Wunderdinge, die ich kaum zu glauben vermag. Und gedenkst du denn wirklich, dein Leben lang nichts mehr zu essen?«

»An welchen Unsinn dein müßiges, leichtsinniges Gehirn denkt! Ich teile dir meine großen Ideen mit, und du – wisse denn, dass ich allein durch meine großen Ideen gesättigt bin, welche die mich umgebende Finsternis erleuchten. Übrigens hat der gutmütige Eigentümer des Ungeheuers nach einer Beratung mit seiner biederen Frau beschlossen, dass sie jeden Morgen ein gebogenes Metallröhrchen, einer Flöte ähnlich, in den Schlund des Ungeheuers stecken werden, durch welches ich Fleischbrühe oder Kaffee mit darin aufgeweichtem Weißbrot zu mir nehmen kann. Das Röhrchen ist bereits bei einem Nachbarn bestellt. Doch glaube ich, dass es ein unnützer Luxus ist. Ich hoffe mindestens tausend Jahre zu leben, wenn es wahr ist, dass die Krokodile dieses Alter erreichen. Übrigens, da ich es gerade erwähnt habe, schlage in einer Naturgeschichte darüber nach und teile es mir morgen mit, denn ich könnte mich ja geirrt und das Krokodil mit einem anderen vorsintflutlichen Tier verwechselt haben. Nur ein Gedanke beunruhigt mich. Da ich in Tuch gekleidet bin und Stiefel an den Füßen habe, kann das Krokodil mich offenbar nicht verdauen. Außerdem bin ich am Leben und widersetze mich daher mit aller Willenskraft der Verdauung; ich will nicht verwandelt werden wie die gewöhnliche Nahrung, das wäre zu demütigend. Doch ich befürchte *eines*: Im Lauf von tausend Jahren kann das Tuch, aus dem mein Rock genäht ist, und das leider russische Ware ist, morsch werden, und unbekleidet werde ich dann vielleicht, ungeachtet meines Unwillens, allmählich verdaut werden. Tags werde ich es jedenfalls nicht zulassen, aber nachts, wenn im Schlaf der Wille den Menschen verlässt, kann mir das erniedrigende Los einer Kartoffel oder eines Stücks Kalbfleisch beschieden sein. Dieser Gedanke allein macht mich rasend. Schon aus diesem Grund müsste der Zolltarif verändert und die Einfuhr englischer Stoffe gestattet werden, die haltbarer sind und daher eher der Natur standhalten werden, falls man in ein Krokodil geraten sollte. Diesen Gedanken will ich bei erster Gelegenheit einem Staatsmann und einem der politischen Berichterstatter unserer Tageszeitungen mitteilen. Mögen sie darüber reden! Ich hoffe, dass nicht sie allein jetzt von mir lernen werden. Ich sehe voraus, dass jeden Morgen eine ganze Schar von ihnen mit Reportermappen bewaffnet mich umdrängen wird, um meine Ansichten über die gestrigen Neuigkeiten zu erhaschen. Kurz – ich sehe meine Zukunft in rosigem Licht vor mir liegen.«

»Er hat das Delirium«, murmelte ich vor mich hin.

»Mein Freund – und die Freiheit?«, fragte ich laut, in der Absicht, seine Meinung zu erfahren. »Du bist doch sozusagen im Gefängnis, während der Mensch doch Freiheit genießen muss.«

»Du bist töricht«, erwiderte er, »die Wilden lieben die Unabhängigkeit, die Weisen lieben die Ordnung, und wo keine Ordnung ist …«

»Iwan Matwejewitsch, erbarme dich!«

»Schweig und höre zu«, schrie er auf, wütend, dass ich ihn unterbrochen hatte. »Niemals noch hat mein Geist sich zu solcher Höhe erhoben wie jetzt. Vor einem nur fürchte ich mich in meiner engen Zelle, und das ist die Kritik unserer dicken Journale und das Johlen unserer satirischen Zeitschriften. Ich fürchte eben, dass die leichtfertigen Besucher, Dummköpfe und Neider, überhaupt die Nihilisten, mich lächerlich machen. Aber ich werde Maßregeln dagegen ergreifen. Mit Spannung erwarte ich die Zeitungsnachrichten und die Meinung des Publikums. Vor allem die Zeitungen. Teile mir morgen alles darüber mit.«

»Schön, morgen bringe ich einen ganzen Stoß Zeitungen her.«

»Morgen ist es noch zu früh, Zeitungsnachrichten zu erwarten, denn die Neuigkeiten erscheinen erst am übernächsten Tag. Doch komme von heute an jeden Abend durch die Hofpforte her. Ich gedenke dich als meinen Sekretär zu benutzen. Du wirst mir die Zeitungen und Wochenschriften vorlesen, und ich werde dir meine Gedanken diktieren und Aufträge geben. Vor allem vergiss nicht, die Telegramme mitzubringen. Ich wünsche, täglich die letzten europäischen Telegramme zu hören. Doch nun genug. Du bist wohl schon schläfrig. Geh nach Hause und vergiss, was ich dir eben über die Kritik gesagt habe. Ich fürchte sie nicht, denn sie befindet sich selbst in einer kritischen Lage. Man braucht nur weise und tugendhaft zu sein, um über die Allgemeinheit emporgehoben zu werden. Meine zukünftige Rolle in der Geschichte der Menschheit ist die eines Sokrates oder eines Diogenes, vielleicht beider zusammen.«

In dieser leichtsinnigen und flüchtigen Weise beeilte sich Iwan Matwejewitsch (allerdings im Delirium), mir seine Ansichten mitzuteilen, ähnlich den charakterlosen Weibern, von denen das Sprichwort sagt, dass sie kein Geheimnis für sich behalten können. Auch schien mir das, was er über das Krokodil berichtete, höchst verdächtig. Freilich war er krank, und mit Kranken muss man Geduld haben, doch ich gestehe, dass ich Iwan Matwejewitsch nie recht leiden mochte. Von Kindheit an wollte ich von der Bevormundung durch ihn loskommen und konnte es nicht. Tausendmal wollte ich ganz mit ihm brechen, und tausendmal zog es mich wieder zu ihm zurück, als ob ich immer noch hoffte, ihm etwas zu beweisen oder mich an ihm zu rächen. Es ist eine sonderbare Freundschaft! Ich kann wirklich behaupten, dass ich zu neun Zehnteln aus Ärger mit ihm befreundet war. Diesmal jedoch war unser Abschied gefühlvoll.

»Ihr Freund ist ein sehr kluger Mensch«, sagte der Deutsche halblaut, als er mich hinausbegleitete. Er hatte fleißig unserem Gespräch gelauscht.

»Apropos«, sagte ich, »um es nicht zu vergessen – wie viel würden Sie für das Krokodil verlangen, wenn es uns einfiele, es Ihnen abzukaufen?«

Iwan Matwejewitsch, der die Frage gehört hatte, erwartete mit Spannung die Antwort. Offenbar wollte er nicht, dass der Deutsche einen geringen Preis nenne, jedenfalls räusperte er sich bei meiner Frage ganz bedeutungsvoll.

Der Deutsche wollte anfangs nichts davon hören, er schien sogar ärgerlich.

»Niemand darf mein Krokodil kaufen!«, schrie er wütend und wurde krebsrot. »Ich will mein Krokodil nicht verkaufen. Ich will nicht einmal eine Million Taler für das Krokodil haben. Heute habe ich hundertdreißig Taler eingenommen, morgen werde ich zehntausend Taler einnehmen und dann jeden Tag hunderttausend. Nein, ich will es nicht verkaufen.«

Iwan Matwejewitsch kicherte vor Vergnügen. –

Kaltblütig und vernünftig, weil ich eine heilige Freundespflicht erfüllte, erklärte ich dem verdrehten Deutschen, dass seine Berechnungen falsch seien, dass, wenn er jeden Tag hunderttausend Taler einnähme, ganz Petersburg im Lauf von vier Tagen schon bei ihm gewesen sein werde und niemand weiter zahlen würde; dass Gott über Tod und Leben verfüge, und dass das Krokodil doch noch bersten oder Iwan Matwejewitsch erkranken und sterben könne usw ….

Der Deutsche dachte ein Weilchen nach.

»Ich werde ihm Tropfen aus der Apotheke geben«, meinte er endlich, »und Ihr Freund wird nicht sterben.«

»Lassen wir die Tropfen«, sagte ich, »und nehmen wir an, dass es zu einem Prozess kommen könnte. Die Gattin Iwan Matwejewitschs kann ihren legitimen Gatten zurückfordern. Sie wollen sich doch bereichern, aber haben Sie die Absicht, Jelena Iwanowna eine Pension auszusetzen?«

»Nein! Die Absicht habe ich nicht«, antwortete der Deutsche kurz und bündig.

»Nein!«, ergriff seine Ehehälfte mit einer gewissen Wut das Wort.

»Wäre es dann für Sie nicht besser, sofort eine zwar mäßige, doch feste und solide Summe zu erhalten, als sich in ungewissen Hoffnungen zu wiegen? Ich halte es für meine Pflicht, hinzuzufügen, dass ich nicht allein aus müßiger Neugier danach frage.«

Der Deutsche nahm seine Frau beiseite und entfernte sich mit ihr zu einem Kriegsrat in den entlegensten Winkel des Raums, wo der Käfig mit dem größten und hässlichsten Affen der Sammlung stand.

»Du wirst schon sehen«, sagte mir Iwan Matwejewitsch.

Was mich anbelangt, kämpfte ich in diesem Augenblick mit dem Verlangen: Erstens den Deutschen, zweitens die Frau noch kräftiger und drittens, am meisten und nachdrücklichsten, Iwan Matwejewitsch zu verprügeln, als Strafe für seine schrankenlose Selbstsucht. Doch das alles bedeutete nichts im Verhältnis zur Antwort des geldgierigen Deutschen.

Nachdem dieser sich mit seiner Frau beraten hatte, forderte er für sein Krokodil 50000 Rubel in Papieren der letzten inneren Lotterieanleihe, ein steinernes Haus mit einer eigenen Apotheke in der Erbsenstraße und außerdem noch den Titel eines russischen Obersten.

»Siehst du«, rief Iwan Matwejewitsch, »habe ich es dir nicht gesagt? Außer dem letzten wahnwitzigen Wunsch hat er mit seinen Ansprüchen Recht, denn er kennt vollkommen den gegenwärtigen Wert des von ihm gezeigten Ungeheuers.«

»Mensch«, fuhr ich den Deutschen wütend an, »wozu wollen Sie denn den Oberstitel? Welche Heldentat haben Sie denn begangen? Welche besonderen Dienste geleistet? Welche militärischen Ehrenzeichen erworben? Sind Sie denn wahnsinnig?«

»Wahnsinnig?«, rief der Deutsche empört aus. »Nein, ich bin bei vollem Verstand, Sie aber sind recht töricht, es nicht zu verstehen. Ich habe den Oberstitel verdient, weil ich ein Krokodil zeige, in dem ein lebendiger Hofrat sitzt, und kein Russe kann ein solches Krokodil zeigen. Ich bin ein sehr gescheiter Mann und will auch gerne Oberst sein.«

»So leb denn wohl, Iwan Matwejewitsch«, schrie ich zitternd vor Wut und stürzte aus dem Krokodilraum hinaus. Ich fühlte, dass ich einen Augenblick später alle Gewalt über mich verloren hätte. Die aberwitzigen Hoffnungen dieser beiden Idioten waren unerträglich. Die kühle Luft erfrischte mich und mäßigte ein wenig meinen Unwillen. Endlich, nachdem ich wohl fünfzigmal nach beiden Seiten ausgespien hatte, nahm ich mir eine Droschke, fuhr nach Hause, zog mich aus und warf mich auf mein Lager. Am ärgerlichsten war mir, dass ich sein Sekretär geworden war. Jetzt konnte ich mich dort jeden Abend langweilen, während ich die Pflichten eines wahren Freundes erfüllte. Ich war bereit, mich dafür zu bestrafen, und ich tat es auch wirklich: Nachdem ich das Licht ausgelöscht hatte und unter die Decke geschlüpft war, hieb ich mir vor Wut mehrmals mit der Faust auf den Kopf und auf andere Körperteile. Das erleichterte mich einigermaßen; ich schlief endlich sogar recht fest, weil ich sehr müde war. Die ganze Nacht durch träumte ich nur von Affen, aber gegen Morgen sah ich Jelena Iwanowna im Traum.

IV

Ich vermute, dass ich von den Affen geträumt habe, weil sie im Käfig bei dem Krokodilmann waren; mit Jelena Iwanowna hatte es allerdings eine andere Bewandtnis.

Ich schicke voraus, dass ich diese Dame liebte; doch ich eile, und zwar mit Extrapost, mich zu verbessern … ich liebte sie wie ein Vater, nicht mehr und nicht weniger. Ich schließe dies daraus, dass es mir schon mehrmals begegnete, den unbezwinglichen Wunsch zu haben, ihr Köpfchen oder ihr rosiges Wänglein zu küssen. Und obgleich ich so etwas nie getan habe, muss ich gestehen, dass ich nichts dagegen gehabt hätte, ihr Mündchen zu küssen, und nicht so sehr das Mündchen als die Zähnchen, die sich immer beim Lachen so zeigten und wie eine Reihe gleicher regelmäßiger Perlen aussahen. Und sie lachte erstaunlich oft. Im Scherz pflegte Iwan Matwejewitsch sie immer »seinen lieben Unsinn« zu nennen – eine Bezeichnung, die wirklich im höchsten Grad zutreffend und charakteristisch war. Sie war ein Bonbon von einer Dame und nichts weiter. Darum kann ich gar nicht begreifen, warum es auf einmal Iwan Matwejewitsch einfallen konnte, in seiner Gattin eine russische Eugenie Tour zu erblicken. Wenn man die Affen aus dem Spiel lässt, machte mein Traum auf mich jedenfalls einen höchst angenehmen Eindruck, und während ich mir bei meinem Morgentässchen die Ereignisse des gestrigen Tags vergegenwärtigte, beschloss ich, auf dem Weg in den Dienst unbedingt bei Jelena Iwanowna vorzusprechen, wozu ich übrigens auch in meiner Eigenschaft als Hausfreund verpflichtet war.

In einem winzigen Zimmerchen vor dem Schlafzimmer, im sogenannten »Kleinen Salon« (obwohl auch ihr großer Salon klein war), saß auf einem netten kleinen Diwan vor einem Teetischchen Jelena Iwanowna in einem luftigen Morgenjäckchen und trank Kaffee aus einem winzigen Tässchen, in das sie ein Zwiebäckchen tauchte. Sie war bezaubernd niedlich, doch schien sie mir ein wenig nachdenklich.

»Ah, Sie sind es, Sie Schelm«, empfing sie mich mit einem zerstreuten Lächeln, »setzen Sie sich, Sie Wildfang, und trinken Sie Kaffee. Nun, was haben Sie denn gestern getan? Waren Sie auf dem Maskenball?«

»Waren Sie denn dort? Ich besuche ja keine Bälle … zudem war ich gestern noch bei unserem Gefangenen.«

Ich seufzte und machte ein frommes Gesicht, während ich den Kaffee entgegennahm.

»Bei wem? Bei welchem Gefangenen? Ach ja, der arme Junge! Nun, wie geht es ihm? Er ist wohl traurig? Ja, wissen Sie, ich wollte Sie fragen: … ich darf doch jetzt die Scheidung einreichen?«

»Die Scheidung?«, rief ich bestürzt und hätte beinahe meinen Kaffee dabei verschüttet. ›Das ist der Schwarzkopf!‹ dachte ich grimmig.

Es gab so einen jungen Schwarzkopf mit einem kleinen Schnurrbärtchen, er war am Bauamt angestellt, kam fast zu oft und verstand es ganz ausgezeichnet, Jelena Iwanowna zum Lachen zu bringen. Ich gestehe, dass ich ihn hasste, und zweifle nicht daran, dass er Jelena Iwanowna bereits gestern auf dem Maskenball oder womöglich auch hier gesehen und ihr eine Menge Unsinn eingeredet hatte.

»Ja, was bildet er sich denn eigentlich ein?«, plapperte Jelena Iwanowna plötzlich wie eingelernt. »Was soll denn das? Er wird da die ganze Zeit im Krokodil sitzen und kommt vielleicht sein Lebtag nicht heraus, und ich soll hier auf ihn warten? Der Mann soll zu Hause leben und nicht in einem Krokodil!«

»Aber es ist doch ein unvorhergesehener Unfall«, begann ich in begreiflicher Aufregung.

»Ach nein, lassen Sie das, lassen Sie das!«, rief sie plötzlich ganz erzürnt. »Sie widersprechen mir immer, Sie Windbeutel. Mit Ihnen kann man nichts besprechen. Sie geben nie einen Rat. Fremde Menschen sagten mir schon, dass ich jetzt die Scheidung erwirken könnte, weil Iwan Matwejewitsch kein Gehalt mehr bekommen wird.«

»Jelena Iwanowna! Sprechen Sie so?«, rief ich pathetisch. »Welcher Bösewicht konnte Ihnen dergleichen weismachen! Scheidung aus einem so geringfügigen Grund, wie das Gehalt, ist ganz unmöglich, und der arme, arme Iwan Matwejewitsch, er brennt sozusagen von Liebe zu Ihnen, sogar im Innern des Ungeheuers. Nicht genug, er schmilzt vor Liebe zu Ihnen wie ein Stückchen Zucker. Noch gestern Abend, während Sie sich auf dem Maskenball amüsierten, erwähnte er, dass er sich im äußersten Fall dazu entschließen werde, Sie in Ihrer Eigenschaft als seine legitime Gattin zu sich ins Innere kommen zu lassen, umso mehr, als das Krokodil sich als sehr geräumig erwiesen hat, nicht nur für zwei, sondern auch für drei Personen.« Und ich erzählte ihr diesen Teil meiner gestrigen Unterhaltung mit Iwan Matwejewitsch.

»Wie? Was?«, rief sie erstaunt. »Sie wollen, dass auch ich da hineinkrieche zu Iwan Matwejewitsch? Was für eine Idee! Und wie soll ich das denn anfangen, im Hut und in der Krinoline? Gott! Welche Dummheit! Welch ein Bild werde ich denn abgeben, wenn ich da hineinsteige! Und jemand wird mir vielleicht noch zusehen … Das ist zu komisch! Und was werde ich denn dort essen? Und … und wie wird es denn sein, wenn ich … ich … Oh Gott! Was Sie sich da ausgedacht haben! Und welche Vergnügungen gibt es dort? Sie sagen, es rieche dort nach Gummi? Und wie, wenn wir uns dort streiten? Müssen wir dann auch nebeneinander liegen? Pfui, wie das garstig ist!«

»Beste Jelena Iwanowna, ich bin mit Ihren Einwänden vollkommen einverstanden«, unterbrach ich sie in dem begreiflichen Bestreben, mich auszusprechen, das immer den Menschen befällt, wenn er fühlt, dass das Recht auf seiner Seite ist. »Doch eines haben Sie bei alledem außer Acht gelassen, Sie haben nicht bedacht, dass er ohne Sie wohl nicht leben kann, da er Sie zu sich ruft. Es ist die Liebe, leidenschaftliche, treue Liebe. Sie haben die Liebe nicht bedacht, Jelena Iwanowna, die Liebe!«

»Ich will nichts, nichts, nichts davon hören!« Und sie winkte abwehrend mit ihrer hübschen kleinen Hand, an der die frisch gewaschenen und gebürsteten rosigen Nägelchen blitzten.

»Sie Garstiger! Sie werden mich noch bis zu Tränen rühren! Steigen Sie doch selbst hinein, wenn es Ihnen angenehm ist. Sie sind ja sein Freund, also bleiben Sie aus Freundschaft zu ihm da liegen und streiten Sie Ihr Leben lang über langweilige Wissenschaften …«

»Sie lachen vergeblich über diesen Einfall«, unterbrach ich das Frauchen. »Iwan Matwejewitsch hat mich ohnehin zu sich gerufen. Sie zieht natürlich die Pflicht hin, mich dagegen nur die Großmut. Aber als Iwan Matwejewitsch mir gestern von der Dehnbarkeit des Krokodils erzählte, machte er eine sehr klare Andeutung, dass nicht nur Sie allein, sondern auch ich in meiner Eigenschaft als Hausfreund mit Ihnen zusammen dort unterkommen könnte, zu dritt, wenn ich es wünschte, und darum …«

»Wieso? Zu dritt?«, rief Jelena Iwanowna, mich erstaunt anblickend. »Wie denn … dann werden wir dort alle drei zusammen sein? Hahaha! Wie dumm sie beide sind! Hahaha! Ich werde Sie da die ganze Zeit kneifen, Sie Nichtsnutz, hahaha! Hahaha!«

Sie lehnte sich an das Rückenpolster des Diwans und lachte bis zu Tränen. Und das alles, die Tränen und das Lachen, war so bezaubernd, dass ich nicht widerstehen konnte, ihr Händchen zu ergreifen und mit Hingebung zu küssen. Sie wehrte mir nicht, obwohl sie mich als Zeichen der Versöhnung sanft an den Ohren zauste. Nun wurden wir beide vergnügt, und ich erzählte ihr ganz genau Iwan Matwejewitschs gestrige Pläne. Die Idee mit den Empfangsabenden und dem Salon gefiel ihr sehr gut.

»Aber ich brauche dann sehr viel neue Kleider«, bemerkte sie, »und darum muss Iwan Matwejewitsch möglichst bald und möglichst viel Geld schicken. Allein«, fügte sie nachdenklich hinzu, »wie wird man ihn denn in einem Behälter zu mir bringen? Das ist sehr lächerlich. Ich will nicht, dass man meinen Mann in Behältern herumträgt. Ich werde mich vor den Gästen schämen … Nein, ich will nicht, *ich will nicht!*«

»Übrigens, um es nicht zu vergessen, war Timofej Semjonowitsch gestern Abend bei Ihnen?«

»Ach ja, er war da! Und wir haben mit ihm Karten gespielt, er setzte Konfekt, und wenn ich verlor … küsste er mir die Hände. So einer! Und denken Sie sich, beinah wäre er mit mir auf den Maskenball gefahren, wirklich!«

»Verliebtheit!«, bemerkte ich. »Und wer ist nicht in Sie verliebt, Sie schönste Zauberin!«

»Ach, gehen Sie mit Ihren Komplimenten! Halt, ich werde Sie auf den Weg kneifen; ich habe jetzt famos gelernt zu kneifen; nun, wie war's? Übrigens, sagen Sie, hat Iwan Matwejewitsch gestern viel von mir gesprochen?«

»Nnn … ein! Das kann man nicht behaupten … Offen gesagt, denkt er eigentlich mehr an das Schicksal der ganzen Menschheit und will …«

»Nun, Gott mit ihm! Sprechen Sie nicht davon; wahrscheinlich ist es entsetzlich langweilig. Ich werde ihn einmal besuchen. Morgen gehe ich bestimmt hin. Nur heute nicht, heute habe ich Kopfweh, und dann wird da so viel Publikum sein … Man wird sagen: Seht, das ist seine Frau, und wird mich in Verlegenheit bringen. – Adieu! Abends sind Sie wohl … dort?«

»Bei ihm, bei ihm! Er hat mir befohlen, zu kommen und Zeitungen zu bringen.«

»Das ist nett. Gehen Sie zu ihm und lesen Sie ihm vor! Und zu mir kommen Sie heute nicht. Ich bin nicht ganz gesund, vielleicht mache ich auch einen Besuch. Nun adieu, Schelm!«

›Das ist gewiss der Schwarzkopf, der heute Abend bei ihr ist‹, dachte ich mir.

In der Kanzlei zeigte ich natürlich mit keiner Miene, von welchen Sorgen und Aufregungen ich verzehrt wurde. Bald aber bemerkte ich, dass einige von unseren fortschrittlichen Blättern mit einer ganz besonderen Geschwindigkeit unter meinen Kollegen von Hand zu Hand gingen und mit außerordentlich ernsthaften Mienen gelesen wurden. Das Erste, das ich sah, war der ›Listok‹, ein Käseblättchen ohne besondere Richtung, bloß allgemein menschenfreundlich, wofür es in der Regel bei uns verachtet wurde, obwohl man es auch las. Nicht ohne Staunen las ich Folgendes:

»Gestern verbreiteten sich in unserer großen und mit herrlichen Gebäuden verzierten Stadt ganz ungewöhnliche Gerüchte. Herr N …, ein bekannter Feinschmecker aus der besten Gesellschaft, vermutlich der Küche Boreis und des … Klubs überdrüssig, trat in das Gebäude der Passage, in den Raum, wo ein riesenhaftes, eben erst hergebrachtes Krokodil ausgestellt wird, und verlangte, dass dieses ihm zum Mittag zubereitet würde. Nachdem er mit dem Eigentümer handelseinig geworden, begann er alsbald, dieses bei lebendigem Leib aufzuessen, indem er mit einem Federmesser die saftigsten Stücke abschnitt und diese mit ungeheurer Geschwindigkeit verschlang. Allmählich verschwand das ganze Krokodil in seinem geräumigen Innern, sodass er begann, sich an das Ichneumon, den ständigen Begleiter der Krokodile, zu machen, wohl in der Vermutung, dass dieses ebenso wohlschmeckend sei. Wir haben nichts gegen dieses neue Nahrungsmittel einzuwenden, das den ausländischen Feinschmeckern schon längst bekannt ist. Wir haben es sogar vorausgesehen. Die englischen Lords und Reisenden fangen in Ägypten Krokodile scharenweise und genießen das Rückenstück des Ungeheuers in Gestalt von Beefsteaks mit Senf, Zwiebeln und Kartoffeln. Die Franzosen, die mit Lesseps hinübergekommen sind, ziehen die in Asche gebackenen Pfoten vor, was sie übrigens aus Trotz gegen die Engländer tun, die sie verlachen. Vermutlich wird man bei uns beides zu würdigen wissen. Unsrerseits freuen wir uns über den neuen Zweig der Industrie, an der es ja sonst unserem weiten und mannigfaltigen Vaterland so mangelt. Nach diesem ersten, im Innern des Petersburger Gastronomen verschwundenen Krokodil wird vermutlich kaum ein Jahr vergehen, bis ihrer Hunderte hierhergebracht werden, und warum sollte man wohl das Krokodil nicht in Russland akklimatisieren? Wenn das Newa-Wasser für diese interessanten Fremdländer zu kalt sein sollte, so gibt es doch in der Hauptstadt Teiche und außerhalb derselben Flüsse und Seen. Warum zum Beispiel könnte man nicht eine Krokodilzucht in Pargolowo oder in Pawlowsk einrichten? Und in Moskau in den ›Presninskij Prudy‹ und im ›Ssamotek‹. Indem sie unseren Feinschmeckern eine angenehme und gesunde Nahrung liefern, können sie zugleich den an diesen Teichen lustwandelnden Damen eine angenehme Abwechslung bieten und die Kinder durch ihren Anblick in der Naturgeschichte belehren. Aus dem Krokodilsleder könnte man Futterale, Handkoffer, Zigarettenetuis und Brieftaschen herstellen, und wohl mehr als ein russischer Kaufmann wird schmunzelnd seine geliebten fettigen Tausender in einer Krokodilledertasche verwahren. Wir hoffen dieses interessante Thema nochmals zu berühren.«

Obschon ich etwas Derartiges geahnt habe, war ich doch durch die Voreiligkeit dieser Mitteilung verblüfft. Da ich niemanden fand, mit dem ich meine Eindrücke austauschen konnte, wandte ich mich an den mir gegenübersitzenden Prochor Ssawitsch und bemerkte, dass er mich schon lange mit seinen Blicken verfolgte und den ›Wolos‹ in der Hand hielt, bereit, ihn mir zu überreichen. Schweigend nahm er von mir den ›Listok‹ entgegen und übergab mir den ›Wolos‹, in dem er mit dem Fingernagel einen Aufsatz kräftig angestrichen hatte. Dieser Prochor Ssawitsch war ein äußerst sonderbarer Mensch. Er war ein schweigsamer alter Hagestolz, trat zu keinem von uns in irgendwelche Beziehungen, sprach im Büro fast mit niemandem und hatte immer und überall seine eigene Meinung, konnte es jedoch nicht leiden, sie jemandem mitzuteilen. Er lebte einsam. In seiner Wohnung war fast keiner von uns gewesen.

Folgendes las ich in dem mir bezeichneten Aufsatz des ›Wolos‹: »Es ist bekannt, dass wir progressiv und human sind und danach streben, es in jeder Beziehung Europa gleichzutun. Doch ungeachtet aller Anstrengungen und Bemühungen unserer Zeitung sind wir noch lange nicht reif, wie folgender empörende Fall beweist, der sich gestern in der Passage abspielte, und den wir vorhergesehen haben. Es kommt in die Hauptstadt ein ausländischer Menageriebesitzer und bringt ein Krokodil mit, das er in der Passage ausstellt. Wir begrüßten diesen neuen Erwerbsweg, der im Allgemeinen unserem mächtigen und mannigfaltigen Vaterland fehlt. Da erscheint plötzlich gestern gegen halb fünf Uhr nachmittags eine Persönlichkeit von außerordentlichem Umfang und in stark angeheitertem Zustand im Geschäft des Ausländers, zahlt für den Eintritt und kriecht sofort, ohne jegliche vorherige Mitteilung, in den Rachen des Krokodils, das natürlich gezwungen war, ihn zu verschlingen, um nicht zu ersticken. Weder die Hilferufe des Ausländers noch das Jammergeschrei seiner erschrockenen Angehörigen, noch Drohungen, die Polizei zu rufen, wirken. Aus dem Innern des Krokodils erschallt nichts als Gelächter und Versprechungen, mit der Knute kurzen Prozess zu machen, und das arme Säugetier, welches gezwungen war, eine solche Fleischmasse zu verschlingen, vergießt vergebliche Tränen. Ein ungebetener Gast ist schlimmer als ein Tatar – sagt ein altes Sprichwort. Doch dessenungeachtet will der unverschämte Eindringling nicht heraus. Wir können uns derartige barbarische Vorfälle nicht erklären, die unsere politische Unreife bezeugen und uns in den Augen der Ausländer herabsetzen. Das Draufgängertum der russischen Natur hat eine würdige Anwendung gefunden. Es fragt sich, was der ungebetene Gast eigentlich haben wollte? Brauchte er einen warmen und gemütlichen Winkel? Aber in der Hauptstadt gibt es ja viele herrliche Häuser mit billigen und sehr gut eingerichteten Wohnungen, mit Wasserleitung und mit Gasbeleuchtung auf der Treppe, für die der Hauswirt oft sogar einen Portier hält. Wir machen unsere Leser auch auf die barbarische Behandlung der Haustiere aufmerksam. Dem zugereisten Krokodil ist es selbstverständlich sehr beschwerlich, eine solche Masse auf einmal zu verdauen, und jetzt liegt es hochaufgetrieben da und erwartet unter unsagbaren Qualen den Tod. In Europa wird Tierquälerei schon lange gesetzlich verfolgt. Jedoch ungeachtet unserer europäischen Beleuchtung, unserer europäischen Trottoire und europäischen Bauweise sind wir noch weit davon entfernt, unsere altgewohnten Vorurteile abzustreifen.

›Neu sind die Häuser, doch alt die Vorurteile‹, heißt es in einem Gedicht, und nicht einmal die Häuser sind neu, zum Mindesten nicht die Treppen. Wie wir schon mehrmals in unserem Blatt erwähnt haben, sind im Haus des Kaufmanns Lukjanow auf der Petersburger Seite die hölzernen Aufgangsstufen verfault und durchgebrochen und stellten schon lange eine Lebensgefahr für die bei ihm bedienstete Soldatenfrau Afimja Skapidarowa vor, die oft genötigt ist, die Treppe mit Wassereimern oder Holzbündeln zu betreten. Unsere Warnungen haben sich endlich bestätigt. Gestern um 10 Uhr vormittags brach eine Stufe unter der Afimja Skapidarowa durch, welche mit ihrem Suppennapf hinstürzte und sich ein Bein brach. Wir wissen nicht, ob Lukjanow jetzt seine Treppe reparieren wird. Die Russen denken immer zu spät an vorbeugende Maßregeln. Das Opfer der russischen Nachlässigkeit ist bereits in ein Hospital gebracht worden. Wir werden gleichfalls nicht müde, zu behaupten, dass die Hausknechte, welche auf der Wiborger Seite die Trottoire kehren, nicht die Füße der Vorübergehenden beschmutzen sollten, sondern den Unrat in Haufen schichten, wie es in Europa beim Stiefelputzen getan wird …«

»Was ist denn das?«, fragte ich Prochor Ssawitsch einigermaßen verwundert. »Was ist denn das?«

»Was denn?«

»Nun, dass man das Krokodil beklagt, anstatt Iwan Matwejewitsch zu bedauern.«

»Aber wieso? Ein Tier, ein Säugetier sogar hat man bedauert, ist das nicht europäisch? Dort werden die Krokodile auch sehr bedauert. Hi-hi-hi …«

Damit vertiefte sich der Sonderling Prochor Ssawitsch in seine Akten und sagte kein Wort weiter.

Den ›Wolos‹ und den ›Listok‹ steckte ich zu mir, raffte noch zur Abendlektüre für Iwan Matwejewitsch so viele alte ›Nachrichten‹

und ›Wolos‹ zusammen, wie ich finden konnte, und obwohl es noch lange bis zum Abend war, entwischte ich möglichst früh aus dem Dienst, um in die Passage zu gehen und mir wenigstens aus der Entfernung das Treiben dort anzusehen und die verschiedenen Meinungen und Ansichten zu erlauschen.

Ich sah voraus, dass dort wohl ein großes Gedränge sein würde und vergrub daher mein Gesicht tief in meinen Mantelkragen, weil es mir peinlich war – so wenig sind wir an die Öffentlichkeit gewöhnt.

Doch ich fühle mich nicht berechtigt, meine eigenen prosaischen Gefühle angesichts eines so bemerkenswerten und originellen Vorgangs weiterhin zu äußern.

Bobok*

Diesmal** setze ich die »Aufzeichnungen eines Unbekannten« hierher. Ich bin dieser Unbekannte nicht; der ist eine ganz andere Persönlichkeit. Ich glaube, einer weiteren Vorrede bedarf es nicht.

Aufzeichnungen eines Unbekannten

Semjon Ardaljonowitsch sagte vorgestern auf einmal zu mir:

»Aber sage mir um des Himmels willen, Iwan Iwanowitsch, wirst du denn jemals nüchtern werden?«

Ein sonderbares Verlangen. Ich fühle mich nicht beleidigt; ich bin ein stiller, bescheidener Mensch, aber allerdings hat man aus mir schon einen Verrückten gemacht. Ein Maler malte mein Porträt, so gelegentlich, »du bist ja doch ein Schriftsteller«, sagte er. Ich ließ es mir gefallen, und er stellte das Bild auch aus. Da las ich denn: »Das Publikum wolle kommen und sich dieses kranke, dem Irrsinn nahe Gesicht ansehen.«

Na, meinetwegen, aber wie konnte er das nur so geradezu drucken lassen? Was man drucken lässt, muss doch alles edel klingen, muss ideal sein, aber da hat er nun …

* Diese und die folgenden Erzählungen sind von Dostojewski nicht als besondere Erzählungen veröffentlicht worden, sondern sind Einlagen in seinen literarhistorischen Schriften aus den Jahren 1873–1877.

** Anm. d. Ü.: Diese Erzählung bildet den sechsten Abschnitt des »Tagebuches eines Schriftstellers« für 1873, das in dem genannten Jahr in der Zeitschrift Graschdanin Nr. 1 ff. erschien.

Er hätte doch wenigstens nur andeutungsweise reden sollen; dazu sind doch die stilistischen Kunstgriffe erfunden. Aber nein, das hat er nicht gewollt. Heutzutage sind Humor und guter Stil von der Welt verschwunden, und Schimpfworte werden für Esprit gehalten. Ich fühle mich nicht beleidigt: Ich bin nicht Gott weiß was für ein großer Schriftsteller, dass ich den Verstand verlieren sollte. Ich habe einmal eine Novelle geschrieben, aber die wurde nicht gedruckt. Ich schrieb ein Feuilleton; das wurde abgelehnt. Solcher Feuilletons habe ich viele nach verschiedenen Redaktionen hingetragen; sie wurden überall abgelehnt: »Es fehlt Ihnen an Salz«, hieß es.

»Was wollt ihr denn für Salz?«, fragte ich die Leute spöttisch, »attisches Salz?«

Sie verstanden mich gar nicht einmal. Ich mache hauptsächlich Übersetzungen aus dem Französischen für die Verlagsbuchhändler. Ich schreibe auch Ankündigungen für Kaufleute: »Eine Seltenheit! Roter Tee von eigenen Pflanzungen …« Für einen Panegyrikus auf Seine Exzellenz den verstorbenen Peter Matwjejewitsch habe ich einen guten Batzen Geld bekommen. Auf Bestellung eines Verlegers habe ich ein Büchelchen verfasst: »Die Kunst, den Damen zu gefallen.« Derartiger Büchelchen habe ich in meinem Leben ein Stücker sechs vom Stapel gelassen. Ich möchte gern Voltaires Bonmots sammeln, aber ich fürchte, dass sie unseren Zeitgenossen fade vorkommen werden. Voltaires Art passt nicht in die Gegenwart hinein; heutzutage haut man mit dem Knüppel drein, statt in Voltaires Art zu schreiben! Die letzten Zähne schlagen sie einer dem andern aus! Na, das ist also meine ganze schriftstellerische Tätigkeit. Ich könnte höchstens noch hinzufügen, dass ich in uneigennütziger Weise den Redaktionen Briefe zuschicke, Briefe mit meiner vollen Namensunterschrift. Ich erteile ihnen darin immer Ermahnungen und Ratschläge, kritisiere sie und weise ihnen den Weg. An eine Redaktion habe ich in der vorigen Woche den vierzigsten Brief innerhalb zweier Jahre abgesandt; ich habe also vier Rubel allein für Briefmarken ausgegeben. Ich habe nun einmal einen hässlichen Charakter; das ist die Sache.

Ich denke mir, dass der Maler mich nicht wegen meiner Schriftstellerei gemalt hat, sondern wegen der beiden symmetrischen Warzen auf meiner Stirn: Das nennt man ein Phänomen. Ideen haben sie keine; so reiten sie denn jetzt auf Phänomenen herum. Na, aber wie sind ihm auch meine Warzen auf dem Porträt gelungen – wie sie leiben und leben! Dafür hat man jetzt den Ausdruck »Realismus«.

Was aber die Verrücktheit anlangt, so haben sie bei uns im vorigen Jahr viele für verrückt erklärt. Und in was für einem Stil: »Bei einem so eigenartigen Talent«, heißt es da, »… und nun sehe man, was am letzten Ende herausgekommen ist … übrigens musste man das schon längst vorhersehen …« Das ist ein ziemlich schlaues Verfahren, sodass man es vom rein künstlerischen Standpunkt aus sogar loben könnte. Na, sie selbst aber erscheinen auf einmal noch klüger als vorher. Ja, ja, jemanden verrückt zu machen, das versteht man bei uns, aber klüger haben sie noch niemanden gemacht.

Der Klügste ist meiner Ansicht nach derjenige, der wenigstens einmal im Monat sich selbst einen Dummkopf nennt – eine Fähigkeit, die heutzutage so gut wie unerhört ist! Früher wurde sich ein Dummkopf wenigstens einmal im Jahre dessen bewusst, dass er ein Dummkopf war, aber jetzt niemals, niemals. Und man hat jetzt alles derartig durcheinander gewirrt, dass es unmöglich ist, einen Dummkopf von einem klugen Menschen zu unterscheiden. Das haben sie absichtlich so gemacht.

Da fällt mir ein Witz ein, den die Spanier machten, als die Franzosen vor drittehalb Jahrhunderten bei sich das erste Irrenhaus erbauten: »Sie haben alle ihre Dummköpfe in ein besonderes Haus eingesperrt, um den Glauben zu erwecken, dass sie selbst klug seien.« Es ist ganz richtig: Dadurch, dass man einen andern in ein Irrenhaus einsperrt, beweist man noch nicht seinen eigenen Verstand. »K*** ist verrückt geworden; folglich sind wir jetzt klug.« Nein, das folgt noch nicht daraus.

Aber hol's der Teufel … warum paradiere ich denn mit meiner eigenen Verstandestätigkeit? Ich vollführe ja ein endloses Geklapper. Sogar meiner Dienstmagd ist es langweilig geworden. Gestern besuchte mich ein Freund: »Dein Stil verschlechtert sich«, sagte er, »er ist ganz zerhackt. Du hackst und hackst – das ist dann eine einleitende Vorrede; darauf kommt noch eine Einleitung zu dieser Einleitung; darauf setzt du noch etwas in Klammern, und darauf hackst und hackst du wieder weiter.«

Mein Freund hat Recht. Es geht mit mir etwas Sonderbares vor. Sowohl mein Charakter ändert sich, als auch tut mir der Kopf weh. Ich fange an, seltsame Dinge zu sehen und zu hören. Nicht eigentlich, dass ich Stimmen vernähme, aber es ist mir, als gäbe jemand neben mir einen Laut von sich, der wie »Bobok, Bobok, Bobok« klänge!

Was hat das zu bedeuten: »Bobok«? Ich muss mich zerstreuen.

Ich ging aus, um mich zu zerstreuen, und es machte sich so, dass ich an einer Beerdigung teilnahm. Der Tote war ein entfernter Verwandter von mir gewesen, aber Kollegienrat. Eine Witwe und fünf Töchter, sämtlich unverheiratet. Wenn man nur an das Schuhzeug denkt, das die alle brauchen; was kostet das! Der Verstorbene hatte das nötige Geld verdient, aber jetzt müssen sie von der kleinen Pension leben. Da wird es sich einschränken heißen. Mich haben sie immer unfreundlich aufgenommen. Und ich wäre auch jetzt nicht hingegangen, wenn nicht ein solcher besonderer Fall vorgelegen hätte.

Ich gab dem Sarg mit den andern zusammen bis zum Kirchhof das Geleite, aber diese wandten sich von mir ab und taten stolz. Meine Dienstuniform ist allerdings recht schäbig. Ich glaube, seit fünfundzwanzig Jahren bin ich nicht auf dem Kirchhof gewesen; das ist mal ein Ort!

Erstens der Geruch. Es waren etwa fünfzehn Leichen in die Kirche zusammengebracht. Die Ausstattung der Särge war von verschiedenem Preis; es waren sogar zwei Katafalke da: einer für einen General und einer für eine vornehme Dame. Viele traurige Gesichter, auch viel geheuchelte Trauer, aber auch viel unverhohlene Fröhlichkeit. Die Geistlichkeit hatte sich nicht zu beklagen: Sie hatte eine gute Einnahme. Aber der Geruch, der Geruch! Ich möchte hier nicht Geistlicher sein.

Die Gesichter der Leichen betrachtete ich nur mit Vorsicht, da ich zu der Festigkeit meiner Nerven kein rechtes Zutrauen hatte. Manche hatten einen sanften Ausdruck, manche auch einen unangenehmen. Im Allgemeinen war das Lächeln hässlich; bei einigen sogar in hohem Grad. Ich mag das nicht sehen; ich träume davon.

Während der Messe ging ich aus der Kirche hinaus in die frische Luft; es war ein grauer, aber trockener Tag. Dabei wars auch kalt; na, wir haben ja auch schon Oktober. Ich ging bei den offenen Grüften umher. Viele Rangklassen. Die dritte Klasse zu dreißig Rubeln: recht anständig und nicht allzu teuer. Die beiden ersten, die allerfeinsten, waren in der Kirche und in der Vorhalle; na, die kosteten gehörig was. In der dritten Klasse wurden diesmal sechs Leichen bestattet, darunter der General und die vornehme Dame.

Ich blickte in die Grüfte hinein – schauderhaft: Wasser, und was für Wasser! Ganz grün und … na, ich will nicht mehr darüber sagen! Der Totengräber schöpfte fortwährend das Wasser mit einer Schaufel heraus. Während der Gottesdienst noch fortdauerte, schlenderte ich aus dem Kirchhofstor hinaus. Da steht sogleich ein Armenhaus und nicht viel weiter ein Restaurant. Letzteres ganz leidlich, nicht übel: kalte Speisen und alles. Es war gedrängt voll von Leuten, die den Toten das Geleit gegeben hatten. Ich bemerkte viel Fröhlichkeit und echte Lebenslust. Ich aß einen Bissen und trank ein Glas Schnaps.

Darauf beteiligte ich mich eigenhändig an dem Tragen des Sarges aus der Kirche nach dem Grab. Woher kommt es, dass die Leichen im Sarg so schwer werden? Man sagt, infolge der Starrheit; der Körper könne sich nicht mehr selbst regieren … oder andern derartigen Unsinn; das widerspricht der Mechanik und dem gesunden Menschenverstand. Ich kann es nicht leiden, wenn bei uns Leute, die nur eine allgemeine Bildung besitzen, es unternehmen, spezielle Fragen zu entscheiden, aber das geschieht bei uns massenhaft. Zivilbeamte lieben es, über militärische Gegenstände, ja sogar über solche, die zum Ressort eines Feldmarschalls gehören, ihr Urteil abzugeben, und Leute mit technischer Bildung urteilen mit Vorliebe über Philosophie und Nationalökonomie.

Zum Leichenmahl fuhr ich nicht hin. Ich habe meinen Stolz; und wenn mich Leute nur im Fall äußerster Notwendigkeit empfangen, warum soll ich mich dann zu ihren Mahlzeiten einstellen, selbst wenn es Leichenmahle sind? Ich verstehe nur nicht, warum ich auf dem Kirchhof blieb; ich setzte mich auf einen Grabstein und versank in Gedanken.

Ich begann mit der Moskauer Ausstellung und endete damit, über das Staunen als Thema nachzudenken. Über das Staunen gelangte ich zu folgendem Resultat.

»Über alles zu staunen ist natürlich dumm; über nichts zu staunen macht sich weit hübscher und gilt daher als guter Ton. Aber schwerlich ist das in Wirklichkeit so. Meiner Ansicht nach ist über nichts zu staunen weit dümmer als über alles zu staunen. Außerdem: Über nichts zu staunen ist fast dasselbe wie vor nichts Achtung zu empfinden. Ein dummer Mensch kann eben keine Achtung empfinden.«

»Vor allen Dingen möchte ich Achtung empfinden. Ich dürste ordentlich danach, Achtung zu empfinden«, sagte einmal dieser Tage ein Bekannter zu mir.

Er dürstet danach, Achtung zu empfinden! Oh Gott, dachte ich, was würde aus dir werden, wenn du jetzt wagtest, das drucken zu lassen!

Ich vergaß ganz mich und meine Umgebung. Ich liebe es nicht, Grabschriften zu lesen; es ist immer ein und dasselbe. Auf dem Grabstein neben mir lag der Rest eines Butterbrotes: dumm und zu dem Ort nicht passend. Ich warf ihn auf die Erde, da es nicht »Brot«, sondern nur ein »Butterbrot« war. Übrigens ist es, wie ich glaube, keine Sünde, Brot auf die Erde zu krümeln, wohl aber auf den Fußboden. Ich will doch in Suworins Kalender* nachsehen.

Es ist anzunehmen, dass ich lange so dasaß, sogar sehr lange; ja, ich streckte mich sogar in halb liegender Haltung auf den langen Stein hin, der die Gestalt eines marmornen Sarges hatte. Aber wie ging es nur zu, dass ich auf einmal allerlei Laute zu hören begann? Zuerst schenkte ich dem keine Beachtung und verhielt mich gleichgültig. Aber das Gespräch dauerte fort. Ich hörte dumpfe Töne, als ob die Redenden Kissen vor dem Mund hätten, aber trotzdem waren die Töne vernehmlich und sehr nah. Ich kam zu mir, richtete mich auf und begann aufmerksam zu horchen.

»Exzellenz, aber das ist doch einfach unmöglich! Sie haben Coeur angesagt; ich gehe mit, und auf einmal spielen Sie Carreau Sieben. Das hätte doch vorher verabredet werden müssen, wegen Carreau.«

»Na, soll ich denn die ganze Partie vorher auswendig lernen? Wo bleibt da der Reiz?«

* Anm. d. Ü.: Der angesehene Schriftsteller Suworin gab seit dem Jahre 1872 den »Russischen Kalender« heraus.

»Nein, so geht das nicht, Exzellenz; ohne Sicherung geht es wirklich nicht. Wir müssen unbedingt einen Dummkopf als dritten Mann nehmen und manchmal falsch geben.«

»Na, einen Dummkopf werden wir hier nicht auftreiben.«

Was waren das für wunderliche Worte! Seltsam und unerwartet! Die eine Stimme klang fest und bestimmt; die andere hatte etwas Weiches und Süßliches; ich würde es nicht glauben, wenn ich es nicht selbst gehört hätte. Ich befand mich doch meiner Ansicht nach nicht beim Leichenmahl. Aber wie ging es zu, dass hier Preference gespielt wurde, und was war das für eine Exzellenz? Dass die Stimmen aus den Gräbern kamen, daran konnte kein Zweifel bestehen. Ich beugte mich hinab und las die Inschrift auf dem Denkmal.

»Hier ruht die irdische Hülle des Generalmajors Perwojedow … Ritters der und der Orden.« Hm! »Gestorben am …ten August des Jahres … im Alter von siebenundfünfzig … Ruhe sanft, du teure Asche, bis zum fröhlichen Auferstehungstag!«

Hm! Hol's der Teufel, wirklich ein General! Auf dem andern Grab, aus dem die schmeichlerische Stimme herausgekommen war, befand sich noch kein Denkmal: Es lag nur eine Steinplatte darauf; es musste also wohl ein erst kürzlich Begrabener sein. Nach der Stimme zu urteilen ein Hofrat.

»Och-ho-ho-ho!«, ertönte nun eine ganz neue Stimme, etwa zwanzig Schritte von der Ruhestätte des Generals, aus einem ganz frischen Grabhügel hervor. Es war eine Männerstimme, die Stimme eines Mannes aus dem gewöhnlichen Volk, aber in einer andächtig gerührten Manier abgeschwächt.

»Och-ho-ho-ho!«

»Ach, schon wieder hat er Aufstoßen!«, ließ sich auf einmal die gereizte, angeekelt und hochmütig klingende Stimme einer anscheinend den höchsten Kreisen angehörigen Dame vernehmen. »Es ist eine wahre Strafe für mich, neben diesem Krämer liegen zu müssen!«

»Es hat mir gar nicht aufgestoßen; ich habe ja auch gar keine Nahrung zu mir genommen; sondern das ist nur so meine Natur. Und Sie, gnädige Frau, können immer noch nicht von Ihren Kapricen lassen und sich beruhigen.«

»Warum haben Sie sich denn gerade hierher gelegt?«

»Ich bin hierher gelegt worden; meine Frau und meine kleinen Kinderchen haben mich hierher gelegt, nicht ich mich selbst. Das ist das Geheimnis des Todes! Ich hätte mich um keinen Preis neben Sie gelegt, für kein Geld der Erde, aber ich liege hier für mein eigenes Geld, dem bezahlten Preis entsprechend. Denn das können wir uns immer leisten, ein Grab dritter Klasse für uns zu bezahlen.«

»Ja, Sie haben Geld zusammengescharrt; haben wohl immer den Käufern zu wenig herausgegeben?«

»Wie könnte ich Ihnen zu wenig herausgeben, da Sie seit dem Januar, glaub ich, nie bei uns bezahlt haben? In meinem Laden liegt noch eine hübsche kleine Rechnung für Sie.«

»Na, das ist doch ein dummes Benehmen; hier zu untersuchen, wie viel einer schuldig ist, das ist doch meiner Ansicht nach sehr dumm! Gehen Sie nach oben! Bringen Sie Ihre Forderung bei meiner Nichte an; die ist meine Erbin.«

»Aber wie kann ich jetzt Forderungen anbringen, und wo kann ich hingehen? Wir haben doch beide unser Lebensziel erreicht und sind vor Gottes Gericht in gleicher Weise Sünder.«

»Sünder!«, spottete ihm die Tote verächtlich nach. »Unterstehen Sie sich nicht, weiter mit mir zu reden!«

»Och-ho-ho-ho!«

»Aber der Krämer gehorcht der Dame doch, Exzellenz.«

»Warum sollte er ihr auch nicht gehorchen?«

»Nun ja, Exzellenz; indessen, es besteht hier doch eine neue Ordnung.«

»Was ist denn das für eine neue Ordnung?«

»Aber wir sind doch sozusagen gestorben, Exzellenz.«

»Ach ja! Na, aber es geht doch wenigstens ordnungsmäßig zu …«

Na, sie hatten mir einen Dienst erwiesen, das war nicht zu leugnen, hatten mich unterhalten! Wenn es schon hier so zuging, was konnte man dann im oberen Stockwerk verlangen? Aber was war das für ein Benehmen! Ich fuhr jedoch fort zu horchen, wiewohl mit großem Unwillen.

Nein, ich müsste wieder lebendig werden! Nein … ich, wissen Sie … ich müsste wieder lebendig werden!«, ertönte plötzlich eine neue Stimme irgendwo in dem Zwischenraum zwischen dem General und der reizbaren Dame.

»Hören Sie nur, Exzellenz, unser Nachbar stimmt wieder sein altes Lied an. Drei Tage lang schweigt er immer mäuschenstill, und dann auf einmal geht es los: ›Ich müsste wieder lebendig werden; nein, ich müsste wieder lebendig werden!‹ Und wissen Sie, das bringt er mit solchem Appetit heraus, hi-hi!«

»Und mit solcher Leichtfertigkeit!«

»Das überkommt ihn so, Exzellenz, und wissen Sie, er schläft ein, schläft schon ganz ein; er ist ja schon seit dem April hier; und da kommt er auf einmal mit seinem ›Ich müsste wieder lebendig werden!‹«

»Das ist aber langweilig«, bemerkte Seine Exzellenz.

»Freilich, Exzellenz. Soll ich vielleicht Awdotja Ignatjewna wieder ein bisschen hänseln, hi-hi?«

»Nein, bitte, unterlassen Sie das! Ich kann dieses zänkische Weibsbild nicht ausstehen.«

»Und ich meinerseits kann Sie beide nicht ausstehen!«, rief ihnen das zänkische Weibsbild verächtlich zurück. »Sie sind beide ein Paar langweilige Gesellen und verstehen nicht von idealen Gegenständen zu reden. Ich kenne von Ihnen, Exzellenz (bitte, tun Sie nur nicht stolz!), ich kenne von Ihnen ein Geschichtchen, wie ein Bedienter Sie am Morgen mit dem Besen unter einem Ehebett hervorgefegt hat.«

»Ein grässliches Frauenzimmer!«, murmelte der General zwischen den Zähnen.

»Verehrte Awdotja Ignatjewna«, begann auf einmal wieder der Kaufmann in weinerlichem Ton, »meine Gnädigste, sagen Sie mir, ohne mir etwaiges Böses nachzutragen: Macht meine Seele noch allerlei Läuterungspein durch, oder was geschieht sonst?«

»Ach, kommt er wieder mit seiner alten Leier; ich habe es doch geahnt, denn ich spüre einen Geruch von ihm, einen Geruch; das kommt davon, dass er sich hin und her dreht!«

»Ich drehe mich nicht hin und her, meine verehrte Dame, und es geht von mir keinerlei besonderer Geruch aus, denn mein ganzer Körper hat sich noch in seinem früheren Zustand erhalten. Aber Sie selbst, gnädige Frau, sind schon etwas angegangen, denn der Geruch ist wirklich unerträglich, sogar für den hiesigen Ort. Ich schweige davon nur aus Höflichkeit.«

»Ach, der schändliche Verleumder! Er selbst stinkt schauderhaft, und da schiebt er die Schuld auf mich.«

»Och-ho-ho-ho! Wenn doch meine Gedächtnisfeier recht bald herankäme*; dann werde ich über mir die tränenerstickten Stimmen der Meinigen hören, das Schluchzen meiner Frau und das leise Weinen meiner Kinder! …«

»Na, und worüber weint er nun? Die werden sich bei der Gedächtnisfeier die Kutja** gut schmecken lassen. Ach, wenn doch jemand erwachte!«

* Anm. d. Ü.: Sie wird vierzig Tage nach dem Tod abgehalten.

**Anm. d. Ü.: Das dabei übliche Gericht aus Graupen oder Reis mit Honig und Rosinen.

»Awdotja Ignatjewna«, begann der schmeichlerische Beamte, »warten Sie nur noch einen Augenblick; es werden gleich einige Neuangekommene zu reden anfangen!«

»Sind auch jüngere Leute darunter?«

»Jawohl, auch jüngere Leute, Awdotja Ignatjewna. Sogar Jünglinge sind dabei.«

»Ach, das ist ja wunderschön!«

»Nun? Haben sie denn noch nicht angefangen?«, erkundigte sich Seine Exzellenz.

»Aber sogar die Vorgestrigen sind noch nicht zu sich gekommen, Exzellenz; Sie wissen ja selbst, manchmal schweigen sie eine ganze Woche lang. Nur gut, dass ihrer gestern, vorgestern und heute gleich eine ganze Menge hergebracht ist. Sonst sind ja bei uns etwa vierzig Schritt in der Runde fast lauter Vorjährige.«

»Ja, das kann interessant werden.«

»Sehen Sie, Exzellenz, da ist heute der Wirkliche Geheimrat Tarasewitsch begraben worden. Ich habe es an den Stimmen erkannt. Sein Neffe ist ein Bekannter von mir, und der hat vorhin den Sarg mit herabgelassen.«

»Hm, wo liegt er denn?«

»Etwa fünf Schritte von Ihnen entfernt, Exzellenz, links. Fast dicht an Ihrem Fußende … Mit dem sollten Sie sich bekannt machen, Exzellenz.«

»Hm, nein … ich kann doch dabei nicht den ersten Schritt tun.«

»Er wird selbst den Anfang machen, Exzellenz. Er wird sich sogar geschmeichelt fühlen; überlassen Sie die Sache nur mir, Exzellenz; ich werde …«

»Ach, ach … ach, was geht nur mit mir vor?«, stöhnte auf einmal ein Neuangekommener mit schwacher, ängstlicher Stimme.

»Ein Neuer, Exzellenz, ein Neuer, Gott sei Dank; und wie schnell er wieder zu sich gekommen ist! Manchmal schweigen sie eine Woche lang.«

»Ach, wie es scheint, ist es noch ein junger Mensch!«, kreischte Awdotja Ignatjewna entzückt.

»Ich … ich … ich bin an einer Komplikation gestorben, und so plötzlich!«, stammelte der junge Mensch wieder. »Dr. Schulz sagte mir noch tags zuvor: ›Sie haben eine Komplikation‹, und am andern Morgen starb ich plötzlich. Ach! Ach!«

»Nun, da ist nichts zu machen, junger Mann«, bemerkte herablassend der General, der sich offenbar über den Neuangekommenen freute, »da muss man sich trösten! Wir heißen Sie in unserem sozusagen Tale Josaphat willkommen. Wir sind gute Menschen; lernen Sie uns nur erst näher kennen, dann werden Sie uns schon zu schätzen wissen. Generalmajor Wasili Wasiljewitsch Perwojedow, zu Ihren Diensten.«

»Ach, nein! Nein, nein, ich kann unter keinen Umständen hier bleiben. Ich bin in der Behandlung des Dr. Schulz; wissen Sie, es bildete sich bei mir eine Komplikation; zuerst warf sich die Krankheit auf die Brust, und ich bekam Husten, aber dann erkältete ich mich: Brustschmerzen und Grippe … und dann auf einmal ganz unerwartet … vor allen Dingen ganz unerwartet …«

»Sie sagen, es sei am Anfang die Brust gewesen«, mischte sich in sanftem Ton der Beamte in das Gespräch, wie wenn er den Neuangekommenen ermutigen wollte.

»Ja, die Brust und der Schleim, aber dann hörte der Schleim auf einmal auf, und es war nur noch die Brust, und ich konnte nicht mehr atmen … und wissen Sie …«

»Ich weiß, ich weiß. Aber wenn es die Brust war, mussten Sie so schnell wie möglich sich an Dr. Eck wenden und nicht an Dr. Schulz.«

»Aber wissen Sie, ich hatte immer vor, Dr. Botkin zu nehmen … und plötzlich …«

»Na, Botkin schröpft seine Patienten gern«, bemerkte der General.

»Ach nein, er schröpft gar nicht; ich habe gehört, er sei so sorgfältig und könne alles vorhersagen.«

»Seine Exzellenz bemerkte das mit Bezug auf die Preise«, belehrte ihn der Beamte.

»Ach, nicht doch, er nimmt nur drei Rubel für einen Besuch, und er untersucht einen so genau, und seine Rezepte … und ich wollte es unter allen Umständen tun, weil mir das gesagt worden war … Was meinen Sie, meine Herren, was soll ich tun: Soll ich mich an Eck wenden oder an Botkin?«

»Was? An wen Sie sich wenden sollen?«, sagte der General mit einem freundlichen Lachen, von dem sein Leichnam schütterte. Der Beamte sekundierte ihm in der Fistel.

»Mein lieber Junge, mein lieber fröhlicher Junge, wie ich dich liebe!«, kreischte Awdotja Ignatjewna ganz entzückt. »Ja, wenn man so einen neben mich gelegt hätte!«

Nein, das war mir aber doch zu stark! Und das wollte ein Toter der Neuzeit sein! Indessen beschloss ich, noch weiter zuzuhören und mich mit meinen Schlussfolgerungen nicht zu übereilen. Dieser Neuangekommene Gelbschnabel – ich erinnerte mich, wie er eine Weile vorher im Sarg ausgesehen hatte: Es war der Ausdruck eines ängstlichen Küchleins gewesen, der widerwärtigste auf der ganzen Welt! Aber was begab sich nun hierauf weiter?

Hierauf begann ein solcher Tumult, dass ich nicht einmal alles im Gedächtnis behalten habe, denn es erwachten sehr viele gleichzeitig: So erwachte ein Staatsrat und begann mit dem General ohne jeden Verzug ein Gespräch über das Projekt einer neuen Subkommission im Ministerium der ***en Angelegenheiten und über die wahrscheinliche, mit der Einrichtung der Subkommission verknüpfte Versetzung amtlicher Persönlichkeiten, ein Gespräch, durch das er das höchste Interesse des Generals erregte. Ich muss gestehen, dass auch ich selbst viel Neues erfuhr, sodass ich mich über die Wege wunderte, auf denen man manchmal in dieser Hauptstadt Neuigkeiten über die Staatsverwaltung erfahren kann. Hierauf wurde ein Ingenieur halb wach, murmelte aber noch lange vollständigen Unsinn, sodass die Unsrigen ihm nicht mit Fragen zusetzten, sondern ihn einstweilen noch still liegen und sich erholen ließen. Endlich bekundete auch die vor Kurzem unter dem Katafalk beerdigte vornehme Dame Symptome des Grabeslebens. Lebesjatnikow (denn so hieß, wie sich herausstellte, der schmeichlerische, mir verhasste Hofrat, der seinen Platz neben dem General Perwojedow hatte) war sehr erstaunt darüber, dass diesmal alle so bald erwachten, und entwickelte infolgedessen eine geschäftige Tätigkeit. Ich muss gestehen, dass auch ich mich wunderte; übrigens waren einige der Erwachten schon vor zwei Tagen begraben, wie zum Beispiel ein sehr junges Mädchen (sie war erst sechzehn Jahre alt), das immerzu kicherte, in einer widerwärtigen, sinnlichen Weise kicherte.

»Exzellenz, der Geheimrat Tarasewitsch wacht auf!«, meldete Lebesjatnikow auf einmal mit besonderer Eilfertigkeit.

»Nun? Was gibts?«, fragte auf einmal der zu sich kommende Geheimrat missmutig mit lispelnder, zischelnder Stimme; in seinem Ton lag etwas Launenhaftes, Befehlshaberisches. Ich horchte mit gespannter Aufmerksamkeit, denn in den letzten Tagen hatte ich etwas über diesen Tarasewitsch gehört, etwas im höchsten Grad Aufsehen Erregendes, Unmoralisches.

»Ich bin es, Exzellenz; vorläufig nur ich.«

»Was wünschen Sie, und was ist Ihnen gefällig?«

»Ich möchte mich nur nach Euer Exzellenz Befinden erkundigen; infolge mangelnder Gewöhnung fühlt sich hier jeder anfangs einigermaßen beengt ... General Perwojedow würde gern die Ehre haben, Euer Exzellenz Bekanntschaft zu machen, und hofft ...«

»Ich habe nie von ihm gehört.«

»Ich bitte Sie, Exzellenz, General Perwojedow, Wasili Wasiljewitsch ...«

»Sind Sie General Perwojedow?«

»Nein, Exzellenz, ich bin nur der Hofrat Lebesjatnikow, Ihnen zu dienen, aber General Perwojedow ...«

»Dummes Zeug! Ich ersuche Sie, mich in Ruhe zu lassen.«

»Hören Sie auf!«, hemmte endlich in würdevoller Manier General Perwojedow selbst die hässliche Eilfertigkeit seines Klienten im Grab.

»Er ist noch nicht ordentlich aufgewacht, Exzellenz; das muss man berücksichtigen; er spricht so infolge mangelnder Gewöhnung; sobald er aufgewacht sein wird, wird er es anders aufnehmen ...«

»Hören Sie auf!«, sagte der General noch einmal.

Wasili Wasiljewitsch! Heda, Sie, Exzellenz!«, rief auf einmal laut und frech dicht neben Awdotja Ignatjewna eine ganz neue Stimme, die Stimme eines dreisten Lebemannes, mit modisch müder Aussprache und mit unverschämt klingender Trennung der einzelnen Silben. »Ich höre Ihnen allen schon seit zwei Stunden zu; ich liege ja hier schon drei Tage; Sie erinnern sich meiner, Wasili Wasiljewitsch? Klinewitsch; wir sind einander bei Wolokonskis begegnet, wo Sie, ich weiß nicht warum, ebenfalls Zutritt hatten.«

»Wie, Graf Peter Petrowitsch ... sind Sie wirklich auch ... und in so jungen Jahren ... Wie leid mir das tut!«

»Auch mir selbst tut es leid, aber eigentlich ist es mir ganz egal, und ich will auch von hier aus noch alles Mögliche erreichen. Ich bin auch kein Graf, sondern Baron, nur Baron. Wir sind so eine Art von räudigen kleinen Baronen, aus dem Lakaienstand hervorgegangen; ich spucke auf diese ganze Abstammung. Ich bin nur ein Taugenichts aus der Talmigesellschaft und gelte als liebenswürdiger Gassenjunge. Mein Vater war ein General von geringer Sorte, aber meine Mutter wurde einstmals en haut lieu empfangen. Ich habe mit dem Juden Siffel zusammen im vorigen Jahr für fünfzigtausend Rubel falsche Banknoten fabriziert und ihn dann denunziert; das ganze Geld aber hat Juliette Charpentier de Lusignan nach Bordeaux mitgenommen. Und denken Sie sich, ich war schon vollständig verlobt, mit einem Fräulein Schtschewalewskaja; es fehlten ihr noch drei Monate an sechzehn Jahren; sie besuchte noch das Institut; neunzigtausend Rubel Mitgift sollte sie bekommen. Awdotja Ignatjewna, erinnern Sie sich wohl noch, wie Sie mich vor fünfzehn Jahren, als ich noch ein vierzehnjähriger Page war, geschlechtlich verführten?«

»Ach, Sie sind das, Sie Taugenichts; na, wenn Sie auch Gott hergesandt hat, so werden Sie doch hier …«

»Sie haben ungerechterweise Ihren Nachbarn, den Kaufmann, wegen schlechten Geruches im Verdacht gehabt. Ich habe dazu geschwiegen und nur innerlich gelacht. Das bin ja ich; mich hat man deswegen schon in einem zugenagelten Sarg hergebracht.«

»Ach, Sie Ekel! Aber ich freue mich dennoch; Sie können sich gar nicht denken, Klinewitsch, Sie können sich gar nicht denken, welch ein Mangel an Leben und Esprit hier herrscht.«

»Nun ja, nun ja, und eben darum beabsichtige ich, hier etwas Neues, Originelles einzuführen. Exzellenz – ich meine nicht Sie, Perwojedow, sondern den andern –, Exzellenz, Herr Tarasewitsch, Geheimrat! So antworten Sie doch! Ich bin Klinewitsch, der Sie zur Fastenzeit zu Mademoiselle Fury führte. Hören Sie?«

»Ich höre Sie, Klinewitsch, und freue mich sehr, und Sie können mir glauben …«

»Ich glaube Ihnen keine Silbe; ich spucke darauf! Ich möchte Sie, lieber Alter, einfach abküssen, aber Gott sei Dank, ich kann es nicht. Wissen Sie wohl, meine Herren, was dieser grand-père angerichtet hat? Er ist vorgestern oder vorvorgestern gestorben, und können Sie sich das denken: In der von ihm verwalteten staatlichen Kasse hat er ein Manko von vierhunderttausend Rubeln hinterlassen. Dieses Geld war für Witwen und Waisen bestimmt, und er verwaltete aus irgendwelchem Grund die Kasse allein, sodass sie schließlich acht Jahre lang nicht revidiert worden war. Ich stelle mir lebhaft vor, was da jetzt alle für lange Gesichter machen, und wie sie seiner gedenken. Nicht wahr, eine wonnevolle Vorstellung! Ich habe mich das ganze letzte Jahr darüber gewundert, wie ein solcher siebzigjähriger Greis, mit Gicht in den Händen und in den Füßen, sich noch so viel Kraft zu Ausschweifungen hatte bewahren können, und da hatten wir nun die Lösung des Rätsels! Diese Witwen und Waisen – schon der bloße Gedanke an sie musste ihn in Glut versetzen! Ich wusste schon längst davon; ich war der Einzige, der davon wusste; mir hatte es Mademoiselle Charpentier mitgeteilt, und als ich es erfahren hatte, da richtete ich an ihn sofort (es war gerade Ostersonntag) in freundschaftlicher Form das Ersuchen: ›Gib mir fünfundzwanzigtausend Rubel, sonst findet morgen bei dir eine Revision statt.‹ Und denken Sie sich: Es fanden sich damals in seinem Besitz nur dreizehntausend, sodass er jetzt, wie ich meine, sehr zur rechten Zeit gestorben ist. Grand-père, grand-père, hören Sie?«

»Cher Klinewitsch, ich bin mit Ihnen vollständig derselben Ansicht, und Sie sind ganz unnötigerweise auf solche Einzelheiten eingegangen. Es gibt im Leben so viele Leiden und Qualen und so wenig Lohn … Ich hatte den Wunsch, endlich zur Ruhe zu kommen, und soviel ich sehe, kann man hoffen, dass sich auch von hier aus allerlei wird erreichen lassen.«

»Ich möchte darauf wetten, dass er schon Katisch Berestowa gewittert hat!«

»Wen? Was für eine Katisch?«, fragte der Alte mit einer Stimme, die vor sinnlicher Erregung zitterte.

»Aha, was für eine Katisch? Na, hier gleich links, fünf Schritte von mir, zehn Schritte von Ihnen. Sie ist schon seit vier Tagen hier, und wenn Sie wüssten, grand-père, was sie für ein Ferkelchen ist! Aus guter Familie, wohlerzogen, und – dabei doch ein Monstrum, ein Monstrum im höchsten Grad! Ich habe dort niemanden auf sie aufmerksam gemacht; ich bin der Einzige gewesen, der sie kannte … Katisch, antworte!«

»Hi-hi-hi!«, antwortete eine rissige Mädchenstimme, aber es war aus ihr wie eine Art von Nadelstich herauszuhören. »Hi-hi-hi!«

»Ist es eine klei-ne Blon-di-ne?«, stammelte der grand-père abgebrochen.

»Hi-hi-hi!«

»Ich … ich habe schon längst«, lallte der Alte, der kaum Luft bekam, »mir mit Vergnügen in meinen Träumereien so eine kleine Blondine vorgestellt … so von fünfzehn Jahren … und gerade unter solchen Umständen …«

»Ach, Sie Ungeheuer!«, rief Awdotja Ignatjewna.

»Genug!«, sagte Klinewitsch in entschiedenem Ton, »ich sehe, dass das Material ausgezeichnet ist. Wir werden uns hier unverzüglich aufs Beste einrichten. Die Hauptsache ist, die noch übrige Zeit vergnügt zu verbringen, aber was ist das für eine Zeit? Heda, Sie! Sie sind ja wohl so ein Beamter, Lebesjatnikow, nicht wahr? Ich habe gehört, dass Sie so genannt wurden!«

»Lebesjatnikow, Hofrat, Semjon Jewsjejewitsch, Ihnen zu dienen; sehr erfreut, sehr erfreut, sehr erfreut.«

»Ich spucke darauf, dass Sie erfreut sind, aber Sie wissen hier ja wohl mit allem Bescheid. Sagen Sie mal erstens (ich wundere mich darüber schon seit gestern), auf welche Weise reden wir hier eigentlich? Wir sind ja doch gestorben, aber trotzdem reden wir; wir bewegen uns auch gewissermaßen, aber trotzdem reden wir weder noch bewegen wir uns? Was ist das für ein wunderlicher Vorgang?«

»Das könnte Ihnen, wenn Sie es wünschen, Baron, Platon Nikolajewitsch besser erklären als ich.«

»Was für ein Platon Nikolajewitsch? Reden Sie nicht drum herum! Zur Sache!«

»Unser Platon Nikolajewitsch hier ist ein aus dieser Stadt stammender Doktor der Philosophie, zugleich großer Naturforscher. Er hat mehrere philosophische Bücher herausgegeben, aber schon seit drei Monaten schläft er vollständig, sodass es jetzt kaum noch möglich sein dürfte, ihn aufzurütteln. Einmal in der Woche pflegt er ein paar nicht herpassende Worte zu murmeln.«

»Zur Sache, zur Sache!«

»Er erklärt alles mit einer höchst einfachen Tatsache, nämlich damit, dass wir oben, als wir noch lebten, den dortigen Tod irrtümlich für den wirklichen Tod gehalten haben. Der Körper wird hier gewissermaßen noch einmal lebendig; die Überreste des Lebens konzentrieren sich, aber nur im Bewusstsein. So (ich verstehe nur nicht, es Ihnen zu verdeutlichen) dauert das Leben gewissermaßen infolge des Beharrungsvermögens fort. Alles ist nach seiner Ansicht irgendwo im Bewusstsein konzentriert und dauert noch zwei oder drei Monate fort, manchmal sogar ein halbes Jahr. Es gibt zum Beispiel hier einen, der schon fast ganz in Verwesung übergegangen ist, aber doch einmal alle sechs Wochen immer noch plötzlich ein allerdings sinnloses Wort murmelt, von irgendwelchem Bobok: ›Bobok, Bobok‹* – also ist doch

* Anm. d. Ü.: Bobok heißt »die Bohne«; das Verständnis wird dadurch freilich nicht gefördert.

auch in ihm noch ein Rest von warmem Leben, ein kaum wahrnehmbares Fünkchen zurückgeblieben ...«

»Rechter Unsinn. Aber wie geht es denn zu, dass ich Gestank rieche, obwohl ich keinen Geruchssinn mehr besitze?«

»Das ... he-he ... Na, bei diesem Punkt wurden die Erklärungsversuche unseres Philosophen nun schon ziemlich nebelhaft. Gerade über den Geruchssinn bemerkte er nämlich, man rieche hier sozusagen den moralischen Gestank – he-he! Gewissermaßen den Gestank der Seele, damit man in diesen zwei, drei Monaten noch Zeit habe, sich auf sich selbst zu besinnen; das sei sozusagen eine letzte Gnadenfrist. Aber es will mir scheinen, Baron, dass das alles mystische Faselei ist, mag sie auch durch seinen Zustand sehr entschuldbar sein ...«

»Nun genug; ich bin überzeugt, dass auch alles Weitere Unsinn ist. Die Hauptsache ist: noch zwei oder drei Monate Leben und am letzten Ende: Bobok. Ich mache allen den Vorschlag, diese zwei Monate möglichst angenehm zu verbringen und sich zu diesem Zweck andere Grundsätze zu eigen zu machen. Meine Herrschaften, ich schlage vor, sich über nichts zu schämen!«

»Ach ja, wir wollen uns über nichts schämen!«, erschollen viele Stimmen, und seltsamerweise darunter sogar ganz neue, nämlich von solchen, die inzwischen neu erwacht waren. Mit besonderer Bereitwilligkeit gab der nun schon vollständig zu sich gekommene Ingenieur in dröhnendem Bass seine Zustimmung zu erkennen. Fräulein Katisch kicherte freudig.

»Ach, wie gern bin ich bereit, mich über nichts zu schämen!«, rief Awdotja Ignatjewna entzückt.

»Hören Sie, wenn schon Awdotja Ignatjewna gern bereit ist, sich über nichts zu schämen! ...«

»Nein, nein, nein, Klinewitsch, ich habe mich geschämt, ich habe mich dort wirklich geschämt, aber hier bin ich äußerst, äußerst gern bereit, mich über nichts zu schämen!«

»Ich habe Verständnis für Ihren Vorschlag, Klinewitsch«, sagte der Ingenieur mit seiner tiefen Stimme, »das hiesige sozusagen Leben auf neuen, und zwar vernünftigen Prinzipien aufzubauen.«

»Na, darauf spucke ich! In dieser Hinsicht tun wir gut, auf Kudejarow zu warten, der gestern hergebracht ist. Wenn der aufwacht, wird er Ihnen alles erklären. Das ist mal ein Geist, ein kolossaler Geist! Morgen werden sie, glaube ich, noch einen Naturforscher herschleppen, wahrscheinlich auch einen Offizier und, wenn ich mich nicht irre, in drei, vier Tagen einen Feuilletonisten, wohl mitsamt dem betreffenden Redakteur. Übrigens hol sie der Teufel, aber es wird sich hier bei uns eine besondere Gruppe zusammenfinden, und dann wird bei uns alles ganz von selbst in Ordnung kommen. Aber inzwischen spreche ich den Wunsch aus, dass nicht gelogen werde. Das ist das einzige, was ich verlange, denn das ist die Hauptsache. Auf der Erde zu leben und nicht zu lügen ist unmöglich, denn das Leben und die Lüge sind Synonyma; na, aber hier wollen wir spaßeshalber nicht lügen. Hol's der Teufel, es macht doch etwas aus, dass man begraben ist! Wir wollen alle laut unsere Streiche erzählen und uns über nichts mehr schämen. Ich werde vor allen andern von mir erzählen. Wissen Sie, ich gehöre zu den Sinnlichen. Das alles war da oben mit morschen Stricken zusammengebunden. Weg mit den Stricken; lassen Sie uns diese beiden Monate in der schamlosesten Aufrichtigkeit verbringen! Entblößen wir uns und zeigen wir uns nackt!«

»Ja, zeigen wir uns nackt, zeigen wir uns nackt!«, riefen alle aus voller Kehle.

»Ich möchte mich furchtbar gern, furchtbar gern nackt zeigen!«, kreischte Awdotja Ignatjewna.

»Ach … ach … ach, ich sehe, dass es hier lustig zugehen wird; ich will nicht zu Dr. Eck!«

»Nein, ich müsste wieder lebendig werden; nein, wissen Sie, ich müsste wieder lebendig werden!«

»Hi-hi-hi!«, kicherte Katisch.

»Die Hauptsache ist, dass es uns niemand verbieten kann; und wenn auch Perwojedow, wie ich sehe, sich ärgert, so kann er mich doch nicht mit der Hand erreichen. Grand-père, sind Sie einverstanden?«

»Ich bin vollständig einverstanden, vollständig einverstanden, und mit dem größten Vergnügen meinerseits, aber unter der Bedingung, dass Katisch die Erste ist, die ihre Biografie erzählt.«

»Ich protestiere! Ich protestiere mit aller Energie!«, sagte General Perwojedow in festem Ton.

»Exzellenz!«, flüsterte der Taugenichts Lebesjatnikow hastig und aufgeregt im Ton angelegentlicher Überredung, »Exzellenz, das wird ja für uns besonders vorteilhaft sein, wenn wir zustimmen. Wissen Sie, dieses junge Mädchen … und dann alle diese verschiedenen argen Streiche …«

»Nun ja, allerdings, das junge Mädchen, aber …«

»Besonders vorteilhaft, Exzellenz, wahrhaftig besonders vorteilhaft! Na, wenn auch nur zur Probe; machen wir wenigstens einen kleinen Versuch …«

»Nicht einmal im Grab wird einem Ruhe gelassen!«

»Erstens, General, Sie spielen im Grab Pre-fe-rence, und zweitens spuk-ken wir auf Sie!«, sagte Klinewitsch, die Silben trennend.

»Mein Herr, ich möchte Sie doch bitten, sich nicht zu vergessen!«

»Was? Sie können ja nicht zu mir herreichen; ich aber kann Sie von hier aus necken wie Juliettes Bologneserhündchen. Und erstens, meine Herren, ist er denn etwa hier noch General? Dort war er ein General, aber hier ist er ein Aas!«

»Nein, ich bin kein Aas … ich bin auch hier …«

»Hier verfaulen Sie im Sarg, und es bleiben von Ihnen nur sechs Messingknöpfe übrig.«

»Bravo, Klinewitsch, ha-ha-ha!«, schrien mehrere Stimmen.

»Ich habe meinem Kaiser gedient … ich habe einen Degen …«

»Mit Ihrem Degen können Sie Mäuse spießen, und außerdem haben Sie ihn nie gezogen.«

»Ganz gleich; ich habe einen Teil des Ganzen gebildet.«

»Was gibt es nicht alles für Teile eines Ganzen!«

»Bravo, Klinewitsch, bravo, ha-ha-ha!«

»Ich begreife nicht, was ein Degen eigentlich zu bedeuten hat«, bemerkte der Ingenieur.

»Wir werden vor den Preußen davonlaufen wie die Mäuse; sie werden uns gehörig klopfen!«, rief eine entfernte, mir unbekannte Stimme, die aber buchstäblich vor Entzücken erstickte.

»Der Degen, mein Herr, ist die Ehre!«, rief der General, aber nur ich hörte ihn. Es erhob sich ein lang dauerndes, wütendes Geschrei, Geheul und Toben, aus dem nur noch Awdotja Ignatjewnas ungeduldiges, hysterisches Kreischen herauszuhören war.

»Nur schnell, nur schnell! Ach, wann werden wir denn anfangen uns über nichts zu schämen!«

»Och-ho-ho! Meine Seele macht wahrhaftig eine Läuterungspein durch!«, ließ sich die Stimme jenes einfachen Kaufmanns vernehmen, und …

Und hier nieste ich auf einmal. Das kam ganz plötzlich und unbeabsichtigt, aber die Wirkung war eine überraschende: Alles wurde still wie auf einem Kirchhof und verschwand wie ein Traum. Eine richtige Grabesstille trat ein. Ich glaube nicht, dass sie sich vor mir schämten: Sie hatten ja beschlossen, sich über nichts zu schämen! Ich wartete etwa fünf Minuten lang, aber kein Wort, kein Laut war zu hören. Es war auch nicht anzunehmen, dass sie eine Anzeige bei der Polizei fürchteten, denn was kann die Polizei dabei tun? Unwillkürlich gelange ich zu dem Schluss, dass sie doch irgendein dem Sterblichen unbekanntes Geheimnis besitzen müssen, das sie sorgfältig vor jedem Sterblichen hüten.

»Na«, dachte ich, »ihr lieben Leutchen, ich werde euch schon mal wieder besuchen«, und mit diesen Worten verließ ich den Kirchhof.

Nein, das kann ich nicht für zulässig halten; nein, wahrhaftig nicht!

Ausschweifung an einem solchen Ort, Ausschweifung seitens verwesender Leichname, die dazu die letzten Augenblicke des Bewusstseins missbrauchen! Diese Augenblicke sind ihnen gegeben, geschenkt zu anderm Zweck, und sie … Aber die Hauptsache, die Hauptsache bleibt doch: An einem solchen Ort! Nein, das kann ich nicht für zulässig halten …

Ich werde auch die andern Klassen von Gräbern besuchen und überall horchen. Das ist es ja eben, dass man überall horchen muss und nicht nur in einer einzigen Klasse, um sich eine richtige Vorstellung zu bilden. Vielleicht stoße ich auch auf etwas Tröstliches.

Aber zu jenen Leuten werde ich unbedingt zurückkehren. Sie haben versprochen, ihre Lebensläufe und allerlei interessante Geschichtchen zu erzählen. Pfui! Aber ich werde wieder hingehen, unter allen Umständen; das ist mir Gewissenssache!

Ich werde diese Aufzeichnungen dem Graschdanin bringen; da ist auch das Porträt eines Redakteurs ausgestellt. Vielleicht druckt er sie ab.

Die Sanfte

Eine fantastische Erzählung

Vorrede des Autors

Ich nenne diese Erzählung eine »fantastische«, obwohl ich sie für durchaus real halte. In gewisser Hinsicht ist sie aber auch wirklich fantastisch: Das Fantastische liegt hier in der Form, über die ich mich verpflichtet sehe einiges vorauszuschicken.

Es ist nämlich weder eine Erzählung noch ein Bruchstück aus einem Tagebuch. Denken Sie sich einen Mann, der vor der Leiche seiner Frau steht, einer Selbstmörderin, die sich erst vor wenigen Stunden aus dem Fenster gestürzt hat. Er ist noch ganz bestürzt und hat noch nicht Zeit gehabt, seine Gedanken zu sammeln. Er geht in seinem Zimmer auf und ab und bemüht sich, das Geschehene zu fassen, »seine Gedanken auf einen Punkt zu konzentrieren«. Er gehört obendrein zu jenen Hypochondern, die mit sich selbst sprechen. So spricht er mit sich selbst, erzählt sich den Sachverhalt, und sucht ihn sich zu *klären*. Trotz der scheinbaren Folgerichtigkeit seiner Rede widerspricht er sich einige Male wie in der Logik so auch in den Gefühlen. Er rechtfertigt sich und beschuldigt sich zur gleichen Zeit und gerät zuweilen in durchaus nebensächliche Erklärungen; neben einer gewissen Rohheit der Gedanken und des Herzens verrät er auch hier und da tiefes Gefühl. Allmählich gelingt es ihm auch wirklich, sich den Sachverhalt zu klären und seine Gedanken auf einen Punkt zu konzentrieren. Eine Reihe von Erinnerungen, die er in sich weckt, zwingt ihn schließlich, die *Wahrheit* zu sehen; und diese Wahrheit wirkt erhebend auf seinen Verstand und sein Herz. Gegen das Ende verändert sich sogar der Ton der Erzählung im Vergleich zu dem so verworrenen Anfang. Die Wahrheit zeigt sich dem Unglücklichen recht klar und eindeutig; jedenfalls glaubt er sie so zu sehen.

Das ist das Thema. Der Prozess der Erzählung dauert, selbstverständlich mit Unterbrechungen, einige Stunden, und ihre Form ist höchst verworren: Bald spricht er zu sich selbst, bald wendet er sich an einen unsichtbaren Zuhörer, gleichsam an seinen Richter. So spielt es sich auch immer in Wirklichkeit ab. Wenn ein Stenograf ihn belauscht und alle seine Worte rein mechanisch aufgezeichnet hätte, so wäre die Erzählung etwas unordentlicher und holpriger geworden, als sie bei mir ausgefallen ist; ich glaube aber, dass die psychologische Entwicklung in der gleichen Folge vor sich gegangen wäre wie bei mir. Diese Fiktion eines Stenografen, der alles aufgezeichnet hat (und dessen Aufzeichnungen ich überarbeitet habe), ist eben das, was ich an dieser Erzählung fantastisch nenne. Dieser Kunstgriff ist übrigens nicht neu: So hat ihn schon Viktor Hugo in seinem Meisterwerk »Der letzte Tag eines Gerichteten« angewandt. Hugo sagt zwar nichts von einem Stenografen, lässt aber eine noch viel größere Unwahrscheinlichkeit zu, indem er annimmt, dass der zum Tode Verurteilte die Kraft (und auch die Zeit) hat, nicht nur an seinem letzten Tag, sondern auch in seiner letzten Stunde, ja sogar in der letzten Minute Aufzeichnungen zu machen. Hätte er aber auf diese fantastische Voraussetzung verzichtet, so wäre auch das ganze Werk, das realste und wahrste von allen seinen Werken, nie zustande gekommen.

I
Wer ich war und wer sie war

Solange sie hier liegt, ist noch alles gut: Ich trete jeden Augenblick hinzu und sehe sie an; morgen wird man sie forttragen – wie werde ich dann allein bleiben können? Sie liegt jetzt im Gastzimmer auf dem Tisch; man hat zwei Kartentische zusammengeschoben; den Sarg wird man erst morgen bringen, einen weißen, mit weißem *Gros de Naples* ausgeschlagenen Sarg; eigentlich wollte ich gar nicht davon sprechen … Ich gehe immer auf und ab und will mir über alles klar werden. Seit sechs Stunden gebe ich mir die größte Mühe, kann aber noch unmöglich meine Gedanken sammeln. Die Sache ist nämlich die, dass ich immer auf und ab gehe, immer auf und ab … Die Sache war so … Ich werde alles ordentlich der Reihe nach erzählen. (Ja, die Ordnung!) Meine Herren, ich bin ja gar kein Literat, Sie sehen es ja selbst. Das ist ja auch ganz gleich. Ich will einfach so erzählen, wie ich es eben verstehe. Das ist ja gerade so entsetzlich, dass ich alles verstehe!

Das war, wenn Sie es durchaus wissen wollen, d. h. wenn ich von Anfang an erzählen soll, das war nämlich so: Sie kam ganz einfach zu mir, um ihre Sachen zu versetzen. Mit dem Geld wollte sie in der Zeitung annoncieren: Eine Gouvernante sucht eine Stelle, ginge auch nach auswärts, wäre unter Umständen bereit, auch einfach Stunden zu geben usw., usw. So war es ganz zu Anfang, und sie war für mich nur eine von den vielen, die zu mir kamen. Später begann ich sie aber von den anderen zu unterscheiden. Sie war so schmächtig, blond, von mittlerem Wuchs, im Verkehr mit mir etwas ungelenk und verlegen (ich glaube, dass sie zu jedem Fremden so gewesen ist; ich war für sie natürlich auch ein Fremder wie jeder andere, d. h. wenn man mich als Mensch und nicht als Pfandleiher nimmt). Kaum hatte Sie das Geld in der Hand, als sie mir sofort den Rücken kehrte und ging. Und machte alles schweigend. Die anderen feilschen mit mir, zanken, wollen mehr haben; sie sprach aber nie ein Wort und nahm, was ich ihr gab ... Mir scheint, ich werfe alles durcheinander ... Ja: Zuerst fielen mir die Sachen auf, die sie mir brachte: silbervergoldete Ohrringe, ein kleines billiges Medaillon – lauter Gegenstände zu zwanzig Kopeken. Sie wusste auch selbst, dass ihre Sachen nicht mehr wert waren, ihrem Gesicht aber konnte ich es ablesen, dass das Zeug für sie einen viel größeren Wert hatte; das war nämlich alles, was sie noch von ihren Eltern besaß; später habe ich's erfahren. Nur einmal erlaubte ich mir, über ihre Sachen zu lächeln. D. h. ich muss Ihnen sagen, dass ich mir sonst so etwas nie erlaube. Ich benehme mich der Kundschaft gegenüber immer wie ein Gentleman: wenig Worte, höflich und streng. »Ja, streng, streng, streng ...« Einmal erlaubte sie sich aber, mir die Überreste (es waren tatsächlich nur Überreste) einer alten Jacke aus Hasenfell zu bringen, und ich konnte mich nicht enthalten, eine Bemerkung fallen zu lassen, die vielleicht wie ein Scherz klang. Du lieber Himmel, wie sie da rot wurde! Sie hatte so große, blaue, verträumte Augen – wie die plötzlich aufblitzten! Sie sagte aber kein Wort, packte ihre »Überreste« ein und ging. An diesem Tag erst hatte ich auf sie mein Augenmerk gerichtet und mir so ganz gewisse Gedanken, ja ganz besondere Gedanken über sie gemacht. Ich kann mich noch auf einen anderen Eindruck besinnen; wenn Sie wollen, war es sogar der Haupteindruck, die Synthese des Ganzen. Nämlich, dass sie furchtbar jung war, so jung, dass man ihr vierzehn Jahre geben konnte. In der Tat war sie damals noch nicht volle sechzehn Jahre alt, es fehlten noch drei Monate. Übrigens wollte ich gar nicht das sagen, und nicht darin lag die Synthese, von der ich eben sprach. Am nächsten Tag kam sie wieder. Sie war inzwischen, wie ich später erfuhr, mit ihrer Pelzjacke bei den anderen Pfandleihern Dobronrawow und Moser gewesen; diese nehmen aber nur Goldsachen, wollten mit ihr gar nicht reden. Ich hatte aber von ihr schon früher einmal eine Gemme (ein ganz wertloses Ding) genommen; wunderte mich später selbst darüber, dass ich es getan hatte. Denn ich nehme ja sonst auch nichts als Gold- und Silbersachen an; hatte also bei ihr mit der Gemme eine Ausnahme gemacht. Das war eben der zweite Gedanke, den ich mir über sie machte, ich weiß es noch genau. Diesmal, nachdem sie also bei Moser gewesen war, brachte sie mir eine Zigarrenspitze aus Bernstein. Der Gegenstand war gar nicht so übel, hatte vielleicht einen Liebhaberwert, für mich aber war er ganz wertlos, denn ich nehme ja nur Goldsachen. Sie kam also nach der gestrigen *Revolte* wieder, daher empfing ich sie streng. Meine Strenge ist Trockenheit. Ich gab ihr für die Zigarrenspitze zwei Rubel, konnte mich aber nicht enthalten, ihr mit etwas gereizter Stimme zu sagen: »Ich tue es nur für Sie. Moser würde einen solchen Gegenstand gar nicht annehmen.« Die Worte *»für Sie«* betonte ich ganz besonders und gerade in einem *gewissen* Sinn. Denn ich war wütend. Als sie dieses »für Sie« hörte, wurde sie wieder rot, sagte aber kein Wort, warf mir das Geld nicht vor die Füße, sondern steckte es ein – diese Armut! Wie rot sie aber wurde! Ich sah, wie sehr ich sie verletzt hatte … Und als sie schon fort war, fragte ich mich plötzlich: War denn dieser Triumph über sie zwei Rubel wert? Ha, ha, ha! Ich kann mich noch gut erinnern, dass ich mir diese Frage sogar zweimal vorlegte: »Ob es sich lohnte?« Und ich entschied sie lachend im bejahenden Sinn. Denn das Ganze erschien mir gar zu amüsant. Es war aber kein schlechtes Gefühl. Ich tat es mit Absicht, ja, mit einer ganz bestimmten Absicht. Ich wollte sie prüfen, denn es waren mir plötzlich gewisse Gedanken in Bezug auf sie gekommen. Das war eben das dritte Mal, dass ich über sie in einem ganz bestimmten Sinn nachdachte.

… Nun, von da ab hat das Ganze begonnen. Selbstverständlich bemühte ich mich sofort, auf Umwegen alles Nähere über sie zu erfahren; wartete auch mit besonderer Ungeduld auf ihr nächstes Erscheinen. Ich hatte das bestimmte Gefühl, dass sie bald kommen würde. Als sie kam, sprach ich sie mit ausgesuchter Höflichkeit an und versuchte, sie in ein Gespräch zu ziehen. Ich habe ja eine gute Erziehung genossen, habe auch gute Manieren. Hm! Da merkte ich sofort, wie gut und sanft sie war. Die Guten und Sanften widerstreben nicht lange. Wenn sie auch nicht gleich offenherzig werden, so verstehen sie es doch nicht, einem Gespräch auszuweichen. Sie sind wortkarg, antworten kurz, aber sie antworten, und je weiter, desto mehr. Man darf nur selbst dabei nicht müde werden, wenn man bei ihnen etwas erreichen will. Von ihr selbst habe ich natürlich nichts erfahren. Das von der Annonce und alles Übrige erfuhr ich erst viel später. Damals verwendete sie ihre letzten Kopeken auf die Annoncen. Zuerst hieß es noch ganz stolz: »Gouvernante sucht Stelle, auch nach auswärts, Angebote in geschlossenen Briefen …« Später klang es viel bescheidener: »Nimmt jede Stelle, als Lehrerin, Gesellschaftsdame, Haushälterin, Krankenpflegerin, kann auch nähen usw.« Man kennt es ja! Selbstverständlich veränderte sich der Text ganz allmählich; und zuletzt, als sie schon verzweifelte, hieß es sogar: »Ohne Gehalt, gegen freie Station.« Nein, sie fand keine Stelle! Ich beschloss, sie zum letzten Mal auf die Probe zu stellen. Ich nahm plötzlich die letzte Zeitung und zeigte ihr folgende Annonce: »Junge Dame, ohne Anhang, sucht Stelle zu kleinen Kindern, am liebsten bei einem Witwer in mittleren Jahren. Kann auch in der Wirtschaft helfen.«

»Da sehen Sie's, die hat heute früh annonciert und findet bis heute Abend sicher eine Stelle. So muss man eben annoncieren!« Sie wurde wieder rot, in ihren Augen blitzte es auf, sie kehrte mir den Rücken und ging. Das gefiel mir sehr. Ich war übrigens schon damals meiner Sache sicher und fürchtete nichts mehr. Niemand anders würde ihr ihre Zigarrenspitzen abnehmen. Es war übrigens auch mit den Zigarrenspitzen schon zu Ende. Ich hatte mich nicht getäuscht. Am dritten

Tag kam sie wieder, ganz bleich und aufgeregt – ich merkte sofort, dass bei ihr zu Hause etwas vorgefallen war; es war auch in der Tat etwas vorgefallen. Ich werde gleich darauf zurückkommen, will zuerst nur noch erzählen, wie es mir damals gelang, ihr zu imponieren und in ihren Augen zu wachsen. Der Entschluss dazu war mir so ganz plötzlich gekommen. Sie brachte mir nämlich dieses Mal ein Heiligenbild – da hängt es noch … So weit war es mit ihr gekommen … Ach, hören Sie! Hören Sie! Jetzt fange ich erst mit der Geschichte an; was ich bisher erzählte, war nicht das Richtige. Ich will mich jetzt nämlich an jedes Detail, an jede Kleinigkeit erinnern. Ich will alle meine Gedanken auf einen Punkt konzentrieren, und kann es nicht, denn diese Einzelheiten, diese nebensächlichen Details …

Es war ein Muttergottesbild. Die Jungfrau mit dem Kind, ein altes Erbstück mit silbervergoldeten Beschlägen; wert … nun, sechs Rubel war es wert. Ich sehe, sie hängt sehr an dem Bild, versetzt es als Ganzes, mit den Beschlägen. Ich sage ihr: »Lassen Sie doch lieber nur die Beschläge da, das Bild können Sie gleich wieder mitnehmen, denn ein Heiligenbild zu versetzen, ist ja immerhin, wie soll ich es nur sagen …«

»Ist es Ihnen verboten, Heiligenbilder als Pfand zu nehmen?«

»Nein, verboten ist es nicht, ich meine nur, dass es vielleicht Ihnen selbst …«

»Nehmen Sie also die Beschläge ab.«

»Wissen Sie was, ich werde sie doch nicht abnehmen, sondern das Bild, wie es ist, in meinen Heiligenschrein stellen«, sagte ich nach einer Pause, »zu den anderen Heiligenbildern, unter das Lämpchen (seitdem ich mein Geschäft eröffnet habe, brennt bei mir immer das Lämpchen vor dem Heiligenschrein), und nehmen Sie ganz einfach zehn Rubel.«

»Ich brauche keine zehn Rubel, geben Sie mir nur fünf. Ich werde das Bild ganz bestimmt auslösen.«

»Zehn Rubel wollen Sie also nicht? Das Bild ist so viel wert«, fügte ich hinzu, als ich merkte, dass es in ihren Augen wieder aufblitzte.

Sie erwiderte kein Wort. Ich gab ihr fünf Rubel.

»Verachten Sie niemand. Ich bin ja selbst einmal in solcher Klemme gewesen, habe sogar noch Schlimmeres erlebt, und wenn Sie mich jetzt bei einem solchen Gewerbe sehen, so ist es doch, nach allem, was ich durchgemacht …«

»Sie wollen sich an der Gesellschaft rächen? Nicht wahr?«, unterbrach sie mich plötzlich mit ziemlich spöttischer Miene. Ihr Spott erschien mir aber recht harmlos (d. h. unpersönlich, denn damals hatte sie noch keinen Grund, mich von den anderen zu unterscheiden. In ihrer Bemerkung lag also nichts Verletzendes).

Aha – dachte ich – so eine bist du also! Zeigst deinen Charakter, gehörst also auch zu der neuen Richtung!

»Sehen Sie«, sagte ich halb scherzend und halb geheimnisvoll, »ich bin ein Teil von jener Kraft, die stets das Böse will und stets das Gute schafft.«

Sie blickte schnell mit großer Neugierde, in der etwas Kindliches lag, zu mir auf.

»Warten Sie … Was ist das für ein Ausspruch? Woher haben Sie ihn? Er kommt mir bekannt vor …«

»Zerbrechen Sie sich nicht den Kopf; mit diesen Worten stellt sich Mephistopheles dem Faust vor. Haben Sie den Faust gelesen?«

»Ja … ganz flüchtig …«

»Das heißt, Sie haben ihn gar nicht gelesen. Sie sollten ihn lesen. Ich sehe jetzt auf Ihren Lippen wieder so eine spöttische Falte. Halten Sie mich, bitte, nicht für so geschmacklos, dass ich vor Ihnen, um meine Rolle als Pfandleiher zu beschönigen, etwa als Mephistopheles auftreten will. Ein Pfandleiher bleibt immer Pfandleiher. Das wissen Sie ebenso gut wie ich.«

»Sie kommen mir so sonderbar vor .... Ich habe es durchaus nicht so gemeint ...«

Sie wollte wohl sagen: »Ich hätte nicht gedacht, dass ich es mit einem so gebildeten Menschen zu tun habe« – sie sagte es aber nicht, dafür wusste ich ganz bestimmt, dass sie es gedacht hatte; meine Bemerkung hatte ihr offenbar gefallen.

»Sehen Sie«, bemerkte ich, »auf jedem Gebiet kann man Gutes tun. Ich spreche natürlich nicht von mir. Was mich betrifft, so tue ich überhaupt nur Böses, allein ...«

»Selbstverständlich kann man auf jedem Gebiet Gutes tun«, sagte sie und streifte mich mit einem schnellen, durchdringenden Blick. »Ja, auf jedem Gebiet«, fügte sie plötzlich hinzu.

Oh, wie erinnere ich mich noch an all diese Augenblicke! Ich möchte noch hinzufügen: Wenn diese Jugend, diese liebe Jugend etwas Kluges und Bedeutungsvolles sagen will, so kann man schon vorher in ihren Augen, die gar zu naiv und aufrichtig sind, lesen: »Siehst du, wie klug und wohldurchdacht ich jetzt spreche!« Sie tut es nicht aus Eitelkeit, wie unsereiner; man sieht es ja, dass sie alles, was sie sagt, selbst außerordentlich schätzt, daran glaubt und annimmt, dass wir es ebenso hoch schätzen wie sie. Oh, diese Aufrichtigkeit! Das ist es eben, was uns gefangen nimmt. An ihr war das ganz besonders schön!

Ja, ich weiß es noch, habe nichts vergessen! Als sie gegangen war, fasste ich meinen Entschluss ganz plötzlich. Am gleichen Tag zog ich noch die letzten Erkundigungen ein und erfuhr die »nackte Wahrheit« über ihre gegenwärtigen Verhältnisse. Das meiste von ihrer Vergangenheit wusste ich bereits durch Lukerja, die damals in Stellung bei ihnen war und die ich vor einigen Tagen bestochen hatte. Diese »nackte Wahrheit« war so schrecklich, dass ich gar nicht begreifen kann, wie sie noch überhaupt lachen und sich für die Worte des Mephistopheles interessieren konnte, wenn sie selbst in so schrecklichen

Umständen lebte. Ja, diese Jugend! Gerade das dachte ich mir damals von ihr. Ich sagte es mir mit Freude und Stolz, denn ich sah darin auch eine seltene Großmut: »Ich stehe zwar selbst am Rand des Abgrunds, doch die großen Worte Goethes strahlen ewig …« Die Jugend ist eben immer großmütig, selbst da, wo es wenig am Platz ist. Das heißt, ich will ja jetzt gar nicht von der Jugend sprechen. Ich meine nur sie allein. Die Hauptsache ist, dass ich sie schon damals als die Meine betrachtete und an meiner Macht über sie nicht mehr zweifelte. Wissen Sie, es ist ein ganz wunderbares, wollüstiges Gefühl, wenn man nicht mehr zweifelt! …

Doch was erzähle ich da! Wenn ich so fortfahre, werde ich meine Gedanken nie konzentrieren können. Schneller, schneller vorwärts, das sind ja lauter Nebensächlichkeiten, oh Gott!

II
Der Heiratsantrag

Die »nackte Wahrheit«, die ich über sie erfuhr, will ich in wenigen Worten zusammenfassen: Ihre Eltern waren schon vor drei Jahren gestorben, und sie wohnte bei zwei Tanten, recht unordentlichen Frauenzimmern. Wenn ich »unordentlich« sage, ist es eigentlich viel zu mild. Die eine Tante war Witwe und hatte sechs kleine Kinder auf dem Hals; die andere war eine abscheuliche alte Jungfer. Abscheulich waren sie übrigens beide. Der Vater des Mädchens war Beamter gewesen, hatte aber als Schreiber angefangen und besaß daher nur persönlichen und keinen erblichen Adel. Mit einem Wort: Die Verhältnisse waren mir günstig. Denn ich musste in dieser Gesellschaft als ein Wesen aus einer höheren Welt erscheinen. War ich doch einmal Hauptmann bei einem glänzenden Regiment gewesen, besaß den erblichen Adel, war unabhängig usw. Was aber meine Leihkasse anbetrifft, so konnte sie den Tanten nur imponieren. Das Mädchen hatte bei den Tanten drei Jahre als Sklavin gelebt, aber trotzdem Zeit gefunden, irgendein Examen zu bestehen. Sie hatte es bestanden trotz der unbarmherzigen täglichen Arbeit, zu der sie verdammt war. Dies zeugte aber unbedingt von einem Streben nach Höherem und Edlerem! Stellte ich denn noch andere Ansprüche an eine Frau, die ich heiraten sollte? Von mir will ich hier übrigens gar nicht sprechen, zum Teufel mit mir! … Es handelt sich auch gar nicht um mich! – Sie musste die Kinder der Tante unterrichten, nähen und nicht nur Wäsche waschen, sondern auch die Dielen scheuern, und das mit ihrer schwachen Brust! Die Tanten misshandelten sie sogar und warfen ihr jeden Bissen Brot vor. Zu guter Letzt wollten sie sie einfach verhandeln. Pfui! Ich will hier die schmutzigen Einzelheiten lieber übergehen. Später hat sie es mir selbst ausführlich erzählt. Das alles beobachtete ein ganzes Jahr lang ein dicker Krämer aus der Nachbarschaft; es war kein gewöhnlicher Krämer, sondern einer mit zwei Kolonialwarengeschäften. Er hatte bereits zwei Frauen unter die Erde gebracht und suchte gerade die dritte. So hatte er sein Auge auf sie geworfen. Er sagte sich wohl: »Sie ist so still, in Armut aufgewachsen, ich aber heirate nur wegen meiner mutterlosen Kinder.« Er hatte auch wirklich Kinder. Kurz und gut – er machte sich an die Tanten heran und freite um sie. Er war aber schon in den Fünfzigern; selbstverständlich war sie entsetzt. Eben um diese Zeit fing sie an, ihre Sachen bei mir zu versetzen, um mit dem Geld die Annoncen zu bezahlen. Schließlich bat sie die Tanten, ihr nur noch eine Spanne Zeit zum Nachdenken zu lassen. Die Tanten gewährten ihr diese Spanne, eine zweite wollten sie ihr aber nicht gewähren. Sie setzten ihr noch mehr als je zu: »Wir haben selbst nichts zu beißen und sollen dich miternähren!«

Als ich an jenem Morgen meinen Entschluss fasste, war mir das alles schon bekannt. Am Abend des gleichen Tages war der Kaufmann zu ihr ins Haus gekommen und hatte ein Pfund Konfekt, so eine Tüte für fünfzig Kopeken, aus seinem Laden mitgebracht. Während er also bei ihr saß, rief ich Lukerja aus der Küche und sagte ihr, sie solle zum Fräulein gehen und ihr zuflüstern, dass ich draußen vor dem Tor stehe und ihr etwas Dringendes zu sagen hätte. Ich war mit mir sehr zufrieden. Und überhaupt war ich an diesem Tag außerordentlich zufrieden.

Sie kam vor das Tor und war ganz erstaunt, dass ich sie hatte rufen lassen. Ohne viele Umschweife erklärte ich ihr in Lukerjas Gegenwart, dass ich es für ein Glück und für eine Ehre halten würde usw. Zweitens: Sie möchte sich nicht darüber wundern, dass ich es so ganz unvermittelt und dazu noch vor dem Tor abmachen wolle. Ich sei eben ein gerader und offener Mensch und hätte die Verhältnisse genau studiert. Das von der Offenheit meines Charakters war nicht einmal gelogen. Nun, das ist doch nebensächlich. Ich sprach zu ihr nicht nur höchst anständig, wie es einem wohlerzogenen Menschen geziemt, sondern auch, was besonders wichtig war, recht originell. Ist es denn Sünde, wenn ich es offen bekenne? Ich will mich selbst richten und tue es auch. Ich muss pro und kontra reden und rede so. Auch nachher habe ich mich dessen oft mit gewisser Genugtuung erinnert, obwohl es eigentlich recht dumm ist. Ich erklärte ihr unumwunden, ohne jegliche Verwirrung, dass ich erstens nicht besonders begabt, nicht besonders klug, vielleicht auch nicht besonders gut, eigentlich ein recht billiger Egoist sei (ich erinnere mich ganz genau an diesen Ausdruck, den ich mir auf dem Weg zu ihr zurechtgelegt hatte und der mir damals besonders gut gefiel), und dass ich vielleicht auch in manchen anderen Beziehungen wenig Angenehmes an mir hätte. Ich sagte das alles nicht ohne Stolz; man weiß ja, wie man von solchen Dingen zu sprechen pflegt. Selbstverständlich hatte ich so viel Geschmack, dass ich nach der Aufzählung aller meiner Fehler nicht auch noch von meinen Vorzügen zu sprechen begann, etwa in der Form: »Dafür habe ich die und die Vorzüge.« Obwohl ich sah, dass es ihr noch recht bange zumute war, wollte ich doch nichts beschönigen; sogar im Gegenteil: Ich malte alles in besonders düsteren Farben aus. Ich sagte ihr geradeaus, dass sie bei mir zwar immer satt werden würde, aber an Toiletten, Theater und Bälle nicht einmal denken dürfe; höchstens später einmal, wenn ich mein Ziel erreicht hätte. Dieser strenge Ton riss mich förmlich hin. Ich fügte noch hinzu, ebenfalls so nebenbei, dass ich mich mit meinem Gewerbe, d. h. mit dem Pfandleihgeschäft, nur darum befasse, weil ich dabei ein bestimmtes Ziel verfolge, und dass hier noch ein ganz besonderer Umstand mit im Spiel sei … Ich hatte ja ein Recht, so zu sprechen. Ich verfolgte ja damals wirklich so ein Ziel, und es war ja auch wirklich so ein gewisser Umstand dabei. Ich will es Ihnen offen sagen, meine Herren: Ich selbst habe ja meine Leihkasse am meisten gehasst. Wenn es auch lächerlich ist, in einem Gespräch mit sich selbst solche geheimnisvollen Phrasen zu gebrauchen, muss ich doch sagen, dass ich tatsächlich »Rache an der Gesellschaft« nahm; das ist wahr, wirklich wahr! Sie hatte also Unrecht gehabt, als sie an jenem Morgen über diese meine »Rache an der Gesellschaft« ironisierte. Das heißt, sehen Sie, wenn ich es ihr mit diesen Worten gesagt hätte: »Ja, ich nehme Rache an der Gesellschaft«, so hätte sie mir wieder ins Gesicht gelacht, wie sie am Morgen gelacht hatte, so wäre es wirklich lächerlich gewesen. Doch durch eine indirekte Anspielung, durch die geheimnisvolle Phrase war es mir wirklich gelungen, ihrer Einbildung zu imponieren. Außerdem hatte ich damals nichts mehr zu befürchten, denn ich wusste ja, dass der dicke Krämer in jedem Fall abstoßender war als ich, und dass ich, der ich sie vor dem Tor erwartete, ihr wie ein Befreier erscheinen musste. Ich war mir ja darüber ganz klar. Wenn der Mensch eine Gemeinheit tut, ist er sich darüber immer klar! War es aber auch wirklich eine Gemeinheit? Darf man einen Menschen für so etwas richten? Habe ich sie denn nicht schon damals geliebt?

Warten Sie: Selbstverständlich ließ ich kein Wort darüber fallen, dass ich ihr mit meinem Antrag eine Wohltat erweise; sogar im Gegenteil: »Sie erweisen mir eine Wohltat, und ich nicht Ihnen.« Ich sprach es sogar wörtlich so aus, was vielleicht etwas ungeschickt ausfiel, denn ich bemerkte eine flüchtige Falte auf ihrem Gesicht. Doch im großen Ganzen hatte ich das Spiel gewonnen. Warten Sie: Wenn ich schon von diesem Schmutz sprechen soll, so will ich auch die letzte Schweinerei nicht verschweigen. Während ich so vor ihr stand, regte sich in mir plötzlich der Gedanke: Du bist schlank, gut gewachsen, wohlerzogen und schließlich, offen gesagt, ein schöner Mann. Das ging mir so durch den Kopf. Selbstverständlich gab sie mir noch unten vor dem Tor ihr Jawort, doch … doch ich muss hinzufügen: Dort unten vor dem Tor dachte sie erst lange nach, ehe sie mir das Jawort gab. Sie dachte so lange, so unendlich lange nach, dass ich sie sogar fragen wollte: »Na, wie meinen Sie?« Ja, ich habe mich sogar nicht enthalten können und sie tatsächlich mit gewisser Überlegenheit gefragt: »Na, wie meinen Sie?« Ich kann mich noch gut auf dieses »Na« besinnen.

»Warten Sie, ich überlege es mir noch.«

Sie machte dabei ein so ernstes Gesicht, ein Gesicht, dass ich darin schon damals alles hätte lesen können! Fühlte mich aber etwas gekränkt. »Schwankt sie denn wirklich«, fragte ich mich, »zwischen mir und dem Krämer?« Damals begriff ich es noch nicht! Nichts, gar nichts begriff ich damals! Bis auf den heutigen Tag habe ich nichts begriffen! Ich weiß noch, wie Lukerja mir nachgelaufen kam, mich auf der Straße anhielt und ganz außer Atem sagte: »Gott wird es Ihnen lohnen, Herr, dass Sie unser liebes Fräulein nehmen, aber sagen Sie ihr das nicht wieder, denn sie ist so stolz.«

Sie ist also stolz. Gut! Ich bevorzuge sogar die Stolzen. Die Stolzen sind sogar besonders schön, wenn … nun, wenn man an seiner Macht über sie nicht mehr zweifeln kann. Was sagen Sie dazu? Oh, ich niedriger, ungeschickter Mensch! Wie froh war ich darüber! Wissen Sie: Während sie vor dem Tor stand und sich überlegte, ob sie mir ihr Jawort geben solle, und ich mich darüber wunderte, dass sie so viel Zeit dazu brauchte, wissen Sie, da hätte ihr ja leicht der Gedanke kommen können: »Wenn ich schon einmal in dieser unglücklichen Lage bin, so wäre es vielleicht besser, von den beiden Übeln das größere zu wählen, d. h. den dicken Krämer. Dieser wird mich wenigstens in der Trunkenheit bald totprügeln!« Wie? Glauben Sie nicht auch, dass ihr dieser Gedanke hätte kommen können?

Ich verstehe aber auch jetzt nichts, ganz und gar nichts! Ich habe erst eben gesagt, dass dieser Gedanke ihr hätte leicht kommen können: »Soll ich nicht von den beiden Übeln das größere wählen, d. h. den Krämer?« Wer war aber das größere Übel – ich oder der Krämer? Der Krämer oder der Pfandleiher, welcher Goethe zitiert? Das ist ja noch eine Frage! Was für eine Frage? Auch das verstehst du nicht einmal. Die Antwort liegt vor dir auf dem Tisch, du aber sagst, es sei noch eine Frage! Zum Teufel mit mir! Es handelt sich gar nicht um mich … Was geht es mich jetzt übrigens an, ob es sich um mich oder nicht um mich handelt? Das kann ich schon gar nicht entscheiden. Das Beste ist, ich lege mich schlafen. Mein Kopf tut mir so weh …

III
Bin der edelste Mensch, glaube aber selbst nicht daran

Konnte nicht einschlafen. Wie sollte ich es auch, wenn es mir unaufhörlich im Kopf hämmert? Ich will mir ja alles klären, diesen ganzen Schmutz klären. Oh, dieser Schmutz! Aus welchem Schmutz habe ich sie da herausziehen müssen! Sie musste das doch einsehen und meine Handlungsweise zu schätzen wissen! Auch verschiedene andere Gedanken verschafften mir Genuss, z. B. dass ich einundvierzig war, und sie kaum sechzehn. Dieses Gefühl der Ungleichheit nahm mich ganz gefangen; es war ein so süßes, wollüstiges Gefühl.

Ich wollte z. B. die Hochzeit nach englischer Manier machen, d. h. ganz ohne Gäste mit nur zwei Zeugen, von denen Lukerja der eine sein sollte, und gleich nach der Trauung in den Zug steigen; irgendwohin, z. B. nach Moskau (wo ich sogar zufällig geschäftlich zu tun hatte) reisen und uns für etwa vierzehn Tage in einem Hotel einmieten. Sie wollte es aber nicht haben, ging darauf nicht ein, und so musste ich die Tanten besuchen, sie mit großer Ehrfurcht wie Anverwandte behandeln, und in aller Form um ihre Hand anhalten. Ich tat ihr den Gefallen und gab den Tanten, was den Tanten gebührt. Ich schenkte sogar diesen Kreaturen je hundert Rubel und versprach, noch mehr zu schenken. Sie durfte natürlich davon nichts erfahren, denn das Hässliche an der Sache würde sie kränken. Die Tanten wurden sofort weich wie Butter. Dann gab es noch einen Streit wegen der Aussteuer; sie hatte nichts, buchstäblich nichts, wollte aber auch nichts haben. Mir gelang es jedoch, ihr zu beweisen, dass es ohne Aussteuer nicht ginge, also kaufte ich ihr die Aussteuer – wer hätte sie ihr denn sonst kaufen können? Doch zum Teufel mit mir. Es gelang mir, ihr noch während der Brautzeit einige von meinen Ansichten und Absichten klarzumachen, damit sie wisse, woran sie sei. Vielleicht war es auch eine Übereilung. Die Hauptsache aber war, dass sie mir schon gleich im Anfang, wie sehr sie sich auch zusammennahm, sozusagen in die Arme flog. Sooft ich abends ins Haus kam, empfing sie mich ganz begeistert, erzählte mir mit ihrer kindlichen Stimme (oh das bezaubernde Lallen der Unschuld!) von ihrer Kindheit und Jugend, von ihrem Elternhaus, von Vater und Mutter. Ich dämpfte aber ihre Ekstase sofort mit einem kalten Wasserstrahl. Darin bestand eben mein ganzer Plan. Ihr Entzücken beantwortete ich mit Schweigen, mit einem zwar wohlwollenden Schweigen, aus dem sie aber leicht hätte schließen können, dass ich ein ganz anderer Mensch als sie und eigentlich ein Rätsel sei. Auf das Letztere pochte ich ganz besonders! Vielleicht hatte ich den ganzen Brei nur darum eingebrockt, um als ein Rätsel erscheinen zu können! Die Hauptsache war Strenge. Strenge war der erste Eindruck, den ich bei ihr erwecken wollte. Mit einem Wort: Schon damals, als ich mit mir so sehr zufrieden war, hatte ich mir ein ganzes System aufgebaut. Dieses System entwickelte sich in meinem Geist ganz von selbst, ohne die geringste Anstrengung meinerseits. Ich konnte auch gar nicht anders. Ich *musste* schon aus einem gewissen, durchaus unabwendbaren Grund dieses System haben ... Warum soll ich mich denn verleumden! Das System war jedenfalls richtig. Nein, hören Sie nur: Wenn Sie schon einmal einen Menschen richten, so müssen Sie doch die ganze Sachlage kennen ... Hören Sie also weiter.

Wie soll ich es nur sagen? Es ist nämlich gar nicht so leicht. Wenn ich nur anfange, mich zu rechtfertigen, stoße ich gleich auf Schwierigkeiten. Sehen Sie: Die Jugend verachtet z. B. das Geld; ich verlegte aber sofort das Schwergewicht auf das Geld. Ich machte es mit solchem Nachdruck, dass sie immer schweigsamer wurde. Sie sah mich groß an, hörte mir zu und verstummte. Sehen Sie: Die Jugend ist großmütig, ich meine die gute Jugend. Sie ist großmütig und zu schnellen Entschlüssen geneigt, dafür aber wenig tolerant. Alles, was ihr nicht passt, straft sie mit Verachtung. Ich wollte ihr aber diese Unduldsamkeit austreiben, wollte ihr ganz entgegengesetzte Ansichten, einen weiten, alles begreifenden Blick anerziehen, sozusagen einimpfen. Sie verstehen doch, was ich damit sagen will? Ich will es an einem ganz einfachen Beispiel zeigen. Wie sollte ich z. B. einem solchen Wesen meine Leihkasse erklären? Natürlich brachte ich die Rede nicht so unvermittelt darauf, denn so hätte ich den Anschein erwecken können, als ob ich sie wegen der Kasse um Verzeihung bitten wollte. Ich spielte vielmehr den Stolzen und sprach zu ihr schweigend. Darauf verstehe ich mich aber ausgezeichnet. Mein Leben lang habe ich immer schweigend gesprochen, habe auch innere Tragödien schweigend erlebt. War ich ja doch auch einmal unglücklich gewesen! Alle hatten mich verstoßen, verworfen und vergessen, und kein Mensch wusste etwas davon! Dieser sechzehnjährige Fratz schnappte aber plötzlich von gemeinen Menschen gewisse Einzelheiten über mein Vorleben auf und glaubte alles zu wissen, während das Wichtigste in meiner Brust verborgen war. Solange ich mit ihr lebte, schwieg ich immer, und schwieg so vielsagend; ich schwieg bis zum gestrigen Tag. Weshalb schwieg ich denn nur? Ja, ich war eben der stolze Mensch. Ich wollte, dass sie mich selbst, ohne meine Hilfe und nicht aus den Berichten gemeiner Menschen kennenlernte, dass sie mich ergründete und mein Rätsel löste. Wenn ich sie schon einmal in mein Haus aufnahm, so sollte sie mir volle Achtung entgegenbringen. Ich wollte, dass sie mich mit gefalteten Händen anbetete für alle meine Leiden. Und ich war es wirklich wert! Oh, ich war immer stolz und wollte immer entweder alles oder gar nichts! Eben aus diesem Grund, weil ich mich nicht mit einem halben Glück begnügen kann, sondern nach dem ganzen strebe, musste ich damals so handeln. Ich sagte ihr gleichsam: »Du sollst selbst alles erraten und mich dann schätzen lernen!« Sie werden es mir doch zugeben, dass, wenn ich ihr selbst alles erklärt und vorgesagt hätte, wenn ich vor ihr Finten machen wollte, um ihre Achtung zu erlangen, so wäre es doch dasselbe, wie wenn ich sie um ein Almosen anflehte … Übrigens … übrigens, warum rede ich noch davon?

Dumm, dumm, dumm, furchtbar dumm! Ich habe ihr damals in zwei Worten ohne Umschweife und erbarmungslos (ich betone, dass es erbarmungslos war) erklärt, dass die jugendliche Großmut zwar reizend, doch keinen Heller wert sei. Und warum? Weil sie der Jugend, die sie noch nicht am richtigen Leben erprobt hat, gar zu billig zu stehen kommt; sie gehört eben zu den sogenannten »ersten Eindrücken des Seins«. Wo bleibt diese Großmut, wenn der Ernst des Lebens beginnt? Solche billige Großmut zu zeigen, ist wirklich nicht schwer. Wenn das junge Blut vor Überfluss an Lebenskraft kocht und schäumt und wenn man mit seinem ganzen Wesen nach Schönheit lechzt, ist es sogar kein Kunststück, sein Leben zu opfern. Nein, nehmen Sie dagegen eine schwierige, stille, lautlose und glanzlose Tat der Großmut, die viele Opfer kostet und keinen Tropfen Ruhm einbringt. Denken Sie sich den Fall, dass Sie, ein makelloser Mensch, gegen Verleumdungen zu kämpfen haben und von allen als Schurke behandelt werden, während Sie der ehrlichste Mensch in der Welt sind. Versuchen Sie einmal unter solchen Umständen Großmut zu zeigen! Nein, Sie werden darauf verzichten! Und ich – ich habe mein ganzes Leben lang das Kreuz einer solchen Tat getragen.

Anfangs widersprach sie mir, und noch wie! Dann aber wurde sie allmählich stiller und war schließlich ganz verstummt, sah mich nur mit ihren merkwürdig großen Augen erstaunt an und hörte mir aufmerksam zu … Außerdem … ja, außerdem bemerkte ich ein Lächeln, ein misstrauisches, stummes, nichts Gutes verheißendes Lächeln auf ihrem Gesicht. Und mit diesem Lächeln trat sie in mein Haus. Aber es ist ja wahr, wohin hätte sie denn sonst gehen können? …

IV
Lauter Pläne und Pläne

Ja, wer von uns beiden fing damals zuerst an? Keiner. Es begann ganz von selbst, vom ersten Schritt. Ich habe eben gesagt, dass ich sie vom ersten Tag an mit großer Strenge behandeln wollte; ich milderte aber diese Strenge gleich am ersten Tag. Als sie noch Braut war, hatte ich ihr erklärt, dass sie in meinem Geschäft arbeiten, also Pfänder annehmen und Geld herausgeben würde, worauf sie mir damals nichts erwiderte (wollen Sie sich, bitte, diesen Umstand genau merken!). Und noch mehr als das, sie machte sich an die Sache sogar mit großem Eifer. Meine Wohnung und Einrichtung blieben, versteht sich, unverändert. Die Wohnung bestand aus zwei Zimmern. Das eine war ein großer Saal, von dem ein Teil als Geschäftslokal abgeteilt war, und das andere diente uns als gemeinsames Wohn- und Schlafzimmer. Die Möbel waren recht ärmlich, selbst die Tanten besaßen eine schönere Einrichtung. Mein Heiligenschrein mit dem Lämpchen hängt im Saal hinter dem Verschlag, wo sich die Kasse befindet, in meinem Zimmer habe ich meinen Schrank, in dem ich auch einige Bücher verwahre, und meinen Koffer – die Schlüssel trage ich immer bei mir –, dann gibt es noch ein Bett, einige Stühle, Tische und was man sonst noch hat. Als sie noch Braut war, hatte ich ihr erklärt, dass ich ihr für unsere Beköstigung, d. h. für mich, sie und Lukerja, die ich mit übernommen hatte, täglich einen Rubel und keine Kopeke mehr geben würde: »Ich muss in den nächsten drei Jahren«, sagte ich ihr, »dreißigtausend Rubel ersparen, und das ist nur bei der größten Einschränkung möglich.« Sie widersprach nicht, aber ich erhöhte aus eignem Antrieb die Summe um dreißig Kopeken täglich. Ebenso war es mit dem Theater. Ich hatte ihr ja erklärt, dass sie auf alle Vergnügungen verzichten müsste, änderte aber diesen Beschluss dahin ab, dass ich versprach, mit ihr doch einmal im Monat ins Theater zu gehen und sogar standesgemäß im Parkett zu sitzen. Wir waren auch tatsächlich dreimal zusammen da. Wir sahen: »Die Jagd nach dem Glück«, »Pericola« und, wenn ich mich recht erinnere … zum Teufel, zum Teufel damit! Schweigend gingen wir hin und kehrten schweigend wieder heim. Warum, ja warum schwiegen wir so von Anfang an? In der ersten Zeit gab es ja gar keine Zwistigkeiten, nur Schweigen. Sie blickte mich oft so eigentümlich an. Als ich dies bemerkte, schwieg ich noch hartnäckiger als je. Allerdings hatte ich dieses Schweigen eingeführt, und nicht sie. Sie hatte sogar ein- oder zweimal versucht, diesem Zustand ein Ende zu machen, indem sie mir leidenschaftlich um den Hals fiel. Da aber diese Ausbrüche von Leidenschaft krankhaft und hysterisch waren, ich aber nach einem dauerhaften und gesunden Glück strebte, so blieb ich in solchen Fällen kühl. Hatte auch Recht: Nach solchen Szenen gab es immer am nächsten Tag Streit.

D. h. Streit gab es eigentlich nicht, es gab nur noch ein hartnäckigeres Schweigen und – immer frechere Blicke ihrerseits. »Aufruhr und Unabhängigkeit!« – das war ihr System, doch sie machte es schlecht. Ja, dieses sanfte Gesicht wurde von Tag zu Tag trotziger. Glauben Sie es mir, ich begann ihr Ekel einzuflößen, habe es genau studiert. Aber dass sie zuweilen außer sich geriet, das war außer jedem Zweifel. Wie konnte sie, die ich aus solchem Schmutz und solcher Armut herausgezogen, die noch vor Kurzem Dielen gescheuert hatte, wie konnte sie z. B. über unsere Armut die Nase rümpfen? Denn sehen Sie, es war keine Armut, es war nur Sparsamkeit. Dort, wo es am Platz war, wurde bei uns sogar ein gewisser Luxus getrieben: so z. B. mit der Wäsche, mit der Reinlichkeit. Ich war auch früher stets der Ansicht, dass der Mann eine Frau am leichtesten fesselt, wenn er reinlich ist. Sie empörte sich übrigens weniger gegen die Armut als gegen meine Sparsamkeit, die sie für übertrieben hielt: »Ja, er spricht immer von einem Ziel, das er verfolgt, zeigt einen festen Charakter.« Auf das Theater verzichtete sie plötzlich ganz von selbst. Und immer öfter zeigte sich die spöttische Falte an ihrem Mund … Und ich schwieg immer hartnäckiger und hartnäckiger.

Ich werde mich doch nicht rechtfertigen wollen!? Der wunde Punkt war eben die Leihkasse. Gestatten Sie nur: Ich wusste sehr gut, dass eine Frau, und dazu noch solch ein sechzehnjähriges Ding, gar nicht umhin kann, sich dem Mann völlig unterzuordnen. Denn die Frauen haben nichts Originelles an sich, das ist ein Axiom. Auch jetzt, auch jetzt noch halte ich es für ein Axiom! Ist denn das, was dort auf dem Tisch liegt, ein Gegenbeweis? Wahrheit bleibt immer wahr, dagegen kann selbst Mill nichts machen! Und die liebende Frau, oh, die liebende Frau! – die vergöttert sogar die Laster und die größten Schandtaten des geliebten Mannes. Er selbst kann seine Schandtaten nie so geschickt rechtfertigen, wie sie es für ihn tut. Das ist großmütig, doch nicht originell. Die Frauen gehen eben an dieser Unoriginalität zugrunde. Und was weisen Sie mir schon wieder auf den Tisch hin? Was soll das beweisen? Ist etwa das, was dort auf dem Tisch liegt, originell? Ach Gott!

Hören Sie: Ich hatte damals keinen Grund, an ihrer Liebe zu zweifeln. Fiel sie mir doch sooft um den Hals. Folglich liebte sie mich, wollte mich jedenfalls lieben. Ja, das war es eben: Sie *wollte* mich lieben, sie gab sich Mühe, mich zu lieben. Es lagen ja auch gar keine Schandtaten meinerseits vor, für die sie eine Rechtfertigung hätte suchen müssen, und das ist doch sehr wesentlich! Sie sagen, ich bin ein Pfandleiher, und alle sagen dasselbe. Was ist denn dabei? Es muss doch seinen Grund gehabt haben, dass der großmütigste Mensch zum Pfandleiher geworden ist. Denn sehen Sie, es gibt Ideen … d. h. wenn man manche Idee in Worte kleidet und laut ausspricht, so klingt sie furchtbar dumm. So dumm, dass man sich selbst ihrer schämt. Und warum? Darum. Weil wir alle so schlecht sind, dass wir die Wahrheit gar nicht vertragen können; einen andern Grund wüsste ich wirklich nicht. Ich sagte soeben: »Der großmütigste Mensch.« Das klingt lächerlich, ist aber wahr, ist die allerwahrste Wahrheit! Ja, ich hatte damals *das Recht*, mir meine Zukunft sichern zu wollen, folglich auch diese Leihkasse zu gründen. »Sie, d. h. nicht Sie, sondern die Menschen haben mich verstoßen, haben mich mit verächtlichem Schweigen aus ihrer Gemeinschaft gejagt. Meinen leidenschaftlichen Drang zu ihnen haben sie mit Beleidigungen für mein ganzes Leben beantwortet. Also habe ich das Recht, mich durch eine Mauer von ihnen abzusondern, mir diese dreißigtausend Rubel zu ersparen und mein Leben irgendwo in der Krim am Meeresstrand, zwischen Bergen und Weingärten, auf meinem eigenen Gut, das ich mir für die dreißigtausend Rubel kaufen will, zu beschließen. Vor allen Dingen aber ferne von allen, doch ohne Hass gegen sie, mit meinem Ideal in der Brust, an der Seite einer geliebten Frau und von Kindern umgeben, wenn Gott uns solche schenken wolle, zu leben und dabei den notleidenden Bauern der Gegend nach Kräften behilflich zu sein.« – Ich darf es ja jetzt, wo ich zu mir spreche, laut sagen. Was hätte es aber Dümmeres geben können, als wenn ich es ihr damals so ausgemalt hätte? Daher kam eben mein stolzes Schweigen, daher lebten wir stumm nebeneinander. Was hätte sie auch davon verstehen können? Wie hätte sie mit ihren sechzehn Jahren, »im Lenz des Lebens«, meine Leiden und meine Rechtfertigungen begreifen können? Auf der einen Seite – übertriebene Offenheit, völlige Unkenntnis des Lebens, billige, jugendliche Überzeugungen, die Kurzsichtigkeit einer »Schönen Seele«, auf der anderen Seite – die Leihkasse; und diese gab den Ausschlag. (War ich denn übrigens ein Bösewicht? Hatte sie denn nicht gesehen, dass ich das Geschäft ehrlich führte und niemand übervorteilte?) Wie schrecklich ist doch die Wahrheit auf Erden! Dieses reizende Wesen, diese Sanfte, dieser Himmel voller Seligkeit – war mein Tyrann, der unerträgliche Marterer meiner Seele! Ich würde mich ja selbst verleumden, wenn ich das verschweigen wollte! Sie glauben vielleicht, dass ich sie nicht geliebt habe? Wer darf da behaupten, dass ich sie nicht liebte? Sehen Sie, das war eine Ironie, eine boshafte Ironie des Schicksals und der Natur! Wir sind alle verflucht, das Leben aller Menschen ist ein Fluch! (Und mein Leben erst recht!) Jetzt sehe ich ja vollkommen ein, dass ich irgendeinen Fehler gemacht habe! Irgendwie muss ich mich verrechnet haben. Mein Plan war ja so klar wie die Sonne: »Streng, stolz, bedarf keines moralischen Trotzes, ziehe es vor, meine Leiden schweigend zu tragen.« So war es ja auch, ich habe nicht gelogen, wirklich nicht gelogen! »Sie wird später selbst einmal begreifen, wie großmütig ich war, und sich sagen, dass sie meine Großmut verkannt hatte. Und wenn ihr dies einmal zum Bewusstsein kommt, wird sie mich zehnfach schätzen, vor mir in den Staub sinken und mich mit gefalteten Händen anbeten.« Das war eben mein Plan. Irgendetwas hat aber darin nicht gestimmt. Irgendetwas habe ich nicht zu tun verstanden. Doch genug, genug davon! Wen soll ich jetzt um Verzeihung bitten? Hin ist hin. Mensch, sei stolz und selbstbewusst! Nicht du bist daran schuld! … Nun, ich will die Wahrheit sagen, ich fürchte mich nicht, der Wahrheit ins Gesicht zu schauen. *Sie* ist an allem schuld, nur *sie*! …

V
Die Sanfte revoltiert

Die Zwistigkeiten begannen damit, dass es ihr plötzlich einfiel, die Pfänder, die man uns brachte, nach ihrem Gutdünken und oft über den eigentlichen Wert hinaus einzuschätzen; ein- oder zweimal ließ sie sich sogar herab, mit mir über dieses Thema zu streiten. Ich ließ mich aber nicht umstimmen. Da musste mir der Teufel diese Hauptmannswitwe schicken.

Die alte Hauptmannswitwe brachte ein Medaillon, ein Geschenk ihres verstorbenen Mannes, selbstverständlich »ein teueres Andenken«. Ich gab ihr darauf dreißig Rubel. Sie begann zu jammern und zu bitten, man möchte ihr den Gegenstand ja gut aufbewahren, sie wolle ihn unbedingt auslösen. Selbstverständlich versprach ich ihr es. Kurz und gut, nach fünf Tagen kam sie wieder und bat, man möchte ihr das Medaillon gegen ein Armband, das höchstens acht Rubel wert war, umtauschen. Selbstverständlich ging ich auf den Tausch nicht ein. Wahrscheinlich hatte sie schon damals etwas in den Augen meiner Frau gelesen, denn nach einigen Tagen kam sie wieder – ich war gerade nicht zu Hause – und meine Frau tauschte ihr das Medaillon um.

Ich erfuhr davon noch am selben Tag und sprach mit ihr darüber sanft, aber fest und vernünftig. Sie saß auf dem Bett, blickte zu Boden und spielte mit der rechten Fußspitze auf dem Teppich (es war ihre charakteristische Angewohnheit). Ein Lächeln, das nichts Gutes verhieß, spielte auf ihren Lippen; da erklärte ich ihr, ohne meine Stimme zu erheben, dass es sich um *mein* Geld handle und dass ich das Recht hätte, das Leben mit *meinen* Augen zu betrachten, und dass ich, als ich sie in mein Haus geführt, vor ihr nichts verheimlicht hätte.

Plötzlich sprang sie, am ganzen Körper zitternd, auf und begann – was glauben Sie wohl – wie wahnsinnig mit den Füßen zu stampfen. Sie war in diesem Augenblick wie ein Tier, es war wie ein Anfall von Raserei, sie war wie ein rasendes Tier. Ich war starr vor Staunen; einen solchen Auftritt hätte ich von ihr nie erwartet. Verlor aber nicht die Selbstbeherrschung, zuckte mit keiner Wimper und erklärte ihr mit derselben ruhigen Stimme wie vorhin, dass ich sie der weiteren Mitarbeit an meinem Geschäft enthebe. Sie lachte mir laut ins Gesicht und verließ die Wohnung.

Sie hatte aber gar kein Recht, die Wohnung zu verlassen: So war es noch während der Brautzeit zwischen uns abgemacht. Gegen Abend kehrte sie heim; ich sagte kein Wort.

Am nächsten Tag ging sie gleich am frühen Morgen weg, am übernächsten wieder. Ich schloss das Geschäft und begab mich zu den Tanten. Mit den Tanten hatte ich seit der Hochzeit nicht mehr verkehrt. Weder ließ ich sie über meine Schwelle, noch gingen wir zu ihnen. Es stellte sich heraus, dass sie gar nicht bei ihnen gewesen war. Die Tanten hörten mir interessiert zu und lachten mich aus: »Geschieht Ihnen recht!« Auf solchen Hohn war ich aber gefasst. Bei dieser Gelegenheit bestach ich die jüngere Tante, die unverheiratete, mit fünfundzwanzig Rubeln und versprach ihr noch weitere fünfundsiebzig. Nach zwei Tagen kam sie zu mir und meldete: »Hier ist ein Offizier, der Leutnant Jefimowitsch, Ihr früherer Regimentskamerad, im Spiel.« Ich war sehr erstaunt. Dieser Jefimowitsch hatte mir im Regiment am meisten geschadet. Vor einem Monat war der unverschämte Mensch unter dem Vorwand, etwas versetzen zu wollen, bei mir gewesen und hatte, ich weiß es noch genau, versucht, mit meiner Frau anzubandeln. Ich war damals an ihn herangetreten und hatte ihm bedeutet, er solle mit Rücksicht auf unsere früheren Beziehungen sich nie wieder unterstehen, über meine Schwelle zu treten. Dabei hatte ich mir aber nichts Besonderes gedacht, hielt ihn einfach für einen frechen Kerl. Da teilte mir aber die Tante mit, dass meine Frau mit ihm sogar schon ein Stelldichein verabredet hätte und dass eine frühere Bekannte der Tanten, eine gewisse Julia Ssamssonowna, eine Witwe, und dazu noch eine Oberstenwitwe, die ganze Sache deichsle. »Zu diesem Frauenzimmer geht Ihre Frau.«

Ich will das Bild abkürzen. Die Sache kostete mich im Ganzen etwa dreihundert Rubel, dafür war ich aber nach zwei Tagen so weit, dass mir die Möglichkeit gegeben wurde, während des Stelldicheins meiner Frau mit Jefimowitsch im Nebenzimmer hinter einer angelehnten Tür zu stehen und das erste Zwiegespräch, das die beiden unter vier Augen hatten, zu belauschen. Am Abend vorher gab es noch zwischen uns eine kurze, für mich aber allzu bedeutsame Szene.

Sie kam wieder gegen Abend heim, setzte sich aufs Bett, sah mich spöttisch an und begann wieder mit dem Füßchen auf dem Teppich zu spielen. Wie ich sie so ansah, kam es mir plötzlich zum Bewusstsein, dass sie in diesem letzten Monat, oder richtiger in den letzten vierzehn Tagen, nicht ihr gewöhnliches Wesen, nein, ein ganz fremdes, dem ihrigen entgegengesetztes Wesen gezeigt hatte. Sie war plötzlich ein ganz wildes, aggressives, ich will nicht sagen schamloses, jedenfalls aber zügelloses Geschöpf geworden, das sich nach Stürmen sehnte, sie sogar förmlich heraufbeschwor. Dabei war ihr aber ihre natürliche Sanftmut im Weg. Wenn solch ein sanftes Geschöpf zu revoltieren anfängt und sogar jedes Maß überschreitet, kann man ihm doch immer ansehen, dass es sich dabei selbst Gewalt antut und die ihm angeborene Keuschheit und Scham unmöglich ganz unterdrücken kann. Daher überschreiten solche Naturen so leicht alle Grenzen, dass man seinen Augen gar nicht traut. Dagegen wird sich eine von Natur aus verderbte Seele bei solchen Anlässen immer im Zaum zu halten wissen. Sie macht es hässlicher, doch mit erheucheltem Anstand, und maßt sich an, Ihnen damit überlegen zu sein.

»Ist es wahr, dass man Sie aus dem Regiment fortgejagt hat, weil Sie aus Feigheit einem Duell ausgewichen sind?«, fragte sie mich plötzlich mit blitzenden Augen.

»Ja, es ist wahr. Das Ehrengericht hatte mich aufgefordert, aus dem Regiment auszutreten, obwohl ich schon vorher um meinen Abschied eingekommen war.«

»Man hat Sie doch als Feigling fortgejagt?«

»Ja, so hieß es im Urteilsspruch. Ich hatte aber das Duell nicht aus Feigheit ausgeschlagen, sondern weil ich mich dem tyrannischen Urteil nicht unterwerfen wollte. Ich sollte nämlich jemand fordern, der mich gar nicht beleidigt hatte. Sie müssen wissen, dass die Auflehnung gegen solche Tyrannei und die Bereitschaft, alle Folgen dieser Auflehnung auf sich zu nehmen, einen viel größeren Mut bedeutete als jeder Zweikampf.«

Ich hatte mich eben nicht beherrschen können, und meine letzten Worte klangen wie der Versuch einer Rechtfertigung. Sie schien aber nur darauf gewartet zu haben, um über mich in meiner Erniedrigung lachen zu können.

»Ist es wahr, dass Sie sich dann drei Jahre lang wie ein Vagabund in den Straßen Petersburgs herumgetrieben haben, die Leute um zehn Kopeken angebettelt und sogar manchmal unter Billardtischen übernachtet haben?«

»Ich will noch mehr sagen: Ich habe sogar oft im Nachtasyl am Heumarkt übernachtet. Ja, es ist wahr. Nachdem ich das Regiment verlassen hatte, habe ich viel Schmach erlebt und bin tief gesunken, doch nie moralisch gesunken, denn ich selbst hasste am meisten meine Handlungen. Es war bloß ein Nachlassen meines Willens und meines Verstandes, hervorgerufen durch meine verzweifelte Lage. Nun habe ich das alles hinter mir …«

»Ja, jetzt sind Sie ja eine Persönlichkeit, ein Kapitalist!«

Es war offenbar eine Anspielung auf die Pfandkasse. Ich hatte aber meine Selbstbeherrschung wiedergewonnen. Ich sah, dass sie noch weitere erniedrigende Erklärungen von mir erwartete, tat ihr aber nicht den Gefallen. Wie gerufen klingelte in diesem Augenblick ein Kunde, und ich ging ins andere Zimmer. Später, nach einer Stunde, als sie schon zum Ausgehen angekleidet war, trat sie plötzlich vor mich hin und sagte:

»Warum haben Sie mir aber vor der Hochzeit kein Wort davon gesagt?«

Ich gab ihr keine Antwort, und sie ging fort.

Am nächsten Tag stand ich also in jenem Nebenzimmer hinter der Tür und hörte zu, wie sich mein Schicksal entschied; in der Tasche hatte ich meinen Revolver. Sie war etwas eleganter als gewöhnlich gekleidet und saß am Tisch, während Jefimowitsch sich anstrengte, im schönsten Licht zu erscheinen. Und was glauben Sie?

Es kam genau so (zu meiner Ehre sei es gesagt!), es kam genau so, wie ich es unbewusst vorausgeahnt und vorausgesehen hatte. Ich weiß nicht, ob ich mich klar genug ausdrücke.

Es kam so. Ich hörte eine geschlagene Stunde zu, und eine geschlagene Stunde währte der Zweikampf zwischen einer überaus edlen und erhabenen Frau und einem verdorbenen, stumpfen Kerl, einem Salonmenschen mit niedriger Gesinnung. Und woher, fragte ich mich ganz bestürzt, woher hat nur dieses naive, sanfte, sonst so schweigsame Geschöpf alle diese Worte und Kenntnisse her? Selbst der geistreichste Lustspieldichter hätte diese Szene voller Hohn und heiliger Verachtung, die die Tugend für das Laster hat, nicht erfinden können. Wie viel Geistesblitze waren in allen ihren Worten und Bemerkungen, wie scharfsinnig waren ihre raschen Antworten, wie wahr und gerecht alle ihre Urteile? Und zugleich diese mädchenhafte Naivität! Sie lachte ihm über seine Liebeserklärungen, Gesten und Anträge ins Gesicht. Er war offenbar mit der Absicht gekommen, die Sache gleich roh anzupacken, und hatte solchen Widerstand nicht erwartet. Nun stand er wie ein begossener Pudel da. Anfangs hätte ich ja glauben können, dass es ihrerseits nur Koketterie wäre, »die Koketterie eines verderbten, aber geistreichen Geschöpfes, das auf diese Weise begehrlicher erscheinen will«. Aber nein: Die Wahrheit erstrahlte klar wie die Sonne, und alle Zweifel mussten weichen. Nur aus Hass gegen mich, in den sie sich selbst hineingeredet hatte, hatte sie sich in ihrer Unerfahrenheit zu diesem Stelldichein bewegen lassen. Als sie aber vor der Tatsache stand, gingen ihr plötzlich die Augen auf. Sie hatte in ihrer Herzensunruhe nach einer Möglichkeit gesucht, mich irgendwie, um jeden Preis zu beleidigen, und doch schreckte sie im entscheidenden Augenblick vor dem Schmutz zurück. Wie hätte auch dieser Jefimowitsch oder jemand seinesgleichen sie, die Sündenlose und Reine, die ihr Ideal im Herzen hatte, verführen können? Im Gegenteil, er rief bei ihr nur

Gelächter hervor. Die ganze Wahrhaftigkeit ihres Wesens kam zum Durchbruch, und ihr Widerwille äußerte sich in Sarkasmus. Wie gesagt, dieser Hanswurst stand schließlich wie ein begossener Pudel da, war ganz kleinlaut geworden, sodass ich fürchtete, er könnte sie aus niedriger Rachsucht beleidigen. Und es sei nochmals zu meiner Ehre gesagt: Ich hörte dieser Szene fast ohne Erstaunen zu. Ich hatte gleichsam etwas mir Wohlbekanntes wiedergefunden, war nur deswegen hingegangen, um es wiederzufinden. Als ich hinging, glaubte ich im Grunde an keine der Beschuldigungen, obgleich ich mir auch den Revolver eingesteckt hatte. Das ist die ganze Wahrheit! Hätte ich von ihr überhaupt etwas anderes erwarten können? Hätte ich sie sonst geliebt, geschätzt, geheiratet? Oh, ich sah, wie sehr sie mich hasste, sah aber auch zugleich, wie unverdorben sie war. Ich machte der Szene plötzlich ein Ende, indem ich die Tür öffnete. Jefimowitsch sprang auf. Ich nahm sie bei der Hand und forderte sie auf, mit mir zu gehen. Jefimowitsch fand seine Fassung bald wieder und lachte laut auf.

»Oh, gegen die geheiligten Rechte des Gatten kann ich nichts machen, führen Sie sie nur fort! – Und wissen Sie«, rief er mir nach, »obwohl sich ein anständiger Mensch mit Ihnen nicht schlagen kann, stehe ich doch, aus Achtung für die Dame, zu Ihrer Verfügung. Wenn Sie es nur riskieren …«

»Sie hören?!«, sagte ich ihr, sie einen Augenblick auf der Schwelle zurückhaltend.

Auf dem Weg nach Hause sprach keiner von uns ein Wort. Ich führte sie am Arm, und sie ließ sich von mir führen. Sie war sogar furchtbar bestürzt und blieb es auch, als wir die Wohnung erreichten. Sie setzte sich auf einen Stuhl und heftete auf mich ihren starren Blick. Sie war ungewöhnlich bleich. Auf ihren Lippen spielte zwar ein spöttisches Lächeln, sie sah mich aber seltsam feierlich und herausfordernd an und schien ernsthaft daran zu glauben, dass ich sie sofort mit dem Revolver niederschießen würde. Ich nahm den Revolver schweigend aus der Tasche und legte ihn auf den Tisch. Sie blickte jetzt abwechselnd auf die Waffe und auf mich. (Beachten Sie, bitte, folgenden Umstand: Dieser Revolver war ihr schon bekannt. Ich hatte ihn mir noch bei der Eröffnung meiner Leihkasse angeschafft, und er war immer geladen. Als ich das Geschäft gründete, beschloss ich, mir weder große Hunde noch einen starken Diener, wie ihn z. B. Moser hat, zu halten. Denn bei mir öffnet die Köchin die Tür. Ein Leihkassenbesitzer darf aber doch nicht ganz auf Selbstschutz verzichten, daher hatte ich den geladenen Revolver. Sie zeigte schon gleich im Anfang Interesse für den Revolver, und ich musste ihr das System und die Handhabung erklären. Ich überredete sie sogar einmal, mit dieser Waffe nach einem Ziel zu schießen. Ich bitte Sie, dies alles zu beachten.) Ohne ihren verstörten Blicken weitere Beachtung zu schenken, legte ich mich halb angekleidet ins Bett. Ich fühlte mich sehr matt, auch war es schon elf Uhr geworden. Sie blieb noch etwa eine Stunde regungslos auf ihrem Stuhl sitzen. Dann löschte sie das Licht aus und legte sich, gleichfalls angekleidet, auf den Diwan, der an der Wand stand. Das war das erste Mal, dass sie sich nicht zu mir ins Bett legte. Wollen Sie sich, bitte, auch diesen Umstand merken …

VI
Eine schreckliche Erinnerung

Nun diese schreckliche Erinnerung …

Ich erwachte am Morgen so zwischen sieben und acht Uhr, als es im Zimmer schon fast hell war. Ich erwachte mit einem Ruck bei vollem Bewusstsein und schlug sofort die Augen auf. Sie stand vor dem Tisch und hielt den Revolver. Sie merkte nicht, dass ich wach war und sie beobachtete. Plötzlich sehe ich, wie sie mit dem Revolver in der Hand auf mich zugeht. Ich schloss rasch die Augen und stellte mich schlafend.

Sie kam an mein Bett und beugte sich über mich. Ich hörte jede ihrer Bewegungen. Es herrschte eine Totenstille, und ich hörte diese Stille. Etwas durchzuckte mich, und ich schlug plötzlich, ganz gegen meinen Willen, die Augen auf. Sie blickte mir gerade in die Augen, und der Revolver war schon dicht an meiner Schläfe. Unsere Blicke begegneten sich. Wir sahen einander nur einen Bruchteil einer Sekunde an. Ich nahm meine ganze Seelenkraft zusammen und zwang mich, die Augen wieder zu schließen und sie nicht wieder zu öffnen, mich überhaupt nicht zu rühren, geschehe, was da wolle.

Es kommt ja auch wirklich vor, dass ein fest schlafender Mensch plötzlich die Augen aufreißt, sogar seinen Kopf für einen Augenblick hebt und sich im Zimmer umsieht, dann aber wieder bewusstlos in die Kissen sinkt und einschläft, ohne sich später an den ganzen Vorgang zu erinnern. Als ich, nachdem sich unsere Blicke getroffen und ich den Revolver an meiner Schläfe gefühlt hatte, meine Augen plötzlich wieder schloss und regungslos wie ein Schlafender dalag, konnte sie wirklich annehmen, dass ich schliefe und nichts gesehen hätte, umso mehr, als es doch ganz unwahrscheinlich erscheinen musste, dass einer, der das gesehen, was ich gesehen, in einem solchen Augenblick die Augen wieder geschlossen hätte.

Ja, es war durchaus unwahrscheinlich. Sie hätte aber auch die Wahrheit erraten können; auch das durchzuckte mein Hirn in diesem selben Augenblick. Welch ein Sturm von Gedanken und Empfindungen raste in diesem kurzen Augenblick in meinem Geist! Es lebe die Elektrizität des menschlichen Gedankens! In diesem Fall (sagte ich mir), wenn sie die Wahrheit erraten hat und weiß, dass ich nicht schlafe, muss ich sie schon durch meine Bereitschaft, den Tod hinzunehmen, entwaffnet haben, und ihre Hand wird den Hahn nicht abdrücken können. Ihre frühere Entschlossenheit könnte ja an diesem unerwarteten Eindruck zerschellen. Es scheint mir, dass einer, der am Rand eines Abgrunds steht, sich von diesem Abgrund angezogen fühlt. Ich glaube, dass viele Selbstmorde und Morde nur darum verübt worden sind, weil der Täter bereits den Revolver in der Hand hatte. Das ist ja auch so ein Abgrund, ein Abhang von 45 Grad, den man hinabgleiten muss, und etwas zwingt einen, den Hahn abzudrücken. Nur das Bewusstsein, dass ich alles gesehen, alles weiß und schweigend den Tod von ihrer Hand erwartete, hätte sie noch auf der steilen Fläche aushalten können.

Die Stille dauerte fort, und plötzlich fühlte ich an meiner Schläfe, an meinen Haaren die kalte Berührung des Eisens. Ich will Ihnen, wie vor Gott, bekennen: Ich hatte gar keine Hoffnung, und meine Chancen verhielten sich wie eins zu hundert. Warum ich dann den Tod so ruhig hinnahm? Darauf werde ich Sie fragen: Was für einen Wert hatte für mich noch das Leben, nachdem das von mir vergötterte Wesen den Revolver gegen mich erhoben hatte? Außerdem fühlte ich mit der ganzen Kraft meiner Seele, dass zwischen uns in diesem Augenblick ein Kampf entbrannt war, ein schrecklicher Zweikampf auf Leben und Tod, zwischen ihr und dem gestrigen Feigling, den seine Kameraden wegen Feigheit aus dem Regiment hinausgejagt hatten. Ich wusste das, und auch sie musste das wissen, wenn sie nur erraten hatte, dass ich nicht schlief.

Vielleicht habe ich in jenem Augenblick diese Gedanken gar nicht gehabt, vielleicht kommt es mir jetzt nur so vor, aber so hätte es sich doch notwendig abspielen müssen, wenn auch ohne Gedanken. Denn in meinem ganzen ferneren Leben habe ich nichts anderes getan, als in jeder Stunde daran gedacht.

Sie werden mich wieder fragen: Warum habe ich sie nicht vom Verbrechen zurückzuhalten gesucht? Ja, ich habe mir diese Frage später selbst tausendmal vorgelegt, jedes Mal, wenn ich mit einem kalten Schauer im Rücken an diesen Augenblick zurückdachte. Aber meine Seele befand sich damals in finsterster Verzweiflung. Ich ging zugrunde, ging selbst zugrunde, wie hätte ich da überhaupt noch eine andere Seele retten können? Und warum glauben Sie, dass ich damals überhaupt noch hätte jemand retten wollen? Wer kann wissen, was ich in jenen Augenblicken gefühlt habe?

Mein Bewusstsein war aber wach, es siedete förmlich in mir, die Sekunden verstrichen, und die Totenstille dauerte fort. Sie stand noch immer über mich gebeugt – und plötzlich durchzuckte mich ein Hoffnungsstrahl! Ich öffnete schnell die Augen. Sie war nicht mehr im Zimmer. Ich stand auf; ich hatte gesiegt, und sie war für immer besiegt!

Ich ging ins andere Zimmer zum Teetisch. Der Samowar wurde bei uns immer im ersten Zimmer gereicht, und sie pflegte selbst den Tee einzuschenken. Ich setzte mich schweigend an den Tisch, und sie reichte mir mein Glas. Nach etwa fünf Minuten sah ich sie an. Sie war entsetzlich bleich, noch bleicher als gestern, und sah mich unverwandt an. Und plötzlich, plötzlich, als sie merkte, dass ich sie ansah, huschte über ihre bleichen Lippen ein mattes Lächeln, und in ihren Augen regte sich eine bange Frage. »Folglich zweifelte sie noch immer und fragt sich: Weiß er's, oder weiß er's nicht? Hat er's gesehen oder nicht?« Ich blickte gleichgültig zur Seite.

Nach dem Frühstück schloss ich die Kasse, ging auf den Markt und kaufte eine eiserne Bettstelle und eine spanische Wand. Nach Hause zurückgekehrt, ließ ich das Bett mit der spanischen Wand im ersten Zimmer aufstellen.

Das Bett war für sie bestimmt, ich sagte ihr aber kein Wort davon. Auch ohne Worte begriff sie durch dieses Bett, dass »ich alles gesehen habe und alles weiß« und dass sie darüber nicht mehr zweifeln dürfe. Abends ließ ich den Revolver wie gewöhnlich auf dem Tisch liegen. Sie legte sich schweigend in ihr neues Bett. Unsere Ehe war getrennt. – Sie war besiegt, doch nicht freigesprochen. In der Nacht begann sie zu fantasieren, und am Morgen hatte sie Nervenfieber. Sechs Wochen blieb sie liegen.

VII
Ein stolzer Traum

Lukerja hat mir soeben erklärt, dass sie bei mir nicht länger bleiben wolle und gleich nach der Beerdigung der Gnädigen, fortgehen werde. Ich habe soeben fünf Minuten lang auf den Knien gebetet, obwohl ich ursprünglich die Absicht hatte, eine ganze Stunde lang zu beten. Ich muss immer denken und denken. In meinem kranken Kopf regen sich nur kranke Gedanken – das Beten wäre ja Sünde! Es ist auch merkwürdig, dass ich keine Schläfrigkeit fühle. Bei großem, allzu großem Schmerz, wenn die ersten heftigen Ausbrüche vorbei sind, will man sonst immer schlafen. Das ist ja auch ganz natürlich, sonst würden ja die Kräfte nicht ausreichen … Ich legte mich auf den Diwan, blieb aber wach …

… Sechs Wochen lang pflegten wir sie Tag und Nacht: ich, Lukerja und die gelernte Pflegerin aus dem Spital, die ich engagiert hatte. Ich sparte kein Geld, hatte sogar den Wunsch, für sie möglichst viel auszugeben. Ich ließ sie von Doktor Schröder behandeln und zahlte ihm zehn Rubel für jeden Besuch. Als sie das Bewusstsein wiedererlangt hatte, gab ich mir Mühe, ihr möglichst wenig unter die Augen zu treten. Warum spreche ich jetzt übrigens davon? Als sie das Bett verließ, setzte sie sich schweigend an einen besonderen Tisch, der in meinem Zimmer stand und den ich um jene Zeit für sie angeschafft hatte ... Ja, es ist wahr, wir schwiegen beide, d. h. wir fingen sogar später zu sprechen an, doch nur über ganz gleichgültige Dinge. Ich gab mir absichtlich Mühe, möglichst wenig zu sprechen, merkte aber sehr genau, dass sie sehr froh war, kein übriges Wort sagen zu müssen. Das erschien mir sogar sehr natürlich: »Sie ist zu sehr erschüttert, zu sehr besiegt«, sagte ich mir, »und ich muss ihr Zeit lassen, zu vergessen und sich einzuleben.« So schwiegen wir beide, ich bereitete mich aber in Gedanken jeden Augenblick auf die Zukunft vor. Ich hatte den Eindruck, dass auch sie mit den gleichen Gedanken beschäftigt war. Ich versuchte oft zu erraten, woran sie im betreffenden Augenblick denken könnte.

Ich will noch Folgendes sagen: Natürlich kann sich kein Mensch vorstellen, was ich während ihrer Krankheit durchgemacht habe. Ich stöhnte aber nur in mich hinein und verbarg sogar vor Lukerja manchen Seufzer. Ich konnte mir gar nicht vorstellen, konnte es gar nicht fassen, dass sie sterben werde, ohne alles erfahren zu haben. Als aber die Gefahr vorüber war und sie sich zu erholen begann, beruhigte ich mich, ich weiß es noch genau, ungewöhnlich schnell. Und noch mehr als das: Ich beschloss, *unsere Zukunft möglichst weit hinauszuschieben* und alles, solange es noch geht, im alten Geleis zu belassen. Ja, da geschah mit mir etwas ganz Merkwürdiges und Besonderes, ich kann es nicht anders nennen. Ich hatte den Sieg davongetragen, und es stellte sich heraus, dass schon der bloße Gedanke daran mir vollkommen genügte. So verging der ganze Winter. Ich war zufrieden wie noch nie, und dieser Zustand hielt den ganzen Winter an.

Denn sehen Sie: In meinem Leben gab es einen furchtbaren, durchaus äußeren Umstand, der mich bis dahin, d. h. bis zur Katastrophe mit meiner Frau, Tag und Nacht, jede Stunde und Minute bedrückt hatte. Ich meine die Entehrung und Ausstoßung aus dem

Regiment. Kurz: Mir war eine tyrannische Ungerechtigkeit widerfahren. Allerdings war ich wegen meines unverträglichen und vielleicht auch etwas lächerlichen Charakters wenig beliebt, obgleich es oft vorkommt, dass das, was einem erhaben erscheint, was er als sein Heiligstes im Herzen bewahrt und schätzt, seiner Umgebung aus irgendeinem Grund lächerlich erscheint. Selbst in der Schule hat man mich niemals geliebt. Ich war immer und überall unbeliebt. Auch Lukerja kann mich nicht lieben. Doch der Fall im Regiment trug einen durchaus zufälligen Charakter, wenn er auch in gewisser Hinsicht die Folge meiner Unbeliebtheit war. Ich erwähne es nur, weil es nichts Bedrückenderes und Unerträglicheres geben kann, als durch einen Zufall zugrunde zu gehen, durch einen Zufall, der ebenso gut auch nicht hätte sein können, durch eine unglückliche Verkettung von Umständen, die sich ebenso gut wie eine Wolke hätte verziehen können. Für einen intelligenten Menschen ist das ganz besonders erniedrigend. Der Fall lag so:

Es war im Theater. In einer Pause ging ich ans Büfett. Der Husarenoffizier A., der plötzlich am Büfett erschien, erklärte in Gegenwart aller anwesenden Offiziere und des Publikums, im Gespräch mit zwei anderen Husaren, dass der Hauptmann unseres Regiments, Besumzew, soeben im Korridor Skandal gemacht hätte und wahrscheinlich betrunken sei. Weiter wurde darüber nicht gesprochen, denn A. hatte sich geirrt: Besumzew war gar nicht betrunken, und der Skandal war eigentlich kein Skandal. Die Husaren brachten das Gespräch auf andere Dinge, und damit schien die Sache erledigt. Doch am nächsten Tag erfuhr man von der Geschichte in unserem Regiment, und gleich hieß es, dass ich, der einzige Offizier unseres Regiments, der dabei gewesen, den Husaren, der sich verletzend über unseren Hauptmann Besumzew geäußert hatte, nicht zur Rede gestellt hätte. Warum hätte ich es auch tun sollen? Wenn er etwas gegen Besumzew hatte, so war es doch eine persönliche Angelegenheit zwischen den beiden; warum hätte ich mich da einmischen sollen? Doch unsere Offiziere fanden, dass die Angelegenheit durchaus keine persönliche wäre, sondern das ganze Regiment beträfe. Da ich aber als einziger Vertreter des Regiments zugegen gewesen, so hätte ich dadurch allen am Büfett anwesenden Offizieren und dem Publikum gezeigt, dass es in unserem Regiment Offiziere gäbe, die in Bezug auf ihre persönliche Ehre und die Ehre des Regiments wenig empfindlich seien. Ich konnte mich dieser Auffassung nicht anschließen. Man gab mir zu verstehen, dass ich alles gutmachen könnte, wenn ich mich noch nachträglich mit A. auseinandersetzen wollte. Ich wollte es aber nicht tun. Ich war aufs Höchste gereizt, und meine Weigerung klang sehr bestimmt und stolz. Gleich darauf reichte ich mein Abschiedsgesuch ein. Das ist die ganze Geschichte. Ich verließ das Regiment mit stolz erhobenem Kopf, war aber innerlich gebrochen. Meine Willenskraft und meine geistigen Kräfte waren auf einmal wie gelähmt. Da traf es sich noch, dass mein Schwager in Moskau unser ganzes Vermögen, und somit auch meinen Teil, eine allerdings nicht sehr große Summe, durchgebracht hatte. So blieb ich ohne einen Heller auf der Straße. Ich hätte ja eine Privatstelle nehmen können, tat es aber nicht. Ich konnte nicht den glänzenden Offiziersrock mit der Uniform eines Eisenbahners vertauschen. Wenn schon sinken, dann tief sinken, wenn schon Schande, dann die allergrößte Schande. Je schlimmer, desto besser: Das war meine Wahl. Nun kamen die drei Jahre, an die ich mich heute noch mit Grauen erinnere. Auch die Erinnerung an das Nachtasyl am Heumarkt gehört dazu. Vor eineinhalb Jahren starb in Moskau meine reiche alte Pate und hinterließ mir, wie den anderen Taufkindern, dreitausend Rubel. Dies entschied mein Schicksal. Ich entschloss mich, eine Leihkasse zu gründen und von ihr zu leben, ohne mich vor den Menschen erniedrigen zu müssen. So würde ich mir Geld erwerben, dann ein eigenes Heim gründen und ein neues Leben fern von alten Erinnerungen beginnen. Das war mein Plan. Dennoch quälten mich die Gedanken an meine dunkle Vergangenheit und die für immer verlorene Ehre jede Stunde und jede Minute. Um diese Zeit heiratete ich. Ob es ein Zufall war oder nicht – kann ich wirklich nicht sagen. Jedenfalls glaubte ich, als ich sie in mein Haus führte, in ihr einen Freund gewonnen zu haben. Einen Freund brauchte ich aber notwendiger als irgendetwas. Zugleich wusste ich schon damals, dass ich mir diesen Freund erst werde vorbereiten, erziehen und sogar besiegen müssen. Hätte ich denn dieser Sechzehnjährigen, die noch alle Vorurteile ihres Alters hatte, überhaupt etwas erklären können? Wie hätte ich sie z. B. ohne die zufällige Hilfe der Katastrophe mit dem Revolver überzeugen können, dass ich kein Feigling bin und dass das gegen mich ergangene Urteil der Regimentskameraden ungerecht war? Die Katastrophe kam gerade zur rechten Zeit. Indem ich dem gegen mich gerichteten Revolver standhielt, rächte ich meine ganze finstere Vergangenheit, und wenn es auch kein anderer Mensch erfuhr, so erfuhr es doch *sie*. Das bedeutete für mich alles, denn sie selbst war mein alles, die ganze Hoffnung meiner Zukunft! Sie war der einzige Mensch, den ich an meiner Seite haben wollte. Ich wollte sie mir zu einem Freund erziehen, und eines anderen Menschen bedurfte ich nicht. Nun hatte sie die Wahrheit erfahren. Sie hatte jedenfalls eingesehen, dass sie schlecht und voreilig gehandelt hatte, als sie zu meinen Feinden überging. Dieser Gedanke entzückte mich. In ihren Augen konnte ich nicht mehr als gemeiner, höchstens noch als sonderbarer Mensch dastehen, und sogar das Letztere durfte mir, nach allem, was geschehen, gar nicht so unangenehm sein. Sonderbarkeit ist kein Laster, eher etwas, was den weiblichen Charakter zuweilen anzieht. Kurz und gut, ich bemühte mich, die Lösung der Sache möglichst hinauszuschieben, denn das, was geschehen, genügte mir vorläufig vollkommen zu meiner Beruhigung und gab eine Menge von Bildern und Material für meine Träume. Das ist eben das Gemeine, dass ich ein Träumer bin. Mir genügte das Material, von ihr aber dachte ich, dass sie noch warten könne.

So verging der Winter in ständiger Spannung und Erwartung. Ich liebte es, sie heimlich zu beobachten, wenn sie vor ihrem Tischchen saß. Sie machte irgendeine Handarbeit, flickte Wäsche, las auch manchmal abends die Bücher, die sie in meinem Schrank fand. Auch die Auswahl der Bücher, die ich besaß, musste wohl zu meinen Gunsten sprechen. Sie verließ fast nie das Haus. Täglich nach dem Essen führte ich sie in der Dämmerstunde ein wenig aus, doch während dieser kurzen Spaziergänge schwiegen wir beide ganz wie früher. Ich bemühte mich, so zu tun, als ob wir nicht schwiegen, sondern uns freundschaftlichst unterhielten, doch, wie gesagt, vermieden wir beide wie auf Verabredung überflüssige Worte. Ich tat es mit Absicht, um ihr Zeit zu lassen. Etwas ist allerdings sonderbar. Während des ganzen Winters fiel es mir kein einziges Mal auf, dass sie mich fast nie eines Blickes würdigte, während ich sie doch so gerne heimlich beobachtete. Ich glaubte, es sei ihre Schüchternheit. Denn nach der Krankheit schien sie so schüchtern, sanft und kraftlos. »Nein, warte nur«, sagte ich mir immer, »sie wird einmal plötzlich selbst zu dir kommen.«

Dieser Gedanke entzückte mich, und ich konnte ihm nicht widerstehen. Ich will dem noch hinzufügen, dass ich mich zuweilen selbst aufhetzte und meinen Geist und meinen Verstand so weit brachte, dass sich in mir so etwas wie ein feindseliges Gefühl gegen sie regte. So ging es eine geraume Zeit. Doch dieses Gefühl vermochte nicht, in meiner Seele Wurzeln zu fassen und zu einem Hass gegen sie zu reifen. Ich fühlte auch selbst, dass es eigentlich ein Spiel war. Selbst damals, als ich das Bett und die spanische Wand kaufte und auf diese Weise unsere eheliche Gemeinschaft zerriss, habe ich sie nicht ernsthaft für eine Verbrecherin halten können. Und dies nicht etwa, weil ich ihr Verbrechen leichtsinnig beurteilt hätte, sondern weil ich gleich am ersten Tag, noch bevor das Bett angeschafft war, die Absicht hatte, ihr gänzlich zu verzeihen. Es war mit einem Wort nur eine Laune von mir, denn sonst habe ich strenge moralische Anschauungen. Im Gegenteil: Sie war in meinen Augen so sehr besiegt, erdrückt, vernichtet, dass ich mit ihr manchmal Mitleid hatte, obwohl ich gestehen muss, dass der Gedanke an ihre Erniedrigung mir sogar gewisse Genugtuung verschaffte. Es war eben der Gedanke an unsere Ungleichheit, der mich so reizte …

In diesem Winter beging ich absichtlich einige gute Taten. Ich schenkte zwei Schuldnern die Schuld und gab einer armen Frau ein Darlehen ganz ohne Pfand. Meiner Frau sagte ich aber nichts davon, denn ich tat es gar nicht, damit sie es erfahre. Doch die arme Frau kam von selbst und bedankte sich bei mir kniefällig. Auf diese Weise erfuhr sie davon; mir schien sogar, dass sie sich darüber freute.

Da kam der Frühling; es war schon Mitte April, die Winterfenster wurden herausgenommen, und die Sonne warf ihre grellen Strahlen in unsere schweigenden Zimmer. Meine Augen waren noch gleichsam verbunden, und mein Geist war blind. Diese verhängnisvolle, furchtbare Binde vor den Augen! Wie kam es nur, dass sie plötzlich fiel, dass ich plötzlich alles begriff? War es Zufall? Hatte sich die Zeit erfüllt? Oder war es ein Sonnenstrahl, der in meinem stumpf gewordenen Geist plötzlich die Ahnung erweckte? Nein, es war keine plötzlich geweckte Ahnung, sondern das Aufleben einer gewissen Ader, die bis dahin gelähmt war. Sie erbebte plötzlich, lebte auf und erleuchtete meine stumpf gewordene Seele und meinen teuflischen Hochmut. Es geschah so plötzlich und so unerwartet, dass ich, wie von einem Schlag getroffen, auffuhr. Es geschah an einem Abend, so gegen fünf Uhr nachmittags …

VIII
Die Binde fiel

Vorher noch zwei Worte. Noch vor einem Monat war mir ihre eigentümliche Nachdenklichkeit aufgefallen. Es war eben keine Schweigsamkeit mehr, es war Nachdenklichkeit. Das war mir ganz plötzlich aufgefallen. Sie saß damals über eine Näharbeit gebeugt und merkte nicht, dass ich sie beobachtete. Plötzlich fiel es mir auf, wie schmal und mager sie geworden war, wie bleich ihr Gesicht, wie blutleer ihre Lippen waren – dies alles und noch dazu ihre Nachdenklichkeit erschreckten mich mit einem Male ganz außerordentlich. Ich hatte schon früher bemerkt, dass sie manchmal, besonders nachts, so eigentümlich trocken hüstelte. Ich stand gleich auf und eilte, ohne ihr etwas davon zu sagen, zum Doktor Schröder.

Schröder kam am nächsten Tag. Sie war sehr erstaunt und blickte bald auf mich und bald auf den Arzt.

»Ich bin ja vollständig gesund«, sagte sie mit einem rätselhaften Lächeln.

Schröder untersuchte sie nicht besonders eingehend (diese Mediziner sind ja manchmal vor lauter Einbildung etwas nachlässig). Er sagte mir im Nebenzimmer, dass es noch eine Nachwirkung ihrer Krankheit sei und dass es ganz gut wäre, wenn sie in irgendein Seebad oder wenigstens in eine Sommerfrische gehen könnte. Er sagte also eigentlich nichts, außer, dass es Schwäche oder etwas Ähnliches sei. Als Schröder gegangen war, blickte sie mich ungewöhnlich ernst an und sagte plötzlich nochmals:

»Ich bin ja vollständig gesund.«

Kaum hatte sie es gesagt, als sie plötzlich über und über rot wurde, augenscheinlich vor Scham. Ja, es war augenscheinlich Scham. Oh, jetzt begreife ich es. Sie schämte sich darüber, dass ich noch ihr Mann war und für sie sorgte, als ob ich noch ihr wirklicher Mann wäre. Damals begriff ich es aber nicht und schrieb das Erröten ihrer Demut zu. (Ja, ich hatte eben noch die Binde vor den Augen!)

Nach einem Monat, an einem sonnigen Apriltag saß ich also gegen fünf Uhr in meinem Zimmer und machte Kaffee. Sie saß im anderen Zimmer an ihrem Tischchen und nähte. Plötzlich hörte ich, dass sie leise, ganz leise zu singen anfing. Diese neue Wahrnehmung machte auf mich einen geradezu erschütternden Eindruck, den ich auch heute noch nicht recht fassen kann. Bis dahin hatte ich sie fast nie singen gehört, höchstens noch in den ersten Tagen nach der Hochzeit, wo wir noch beide lustig waren, mit dem Revolver ins Ziel schossen usw. Ihre Stimme war damals stark, schön und hell. Sie sang zwar nicht ganz richtig, doch ungemein angenehm. Nun war ihr Liedchen so schwach – ich will nicht sagen, dass es melancholisch gewesen wäre (es war irgendeine Romanze). Ihre Stimme klang aber so, als ob in ihr etwas gesprungen oder gerissen wäre, als ob sie nicht die Kraft hätte, als ob das Liedchen selbst krank wäre. Sie sang ganz leise, und plötzlich, bei einem hohen Ton, brach die Stimme ab – so ein armseliges Stimmchen, es war so jämmerlich, als es abbrechen musste! Sie hüstelte, räusperte sich und begann dann wieder ganz leise und kaum hörbar zu singen …

Man wird wohl über meine Aufregung lachen, doch niemand wird je begreifen können, warum mich diese Aufregung überkam! Nein, es war noch kein Mitleid mit ihr, es war etwas ganz anderes. Zuerst, wenigstens in den ersten Minuten, stand ich dieser neuen Tatsache ganz verständnislos gegenüber. Ich war erstaunt und bestürzt, es war ein unheimliches, seltsames und krankhaftes Gefühl, beinahe etwas wie Rachsucht, das sich in mir regte: »Sie singt und dazu noch in meiner Gegenwart! Hat sie mich etwa vergessen?«

Zuerst blieb ich ganz bestürzt auf meinem Platz sitzen, sprang dann plötzlich auf, nahm meinen Hut und ging, ohne noch recht zu wissen, was ich tun wollte, hinaus. Lukerja reichte mir meinen Mantel.

»Sie singt?«, fragte ich sie unwillkürlich. Lukerja verstand mich nicht und sah mich ganz blöde an; ich war ihr wohl auch wirklich unverständlich.

»Singt sie heute zum ersten Mal?«

»Nein, wenn Sie nicht zu Hause sind, singt sie öfters«, antwortete Lukerja.

Ich kann mich noch genau auf alles besinnen. Ich ging die Treppe hinunter, trat auf die Straße und ging aufs Geratewohl. Ich ging bis zur nächsten Ecke und starrte gerade vor mich hin. Leute gingen vorüber, stießen mich an, ich sah und hörte nichts. Ich rief eine Droschke herbei und sagte dem Kutscher, er solle mich zur Polizeibrücke fahren; warum, weiß ich nicht. Ich gab aber gleich diese Absicht auf und schenkte dem Kutscher zwanzig Kopeken.

»Das ist dafür, dass ich dich umsonst anrief«, sagte ich ihm, indem ich ihm ganz sinnlos und verstört ins Gesicht lachte. In meinem Herzen stieg plötzlich ein unsagbares Wonnegefühl auf.

Ich kehrte um und begab mich mit beschleunigten Schritten nach Hause. In meiner Seele klang wieder der gesprungene, traurige, abgerissene Ton. Mir stockte der Atem. Die Binde fiel, sie fiel von meinen Augen. Wenn sie in meiner Gegenwart zu singen begonnen hatte, so hatte sie mich vergessen – das war es, was ich plötzlich so klar vor Augen sah und was mich so erschreckte. So fühlte mein Herz. Doch das Wonnegefühl erfüllte meine Seele und besiegte die Angst.

Oh die Ironie des Schicksals! Dieses Wonnegefühl war doch in meiner Seele den ganzen Winter über gewesen, etwas anderes als dieses Gefühl hätte in ihr ja gar nicht wohnen können; wo war ich selbst diesen Winter über gewesen? Ob ich überhaupt mit meiner

Seele eins gewesen war? Ich lief eilig die Treppe hinauf. Ob ich stürmisch oder schüchtern ins Zimmer trat, weiß ich nicht mehr. Ich weiß nur noch, dass der ganze Fußboden unter mir schwankte, als werde ich von Wellen getragen. Als ich ins Zimmer trat, saß sie noch immer auf ihrem früheren Platz, den Kopf über die Näharbeit gebeugt; sie sang aber nicht mehr. Sie streifte mich mit einem gleichgültigen Blick. Es war eigentlich kein Blick, sondern eine rein mechanische Geste, so wie wenn irgendein Gleichgültiger ins Zimmer tritt.

Ich ging direkt auf sie zu und setzte mich dicht neben sie. Ich sah wohl wie ein Wahnsinniger aus. Sie warf mir einen schnellen Blick zu und schien erschreckt. Ich ergriff ihre Hand, ich weiß nicht mehr, was ich ihr sagte, d.h. was ich ihr sagen wollte, denn ich konnte ja nicht einmal vernünftig reden. Meine Stimme riss und wollte mir nicht gehorchen. Ich wusste ja auch gar nicht, was ich ihr sagen sollte. So saß ich, um Atem ringend, neben ihr.

»Wollen wir ein wenig sprechen … weißt du … sag doch irgendwas!«, lallte ich plötzlich ganz dumm. Wie hätte ich da auch etwas Vernünftiges sagen können? Sie zuckte wieder zusammen, sah mich an und prallte, außer sich vor Angst, von mir zurück. Plötzlich nahmen ihre Augen den Ausdruck von Strenge und Erstaunen an. Ja, es war ein ganz eigentümliches strenges Erstaunen. Sie sah mich mit großen Augen an. Von dieser Strenge, diesem strengen Erstaunen war ich wie zermalmt. »Du willst noch Liebe? Liebe?«, fragten mich ihre erstaunten Blicke. Sie schwieg, doch ich las in ihrem Blick alles, alles. Alles erzitterte in mir, und ich stürzte zu ihren Füßen. Ja, ich lag wirklich vor ihren Füßen. Sie sprang rasch auf, aber ich hielt sie mit ungewöhnlicher Kraft an beiden Händen fest.

Ich begriff vollkommen meine Verzweiflung, oh, ich begriff sie! Und doch – Sie werden es kaum glauben – und doch war mein Herz von einem so unbeschreiblichen Wonnegefühl erfüllt, dass ich glaubte, es würde brechen. Ganz berauscht küsste ich ihr die Füße. Ja, ich war glücklich, grenzenlos, unendlich glücklich, obwohl ich mir dabei auch meiner Verzweiflung voll bewusst war. Ich weinte, stammelte etwas, konnte aber nichts sagen. Schrecken und Erstaunen wurden bei ihr von einer Besorgnis verdrängt, von einer bangen Frage abgelöst. Sie sah mich so sonderbar, sogar wahnsinnig an, wollte endlich alles begreifen und lächelte. Sie schämte sich sehr, dass ich ihr die Füße küsste, und zog sie immer zurück. Ich küsste aber dann die Stelle, wo ihre Füße gestanden hatten. Sie sah es und begann plötzlich vor Scham zu lachen. (Wissen Sie, wie es klingt, wenn man vor Scham lacht?) Sie bekam einen hysterischen Anfall, ich sah, wie ihre Hände zuckten, doch ich dachte nicht daran und flüsterte in einem fort, dass ich sie liebe, dass ich nicht aufstehen würde: »Lass mich dein Kleid küssen … Lass mich dich mein Leben lang anbeten …« Ich weiß nicht mehr, kann mich auf nichts mehr besinnen – plötzlich schluchzte sie auf und erbebte am ganzen Leib. Es war ein schrecklicher hysterischer Anfall. Ich hatte sie zu sehr erschreckt.

Ich trug sie auf ihr Bett. Als der Anfall vorüber war, setzte sie sich auf, ergriff meine Hände und sagte: »Lassen Sie, quälen Sie sich nicht, beruhigen Sie sich!« Sie war furchtbar traurig, schien ganz vernichtet und weinte in einem fort. Den ganzen Abend ging ich nicht von ihrer Seite. Ich sagte ihr immer, dass ich mit ihr in ein Seebad, nach Boulogne reisen wolle, und zwar sofort, in vierzehn Tagen, dass mir der seltsam gesprungene Ton in ihrer Stimme aufgefallen sei, dass ich die Leihkasse schließen und an Dobronrawow verkaufen würde, dass nun ein neues Leben beginnen würde. Vor allen Dingen aber müssten wir sofort nach Boulogne reisen! Sie hörte mir erschrocken zu. Ihre Angst schien immer zu wachsen. Ich kümmerte mich aber nicht um ihre Angst, hatte nur den einen unbezwingbaren Wunsch, vor ihren Füßen zu liegen, die Stelle auf dem

Boden, wo ihre Füße gestanden, zu küssen, zu ihr zu beten. »Ich werde von dir nichts mehr verlangen«, wiederholte ich immer wieder, »du brauchst mir nichts mehr zu antworten, brauchst mich überhaupt nicht mehr zu beachten, lass mich nur auf dich von einem Winkel aus schauen, behandle mich wie dein Eigentum, wie dein Hündchen …« Sie weinte.

»*Und ich hatte schon gedacht, sie würden mich ganz in Ruhe lassen*«, entfuhr es ihr plötzlich ganz unwillkürlich – so unwillkürlich, dass sie vielleicht selbst gar nicht merkte, wie sie es sagte. Und doch war es das Wichtigste, das Verhängnisvollste, was ich von ihr an diesem Abend zu hören bekam, eigentlich das Einzige, was ich vollkommen begriff. Diese Worte durchbohrten mir förmlich das Herz, sie erklärten mir alles! Doch solange ich sie bei mir, vor meinen Augen hatte, gab ich noch immer die Hoffnung nicht auf, war noch immer unsagbar glücklich. Ich hatte sie an diesem Abend furchtbar ermüdet, ich sah es vollkommen ein, glaubte aber immer, dass es mir gleich gelingen würde, alles gutzumachen. Als die Nacht kam, war sie ganz erschöpft. Ich bat sie, sie möchte doch einschlafen, und sie schlief auch wirklich sofort ein. Ich erwartete, dass sie fantasieren würde. Sie fantasierte auch wirklich, doch nicht zu heftig. In der Nacht stand ich jeden Augenblick auf, ging leise in Pantoffeln an ihr Bett und betrachtete sie. Wie ich das arme kranke Wesen auf dem schmalen eisernen Bett, das ich ihr für drei Rubel gekauft hatte, liegen sah, rang ich die Hände. Ich kniete vor ihr nieder, wagte aber nicht, während sie schlief (also gegen ihren Willen!), ihre Füße zu küssen. Ich versuchte zu beten, sprang aber immer gleich wieder auf. Lukerja kam einige Male aus der Küche und sah mich ganz verwundert an. Ich sagte ihr, sie möchte sich endlich hinlegen; morgen würde aber »etwas ganz Neues« beginnen.

Auch ich selbst glaubte blind, wahnsinnig, fanatisch daran. Ich war vor Freude ganz berauscht! Ich wartete nur auf den Morgen. Trotz aller warnenden Symptome glaubte ich nicht an die Möglichkeit eines Unglücks. Obwohl die Binde gefallen war, hatte ich den gesunden Menschenverstand noch nicht ganz wiedererlangt, und dieser Zustand hielt noch lange an, bis auf den heutigen Tag! Wie hätte ich damals auch vernünftig denken können. Sie war ja noch am Leben, sie lag vor mir, und ich stand vor ihr. »Morgen wird sie erwachen, ich werde ihr alles sagen, und sie wird alles einsehen!« So stellte ich es mir damals vor, so klar und so einfach; und darum war ich auch so berauscht! Am meisten aber berauschte mich der Gedanke an die Reise nach Boulogne. Aus irgendeinem Grund glaubte ich, dass Boulogne die Rettung sei, dass Boulogne alles lösen würde. Mit wahnsinniger Spannung wartete ich auf den Morgen.

IX
Begreife es nur zu gut

Das Ganze war ja erst vor einigen Tagen, vor fünf Tagen, vor nur fünf Tagen, am vergangenen Dienstag! Nein, nein, wenn sie doch nur einen Augenblick gewartet hätte, ich hätte gewiss all die finsteren Wolken zerstreut! Hatte sie sich denn nicht gänzlich beruhigt? Denn am nächsten Tag hörte sie mir schon zu, wenn auch etwas verlegen, so doch mit einem Lächeln auf den Lippen … Die ganze Zeit über, die ganzen fünf Tage war sie verlegen oder sie schämte sich … Es war auch Furcht dabei, sogar große Furcht. Ich will es ja nicht bestreiten, will nicht wie ein Wahnsinniger widersprechen. Sie fürchtete sich vor mir, wie hätte sie sich aber auch nicht fürchten sollen? Wir waren ja seit so langer Zeit einander fremd geworden, hatten uns voneinander so gänzlich entwöhnt, und plötzlich dieser unerwartete Ausbruch … Ich achtete aber nicht auf ihre Furcht, ich war von dem Neuen, das in der Zukunft leuchtete, ganz geblendet!

Es ist ja wahr, es ist zweifellos wahr, dass ich da einen Fehler begangen habe. Vielleicht sogar viele Fehler. Gleich am Morgen, als wir beide erwachten, gleich am frühen Morgen (es war am Mittwoch) beging ich einen großen Fehler: Ich wollte sie gleich zu meinem Freund machen. Ich habe mich zu sehr beeilt, habe unüberlegt gehandelt, doch die Beichte war notwendig; es war auch viel mehr als das, was man so Beichte nennt! Ich sagte ihr solche Dinge, die ich auch vor mir mein Leben lang verheimlicht hatte. Ich sagte ihr so gerade heraus, dass ich den ganzen Winter nur daran gedacht hatte, dass sie mich liebte, dass ich an ihrer Liebe überhaupt nicht zweifelte. Ich erklärte ihr, dass die Leihkasse nur eine Folge meiner gesunkenen Willenskraft sei, meine eigene Idee von Selbstgeißelung und Selbstverherrlichung. Ich erklärte ihr, dass ich damals am Büfett tatsächlich wie ein Feigling gehandelt hätte, was meiner übertriebenen Empfindlichkeit zuzuschreiben sei. Die Umgebung, das Publikum am Büfett hätten mich verwirrt. Ich hätte mich gefragt, ob es nicht lächerlich wirken würde, wenn ich so plötzlich vortreten wollte? Ich fürchtete mich nicht vor dem Duell, sondern vor der Möglichkeit, lächerlich zu erscheinen … Später hätte ich es aber nicht eingestehen wollen und mich und alle anderen damit gequält, auch sie hätte ich damals gequält, hätte sie überhaupt nur darum geheiratet, um sie quälen zu können. Ich sprach überhaupt fast die ganze Zeit wie im Fieber. Sie fasste mich sogar an den Händen und bat mich, aufzuhören: »Sie übertreiben … Sie quälen sich …« Und dann begann sie wieder zu weinen und bekam beinahe wieder den Anfall. Sie bat mich in einem fort, ich möchte nicht mehr davon sprechen und überhaupt nicht mehr daran denken.

Ich hörte aber gar nicht oder fast gar nicht auf ihre Bitten. Ich dachte ja an den Frühling, an die Reise nach Boulogne! Dort strahlte die Sonne, unsere neue Sonne! Nur davon sprach ich zu ihr. Wenn ich die Leihkasse geschlossen und alle Geschäfte Dobronrawow übergeben hätte, wollte ich mein ganzes Vermögen, so sagte ich ihr, an Arme verschenken und mir nur die dreitausend Rubel, die ich einst von meiner Pate bekommen hatte und die mein Grundkapital waren, behalten. Mit diesem Geld würden wir eben die Reise nach Boulogne machen, dann aber nach Hause zurückkehren und ein neues arbeitsvolles Leben beginnen. Dabei blieb es, d. h. sie erwiderte nichts darauf. Sie lächelte nur. Sie lächelte wohl mehr aus Zartgefühl, um mich nicht zu verletzen. Ich sah ja, dass ihr diese Auseinandersetzungen über unsere Zukunft lästig waren. Glauben Sie nur nicht, dass ich so dumm und egoistisch gewesen wäre, dass ich es nicht hätte bemerken können. Ich sah alles haarscharf und wusste alles besser als irgendjemand. Ich war mir ja meiner verzweifelten Lage voll bewusst!

Ich sprach immer von mir und von ihr. Auch von Lukerja. Ich erzählte ihr auch, dass ich geweint hatte … Oh, ich brachte ja die Rede auch auf andere Dinge und bemühte mich, über gewisse Dinge zu schweigen. Mitunter wurde sie sogar lebhafter und hörte mir interessiert zu. Ich kann mich noch so gut daran erinnern! Warum sagen Sie mir, ich sei blind gewesen, hätte in meiner Verblendung nichts gesehen? Wäre nur das eine nicht geschehen, hätte noch alles gut werden können. Erzählte sie mir ja doch vor drei Tagen, was sie in diesem Winter alles gelesen hatte, und lachte so herzlich, als sie sich an die Szene aus dem Gil Blas mit dem Erzbischof von Granada erinnerte. Wie herzlich, wie kindlich klang ihr Lachen! So hatte sie in ihrer Brautzeit gelacht – es war ja nur ein kurzer Augenblick! – wie froh war ich da! Und wie bestürzt! Hatte sie ja doch in diesem Winter noch so viel Gemütsruhe und Glück gefunden, um über diese Szene lachen zu können! Folglich hatte sie sich schon früher etwas beruhigt, hatte wirklich geglaubt, dass ich sie in Ruhe lassen würde. »Ich hatte ja schon gedacht, dass Sie mich ganz in Ruhe lassen würden« – das hatte sie am Dienstag gesagt. Oh, diese Worte sind wirklich eines sechzehnjährigen Mädchens würdig! Sie hatte wirklich geglaubt, dass alles so bleiben würde. Sie an ihrem Tisch und ich an meinem Tisch, und so bis zum sechzigsten Lebensjahr! Und da komme ich daher, mache meine Gattenrechte geltend, und der Gatte braucht Liebe! Oh dieses Missverstehen, oh meine Blindheit!

Es war ja auch ein Fehler, dass ich sie mit so entzückten Augen betrachtete. Ich hätte mich beherrschen sollen, denn mein Entzücken erschreckte sie. Ich nahm mich ja auch wirklich zusammen und küsste ihr nicht mehr die Füße. Kein einziges Mal zeigte ich ihr, dass … nun, dass ich ihr Gatte war – ich dachte überhaupt nicht daran, ich wollte sie ja nur anbeten! Aber ich konnte ja nicht immer schweigen, ich musste doch etwas sprechen! Ich sagte ihr plötzlich, dass mir die Unterhaltung mit ihr großen Genuss bereite, dass ich sie für unvergleichlich gebildeter und geistig entwickelter halte als mich selbst. Sie errötete wieder und sagte verlegen, dass ich übertreibe. Da konnte ich mich schon gar nicht beherrschen und sagte ihr dummerweise, wie entzückt ich neulich gewesen war, als ich, hinter der Tür stehend, ihrem Zweikampf zugehört hatte, dem Zweikampf der Unschuld mit dem rohen Kerl, wie sehr mich ihr feiner Verstand, ihr sprühender Witz und zugleich ihre kindliche Naivität entzückt hätten. Sie zuckte zusammen und stammelte wieder etwas von Übertreibung. Plötzlich wurde aber ihr Gesicht finster, sie bedeckte es mit den Händen und begann zu schluchzen … Nun konnte ich mich schon gar nicht mehr beherrschen. Ich fiel wieder vor ihr hin, begann ihre Füße zu küssen, und wieder folgte darauf ein hysterischer Anfall wie am Dienstag. Das war gestern Abend. Und am nächsten Morgen …

Am nächsten Morgen? Wahnsinniger, dieser Morgen war doch heute, ganz vor Kurzem!

Hören Sie aufmerksam zu: Als wir uns heute früh (also nach dem gestrigen Anfall) am Teetisch trafen, war ich über ihre Ruhe ganz erstaunt … Ja, so war es! Ich hatte aber die ganze Nacht für die Folgen des Gestrigen gefürchtet. Plötzlich tritt sie auf mich zu, stellt sich vor mich hin, faltet die Hände (es ist ja erst heute früh passiert!) und sagt, dass sie eine Verbrecherin sei, dass sie es sehr wohl wisse, dass ihr Verbrechen sie den ganzen Winter gequält hätte und sie noch jetzt quäle … dass sie meine Großmut nur zu gut schätze … »Ich werde Ihnen eine treue Gattin sein, ich werde Sie achten …« Da sprang ich wie wahnsinnig auf und schloss sie in meine Arme! Ich küsste sie, bedeckte mit Küssen ihr Gesicht, küsste ihre Lippen, wie ein Gatte seine Frau nach langer Trennung küsst. Und warum bin ich nur heute weggegangen, wenn auch nur für zwei Stunden … um unsere ausländischen Pässe zu holen? … Oh mein Gott! Wäre ich doch nur um fünf Minuten früher zurückgekommen! … Und nun steht diese Volksmenge vor unserem Haustor, und alle sehen mich so sonderbar an … Oh Gott!

Lukerja sagt – (diese Lukerja will ich jetzt um keinen Preis fortlassen, sie weiß alles, sie war den ganzen Winter dabei, hat alles gesehen, wird mir alles erzählen können) – Lukerja sagt, dass sie, als ich fortgegangen war, also nur etwa zwanzig Minuten vor meiner Rückkehr, zur gnädigen Frau in unser Schlafzimmer hineingegangen war, um etwas, ich weiß nicht mehr was, zu fragen. Da hatte sie gesehen, dass das Heiligenbild (das bewusste Muttergottesbild) aus dem Schrein herausgenommen war und auf dem Tisch stand. Die gnädige Frau stand aber davor und sah so aus, als ob sie erst eben gebetet hätte. »Was machen Sie da, gnädige Frau?« – »Es ist nichts, Lukerja, geh nur.« – »Wart, Lukerja.« – Sie ging auf sie zu und küsste sie. – »Sind Sie jetzt glücklich, gnädige Frau?« – »Ja, Lukerja.« – »Sie hätten ja schon längst den Herrn um Verzeihung bitten müssen, gnädige Frau … Gott sei Dank, dass Sie sich endlich ausgesöhnt haben.« – »Es ist gut, Lukerja. Geh jetzt, Lukerja.« Bei diesen Worten lächelte sie so sonderbar, dass Lukerja nach zehn Minuten wieder ins Zimmer kam, um nach ihr zu sehen: »Sie steht an die Wand gelehnt und den Kopf in die Hand gestützt. So steht sie nachdenklich da. Und ist so sehr in Gedanken versunken, dass sie gar nicht merkt, dass ich im Nebenzimmer stehe und sie betrachte. Ich sehe, wie sie lächelt. Sie steht da, denkt an etwas und lächelt. Ich beobachtete sie eine Weile, drehte mich dann leise um und ging hinaus; sie kam mir so sonderbar vor. Plötzlich höre ich, dass ein Fenster geöffnet wird. Ich gehe sofort wieder zurück und sage: ›Es ist so frisch draußen, gnädige Frau, dass Sie sich nur nicht erkälten!‹ Und plötzlich sehe ich, wie sie auf das Fensterbrett steigt. Sie steht im offenen Fenster ganz aufgerichtet, mit dem Rücken zu mir, hält in den Händen das Heiligenbild. Das Herz steht mir still, ich schreie: ›Gnädige Frau! Gnädige Frau!‹ Sie hört es, will sich wohl noch zu mir umkehren, kehrt sich aber nicht um, sondern macht einen Schritt nach vorne, drückt sich das Heiligenbild noch fester an die Brust und – stürzt aus dem Fenster!«

Ich weiß nur noch, dass sie, als ich vor dem Haus ankam, noch warm war. Den tiefsten Eindruck machte auf mich, dass alle auf mich sahen. Anfangs schrien sie, plötzlich wurden alle still und machten mir Platz. Da sah ich sie mit dem Heiligenbild liegen. Ich erinnere mich nur noch ganz dunkel, dass ich schweigend zu ihr trat und sie lange anstarrte. Alle umringten mich und sprachen etwas zu mir. Lukerja war auch dabei, ich habe sie aber nicht gesehen. Ich kann mich nur noch an einen Kleinbürger erinnern, der mir immer zurief: »Nur eine Handvoll Blut ist ihr aus dem Mund geflossen, nur eine Handvoll! …« Und er zeigte auf einen Pflasterstein mit einigen Blutspuren. Mir scheint, ich habe das Blut mit dem Finger berührt, habe mir den Finger mit Blut befleckt, betrachtete darauf den Finger (das Letztere weiß ich noch genau); er rief mir aber noch fortwährend zu: »Eine Handvoll, eine Handvoll!«

»Was, eine Handvoll?«, schrie ich wütend auf. Man sagt, ich habe mich mit erhobenen Händen auf ihn gestürzt …

Es ist wahnsinnig! Ein Missverständnis! Unglaublich! Unmöglich!

X
Nur fünf Minuten zu spät

Oder etwa nicht? Halten Sie es für wahrscheinlich? Können Sie sagen, dass es möglich wäre? Wozu, warum starb diese Frau?

Oh, glauben Sie mir, ich verstehe es vollkommen, doch wozu sie gestorben ist – ist immer noch eine Frage. Sie erschrak vor meiner Liebe und fragte sich ernstlich: Soll ich sie annehmen, oder soll ich sie nicht annehmen? Sie hat die Frage nicht ertragen können und den Tod vorgezogen. Ja, ich weiß, ich weiß es, brauche mir nicht mehr den Kopf darüber zu zerbrechen. Sie hatte mir zu viel versprochen, und sie erschrak, dass sie es nicht würde halten können – das ist ja vollkommen klar. Hier gibt es einige ganz furchtbare Motive.

Denn die Frage – wozu ist sie gestorben? – steht noch immer offen. Diese Frage klopft, hämmert in meinem Hirn. Ich hätte sie auch wirklich ganz in Ruhe gelassen, wenn sie ernsthaft gewollt hätte, dass ich sie in Ruhe ließ. Sie glaubte aber selbst nicht daran, das ist es eben! Nein, nein, ich lüge, das war gar nicht der Grund. Einfach weil sie mir gegenüber ehrlich sein müsste. Wenn sie mich schon lieben wollte, so müsste sie mich mit ihrem ganzen Herzen, mit ihrem ganzen Wesen lieben, und nicht so, wie sie den Kaufmann geliebt hätte. Da sie aber zu keusch war, zu rein, um mich so zu lieben, wie es dem Kaufmann genügt hätte, so wollte sie mich nicht betrügen. Sie wollte mich nicht betrügen, wollte mir nicht statt ihrer ganzen Liebe nur eine halbe oder nur eine viertel Liebe geben. Menschen ihrer Art sind eben zu ehrlich, das ist die Sache! Ich wollte ihr ja einmal einen weiten, alles begreifenden Blick anerziehen, wissen Sie es noch? Ein seltsamer Gedanke …

Eins möchte ich gerne wissen: Ob sie mich geachtet hat? Ich weiß nicht, hat sie mich geachtet oder nicht? Ich glaube es nicht. Es ist doch merkwürdig: Während des ganzen Winters ist mir kein einziges Mal der Gedanke gekommen, dass sie mich verachtet! Ich war sogar vom Gegenteil überzeugt und blieb es bis zu jenem Augenblick, als sie mich mit strengem Erstaunen anblickte. Ja, mit strengem Erstaunen. Da begriff ich nämlich, dass sie mich verachtete. Ich begriff es endgültig und für alle Ewigkeit! Ach, hätte sie mich doch verachtet, meinetwegen das ganze Leben lang verachtet, nur leben, leben sollte sie! Erst vor Kurzem, erst heute früh ging sie noch herum und sprach noch. Ich kann gar nicht begreifen, wie sie sich aus dem Fenster stürzen konnte! Wie hätte ich es auch nur fünf Minuten vorher erwarten können? Ich rief Lukerja. Jetzt lasse ich die Lukerja um keinen Preis fortgehen, um keinen Preis!

Wir hätten uns ja noch verständigen können. Wir waren im Winter einander so fremd geworden, hätten wir uns aber denn nicht wieder aneinander gewöhnen können? Warum in aller Welt hätten wir nicht ein neues gemeinsames Leben beginnen können? Ich bin ja großmütig, und sie ist es auch – da wäre ja der Berührungspunkt! Nur noch einige Worte, nur noch einige Tage – höchstens zwei Tage – und sie würde alles begreifen können.

Mich bedrückt am meisten der Gedanke, dass es nur ein Zufall, ein gewöhnlicher, barbarischer, blinder Zufall war! Das ist doch wirklich ärgerlich! Um fünf Minuten, um nur fünf Minuten bin ich zu spät gekommen! Wäre ich fünf Minuten früher zurückgekehrt, so wäre der Augenblick wie eine Wolke vorübergegangen, und sie hätte sich nie wieder daran erinnert. Und schließlich hätte sie einmal alles begreifen müssen. Und jetzt – diese leeren Zimmer, und ich bin wieder allein. Der Pendel an der Uhr tickt, ihn rührt nichts, ihm tut nichts leid. Ich bin so ganz allein, habe niemanden – das ist mein Unglück!

Ich gehe immer auf und ab. Ich weiß, ich weiß, Sie brauchen es mir gar nicht zu sagen. Es erscheint Ihnen wohl lächerlich, dass ich es auf einen Zufall schiebe, dass ich mich über die fünf Minuten beklage? Aber es ist doch zu augenscheinlich! Bedenken Sie doch bloß: Sie hat nicht einmal ein paar Zeilen hinterlassen, einen Zettel mit den wenigen Worten: »Niemand ist an meinem Tod schuld«, wie ihn eben alle Selbstmörder hinterlassen. Hat sie denn gar nicht daran gedacht, dass Lukerja Unannehmlichkeiten haben könnte: »Sie war ja allein dabei, folglich hat sie sie selbst zum Fenster hinausgestoßen!« Man hätte sie auch wirklich auf die Polizei gebracht, wenn nicht zufällig vier Zeugen aus den Fenstern des Seitengebäudes und vom Hof aus gesehen hätten, wie sie, mit dem Heiligenbild in der Hand, auf dem Fensterbrett gestanden und sich hinabgestürzt hatte. Das ist doch ein reiner Zufall, dass es die Menschen gesehen haben. Nein, es war ja nur ein Augenblick, wo sie sich keine Rechenschaft gab … Ein plötzlicher fantastischer Einfall! Was ist denn dabei, dass sie vor dem Heiligenbild gebetet hat? Das heißt ja noch nicht, dass sie mit dem Entschluss, in den Tod zu gehen, betete. Der ganze Augenblick hat vielleicht nur irgendwelche zehn Minuten gedauert. Als sie an der Wand stand, den Kopf in die Hand gestützt und lächelte – in diesem Augenblick vielleicht hatte sie den Entschluss gefasst. Der Gedanke durchzuckte plötzlich ihr Gehirn, ihr Kopf schwindelte, und sie hat nicht widerstehen können.

Das war ja ein augenscheinliches Missverständnis – Sie mögen sagen, was Sie wollen. Mit mir ließe es sich noch leben. Und vielleicht war es Blutarmut? Vielleicht war einfach ihre Blutarmut, die ihre Lebensenergie erschöpft hatte, die Ursache? Müde war sie geworden im Winter, das war es …

Ich bin zu spät gekommen!!!

Wie schmächtig sie im Sarg ist, wie spitz ihr Näschen! Die Wimpern liegen wie kleine Pfeile. Wie merkwürdig sie doch gefallen ist – nichts hat Sie sich zerschlagen, kein Glied gebrochen! Nur diese eine »Handvoll Blut«. Das heißt etwa einen Dessertlöffel voll. Innere Erschütterung. Ein sonderbarer Gedanke kommt mir eben. Wäre es möglich, sie nicht zu beerdigen? Denn wenn man sie fortträgt, so … Oh nein, es ist fast unmöglich, dass man sie fortträgt! Und doch weiß ich ganz gut, dass man sie fortbringen muss – ich bin gar nicht verrückt, ich fantasiere nicht. Im Gegenteil: Mein Verstand war noch nie so klar und so wach wie jetzt. Wie ist es mir aber jetzt: Ich bin wieder allein im Haus, in meinen beiden Zimmern, wieder ganz allein mit den Pfändern. Ich fantasiere, das ist ja Fieberwahn! Ich habe sie zu Tode gequält, das ist es!

Was gelten mir jetzt eure Gesetze? Was brauche ich eure Sitten, Gebräuche, euer Leben, euren Staat, eure Religion? Soll mich nur euer Richter richten, bringt mich nur vor euer Gericht, vor euren öffentlichen Gerichtshof – ich werde doch immer sagen, dass ich nichts anerkenne. Der Richter wird mir zurufen: »Schweigen Sie, Offizier!« Ich werde ihm darauf laut erwidern: »Du hast ja gar nicht die Macht, dass ich dir gehorche! Warum hat ein blindes Naturgesetz das zerbrochen, was mir am teuersten war? Was brauche ich noch jetzt eure Gesetze? Ich trete aus eurer Gemeinschaft aus!« Oh, mir ist alles gleich!

Sie ist blind, sie ist blind und tot und kann nichts hören! Du weißt gar nicht, mit welch einem Paradies ich dich umgeben hätte. Das Paradies war in meiner Seele, ich hätte es um dich gepflanzt! Gut, du hättest mich nicht geliebt – das hätte ja noch nichts ausgemacht. Alles wäre ja so geblieben, wie du es wolltest. Ich hätte dich in Ruhe gelassen. Würdest mich wie einen Freund behandeln, würdest mir alles erzählen – da würden wir uns beide freuen und lachen und uns freudig in die Augen blicken. Und so würde unser Leben dahinziehen. Und solltest du einen anderen lieb gewinnen – auch das wäre mir recht. Du würdest mit ihm gehen und lachen, und ich würde auf der anderen Straßenseite gehen und euch mit den Augen begleiten … Oh, alles wäre mir recht, alles, wenn sie nur noch einmal die Augen öffnen wollte! Für einen Augenblick, für nur einen Augenblick! Wenn sie mich wieder so anblicken wollte wie vorhin, als sie vor mir stand und schwur, dass sie mir ein treues Weib sein würde! Mit einem einzigen Blick würde ich ihr alles sagen können!

Oh Natur! Oh blinde Gesetze! Die Menschen sind einsam auf Erden – das ist eben das Unglück! »Gibt's da im Feld noch eine lebende Seele?«, fragte der fahrende Held im alten russischen Lied. Auch ich, der ich kein Held bin, rufe in die Ferne hinaus, doch niemand antwortet mir. Man sagt, dass die Sonne das Weltall belebt. Seht euch doch nur die Sonne an, wenn sie aufgeht. Ist sie nicht eine Leiche? Alles ist tot. Überall liegen Tote. Die Menschen sind einsam, und um sie herum ist Schweigen – das ist die Erde! »Menschen, liebet einander« – wer hat das gesagt! Wessen Gebot ist das? Der Pendel tickt gefühllos, ekelhaft. Zwei Uhr nachts. Ihre Schuhchen stehen vor ihrem Bett, warten auf sie … Nein, in allem Ernst, wenn man sie morgen fortträgt, was soll ich da anfangen?

Der Fall Korniloff

Eine einfache, aber merkwürdige Angelegenheit
(Oktober 1876)

Am fünfzehnten Oktober dieses Jahres wurde vor Gericht der Fall jener Stiefmutter entschieden, die, Sie werden sich dessen erinnern, vor einem halben Jahr, im Mai, aus dem Fenster des vierten Stockwerks ihre kleine sechsjährige Stieftochter hinausgeworfen hatte, wobei das Kind auf geradezu wunderbare Weise heil und unverletzt geblieben war. Diese Stiefmutter, die Bäuerin Katharina Korniloff, zwanzig Jahre alt, war mit einem Witwer verheiratet, der, ihren Aussagen nach, häufig mit ihr stritt, sie nicht zu ihren Verwandten zu Besuch gehen ließ, und nicht einmal ihre Verwandten bei sich aufnahm, der sie stets mit seiner verstorbenen Frau stichelte, und zwar durch die Bemerkung: Bei ihren Lebzeiten sei die Wirtschaft bei ihm besser geführt worden, und so weiter und so weiter. Mit einem Wort, »er brachte sie dahin, dass sie ganz aufhörte, ihn zu lieben«, und um sich an ihm zu rächen, war sie auf den Gedanken gekommen, seine kleine Tochter von seiner ersten Frau, mit der er sie beständig stichelte, zum Fenster hinauszuwerfen, und das hatte sie dann auch getan. Mit einem Wort, diese ganze Geschichte erweist sich offenbar – abgesehen von der wunderbaren Errettung des kleinen Kindes – als ziemlich einfach und klar. Von diesem Gesichtspunkt aus, das heißt vom Standpunkt »der Einfachheit«, betrachtete denn auch das Gericht diese ganze Angelegenheit und es verurteilte, gleichfalls auf die einfachste Weise, Katharina Korniloff, da sie bei Verübung des Verbrechens älter als siebzehn und jünger als zwanzig Jahre gewesen sei, zur Zwangsarbeit in Sibirien auf zwei Jahre und acht Monate und nach Abbüßung ihrer Strafe zu lebenslänglicher Ansiedlung in Sibirien.

Gleichwohl, ungeachtet aller Einfachheit und Klarheit, bleibt dort etwas, was meiner Meinung nach durchaus nicht aufgeklärt worden ist. Die Verurteilte (eine ganz hübsche Person) wurde verurteilt während der letzten Periode ihrer Schwangerschaft, sodass sogar im Sitzungsraum auf jeden Fall eine Hebamme anwesend war. Schon im Mai, als dieses Verbrechen sich zutrug (und als sich demnach die Verurteilte im vierten Monat ihrer Schwangerschaft befand), hatte ich in meinem ›Tagebuch‹ (übrigens nur ganz flüchtig und nebenbei, während ich von der Routine und den banalen Methoden unserer »Advokatur« sprach) folgende Worte geschrieben: Gerade dieses ist denn auch so empörend … während sich doch tatsächlich die Tat dieses Ungeheuers von einer Stiefmutter *schon allzu seltsam* ausnimmt und vielleicht wirklich eine feine und tief gehende Untersuchung verlangt, diese sogar zur Entlastung der Verbrecherin führen könnte. Das war es, was ich damals geschrieben hatte. Nunmehr betrachten Sie bitte der Reihe nach die Tatsachen: Erstens einmal hatte die Verurteilte sich selbst für schuldig bekannt, und zwar sofort nachdem sie das Verbrechen begangen hatte, hatte sie selbst gegen sich Anzeige erhoben. Gleich damals, im Polizeibüro, erzählte sie, sie habe sich schon am Tag vorher ausgedacht, mit ihrer Stieftochter ein Ende zu machen, da sie ihr verhasst geworden sei, aus Wut gegen ihren Mann, am Abend des vorhergehenden Tages habe sie aber die Anwesenheit des Gatten an der Ausführung dieses Planes gehindert. Doch am anderen Tag, als jener schon zur Arbeit gegangen war, habe sie das Fenster geöffnet, die Blumentöpfe auf die eine Seite des Fensterbretts zusammengerückt und dem Mädchen befohlen, auf das Fensterbrett zu steigen und nach unten zu schauen. Das Mädchen war natürlich auch hinaufgekrochen, vielleicht hatte ihr das sogar Spaß gemacht, da sie wohl Gott weiß was unten zu sehen hoffte; sobald sie aber droben war, niederkniete und hinunterblickte, die Arme auf das Fensterbrett gestützt, hatte sie die Stiefmutter von hinten an den Füßen aufgehoben, und das Kind war in die leere Luft hinabgestürzt. Als dann die Verbrecherin gesehen hatte, dass das Kind hinuntergefallen war (so erzählte sie selbst), schloss sie das Fenster, zog sich an, schloss das Zimmer ab und begab sich zur Polizei, um von dem Geschehenen Anzeige zu machen. Soweit die Tatsachen; es scheint, es könne gar nichts Einfacheres geben, und doch – wie viel Fantastisches liegt hier vor, nicht wahr? Bis jetzt hat man unseren Geschworenen immer nur Vorwürfe gemacht, und sogar durchaus nicht selten, wegen einiger tatsächlich schon fantastischer Freisprüche. Bisweilen empörte sich hiergegen sogar die sittliche Empfindung solcher Menschen, die der Sache ganz fernstanden. Wir haben sehr wohl verstanden, dass man Mitleid haben kann mit einem Verbrecher, doch es geht durchaus nicht an, das Böse gutzuheißen bei einer so wichtigen und bedeutenden Angelegenheit wie dem Gericht; dabei kamen Freisprüche fast schon in dieser Art vor, das heißt, das Böse wurde »fast« als gut bezeichnet – wenigstens fehlte sehr wenig daran. Hier machte sich entweder falsche Sentimentalität geltend oder Unverständnis schon für den Grundsatz des Gerichts, ein Unverständnis dafür, dass für das Gericht die erste Sorge, der erste Grundsatz gerade eben darin besteht, dass das Übel nach Möglichkeit bestimmt, nach Möglichkeit aufgewiesen und vor allem Volk beim Namen genannt werde. Die Erleichterung des Schicksals der Verbrecher dagegen, die Sorge um ihre Besserung und so weiter und so weiter – das alles kommt erst dann an die Reihe, das alles sind ganz andere Fragen, an sich sehr tief gehend, von gewaltiger Bedeutung, doch durchaus etwas anderes als der Vorgang der Rechtsprechung selbst, diese Angelegenheiten beziehen sich vielmehr auf ganz andere Bereiche im Leben der Gesellschaft – auf solche Bereiche, die, das muss man ruhig zugeben, bei uns noch längst nicht ihre feste Bestimmung, ja nicht einmal ihre Formulierung gefunden haben, sodass auf diesem Feld der gesellschaftlichen Betätigung vielleicht noch nicht einmal der erste Buchstabe ausgesprochen wurde. Solange aber in unseren Gerichten diese beiden an sich *grundverschiedenen Ideen* immer noch miteinander verwechselt werden, kommt bisweilen Gott weiß was dabei heraus. Es ergibt sich dann, dass das Verbrechen sozusagen überhaupt nicht als Verbrechen gewertet wird; im Gegenteil, es wird gleichsam der Gesellschaft kundgegeben, und auch noch durch das Gericht selbst: Es liege sozusagen überhaupt kein Verbrechen vor, was wir Verbrechen nennten, das sei doch nur eine Krankheit, die aus der abnormen Lage der Gesellschaft hervorgehe – ein Gedanke, der bis zur Genialität richtig ist in *einzelnen besonderen Fällen* und bei gewissen Erscheinungen, dagegen völlig falsch, wenn man ihn auf das Ganze und Allgemeine anwendet. Dort gibt es ja eine gewisse Grenze, die man nicht überschreiten kann, sonst müsste man doch den Menschen völlig entpersönlichen, ihm jede Individualität und jedes Eigenleben absprechen, ihn auf eine Stufe stellen mit einem Strohhalm, der vom ersten besten Windhauch abhängig ist, mit einem Wort, man müsste dann eine ganz neue Natur des Menschen verkündigen, die eben erst durch irgendeine neue Wissenschaft entdeckt worden sei. Dabei gibt es aber noch gar keine solche Wissenschaft, sie hat noch nicht einmal ihren Anfang genommen. So kam es denn, dass alle diese Freisprüche des Geschworenengerichts, in denen bisweilen ein Verbrechen, das ganz klar bewiesen und dazu auch noch durch ein volles Geständnis des Verbrechers selbst festgestellt worden ist, geradewegs verneint wurde (»Er ist unschuldig, er hat die Tat nicht vollbracht, er hat nicht getötet«) –, dass alle diese Freisprüche (außer den sehr seltenen Fällen, wo sie tatsächlich am Platz und einwandfrei waren) unser Volk in Erstaunen setzten und in unserer Gesellschaft Spott und Ratlosigkeit erregten. Und ausgerechnet jetzt, als ich eben gelesen hatte, wie das Gericht über die Bäuerin Korniloff entschieden hatte (sie wurde zur Zwangsarbeit auf zwei Jahre und acht Monate verurteilt), kam es mir plötzlich in den Sinn: Da wäre es einmal für die Geschworenen am Platz gewesen, freizusprechen – hier könnte man einmal sagen: »Es war gar kein Verbrechen, sie hat gar keinen Mord begangen, sie hat das Kind gar nicht zum Fenster hinausgeschleudert.« Ich will mich übrigens nicht auf irgendwelche Theorien einlassen oder meinem Gefühl freien Lauf lassen, um meinen Gedanken zu entwickeln. Mir scheint ganz *einfach,* hier hätte sich sogar der berechtigste Anlass geboten, die Angeklagte freizusprechen – wegen ihrer Schwangerschaft.

Es ist eine allbekannte Tatsache, dass die Frau in diesem Zustand (und noch dazu beim ersten Kind) sehr häufig ganz seltsamen Einflüssen und Eindrücken unterworfen ist, denen sich ihr Geist auf seltsame und fantastische Weise fügt. Diese Einflüsse nehmen bisweilen – wenn übrigens auch nur in seltenen Fällen – ganz ungewöhnliche, abnorme, fast alberne Formen an. Aber was hat es denn zu sagen, dass dies nur selten eintritt (das heißt es sind schon außergewöhnliche Erscheinungen) – in dem vorliegenden Fall ist doch für Menschen, die über das Schicksal eines Mitmenschen zu beschließen haben, auch schon die eine Erwägung, dass solche Fälle überhaupt vorkommen und, dass sie vorkommen können, schon mehr als genug. Dr. Nikitin, der die Verbrecherin untersucht hat (gleich nach dem Verbrechen), erklärte, dass seiner Meinung nach die Korniloff ihre Tat *bewusst* begangen habe, wenn man auch Erregung und Affekt zugeben könne. Indes erstens einmal: Was kann denn hier das Wort »bewusst« überhaupt bedeuten? Ohne Bewusstsein wird höchst selten etwas getan, höchstens von Mondsüchtigen, im Fieberwahn, im Tobsuchtsanfall. Weiß denn wirklich nicht einmal die Medizin, dass man bisweilen eine Tat begehen kann, zwar völlig bewusst, doch in unzurechnungsfähigem Zustand? Ja, schauen wir doch nur auf die Geistesgestörten hin: Die Mehrzahl aller ihrer sinnlosen Taten geschieht völlig bewusst, und sie entsinnen sich ihrer sehr wohl; nicht nur das, sie geben Ihnen sogar noch Rechenschaft darüber, sie werden auch noch ihre Taten vor Ihnen rechtfertigen, sie werden sich ihretwegen mit Ihnen in einen Streit einlassen und bisweilen dabei so logisch vorgehen, dass am Ende gar noch Sie selbst in Verlegenheit geraten. Ich bin natürlich kein Arzt, indes entsinne ich mich zum Beispiel, dass man mir noch in meiner Kindheit von einer Dame in Moskau erzählte, die jedes Mal, wenn sie schwanger war, und zwar in ganz bestimmten Perioden ihrer Schwangerschaft, von einer ganz ungewöhnlichen und unbezwinglichen Leidenschaft zum Stehlen befallen wurde. Sie stahl sowohl Sachen als Geld ihren Bekannten, die sie zu besuchen pflegte, Gästen, die zu ihr kamen, ja sogar in den Kaufbuden und Magazinen, wohin sie fuhr, um Einkäufe zu machen. Später wurden dann diese gestohlenen Dinge von ihren Angehörigen ihren Besitzern zurückerstattet. Dabei war diese Dame ganz und gar nicht arm, gebildet und aus guter Familie; wenn dann diese wenigen Tage ihrer seltsamen Leidenschaft vorübergegangen waren, hätte es ihr gar nicht in den Kopf kommen können zu stehlen. Alle, einschließlich der Ärzte, waren damals der Meinung, dies sei nur eine zeitweilige, mit der Schwangerschaft zusammenhängende Leidenschaft. Dabei pflegte sie natürlich mit vollem Bewusstsein zu stehlen und sich dabei durchaus Rechenschaft davon abzulegen. Ihr Bewusstsein war völlig intakt, sie konnte nur nicht der Versuchung widerstehen. Man muss annehmen, dass die medizinische Wissenschaft auch bis jetzt noch kaum im Stande ist, in dergleichen Fällen irgendetwas mit Genauigkeit auszusagen, das heißt, in Hinsicht auf die geistige Seite solcher

Erscheinungen: nach welchen Gesetzen eigentlich solche Brechungen in der menschlichen Seele vor sich gehen können, solches Unterworfensein der Versuchung, solches Beeinflusstwerden, solche Verrücktheiten ohne Verrücktheit, und welche Bedeutung eigentlich dabei das Bewusstsein hat und welche Rolle es hier spielt. Es genügt doch der Umstand, dass die Möglichkeit solcher Beeinflussungen und derartiger ganz ungewöhnlicher Widerstandslosigkeit während der Schwangerschaft der Frauen, wie mir scheint, gar nicht zu bestreiten ist … Und, ich wiederhole es, was hat es denn demgegenüber zu sagen, dass solche außergewöhnlichen Beeinflussungen selten vorkommen: Für das Gewissen des Richtenden genügt doch in solchen Fällen schon die Erwägung, dass solche Beeinflussungen überhaupt eintreten können. Nehmen wir an, man wird sagen: Sie sei doch nicht ausgegangen, um sozusagen zu stehlen (wie die obenerwähnte Dame), oder sie habe sich auch gar nicht etwas Außergewöhnliches ausgedacht, vielmehr ganz im Gegenteil alles getan, *was sich gerade eben auf die Sache bezog,* das heißt, sie habe sich ganz einfach an dem verhassten Gatten rächen wollen durch die Ermordnung seiner Tochter, die ihm von seiner ersten Frau geblieben war, mit welch Letzterer er sie (seine jetzige Frau) immer gestichelt habe. Aber sie können sagen, was Sie wollen: Wenn die Tat hier auch ohne Weiteres verständlich ist, so ist sie doch *durchaus nicht einfach;* wenn das alles auch völlig logisch verlief, so werden Sie doch zugeben, dass – wäre sie nicht schwanger gewesen, es vielleicht überhaupt nicht zu dieser Logik gekommen wäre. Es hätte zum Beispiel auch so sein können: Als jene allein mit ihrer Stieftochter zurückgeblieben war, nachdem sie ihr Mann geschlagen hatte, und sie wütend auf ihn war, hätte sie in bitterer Erregung für sich denken können: Wie denn? Wenn ich jetzt, um ihn zu ärgern, dieses Mädchen zum Fenster hinauswerfen würde? So hätte sie denken können, aber sie hätte das eben *nicht getan.* Sie hätte in Gedanken gesündigt, doch nicht durch die Tat. Jetzt dagegen, im Zustand der Schwangerschaft, hat sie das auch gleich schon ausgeführt. Und dabei wäre in beiden Fällen die Logik ganz die gleiche gewesen – und doch besteht da ein gewaltiger Unterschied.

Zum Mindesten hätten sich die Geschworenen, wenn sie die Verurteilte freigesprochen hätten, auf etwas stützen können: Sind auch derartige krankhafte Affekte selten, so kommen sie doch vor; wie, wenn es sich auch im vorliegenden Fall um einen Affekt der Schwangerschaft handelte? Das wäre die hier vorzunehmende Erwägung! Wenigstens wäre in diesem Fall ein Freispruch allen begreiflich und würde kein Befremden erregen. Und was liegt denn schließlich daran, dass ein Irrtum möglich ist: Es ist doch zweifellos vorzuziehen, wenn ein Irrtum zum Freispruch führt, als zur Hinrichtung, umso mehr, als es hier auch gar keine Möglichkeit der Nachprüfung gibt. Die Verbrecherin hatte sich als Erste die Schuld gegeben; sie gestand sofort nach ihrer Tat, sie beschuldigte sich auch noch ein halbes Jahr später vor Gericht. So wird sie auch vielleicht nach Sibirien wandern, indem sie das in ihrem Innern für verdient hält und sich in der Tiefe ihres Herzens schuldig bekennt; so wird sie vielleicht auch sterben, indem sie sich in ihrer letzten Stunde der Reue hingibt und sich für eine Mörderin hält; und es wird ihr niemals in den Kopf kommen, ja und auch niemandem sonst auf der Welt, dass hier ein krankhafter Affekt vorgelegen habe, wie er im Zustand der Schwangerschaft vorkommt. Und dabei war gerade er der Anlass von allem: Wäre sie damals nicht schwanger gewesen, so wäre auch gar nichts geschehen … Nein, wenn schon die Möglichkeit für zwei Irrtümer vorliegt, dann wäre es doch auf jeden Fall vorzuziehen, sich für den Irrtum des Mitleids zu entscheiden. Man würde dann später ruhiger schlafen können … Doch was sage ich da eigentlich: Ein viel beschäftigter Mensch braucht gar nicht um seinen Schlaf besorgt zu sein; ein viel beschäftigter Mensch hat hundert derartige Angelegenheiten auf sich, und dabei schläft er fest ein, sobald er sich müde aufs Bett wirft. Solche Gedanken macht sich nur ein müßiger Mensch, der in einem ganzen Jahr nur einen einzigen solchen Fall erlebt, oder zwei – nur so ein Mensch hat Zeit genug, darüber nachzudenken. Ein solcher Mensch wird freilich am Ende gar anfangen zu spintisieren, weil er eben gar nichts anderes zu tun hat. Mit einem Wort, Müßiggang ist aller Laster Anfang.

Übrigens saß da doch auch die Hebamme dabei, das heißt: Als man die Verbrecherin verurteilte, verurteilte man gleichzeitig auch ihr ungeborenes Kind – nicht wahr, wie ist das doch seltsam? Nehmen wir an, das sei nicht wahr, so müssen Sie doch zugeben, dass es gleichwohl der Wahrheit sehr nahe kommt, der tiefsten Wahrheit. In der Tat, da wurde das Kindchen, noch vor seiner Geburt, dazu verurteilt, seiner Mutter, die es doch stillen muss, nach Sibirien zu folgen. Wenn aber dieses Kind mit seiner Mutter geht, so büßt es seinen Vater ein; geht es dagegen so, dass man das Kind bei seinem Vater lässt (ich weiß nicht, ob er das jetzt durchsetzen kann), so verliert das Kind seine Mutter. Mit einem Wort, noch vor der Geburt wird dieses Kind seiner Familie beraubt. Das zunächst, dann aber wird es heranwachsen, alles, was seine Mutter betrifft, erfahren und dann … doch, wer weiß, was dann geschehen wird, lieber soll man diese Angelegenheit ganz *einfach* betrachten. Tut man das – dann schwinden alle Fantasmagorien. So gehört es sich auch im Leben. Ich glaube sogar, dass diese Dinge, die auf den ersten Blick so ungewöhnlich erscheinen, tatsächlich stets auf die allergewöhnlichste und bis zur Unanständigkeit prosaische Weise geregelt werden. In der Tat, sehen Sie: Dieser Korniloff ist jetzt wieder Witwer – er ist ja jetzt gleichfalls frei, seine Ehe wurde geschieden durch die Verschickung seiner Gattin nach Sibirien; und diese seine zweite Frau – ist jetzt keine verheiratete Frau mehr, sie wird ihm aber doch dieser Tage einen Sohn gebären (denn man wird ihr wahrscheinlich die Möglichkeit geben, noch vor der Reise nach Sibirien niederzukommen), und während sie krank daniederliegen wird im Gefängniskrankenhaus oder dort, wo man sie für diese Zeit unterbringen wird, wette ich, dass ihr Mann sie auf die allerprosaischste Weise besuchen wird, und vielleicht wird er dabei ganz dasselbe kleine Mädchen mitnehmen, das damals zum Fenster hinausflog, und sie werden zusammenkommen und immer nur von den einfachsten und notwendigsten Dingen sprechen: von irgendeinem jämmerlichen Stückchen Leinwand, von warmen Schuhen und Filzstiefeln für sie auf die weite Reise usw. Woher soll man das denn wissen, vielleicht werden jetzt Mann und Frau auf die herzlichste Weise miteinander verkehren, jetzt, nachdem man ihre Ehe geschieden hat, während sie vordem beständig miteinander stritten. Und vielleicht werden sie sogar einander nicht einmal auch nur mit einem Wort Vorwürfe machen, vielmehr lediglich über das Schicksal jammern und einer den andern und jeder sich selbst bemitleiden. Das Mädchen aber, das damals aus dem Fenster geflogen ist, wird, ich wiederhole das, sehr wahrscheinlich jeden Tag von ihrem Vater zu ihrem »Mütterchen« laufen und ihr Weißbrot bringen: »Da hast du, Mütterchen, Väterchen hat dir auch noch Tee und Zucker geschickt, morgen wird er selber kommen.« Das Tragischste wird dabei sein, dass sie vielleicht alle nur so vor Schmerz schreien werden, wenn sie am Bahnhof voneinander Abschied nehmen werden, in der letzten Minute, zwischen dem zweiten und dritten Glockenzeichen. Schreien wird dann auch das Mädchen und den Mund bis zu den Ohren aufreißen, wenn es die beiden anschaut, und sie werden sich dann wahrscheinlich einer vor dem andern bis zur Erde verneigen: »So lebe denn wohl«, wird es heißen, »Mütterchen Katharina Prokofjewna, bewahre mich in gutem Angedenken«. Jene aber wird ihm dann antworten: »Verzeihe auch du mir, Väterchen Wassili Iwanowitsch (oder wie er gerade heißt), schuldig bin ich vor dir, groß ist meine Schuld …« Aber dabei wird auch noch das kleine Brustkindchen zu schreien anfangen, das wahrscheinlich schon dabei sein wird – ob sie es nun mit sich nehmen oder man es bei seinem Vater lassen wird. Mit einem Wort, bei unserem Volk wird niemals ein Gedicht daraus werden, nicht wahr? Das ist das prosaischste Volk der Welt, sodass man sich eigentlich schon schämen muss in dieser Hinsicht. Was würde zum Beispiel in Europa in einem solchen Fall wohl geschehen: Was für Leidenschaften, was für Rachegelüste würden dabei zum Ausdruck kommen und welche Würde! Versuchen Sie doch nur einmal, diese Angelegenheit als Erzählung wiederzugeben, Zug um Zug, angefangen von der jungen Gattin des Witwers und dann fortschreitend bis zum Hinauswerfen des Kindchens, bis zu dem Augenblick, als sie nach dem Fenster sah: ob das Kind auch hinuntergefallen sei, und sie sofort zur Polizei ging, dann weiter bis zu der Minute, als sie in der Gerichtsverhandlung mit der Hebamme neben sich dasaß, und schließlich auch noch bis zu diesem letzten Abschiednehmen und den Verneigungen voreinander und … stellen Sie sich einmal vor, ich hätte das bloß nachschreiben wollen, »dabei wird natürlich gar nichts herauskommen«, und doch wäre vielleicht etwas weit Schöneres herausgekommen als alle unsere Gedichte und Romane mit Helden »mit einem Doppelleben und höchstem Geist«. Wissen Sie, ich verstehe eigentlich gar nicht, was unsere Romanschreiber im Leben überhaupt sehen; hier hätten sie doch einmal ein Thema, hier könnten sie Zug um Zug nichts anderes als wahrhaftige Wirklichkeit schildern! Doch wie konnte ich denn nur die alte Regel vergessen: Nicht an dem Gegenstand liegt es, vielmehr am Auge: Ist ein solches vorhanden – dann wird sich der Gegenstand schon finden. Haben Sie aber keine Augen, sind Sie blind – dann werden Sie an überhaupt keinem Gegenstand irgendetwas finden. Oh, es ist eine wichtige Sache um das Auge: Was für das eine Auge Dichtung bedeutet, das ist für ein anderes Auge – nur ein Haufen …

Aber sollte es denn wirklich schon ganz unmöglich sein, die über die Korniloff verhängte Strafe irgendwie zu mildern? Ist das wirklich ganz und gar unmöglich? Wirklich, ich wiederhole es, hier könnte ein Irrtum vorliegen … und es kommt mir wirklich so vor, als liege hier ein Irrtum vor.

Wiederum von einer einfachen, aber merkwürdigen Angelegenheit
(Dezember 1876)

Vor zwei Monaten, im Oktoberheft meines ›Tagebuch eines Schriftstellers‹, hatte ich eine Notiz über eine unglückliche Verbrecherin gebracht, Katharina Prokofjewna Korniloff – jene Stiefmutter, die im vergangenen Mai aus Wut über ihren Gatten ihr sechsjähriges Stieftöchterchen zum Fenster hinausgeschleudert hatte. Diese Angelegenheit wurde besonders deswegen bekannt, weil jenes kleine Mädchen, jene Stieftochter, die aus dem Fenster des vierten Stockwerks hinuntergefallen war, sich keineswegs den Hals gebrochen, überhaupt keinen ernstlichen Schaden davongetragen hatte und jetzt frisch und gesund ist. Ich will jetzt nicht auf die Einzelheiten meines Aufsatzes im Oktoberheft zurückkommen, vielleicht haben die Leser ihn noch nicht vergessen. Ich will nur an den Zweck meines damaligen Aufsatzes erinnern: Mir schien es sofort, dass diese ganze Angelegenheit viel zu ungewöhnlich sei, und ich überzeugte mich sogleich, dass man sie nicht allzu *einfach* ansehen dürfe. Die unglückliche Verbrecherin war in andern Umständen, sie war gereizt durch die Vorwürfe ihres Gatten, und sie grämte sich. Doch nicht das, das heißt, nicht der Wunsch, sich an ihrem Gatten zu rächen, der sie immer gestichelt und erbittert hatte, war die Ursache jenes Verbrechens, vielmehr »der Affekt der Schwangerschaft«. Meiner Meinung nach durchlebte sie damals einige Tage oder Wochen in jenem ganz besonderen, noch fast gar nicht erforschten, doch zweifellos existierenden Zustand gewisser schwangerer Frauen, wenn seltsame Umwandlungen in ihren Seelen vor sich gehen, seltsame Zwangsvorstellungen und Beeinflussungen auf sie einwirken, mit einem Wort eine Art von Gestörtheit ohne Verrücktheit besteht, ein Zustand, der bisweilen zu allzu hässlichen Erscheinungen führt. Ich habe mich zum Beispiel an einen Fall erinnert, der mir schon aus meiner Kindheit bekannt war: von einer Dame aus Moskau, die jedes Mal, zu einem ganz bestimmten Zeitpunkt ihrer Schwangerschaft, von einer seltsamen Leidenschaft befallen wurde und einer seltsamen Verführung nicht widerstehen konnte: nämlich zu stehlen. Dabei hatte diese Dame eine Equipage und bedurfte durchaus nicht der Dinge, die sie zu stehlen pflegte, trotzdem stahl sie das alles völlig bewusst und gab sich durchaus Rechenschaft darüber. Ihr Bewusstsein war ganz intakt, sie war nur nicht im Stande, jener seltsamen Versuchung Widerstand zu leisten. Das ist es, was ich vor zwei Monaten geschrieben hatte, und ich gestehe, ich hatte es in einer Absicht geschrieben, auf deren Verwirklichung ich eigentlich gar nicht mehr hoffen konnte: ob man denn das Schicksal dieser Unglücklichen nicht doch noch irgendwie erleichtern und ihr helfen könne, ungeachtet des schrecklichen Urteils, das bereits über sie gefällt worden war. In meinem Aufsatz brachte ich es nicht über mich, die Bemerkung zu unterlassen: Da ja unsere Geschworenen so oft Freisprüche fällten, besonders über Frauen, selbst wenn diese durchaus eingestanden hatten, das Verbrechen begangen zu haben, auch offenbare Beweise dafür vorlagen, und das Verbrechen durch das Gericht ganz klargestellt worden war – so könnte man doch auch, so schien es mir, die Korniloff freisprechen. Nur wenige Tage nach der Verurteilung der unglücklichen schwangeren Korniloff, die zur Zwangsarbeit und fristlosen Verschickung nach Sibirien verurteilt worden war, wurde eine sehr merkwürdige Verbrecherin völlig freigesprochen – die Mörderin Kiriloff. Ich will übrigens anführen, was ich damals geschrieben hatte: »Wenigstens hätten sich die Geschworenen, wenn sie die Angeklagte freigesprochen hätten, auf etwas stützen können: Kommen auch solche krankhaften Affekte selten vor, so kommen sie doch immerhin vor; wie, wenn es sich auch im vorliegenden Fall um einen Affekt der Schwangerschaft gehandelt hätte? Das muss man in Erwägung ziehen. Wenigstens wäre, falls hier Mitleid geübt würde, das allen begreiflich und würde die Geister nicht beunruhigen. Und was wäre denn schon dabei, wenn hierbei ein Irrtum begangen würde: Es ist doch besser, wenn man sich im Üben des Mitleids irrt, als bei der Verhängung der Todesstrafe, umso mehr, als es hier ja ganz unmöglich ist, die Sache wieder gutzumachen. Die Verbrecherin bekennt sich als Erste schuldig; gleich nachdem sie das Verbrechen begangen hatte, zeigte sie sich selbst an, auch ein halbes Jahr später bei der Gerichtsverhandlung erklärte sie sich für schuldig. So wird sie vielleicht auch nach Sibirien wandern und sich dabei aufrichtig und tief in der Seele für schuldig halten; so wird sie auch vielleicht sterben, sich noch in ihrer letzten Stunde der Reue hingeben und sich für eine Mörderin halten; und dabei wird es weder ihr noch irgendwem sonst auf der Welt in den Sinn kommen, dass hier ein krankhafter Affekt vorliegt, wie er im Zustand der Schwangerschaft vorkommt, und dass dieser vielleicht auch die Ursache war von allem, was geschah, und dass, wäre sie nicht schwanger gewesen, auch gar nichts geschehen wäre. Nein, wenn man schon die Wahl hat zwischen zwei Irrtümern, wäre es schon besser, den Irrtum aus Mitleid zu wählen.«

Das alles hatte ich damals geschrieben, hingerissen von meiner Idee hatte ich mich meinen Gedanken hingegeben, und zum Schluss meines Aufsatzes die Bemerkung gemacht, dass jetzt diese arme zwanzigjährige Verbrecherin, die dieser Tage im Gefängnis niederkommen muss, sich vielleicht schon wieder mit ihrem Gatten versöhnt habe. Vielleicht besuche sie ihr Gatte (der jetzt schon frei ist und das Recht hat, eine neue Ehe einzugehen) im Gefängnis vor ihrer Verschickung zur Zwangsarbeit, und vielleicht weinten dann beide miteinander und grämten sich. Vielleicht komme auch jenes kleine Mädchen, an dem das Verbrechen begangen worden war, mit, um ihr »Mütterchen« zu besuchen, habe es schon längst alles vergessen und schmiege es sich an sie von ganzer Seele. Ich hatte sogar die Szene ihres Abschiednehmens auf der Eisenbahn geschildert. Alle diese »Träumereien« waren damals meiner Feder entflossen, nicht um des Effektes willen und auch nicht um der Bilder als solcher wegen, mir war vielmehr ganz einfach die lebendige Wahrheit zum Bewusstsein gekommen, die hier darin besteht, dass diese beiden, der Gatte und die Gattin, wenn auch er sie und sie sich selber zweifellos für eine Verbrecherin hält, gleichwohl in Wirklichkeit außerstande seien, einander die Verzeihung zu versagen und sich nicht wieder zu versöhnen – und das nicht einmal einzig und allein aus christlicher Empfindung, vielmehr gerade aus einem ganz unwillkürlichen instinktiven Gefühl, dass das begangene Verbrechen, wenn es auch vor ihrem einfachen Blick so klar und ohne jeden Zweifel erscheint – in Wirklichkeit *vielleicht kein Verbrechen war,* sondern ein ganz seltsamer Vorfall, etwas, was sich in eigenartiger Weise vollzog, so, als sei es gar nicht aus eigenem Willen geschehen: vielmehr wie eine Fügung Gottes – um ihrer beider Sünden willen …

Als ich damals meinen Aufsatz beendigt und das Heft herausgegeben hatte, beschloss ich – noch ganz unter dem Einfluss dessen, was ich mir selbst ausgedacht hatte –, mir alle erdenkliche Mühe zu geben, die Korniloff zu Gesicht zu bekommen, solange sie noch im Gefängnis saß. Ich gestehe, es interessierte mich außerordentlich, nachzuprüfen, ob ich denn einigermaßen die Wahrheit erraten habe in dem, was ich damals über die Korniloff geschrieben und wovon ich mich dann später so hatte fortreißen lassen. Zufälligerweise ergab sich ein sehr günstiger Umstand, der mir die Möglichkeit verschaffte, ganz kurz darauf die Korniloff zu besuchen und mit ihr bekannt zu werden. Und da war ich denn selbst erstaunt: Stellen Sie sich nur vor, dass sich von meinen Fantasien wenigstens drei Viertel als volle Wahrheit erwiesen: Ich hatte das so erraten, als sei ich selbst beteiligt. Ihr Gatte pflegte sie tatsächlich zu besuchen und tut das jetzt noch, tatsächlich weinen dann beide und jammern über einander, lassen sich einer vom andern verzeihen und verzeihen selbst einander. »Das Mädchen wäre gekommen«, sagte mir die Korniloff selbst, »sie ist aber jetzt in einer Schule, und zwar in einem Internat«. Ich bedaure, dass ich nicht alles wiederzugeben vermag, was ich von dem Leben dieser jetzt zerstörten Familie erfuhr, denn es gibt da außerordentlich merkwürdige Züge, freilich, merkwürdig vielleicht nur in ihrer Art. Oh, es versteht sich, in einem und dem andern habe ich mich auch geirrt, doch keineswegs in Wesentlichem; Korniloff zum Beispiel ist zwar dem Stand nach Bauer, doch er trägt deutsche Kleidung, er ist bei Weitem jünger, als ich angenommen hatte, er dient als staatlicher Geselle bei der Papiermühle und bezieht ein für einen Bauern ziemlich hohes Monatsgehalt, demnach ist er bei Weitem reicher als ich in meinen Fantasien angenommen hatte. Sie dagegen ist Näherin, sie war das schon vorher und ist es auch jetzt noch, im Gefängnis beschäftigt sie sich mit bestellten Näharbeiten und verdient gleichfalls ziemlich viel Geld. Mit einem Wort: Es handelt sich nicht ganz um »ein Stück Leinwand und Filzschuhe für sie auf den Weg und um Tee und Zucker«, der Ton ist vielmehr etwas höher. Als ich zum ersten Mal hinkam, war sie schon vor einigen Tagen niedergekommen, und zwar nicht mit einem Sohn, sondern mit einer Tochter. Man sieht, in unbedeutenden Dingen habe ich vorbeigeraten, doch in der Hauptsache, im Wesen der Sache, habe ich mich nicht geirrt.

Sie befand sich damals, während ihrer Niederkunft, in einem besonderen Raum und war ganz allein; in einer Ecke, neben ihrem Bett, lag die Neugeborene, die man erst am Tag vorher getauft hatte. Als ich eintrat, schrie gerade das Kindchen mit einer schwachen und so eigenartig gebrochenen Stimme, wie man es bei allen Neugeborenen beobachten kann. Übrigens wird dieses Gefängnis aus irgendeinem Grund gar nicht Gefängnis genannt, sondern ›Haus der vorläufigen Unterkunft von Verbrechern‹. Hier befinden sich übrigens sehr viele Verbrecher, besonders solche, die gewisse *sehr* eigenartige Verbrechen begingen, und von denen ich vielleicht gelegentlich besonders sprechen werde. Doch ich will bei dieser Gelegenheit hinzufügen, dass ich einen äußerst erfreulichen Eindruck hatte, wenigstens in dieser Frauenabteilung des Gefängnisses, da ich wahrnahm, dass sich die Aufseherinnen zweifellos human zu den Verbrecherinnen verhielten. Ich war dann auch noch in anderen Kammern, zum Beispiel in der, wo die Verbrecherinnen gehalten werden, die Säuglinge hatten, und ich sah selbst, mit welcher Sorge und Aufmerksamkeit diese Verbrecherinnen von den unmittelbar mit ihrer Pflege betrauten Vorsteherinnen behandelt wurden. Und wenn meine Beobachtungen auch nicht sehr lange währten, so gibt es doch Züge, Worte, Handlungen und Gebärden, die auf einen Blick vieles zeigten. Bei der Korniloff blieb ich bei meinem ersten Besuch zwanzig Minuten: Es ist eine hübsche, sehr junge Frau, die intelligent aussieht, doch sehr naiv ist. Anfangs, etwa zwei Minuten lang, war sie ein wenig erstaunt über meinen Besuch, doch bald schon hatte sie eingesehen, dass sie einen der »Ihrigen« vor sich habe, der Anteil an ihr nimmt, und gerade als solchen hatte ich mich ihr auch bei meinem Eintritt zu erkennen gegeben, und sie wurde dann völlig offen zu mir. Sie gehört nicht zu den gesprächigen Frauen, und sie ist auch nicht gerade von sehr rascher Auffassung im Gespräch, doch was sie sagt, das äußert sie fest und klar, offenbar aufrichtig und stets freundlich. Doch ohne jede Süßlichkeit, ohne jeden Versuch sich einzuschmeicheln. Sie sprach mit mir nicht gerade wie mit ihresgleichen, doch fast wie mit einem Verwandten. Damals, sehr wahrscheinlich noch unter dem Einfluss der gerade erst erfolgten. Niederkunft und in der frischen Erinnerung an das gleichfalls vor noch so kurzer Zeit über sie gefällte Urteil (das geschah ja in den allerletzten Tagen ihrer Schwangerschaft), war sie ein wenig aufgeregt, und sie begann sogar ein wenig zu weinen, als sie sich einer Aussage erinnerte, die vor Gericht gegen sie gemacht worden war: Sie habe noch am Tag des Verbrechens irgendwelche Worte gesprochen, die sie tatsächlich niemals gesagt habe. Sie grämte sich sehr über »die Ungerechtigkeit« dieser Aussage, es fiel mir dabei aber auf, dass sie durchaus nicht mit Bitterkeit sprach, vielmehr immer nur ausrief: »Es ist mein Schicksal!« Als ich dann sofort von ihrem neugeborenen Töchterchen zu sprechen begann, fing sie gleich an zu lächeln: »Gestern hat man es getauft!« – »Wie heißt es denn?« – »Doch wie ich, Katharina!« – Dieses Lächeln einer zur Zwangsarbeit verurteilten Mutter über ihr Kind, das sie bereits im Gefängnis geboren hatte, und zwar sofort nach ihrer Verurteilung, durch die auch zugleich das Kind verurteilt worden war, das damals noch gar nicht auf der Welt war, dieses Lächeln machte auf mich einen seltsamen und schweren Eindruck. Als ich sie in aller Vorsicht über ihr Verbrechen auszufragen begann, gefiel mir sofort und ganz außerordentlich der Ton ihrer Antworten. Auf alles antwortete sie direkt und deutlich, ohne im Geringsten davon abzulenken, sodass ich sofort erkannte, dass es hier ganz unnötig sei, irgendwelche besondere Vorsichtsmaßregeln anzuwenden. Sie gab ohne Weiteres zu, sie sei Verbrecherin in allem, dessen man sie beschuldige. Auch fiel mir gleich auf, dass sie mir von ihrem Gatten (aus Wut gegen den sie doch das kleine Mädchen aus dem Fenster hinausgeworfen hatte) nicht nur nichts Boshaftes sagte, kein einziges Wörtchen der Anklage, sondern ganz im

Gegenteil. – »Ja, wie war das alles eigentlich so gekommen?«, fragte ich, und sie erzählte mir sofort, wie sich das zugetragen hatte: »Ich wollte das Böse, nur war das, so kommt es mir jetzt vor, gar nicht mein eigener Wille, sondern ein ganz fremder.« Ich entsinne mich, sie fügte hinzu (auf meine Frage), wenn sie auch sofort zur Polizei gegangen sei, um den Vorfall anzuzeigen, so »wollte ich eigentlich gar nicht zur Polizei gehen, es war vielmehr so, als sei ich ganz von selber hingekommen, ich weiß gar nicht weshalb, und ich habe dort immer nur mich angeklagt«. Schon am Tag vor meinem Besuch hatte ich erfahren, dass ihr Verteidiger, Herr L., Berufung eingelegt habe; demnach war doch eine gewisse, wenn auch recht schwache Hoffnung geblieben. Außerdem trug ich mich noch mit einer anderen Hoffnung, von der ich jetzt schweigen will, von der ich ihr aber schon damals gegen Ende meines Besuchs Mitteilung machte. Sie hörte mich an ohne besonderes Vertrauen auf den Erfolg meiner Pläne, doch glaubte sie von ganzem Herzen an mein Wohlwollen für sie und sprach mir sofort ihren Dank aus. Auf meine Frage, ob ich ihr nicht jetzt gleich irgendwie nützlich sein könnte, erriet sie auf der Stelle, worauf ich anspielte und antwortete mir, es fehle ihr an gar nichts, sie habe vielmehr sowohl Geld als Arbeit. Und in diesen Worten klang nicht die geringste Erbitterung, sodass ich annehmen konnte: dass, wenn sie kein Geld gehabt hätte, sie vielleicht durchaus nicht abgeneigt gewesen wäre, eine kleine Unterstützung von mir anzunehmen.

Darauf bin ich dann noch zweimal bei ihr gewesen. Unter anderem hatte ich einmal durchaus mit Absicht von dem Freispruch der Mörderin Kiriloff erzählt, ein Fall, der sich nur wenige Tage nach dem Urteil über sie, die Korniloff, zugetragen hatte – ich nahm aber nicht den geringsten Neid oder Unwillen an ihr wahr. Es war klar: Sie war durchaus geneigt, sich für eine außerordentliche Verbrecherin zu halten. Als ich sie mir näher ansah, bemerkte ich, dass dieser ziemlich merkwürdige Frauencharakter sich im Grunde auf sehr viel Gleichmäßigkeit, Ordnungssinn und, was mir besonders auffiel, Heiterkeit gründete. Trotzdem wurde sie offenbar von Erinnerungen gequält: Mit tiefem, aufrichtigem Kummer bedauerte sie es, dass sie zu dem Kind streng gewesen sei, »es nicht lieb gewonnen, es geschlagen hatte« – da ihr Mann sie unaufhörlich mit seiner verstorbenen Gattin gestichelt hatte und sie, wie ich bald erriet, offenbar eifersüchtig war auf diese verstorbene erste Frau ihres Mannes. Es springt in die Augen, dass sie unter anderm auch der Gedanke beunruhigt, dass ihr Mann jetzt frei sei und wieder heiraten könne, und sie teilte mir einmal mit großer Befriedigung mit, als ich eben erst bei ihr eingetreten war, dass vorher ihr Gatte zu ihr gekommen sei und ihr selbst gesagt habe: »dass er jetzt gar nicht ans Heiraten denken könne!« – Demnach hat doch sie selbst, und sie zuerst, mit ihm hierüber zu sprechen begonnen, dachte ich. Ich wiederhole es, sie begreift durchaus, dass, nachdem dieses Urteil über sie gefällt worden war, ihr Mann schon nicht mehr ihr Mann sei und ihre Ehe gelöst wurde. Demnach müssten wohl ihre Zusammenkünfte und Gespräche äußerst interessant sein, ging es mir gleich durch den Kopf.

Bei diesen Besuchen hatte ich Gelegenheit, mit einigen von den Gefängnisaufseherinnen über sie zu sprechen und auch mit Frau A. P. B. – der Gehilfin der Gefängnisdirektorin. Ich wunderte mich darüber, dass die Korniloff offenbar bei ihnen allen Sympathie erregt hatte. Frau A. P. B. berichtete mir unter anderem von einer seltsamen Beobachtung, die sie da gemacht habe, nämlich: Als die Korniloff (sehr bald nachdem sie ihr Verbrechen begangen hatte), ins Gefängnis gekommen sei, sei sie ein ganz anderes Geschöpf gewesen, grob, unhöflich, bösartig und rasch bei der Hand mit boshaften Antworten. Doch kaum seien zwei oder drei Wochen vergangen, da sei sie plötzlich ganz wie umgewandelt gewesen: Sie erwies sich nunmehr als ein gutes, einfaches sanftes Wesen, »und so ist sie bis jetzt«. Mir schien es, als sei diese Mitteilung außerordentlich wichtig für diesen ganzen Fall. Doch das Unglück lag eben darin, dass dieser Fall bereits entschieden und bestätigt und das Urteil schon gefällt war. Und da hat man mich dieser Tage benachrichtigt, dieses Urteil, gegen das Berufung eingelegt worden war, sei aufgehoben worden (wegen Verstoß gegen § 693 der Strafprozessordnung), und der Fall werde an ein anderes Schwurgericht zu erneuter Verhandlung verwiesen. So ist im gegenwärtigen Augenblick die Korniloff wiederum nur eine Angeklagte, noch keine Zuchthäuslerin und wiederum die gesetzliche Gattin ihres Mannes, und er ihr gesetzlicher Gatte. Demnach strahlt für sie wieder neue Hoffnung. Gott gebe, dass diese junge Seele, die schon so viel zu ertragen hatte, nicht endgültig gebrochen werde durch eine neue Verurteilung. Schwer fällt es der Seele des Menschen, derartige Erschütterungen zu ertragen: Das ist ganz so, wie wenn man einen zum Tod durch Erschießen Verurteilten plötzlich vom Pfahl losbindet, ihm neue Hoffnung gibt, ihm die Binde von den Augen nimmt, ihn wiederum die Sonne sehen lässt und fünf Minuten später ihn plötzlich wieder zum Pfahl führt und festbindet. Tatsächlich, sollte denn wirklich nicht doch eine, wenn auch noch so geringe Bedeutung dem Umstand beigemessen werden, dass die Angeklagte zu der Zeit, als sie die Missetat beging, in anderen Umständen war? Der wichtigste Teil der Anklage beruht natürlich darin, dass sie trotzdem das Verbrechen »bewusst« begangen habe, aber wiederum – was bedeutet in einem solchen Fall die Bewusstheit, und welche Rolle spielt sie hier? Das Bewusstsein konnte durchaus intakt geblieben sein, doch dem verrückten, durch einen krankhaften Affekt hervorgerufenen schlechten Wunsch vermochte sie eben nicht zu widerstehen, ungeachtet dessen, dass ihr Bewusstsein durchaus klar war. Erscheint das wirklich so unmöglich? Wäre sie nicht in anderen Umständen gewesen, so hätte sie vielleicht im Augenblick der Erbitterung gedacht: Wie wäre es, wenn ich dieses üble kleine Mädchen aus dem Fenster hinauswerfen würde, damit er mich nicht mehr jeden Augenblick mit ihrer Mutter stichelt? Dieser Gedanke wäre ihr gekommen, sie hätte aber nicht so gehandelt; in ihrem Zustand der Schwangerschaft dagegen – vermochte sie sich *nicht mehr gegen diese Verführung zu behaupten,* und sie beging die Tat. Hätte sich das denn nicht so zutragen können? Und was ist denn eigentlich dabei, dass sie selbst gegen sich aussagt, sie habe schon am Abend vorher das Kind aus dem Fenster hinauswerfen wollen, doch habe sie daran die Anwesenheit des Gatten gehindert? Auf jeden Fall kann man diesen verbrecherischen Plan, der so logisch und mit solcher Festigkeit ausgedacht und am anderen Morgen so methodisch (indem sie die Blumentöpfe dort umstellte usw.) ausgeführt wurde, keineswegs unter die gewöhnlichen, mit Absicht vollführten Verbrechen rechnen: Hier geschah vielmehr gerade etwas Unnatürliches, Unnormales. Bedenken Sie doch nur das eine: Nachdem sie das Mädchen hinuntergeworfen und dann noch einmal nach dem Fenster geblickt hatte, um zu sehen, ob das Kind auch wirklich gefallen sei (das Mädchen war im ersten Augenblick bewusstlos und man konnte es natürlich vom Fenster aus für tot halten), schließt die Mörderin das Fenster, zieht sich an und – geht zur Polizei, um sich anzuzeigen. Aber hätte sie denn gegen sich Anzeige erhoben, wenn sie die Missetat gesunden Sinnes ausgedacht und ruhig und mit kaltblütiger Berechnung vollführt hätte? Wo sind denn eigentlich die Zeugen dafür, dass sie tatsächlich das Kind aus dem Fenster hinausgeworfen habe und nicht vielmehr das Kind selbst aus Unvorsichtigkeit hinuntergefallen sei? Sie hätte auch den Gatten bei seiner Heimkehr gleich davon überzeugen können, dass das Kind von selbst gefallen sei und sie selbst dabei nicht die geringste Schuld treffe (sodass sie sich am Gatten gerächt, und dabei sich selbst gerechtfertigt hätte). Ja, wenn sie sich damals, als sie zum Fenster hinausschaute, überzeugt hätte, dass das Kind gar nicht tot, sondern am Leben geblieben sei, und es also später gegen sie aussagen könne – so hätte sie auch dann gar nichts zu fürchten brauchen; was hätte denn in den Augen des Untersuchungsrichters die Aussage eines sechsjährigen Kindes zu bedeuten gehabt, dass man es von hinten an den Füßen aufgehoben und zum Fenster hinausgeworfen habe? Ja, jeder als Sachverständiger hinzugezogene Arzt hätte sofort bestätigen können, dass es diesem Kind so vorkommen konnte (das heißt, wenn es ganz von selbst hinuntergefallen wäre) in dem Augenblick, als es das Gleichgewicht verlor und hinunterfiel: als habe es jemand von hinten an den Füßen gefasst und hinuntergestoßen. Wenn dem aber so ist, weshalb hat dann die Verbrecherin sich sofort auf den Weg gemacht, um sich selbst anzuzeigen? Natürlich wird man antworten: »Sie war verzweifelt, sie wollte so oder so mit sich ein Ende machen!« Und in der Tat, eine andere Erklärung gibt es nicht. Doch schon allein diese Erklärung beweist, in welcher geistigen Spannung und Zerrüttung sich diese Schwangere befand. Bemerkenswert sind auch ihre eigenen Worte: »Ich hatte eigentlich gar nicht auf die Polizei gehen wollen, es war aber so, als sei ich ganz von selber gekommen.« Das heißt doch, sie handelte wie im Fieber, *»wie nicht aus eigenem Willen«*, ungeachtet dessen, dass sie bei vollem Bewusstsein war.

Andererseits klärt auch das Zeugnis von Frau A. P. B. vieles: »Sie war ein ganz anderes Geschöpf, grob, bösartig – und plötzlich, nach zwei, drei Wochen hatte sie sich völlig umgewandelt, da kam ein sanftes, stilles, freundliches Wesen zum Vorschein.« Weshalb denn das? Aber gerade da hatte doch jene ganz bestimmte krankhafte Periode der Schwangerschaft ihr Ende gefunden – die Periode des kranken Willens und »einer Verrücktheit ohne Verrücktheit«, und damit war der krankhafte Affekt geschwunden und ein ganz anderes Wesen zum Vorschein gekommen.

Die Sache ist doch die: Wenn man die Angeklagte noch einmal von Neuem zu Zwangsarbeit verurteilt und sie, die so schon so schwer getroffen ist und so vieles ausgehalten hat, durch eine *zweite* Verurteilung niederschmettert und zu Boden drückt und diese Zwanzigjährige, die noch kaum das Leben begonnen hat, mit ihrem Säugling auf dem Arm ins Zuchthaus werfen wird, was wird denn dabei herauskommen? Wird sie wohl viel im Zuchthaus lernen? Wird nicht ihre Seele auf ewig verhärtet, verdorben und mit Bosheit erfüllt werden? Wen hat denn jemals das Zuchthaus gebessert? Und vor allem: Das alles würde geschehen, obgleich der Zweifel, ob da nicht doch ein krankhafter Affekt ihres damaligen schwangeren Zustands vorliege, durchaus nicht aufgeklärt und keineswegs widerlegt wurde. Ich wiederhole es noch einmal wie vor zwei Monaten: »Besser ist es schon, sich im Freispruch zu irren als bei der Bestrafung.« Sprecht die Unglückliche frei, und es wird eine junge Seele vor dem Untergang bewahrt bleiben, die vielleicht noch so viel im Leben vor sich hat und in der viele gute Keime enthalten sind. Im Zuchthaus aber wird zweifellos alles verloren gehen, denn dort wird die Seele verdorben, jetzt dagegen wird ganz im Gegenteil die fruchtbare Lehre, die sie bereits empfing, sie vielleicht für ihr ganzes Leben vor bösen Taten bewahren; doch was die Hauptsache ist: Vielleicht wird das alles in hohem Maß dazu beitragen, dass sich jener Same und jene Keime des Guten, die zweifellos in dieser jungen Seele beschlossen liegen, entfalten und zur Reife gelangen werden. Und wenn auch ihr Herz tatsächlich hart und böse wäre, so würde es sicherlich durch den Freispruch weicher werden. Doch ich versichere Sie, dass ihr Herz ganz und gar nicht verhärtet und auch gar nicht böse ist, und dass ich das durchaus nicht allein zu bezeugen vermag. Sollte es denn wirklich unmöglich sein, hier freizusprechen, den Freispruch zu wagen?

Der Freispruch des Angeklagten Korniloff
(April 1877)

Am 22. April dieses Jahres wurde am hiesigen Kreisgericht zum zweiten Mal der Fall der Angeklagten Korniloff verhandelt, vor einem neu zusammengesetzten Gericht und neuen Geschworenen. Das erste Urteil, das bereits im vergangenen Jahr gefällt worden war, wurde vom Senat aufgehoben, wegen ungenügender ärztlicher Expertise. Vielleicht wird sich die Mehrzahl meiner Leser noch gut an diesen Fall erinnern. Eine junge Stiefmutter (die damals noch nicht einmal volljährig war) hatte im Zustand der Schwangerschaft aus Wut auf ihren Gatten, der sie mit seiner ersten Frau gestichelt hatte, und gleich nach einem heftigen Streit mit ihm, ihre sechsjährige Stieftochter, die Tochter ihres Mannes von seiner ersten Frau, aus einem Fenster des vierten Stockwerks (aus einer Höhe von fünfeinhalb Klaftern) hinuntergeworfen, wobei sich fast ein Wunder ereignet hatte: Das Kind war nicht tot liegen geblieben, es hatte sich nichts gebrochen und nichts beschädigt und war bald wieder zum Bewusstsein gekommen: Jetzt ist es ganz gesund und frisch. Diese rohe Tat der jungen Frau wurde begangen in einer Zeit, als alle ihre übrigen Handlungen so viel Sinnloses und Rätselhaftes aufwiesen, dass sich ganz von selbst der Zweifel erhob, ob sie hier auch wirklich bei gesundem Verstand gehandelt oder ob sie sich nicht vielmehr unter einem Affekt ihrer Schwangerschaft befunden habe? Nachdem sie eines Morgens erwacht war, ihr Gatte war bereits zur Arbeit gegangen, ließ sie das Kind ruhig ausschlafen; dann zog sie es fertig an und gab ihm Kaffee. Darauf öffnete sie ein Fenster und warf das Kind hinaus. Und ohne auch nur hinunterzublicken, um festzustellen, was aus dem Kind geworden sei, schloss sie sogleich das Fenster, zog sich an und begab sich zur Polizei. Dort meldete sie den Vorfall und antwortete auf alle Fragen grob und sonderbar. Als man ihr, mehrere Stunden später, mitteilte, das Kind sei am Leben geblieben, bemerkte sie, ohne irgendwie Freude oder Verdruß zu zeigen, ganz gleichgültig und kaltblütig, als sei sie tief in Nachdenken versunken: »Was hat die für ein zähes Leben.« Daraufhin blieb sie fast anderthalb Monate lang in den beiden Gefängnissen, in denen sie sich aufhalten musste, mürrisch, grob und einsilbig. Und plötzlich war alles auf einmal vergangen: Die übrigen vier Monate bis zur Niederkunft und die ganze darauffolgende Zeit, bei der ersten Verhandlung und nach dieser, konnte die Vorsteherin der Frauenabteilung des Gefängnisses sie gar nicht genug loben: Es war da ein gleichmäßiger, sanfter, freundlicher und offener Charakter zum Vorschein gekommen. Ich habe das übrigens alles schon früher beschrieben. Mit einem Wort, das frühere Urteil wurde aufgehoben, es fand ein neuer Termin statt am 22. dieses Monats, und die Korniloff wurde freigesprochen.

Ich befand mich im Gerichtssaal und war tief beeindruckt. Schade nur, dass ich keine Möglichkeit finde, meine Eindrücke wiederzugeben, und ich, ganz wörtlich genommen, genötigt bin, mich auf einige wenige Worte zu beschränken. Ja und ich berichte auch über diesen Fall einzig und allein deshalb, weil ich schon vorher vieles darüber geschrieben hatte und ich es deshalb nicht für überflüssig halte, den Lesern auch von dem Ausgang dieses Falles Mitteilung zu machen. Die Verhandlung dauerte diesmal doppelt so lang wie bei dem ersten Termin. Die Zusammensetzung der Geschworenen war ganz bemerkenswert. Es wurde auch eine neue Zeugin hinzugezogen – die Vorsteherin der Frauenabteilung des Gefängnisses. Ihre Aussage über den Charakter der Korniloff fiel sehr ins Gewicht und war ganz zu ihren Gunsten. Sehr bemerkenswert war auch die Aussage des Gatten der Angeklagten: In außerordentlicher Ehrlichkeit verheimlichte er gar nichts, weder die ehelichen Streitigkeiten noch die Beleidigungen, die seine Gattin von ihm zu erdulden gehabt hatte, er rechtfertigte seine Gattin und sprach herzlich, einfach und aufrichtig. Er gehört dem Bauernstand an, wenn er sich auch auf deutsche Weise kleidet, er liest Bücher und bezieht ein Monatsgehalt von dreißig Rubel. Ferner war auch die Auswahl der Sachverständigen bemerkenswert. Es waren ihrer sechs vorgeladen worden – alles ärztliche Berühmtheiten; fünf von ihnen sagten aus. Drei erklärten, ohne im Geringsten zu schwanken, dass der krankhafte Zustand, der mit der Schwangerschaft verbunden ist, sehr wohl auch in dem vorliegenden Fall auf das Zustandekommen des Verbrechens hätte von Einfluss sein *können*. Nur ein Arzt, Florinskij, schloss sich diesen Gutachten nicht an, doch glücklicherweise ist er kein Psychiater, und so wurde seiner Beurteilung des Falles keinerlei Bedeutung beigemessen. Als Letzter machte unser bekannter Psychiater Djukow seine Aussage. Er sprach fast eine ganze Stunde, indem er auf die Fragen des Staatsanwalts und des Vorsitzenden antwortete. Man kann sich kaum ein feineres Verständnis der menschlichen Seele und ihrer krankhaften Zustände vorstellen. Auch fiel der Reichtum und die Mannigfaltigkeit seiner während vieler Jahre gemachten, außerordentlich interessanten Beobachtungen auf. Was mich persönlich betrifft, so vernahm ich einige von den Aussagen des Gutachters ganz entschieden mit Begeisterung. Die Aussage des Gutachters war zugunsten der Angeklagten: Er *bestätigte und bewies*, dass seiner Meinung nach sich die Seele der Angeklagten während des Zustandekommens ihres furchtbaren Verbrechens zweifellos in krankhaftem Zustand befunden habe.

Die Sache endete damit, dass sogar der Staatsanwalt, ungeachtet seiner drohenden Rede, darauf verzichtete, die Angeklagte zu beschuldigen, sie habe die Tat in vollbewusster Absicht begangen, das heißt, er verzichtete auf das Hauptbelastungsmoment. Der Verteidiger der Angeklagten, Rechtsanwalt Lustig, widerlegte gleichfalls außerordentlich geschickt verschiedene Beschuldigungen, eine davon, die wichtigste von allen – dass nämlich die Stiefmutter seit Langem gegen ihre Stieftochter Hass gehegt habe – machte er dadurch gegenstandslos, dass er überzeugend nachwies, dass es sich hier nur um Klatsch der Nachbarsleute handle. Nach einer langen Rede des Vorsitzenden zogen sich dann die Geschworenen zur Beratung zurück, und nach weniger als einer Viertelstunde entschieden sie auf Freispruch, was bei dem zahlreichen Publikum fast Begeisterung hervorrief. Viele bekreuzigten sich, andere beglückwünschten einander und drückten sich die Hände. Der Gatte der Freigesprochenen führte sie noch am selben Abend, schon in der elften Stunde, zu sich nach Hause, und sie betrat wiederum, als eine Glückliche, ihr Haus, nach fast einjähriger Abwesenheit – unter dem Eindruck der gewaltigen Lehre, die sie für ihr ganzes Leben erhalten hatte und in der Überzeugung, dass offenbar Gottes Hand in dieser ganzen Sache gewaltet hatte – sei es auch nur ganz zu Beginn bei der wunderbaren Errettung des Kindes.

Schlusswort zum Fall Korniloff
(Dezember 1877)

Indem ich mit dem vorliegenden letzten Dezemberheft die zweijährige Herausgabe meines ›Tagebuchs‹ abschließe, halte ich es für unerlässlich, noch einmal ein Wort zu sagen über eine Angelegenheit, von der ich schon mehr als genug gesprochen habe. Ich hatte die Absicht gehabt, schon im Maiheft hiervon zu berichten, ich hatte das damals aber zurückgestellt aus ganz besonderen Erwägungen, bis zu diesem letzten Heft. Es handelt sich hier wieder um jene Stiefmutter, die Korniloff, die aus Wut auf ihren Mann ihr sechsjähriges Stieftöchterchen zum Fenster hinausgeworfen hatte, wobei aber dieses, obgleich es fünf Klafter tief hinuntergefallen war, am Leben blieb. Wie bekannt, wurde die Verbrecherin vor Gericht gezogen und verurteilt. Dann wurde das Urteil wieder aufgehoben, und schließlich wurde die Korniloff endgültig freigesprochen bei der zweiten Verhandlung am 22. April dieses Jahres (siehe mein ›Tagebuch‹ vom Oktober 1876 und vom April 1877).

Es war mir beschieden, an dieser Angelegenheit einen gewissen Anteil zu haben. Der Vorsitzende des Gerichts und später auch der Staatsanwalt erklärten öffentlich im Gerichtssaal, das erste zur Verurteilung führende Urteil über die Korniloff sei aufgehoben worden wegen des von mir in meinem ›Tagebuch‹ ausgesprochenen Zweifels, ob nicht der schwangere Zustand der Verbrecherin auf ihre Tat Einfluss gehabt habe. Ich hatte diesen Gedanken angeregt und weiter ausgeführt infolge einiger außergewöhnlicher und seltsamer seelischer Eigentümlichkeiten, die einem ganz von selbst, und zwar unabweisbar, in die Augen fielen und beim Lesen der Einzelheiten des begangenen Verbrechens sofort die Aufmerksamkeit auf sich zogen. Das alles ist übrigens auch schon meinen Lesern bekannt. Bekannt ist es ihnen vielleicht auch schon, dass nach der strengsten Untersuchung und trotz hartnäckigster und eindringlichster Ausführungen des Staatsanwalts die Geschworenen doch die Korniloff freisprachen, nachdem sie sich kaum mehr als zehn Minuten zur Beratung zurückgezogen hatten, und dass das Publikum den Sitzungssaal verließ in warmem Einverständnis mit diesem Freispruch. Und damals schon kam mir, am gleichen Tag noch, der Gedanke, dass es in ähnlich wichtigen Fällen, wo die höchsten Beweggründe des bürgerlichen und geistigen Lebens berührt werden, sehr wünschenswert sei, dass alles bis zur letzten Möglichkeit aufgeklärt werden möchte, damit weder in der Gesellschaft noch in der Seele der Geschworenen, die den Freispruch gefällt hatten, irgendein Zweifel, Schwanken und Bedauern darüber zurückbleibe, dass eine zweifellose Verbrecherin der Bestrafung entgangen sei. Hier handelt es sich ja um Kinder, um das Kinderschicksal (das so häufig bei uns in Russland, und ganz besonders in den armen Schichten, ein entsetzliches ist), um die Kinderfrage – und da wird unter dem Beifall des Publikums eine Kindesmörderin freigesprochen. Und dabei habe ich selbst teilweise dazu beigetragen (nach dem Zeugnis des Gerichtshofs selbst!). Ich hatte zwar nach meiner Überzeugung gehandelt, doch nachdem der Freispruch tatsächlich erfolgt war, begann mich plötzlich ein Zweifel zu quälen: ob nicht etwa in der Gesellschaft Unzufriedenheit und Misstrauen gegenüber dem Gericht zurückgeblieben sei oder gar offener Unwille. In unserer Presse wurde wenig geschrieben von diesem Freispruch der Korniloff – damals hatte man kein Interesse dafür, man fühlte den kommenden Krieg voraus. Doch im ›Nordischen Boten‹, einer Zeitung, die damals gerade zu erscheinen begonnen hatte, las ich dann einen Artikel, voller Unwillen über diesen Freispruch, und voller Wut über meine Mitwirkung bei dieser Sache. Dieser Artikel ist in einem unwürdigen Ton gehalten, und nicht ich allein war damals der Gegenstand des Unwillens des ›Nordischen Boten‹, auch Leo Tolstoi wurde durchgehechelt wegen seiner ›Anna Karenina‹, und zwar mit bösen und unwürdigen Verhöhnungen. Ich persönlich hätte dem Autor gar nicht geantwortet, doch gerade in diesem Aufsatz erkannte ich das, was ich von Seiten eines gewissen Teils unserer Gesellschaft befürchtet hatte, das heißt, einen verworrenen Eindruck, gemischt aus Unverständnis und Unwillen in Hinsicht auf das damalige Urteil. Und da habe ich denn beschlossen, diese acht Monate zu warten, um mich im Verlauf dieser Zeit wenn möglich noch mehr und endgültig selbst davon zu überzeugen, dass dieser Freispruch durchaus nicht schlecht auf die Angeklagte gewirkt habe, dass vielmehr im Gegenteil die Milde des Gerichts wie ein guter Samen auf einen guten Boden gefallen sei, dass die Angeklagte *tatsächlich würdig* war des Mitleids und der Anteilnahme, dass die Ausbrüche eines unerklärlichen, fantastischen, fast an

Raserei grenzenden Zustands, in dem sie ihre Missetat vollbracht hatte, sich nicht mehr bei ihr wiederholten und sich überhaupt nicht mehr wiederholen können, dass dies wirklich eine gute und sanfte Seele ist, keineswegs eine Zerstörerin und Mörderin (wovon ich mich auch schon während des Prozesses überzeugt hatte), und dass es tatsächlich unerlässlich war, das Verbrechen dieser Unglücklichen durch einen ganz besonderen, rein zufälligen Umstand zu erklären: durch Krankhaftigkeit, durch einen »Affekt«, eben durch jene krankhaften Anfälle, die ziemlich häufig (zumal wenn auch noch andere, ungünstige Bedingungen und Umstände hinzukommen) bei schwangeren Frauen in einer gewissen Periode ihrer Schwangerschaft vorzukommen pflegen, und dass demnach endlich weder die Geschworenen noch die Gesellschaft noch das Publikum, das sich im Gerichtssaal befand und den Freispruch mit warmem Mitgefühl vernahm – irgendeinen Grund mehr haben, an der Richtigkeit eines solchen Urteils zu zweifeln und ihr eigenes Mitleid nachträglich zu bereuen.

Und nun nach diesen acht Monaten bin ich in der Lage, dass ich das eine und das andere mitteilen und zu dieser, vielleicht allmählich langweilig gewordenen Angelegenheit hinzuzufügen vermag. Ich werde sozusagen der Gesellschaft antworten, das heißt jenem Teil von ihr, der, meiner Annahme nach, im Stande wäre, dem hier gefällten Urteil nicht zuzustimmen, an ihm zu zweifeln und unwillig darüber zu sein – falls sich überhaupt eine solche Schar Unzufriedener in unserer Gesellschaft finden sollte. Da mir aber von allen diesen Unzufriedenen einzig und allein (und dabei noch nicht einmal persönlich) jener »Beobachter« bekannt ist, der jenen strengen Artikel im ›Nordischen Boten‹ schrieb, so will ich ihm antworten. Am wahrscheinlichsten ist es freilich, dass ich nicht den geringsten Eindruck auf ihn machen werde, was für Gründe ich auch vorbringen mag, vielleicht aber werde ich dafür meinen Lesern verständlich sein.

Als der »Beobachter« in seinem Aufsatz den Fall der Korniloff berührte, maß er dieser Angelegenheit von der ersten Zeile an höchste Bedeutung bei: Er wies mit Unwillen auf das Schicksal der schutzlosen Kinder hin, und bedauerte, dass man die Angeklagte nicht auf das Strengste bestraft habe. Es handelte sich demnach um Sibirien, um die Verschickung einer zwanzigjährigen Frau mit ihrem schon im Gefängnis geborenen Kind auf den Armen (das demnach mit ihr zugleich nach Sibirien verschickt wurde) und um die Zerstörung dieser jungen Familie. In einem solchen Fall würde man sich, so scheint mir wenigstens, zunächst mit Sorgfalt, mit vollem Ernst und ganz unvoreingenommen zu den in Rede stehenden Tatsachen verhalten. Doch, ob Sie es glauben oder nicht, dieser »Beobachter« kennt den Fall *überhaupt nicht,* über den er urteilt, er spricht ins Blaue hinein, er denkt sich selbst nie gewesene Umstände aus und wirft sie der ehemaligen Angeklagten an den Kopf, dabei war er *offenbar* überhaupt nicht im Gerichtssaal anwesend, hatte er die Debatten gar nicht gehört, war nicht zugegen, als das Urteil gefällt wurde, und ungeachtet alles dessen verlangt er grausam und wütend die Bestrafung dieser Frau! Es handelt sich aber doch um das Schicksal eines Menschen, sogar mehrerer auf einmal, es handelt sich um das blutige, mitleidslose Zerreißen eines Menschenlebens. Zugegeben, die Unglückliche war schon freigesprochen worden, als der »Beobachter« mit seinem Artikel an die Öffentlichkeit trat, doch solche Angriffe wirken auf die Gesellschaft ein, auf das Gericht, auf die öffentliche Meinung; sie finden Widerhall, wenn in Zukunft eine ähnliche Anklage erhoben wird. Schließlich beleidigen solche Ausfälle auch die Freigesprochene selber. Freilich, sie gehört zu dem »dummen Volk«, aber gerade deshalb ist sie auch schutzlos. Im Folgenden sei nun dieser Aufsatz, das heißt die ganze Stelle, die sich auf den Fall Korniloff bezieht, wiedergegeben; das heißt, ich gebe die wesentlichen Stellen wieder und schließe nur sehr wenig aus.

Das Exzerpt

... Bei Weitem schwieriger wäre es für die Geschworenen, sich selbst in die Lage einer schwangeren Frau zu versetzen, aber noch schwieriger in die Lage des sechsjährigen Mädchens, das dieses Weib aus dem Fenster des vierten Stockwerks hinausgeschleudert hatte. Man muss jene ganze Kraft der Fantasie besitzen, durch die sich, wie allgemein bekannt, Herr Dostojewski vor uns allen auszeichnet, um sich völlig in die Lage dieser Frau zu versetzen und sich die ganze Unabwendbarkeit der Affekte einer Schwangerschaft zu erklären.

Er kam tatsächlich in diese Lage, er besuchte eine gewisse Dame im Gefängnis, war ganz erstaunt über ihre Demut und trat dann in mehreren Heften seines ›Tagebuchs‹ als ihr begeisterter Verteidiger auf. Doch Herr Dostojewski ist allzu eindrucksfähig, und »krankhafte Erscheinungen des Willens« liegen gerade dem Verfasser der ›Dämonen‹, des ›Idioten‹ und so weiter allzu nahe. Man muss es ihm also zugutehalten, wenn er hierfür eine gewisse Schwäche hegt. Ich für meine Person sehe diese Angelegenheit viel einfacher, und ich behaupte, dass nach solchen Beispielen, wie Freispruch im Fall grausamer Behandlung von Kindern, einer Behandlung, die in Russland ebenso wie in England durchaus nicht gerade selten ist, auch nicht mehr der Schatten einer Abschreckung besteht. Von wie vielen Fällen von Kindermisshandlung gelangt ein einziger zur gerichtlichen Verhandlung? Es gibt Kinder, deren ganzes Leben, der Morgen, Mittag und Abend jedes Tages nichts anderes bedeutet als eine einzige ununterbrochene Reihe von Leiden. Es sind unschuldige Geschöpfe, die ein solches Los erdulden, im Vergleich zu dem die Zwangsarbeit von Vatermördern in den Bergwerken eine Seligkeit bedeutet, ein Ausruhen ohne jene ewige, nie verstummende Angst, in völliger Seelenruhe, soweit sie nicht durch Gewissensbisse gestört wird. Von zehntausend, ja vielleicht hunderttausend Fällen von Kindermisshandlung gelangt nur ein einziger an die Öffentlichkeit des Gerichts; ein einziger, irgendeiner, der aus irgendeinem Grund am meisten bemerkt wurde. So prügelt zum Beispiel eine Stiefmutter in einem fort ein unglückliches sechsjähriges Wesen und wirft es schließlich aus dem vierten Stockwerk zum Fenster hinaus; als sie dann erfuhr, dass das ihr verhasste Kind sich nicht den Hals brach, rief sie aus: »Die hat aber ein zähes Leben!« Es erweist sich dabei, dass der Hass gegen dieses Kind durchaus nicht ganz plötzlich auftrat, auch fehlte jede Spur von Reue nach dem Mord; alles steht miteinander im Einklang, alles ist logisch in der Auswirkung des einen und selben bösen Willens. Und dieses Weib spricht man dann auch noch frei! Wenn man aber in solchen klaren Fällen von Grausamkeit gegen Kinder freispricht, was soll man denn dann noch in anderen Fällen erwarten, die weniger ins Auge fallen, die verwickelter sind? Natürlich wird man freisprechen, immer wieder freisprechen! In England, in den rohen städtischen Klassen sind, wie ich bereits bemerkte, Fälle von Kindermisshandlung auch nicht selten. Ich wünschte aber, man möchte mir einen einzigen Fall nachweisen, wo englische Geschworene einen derartigen Freispruch gefällt hätten. Oh, wenn zum Beispiel ein Altgläubiger vor unseren Geschworenen steht, der sich in übler Weise über die Kuppel einer Kirche äußerte – dann ist das eine ganz andere Sache! In England dagegen würde ein solcher Mensch überhaupt nicht zur Verantwortung gezogen, während er bei uns vergeblich Freispruch erwarten wird. Doch die Misshandlung eines kleinen Mädchens – lohnt es denn deswegen eine junge Frau zugrunde zu richten? Sie ist doch immerhin die Stiefmutter, das heißt fast die Mutter ihres Opfers; und wie es auch sein mag, sie gibt ihm zu essen, zu trinken und noch mehr Schläge. Was freilich Letzteres anlagt, so kann man einen russischen Menschen damit kaum mehr in Erstaunen setzen. Ein Freund erzählte mir, er sei dieser Tage in einer Droschke gefahren, und der Kutscher habe die ganze Zeit über das Pferd gepeitscht. Auf die Frage, weshalb er das denn eigentlich tue, habe der Droschkenkutscher geantwortet: »Das ist doch seine Pflicht, immerfort und erbarmungslos geprügelt zu werden.«

Das ist dein eigenes Los durch Jahrhunderte, oh russischer Mensch! Ja vielleicht hat man auch diese Stiefmutter selbst in ihrer Kindheit geprügelt. Und da versetzt du dich in diese Lage und sagst: »Gott mit ihr!« Das sollst du aber nicht, habe Mitleid mit den Kleinen; jetzt wird man dich doch nicht mehr prügeln, und auch du spreche den nicht frei, der grausam war gegen solche, die schon nicht mehr als Sklaven geboren wurden.

Man wird mir sagen: Sie greifen die Einrichtung des Geschworenengerichts an und so weiter. Aber ich greife durchaus nicht diese Einrichtung an, und es fällt mir auch gar nicht ein, sie anzugreifen, sie ist an sich gut und sicherlich schon unendlich besser als das Gericht, an dem das Gewissen der Gesellschaft keinen Anteil hatte. Ich unterhalte mich nur mit diesem Gewissen über diese und jene Äußerung von ihm …

… Doch ein Kind etwa ein Jahr lang zu prügeln und dann zu gewissem Tod aus dem Fenster zu werfen – das ist eine andere Sache. »Der Gatte der Freigesprochenen«, schreibt Herr Dostojewski in dem dieser Tage erschienenen Heft seines ›Tagebuchs‹, »brachte sie noch an dem gleichen Abend schon in der elften Stunde zu sich nach Hause, und sie betrat, aufs Neue glücklich, wieder ihr Haus«. Wie rührend! Doch wehe dem armen Kind, wenn es im Haus blieb, als jene »Glückliche« dort einzog; wehe ihm, wenn es jemals ins Vaterhaus zurückkehrt.

»Ein Affekt der Schwangerschaft« – nun, da hat man sich ein klägliches neues Wort ausgedacht. Wie mächtig dieser Affekt auch sein mag, hat sich doch diese Frau unter seinem Einfluss weder auf ihren Mann gestürzt noch auf ihre Nachbarn. Dieser ihr ganzer

Affekt war vielmehr ausschließlich vorausbestimmt für jenes schutzlose kleine Mädchen, das sie schon ein ganzes Jahr lang ohne jeden Affekt tyrannisiert hatte. Worauf gründeten sich aber denn dann die Geschworenen bei ihrem Freispruch? Darauf, dass ein Psychiater den »krankhaften Zustand der Seele« der Angeklagten während des Verbrechens anerkannte: Die drei anderen Psychiater erklärten dagegen nur, dass der krankhafte Zustand einer schwangeren Frau auf den Vollzug des Verbrechens einwirken konnte; doch ein Frauenarzt, Professor Florinskij, der doch kaum weniger Kenntnis aller Erscheinungen während des Zustands der Schwangerschaft hat, erklärte geradeheraus, er sei mit diesem Gutachten nicht einverstanden. Demnach hatten vier von den fünf Gutachtern nicht anerkannt, dass im vorliegenden Fall das Verbrechen tatsächlich im Zustand des Affekts der Schwangerschaft und demnach unbewusst vollbracht worden sei. Doch die Geschworenen sprachen frei. Ach, was ist denn da viel dabei: Das Kind hat sich doch nicht zu Tode gestürzt; dass man es aber geschlagen hat, »gehört doch zu seiner Pflicht«.

Entstellungen und Unterschiebungen – uns kostet das ja nichts

Soweit der Auszug. Das ist eine Anklage, viel Unwillen liegt in ihr, und alles ist an meine Adresse gerichtet. Jetzt aber frage ich den »Beobachter«: Wie konnten Sie denn bis zu einem solchen Grad den Tatsachen Gewalt antun bei einer so ernsten Beschuldigung und alles in einer so falschen und in der Luft hängenden Weise darstellen? Ja, wann wurde denn eigentlich das Kind geprügelt? Wann fand denn diese systematische Misshandlung durch die Stiefmutter statt? Sie schreiben da klar und deutlich:

»Die Stiefmutter prügelt ewig das unglückliche sechsjährige Geschöpf und endlich wirft sie es aus dem vierten Stockwerk hinaus …«

Ferner:

»Doch ein Kind ungefähr ein Jahr lang zu prügeln und dann hinauszuwerfen zum sichern Tod …«

Sie rufen in Hinsicht auf das Kind aus:

»Weh ihm, wenn es irgendwann ins Vaterhaus zurückkehrt!«

Und endlich legen sie den Geschworenen die tierische Frage in den Mund:

»Ach, was ist denn dabei: Das Kind hat sich doch nicht zu Tode gestürzt, dass man es aber geschlagen hat, das gehört doch zu seiner Pflicht.«

Mit einem Wort: Sie haben alle Tatsachen entstellt und die ganze Angelegenheit so hingestellt, als sei das Verbrechen, Ihrer Meinung nach, einzig und allein aus dem Hass der Stiefmutter gegen das Kind hervorgegangen, das sie ein ganzes Jahr lang gequält, misshandelt und schließlich aus dem Fenster hinausgeworfen habe. Sie haben die Angeklagte absichtlich als ein wildes Tier hingestellt, als eine unersättlich bösartige Stiefmutter, und das einzig und allein, um Ihren Artikel zu rechtfertigen und den Unwillen der Gesellschaft aufzustacheln über das milde Urteil der Geschworenen. Und wir dürfen daraus den Schluss ziehen, dass Sie diese Unterstellung einzig und allein in der einen, soeben von mir aufgedeckten Absicht vornahmen – wir dürfen das, weil Sie verpflichtet waren, auf die genaueste Art, bis in die kleinsten Einzelheiten die Umstände dieses Falles zu kennen, und Sie Ihrerseits gar kein Recht hatten, sich dem zu entziehen, da es sich um einen Fall handelt, in dem Sie es auf sich nehmen, ein Urteil zu fällen und Bestrafung zu verlangen.

Dabei gab es aber ein so wildes Tier, eine viehische Stiefmutter, die das Kind hasste und es nicht genug misshandeln konnte – *nie und nirgends.* Und das wurde endgültig durch die Untersuchung bestätigt. Anfangs herrschte tatsächlich die Meinung, die Stiefmutter habe das Kind misshandelt und aus Hass den Entschluss gefasst, es zu töten. In der Folge hat aber die Anklage diesen Gedanken völlig fallen gelassen. Es war allzu deutlich geworden, dass das Verbrechen aus ganz anderen Beweggründen hervorgegangen war als aus Hass gegen das Kind, aus Beweggründen, die vor Gericht völlige Klärung erlangten und an denen das Kind nicht den geringsten Anteil hatte. Außerdem konnten auch gar keine Zeugen aufgestellt werden, die die Grausamkeit der Stiefmutter hätten bestätigen können oder die Schläge. Es bezeugte überhaupt nur eine Frau, die dort auf dem gleichen Hausgang nebenan wohnt (wo viele Menschen wohnen), die Angeklagte habe das Kind grausam geschlagen, aber auch dieses Zeugnis wurde gleich darauf von der Verteidigung als Nachbarklatsch entlarvt und als nichts mehr. Es stand damit vielmehr so wie gewöhnlich bei Familien von dieser Bildungsstufe, das heißt, tatsächlich pflegten beide, der Vater und die Stiefmutter, das Kind wegen Unart zu strafen, doch nur gelegentlich, das heißt sehr selten und auch nicht unmenschlich, sondern »väterlich«, wie sie sich selber ausdrückten, das heißt, bis jetzt ist das leider so in allen derartigen russischen Familien, in ganz Russland, und dabei liebt man trotzdem dort die Kinder sehr, und man sorgt sich um sie (und sogar häufig in hohem Maß) bei Weitem mehr und unermüdlicher als in gewissen intelligenten und reichen »europäisch gebildeten« russischen Familien. Hier liegt nur ein Missverständnis vor, aber keineswegs Grausamkeit. Die Korniloff war sogar eine sehr gute Stiefmutter, sie pflegte das Kind und beaufsichtigte es. Nur ein einziges Mal wurde das Kind heftig geschlagen: Die Stiefmutter prügelte es einst am Morgen, als es erwachte, deshalb, weil es nicht »verstehe, in der Nacht aufzustehen«. Darin lag aber gar kein Hass gegen das Kind. Als ich ihr einmal sagte, dass man deshalb gar nicht strafen dürfe, dass die Anlage und die Natur der Kinder verschieden seien, dass ein sechsjähriges Kind noch allzu klein sei, um stets zur rechten Zeit aufzustehen, antwortete sie: »Mir aber hat man gesagt, man müsse so tun, um es dem Kind abzugewöhnen, anders gehe das überhaupt nicht.« Diesmal schlug sie das Kind mit einer Schnur sechsmal, doch so, dass Striemen entstanden – und gerade diese Striemen hat auch jene Frau auf dem Hausflur gesehen, die einzige Zeugin des einzigen Falls von Grausamkeit, und hiervon hatte sie auch vor Gericht ausgesagt. Wegen dieser Striemen hatte übrigens der Mann, als er von der Arbeit zurückkehrte, sofort seine Frau gestraft, das heißt sie durchgeprügelt. Das ist ein strenger, aufrichtiger, ehrlicher und vor allem unbeugsamer Mann, wenn er auch, wie Sie sehen, teilweise auch noch an den Gewohnheiten früherer Zeiten hängt. Er schlug seine Frau nur selten und nicht unmenschlich (so sagte sie selber), vielmehr einzig und allein aus dem Grundsatz der männlichen Macht – das ergibt sich so aus seinem Charakter. Sein Kind liebt er (wenngleich er es sogar noch häufiger wegen Unartigkeit zu strafen pflegte als die Stiefmutter selbst), er ist aber nicht der Mensch, der es dulden würde, dass sein Kind ohne Grund von irgendwem misshandelt würde, und wenn das auch seine eigene Frau wäre. Und so wurde denn der einzige Fall einer strengen Strafe (bis zum Entstehen von Striemen), der sich vor Gericht nachweisen ließ, von dem Ankläger des ›Nordischen Boten‹ in ein systematisches viehisches Prügeln von Seiten der Stiefmutter verwandelt, das ganze Jahr hindurch, aus »Stiefmutterhass«, der immer heftiger wurde und schließlich dazu führte, dass das Kind aus dem Fenster geworfen wurde. Und dabei dachte sie noch fünf Minuten, bevor sie ihr schreckliches Verbrechen beging, überhaupt nicht an das Kind.

Sie, Herr Beobachter, werden lachen und sagen: »Ja, ist denn Durchprügeln mit Ruten, bis Striemen entstehen, keine Grausamkeit? Ist das nicht *stiefmütterliches* Prügeln?« Ja, bis zum Entstehen von

Striemen zu prügeln ist eine Grausamkeit, das ist so, doch dieser Fall (dessen Einzigartigkeit vor Gericht bewiesen wurde und für mich jetzt endgültig feststeht) ist, ich wiederhole das, durchaus kein systematisches, beständiges, viehisches stiefmütterliches Prügeln ein ganzes Jahr lang, das ist nur ein *Einzelfall,* und er hat seine Ursache in dem Unvermögen zu erziehen, in einem falschen Begriff, wie man ein Kind belehren müsse, aber durchaus nicht im Hass oder darin, dass »das die Pflicht des Kindes sei«. Demnach besteht auch ein völliger Unterschied zwischen Ihrer Darstellung dieser Frau als einer bösen Stiefmutter und dieser Person, wie sie sich vor Gericht aus ihren tatsächlichen Handlungen selbst kennzeichnete. Ja, sie hat das Kind zum Fenster hinausgestoßen, und das ist ein furchtbares und tierisches Verbrechen. Sie hat das aber nicht getan als böse Stiefmutter – darum handelt es sich vor allem bei der Entgegnung auf Ihre grundlose Beschuldigung. Weshalb halten Sie eigentlich eine so grausame Beschuldigung aufrecht, wenn Sie doch selbst wissen, dass man sie gar nicht beweisen kann, dass sie vor Gericht fallen gelassen wurde und dass durchaus keine Zeugen vorhanden waren, die diese Beschuldigungen hätten bestätigen können. Tun Sie das wirklich einzig und allein des literarischen Effekts wegen? Indem Sie ja die Sache so hinstellen, und das auch beweisen wollen, als habe dies die *Stiefmutter* getan, und als habe sie durch diesen Mord eine das ganze Jahr währende Misshandlung des Kindes (die aber überhaupt nicht stattgefunden hatte) sozusagen gekrönt – fälschen Sie gerade dadurch den Eindruck, den der von dieser ganzen Angelegenheit wenig unterrichtete Leser erhält, reißen Sie ihm Mitleid und Teilnahme aus der Brust, die er sonst ganz unwillkürlich empfinden muss, nehmen Sie ihm Mitleid und Teilnahme für dieses »Ungeheuer« von einer Stiefmutter, sobald er Ihren Aufsatz liest. Wäre aber diese Stiefmutter von Ihnen nicht so hingestellt worden wie eine Quälerin ihres Kindes, so hätte sie vielleicht auch in seinem Herzen ein bisschen Nachsicht gefunden; als Kranke, als ein krankhaft erschüttertes, reizbares schwangeres Weib, wie das ja klar und deutlich hervorgeht aus den fantastisch wilden und rätselhaften Einzelheiten des ganzen Vorgangs. Ist es richtig, so vorzugehen für einen, der auf die Gesellschaft einwirken will, ist das auch nur menschlich?

Sie begnügen sich aber auch nicht einmal damit, Sie schrieben vielmehr, und wiederum ganz fest und bestimmt, so wie jemand, der diesen ganzen Fall bis in die kleinsten Einzelheiten studiert und beobachtet hat: »›Der Affekt der Schwangerschaft‹ – nun, da hat man sich denn ein neues, jämmerliches Wort ausgedacht. Wie heftig dieser Affekt auch gewesen sein mag, hat sich doch die Frau unter diesem Einfluss nicht auf ihren Mann gestürzt und auch nicht auf die Nachbarsleute, ihr ganzer ›Affekt‹ war ausschließlich vorausbestimmt für das unschuldige Mädchen, welches sie ein ganzes Jahr hindurch tyrannisiert hat ohne jeden Affekt. Worauf haben aber dann die Geschworenen ihren Freispruch gegründet?«

Aber worauf haben Sie es denn, Herr Beobachter, begründet, eine so vollständige Entstellung des Falles vorzubringen? »Sie hat sich nicht auf ihren Mann gestürzt!« Aber doch einzig und allein hiervon war ja vor Gericht die Rede, dass die Streitigkeiten mit ihrem Mann sich bei ihr schließlich (und übrigens nur in den wenigen letzten Tagen) bis zur Raserei gesteigert hatten, bis zu einer Ekstase, die dann auch zu dem Verbrechen hinführte. Diese ehelichen Streitigkeiten hatten aber durchaus nicht ihren Grund in dem Kind, denn das Kind hatte da buchstäblich gar nichts damit zu tun, *sie hatte sogar in diesen Tagen überhaupt nicht an das Kind gedacht.* »Ich brauchte das Kind damals gar nicht.« So drückte sie sich selber aus.

Nicht für Sie, vielmehr nur für meine Leser will ich jetzt versuchen, diese beiden Charaktere der sich ewig streitenden Ehegatten zu deuten, so, wie ich sie auch schon vorher, vor der Verurteilung, aufgefasst hatte, und wie sie sich mir noch mehr aufklärten schon nach der Verurteilung, als ich sie mit gespanntester Aufmerksamkeit beobachtete. Hierbei kann meine Unbescheidenheit in Hinsicht auf diese beiden Personen nicht als gar zu groß gelten: Auch ohne dies war schon viel bei der Verhandlung herausgekommen. Und ich tue das ja auch eigentlich nur zu ihrer Rechtfertigung. Die Sache liegt ja folgendermaßen: Der Gatte ist vor allem ein fester Mann, aufrichtig, sehr ehrlich und der beste Mensch von der Welt (das heißt sogar großmütig, wie er das in der Folge bewies), er ist nur ein wenig allzu sehr Puritaner. Er folgt allzu naiv und streng seinen einmal angenommenen Grundsätzen und Überzeugungen. Hier spielt auch der Altersunterschied zu seiner Frau eine gewisse Rolle, er ist viel älter, und hinzu kommt auch noch, dass er Witwer war. Dieser Mann arbeitet das ganze Jahr hindurch, und obgleich er sich auf deutsche Weise kleidet und aussieht wie ein »gebildeter« Mensch, hat er doch keinerlei besondere Bildung erhalten. Ich will auch noch bemerken, dass er in seinem Äußern ganz zweifellos das Gefühl für persönliche Würde zum Ausdruck bringt. Ich füge hinzu, dass er nicht sehr gesprächig ist, nicht sehr heiter oder zum Lachen geneigt, vielleicht ist sogar der Verkehr mit ihm nicht ganz leicht. Er hatte sie zudem zur Frau genommen, als sie noch sehr jung war. Sie war ein ehrbares junges Mädchen, Näherin von Beruf, und sie verdiente sich durch ihre Geschicklichkeit ziemlich viel Geld.

Wie sie miteinander bekannt wurden, weiß ich nicht. Sie heiratete ihn jedenfalls freiwillig »aus Liebe«. Doch sehr bald stellte sich Zwietracht ein, und wenn es auch lange Zeit hindurch nicht bis zum Äußersten kam, so wuchs doch auf beiden Seiten das Missverständnis, die Entfremdung und schließlich auch eine gewisse Erbitterung, zwar allmählich, doch sicher und unausweichlich. Die Sache ist wohl die, und darin liegt vielleicht auch die Ursache für alles Weitere, dass sich beide, trotz der wachsenden Erbitterung gegeneinander, allzu heiß liebten und das bis ganz zum Schluss. Doch gerade die Liebe hatte auch auf beiden Seiten die Forderungen gegeneinander übertrieben, sie allzu sehr verstärkt, Erbitterung in sie hineingebracht. Und dabei spielt gerade ihr Charakter eine besondere Rolle: Es ist ein ziemlich verschlossener und, wie es scheint, etwas hochmütiger Charakter. Solche Charaktere kommen sowohl bei Frauen als auch bei Männern vor: Mögen sie auch in ihren Herzen die heißesten Empfindungen hegen, es ist so, als schämten sie sich, das zu zeigen; solche Charaktere sind wenig freundlich: Zärtliche Worte, stürmische Umarmungen kommen bei solchen Leuten selten vor. Wenn man sie deswegen aber herzlos und gefühllos nennt, so ziehen sie sich noch mehr in sich zurück. Erhebt man Beschuldigungen gegen sie, so bemühen sie sich selten, selbst die Sache aufzuklären, im Gegenteil, sie überlassen diese Sorge dem Beschuldiger: »Errate es doch selbst«, soll das heißen. »Wenn du mich liebst, musst du herausbekommen, dass ich Recht habe.« Wenn aber der Betreffende das nicht herausbekommt, und sich mehr und mehr erzürnt, so erzürnt auch sie sich immer mehr. Und, sehen Sie, dieser Mann begann gleich von Anfang an seiner Frau geradeheraus (wenn auch durchaus nicht in grausamer Weise) Vorwürfe zu machen, ihr Gardinenpredigten zu halten, sie zu belehren, sie mit seiner ersten Gattin zu sticheln, und gerade das war ihr besonders schmerzlich. Trotzdem ging alles noch leidlich gut. Indes kam es dennoch stets dahin, dass auf seine Vorwürfe und Beschuldigungen ihrerseits Streitigkeiten und boshafte Reden folgten, und sich nicht das Verlangen einstellte, sich miteinander auszusprechen, das Missverständnis irgendwie aus der Welt zu schaffen durch eine endgültige Erklärung, durch Hinweis auf seine Ursachen. Das vergaßen beide schließlich ganz und gar. Die Sache endigte damit, dass sich in ihren Herzen (zuerst bei ihr, nicht bei ihrem Gatten) mürrische Empfindungen zu regen begannen, Enttäuschung an die Stelle der Liebe trat. Und das alles nahm dabei ziemlich unbewusst immer mehr zu – diese Leute führten ja ein Arbeiterleben, ganz erfüllt von schwerer Arbeit: Über ihre Gefühle allzu sehr nachzudenken, dazu blieb ihnen gar keine Zeit! Er geht zur Arbeit, sie beschäftigt sich mit dem Haushalt, kocht und scheuert die Böden. Dort, wo sie wohnt, in einem staatlichen Gebäude, befinden sich den langen Hausflur entlang lauter kleine Zimmer, nur ein einziges für jede Familie der in diesem Staatsbetrieb arbeitenden verheirateten Männer. Einmal ging sie mit Erlaubnis ihres Gatten zu einer Namenstagsfeier zu einer Familie, zu dem Meister, bei dem sie ihre ganze Kindheit und ihr Mädchenalter hindurch ihr Handwerk erlernt hatte und mit dem sie und ihr Gatte den Verkehr aufrechterhielten. Der Gatte, von seiner Arbeit in Anspruch genommen, blieb diesmal zu Hause. Bei der Namenstagsfeier ging es sehr lustig zu. Es waren viele Gäste dort, erst wurde getafelt und dann begann man zu tanzen. Man vergnügte sich bis zum Morgen. Die junge Frau, die bei ihrem Gatten an ein ziemlich langweiliges Leben in dem einen engen Zimmer und bei ewiger Arbeit gewöhnt war – erinnerte sich offenbar ihrer Mädchenzeit und vergnügte sich auf dem *Ball* so lange, dass sie ganz vergaß, bis zu welcher Zeit der Gatte ihr Urlaub gegeben hatte. Die Sache endete damit, dass man sie überredete, dort zu übernachten, zumal sie sehr weit nach Hause hatte. Doch da wurde der Gatte böse, da er zum ersten Mal ohne seine Frau die Nacht verbracht hatte. Er wurde sogar sehr böse: Am anderen Morgen ging er nicht zu seiner Arbeit, er machte sich vielmehr auf, sie bei ihren Gastgebern ausfindig zu machen und gleich dort, vor allen Gästen, *prügelte* er sie durch. Sie kehrten dann schweigend nach Hause zurück, und zwei Tage und zwei Nächte sprachen sie überhaupt nicht miteinander und aßen auch nicht mehr gemeinsam. Das alles erfuhr ich bruchstückweise, sie selber erklärte mir trotz meiner Fragen den damaligen Zustand ihrer Seele nur so obenhin. »Ich entsinne mich nicht, woran ich damals dachte, diese zwei Tage lang, ich konnte aber gar nicht aufhören zu denken. Auf jene aber (auf das Mädchen) sah ich damals überhaupt nicht hin. Ich kann mich an alles erinnern, wie es vor sich ging, wie ich aber dazu kam, weiß ich nicht.« Und da, am Morgen des dritten Tages, ging der Gatte in aller Früh zur Arbeit, und das Mädchen schlief noch. Die Stiefmutter machte sich am Ofen zu schaffen. Endlich wachte das Mädchen auf; ganz mechanisch machte sich die Stiefmutter daran, so wie sie es gewohnt war, das Kind zu waschen, ihm die Schuhe anzuziehen, dann das Kleid, und ihm Kaffee vorzusetzen … – »Und ich dachte dabei überhaupt nicht an das Kind.« Das Kind sitzt da, trinkt seinen Kaffee, isst dazu – »und da blickte ich es plötzlich an«.

Die schlimmen Psychologen

Die Frauenärzte als Psychiater

Hören Sie einmal, Herr Beobachter, Sie behaupten steif und fest, diese ganze Tat sei ohne jedes Schwanken mit voller Überlegung und kalten Bluts vor sich gegangen, jene habe sozusagen das ganze Jahr hindurch das Kind geschlagen, endlich alles überdacht, habe dann ruhig den Entschluss gefasst und das Kind aus dem Fenster geworfen. »Es ist weder ein *plötzliches* Aufflammen von Hass gegen das Kind festzustellen« – schreiben Sie voller Unwillen – »noch Reue nach dem Begehen des Mordes, alles bildet ein Ganzes, alles verläuft logisch als die Auswirkung dieses *einen* bösen Willens. Und eine solche Frau spricht man dann auch noch frei!« Das sind Ihre eigenen Worte. Indes, sogar der Staatsanwalt selber hat die Beschuldigung fallen gelassen, das Verbrechen sei vorbedacht gewesen. Ist Ihnen das bekannt, Herr Beobachter – er hat das öffentlich kundgegeben, mit lauter Stimme, feierlich, gerade in dem verhängnisvollsten Augenblick der Gerichtssitzung. Aber gerade der Staatsanwalt hatte doch die Verbrecherin mit grausamer Hartnäckigkeit beschuldigt. Wie können denn dann Sie, Herr Beobachter, nachdem schon der Staatsanwalt diese Anklage fallen ließ, immer noch behaupten, es habe gar keine »Plötzlichkeit« vorgelegen, vielmehr sei im Gegenteil alles einheitlich und logisch Äußerung des einen bösen Willens? Einheitlich und logisch? Demnach bedacht, demnach mit Vorbedacht geschehen! Ich will an dies alles noch einmal mit raschen Strichen erinnern: Sie befahl dem Kind auf das Fensterbrett zu steigen und zum Fenster hinauszuschauen, und als das Kind das tat, hob sie es an den Füßen in die Höhe und warf es aus einer Höhe von fünfeinhalb Klafter hinab. Alsdann schloss sie das Fenster, zog sich an und ging zur Polizei, um sich selber anzuzeigen. Sagen Sie mir, ist das wirklich einheitlich und logisch und nicht vielmehr völlig fantastisch? Zunächst: Weshalb gibt sie denn dem Kind zu essen und zu trinken, wenn das Verbrechen schon längst beabsichtigt war, weshalb soll man denn dann auch noch warten, bis das Kind seinen Kaffee austrinkt und sein Brot isst? Wie kann man denn (und ist das denn natürlich?) nicht einmal zum Fenster hinausblicken, nachdem man schon das Mädchen hinuntergeworfen hat, und erlauben Sie schließlich, weshalb wird man denn in einem solchen Fall gegen sich selbst Anzeige erstatten? Wenn alles aus Bosheit geschah, aus Hass gegen das Mädchen, »das sie das ganze Jahr geprügelt hatte«, weshalb soll man denn dann, nachdem man bereits das Mädchen ermordet hatte, nachdem man endlich diesen längst schon kalten Blutes geplanten Mord des Näheren bedacht und ausgeführt hatte, sogleich hingehen, um Anzeige gegen sich selbst zu erheben? Möge doch das verhasste Mädchen den Tod erleiden, aber weshalb soll sie denn sich selbst zugrunde richten? Außerdem, wenn außer dem Hass gegen das Kind auch noch ein anderer Beweggrund vorlag, um es zu töten, das heißt der Hass gegen den Gatten, der Wunsch, sich an ihm zu rächen durch den Tod seines Kindes, so hätte sie ja ohne Weiteres dem Gatten sagen können, das unartige Mädchen sei ganz von selbst auf das Fensterbrett gekrochen und dann von selber hinabgestürzt – ihre Absicht wäre ja doch ganz ebenso erreicht worden, der Vater des Kindes wäre erschüttert und erschrocken gewesen, sie selbst aber hätte von niemand auf der Welt beschuldigt werden können, einen vorbedachten Mord begangen zu haben, auch wenn der Verdacht möglich gewesen wäre. Wo sind die Beweise? Wäre selbst das Mädchen am Leben geblieben, wer hätte denn dann seinen Worten glauben können? Im Gegenteil: Die Mörderin hätte umso sicherer und vollständiger alles erreicht, wonach sie gestrebt hatte, das heißt: Sie hätte sich bei Weitem schlimmer und schmerzhafter an dem Gatten rächen können, der, wenn er auch den Verdacht gehegt hätte, dass hier ein Mord vorliege, sich gerade dadurch umso mehr über ihre Straflosigkeit aufgeregt hätte, da er doch einsah, dass es ganz unmöglich sei, sie zu strafen, das heißt, dem Gericht zu übergeben. Da sie sich aber gleich selbst gestraft hatte, indem sie ihr ganzes eigenes Schicksal zugrunde richtete: Im Gefängnis, in Sibirien, im Zuchthaus, hatte sie gerade dadurch ihrem Gatten Genugtuung gegeben. Wozu aber das alles? Und wer zieht sich denn an und putzt sich auch noch in einem solchen Fall, bevor er sich auf den Weg macht, um sich selbst zugrunde zu richten? Oh, man wird mir sagen, sie wollte sich nicht nur einfach an dem Kind und an dem Gatten rächen, sie wollte auch, dass die Ehe mit ihrem Gatten aufgelöst werde: Man werde sie zur Zwangsarbeit verschicken und dann sei die Ehe von selbst aufgelöst. Doch ganz abgesehen davon, dass man doch die Auflösung einer Ehe auf ganz andere Weise durchsetzen könnte, als indem man mit zwanzig Jahren sein ganzes Leben und seine ganze Freiheit zugrunde richtet, werden Sie mir doch zugeben, dass ein Mensch, der sich dazu entschließt, sich selbst mit vollem Bewusstsein zugrunde zu richten, sich in einen Abgrund zu stürzen, der ihm zu Füßen liegt, ohne sich auch nur umzuschauen, ohne im Geringsten zu schwanken; – Sie werden mir zugeben, dass in der Seele dieses Menschen eine schreckliche Empfindung leben muss in diesem Augenblick finsterer Verzweiflung, ein unwiderstehlicher Drang zum Verderben, ein Drang, sich in den Abgrund zu stürzen und sich selbst zu zerstören. Wenn dem aber so ist, kann man dann wirklich sagen, wenn man sich den gesunden Menschenverstand bewahrt hat, dass »weder *Plötzlichkeit* noch Reue« in dieser Seele gewesen sei? Wenn keine Reue hier herrschte, so doch zweifellos Finsternis, Verdammnis, Verrücktheit. Wenigstens kann man keinesfalls sagen, dies alles sei einheitlich, alles sei logisch, alles sei vorbedacht, es liege keinerlei plötzlicher Entschluss vor. Man muss schon selber im »Affekt« sein, um so etwas zu behaupten. Wäre jene nicht gegangen, um sich selbst anzuzeigen, wäre sie zu Hause geblieben, hätte sie den Leuten und dem Gatten vorgelogen, das Kind sei von selber hinuntergestürzt – so wäre tatsächlich alles logisch und einheitlich, und man könnte auch eigentlich nicht sagen, es sei da plötzlich ein böser Wille in Erscheinung getreten; doch der Umstand, dass sie sich selber sogleich zugrunde richtete, ohne dass irgendein Zwang dazu vorlag, vielmehr ganz freiwillig, das zeugt schon zum Mindesten von dem entsetzlichen und empörten Seelenzustand der Mörderin. Dieser finstere Zustand der Seele dauerte lange, mehrere Tage. Die Äußerung: »Nun, die hat aber ein zähes Leben« wurde doch von dem für die Angeklagte eintretenden Sachverständigen vorgebracht (keineswegs von Seiten der Anklage), als er vor Gericht jenen finsteren, kalten, gleichsam erstarrten Seelenzustand der Angeklagten schilderte, nachdem sie ihr Verbrechen begangen hatte. Diese Äußerung wurde aber nicht als bösartige, kalte, sittliche Unempfindlichkeit ihrerseits gedeutet. Meine ganze persönliche Schuld beruht nun darin, dass ich, als ich damals das erste Urteil gelesen hatte und ganz betroffen war gerade von der Seltsamkeit und dem Fantastischen aller Einzelheiten der Tat, und nachdem ich die in der gleichen Zeitung mitgeteilte Tatsache ihrer fünfmonatigen Schwangerschaft zu der Zeit, als sie das Verbrechen beging, in Erwägung gezogen hatte – dass ich damals ganz unwillkürlich genötigt war, mir die Frage vorzulegen: »Ob nicht dort auch die Schwangerschaft mitgespielt habe, das heißt, wie ich damals schrieb, ob sich die Sache nicht so zugetragen habe: Sie blickte auf das Kind, und da kam ihr in ihrem Zorn der Gedanke: Wenn man es jetzt zum Fenster hinauswerfen würde. Wäre sie nicht schwanger gewesen, so hätte sie vielleicht in ihrem Zorn zwar ganz das Gleiche gedacht, doch die Tat nicht ausgeführt. Da sie aber schwanger war, hat sie auch gleich den Gedanken ausgeführt.« Nun, das ist denn auch meine ganze Schuld in dieser Angelegenheit, dass ich damals diesen Gedanken gefasst und niedergeschrieben habe! Aber hat man denn wirklich einzig und allein wegen dieser meiner Worte das Urteil aufgehoben und dann die Mörderin freigesprochen? Sie lachen, Herr Beobachter, über die Sachverständigen! Sie behaupten, nur einer von allen Fünfen habe gesagt, die Verbrecherin sei tatsächlich im Affekt der Schwangerschaft gewesen, die drei anderen hätten sich nur dahin geäußert, dass hier der Einfluss der Schwangerschaft vorliegen könnte, sie hätten aber nicht mit Bestimmtheit gesagt, dass dieser Einfluss tatsächlich vorgelegen habe. Hieraus schließen Sie, dass nur ein Gutachter die Angeklagte tatsächlich freigesprochen habe, die vier anderen aber nicht. Indes, diese ganze Überlegung Ihrerseits ist unrichtig: Sie verlangen allzu viel vom menschlichen Gewissen. Es genügt doch schon, dass drei Experten offenbar die Angeklagte nicht endgültig freisprechen, das heißt, das nicht auf ihr Gewissen nehmen wollten, die Tatsachen redeten aber eine so kräftige Sprache und waren so einleuchtend, dass diese Gelehrten gleichwohl ins Schwanken gerieten, und das führte dann dazu, dass sie schließlich nicht mehr im Stande waren, »Nein« zu sagen, geradewegs und einfach, sie vielmehr gezwungen waren zu sagen: »Tatsächlich konnte ein krankhafter Einfluss vorhanden sein im Augenblick, als das Verbrechen geschah.« Nun, für die Geschworenen ist das doch schon ein Urteil: Wenn jene gezwungen waren einzugestehen, »es hätte so sein können«, so bedeutet das demnach am Ende gar: Es war wirklich so. Ein so heftiger Zweifel der Geschworenen musste natürlich auch auf ihren Entschluss einwirken, und das ist auch durchaus richtig so nach dem höchsten Recht: Darf man denn wirklich durch Schuldigsprechen einen Menschen zugrunde richten, an dessen voller Schuld drei Experten ganz offenbar zweifeln, während der vierte, Djukow, dessen Fachgebiet gerade eben seelische Krankheiten sind, diese ganze Missetat geradewegs und in voller Überzeugung auf den damaligen gestörten Seelenzustand der Verbrecherin zurückführt? Doch der Beobachter hält sich ganz besonders an Herrn Florinskij, den fünften Experten, der sich dem Gutachten der vier anderen nicht anschloss: Er sei doch Geburtshelfer, er müsse sich demnach mehr als alle anderen auf Frauenkrankheiten verstehen. Aber weshalb muss er denn eigentlich mehr von Seelenkrankheiten verstehen als die als Sachverständige berufenen Psychiater? Etwa weil er Geburtshelfer ist und sich nicht mit Psychiatrie beschäftigt, vielmehr mit etwas ganz anderem? Auch das ist nicht ganz logisch.

Ein Vorfall, der meiner Ansicht nach viel erklärt

Nunmehr will ich einen Vorfall erzählen, der meiner Ansicht nach in dieser ganzen Angelegenheit verschiedenes endgültig klären und unmittelbar dem Ziel dienen kann, um dessentwillen ich diesen Aufsatz geschrieben habe. Am dritten Tag, nachdem die Angeklagte Korniloff freigesprochen worden war (am 22. April 1877), kamen beide, Mann und Frau, am Morgen zu mir zu Besuch.

Noch am Abend vorher waren beide in dem Kinderheim gewesen, wo jetzt das kleine Mädchen, das damals aus dem Fenster hinausgeworfen worden war, untergebracht ist, und nun, am anderen Tag, begaben sie sich wieder dahin. Nebenbei bemerkt ist das Schicksal des Kindes jetzt gesichert, und es liegt gar kein Grund vor auszurufen: »Wehe jetzt dem Kind usw.« Als man die Frau ins Gefängnis brachte, hatte der Vater selbst das Kind in diesem Kinderheim untergebracht, weil er keinerlei Möglichkeit hatte, es zu beaufsichtigen, da er doch von früh bis spät bei der Arbeit ist. Als dann aber die Gattin zurückkehrte, beschlossen beide, das Kind dort im Heim zu lassen, weil es ihm dort sehr gut gehe. Doch an Feiertagen nehmen sie es häufig zu sich nach Hause. So war das Kind auch noch unlängst zu Weihnachten bei den Eltern zu Gast gewesen. Ungeachtet dessen, dass sie von früh bis spät arbeitet und auch noch einen Säugling hat (der im Gefängnis geboren wurde), findet die Stiefmutter bisweilen auch jetzt noch Zeit, sich loszureißen und in das Heim zu dem Mädchen zu laufen, ihm ein kleines Geschenk zu bringen usw. Als sie aber noch im Gefängnis saß und sie ihre Sünde an diesem Kind immer vor Augen trug, hatte sie häufig darüber nachgedacht, wie sie das Kind wiedersehen und wie sie es anstellen könnte, dass das Kind den Vorfall ganz vergessen werde. Diese Träumereien waren recht seltsam bei einer so zurückhaltenden und so wenig zutraulichen Person, als welche sich die Korniloff in der ganzen Zeit erwiesen hatte, als sie unter Anklage stand. Diese Träumereien sollten Wahrheit werden: Vor Weihnachten, das ist jetzt einen Monat her, und ich hatte die Korniloff sechs Monate nicht gesehen, besuchte ich sie in ihrer Wohnung, und das Erste, was sie mir sagte, war »das Mädchen springe ihr jetzt vor Freude an den Hals und umarme sie jedes Mal, wenn sie zu ihr in das Heim komme«. Und als ich sie verließ, sagte sie mir plötzlich: »Sie wird vergessen …«

Und so kamen denn jene zu mir am Morgen des dritten Tags nach ihrem Freispruch. Doch ich schweife immerfort ab, und ich will das noch einmal für einen Augenblick tun. Der Beobachter macht in seinem Aufsatz seine bösen Witze über mich hinsichtlich der Besuche, die ich der Korniloff im Gefängnis abstattete: »Er versetzte sich tatsächlich in diese Lage« – (das heißt in die Lage einer schwangeren Frau) sagt er von mir. »Er fuhr zu der Dame ins Gefängnis, war ganz betroffen von ihrer Sanftmut, und er trat in mehreren Nummern des ›Tagebuchs‹ als ihr feuriger Verteidiger auf.« Zunächst einmal: Was soll hier das Wort »Dame«, wozu dieser üble Ton? Dem Herrn Beobachter ist es doch sehr wohl bekannt, dass das keine Dame ist, vielmehr eine einfache Bäuerin, die von früh bis spät arbeitet; sie kocht, wäscht die Dielen und näht gegen Lohn, wenn sie Zeit dazu erübrigt. Ich aber besuchte sie im Zuchthaus, einmal im Monat, ich saß jedes Mal etwa zehn Minuten bei ihr, höchstens eine Viertelstunde, nicht mehr, meistens in der gemeinsamen Kammer für die weiblichen Angeklagten, die Säuglinge haben. Wenn ich mit Interesse diese Frau betrachtete und mich bemühte, mir ihren Charakter zu erklären – was ist denn daran Schlechtes, worüber man höhnen und witzeln könnte? Doch kehren wir lieber zu meiner Erzählung zurück.

Und so kamen jene denn zu mir zu Besuch, und sitzen da, beide in einem ganz versonnenen, ernsten Seelenzustand. Den Gatten hatte ich bis dahin wenig gekannt, und plötzlich sagt er mir: »Als wir vorgestern nach Hause zurückkehrten (das war nach der Freisprechung, demnach nach elf Uhr abends, und er steht um fünf Uhr morgens auf), da setzten wir uns gleich an den Tisch, ich nahm das Evangelium und begann ihr vorzulesen.« Ich gestehe, als er mir das sagte, kam es mir plötzlich in den Kopf, während ich ihn anschaute: »Ja, er konnte auch gar nicht anders handeln, das ist ein Typ, ein in sich geschlossener ganzer Typ, das hätte man erraten können.« Mit einem Wort, das ist ein Puritaner, der ehrlichste, ernsteste Mensch von der Welt, zweifellos gut und großmütig, doch außerstande, irgendwie von seinem Charakter abzuweichen und irgendetwas von seinen Überzeugungen zu opfern. Dieser Mann betrachtet die Ehe vom Standpunkt seines Glaubens aus, nämlich wie ein Sakrament. Das ist einer derjenigen Gatten, und auch jetzt noch gibt es solche in Russland, die nach altrussischer Überlieferung und altrussischem Brauch, wenn sie von der Trauung zurückkehren und sich schon mit der ihnen angetrauten Gattin in ihr Schlafzimmer zurückgezogen haben, zuerst vor dem Heiligenbild auf die Knie fallen und lange beten, indem sie von Gott Segen erflehen für ihre Zukunft. In ähnlicher Weise verfuhr er auch damals: Als er seine Gattin von Neuem in sein Haus führte und mit ihr seine Ehe erneuerte, die durch das schreckliche Verbrechen aufgelöst worden war, nahm er zunächst das Evangelium hervor und begann ihr daraus vorzulesen, wovon er sich in seiner männlichen und ernstlichen Entschlossenheit nicht im Geringsten etwa durch die Vorstellung abhalten ließ, dass seine Frau vor Ermattung fast umfiel, dass sie bereits furchtbar erschüttert gewesen ist, als sie noch das Gericht erwartete, und dabei an diesem letzten für sie so ereignisvollen Gerichtstag so viel niederdrückende Eindrücke erhalten hatte, moralischer und physischer Art, dass es durchaus nicht sündhaft gewesen wäre, selbst für einen so strengen Puritaner wie ihn, sie erst ein wenig ausruhen und sich sammeln zu lassen, und das hätte wohl auch mehr dem Zweck entsprochen, den er im Auge hatte, als er das Evangelium vor ihr aufschlug. So kam mir denn auch dieses Vorgehen von ihm fast ungeschickt vor, schon allzu geradeheraus, sodass er dadurch sein Ziel auch hätte verfehlen können. Eine allzu schuldige Seele, und zumal wenn sie schon selbst allzu sehr ihre Schuld empfindet und ihretwegen schon viele Qualen erduldete, braucht man doch nicht allzu deutlich und allzu eilig auch noch auf ihre Schuld aufmerksam zu machen, denn man kann dadurch gerade den entgegengesetzten Eindruck erzielen, und besonders dann, wenn die Reue auch ohnedies schon in ihrer Seele lebt. In solchem Fall hat der Mensch, von dem sie abhängt und der sich über sie erhob im höchsten Glanz des Richtertums, fast schon etwas Unerbittliches in ihren Augen, das schon allzu selbstherrlich von ihrer Seele Besitz ergreift und streng ihre Reue von sich stößt und die guten Empfindungen, die in ihr von Neuem erstanden: »Eine solche wie du braucht keine Erholung, braucht nicht Speise und Trank, sitze du hier ruhig und höre zu, wie man leben muss.« Als sie bereits aufbrachen, gelang es mir, ihm flüchtig die Bemerkung zu machen, er möchte mit dieser Angelegenheit in nicht allzu strenger Weise beginnen, oder besser gesagt, er möchte nicht so eilen, er möchte nicht so ohne Weiteres auf sein Ziel losgehen, es sei vielleicht richtiger so. Ich äußerte mich kurz und deutlich, aber gleichwohl glaubte ich, er werde mich vielleicht gar nicht verstehen. Aber da antwortete er mir plötzlich: »Sehen Sie, sie hat mir gleich damals, als wir eben erst nach Hause gekommen waren und nur eben begonnen hatten zu lesen, auch erzählt, wie Sie sie bei Ihrem letzten Besuch im Guten belehrt hätten für den Fall, dass man sie nach Sibirien schicken werde, und wie Sie ihr geraten hätten, wie sie in Sibirien leben müsse.«

Das verhielt sich folgendermaßen: Tatsächlich war ich gerade am Vorabend des Gerichtstags zu ihr ins Zuchthaus gefahren. Sichere Hoffnung auf Freispruch hatte damals niemand von uns, weder ich noch ihr Verteidiger noch sie selbst. Ich fand sie mit ganz entschlossener Miene vor. Sie saß da und nähte etwas, ihr Kind war ein wenig unruhig, sie selbst aber war nicht bekümmert, eher niedergeschlagen. Mir gingen einige finstere Gedanken durch den Kopf in Hinsicht auf ihr Schicksal, und ich war in der Absicht gekommen, ihr ein Wörtchen zu sagen. Verschicken konnte man sie, wie wir fest hofften, höchstens zur Ansiedlung, und so würde denn eine kaum volljährige Frau mit einem Kind an der Brust nach Sibirien gejagt. Die Ehe ist aufgelöst; in dem fremden Land, allein, schutzlos und noch immer hübsch, wie soll da ein so junges Wesen der Versuchung widerstehen? Das ging mir durch den Kopf. Das Schicksal stößt sie buchstäblich ins Laster, ich kenne doch Sibirien, eine Frau zu verführen, dazu sind dort sehr viele bereit, dorthin ziehen doch sehr viele unverheiratete Männer, Beamte und Geschäftemacher aus Russland. Zu fallen ist da sehr leicht, dafür verhalten sich aber die Sibirier, das einfache Volk und die Kleinbürger – ganz unbarmherzig zu einer gefallenen Frau. Niemand hindert dort eine Frau daran zu fallen, doch wenn sie einmal ihren Ruf befleckt hat, wird sie ihn ewig nicht wiederherstellen können, ewig wird sie verachtet, gestichelt, getadelt, verhöhnt, so bis ins hohe Alter hinein, bis zum Grab. Man wird ihr einen besonderen Spitznamen geben. Und dieses kleine Kind (das Neugeborene ist ein Mädchen) wird geradezu gezwungen sein, die Laufbahn der Mutter einzuschlagen, denn wer aus einem schlechten Haus ist, der findet dort überhaupt keinen guten und ehrlichen Freier. Doch ganz anders steht die Sache, wenn eine nach Sibirien verschickte Mutter sich auch dort streng und ehrlich hält: Eine junge Frau, die das tut, genießt dort ein gewaltiges Ansehen. Jeder wird sie schützen, jeder wird ihr gefällig zu sein wünschen, jeder wird vor ihr den Hut abnehmen, und ihr Töchterchen wird sie sicher gut verheiraten. Sogar sie selbst kann mit der Zeit, wenn man sie kennengelernt und sich von ihrer Ehrbarkeit überzeugt hat, von Neuem eine ehrbare Ehe eingehen, in eine gute Familie einheiraten. (In Sibirien zeigt man ja wenig Neugier in Hinsicht auf die Vergangenheit, das heißt dafür, weshalb einer verschickt wurde, weder im Gefängnis noch dort, wohin man sonst verschickt sein mag, fragt man danach. Vielleicht kommt das sogar daher, dass fast die ganze sibirische Bevölkerung in diesen letzten drei Jahrhunderten von Verschickten abstammt, die sich dort niederließen.) Dies alles hatte ich mir damals vorgenommen, dieser jungen, kaum volljährigen Frau zu sagen, und ich hatte absichtlich gerade diesen letzten Tag vor der Verhandlung dazu ausersehen, um ihr dies zu sagen; es werde ihr dann besser im Gedächtnis haften bleiben, es werde sich der Seele strenger einprägen, das war mein Gedanke. Nachdem sie von mir gehört hatte, wie sie in Sibirien leben müsse, wenn man sie verschicken werde, dankte sie mir mit finsterer und ernster Miene, fast ohne den Blick zu mir zu erheben. Und da kommt sie denn müde, erschöpft, durch und durch erschüttert von dieser furchtbaren, viele Stunden andauernden Gerichtsverhandlung nach Hause, wird dort streng und ernst von dem Gatten sich setzen geheißen, um das Evangelium anzuhören, und bei dem allen dachte sie damals keineswegs im Stillen: Wenn er mich doch schonen würde, wenn er das doch auf den morgigen Tag aufschieben und mir lieber zu essen geben würde und mich ausruhen ließe. Auch nicht darüber kränkte sie sich, *dass er sich so über sie erhebe* (NB. Eine Kränkung darüber, dass man sich allzu sehr über uns erhebt, kann sogar der furchtbarste Verbrecher empfinden, auch wenn er sein Verbrechen einsieht und es im Stillen bereut), ganz im Gegenteil: Sie fand nichts Besseres ihrem Gatten zu erzählen, als ihm möglichst bald mitzuteilen, dass sie auch im Gefängnis Menschen im Guten belehrt hätten und dass man ihr geraten habe, sich in dem fernen Land streng und ehrbar zu halten. Und das tat sie offenbar deshalb, weil sie wusste, dass diese Erzählung ihrem Gatten Freude bereiten werde, dass sie zu seinem Ton passe, dass sie ihn rechtfertige: Das heißt doch, sie bereut ganz aufrichtig, sie will durchaus richtig leben, so wird er denken. Und gerade so hat er das auch aufgefasst, doch auf meinen Rat, sie nicht einzuschüchtern durch eine allzu eilige Strenge mit ihr, erklärte er mir geradeheraus, und natürlich mit freudiger Seele, man brauche ihretwegen gar keine Furcht zu haben und gar nicht vorsichtig zu sein, sie werde ganz von selbst mit Freuden ehrbar sein …

Ich weiß nicht, mir scheint aber, dies alles ist durchaus verständlich. Meine Leser werden auch begreifen, weshalb ich das mitteile, wenigstens kann man nunmehr die Hoffnung hegen, dass jenes große Mitleid mit ihr, ihre Begnadigung, die Verbrecherin keineswegs noch mehr verdarb, es vielmehr im Gegenteil mehr als wahrscheinlich ist, dass dies auf guten Boden fiel. Sie hielt sich ja auch schon vordem, im Gefängnis, und auch jetzt noch für eine zweifellose Verbrecherin, und ihre Freisprechung schreibt sie einzig und allein dem großen Mitleid des Gerichts zu. Den »Affekt der Schwangerschaft« begreift sie selbst nicht. Und das ist auch richtig so. Sie ist auch zweifellos eine Verbrecherin, sie war bei vollem Bewusstsein, als sie die Tat beging, sie vermag sich an jedes Moment, an jeden kleinen Zug ihres Verbrechens zu erinnern, sie weiß nur nicht und kann es sich bis jetzt durchaus nicht erklären, *»wie sie das damals habe tun und sich dazu habe entschließen können!«* Ja, Herr Beobachter, das Gericht hat eine wirkliche Verbrecherin begnadigt, das ist sie wirklich, ungeachtet des nunmehr zweifelsfreien und verhängnisvollen »Affekts der Schwangerschaft«, den Sie so verhöhnt haben, Herr Beobachter, und von dem ich tief und unerschütterlich überzeugt bin. Nun, jetzt aber entscheiden Sie doch selber: Hätte man die Ehe aufgelöst, hätte man jene weggeführt von dem Menschen, den sie zweifellos liebte und liebt und der für sie ihre ganze Familie bedeutet, und hätte man die von allen verlassene Zwanzigjährige, mit dem Kind auf dem Arm, als eine Schutzlose, nach Sibirien geschickt, zur Unzucht, zur Schande (sie wäre doch zweifellos in Sibirien gefallen), so sagen Sie mir doch, was hätte es denn für einen Sinn gehabt, dass ein Leben verloren gegangen und verfault wäre, das nunmehr, so scheint es doch, sich erneuerte, zur Wahrheit zurückkehrte in strenger Selbstreinigung, in strenger Reue und mit neugeborenem Herzen. Ist es nicht besser, einen Menschen zu bessern und neu erstehen zu lassen, als ihm ganz einfach den Kopf abzuschlagen? Köpfe abschlagen ist leicht nach dem Buchstaben des Gesetzes, doch eine verbrecherische Tat aufklären nach der Wahrheit, auf menschliche Art, auf väterliche Weise, das ist stets viel schwieriger. Schließlich haben Sie doch selbst gewusst, dass mit der jungen, zwanzigjährigen Mutter, das heißt einer unerfahrenen und zweifellos zum Opfer der Not und der Unzucht vorausbestimmten Frau – auch ihr Kind verschickt wird … Doch erlauben Sie mir, Ihnen in Hinsicht auf die Kinder auch noch ein besonderes Wörtchen zu sagen.

Bin ich ein Feind der Kinder? Ein Wort darüber, was bisweilen das Wort »glücklich« zu bedeuten hat

Ihr ganzer Artikel, Herr Beobachter, ist ein einziger Protest gegen »Freispruch bei grausamer Behandlung von Kindern«. Dass Sie für die Kinder eintreten, macht Ihnen natürlich alle Ehre, dafür aber gehen Sie mit mir schon allzu hochmütig um: »Man muss jene ganze Vorstellungskraft besitzen« – so sprechen Sie von mir – »durch die sich bekanntlich Herr Dostojewski vor uns allen auszeichnet, um sich völlig in die Lage einer Frau zu versetzen und sich die ganze Unwiderstehlichkeit der Affekte der Schwangerschaft zu erklären … Doch Herr Dostojewski ist schon allzu eindrucksfähig, und außerdem gehören ›Krankheitserscheinungen des Willens‹ durchaus zu dem Gebiet des Autors der ›Dämonen‹, des ›Idioten‹ und so weiter, und deshalb muss man es ihm zugutehalten, wenn er hierfür eine gewisse Schwäche hegt. Ich persönlich sehe diese Angelegenheit einfacher, und ich stelle fest, dass nach solchen Beispielen, wie dem Freispruch bei einem Fall von grausamer Behandlung von Kindern, was in Russland wie auch in England durchaus nicht selten vorkommt, in Zukunft auch kein Schatten mehr von Abschreckung bestehen wird«, und so weiter und so weiter.

Was erstens »meine Schwäche in Hinsicht auf krankhafte Erscheinungen des Willens« anlangt, so möchte ich Ihnen nur sagen, dass es mir tatsächlich, so scheint mir, bisweilen gelungen ist, in meinen Romanen und Erzählungen gewisse Menschen, die sich für gesund halten, *zu entlarven* und ihnen zu beweisen, dass sie ganz einfach krank sind. Wissen Sie denn auch, dass außerordentlich viele Menschen gerade eben an ihrer Gesundheit kranken, das heißt, an einer den Tatsachen nicht entsprechenden Gewissheit ihrer eigenen Normalität, und sie gerade deshalb von jener furchtbaren Einbildung angesteckt sind, von einer gewissenlosen Selbstverliebtheit, die bisweilen fast schon ausartet in die Überzeugung von der eigenen Unfehlbarkeit. Nun sehen Sie, schon oft war ich in der Lage, gerade auf solche Menschen meine Leser hinzuweisen und vielleicht zu beweisen, dass diese Kraftburschen durchaus nicht so gesund sind, wie sie glauben, sondern im Gegenteil sehr krank und dass sie sich einer Heilung unterziehen müssen. Wie denn, ich sehe darin gar nichts Schlechtes, doch der Herr Beobachter ist allzu grausam zu mir, denn sein Satz »Von der Rechtfertigung grausamer Behandlung von Kindern« bezieht sich doch unmittelbar auf mich; er mildert sie nur um ein »Tröpfchen«: »Ihm ist das zu verzeihen.« Sein ganzer Artikel ist doch offenbar nur geschrieben, um zu beweisen, dass infolge meiner Voreingenommenheit für »krankhafte Erscheinungen des Willens« mein gesunder Menschenverstand derart Schaden gelitten habe, dass ich eher bereit sei, Mitleid zu haben mit einer tierischen Stiefmutter, die ihr Kind foltert, ja mit einer Mörderin – als mit dem misshandelten Opfer, einem schwachen und Mitleid erregenden kleinen Mädchen, das geschlagen und geschmäht wurde und schließlich ermordet werden sollte. Das ist beleidigend für mich! Im Gegensatz zu meiner Krankhaftigkeit weist der »Beobachter« unmittelbar, eilig und ganz offen auf sich selbst hin, stellt seine Gesundheit zum Vorbild hin: »Ich«, so sagt er doch, »sehe diese Angelegenheit einfacher als Herr Dostojewski, und ich stelle fest, dass nach solchen Beispielen, wie der Rechtfertigung einer grausamen Behandlung von Kindern usw. usw.« Demnach rechtfertige ich grausame Behandlung von Kindern – eine furchtbare Beschuldigung! Erlauben Sie aber auch mir in diesem Fall, mich zu verteidigen. Ich will gar nicht hinweisen auf meine bisherige dreißigjährige literarische Tätigkeit, um die Frage zu entscheiden, ob ich ein großer Feind der Kinder bin und mein Wohlgefallen finde an ihrer Misshandlung, ich will nur an die zwei letzten Jahre meines Schriftstellertums erinnern, das heißt, an die Herausgabe des ›Tagebuchs eines Schriftstellers‹! Als der Prozess Kroneberg vor sich ging, passierte es mir gleichwohl, dass ich, ungeachtet meiner ganzen Voreingenommenheit für »krankhafte Erscheinungen des Willens«, für das Kind eintrat, für das Opfer, keineswegs aber für den Peiniger des Kindes. Demnach stelle ich mich *bisweilen* auf die Seite des gesunden Menschenverstands, Herr Beobachter. Nunmehr aber bedauere ich, dass Sie damals nicht gleichfalls als Verteidiger des Kindes auftraten, Herr Beobachter; wahrscheinlich hätten Sie dann den feurigsten Aufsatz geschrieben. Ich aber kann mich nicht einmal an einen einzigen Aufsatz in damaliger Zeit erinnern, dessen Verfasser feurig für das Kind eingetreten wäre. Demnach haben Sie damals noch gar nicht daran gedacht, für das Kind einzutreten. Ferner war es mir noch unlängst, im vorigen Sommer, beschieden, für die minderjährigen Kinder der Dschunkowskijs einzutreten, die gleichfalls im Elternhaus Misshandlungen zu erleiden hatten. Von diesen Kindern haben Sie auch nichts geschrieben; übrigens hat überhaupt niemand außer mir davon geschrieben, und das ist auch sehr begreiflich: Alle waren damals mit so wichtigen politischen Fragen beschäftigt. Endlich könnte ich nicht nur auf einen einzigen, vielmehr auf mehrere Fälle hinweisen, wo ich mich im Verlauf dieser zwei Jahre in meinem ›Tagebuch‹ mit Kindern beschäftigte, mit ihrer Erziehung, mit ihrem jammervollen Los in unseren Familien. Ich schrieb auch über die jugendlichen Verbrecher in unseren Besserungsanstalten, und ich erinnerte sogar an einen Knaben, der bei Christus zur Weihnacht eingeladen war – ein Vorfall, der natürlich erdichtet war, aber gleichwohl kein Zeugnis ablegt von meiner Gefühllosigkeit und Gleichgültigkeit gegen Kinder. Ich will Ihnen etwas sagen, Herr Beobachter: Als ich zum ersten Mal in der Zeitung von dem Verbrechen der Korniloff las, von ihrer unabänderlichen Verurteilung, und als mich unwillkürlich die Vorstellung ergriff, diese Verbrecherin sei vielleicht überhaupt nicht so verbrecherisch, wie es den Anschein habe (beachten Sie das eine, Herr Beobachter, dass von den »Schlägen der Stiefmutter« auch damals fast gar nicht die Rede war in den Zeitungsberichten über diesen Prozess und diese Beschuldigung auch damals schon nicht mehr aufrechterhalten wurde), und als ich mich damals entschloss, zur Verteidigung der Korniloff zur Feder zu greifen, da habe ich schon allzu gut begriffen, wozu ich mich entschlossen hatte. Das will ich Ihnen jetzt ganz offen eingestehen. Ich wusste ja ganz genau, dass ich einen Artikel schreiben werde, der keine Sympathie erweckt, dass ich für jemanden eintrete, der ein Kind misshandelt hatte, und gegen wen denn? Gegen ein kleines Kind! Ich war mir im Voraus darüber klar, dass sich Leute finden würden, die mich der Gefühllosigkeit beschuldigen werden, der Selbstüberhebung, sogar »der Krankhaftigkeit«: Tritt er doch für eine Stiefmutter ein, die ein Kind ermordet hatte! Ich hatte allzu sehr diese »Gradlinigkeit« der Beschuldigung von Seiten gewisser Richter vorausgefühlt – wie zum Beispiel von Ihnen, Herr Beobachter, sodass ich sogar eine Zeit lang schwankte. Doch das endete damit, dass ich mich endgültig für diese Sache entschloss: »Wenn ich glaube, dass die Wahrheit hier liegt, lohnt es sich dann, der Lüge zu dienen aus Sucht nach Popularität?« – Das war der Gedanke, der für mich entscheidend blieb. Außerdem ermutigte mich auch der Glaube an meine Leser: Sie werden schließlich dahinterkommen, dachte ich, dass man mir doch überhaupt nicht vorwerfen kann, ich rechtfertige die Misshandlung von Kindern, und wenn ich für eine Mörderin eintrete, indem ich meinem Argwohn Ausdruck verleihe, sie könnte sich in einem krankhaften, gestörten Zustand befunden haben, als sie ihre Missetat vollbrachte, so trete ich doch damit keineswegs für die Missetat selbst ein und bin doch keineswegs darüber froh, dass man ein kleines Kind schlug und fast erschlagen hätte, vielmehr im Gegenteil bedauerte ich dieses Kind sehr, nicht weniger als irgendein anderer …

Sie haben mich böse verspottet, Herr Beobachter, wegen eines Satzes in meinem Artikel über die Freisprechung der Angeklagten Korniloff: »›Der Gatte der Freigesprochenen‹, schreibt Herr Dostojewski in dem dieser Tage erschienenen Heft seines ›Tagebuchs‹« (so sagen Sie), »brachte sie noch am gleichen Tag schon in der elften Stunde zu sich nach Hause, und sie, die Glückliche, betrat wiederum ihr Heim.‹ Wie rührend! (So fügen Sie hinzu.) Doch wehe dem armen Kindchen« und so weiter und so weiter.

Mir scheint, ich könnte etwas so Dummes gar nicht schreiben. Freilich, Sie zitieren meinen Satz ganz richtig, Sie haben nur Folgendes getan: Sie haben ihn in der Mitte entzweigeschnitten, und dort, wo nichts stand, haben Sie einen Punkt gesetzt. So kam denn der Sinn heraus, den Sie »festnageln« wollten. Bei mir aber befindet sich kein Punkt an dieser Stelle, der Satz geht weiter, hat vielmehr auch noch eine andere Hälfte, und ich glaube, dass mit dieser anderen, von Ihnen weggelassenen Hälfte dieser Satz durchaus nicht so sinnlos und »rührend« ist, wie er von Ihnen dargestellt wird. Dieser Satz lautet vollständig, ohne Auslassung, folgendermaßen:

»Der Gatte der Freigesprochenen führte sie noch an dem gleichen Abend, schon in der elften Stunde, zu sich nach Hause, und sie, die Glückliche, betrat wiederum ihr Heim nach fast einjähriger Abwesenheit, unter dem Eindruck, dass sie eine sehr wichtige Lehre für ihr ganzes Leben empfangen habe und dass Gottes Hand sichtbar in dieser ganzen Angelegenheit gewaltet habe, sei es auch nur ganz am Anfang bei der wunderbaren Rettung des kleinen Kindes ...«

Sehen Sie, Herr Beobachter, ich bin bereit, mich zu rechtfertigen und mich vor Ihnen zu entschuldigen für den Vorwurf, den ich Ihnen soeben machte, dass Sie nämlich meinen Satz entzweigeschnitten hätten. Tatsächlich, ich bemerke soeben, dass dieser Satz vielleicht gar nicht so klar ist, wie ich gehofft hatte, und dass man sich in seinem Sinn täuschen könne. Man muss diesen Satz ein wenig erklären, und das will ich jetzt auch tun. Hier liegt die ganze Lösung darin, wie ich das Wort »die Glückliche« verstehe. Das Glück der Freigesprochenen erblicke ich nicht nur darin, dass man sie freigelassen hatte, vielmehr darin, dass sie »ihr Heim betrat mit dem Eindruck, sie habe eine sehr wichtige Lehre empfangen für ihr ganzes Leben und in der Empfindung, dass offenbar Gottes Hand über ihr gewaltet habe«. Es gibt doch kein höheres Glück, als sich überzeugen zu lassen von dem Mitleid der Menschen und von ihrer Liebe zueinander. Das ist doch ein Glaube, ein ganzer Glaube, und schon für das ganze Leben! Doch was für ein Glück steht denn höher als dasjenige des Glaubens? Kann denn diese ehemalige Verbrecherin jetzt auch nur im Geringsten noch zweifeln an den Menschen, als der Menschheit, und das in ihrer ganzen erhabenen, zweckmäßigen und heiligen Berufung? Sein eigenes Heim zu betreten bedeutet aber für einen Menschen, der sich zugrunde gerichtet hatte, der drauf und dran war verloren zu gehen und jetzt unter dem gewaltigen Eindruck eines neuen erhabenen Glaubens steht, das höchste Glück, das man sich nur vorstellen kann. Wir wissen, dass gewisse, und zwar höchst edle und hochgerichtete Geister häufig ihr ganzes Leben lang schwer gelitten haben unter ihrem Nichtglaubenkönnen an eine Harmonie in der erhabenen Berufung der Menschen, an ihre Güte, an ihre Ideale, an ihren göttlichen Ursprung, und dass diese Geister dann in verdrossener Enttäuschung endigten. Sie werden natürlich über mich lächeln und vielleicht sagen, ich fantasiere auch hier, denn in der Seele jener unaufgeklärten und rohen Korniloff, die aus dem Pöbel hervorgegangen ist und keine Bildung erhalten habe, könne es weder solche Enttäuschungen geben noch so gerührte Zustände. Ach wie falsch! Diese unaufgeklärten Menschen sind nur außerstande, das alles in unserer Art auszudrücken und sich darüber klar zu werden in unserer Sprache, sie empfinden aber auf Schritt und Tritt ganz genauso tief wie wir »gebildeten Leute«, und sie nehmen ihre Empfindungen auf mit ganz dem gleichen Glück oder mit ganz dem gleichen Gram und Schmerz wie wir.

Die Enttäuschung über die Menschen, das Fehlen des Glaubens an sie findet sich bei jenen ganz genauso wie bei uns. Hätte man die Korniloff nach Sibirien geschickt und wäre sie dort »gefallen« und zugrunde gegangen – glauben Sie wirklich, sie würde dann nicht in einem bittern Augenblick ihres Lebens das ganze Furchtbare ihres Falles empfinden und in ihrem Herzen vielleicht bis zu ihrem Grab nicht eine Erbitterung fühlen, die umso schlimmer sein müsste, weil sie für sie »gegenstandslos« wäre: Denn außer sich selbst würde sie niemanden beschuldigen können, weil sie, ich wiederhole das, durchaus überzeugt ist und bis jetzt noch, sie sei eine *offenkundige Verbrecherin*. Sie weiß nur nicht, wie es damals über sie kommen konnte. Nun aber, da sie fühlt, dass sie eine Verbrecherin ist und während sie sich selbst für eine solche hält und ihr plötzlich von Seiten der Menschen Verzeihung, Wohltat und Begnadigung zuteilwurde, wie könnte sie denn da nicht empfinden, dass sie sich innerlich erneuert habe und auferstanden sei zu einem neuen Leben, das höher sei als ihr früheres? Ihr hat doch nicht ein einzelner Mensch verziehen, vielmehr alle empfanden Mitleid mit ihr: das Gericht, die Geschworenen und die ganze Gesellschaft. Wie wäre sie denn hiernach im Stande, in ihrer Seele nicht das Gefühl einer lebenslänglichen Verpflichtung gegen alle zu hegen, die mit ihr Mitleid gehabt hatten, das heißt einer Verpflichtung gegen alle Menschen auf der Welt. Jedes erhabene Glück schließt auch ein gewisses Leiden in sich ein, denn es erweckt in uns das höchste Bewusstsein. Der Kummer löst viel seltener in einem solchen Maß die Klarheit des Bewusstseins in uns aus als ein großes Glück. Ein großes, das heißt das höchste Glück *verpflichtet* die Seele. (Ich wiederhole: Es gibt kein höheres Glück, als an die Güte der Menschen zu glauben und an ihre Liebe zueinander.) Als jener großen Sünderin, die zur Steinigung verurteilt worden war, gesagt wurde: »So gehe denn und sündige hinfort nicht mehr« – ist sie dann etwa nach Hause zurückgekehrt, um von Neuem zu sündigen? Deshalb beruht auch bei dem Fall der Korniloff die ganze Frage nur darin: auf welchen Boden der Same fiel. Gerade darum schien es mir aber auch notwendig, nunmehr diesen Aufsatz zu schreiben. Als ich vor sieben Monaten Ihren Angriff auf mich gelesen hatte, Herr Beobachter, da beschloss ich, Ihnen nicht gleich zu antworten, um erst meine Nachforschungen zu ergänzen. Und sehen Sie: Mir scheint, dass nach einigen Momenten, die ich feststellen konnte, ich jetzt, ohne mich zu irren, sagen könnte, dass der Same tatsächlich auf einen guten Boden fiel, dass dieser Mensch auferstand, dass es niemandem Schaden brachte, dass die Seele der Verbrecherin ganz niedergedrückt ist von Reue und dem für immer wohltätigen Eindruck des grenzenlosen Mitleids der Menschen und dass es nunmehr ihrem Herzen schwerfallen würde, böse zu sein, nachdem sie so viel Güte und Liebe am eigenen Leib erfahren hat. Sie denkt gar nicht daran, sich durch jenen zweifellosen »Affekt der Schwangerschaft«, über den Sie sich so ereifern, Herr Beobachter, zu rechtfertigen, ich wiederhole Ihnen das. Mit einem Wort, mir schien es durchaus nicht überflüssig zu sein, hiervon, außer Ihnen, Herr Beobachter, auch alle meine Leser zu benachrichtigen und alle diejenigen mitleidigen Menschen, die jene damals freisprachen. Was aber das kleine Mädchen anlangt, Herr Beobachter, so brauchen Sie auch da nicht besorgt zu sein und auszurufen: »Wehe diesem Kind!« Sein Schicksal hat sich gleichfalls jetzt recht gut gestaltet und – »sie wird es vergessen«, darauf dürfen wir sicher hoffen.

Der Kaufmann von Afimjewsk

In Afimjewsk, in unserer Stadt, ereignete sich einst folgendes Wunder: Da lebte ein Kaufmann, Skotobojnikow hieß er, Maksim Iwanitsch, und niemand war reicher als er im ganzen Umkreis. Er hatte eine Fabrik gebaut und beschäftigte einige hundert Arbeiter, und von da an wurde er grenzenlos eingebildet. Und alles ging nach seinem Wink, und die Obrigkeit selbst legte ihm durchaus keine Hindernisse in den Weg, der Archimandrit sprach ihm seine Bewunderung aus für seinen Eifer: Er hatte viel für das Kloster gespendet, und wenn die Zeit kam, pflegte er gar sehr über seine Seele zu seufzen, und er war nicht wenig besorgt um sein zukünftiges Leben. Er war ein Witwer und kinderlos; es ging das Gerücht, er habe seine Gattin schon im ersten Jahr weggeschafft, und von klein auf liebte er es, seinen Händen freien Lauf zu lassen. Nur war das schon lange her; von Neuem aber sich durch eine Ehe zu binden, hegte er keinen Wunsch. Schwach war er auch, was das Trinken anbetrifft, und wenn seine Zeit gekommen war, lief er betrunken und nackt umher und brüllte. Wenn auch die Stadt klein war, so ziemte es sich doch nicht, war aber seine Zeit vorüber, dann war er böse. Alles, was er sagte, war dann gut, und alles, was er befahl, war dann schön. Seine Leute zahlte er ganz willkürlich aus. Er nimmt das Rechenbrett, setzt die Brille auf: »Du, Thomas, wie viel hast du zu bekommen?« – »Seit Weihnachten habe ich nichts bekommen, Maksim Iwanowitsch; neununddreißig Rubel sind mein.« – »Sieh mal an, so viel Geld! Das ist zu viel für dich, so viel bist du überhaupt nicht wert;

das steht dir gar nicht zu. Zehn Rubel vom Brett weg, hier hast du neunundzwanzig.« Und der Mann schweigt; ja, niemand wagt zu mucksen, alle schweigen.

»Ich«, spricht er, »weiß, wie viel man ihm geben muss. Mit dem Volk hier kann man gar nicht anders umgehen. Das Volk hier ist verdorben; ohne mich wären sie alle hungers gestorben, so viele ihrer sind. Zum Zweiten muss man sagen: Das Volk hier ist ein Dieb, was es sieht, das reißt es an sich, es ist keinerlei Männlichkeit in ihm. Zum Dritten muss man auch berücksichtigen, dass es ein Säufer ist. Zahlt man einen aus, so trägt er das Geld in die Kneipe und sitzt dort, und nackt, ohne ein Fädchen, splitternackt kommt er heraus. Zum Vierten ist es auch ein Schuft: Da sitzt er der Kneipe gegenüber auf einem Stein und fängt an zu jammern: ›Du mein leibliches Mütterlein, weshalb hast du denn mich, einen so wüsten Säufer, zur Welt gebracht? Besser schon hättest du mich, einen so wüsten Säufer, bei meiner Geburt totgedrückt.‹ Ist das vielleicht ein Mensch? Das ist ein Tier, aber kein Mensch. Man muss ihn zuallererst zur Vernunft bringen, und dann kann man ihm erst Geld geben. Ich weiß, wann man ihm Geld geben muss.«

So sprach Maksim Iwanowitsch von dem Volk von Afimjewsk, und wenn es nicht recht war, so zu sprechen, so hatte er doch Recht: Das Volk war schwach und beherrschte sich nicht.

Es lebte aber in derselben Stadt auch noch ein anderer Kaufmann. Und er starb dann. Es war ein leichtsinniger, junger Mensch, er machte Bankrott und verlor sein ganzes Vermögen. Er schlug sich das letzte Jahr herum wie der Fisch auf dem Sand, aber seine Stunde hatte geschlagen. Mit Maksim Iwanowitsch hatte er die ganze Zeit über in Unfrieden gelebt, und er war ihm viel schuldig geblieben. Noch in seiner letzten Stunde verfluchte er Maksim Iwanowitsch. Er hinterließ eine noch junge Witwe und mit ihr fünf Kinder. Eine Witwe ohne Mann zu bleiben, wie die Schwalbe ohne Nest, ist keine geringere Prüfung, noch dazu mit fünf Kindern, für die man nichts zu essen hat. Die allerletzte Habe, ein hölzernes Haus, hatte Maksim Iwanowitsch an Zahlungs statt genommen. Und sie stellte alle Kinderchen der Reihe nach vor der Kirchentür auf: Der älteste Junge war acht Jahre alt, die anderen waren Mädchen, jedes ein Jahr jünger als das andere. Das älteste Mädchen war vier Jahre alt, das jüngste wurde noch auf dem Arm getragen und trank Muttermilch. Die Messe war beendet. Maksim Iwanowitsch kam heraus, und alle Kinderchen, alle in einer Reihe, fielen vor ihm auf die Knie – so hatte sie die Mutter vorher gelehrt, und sie hielten die Hände vor sich gefaltet und sie selbst mit ihnen, das fünfte Kind auf dem Arm, verneigte sich vor allen Leuten bis zur Erde vor ihm. »Väterchen, Maksim Iwanowitsch, habe Mitleid mit den Waisen, nimm ihnen nicht das letzte Stück Brot weg, verjage sie nicht aus dem elterlichen Nest!« Und alle, die dabei waren, alle brachen in Tränen aus – so gut hatte sie es ihnen beigebracht. Sie dachte: ›Vor den Leuten wird er sich schämen und verzeihen und den Waisen das Haus zurückgeben!‹ Es kam aber anders. Maksim Iwanowitsch sprach: »Du junge Witwe begehrst nur nach dem Mann und weinst gar nicht über die Waisen. Der Verstorbene hat mich auf dem Totenbett verflucht«, und er ging vorbei und gab das Haus nicht zurück. »Wozu soll man ihre Dummheiten nachmachen (das heißt nachgeben)? Wenn du eine Wohltat erwiesen hast, so wird man noch mehr über dich schimpfen: Das alles vergisst man, nur der schlechte Ruf nimmt immer zu.« Aber es ging das Gerücht um, er habe vor zehn Jahren, als die Witwe noch unverheiratet war, sie zu verführen gesucht und ein großes Kapital opfern wollen (sie war sehr schön), wobei er ganz vergaß, dass das Sünde sei: ganz so, als zerstöre man einen Tempel Gottes; ja, es war aber nichts dabei herausgekommen. Aber von solchen Scheußlichkeiten hatte er nicht wenige in der Stadt und auch in der ganzen Umgebung angestellt und hatte dabei jedes Maß verloren.

Die Mutter mit den Kindern weinte; er hatte die Waisen aus dem Haus gejagt und nicht einmal aus Bosheit, es weiß bisweilen der Mensch selbst nicht, warum er auf dem Seinen beharrt. Nun, am Anfang unterstützte man sie, dann aber fing sie an, sich selbst zu verdingen. Aber was kann man bei uns schon außerhalb der Fabrik verdienen? Hier putzt sie die Dielen, dort jätet sie Unkraut, dort heizt sie das Bad, mit dem Kindchen auf dem Arm weint sie, die vier anderen laufen im bloßen Hemdchen auf der Straße herum. Als sie sie damals bei der Kirchentür aufgestellt hatte, hatten sie noch Stiefelchen an, wie die auch immer ausgesehen haben mögen, und auch Mäntelchen hatten sie an, immerhin waren sie noch Kaufmannskinder: Jetzt aber begannen sie schon barfuß herumzulaufen. Ein Kind trägt schnell sein Kleid ab, das weiß man doch. Wie die Kinder aber nun einmal sind: Wenn nur die Sonne scheint, so freuen sie sich, sie fühlen gar nicht ihren Untergang, wie die Vögelchen, ihre Stimmen sind wie Glöcklein. Die Witwe denkt: Wenn es Winter wird, was soll ich dann mit euch anfangen, möchte euch doch Gott bis dahin zu sich genommen haben! Sie brauchte aber nicht einmal bis zum Winter zu warten. In unserer Gegend gibt es einen Husten, Keuchhusten, der sehr ansteckend ist. Zuerst starb das Brustkind, dann aber auch die anderen, alle vier Mädchen, und noch im gleichen Herbst begrub sie eines nach dem anderen. Eines freilich wurde überfahren. Aber was glaubt ihr? Als sie sie begrub, heulte sie nur so: Vorher hatte sie sie verflucht, als Gott sie aber zu sich genommen hatte, tat es ihr leid. So ist das Mutterherz.

Nur der älteste Junge blieb am Leben. Er war ihre ganze Freude, sie zitterte um ihn. Er war schwächlich und zart und von Angesicht lieblich wie ein Mädchen. Sie brachte ihn in die Fabrik zu seinem Paten, dem Verwalter, und selbst verdingte sie sich als Kindermädchen bei einem Beamten. Und da läuft einmal der Knabe auf dem Hof umher, und plötzlich kommt Maksim Iwanowitsch mit zwei

Pferden angefahren. Und er war gerade angetrunken. Aber der Knabe fiel von der Treppe herunter auf ihn, das heißt, er glitt unversehens aus und stieß, als jener aus dem Wagen stieg, gegen ihn und traf ihn mit beiden Händen in den Bauch. Der fasst ihn bei den Haaren und brüllt: »Wem gehört denn der? Ruten! Man soll ihn gleich vor mir durchhauen!« Der Junge erstarrte. Man begann ihn zu prügeln, und er schrie. »Du schreist auch noch, schlagt, bis er nicht mehr schreit!« Ob sie ihn wenig oder viel schlugen, er hörte nicht auf zu schreien, bis er in Ohnmacht gefallen war. Da hörten sie auf, ihn zu schlagen und erschraken: Der Junge atmete nicht und lag besinnungslos da. Man hat später gesagt, man habe ihn nur ein wenig geschlagen, er sei aber sehr ängstlich gewesen. Maksim Iwanowitsch erschrak auch. »Wem gehört er denn?«, fragte er. Man sagte es ihm. »Sieh einmal an, man soll ihn zu seiner Mutter bringen; was hat er sich da in der Fabrik herumzutreiben?« Zwei Tage schwieg er dann und endlich fragte er: »Was macht denn jener Junge?« Dem aber ging es schlecht; er war krank geworden und lag bei seiner Mutter in einer Ecke, jene hatte deswegen auch die Stelle bei dem Beamten aufgegeben, und es zeigte sich, dass der Junge Lungenentzündung hatte. »Sieh mal an«, sprach Maksim Iwanowitsch, »und wodurch? Man hat ihn gar nicht sehr geschlagen. Man hat sich gar keine besondere Mühe gegeben, ich habe doch alle anderen ebenso durchprügeln lassen; und da gab es keine solchen Scherereien.« Er erwartete, dass ihn die Mutter verklagen würde, und aus Stolz schwieg er. Aber wie hätte die Mutter daran denken sollen, sie wagte das gar nicht, und er schickte ihr damals fünfzehn Rubel und ließ den Arzt kommen. Nicht, dass er Angst gehabt hätte, es war ihm nur so in den Kopf gekommen, aber da kam auch schon seine Zeit, und er trank drei Wochen lang.

Der Winter ging vorüber, und am heiligen Ostersonntag, am allerhöchsten Feiertag, fragte Maksim Iwanowitsch wiederum: »Was macht denn jener Junge?« Den ganzen Winter hindurch hatte er geschwiegen und nicht danach gefragt. Man sagte ihm: »Er ist gesund geworden, er ist bei seiner Mutter, aber die geht immer tagsüber zur Arbeit.« Und noch am gleichen Tag fuhr Maksim Iwanowitsch zu der Witwe, in das Haus ging er nicht hinein, er ließ sie herausrufen. Er selbst saß im Wagen und sprach: »Siehst du, du ehrbare Witwe, ich möchte deinem Sohn, um wirklich sein Wohltäter zu sein, grenzenlose Gnade erweisen: Ich nehme ihn von nun an zu mir in mein eigenes Haus. Und wenn er es mir ein wenig recht macht, so verschreibe ich ihm ein ordentliches Kapital; wenn er es mir aber ganz recht macht, so kann ich ihn auch nach meinem Tod als Erben meines ganzen Vermögens einsetzen, gerade, als wäre er mein leiblicher Sohn, aber unter der Bedingung, dass du auch an großen Feiertagen nicht zu mir ins Haus kommst. Wenn du damit einverstanden bist, so bringe ihn morgen zu mir.« Hierauf fuhr er fort und ließ die Mutter ganz außer sich zurück. Die Leute hörten davon und sagten zu ihr: »Wenn der Kleine heranwächst, wird er dir noch einen Vorwurf daraus machen, wenn du ihn um ein solches Glück gebracht hast.« Die ganze Nacht weinte sie, aber am Morgen führte sie das Kind fort. Der Junge war jetzt für sie weder lebendig noch tot.

Maksim Iwanowitsch ließ ihn wie ein Herrensöhnchen kleiden und nahm einen Lehrer ins Haus, und von Stund an setzte er ihn hinter die Bücher und ließ ihn nicht aus den Augen und hielt ihn immer bei sich. Kaum schaute der Junge umher, da schrie er ihn schon an: »An dein Buch, lerne, ich will aus dir einen Menschen machen.« Der Knabe war aber schwächlich und hatte seit jener Zeit, nach den Prügeln damals, zu husten angefangen. »Kann man denn nicht bei mir leben?«, fragte erstaunt Maksim Iwanowitsch. »Bei deiner Mutter liefst du barfuß und kautest Brotrinden, weshalb bist du denn jetzt noch schwächlicher als vorher?« Der Lehrer aber sprach: »Jeder Junge muss auch herumspringen, er kann nicht immer lernen;

er hat Bewegung nötig« und brachte ihm Vernunft bei. Maksim Iwanowitsch dachte: »Da hast du die Wahrheit gesagt.« Jener Lehrer aber, Peter Stefanowitsch, möge ihm das himmlische Reich beschieden sein, war eigentlich so etwas wie ein Narr. Er trank sehr, so sehr sogar, dass es schon allzu viel war, und deshalb hatte man ihn längst aus allen Stellen entlassen. Und er lebte in der Stadt nur noch von Almosen. Er besaß aber einen großen Verstand und war ein guter Wissenschaftler. »Für mich ist hier kein Platz«, pflegte er zu sich selbst zu sprechen, »mir ziemt es nur, Universitätsprofessor zu sein, hier aber versinke ich im Schmutz, und sogar meine Kleider schämen sich meiner.« Maksim Iwanowitsch setzte sich und schrie den Jungen an: »Spring herum!« Dabei wagte der vor ihm kaum zu atmen. Und es kam so weit, dass das Kind nicht einmal seine Stimme hören konnte, ohne am ganzen Körper zu zittern. Maksim Iwanowitsch wunderte sich aber immer mehr: »So ist es ihm nicht recht und so ist es ihm nicht recht, ich habe ihn aus dem Schmutz gezogen, ich habe ihn in Tuch gekleidet, er trägt Halbschuhe aus Seidenstoff, ein gesticktes Hemd, ich halte ihn wie einen Generalssohn, warum mag er mich denn nicht? Weshalb schweigt er wie ein junger Wolf?« Und wenn man auch längst schon aufgehört hatte, sich über Maksim Iwanowitsch zu wundern, so tat man das jetzt doch wieder: Dieser Mensch geriet ganz außer sich; er setzte dem kleinen Kind zu, er konnte nicht nachgeben. »Ich will nicht am Leben bleiben, wenn ich ihm nicht seinen Trotz austreibe. Sein Vater hat mich auf dem Totenbett, als er schon das Abendmahl genommen hatte, verflucht; das ist bei ihm der Charakter des Vaters«, und dabei wandte er kein einziges Mal mehr die Rute an (seit damals fürchtete er sich davor). Er schüchterte ihn nur ein, ohne Ruten.

Und dann passierte Folgendes: Er war eben einmal hinausgegangen, als der Junge seine Bücher liegen ließ und auf einen Stuhl sprang, um seinen Ball zu holen, den er schon vorher auf eine Stellage geworfen hatte, er blieb aber mit seinem Ärmel an einer Porzellanlampe hängen, sie fiel krachend zu Boden und zerbrach in tausend Stücke, sodass man es im ganzen Haus hören konnte. Es war ein teures Ding, sächsisches Porzellan. Und Maksim Iwanowitsch hörte es im übernächsten Zimmer und brüllte los. Außer sich vor Angst lief der Junge davon, so rasch ihn seine Beine tragen konnten: erst auf die Terrasse, dann durch den Garten, dann durch die Gartenpforte, geradewegs an das Ufer. Dort ist eine Promenade, alte Weiden stehen dort, es ist ein freundlicher Ort. Der Knabe lief zum Wasser hinunter, die Leute sahen, wie er die Hände rang, dort, wo die Fähre anhält, und es schien, als sei er erschrocken vor dem Wasser – er stand wie angewurzelt da. Der Fluss ist aber breit dort und reißend, Barken ziehen vorüber; auf der anderen Seite sind Buden, ein Marktplatz, und es leuchten die goldenen Kuppeln der Kirche. Und da eilte gerade die Obristin Fersing mit ihrem Töchterchen zur Überfahrt – es lag dort ein Fußregiment in Garnison. Das Töchterchen, ebenfalls acht Jahre alt, trug ein weißes Kleidchen, blickte auf den Knaben und lachte, in der Hand trug sie ein kleines Körbchen, so ein Bauernkörbchen, und darin lag ein kleiner Igel. »Sieh doch, Mütterchen«, sprach sie, »wie der Junge auf meinen Igel blickt.« »Nein«, sprach die Obristin, »er ist vor irgendetwas erschrocken. Was hat dich denn erschreckt, mein lieber Junge?« (So hat man das später erzählt) »Und was ist das für ein netter Junge und wie gut ist er angezogen; wie heißt du, mein Junge?« Er hatte aber noch niemals einen Igel gesehen, er trat hinzu, sah ihn sich an und hatte schon alles vergessen – so sind nun einmal die Kinder. »Was haben Sie denn da?«, sprach er. »Das ist doch ein Igel«, sagte das kleine Mädchen, »wir haben ihn eben einem Bauern abgekauft: Er hat ihn im Wald gefunden.« »Was ist denn das«, fragte er, »ein Igel?« Und er lachte schon wieder und berührte ihn mit dem Finger, der Igel aber spreizte die Stacheln auseinander, und das Mädchen freute sich über den

Jungen. »Wir«, sprach sie, »wollen ihn nach Hause bringen und ihn zähmen.« »Ach«, sagte er, »schenken Sie mir doch Ihren Igel.« Und er bat sie so rührend, doch kaum hatte er das ausgesprochen, als plötzlich Maksim Iwanowitsch oben am Ufer erschien. Er war derart außer sich, dass er dem Jungen ohne Hut nachgelaufen war. Als der Junge sich an alles erinnerte, schrie er auf, stürzte zum Wasser hin, presste beide Fäustchen an die Brust, schaute zum Himmel empor (man hat das gesehen!) und sprang ins Wasser. Man schrie, man warf sich von der Fähre ihm nach, man fischte nach ihm, aber das Wasser trug ihn fort, der Fluss ist dort reißend, und als man ihn herauszog, war er bereits tot. Er war schwach auf der Brust gewesen, er hatte das Wasser nicht vertragen; ja, und gehört denn viel dazu bei einem solchen Kind? Und dabei konnten sich die Leute in jener Gegend überhaupt nicht entsinnen, dass jemals ein so kleines Kind Selbstmord verübt hatte! So eine Sünde! Und was kann denn dieses kleine Seelchen in jener Welt Gott sagen!

Über diesen Vorfall verfiel Maksim Iwanowitsch in Gedanken. Und es änderte sich dieser Mensch, sodass man ihn gar nicht wiedererkennen konnte. Es war ihm stark zu Herzen gegangen. Er begann zu trinken, er trank viel, und dann hörte er wieder auf, denn es half ihm nichts. Er hörte auch auf, in die Fabrik zu fahren. Auf niemanden hörte er. Wenn man ihm etwas sagte, schwieg er oder wehrte mit der Hand ab. So vergingen mehr als zwei Monate, und da begann er plötzlich mit sich selbst zu reden. Er sprach im Gehen mit sich selbst. In der Nähe brannte das Dörfchen Waskowo ab, neun Häuser gingen in Flammen auf. Maksim Iwanowitsch kam angefahren und schaute zu. Die Abgebrannten umringten ihn und heulten, er versprach Hilfe und gab auch schon den Befehl dazu, dann ließ er aber seinen Verwalter kommen und machte alles rückgängig: »Man soll nichts geben«, sprach er und sagte auch, weshalb. »Gott«, sprach er, »hat mich allen Menschen zum Tadel ausgeliefert, als wäre ich ein Ungeheuer, möge es auch so sein! Mit Windeseile hat sich mein Ruf verbreitet!« Da kam zu ihm der Archimandrit selbst. Das war ein strenger alter Mann, und er hatte im Kloster das brüderliche Zusammenleben eingeführt. »Was ist denn mit dir los?«, begann er streng. »Das ist es!«, und Maksim Iwanowitsch öffnete das Evangelium und zeigte ihm die Stelle:

»Wer aber ärgert dieser Geringsten einen, die an mich glauben, dem wäre besser, dass ein Mühlstein an seinen Hals gehängt und er ersäuft würde im Meere, da es am tiefsten ist.« (Matth. 18,6.)

»Ja«, sprach der Archimandrit, »wenn das auch nicht gerade von dir gesagt ist, so hat es gleichwohl auf dich Bezug. Wehe, wenn der Mensch sein Maß verliert – dann geht er zugrunde. Du hast dich überhoben.«

Maksim Iwanowitsch saß da, als habe ihn der Starrkrampf befallen. Der Archimandrit sah ihn eindringlich an.

»Höre«, sprach er, »und bedenke. Es ist gesagt: ›Die Worte des Verzweifelten verfliegen im Wind.‹ Und auch das bedenke, dass selbst die Engel Gottes unvollkommen sind, und vollkommen und sündlos einzig und allein unser Gott, Jesus Christus. Ihm dienen auch die Engel. Und du wolltest ja gar nicht den Tod dieses Kindes, du warst nur unbedacht. Aber siehst du«, sagte er, »über eines wundere ich mich doch; hast du etwa nicht«, sprach er, »noch schlimmere Schandtaten verübt, hast du etwa wenig Menschen zu Bettlern gemacht, hast du etwa Wenige geschändet, etwa Wenige zugrunde gerichtet – ist das nicht dasselbe wie ein Mord, und sind nicht schon vordem alle seine Schwestern gestorben, alle vier Kinder, fast vor deinen Augen? Weshalb hat dich denn dieser eine so in Verwirrung gebracht? Denn ich muss doch wohl annehmen, dass du mit all den anderen gar kein Mitleid gehabt hast, sogar völlig vergaßest, auch nur an sie zu denken? Weshalb hast du dich denn so über dieses Kind erschreckt, an dessen Tod du nicht einmal schuld bist?«

»Er erscheint mir im Traum.«

»Und was ist denn dabei?«

Maksim Iwanowitsch sagte aber nichts weiter, er saß nur da und schwieg. Da wunderte sich der Archimandrit, dann ging er wortlos fort und dachte: Hier kann man nichts mehr ausrichten.

Und Maksim Iwanowitsch schickte nach dem Lehrer, nach Peter Stefanowitsch; seit jenem Vorfall hatten sie sich nicht mehr gesehen.

»Entsinnst du dich?«, sprach er.

»Ich entsinne mich«, antwortete der.

»Du hast«, sprach er, »hier für das Wirtshaus Ölbilder gemalt und auch von dem Bild des Archimandriten eine Kopie gemacht. Kannst du mir ein Bild in Farben malen?«

»Ich kann alles«, sprach jener, »habe Talente und verstehe alles.«

»So male mir denn das allergrößte Bild über die ganze Mauer hin, und male auf ihm zuallererst einen Fluss, den Abhang und die Fähre, und alle Leute, die damals dort waren, sollen auf dem Bild sein. Auch die Obristin und ihre kleine Tochter und der Igel. Und auch das andere Ufer male mir hin, dass man es sieht, wie es ist. Die Kirche, der Platz, wo die Fuhrleute stehen und die Buden. – Das alles male, wie es ist. Und dort bei der Fähre einen Knaben am Fluss, an ganz der gleichen Stelle, und er soll unbedingt seine beiden Fäustchen an seine Brust pressen. Das soll unbedingt so sein. Und öffne du vor ihm auf jener Seite über der Kirche den Himmel, und alle Engel im Himmelreich sollen ihm entgegenfliegen. Kannst du das so machen oder nicht?«

»Ich kann alles.«

»Das heißt, ich brauchte gar nicht einen solchen ›Triphon‹ wie dich, ich könnte mir den ersten Maler aus Moskau verschreiben oder auch aus London, aber nur du kennst sein Antlitz. Wird es nicht ähnlich oder nur wenig ähnlich, dann gebe ich dir nur fünfzig Rubel, wird es aber ganz ähnlich, so werde ich dir zweihundert Rubel geben. Vergiss nicht: Die Äuglein waren blau … ja, und das Bild soll sehr, sehr groß werden.«

Man traf die Vorbereitungen. Peter Stefanowitsch begann zu malen, plötzlich kam er aber gelaufen.

»Nein«, sprach er, »so kann man das nicht malen.«

»Weshalb denn?«

»Weil diese Sünde, der Selbstmord, die allergrößte Sünde ist. Wie sollten ihm dann die Engel entgegenschweben, wenn er eine solche Sünde beging?«

»Er ist doch ein kleines Kind, man kann es ihm nicht anrechnen.«

»Nein, er ist kein kleines Kind, sondern ein Junge: Er war schon acht Jahre alt, als es geschah. So trägt er eine gewisse Verantwortung.«

Da entsetzte sich Maksim Iwanowitsch noch mehr.

»Ich aber«, sagte Peter Stefanowitsch, »habe es mir so gedacht: Wir werden den Himmel nicht öffnen und keine Engel malen. Ich werde aber, wie zu seinem Empfang, vom Himmel einen Sonnenstrahl herablassen, so einen einzigen lichten Strahl; so soll es werden.«

Und so geschah es auch. Ich selber sah, schon viel später, dieses Bild und diesen Sonnenstrahl und den Fluss – er hat ihn über die ganze Wand hin gemalt, ganz blau, und da steht auch ein kleiner Junge, beide Händchen hat er an die Brust gedrückt, und auch das kleine Mädchen und der Igel – alles ist getroffen. Nur zeigte damals Maksim Iwanowitsch das Bild niemandem, er verschloss es vielmehr in seinem Kabinett vor allen Augen, und wie hat man sich schon in der Stadt dazu gedrängt, das Bild zu sehen: Er aber befahl, alle wegzujagen. Darüber wurde viel gesprochen. Peter Stefanowitsch war aber damals ganz außer sich geraten. »Ich kann alles. Mein Platz ist jetzt am Hof in Sankt Petersburg.« Er war der beste Mensch von der Welt, nur prahlte er allzu sehr. Und sein Schicksal ereilte ihn. Kaum, dass er die zweihundert Rubel empfangen hatte, begann er auch schon zu trinken, zu prahlen und allen das Geld zu zeigen; als er dann betrunken war, erschlug ihn in der Nacht einer unserer Kleinbürger, mit dem er getrunken hatte, und nahm ihm das Geld ab. Man erfuhr es am Morgen.

Die Geschichte endete aber so, dass man sich auch jetzt noch an alle Einzelheiten erinnert. Plötzlich fuhr Maksim Iwanowitsch bei jener Witwe vor: Sie hatte sich am Ende der Stadt bei einer Kleinbürgerin eingemietet. Diesmal trat er aber ein; er stand vor ihr und verneigte sich bis zum Boden. Jene aber war seit damals krank gewesen und konnte sich kaum rühren. »Mütterchen«, rief er, »ehrbare Witwe, nimm mich Ungeheuer zum Mann, lass mich auf der Welt leben!« Jene schaute ihn an, nicht tot und nicht lebendig. »Ich will«, sprach er, »dass uns noch ein Junge geboren werde, und wenn er geboren wird, so bedeutet das: Jener Junge hat uns beiden verziehen, dir und mir. So hat mir der Junge befohlen.« Sie sah, dass der Mann nicht bei Sinnen war, vielmehr ganz verrückt, aber sie konnte sich doch nicht zurückhalten.

»Das sind Dummheiten«, antwortete sie ihm, »und nichts als Kleinmut. Wegen dieses Kleinmuts habe ich alle meine Kinderchen verloren. Ich kann Sie nicht sehen, geschweige denn eine solche ewige Qual auf mich nehmen.«

Maksim Iwanowitsch fuhr ab, aber er ließ den Mut nicht sinken. Die ganze Welt sprach von diesem Wunder. Maksim Iwanowitsch schickte Brautwerber aus. Er ließ seine zwei Tanten kommen, die Kleinbürgerinnen waren. Ob es nun Tanten waren, jedenfalls waren es Verwandte, das war eine Ehre: Jene versuchten nun, sie zu überreden, setzten ihr zu und gingen gar nicht mehr aus der Stube heraus. Auch von den Frauen der Stadt sandte Maksim Iwanowitsch sowohl aus dem Kaufmannsstande als auch die Stadtpfarrersfrau und auch Beamtengattinnen; die ganze Stadt umzingelte sie, jene wurde aber hochmütig: »Würden«, sprach sie, »meine Kinder wieder auferstehen, dann ja, aber wozu sonst? Ja, und ich werde vor meinen Kindern nicht eine solche Sünde auf mich nehmen!« Maksim Iwanowitsch gewann auch den Archimandriten, und der flüsterte ihr ein: »Du kannst«, sprach er, »einen neuen Menschen aus ihm machen.« Sie entsetzte sich. Die Leute aber wunderten sich über sie: Wie ist es denn nur möglich, dass sie auf ein solches Glück verzichtet. Und da hat er sie dann schließlich zum Nachgeben gebracht durch Folgendes: »Er ist schließlich«, sprach er, »ein Selbstmörder, kein kleines Kindchen mehr, sondern ein großer Junge, und seinen Jahren nach hätte man ihn schon nicht mehr ohne vorhergehende Beichte zum Abendmahl zulassen können, er ist also schon gewissermaßen verantwortlich. Wenn du aber meine Frau wirst, dann gelobe ich: Ich erbaue ein neues Gotteshaus, einzig und allein zum Gedächtnis seiner Seele.« Dem konnte sie nicht widerstehen und sie willigte ein. Da sind sie dann auch getraut worden.

Und es kam so, dass sich alle wunderten. Vom ersten Tag an lebten sie in großer und aufrichtiger Eintracht, indem sie gewissenhaft die Ehre ihrer Ehe wahrten und wie eine Seele in zwei Körpern lebten. Noch im gleichen Winter wurde sie guter Hoffnung, und sie begannen, die Gotteshäuser zu besuchen und vor Gottes Zorn zu zittern. In drei Klöstern waren sie und lauschten dem Gotteswort. Er aber errichtete das Gotteshaus, das er versprochen hatte, und erbaute in der Stadt ein Krankenhaus und ein Asyl. Für die Witwen und Waisen stiftete er ein Kapital. Und er entsann sich aller, die er beleidigt hatte, und wollte es wiedergutmachen; Geld gab er aus, ohne es zu zählen, sodass ihn schon die Gattin und der Archimandrit zurückhielten und sprachen: »Es ist jetzt genug!« Maksim Iwanowitsch sprach: »Ich habe damals Thomas betrogen.« Nun, man gab Thomas sein Geld. Der aber brach in Tränen aus. »Ich«, sprach er, »ich bin auch so … auch ohne das bin ich sehr zufrieden und ewig verpflichtet, für Sie zu Gott zu beten.« Allen ging das zu Herzen, und das heißt, man sagt mit Recht, dass der Mensch durch ein gutes Beispiel lebt. Das Volk dort ist aber gut.

Die Fabrik aber begann die Gattin selbst zu leiten und so, dass man auch jetzt noch daran denkt. Zu trinken hörte er nicht auf, sie pflegte ihn aber an solchen Tagen und heilte ihn dann auch. Seine Rede war ehrwürdig und sogar sein Blick änderte sich. Mitleidig war er ohne Beispiel, sogar zu den Tieren. Sah er aus seinem Fenster, wie ein Bauer seinem Pferd über den Kopf schlug, so schickte er sogleich hinaus und kaufte ihm das Pferd zum doppelten Preis ab. Und es wurde ihm die Gabe des Weinens zuteil. Wer auch immer mit ihm sprach, zugleich brach er in Tränen aus. Als aber die Zeit herankam, hatte Gott endlich ihre Gebete erhört und gab ihnen einen Sohn. Und Maksim Iwanowitsch war zum ersten Mal seit jener Zeit heiter, viele Almosen gab er, viele Schulden erließ er, zur Taufe lud er die ganze Stadt ein; am anderen Tag aber, als es Nacht war, ging er hinaus. Die Gattin sah, dass irgendetwas in ihm vorging und brachte ihm den Neugeborenen.

»Er verzieh uns«, sagte sie, »mein Junge, er vernahm unsere Tränen und unsere Gebete.« Man muss dabei bemerken, dass sie über diesen Gegenstand im Verlauf des ganzen Jahres noch kein einziges Mal ein Wörtchen gesprochen, vielmehr es jeder für sich behalten hatte. Und Maksim Iwanowitsch blickte sie an, drohend wie die Nacht: »Höre«, sprach er, »das ganze Jahr ist er mir nicht erschienen, doch in dieser Nacht träumte mir wieder von ihm.« »Damals, nach diesen seltsamen Worten, drang zum ersten Mal Entsetzen auch in mein Herz«, pflegte sie später zu erzählen.

Und nicht ohne Grund war ihm der Knabe im Traum erschienen. Kaum hatte Maksim Iwanowitsch das gesagt, sozusagen fast im gleichen Augenblick, stieß dem Neugeborenen etwas zu. Er erkrankte plötzlich. Und acht Tage lang war das Kind krank, sie beteten unaufhörlich, sie ließen Ärzte kommen und verschrieben aus Moskau mit der Eisenbahn den allerersten Arzt, er kam und ärgerte sich: »Ich bin der allererste Arzt«, sprach er, »ganz Moskau wartet auf mich.« Er verschrieb dann Tropfen und reiste eilig wieder ab. Achthundert Rubel nahm er mit sich, das Kindchen starb aber noch am gleichen Abend.

Und was geschah dann? Maksim Iwanowitsch verschrieb sein ganzes Vermögen der geliebten Gattin, gab ihr alle Kapitalien und Dokumente, vollzog alles, wie es sich gehört nach dem Gesetz, dann trat er vor sie hin und neigte sich vor ihr bis zur Erde: »Lass mich ziehen, unschätzbare Gattin, meine Seele zu retten, solange es Zeit ist. Wenn ich meine Zeit verbringe, ohne Heil für meine Seele zu finden, dann werde ich nicht mehr zurückkehren. Ich war hartherzig und grausam und machte es den Leuten schwer. Ich glaube aber, wegen der Leiden und der Wanderungen, die mir bevorstehen, wird Gott mich nicht ohne Lohn lassen, denn dies alles zu verlassen, ist kein geringes Kreuz und kein kleiner Schmerz.« Und sie flehte ihn an mit vielen Tränen: »Jetzt habe ich nur dich auf der Welt, wer bleibt mir noch? Ich habe«, sprach sie, »in diesem Jahr Milde des Herzens erlangt.« Und die ganze Stadt suchte ihn einen ganzen Monat lang zu überreden, man bat ihn und beschloss, ihn zu bewachen. Er hörte aber auf niemanden und ging heimlich eines Nachts davon und kehrte niemals wieder. Es heißt aber, er wandere und übe sich in Entsagung bis heute noch, seiner lieben Gattin gebe er jedes Jahr Nachricht …

Der Traum eines lächerlichen Menschen*

Eine fantastische Erzählung

I

Ich bin ein lächerlicher Mensch. Man nennt mich jetzt einen Verrückten. Das würde eine Rangerhöhung sein, wenn ich nicht für die Leute immer noch ebenso lächerlich bliebe wie vorher. Aber jetzt ärgere ich mich nicht mehr darüber; jetzt sind sie mir alle lieb, und sogar wenn sie über mich lachen – und dann sind sie mir eigentümlicherweise sogar besonders lieb. Ich würde selbst mit ihnen lachen, nicht sowohl über mich als aus Liebe zu ihnen, wenn mir nicht bei ihrem Anblick so traurig ums Herz würde. Traurig deswegen, weil sie die Wahrheit nicht kennen; ich aber kenne die Wahrheit. Ach, was für ein drückendes Gefühl ist es, der Einzige zu sein, der die Wahrheit kennt! Aber sie haben dafür kein Verständnis. Nein, sie haben dafür kein Verständnis.

Früher grämte ich mich sehr darüber, dass ich ein lächerlicher Mensch zu sein schien. Oder vielmehr nicht schien, sondern war. Ich bin immer lächerlich gewesen und weiß das; vielleicht war ich es schon von meiner Geburt an. Vielleicht wusste ich schon als Sieben-

* Anm. d. Ü.: Aus dem »Tagebuch eines Schriftstellers«, April 1877.

jähriger, dass ich lächerlich war. Dann besuchte ich die Schule, dann die Universität, und merkwürdig: Je mehr ich lernte, umso mehr erkannte ich, dass ich lächerlich bin. Sodass schließlich mein ganzes Universitätsstudium für mich gewissermaßen nur die Bedeutung hatte, mir in dem Maße, wie ich mich in dasselbe vertiefte, zu beweisen und klarzumachen, dass ich lächerlich bin. Ähnlich wie in der Wissenschaft ging es mir auch im Leben. Mit jedem Jahr wuchs und befestigte sich in mir eben dieses selbe Bewusstsein meiner lächerlichen Erscheinung in jeder Beziehung. Von allen und immer wurde über mich gelacht. Aber keiner von ihnen wusste oder ahnte, dass, wenn ein Mensch auf der Welt mehr als alle andern meine Lächerlichkeit erkannte, dieser Mensch ich selbst war, und eben dies war für mich das Kränkendste, dass sie das nicht wussten. Aber daran war ich selbst schuld: Ich war immer so stolz, dass ich das nie und um keinen Preis jemandem gestehen wollte. Dieser Stolz wuchs in mir mit den Jahren, und wenn es sich so gefügt hätte, dass ich mir erlaubt hätte, irgendwem, mochte es sein wer es wollte, zu gestehen, dass ich lächerlich sei, so würde ich, wie ich glaube, sogleich, noch an demselben Abend mir aus meinem Revolver eine Kugel vor den Kopf geschossen haben. Oh, wie litt ich in meiner Knabenzeit unter der Furcht, ich könnte mich nicht beherrschen und würde es auf einmal meinen Kameraden selbst gestehen! Aber seit ich anfing, ein junger Mann zu werden, änderte sich das: Obgleich ich mit jedem Jahr meine schreckliche Eigenschaft immer deutlicher erkannte, so wurde ich doch aus irgendwelchem Grund etwas ruhiger. Ich sage: Aus irgendwelchem Grund, weil ich bis auf den heutigen Tag nicht im Stande bin anzugeben, woher es eigentlich kam. Vielleicht daher, dass in meiner Seele ein furchtbarer Gram über einen Umstand heranwuchs, der unendlich viel höher war als mein ganzes Ich: Es war das nämlich die Überzeugung, die sich bei mir herausgebildet hatte, dass auf der Welt überall alles ganz egal ist. Ich hatte dies schon vor sehr langer Zeit geahnt, aber die volle

Überzeugung stellte sich im letzten Jahr ganz plötzlich ein. Ich fühlte auf einmal, dass es mir ganz egal sein würde, ob die Welt existierte oder es nirgends etwas gäbe. Ich begann mit meinem ganzen Wesen zu merken und zu fühlen, dass es um mich herum nichts gab. Anfangs schien es mir immer, dass es wenigstens vorher vieles gegeben habe, aber dann erriet ich, dass es vorher ebenfalls nichts gegeben habe, sondern mir das nur aus irgendwelchem Grund so vorgekommen sei. Allmählich gelangte ich zu der Überzeugung, dass es auch niemals etwas geben werde. Damals hörte ich auf einmal auf, mich über die Menschen zu ärgern, und begann, sie fast gar nicht mehr zu bemerken. Wirklich, das äußerte sich sogar in den geringsten Kleinigkeiten; es passierte zum Beispiel nicht selten, dass ich, wenn ich auf der Straße ging, mit den Leuten zusammenstieß. Und nicht etwa infolge tiefen Nachdenkens: Worüber hätte ich denn auch nachdenken sollen? Ich hatte damals ganz aufgehört nachzudenken: Mir war alles egal. Und wenn ich wenigstens schwierige Fragen zu lösen versucht hätte, aber ich gab mich mit keiner solchen ab, und doch: Wie viele gab es ihrer? Aber mir war alles egal, und die schwierigen Fragen entfernten sich sämtlich aus meinem Gesichtskreis.

Und siehe da, nach diesen Vorgängen da erkannte ich die Wahrheit. Ich erkannte die Wahrheit im vorigen November, genau am dritten November, und seit der Zeit erinnere ich mich an jeden Augenblick meines Lebens. Es war an einem trüben, ganz trüben Abend; er war so trübe, wie er überhaupt nur sein kann. Ich kehrte damals zwischen zehn und elf Uhr abends nach Hause zurück, und wie ich mich erinnere, ging mir gerade der Gedanke durch den Kopf, dass es gar nicht trüber sein könne. Selbst in rein physischer Hinsicht. Es hatte den ganzen Tag über geregnet, und das war ein ganz kalter, hässlicher Regen gewesen, sogar, wie ich mich erinnere, ein grimmiger Regen mit einer ausgesprochenen Feindseligkeit gegen die Menschen, aber da hörte er nach zehn Uhr auf einmal auf, und es begann eine furchtbare

Feuchtigkeit, feuchter und kälter als zur Zeit des Regens, und von allen Dingen ging eine Art Dampf aus, von jedem Stein auf der Straße und aus jeder Quergasse, wenn man von der Straße aus ganz tief, so weit wie nur möglich, in sie hineinblickte. Es kam mir auf einmal der Gedanke, dass, wenn überall das Gas ausginge, das angenehmer sein würde; mit der Gasbeleuchtung fühle sich das Herz nur noch trauriger, weil diese das alles sichtbar mache. Ich hatte an diesem Tag fast nichts zu Mittag gegessen und hatte vom Beginn des Abends an bei einem Ingenieur gesessen, und bei ihm waren auch noch zwei Freunde gewesen. Ich hatte immerzu geschwiegen und war ihnen wohl recht langweilig vorgekommen. Sie redeten über irgendeinen strittigen Gegenstand und wurden dabei auf einmal sogar hitzig. Aber eigentlich war ihnen die Sache ganz egal, das sah ich, und dass sie hitzig wurden, war nur so äußerlich. Ich sprach ihnen das denn auch ganz unvermittelt aus: »Meine Herren«, sagte ich, »die Sache ist Ihnen ja doch ganz egal.« Sie fühlten sich nicht beleidigt, sondern lachten alle über mich. Das kam daher, dass ich es ohne jeden Vorwurf gesagt hatte, einfach weil es mir selbst ganz egal war. Sie sahen nun ein, dass es mir ganz egal war, und wurden ganz vergnügt.

Als ich auf der Straße an das Gas dachte, blickte ich zum Himmel hinauf. Der Himmel war furchtbar dunkel, aber man konnte deutlich zerrissene Wolken unterscheiden und zwischen ihnen abgrundtiefe schwarze Flecke. Auf einmal bemerkte ich in einem dieser Flecke ein Sternchen und begann aufmerksam nach ihm hinzusehen. Das tat ich deshalb, weil dieses Sternchen mir einen Gedanken eingab: Ich beschloss, mir in dieser Nacht das Leben zu nehmen. Ich hatte das schon zwei Monate vorher fest beschlossen, mir trotz meiner Armut einen schönen Revolver gekauft und ihn gleich an jenem Tag geladen. Aber nun waren schon zwei Monate vergangen, und er lag immer noch im Kasten, aber alles war mir dermaßen egal, dass ich mir schließlich vornahm, einen Augenblick abzuwarten, wo mir nicht alles so egal sein würde – warum ich so verfuhr, das weiß ich nicht. Und auf diese Weise hatte ich diese zwei Monate hindurch jede Nacht, wenn ich nach Hause zurückkehrte, gedacht, dass ich mich erschießen würde. Ich wartete immer auf den betreffenden Augenblick. Und da gab mir nun dieses Sternchen den Gedanken ein, und ich beschloss, dass es unbedingt in dieser Nacht geschehen solle. Aber warum das Sternchen mir den Gedanken eingab, das weiß ich nicht.

Und siehe da, als ich zum Himmel aufblickte, da fasste mich plötzlich dieses kleine Mädchen an den Ellbogen. Die Straße war schon leer und fast kein Mensch auf ihr zu sehen. In der Ferne schlief ein Droschkenkutscher auf seinem Gefährt. Das kleine Mädchen war etwa acht Jahre alt; sie hatte keinen Mantel, sondern nur ein dürftiges Kleidchen und ein kleines Tüchelchen und war ganz durchnässt; namentlich aber bemerkte ich ihre nassen, zerrissenen Schuhe und erinnere mich ihrer auch jetzt. Sie fielen mir ganz besonders in die Augen. Sie begann auf einmal mich am Ellbogen zu zupfen und mich zu rufen. Sie weinte nicht, sondern stieß nur abgerissene Worte hervor, die sie nicht ordentlich aussprechen konnte, da sie am ganzen Leib in leisem Fieberschauer zitterte. Sie war aus irgendwelchem Grund in Angst und schrie verzweifelt: »Mein Mamachen! Mein Mamachen!« Ich wendete mich einen Augenblick nach ihr um, sagte jedoch kein Wort und setzte meinen Weg fort; sie aber lief mir nach und zupfte mich, und in ihrer Stimme lag jener Klang, der bei sehr geängsteten Kindern die höchste Verzweiflung bedeutet. Ich kenne diesen Klang. Obgleich sie die Worte nicht zu Ende sprach, verstand ich doch, dass ihre Mutter irgendwo im Sterben lag oder sich mit ihnen dort irgendetwas anderes Schreckliches zugetragen hatte und sie aus dem Haus gelaufen war, um jemanden zu rufen, irgendwelche Hilfe für ihre Mutter zu finden. Aber ich folgte ihr nicht; im Gegenteil kam mir auf einmal der Gedanke, sie wegzujagen. Zuerst sagte ich ihr, sie solle sich einen Schutzmann suchen. Aber sie faltete auf einmal bittend die

Händchen, lief schluchzend und atemlos immer neben mir her und wich nicht von mir. Und da stampfte ich mit den Füßen und schrie sie an. Sie rief nur: »Ach, Herr, ach, Herr! …« aber plötzlich verließ sie mich und rannte, so schnell sie nur konnte, über die Straße hinüber; dort war ein anderer Passant sichtbar geworden, und sie lief offenbar von mir zu ihm hin.

Ich stieg nach meinem fünften Stock hinauf. Ich wohne bei Mietern, welche möblierte Zimmer vermieten. Ich habe ein ärmliches, kleines Zimmer mit einem halb runden Dachfenster. Das Meublement: ein mit Wachstuch bezogenes Sofa, ein Tisch, auf dem meine Bücher liegen, zwei Stühle und ein bequemer Lehnstuhl, alt, sehr alt, aber so ein richtiger Großvaterstuhl. Ich setzte mich hin, zündete eine Kerze an und überließ mich meinen Gedanken. Nebenan, in dem Nachbarzimmer, das von dem meinigen nur durch eine dünne Zwischenwand getrennt ist, dauerte das wüste Treiben noch fort. Es war schon seit mehr als zwei Tagen im Gange. Dort wohnte ein pensionierter Hauptmann, und bei ihm war Besuch, etwa sechs Menschen niedrigen Standes; sie tranken Branntwein und spielten mit alten Karten Stoß* In der vorhergehenden Nacht hatte es Prügelei gegeben, und ich weiß, dass zwei von ihnen sich längere Zeit bei den Haaren gehabt hatten. Die Wirtin wollte sich schon beklagen, aber sie fürchtete sich gewaltig vor dem Hauptmann. Von sonstigen Untermietern ist bei uns nur noch eine kleine, magere Dame von auswärts vorhanden, mit drei kleinen Kindern, die schon bei uns krank geworden sind. Sie und die Kinder fürchten sich vor dem Hauptmann bis zum Ohnmächtigwerden und zittem und bekreuzen sich die ganze Nacht über; ja, das kleinste Kind hat vor Angst sogar schon einen Krampfanfall bekommen. Dieser Hauptmann hält, wie ich genau weiß, manchmal die Passanten auf dem Newski-Prospekt an und bittet um

* Anm. d. Ü.: Ein Hasardspiel.

Almosen. Zum Militärdienst wird er nicht wieder angenommen, aber merkwürdigerweise (und im Hinblick darauf erzähle ich dies eben) hat er in dem ganzen Monat, seit er bei uns wohnt, bei mir keinerlei Gefühl des Ärgers erregt. Einer näheren Bekanntschaft mit ihm bin ich allerdings gleich von vornherein ausgewichen, und auch ihm selbst wurde die Unterhaltung mit mir schon beim ersten Mal langweilig, aber mochten sie auch hinter der Zwischenwand ein noch so großes Geschrei verüben, und mochten ihrer dort auch noch so viele anwesend sein – mir war das immer ganz egal. Ich sitze die ganze Nacht auf und höre diese Menschen wirklich nicht; bis zu dem Grad vergesse ich sie. Ich durchwache ja jede Nacht bis zum Morgengrauen und treibe das so schon ein Jahr lang. Ich sitze die ganze Nacht am Tisch im Lehnstuhl und tue nichts. Bücher lese ich nur bei Tag. Ich sitze da und denke nicht einmal etwas; ich sitze eben bloß; allerlei Gedanken gehen mir durch den Kopf, und ich lasse sie nach ihrem Belieben gewähren. Die Kerze brennt in der Nacht vollständig herunter. Ich setzte mich still an den Tisch, nahm den Revolver heraus und legte ihn vor mich hin. Ich erinnere mich, dass, als ich ihn hinlegte, ich mich fragte: »Ja?« und mir mit aller Bestimmtheit antwortete: »Ja.« Das hieß also: Ich werde mich erschießen. Ich wusste, dass ich mich in dieser Nacht bestimmt erschießen würde, aber wie lange ich bis dahin noch am Tisch sitzen würde, das wusste ich nicht. Und ich hätte mich auch sicherlich erschossen, wäre nicht jenes kleine Mädchen gewesen.

II

Sehen Sie, wenn mir auch alles egal war, so fühlte ich doch zum Beispiel den Schmerz. Hätte mich jemand geschlagen, so würde ich Schmerz empfunden haben. Ebenso auch in geistiger Hinsicht: Hätte sich etwas sehr Trauriges ereignet, so würde ich Mitleid empfunden haben, ebenso wie damals, als mir noch nicht im Leben alles egal war. Ich hatte auch soeben Mitleid empfunden: Einem Kind würde ich doch unbedingt geholfen haben. Warum hatte ich denn aber dem kleinen Mädchen nicht geholfen? Infolge eines Gedankens, der damals in meinem Kopf entstanden war: Als sie mich zupfte und rief, da trat mir auf einmal eine Frage entgegen, und ich konnte sie nicht beantworten. Es war eine müßige Frage, aber ich ärgerte mich. Ich ärgerte mich infolge der Schlussfolgerung, dass, wenn mein Entschluss feststehe, meinem Leben in dieser Nacht ein Ende zu machen, mir eigentlich alles in der Welt jetzt in höherem Grad als sonst je egal sein müsse. Warum fühlte ich denn nun auf einmal, dass mir nicht alles egal war und ich das kleine Mädchen bemitleidete? Ich erinnere mich, dass ich großes Mitleid mit ihr hatte; ich empfand davon sogar einen seltsamen, zu meiner Lage ganz und gar nicht passenden Schmerz. Ich verstehe es allerdings nicht, diese meine damalige momentane Empfindung besser wiederzugeben, aber die Empfindung dauerte auch zu Hause fort, als ich mich schon an den Tisch gesetzt hatte, und ich war in einer so gereizten Stimmung wie seit lange nicht. Eine Überlegung knüpfte sich an die andere. Es war mir klar, dass, wenn ich ein Mensch und noch keine Null war und mich einstweilen noch nicht in eine Null verwandelt hatte, dass ich dann lebte und folglich im Stande war, zu leiden, mich zu ärgern und über meine Handlungen Scham zu empfinden. Nun gut. Aber wenn ich mich zum Beispiel nach zwei Stunden tötete, was hatte ich dann mit diesem kleinen Mädchen zu tun, und was ging mich dann das Schamgefühl und überhaupt alles in der Welt an? Ich verwandle mich in eine Null, in eine absolute Null. Und musste denn das Bewusstsein, dass ich alsbald völlig aufhören würde zu existieren und somit auch nichts anderes mehr existieren würde, musste nicht dieses Bewusstsein die Wirkung haben, das Gefühl des Mitleides mit dem kleinen Mädchen und das Gefühl der Scham über die begangene Gemeinheit aufzuheben? Ebendeshalb hatte ich ja mit den Füßen gestampft und das unglückliche Kind mit grimmiger Stimme angeschrien, weil ich gleichsam zu mir sagte: Ich empfinde nicht nur kein Mitleid, sondern ich kann sogar jetzt eine unmenschliche Gemeinheit begehen, da in zwei Stunden alles erloschen sein wird. Können Sie es glauben, dass ich sie darum anschrie? Ich bin jetzt beinah überzeugt davon. Es war mir klar, dass das Leben und die Welt gleichsam von mir abhingen. Ich kann es auch so ausdrücken: Die Welt war jetzt einzig und allein für mich gemacht; wenn ich mich erschoss, so hörte auch die Welt wenigstens für mich auf zu existieren. Um gar nicht einmal davon zu reden, dass es vielleicht wirklich nach meinem Tod für niemanden mehr etwas gab und die ganze Welt, sobald mein Bewusstsein erlosch, sogleich wie eine Vision, wie ein bloßes Attribut meines Bewusstseins mit erlosch und verschwand, denn vielleicht waren diese ganze Welt und alle diese Menschen lediglich ich selbst allein. Ich erinnere mich, dass, während ich so dasaß und nachdachte, ich alle diese neuen Fragen, die sich eine nach der andern herandrängten, nach einer andern Seite herumdrehte und etwas ganz Neues ersann. So zum Beispiel trat mir ein seltsamer Gedanke entgegen: Wenn ich früher auf dem Mond oder auf dem Mars gelebt und dort die schmählichste, ehrloseste Tat begangen hätte, die man sich nur vorstellen kann, und dort für diese Tat in einer Weise beschimpft und entehrt worden wäre, wie man es höchstens manchmal in einem ängstlichen Traum zu empfinden und sich vorzustellen vermag, und wenn ich dann, auf die Erde versetzt, die Erinnerung an das auf dem andern Himmelskörper Getane bewahrte und außerdem wüsste, dass ich dorthin niemals und unter keinen Umständen zurückkehren werde: Würde mir dann, wenn ich von der Erde aus nach dem Mond hinblickte, alles ganz egal sein oder nicht? Würde ich über meine Tat Scham empfinden oder nicht? Die Fragen waren müßig und überflüssig, da der Revolver schon vor mir lag und ich mit meinem ganzen Wesen wusste, dass »es« bestimmt geschehen werde, aber sie machten mir den Kopf warm, und ich wurde ganz wütend. Ich hatte die seltsame Vorstellung, ich könne jetzt nicht eher sterben, ehe ich nicht über dies und das ins Klare gekommen sei. Kurz, dieses kleine Mädchen rettete mich, denn infolge dieser Fragen verschob ich das Erschießen. Bei dem Hauptmann war unterdessen auch alles ruhig geworden: Sie hatten mit dem Kartenspiel aufgehört, schickten sich an, sich schlafen zu legen, brummten aber einstweilen noch und schimpften einander in müder, lässiger Weise. Und da schlief ich plötzlich ein, was mir vorher noch nie begegnet war; ich schlief am Tisch, im Lehnstuhl ein. Ich schlief vollständig ohne es zu merken ein. Die Träume sind bekanntlich sehr seltsame Dinge: Manches tritt einem mit erschreckender Deutlichkeit vor Augen, mit kunstvoll feiner Ausarbeitung der Einzelheiten, während man über anderes hinwegspringt, als wenn man es gar nicht bemerkte, zum Beispiel über Raum und Zeit. Die Träume lenkt, glaube ich, nicht der Verstand, sondern der Wille, nicht der Kopf, sondern das Herz, aber doch, was für verschmitzte Dinge hat manchmal mein Verstand im Traum angegeben! Es gehen mitunter mit ihm im Traum ganz unbegreifliche Dinge vor. Mein Bruder ist zum Beispiel vor fünf Jahren gestorben. Ich sehe ihn mitunter im Traum: Er nimmt an meinen Angelegenheiten lebhaften Anteil, wir führen darüber eifrige Gespräche, aber dabei weiß ich und erinnere ich mich während der ganzen Dauer des Traums vollkommen, dass mein Bruder gestorben und begraben ist. Wie geht es nun zu, dass ich mich nicht darüber wundere, dass er, obwohl er tot ist, sich doch neben mir befindet und eifrig mit mir redet? Warum erhebt mein Verstand dagegen keinerlei Einspruch? Aber genug davon! Ich komme jetzt zu meinem Traum. Ja, mir träumte damals dieser Traum, am dritten November! Die Leute necken mich jetzt damit, dass es ja nur ein Traum gewesen sei. Aber ist es denn nicht ganz egal, ob es ein Traum war oder nicht, wenn dieser Traum mir die Wahrheit verkündet hat? Denn wenn man einmal die Wahrheit erkannt und gesehen hat, so weiß man ja, dass sie die Wahrheit ist, und dass es keine andere gibt und keine andere geben kann, ob man nun schläft oder wacht. Na, mag es auch nur ein Traum gewesen sein, meinetwegen, aber dieses Leben, das Sie so lobpreisen, wollte ich durch Selbstmord auslöschen, und mein Traum, mein Traum – oh, er hat mir ein neues, großes, erneuertes, starkes Leben offenbart!

Hören Sie nun!

III

Ich habe gesagt, dass ich einschlief, ohne es zu merken, und ich hatte sogar die Empfindung, als führe ich fort über dieselben Gegenstände nachzudenken. Auf einmal träumte mir, dass ich den Revolver nahm und ihn im Sitzen gerade auf mein Herz richtete – auf das Herz, nicht auf den Kopf; und doch hatte ich mir vorher vorgenommen gehabt, mich unbedingt in den Kopf zu schießen, und zwar speziell in die rechte Schläfe. Nachdem ich die Waffe gegen meine Brust gerichtet hatte, wartete ich eine oder zwei Sekunden, und meine Kerze, der Tisch und die Wand begannen auf einmal vor meinen Augen sich zu bewegen und zu schwanken. Ich gab so schnell wie möglich den Schuss ab.

Im Traum fällt man manchmal von einer Höhe hinab, oder man wird ermordet oder geschlagen, aber man fühlt niemals einen Schmerz, es müsste denn sein, dass man sich selbst tatsächlich irgendwie am Bett stößt; dann fühlt man einen Schmerz und erwacht fast immer infolgedessen. So war es auch in meinem Traum: Einen Schmerz fühlte ich nicht, aber ich hatte die Empfindung, als ob mit meinem Schuss alles in mir erschüttert und alles auf einmal erloschen und es rings um mich herum furchtbar dunkel geworden sei. Ich war anscheinend blind und stumm geworden, und so lag ich nun auf etwas

Festem, ausgestreckt, auf dem Rücken, sah nichts und konnte nicht die geringste Bewegung machen. Um mich herum wurde gegangen und geschrien; der Hauptmann sprach in tiefem Bass, die Wirtin in ihrem Diskant – und auf einmal wieder eine Unterbrechung, und da trug man mich schon im geschlossenen Sarg. Und ich fühlte, wie der Sarg schaukelte, und dachte darüber nach, und plötzlich überraschte mich zum ersten Mal der Gedanke, dass ich ja gestorben war, vollständig gestorben, dass ich das wusste und nicht bezweifelte, dass ich nicht sah und mich nicht bewegte, aber dabei doch fühlte und dachte. Indessen söhnte ich mich bald damit aus, nahm, wie im Traum gewöhnlich, die Wirklichkeit ohne Widerspruch hin.

Und siehe, da ließ man mich in eine Gruft hinab und schüttete Erde darauf. Alle gingen weg; ich war allein, ganz allein. Ich bewegte mich nicht. Wenn ich mir früher im Wachen vorgestellt hatte, wie ich begraben werden würde, so hatte ich mit dem Begriff des Grabes immer nur die Empfindung der Feuchtigkeit und Kälte verbunden. So auch jetzt: Ich fühlte, dass mir sehr kalt war, namentlich an den Zehenspitzen, aber weiter fühlte ich nichts.

Ich lag, und merkwürdig: Ich erwartete nichts, sondern nahm es ohne Widerspruch hin, dass ein Toter nichts zu erwarten hat. Aber es war feucht. Ich weiß nicht, wie viel Zeit verging – eine Stunde oder einige Tage oder viele Tage. Aber da fiel plötzlich auf mein linkes geschlossenes Auge ein durch den Sargdeckel hindurchgesickerter Wassertropfen; ihm folgte nach einer Minute ein anderer, darauf nach einer Minute ein dritter, und so weiter und so weiter, immer in Abständen von einer Minute. Ein starker Unwille entbrannte plötzlich in meinem Herzen, und auf einmal fühlte ich in ihm einen physischen Schmerz: »Das ist meine Wunde«, dachte ich, »das ist von dem Schuss; da sitzt die Kugel …« Die Tropfen aber fielen immer noch jede Minute, und gerade auf mein geschlossenes Auge. Und ich rief auf einmal, nicht mit der Stimme (denn ich konnte mich nicht bewegen), sondern mit meinem ganzen Wesen zu dem, nach dessen Herrscherwillen das alles mit mir vorging:

»Wer du auch sein magst, aber wenn du bist, und wenn etwas Vernünftigeres existiert als das, was sich jetzt vollzieht, so lass dieses Vernünftigere auch hier stattfinden. Wenn du mich aber für meinen unvernünftigen Selbstmord durch die Garstigkeit und Sinnlosigkeit eines weiteren Daseins strafst, so wisse, dass keine Qual, die mir zuteilwerden mag, jemals der Geringschätzung wird gleichkommen können, die ich schweigend empfinden werde, und wenn die Qual Millionen Jahre dauern sollte! …«

So rief ich und verstummte dann. Fast eine ganze Minute lang dauerte das tiefe Schweigen, und es fiel sogar noch ein Tropfen herunter, aber ich wusste, ich wusste und glaubte mit unerschütterlicher Festigkeit, dass sich jetzt sofort alles sicherlich ändern werde. Und siehe da, auf einmal tat sich mein Grab auf. Das heißt, ich weiß nicht, ob es durch Aufgraben geöffnet wurde, aber ich wurde von einem dunklen, mir unbekannten Wesen ergriffen, und wir befanden uns plötzlich im Weltenraum. Ich wurde auf einmal wieder sehend: Es war tiefe Nacht, und noch niemals, noch niemals hatte es eine solche Dunkelheit gegeben! Wir flogen im Weltenraum schon fern von der Erde dahin. Ich fragte den, der mich trug, nach nichts; ich wartete und war stolz. Ich gab mir selbst die Versicherung, dass ich mich nicht fürchtete, und wollte bei dem Gedanken, dass ich mich nicht fürchtete, beinahe vergehen vor Entzücken. Ich erinnere mich nicht, wie lange wir so flogen, und habe keine Vorstellung davon: Es geschah alles so wie immer im Traum, wenn man sich über Raum und Zeit und über die Gesetze des Daseins und der Vernunft hinwegsetzt und nur bei denjenigen Punkten verweilt, von denen das Herz träumt. Ich erinnere mich, dass ich auf einmal in der Dunkelheit einen kleinen Stern erblickte. »Ist das der Sirius?«, fragte ich; ich konnte mich nicht beherrschen, obgleich ich eigentlich nach nichts fragen wollte. »Nein, das ist jener selbe Stern, den du zwischen den Wolken sahst, als du nach Hause zurückkehrtest«, antwortete mir das Wesen, das mich trug. Ich wusste, dass es eine Art von Menschenantlitz hatte. Seltsamerweise liebte ich dieses Wesen nicht; ja, ich empfand sogar eine tiefe Abneigung gegen dasselbe. Ich hatte ein vollständiges Nichtsein erwartet und mich in dieser Voraussetzung ins Herz geschossen. Und nun befand ich mich in den Händen eines Wesens, das allerdings kein menschliches Wesen war, aber doch war, existierte. »Also gibt es auch jenseits des Grabes ein Leben!«, dachte ich mit der seltsamen Leichtfertigkeit des Traums, aber das eigentliche Wesen meines Herzens blieb im tiefsten Grund unverändert. »Und wenn ich denn«, dachte ich, »von Neuem sein und wieder nach jemandes unwiderstehlichem Willen leben muss, so will ich mich nicht besiegen und erniedrigen lassen!« – »Du weißt, dass ich mich vor dir fürchte, und verachtest mich wohl deswegen?«, sagte ich auf einmal zu meinem Gefährten. Ich vermochte diese erniedrigende Frage, die ein Bekenntnis einschloss, nicht zurückzuhalten und fühlte im Herzen meine Erniedrigung wie einen Nadelstich. Er antwortete nicht auf meine Frage, aber ich fühlte plötzlich, dass ich nicht verachtet, nicht verlacht und nicht einmal bemitleidet wurde, und dass unser Weg ein unbekanntes, geheimnisvolles Ziel hatte, das zu mir allein in Beziehung stand. Die Angst wuchs in meinem Herzen. Stumm, aber unter Qualen teilte sich mir etwas von meinem schweigsamen Gefährten mit und durchdrang mich gewissermaßen. Wir flogen in dunklen, unbekannten Räumen. Schon längst sah ich die dem Auge bekannten Gestirne nicht mehr. Ich wusste, dass es in den himmlischen Räumen Sterne gibt, von denen die Strahlen erst in Tausenden, ja Millionen von Jahren zur Erde gelangen. Vielleicht durchflogen wir schon diese Räume. Ich erwartete etwas mit einer furchtbaren Unruhe, die mein Herz marterte. Und auf einmal erschütterte mich ein bekanntes und im höchsten Grad angenehmes Gefühl; ich erblickte auf einmal unsere Sonne! Ich wusste, dass das nicht unsere Sonne sein konnte, von der unsere Erde geboren ist, und dass wir uns von unserer Sonne in einer unendlichen Entfernung befanden, aber ich erkannte auf irgendwelche Weise mit meinem ganzen Wesen, dass dies eine vollständig ebensolche Sonne war wie die unsrige, ihre Wiederholung, ihre Doppelgängerin. Ein angenehmes, wonniges Gefühl des Entzückens erfüllte meine Seele: Die verwandte Kraft des Lichts, eben jenes Lichts, welches mich geboren hatte, fand ihren Widerhall in meinem Herzen und erweckte es zu neuem Leben, und ich empfand zum ersten Mal seit meinem Begräbnis in mir wieder Leben, das frühere Leben.

»Aber wenn das die Sonne ist, wenn das eine ganz ebensolche Sonne ist wie die unsrige«, rief ich, »wo ist denn dann die Erde?« Und mein Gefährte wies auf einen kleinen Stern hin, der in der Dunkelheit mit smaragdenem Glanz schimmerte. Wir flogen gerade auf ihn zu.

»Sind solche Wiederholungen im Universum wirklich möglich, ist das wirklich ein Naturgesetz? Und wenn das dort die Erde ist, ist es dann wirklich eine ebensolche Erde wie die unsrige … eine ganz ebensolche unglückliche, arme, aber doch teure und ewig geliebte Erde, die eine ebensolche qualvolle Liebe zu sich sogar bei ihren undankbarsten Kindern erweckt wie die unsrige?«, rief ich, zitternd vor unbezwinglicher, enthusiastischer Liebe zu jener heimischen früheren Erde, die ich verlassen hatte. Das Bild der armen Kleinen, gegen die ich mich so hässlich benommen hatte, schimmerte vor meinem geistigen Blick auf.

»Du wirst alles sehen«, antwortete mein Gefährte, und eine Art von Traurigkeit war aus dem Klang seiner Stimme herauszuhören. Aber wir näherten uns schnell dem Planeten. Er wuchs vor meinen Augen; ich unterschied schon den Ozean, die Umrisse Europas, und auf einmal flammte das seltsame Gefühl einer großen, heiligen Eifersucht in meinem Herzen auf: »Wie kann es nur eine derartige Wiederholung geben, und wozu? Ich liebe nur jene Erde, die ich verlassen habe, und auf der Spritzflecken meines Bluts zurückgeblieben sind, als ich Undankbarer durch einen Schuss in mein Herz mein Leben auslöschte; und ich kann nur sie lieben. Niemals, niemals habe ich aufgehört, sie zu lieben, und sogar in jener Nacht, als ich mich von ihr trennte, habe ich sie vielleicht mit größerer Qual geliebt als je. Gibt es auch auf dieser neuen Erde Qualen? Auf unserer Erde können wir nur mit Qualen und nur durch Qualen lieben! Wir verstehen nicht anders zu lieben und kennen keine andere Liebe. Mich verlangt nach Qual, um zu lieben. Es verlangt mich, ich dürste in diesem Augenblick danach, nur jene Erde, die ich verlassen habe, unter Tränenströmen zu küssen; ich will kein Leben auf einer andern Erde; ich lehne ein solches ab! …«

Aber mein Gefährte hatte mich schon verlassen. Ich befand mich plötzlich, ohne dass ich selbst bemerkt hätte wie, auf dieser andern Erde im hellen Licht eines paradiesisch schönen, sonnigen Tages. Ich glaube, ich stand auf einer jener Inseln, die auf unserer Erde den griechischen Archipel bilden, oder irgendwo am Gestade des Festlands, das an diesem Archipel liegt. Oh, alles war ganz so wie bei uns, aber alles schien zu strahlen wie an einem Festtag, wie wenn endlich ein großer, heiliger Triumph erreicht wäre. Das freundliche, smaragdgrüne Meer plätscherte leise an den Ufern und küsste sie mit offensichtlicher, beinah bewusster Liebe. Hohe, schöne Bäume standen da im vollen Schmuck ihrer Blüte, und ihre zahllosen Blättchen bewillkommneten mich (davon bin ich überzeugt) mit ihrem leisen, freundlichen Rauschen und schienen Worte der Liebe zu sprechen. Der Rasen leuchtete von bunten, duftenden Blumen. Kleine Vögel flogen scharenweise in der Luft umher, setzten sich mir ohne Furcht auf die Schultern und auf die Hände und schlugen mich fröhlich mit ihren allerliebsten, flatternden Flügelchen. Und endlich erblickte und erkannte ich die Menschen dieser glücklichen Erde. Sie kamen von selbst zu mir, umringten mich und küssten mich. Diese Kinder der Sonne, diese Kinder ihrer Sonne, oh wie schön waren sie! Niemals hatte ich auf unserer Erde eine solche Schönheit beim Menschen gesehen. Höchstens bei unseren Kindern in ihren ersten Lebensjahren könnte man einen entfernten, wiewohl nur schwachen Schimmer dieser Schönheit finden. Die Augen dieser glücklichen Menschen leuchteten in klarem Glanz. Ihre Gesichter strahlten von Verstand und einer schon zur völligen Beruhigung gelangten Erkenntnis, aber diese Gesichter waren heiter; aus den Stimmen und den Worten dieser Menschen klang eine kindliche Freude heraus. Oh, sofort, beim ersten Blick auf ihre Gesichter, verstand ich alles, alles! Das war die nicht durch den Sündenfall entweihte Erde; auf ihr lebten sündlose Menschen; sie lebten in einem ebensolchen Paradies wie das, in welchem nach den Überlieferungen der ganzen Menschheit auch unsere sündigen Ureltern ursprünglich gelebt hatten, nur mit dem Unterschied, dass die ganze Erde hier überall ein und dasselbe Paradies war. Diese Menschen umdrängten mich mit fröhlichem Lachen und liebkosten mich; sie führten mich in ihre Wohnungen, und jeder von ihnen wollte mich beruhigen. Oh, sie befragten mich nach nichts, sondern wussten, wie mir schien, schon alles und wünschten so schnell wie möglich den Ausdruck des Leidens von meinem Gesicht zu verscheuchen.

IV

Ich sage noch einmal: Na, mag es auch nur ein Traum gewesen sein! Aber die Empfindung der Liebe dieser unschuldigen Menschen ist mir für alle Zeit verblieben, und ich fühle, dass ihre Liebe sich auch jetzt von dort auf mich ergießt. Ich selbst habe diese Menschen gesehen, sie kennengelernt, mich von ihrem Wesen überzeugt, sie lieb gewonnen und nachher um sie gelitten. Oh, ich begriff sofort, sogar damals schon, dass ich sie in vieler Hinsicht überhaupt nicht verstehen würde; mir als modernem russischem Fortschrittler und garstigem Petersburger schien es zum Beispiel unerklärlich, dass sie, die doch so viel wussten, unsere Wissenschaft nicht besaßen. Aber ich begriff bald, dass ihr Wissen durch andere Einsichten genährt und zur Vollkommenheit gebracht wurde als bei uns auf der Erde, und dass ihre Bestrebungen ebenfalls ganz andere waren. Sie wünschten nichts und waren in ihren Seelen ruhig; sie strebten nicht nach Erkenntnis des Lebens in der Weise, wie wir es zu erkennen streben, denn ihr Leben hatte bereits einen vollen Inhalt. Aber ihr Wissen war tiefer und höher als bei unserer Wissenschaft, denn unsere Wissenschaft sucht zu erklären, was das Leben eigentlich ist; sie strebt selbst danach, es zu erkennen, um andere zu lehren, wie sie leben sollen; jene aber wussten auch ohne Wissenschaft, wie sie zu leben hatten, und das begriff ich, aber ihr Wissen konnte ich nicht begreifen. Sie wiesen auf ihre Bäume hin, und ich vermochte den Grad von Liebe, mit dem sie sie betrachteten, nicht zu begreifen: Sie redeten von ihnen gerade so, als ob es ihnen ähnliche Wesen wären. Und wissen Sie, vielleicht irre ich mich nicht, wenn ich sage, dass sie mit ihnen sprachen! Ja, sie kannten die Sprache der Bäume, und ich bin überzeugt, dass auch diese die Sprache der Menschen verstanden. Von der gleichen Art war auch ihr Verhältnis zu der ganzen übrigen Natur, zu den Tieren, welche friedlich mit ihnen zusammenlebten, sie nicht anfielen und sie liebten, da sie durch die Liebe derselben überwunden waren. Sie wiesen auf die Sterne hin und sagten zu mir etwas von diesen, was ich nicht begreifen konnte, aber ich bin überzeugt, dass sie auf irgendeine Weise mit den himmlischen Sternen in Verbindung standen, nicht nur durch ihre Gedanken, sondern auf irgendwelchem lebendigen Weg. Oh, diese Menschen trachteten nicht danach, dass ich sie verstehen möchte; sie liebten mich auch ohne das, aber andrerseits wusste ich, dass auch sie mich niemals verstehen würden, und darum redete ich mit ihnen fast gar nicht von unserer Erde. Ich küsste nur vor ihren Augen jene Erde, die sie bewohnten, und bezeigte ihnen selbst ohne Worte meine hohe Verehrung, und sie sahen das und ließen es geschehen, dass ich es tat, und schämten sich nicht darüber, dass ich sie deswegen verehrte, weil sie selbst mich so sehr liebten. Sie grämten sich nicht um meinetwillen, wenn ich ihnen manchmal unter Tränen die Füße küsste, mir freudig im Herzen bewusst, mit wie starker Liebe sie die meinige erwiderten. Mitunter fragte ich mich erstaunt, wie es zuging, dass sie während der ganzen Zeit einen solchen Menschen, wie ich, nicht kränkten und kein einziges Mal in einem solchen Menschen, wie ich, ein Gefühl der Eifersucht und des Neides erweckten. Oftmals fragte ich mich, wie es zuging, dass ich, so ein Prahler und Lügner, zu ihnen nicht von meinen Kenntnissen sprach, von denen sie sicherlich keinen Begriff hatten, und nicht den Wunsch hegte, sie in Erstaunen zu versetzen, sei es auch nur aus Liebe zu ihnen. – Sie waren ausgelassen und fröhlich wie Kinder. Sie schweiften in ihren schönen Hainen und Wäldern umher; sie sangen ihre schönen Lieder; sie nährten sich von leichter Kost, von den Früchten ihrer Bäume, dem Honig ihrer Wälder und der Milch der sie liebenden Tiere. Für ihre Nahrung und für ihre Kleidung wendeten sie nur wenig und nur leichte Arbeit auf. Es gab bei ihnen Liebe, und es wurden Kinder geboren, aber niemals bemerkte ich bei ihnen Ausbrüche jener grausamen Wollust, die fast allen Menschen auf unserer Erde eigen ist, allen und jedem, und die die einzige Quelle fast aller Sünden unserer Menschheit ist. Sie freuten sich über die Kinder, die sich bei ihnen einstellten, wie über neue Teilnehmer an ihrer Glückseligkeit. Es gab unter ihnen keine Streitigkeiten und keine Eifersucht, und sie begriffen nicht einmal, was das war. Ihre Kinder waren die Kinder aller, da alle eine einzige Familie bildeten. Es gab bei ihnen fast gar keine Krankheiten, obgleich es den Tod bei ihnen gab; sondern ihre Greise verschieden so sanft, als ob sie einschliefen, von Menschen, die ihnen Lebewohl sagten, umgeben, sie segnend, ihnen zulächelnd und selbst von deren heiterem Lächeln geleitet. Trauer und Tränen habe ich dabei nicht gesehen; es zeigte sich dabei nur eine bis zum Entzücken gesteigerte Liebe, aber dieses Entzücken war ein ruhiges, vollbefriedigtes, kontemplatives. – Man konnte denken, dass sie mit ihren Verstorbenen sogar noch nach deren Tod in Verbindung standen, und dass die Gemeinschaft, in der sie mit ihnen während des Erdenlebens gestanden hatten, durch den Tod nicht aufgehoben wurde. Sie verstanden mich kaum, als ich sie nach dem ewigen Leben fragte, waren aber von diesem offenbar so fest überzeugt, dass das für sie keine Streitfrage bildete. Sie hatten keine Tempel, standen aber in einer Art von steter, lebendiger, ununterbrochener Gemeinschaft mit dem Universum; sie hatten keinen Glauben, aber dafür das feste Wissen, dass, sobald ihre irdische Freude zu den Grenzen der irdischen Natur gelangt sei, für sie eine noch größere Steigerung der Beziehungen zum Universum eintrete. Sie erwarteten diesen Augenblick mit Freude, aber ohne Ungeduld, ohne sich mit Schmerz nach ihm zu sehnen, sondern sie schienen ihn schon in ihren Herzen zu ahnen und machten einander von diesen Ahnungen Mitteilung. Wenn sie abends hingingen, um sich schlafen zu legen, sangen sie gern harmonische, wohlklingende Chorlieder. In diesen Liedern gaben sie alle ihre Gefühle wieder, die der scheidende Tag in ihnen erregt hatte, priesen ihn und nahmen von ihm Abschied. Sie priesen die Natur, die Erde, das Meer, die Wälder. Sie verfassten gern Lieder aufeinander und lobten einander wie Kinder; das waren ganz einfache Lieder, aber sie kamen aus dem Herzen und fanden den Weg zum Herzen. Und nicht nur in den Liedern priesen sie einander, sondern auch ihr ganzes Leben füllten sie, wie es schien, damit aus, dass sie einander liebten und bewunderten. Es war eine Art von wechselseitiger, allgemeiner, gemeinschaftlicher Verliebtheit. Manche ihrer triumphierenden, begeisterten Lieder blieben mir überhaupt fast unverständlich. Obwohl ich die Worte verstand, konnte ich doch nie in ihren ganzen Sinn eindringen. Der Sinn blieb für meinen Verstand unfassbar; dafür drang er mir tief ins Herz, und zwar immer mehr und mehr. Ich sagte ihnen oft, ich hätte das alles früher schon längst geahnt; diese ganze Freude und Herrlichkeit habe sich mir schon auf unserer Erde durch eine süße Sehnsucht kundgetan, die sich zeitweilig bis zu unerträglichem Leid gesteigert habe; ich hätte sie alle und ihre Herrlichkeit in den Träumen meines Herzens und in den Fantasien meines Verstands geahnt; ich hätte auf unserer Erde oft nicht ohne Tränen in die untergehende Sonne blicken können. Mit meinem Hass gegen die Menschen unserer Erde sei immer ein Gefühl des Grams verbunden gewesen: Ich hätte mich gefragt, warum ich sie nicht hassen könne, ohne sie zu lieben; warum ich nicht umhin könne ihnen zu verzeihen, aber bei meiner Liebe zu ihnen doch Gram empfände; warum ich sie nicht hassend lieben könne? Sie hörten mich an, und ich sah, dass sie sich das, was ich sagte, nicht vorstellen konnten, aber ich bedauerte nicht, es ihnen gesagt zu haben: Ich wusste, dass sie meinen Gram um diejenigen, die ich verlassen hatte, in seiner ganzen Größe begriffen. Ja, wenn sie mich mit ihrem freundlichen, von Liebe erfüllten Blick ansahen, wenn ich fühlte, dass im Verkehr mit ihnen auch mein Herz ebenso unschuldig und rechtschaffen wurde wie die ihrigen, dann bedauerte ich es nicht, dass ich sie nicht verstand. Ich konnte kaum atmen vor der Empfindung der Fülle des Lebens, und ich betete schweigend für sie.

Oh, alle lachen mir jetzt ins Gesicht und versichern mir, solche Einzelheiten, wie ich sie jetzt wiedergäbe, könne man nicht einmal träumen; ich hätte in meinem Traum nur eine einzige Empfindung gehabt, die durch mein eigenes Herz in seinem irren Fantasieren hervorgerufen worden sei; die Einzelheiten aber hätte ich selbst erst nach dem Erwachen erdacht. Und als ich ihnen gestand, dass es vielleicht wirklich so zugegangen sei – oh Gott, was schlugen sie da für ein Gelächter auf, und zu welcher Heiterkeit verhalf ich ihnen! Oh ja, allerdings hatte mich nur die eine Empfindung jenes Traums überwältigt, und nur sie allein hatte sich in meinem wunden, blutenden Herzen erhalten; die wirklichen Bilder und Formen meines Traums aber, das heißt diejenigen, die ich tatsächlich gerade während des Träumens sah, waren von einer so vollkommenen Harmonie, von einer so bezaubernden Schönheit und Wahrheit, dass ich nach dem Erwachen nicht im Stande war, sie durch unsere schwachen Worte zu verkörpern; sie vergingen und verschwanden daher notwendigerweise in meinem Geist, und ich war infolgedessen wirklich vielleicht selbst unbewussterweise gezwungen, die Einzelheiten nachher dichterisch zu rekonstruieren, wobei ich sie allerdings entstellte, namentlich da ich leidenschaftlich wünschte, sie so schnell wie möglich und wenigstens einigermaßen wiederzugeben. Aber andrerseits, wie kann man sich weigern mir zu glauben, dass alles sich so verhielt? Vielleicht war es noch tausendmal besser, schöner, freudevoller, als ich es schildere? Mag es ein Traum gewesen sein, aber es war doch nicht möglich, dass das alles nicht gewesen sein sollte. Wissen Sie, ich werde Ihnen ein Geheimnis sagen: Vielleicht war das alles überhaupt kein Traum! Denn dort begab sich etwas Derartiges, etwas so erschreckend Wahrhaftiges, dass man es gar nicht hätte bloß träumen können. Mag auch mein Herz den Traum erzeugt haben, aber war denn mein Herz allein im Stande, jenen schrecklichen wahren Vorgang zu erzeugen, der sich dann mit mir zutrug? Wie hätte ich allein diesen ausdenken oder mit dem Herzen träumen können? Konnten etwa mein kleinliches Herz und mein launenhafter, wertloser Verstand sich zu einer solchen Offenbarung der Wahrheit emporschwingen? Oh, urteilen Sie selbst: Ich habe es bisher verschwiegen, aber jetzt will ich auch diese Wahrheit aussprechen. Die Sache ist die, dass ich … sie alle verdarb!

V

Ja, ja, es endete damit, dass ich sie alle verdarb! Wie sich das vollziehen konnte, das weiß ich nicht, aber an die Sache selbst erinnere ich mich deutlich. Der Traum durchflog Jahrtausende und hinterließ bei mir nur eine Gesamtempfindung. Ich weiß nur, dass die Ursache des Sündenfalls ich war. Wie eine garstige Trichine, wie ein Pestatom, das ganze Reiche infiziert, so infizierte auch ich mit mir diese ganze vor meiner Ankunft so glückliche, sündlose Erde. Sie lernten lügen und gewannen die Lüge lieb und erkannten die Schönheit der Lüge. Oh, das begann vielleicht ganz harmlos, mit Scherz, mit Koketterie, mit verliebtem Spiel, wirklich vielleicht mit einem Atom, aber dieses Atom Lüge drang in ihre Herzen ein und gefiel ihnen. Darauf entstand schnell Sinnlichkeit; die Sinnlichkeit erzeugte Eifersucht, die Eifersucht Grausamkeit … Oh, ich weiß nicht, ich erinnere mich nicht, aber bald, sehr bald floss das erste Blut: Sie staunten und erschraken und begannen sich voneinander zu trennen und abzusondern. Es bildeten sich Vereinigungen, aber diese richteten nun schon ihre Spitze gegeneinander. Es fingen Vorwürfe und Beschuldigungen an. Sie lernten die Scham kennen und erhoben die Scham zu einer Tugend. Es bildete sich der Begriff der Ehre heraus und erhob in jeder Vereinigung seine Fahne. Sie begannen die Tiere zu quälen, und die Tiere entfernten sich von ihnen in die Wälder und wurden ihre Feinde. Es begann der Streit um die Trennung, um die Absonderung, um die Persönlichkeit, um das Mein und Dein. Sie fingen an in verschiedenen Sprachen zu reden. Sie lernten das Leid kennen und gewannen das Leid lieb; sie dürsteten nach Qual und sagten, die Wahrheit lasse sich nur durch Qual erreichen. Damals erschien bei ihnen auch die Wissenschaft. Als sie schlecht geworden waren, fingen sie an von Brüderlichkeit und Humanität zu reden und verstanden diese Ideen. Als sie Verbrecher geworden waren, erfanden sie die

Gerechtigkeit und schrieben sich ganze Gesetzbücher, um die Gerechtigkeit aufrechtzuerhalten, und stellten, um die Gesetzbücher zu sichern, die Guillotine auf. Sie erinnerten sich kaum noch an das, was sie verloren hatten, und wollten nicht einmal daran glauben, dass sie jemals unschuldig und glücklich gewesen seien. Sie spotteten sogar über die Vorstellung von diesem ihrem früheren Glück und nannten sie ein Hirngespinst. Sie konnten sich nicht einmal von der Art und Weise dieses Glücks ein Bild machen, aber es begab sich etwas Seltsames und Wunderliches: obwohl sie jeden Glauben an das frühere Glück verloren hatten und dieses ein Märchen nannten, begehrten sie doch dermaßen von Neuem unschuldig und glücklich zu sein, dass sie sich vor dem Wunsch ihres Herzens wie Kinder hinwarfen, diesen Wunsch vergötterten, ihm Tempel erbauten und anfingen zu ihrer eigenen Idee, zu ihrem eigenen »Wunsch« zu beten; und während sie von der Unmöglichkeit der Erfüllung und Verwirklichung dieses Wunsches vollkommen überzeugt waren, vergötterten sie ihn doch gleichzeitig unter Tränen und beugten die Knie vor ihm. Und doch, wenn es sich hätte begeben können, dass sie zu dem verlorenen Zustand der Unschuld und des Glücks zurückgekehrt wären, und wenn jemand ihn ihnen von Neuem gezeigt und sie gefragt hätte, ob sie zu ihm zurückkehren wollten – so hätten sie diese Frage bestimmt verneint. Sie antworteten mir: »Mögen wir auch Lügner, Bösewichte und Ungerechte sein, wir wissen das und weinen darüber und quälen uns deswegen selbst, und wir martern und bestrafen uns vielleicht sogar mehr, als es jener barmherzige Richter tun wird, der uns richten wird, und dessen Namen wir nicht kennen. Aber wir haben die Wissenschaft, und durch sie werden wir die Wahrheit von Neuem finden, aber dann werden wir sie mit Bewusstsein aufnehmen. Das Wissen steht höher als das Gefühl, die Erkenntnis des Lebens höher als das Leben. Die Wissenschaft wird uns Weisheit geben; die Weisheit wird die Gesetze aufdecken;

die Kenntnis der Gesetze des Glücks aber steht höher als das Glück.« So redeten sie zu mir, und nach solchen Worten liebte jeder sich selbst mehr als alle andern, und sie konnten überhaupt nicht anders handeln. Jeder war mit solcher Eifersucht auf die Wahrung seiner Persönlichkeit bedacht, dass er sich mit aller Kraft bemühte, die Persönlichkeit der anderen zu erniedrigen und klein zu machen; und darein setzte er seine Lebensaufgabe. Es kam die Sklaverei auf; es kam sogar eine freiwillige Sklaverei auf: Die Schwachen ordneten sich willig den Stärksten unter und bedangen sich dabei nur aus, dass diese ihnen helfen sollten, noch Schwächere, als sie selbst waren, zu unterdrücken. Es traten Gerechte auf, die zu diesen Menschen kamen und mit Tränen zu ihnen von ihrem Stolz, von dem Verlust des rechten Maßes und der Harmonie und von dem Verlust der Scham redeten. Man spottete über sie oder steinigte sie. Heiliges Blut floss auf den Schwellen der Tempel. Dafür aber erschienen Leute, die sich eine Art und Weise auszudenken versuchten, wie alle sich wieder so vereinigen könnten, dass ein jeder, ohne dass er aufzuhören brauchte sich selbst mehr als alle andern zu lieben, gleichzeitig keinen andern störe und auf diese Art alle wie in einer einträchtigen Gesellschaft zusammenlebten. Ganze Kriege entstanden infolge dieser Idee. Alle Kriegführenden glaubten zu gleicher Zeit fest, dass die Wissenschaft, die Weisheit und der Trieb der Selbsterhaltung die Menschen endlich dazu zwingen würden, sich zu einer einträchtigen, vernünftigen Gesellschaft zu vereinigen; und darum bemühten sich einstweilen zur Beschleunigung der Sache die »Weisen«, möglichst schnell alle »Unweisen«, die ihre Idee nicht begriffen, auszurotten, damit sie dem Triumph der Idee nicht hinderlich wären. Aber der Trieb der Selbsterhaltung wurde bald schwächer; es traten stolze, sinnliche Männer auf, die geradezu alles oder nichts forderten. Um alles zu erlangen, griffen sie zur Übeltat, und wenn es ihnen nicht glückte, zum Selbstmord. Es entstanden Religionen mit dem Kultus des

Nichtseins und der Selbstvernichtung zum Zweck der ewigen Ruhe im Nichts. Endlich wurden diese Menschen bei ihrer sinnlosen Bemühung müde, und auf ihren Gesichtern erschien der Ausdruck des Leidens, und diese Leute verkündeten, das Leiden sei Schönheit, denn nur im Leiden liege Sinn. Sie besangen das Leiden in ihren Liedern. Ich ging händeringend unter ihnen umher und weinte über sie, aber ich liebte sie vielleicht noch mehr als früher, wo auf ihren Gesichtern noch kein Ausdruck des Leidens lag und sie so unschuldig und so schön waren. Ich liebte ihre von ihnen entweihte Erde noch mehr als zu der Zeit, wo sie ein Paradies war, und nur weil auf ihr das Leid erschienen war. Ach, ich hatte immer Leid und Gram geliebt, aber nur für mich, für mich, aber über sie weinte ich, da ich sie bemitleidete. Die Arme nach ihnen ausstreckend, beschuldigte, verfluchte und verachtete ich in meiner Verzweiflung mich selbst. Ich sagte ihnen, ich sei es, der dies alles angerichtet habe, ich allein; ich hätte ihnen Sittenverderbnis, Ansteckung und Lüge gebracht! Ich flehte sie an, mich ans Kreuz zu schlagen; ich unterwies sie, wie man ein Kreuz macht. Ich vermochte nicht, ich hatte nicht die Kraft, mich selbst zu töten, aber ich wollte von ihnen Qualen empfangen; ich dürstete nach Qualen; ich dürstete danach, in diesen Qualen mein Blut bis auf den letzten Tropfen zu vergießen. Aber sie lachten nur über mich und hielten mich schließlich für einen Halbverrückten. Sie verteidigten mich, indem sie sagten, sie hätten nur das empfangen, was sie sich selbst gewünscht hätten, und alles, was jetzt bestände, habe sich mit innerer Notwendigkeit so gestaltet. Zuletzt erklärten sie mir, ich würde ihnen gefährlich, und sie würden mich ins Irrenhaus setzen, wenn ich nicht schwiege. Da drang der Gram mit solcher Gewalt in meine Seele, dass mein Herz sich zusammenzog und ich sterben zu müssen glaubte … nun, und da erwachte ich.

Es war schon Morgen; das heißt, hell geworden war es noch nicht, aber es war zwischen fünf und sechs Uhr. Ich kam zum Bewusstsein in jenem selben Lehnstuhl; meine Kerze war ganz heruntergebrannt; beim Hauptmann schliefen alle, und ringsum herrschte eine Stille, wie sie in unserer Wohnung nur selten vorkam. Das Erste, was ich tat, war, dass ich im höchsten Erstaunen aufsprang; noch nie war mir etwas Ähnliches begegnet, nicht einmal, was unbedeutende Einzelheiten betraf: Zum Beispiel war ich noch nie so in meinem Lehnstuhl eingeschlafen. Dann, während ich dastand und meine Gedanken sammelte, sah ich plötzlich vor mir meinen geladenen, schussfertigen Revolver schimmern, aber im nächsten Augenblick stieß ich ihn von mir! Oh, jetzt hatte ich das Leben nötig, das Leben! Ich hob die Arme in die Höhe und rief die ewige Wahrheit an, aber Tränen erstickten meine Stimme; Begeisterung, unermessliche Begeisterung erhob mein ganzes Wesen. Ja, leben und – verkündigen! Oh, ein Verkündiger zu werden, beschloss ich gleich in jenem Augenblick, und zwar natürlich fürs ganze Leben! Ich werde hingehen, um zu verkündigen; ich will verkündigen – was? Die Wahrheit, denn ich habe sie gesehen; ich habe sie mit meinen Augen gesehen; ich habe ihre ganze Herrlichkeit gesehen!

Und seitdem verkündige ich nun! Ich füge hinzu: Ich liebe alle, die über mich lachen, mehr als alle Übrigen. Warum ich das tue, das weiß ich nicht und kann ich nicht erklären, aber mag es meinetwegen so sein! Sie sagen, ich ginge auch jetzt schon fehl, und wenn ich jetzt schon so fehlginge, was werde dann erst in Zukunft geschehen? Um die reine Wahrheit zu sagen: Ich gehe fehl, und vielleicht wird es in Zukunft noch schlimmer werden. Sicherlich werde ich noch mehrmals fehlgehen, bis ich gefunden haben werde, wie man verkündigen muss, das heißt mit welchen Worten und mit welchen Taten, denn das richtig auszuführen, ist sehr schwer. Ich sehe ja auch jetzt das alles sonnenklar, aber hören Sie: Wer geht denn nicht fehl? Und dabei gehen doch alle nach ein und demselben Ziel; wenigstens streben alle nach ein und demselben Ziel, von dem Weisen bis zu dem gemeinsten Räuber, nur auf verschiedenen Wegen. Das ist eine alte Wahrheit, aber neu ist dabei dies: Ich kann gar nicht so sehr fehlgehen. Denn ich habe die Wahrheit gesehen; ich habe sie gesehen und weiß, dass die Menschen schön und glücklich sein können, ohne dass sie darum die Fähigkeit, auf der Erde zu leben, verloren zu haben brauchen. Ich will und kann nicht glauben, dass das Böse der normale Zustand der Menschen sei. Alle lachen jedoch nur über diesen meinen Glauben. Aber wie kann sich jemand weigern, mir zu glauben: Ich habe ja die Wahrheit gesehen – nicht dass ich sie mit dem Verstand erfunden hätte, sondern ich habe sie gesehen, wirklich gesehen, und ihre lebende Gestalt hat meine Seele auf ewig erfüllt. Ich habe sie in so vollendeter Totalität gesehen, dass ich nicht glauben kann, sie wäre bei den Menschen ein Ding der Unmöglichkeit. Und wie soll ich denn eigentlich fehlgehen? Ich werde ein wenig seitwärts geraten, gewiss, sogar öfters, und werde vielleicht sogar mit ungeeigneten Worten reden, aber nicht auf lange: Die lebende Gestalt dessen, was ich gesehen habe, wird mich immer begleiten und mich immer wieder auf den richtigen Weg bringen und meine Schritte lenken. Oh, ich bin mutig, ich bin frisch; ich werde hingehen, ich werde hingehen, und wäre es auch auf tausend Jahre. Wissen Sie, ich wollte es sogar anfangs verheimlichen, dass ich sie alle verdorben habe, aber das wäre ein Fehler gewesen – gleich der erste Fehler! Aber die Wahrheit flüsterte mir zu, dass ich im Begriff sei zu lügen, und bewahrte mich und hielt mich auf rechter Bahn. Aber wie das Paradies herzustellen sei, das weiß ich nicht, weil ich nicht verstehe, es mit Worten darzustellen. Nach meinem Traum sind mir die richtigen Worte abhandengekommen. Wenigstens die wichtigsten Worte, die notwendigsten. Aber mag das auch sein, ich werde hingehen und werde immer reden, unermüdlich, denn ich habe es doch mit meinen Augen gesehen, wenn ich auch nicht verstehe, das Gesehene mit Worten wiederzugeben. Aber gerade das können die Spötter nicht begreifen: »Er hat geträumt«, sagen sie, »hat fantasiert, eine Halluzination gehabt.« Ach so ein Gerede! Ist denn das weise? Und sie sind so stolz! Ein Traum? Was ist denn ein Traum? Ist nicht unser Leben ein Traum? Ja, ich will noch mehr sagen: Angenommen auch, dass sich das nie verwirklichen wird und das Paradies unmöglich ist (das sehe ich ja auch schon selbst ein!) – nun, so werde ich meine Lehre dennoch verkündigen. Aber dabei wäre es doch so einfach: An einem einzigen Tag, in einer einzigen Stunde könnte alles mit einem Mal in Ordnung kommen! Die Hauptsache ist: Liebe die andern wie dich selbst; das ist die Hauptsache, das ist alles, weiter ist nichts mehr nötig: Dann wirst du sofort wissen, was du zu tun hast. Und dabei ist das ja nur eine alte Wahrheit, die billionenmal wiederholt und gelesen, aber doch den Menschen nicht in Fleisch und Blut übergegangen ist! »Die Erkenntnis des Lebens steht höher als das Leben, die Kenntnis der Gesetze des Glücks höher als das Glück«, das ist die Anschauung, die bekämpft werden muss! Und ich werde sie bekämpfen. Wenn nur alle wollen, dann wird alles sogleich in Ordnung kommen.

Aber jenes kleine Mädchen habe ich ausfindig gemacht … Und ich werde hingehen! Ich werde hingehen!

DER GROSSINQUISITOR

EINE FANTASIE

Ein Kapitel aus dem Roman Die Brüder Karamasow. *Situation: Iwan Karamasow sitzt mit seinem Bruder Aloscha in einem Restaurant und eröffnet ihm, er habe im Kopf eine »Dichtung« verfasst, die er ihm mitteilen wolle.*

»Na ja, es geht auch hier nicht ohne Vorrede ab, das heißt ohne eine literarhistorische Vorrede, hol's der Teufel!«, begann Iwan lachend. »Und dabei bin ich doch nur ein jämmerlicher Autor! Siehst du, die Handlung geht bei mir im sechzehnten Jahrhundert vor sich; damals aber (das muss dir übrigens noch von der Schule her bekannt sein), damals war es gerade üblich, in poetischen Erzeugnissen die himmlischen Mächte auf die Erde herabzuholen. Von Dante will ich schon gar nicht reden. In Frankreich gaben die Gerichtsschreiber und ebenso in den Klöstern die Mönche ganze Vorstellungen, in denen sie die Madonna, die Engel, die Heiligen, Christus und Gott selbst auf die Bühne brachten. Damals geschah das alles in vollster Einfalt. In Victor Hugos ›Notre Dame de Paris‹ wird zu Ehren der Geburt des französischen Dauphins in Paris in Gegenwart Ludwigs XI. im Rathaussaal dem Volk gratis eine erbauliche Vorstellung gegeben unter dem Titel: ›Le bon jugement de la très sainte et gracieuse Vierge Marie‹, worin auch sie selbst persönlich erscheint und ihr bon jugement verkündet. Bei uns wurden in Moskau in der Zeit vor Peter dem Großen mitunter ebensolche beinah dramatischen Vorstellungen veranstaltet, besonders aus dem Alten Testament. Und damals, in der Zeit der dramatischen Aufführungen, waren in der ganzen Welt auch viele Erzählungen und Gedichte im Umlauf, in denen nach Bedarf Heilige, Engel und alle himmlischen Heerscharen handelnd auftraten. Bei uns in den Klöstern beschäftigten sich die Mönche ebenfalls mit dem Übersetzen, mit dem Abschreiben und sogar mit der Abfassung solcher Gedichte – und noch dazu in was für einer Zeit? Unter dem Tatarenjoch. Es gibt zum Beispiel ein klösterliches Gedichtchen (natürlich aus dem Griechischen): ›Die Wanderung der Mutter Gottes durch die Stätten der Qual‹, mit Schilderungen von einer Kühnheit, die der Dante'schen nicht nachsteht. Die Mutter Gottes besucht die Hölle, und der Erzengel Michael führt sie durch die ›Stätten der Qual‹. Sie sieht die Sünder und ihre Martern. Da ist unter andern eine sehr interessante Gattung von Sündern in einem brennenden See: Manche von ihnen versinken in diesen See so tief, dass sie nicht mehr an die Oberfläche heraufkommen können; diese ›vergisst Gott schon‹ – ein Ausdruck von außerordentlicher Tiefe und Kraft. Und da fällt denn die Mutter Gottes erschüttert und weinend vor dem Thron Gottes nieder und bittet für alle in der Hölle um Begnadigung, für alle, die sie dort gesehen hat, ohne Ausnahme. Ihr Gespräch mit Gott ist höchst interessant. Sie fleht, sie lässt nicht ab, und als Gott sie auf die von Nägeln durchbohrten Hände und Füße ihres Sohnes hinweist und sie fragt: Wie kann ich denn seinen Peinigern verzeihen?, da befiehlt sie allen Heiligen, allen Märtyrern, allen Engeln und Erzengeln, mit ihr zusammen vor Gott niederzufallen und um die Begnadigung aller ohne Unterschied zu bitten. Es endet damit, dass sie von Gott durch ihre Bitten ein Aussetzen der Qualen alljährlich vom Karfreitag bis Pfingsten erreicht, und die Sünder aus der Hölle danken dem Herrn sogleich dafür und rufen: ›Gerecht bist Du, oh Herr, dass Du so gerichtet hast.‹ Siehst du, von derselben Art würde auch meine kleine Dichtung gewesen sein, wenn sie zu jener Zeit erschienen wäre. Bei mir erscheint auf der Szene Er; allerdings redet Er in der Dichtung nichts, sondern erscheint nur und geht vorüber. Fünfzehn Jahrhunderte sind schon vergangen, seit Er die Verheißung gegeben hat, Er werde wiederkommen und sein Reich aufrichten, fünfzehn Jahrhunderte, seit sein Prophet schrieb: ›Ich komme bald; von dem Tag aber und von der Stunde weiß nicht einmal der Sohn, sondern allein mein himmlischer Vater‹, wie auch Er selbst es noch auf Erden ausgesprochen hat. Aber die Menschheit erwartet Ihn immer noch mit dem früheren Glauben und mit der früheren Sehnsucht. Oh, sogar mit noch größerem Glauben, denn die fünfzehn Jahrhunderte sind schon dahingegangen seit der Zeit, da die Unterpfänder, die der Himmel den Menschen gab, aufgehört haben:

Du musst glauben, du musst wagen,
Denn die Götter leih'n kein Pfand.*

So war denn nur der Glaube an das, was das Herz sagte, geblieben! Allerdings geschahen damals auch viele Wunder. Es gab Heilige, welche wunderbare Heilungen ausführten; zu manchen Gerechten stieg, nach den Angaben in ihren Lebensbeschreibungen, die Himmelskönigin selbst herab. Aber der Teufel schläft nicht, und es regten sich in der Menschheit schon Zweifel an der Wahrheit dieser Wunder. Damals war gerade im Norden, in Deutschland, eine schreckliche neue Ketzerei aufgetreten. Ein großer Stern, ›ähnlich einer Fackel (das heißt der Kirche) fiel auf die Wasserbrunnen, und sie wurden bitter‹**.

* Anm. d. Ü.: Schiller *Sehnsucht*.
** Anm. d. Ü.: Vgl. Offenb. 8,10 f.

Die Anhänger dieser Ketzerei begannen gotteslästerlich die Wunder zu leugnen. Aber umso feuriger glaubten die treu Gebliebenen. Die Tränen der Menschheit stiegen zu Ihm hinauf wie ehemals; die Menschen erwarteten Ihn, liebten Ihn, hofften auf Ihn wie ehemals. Und so viele Jahrhunderte lang betete die Menschheit in feurigem Glauben: ›Herr Gott, erscheine uns!‹ So viele Jahrhunderte rief sie zu Ihm, dass es Ihn in seinem unermesslichen Erbarmen verlangte, zu den Betenden hinabzusteigen. War Er doch auch vorher schon manchmal hinabgestiegen und hatte einzelne Gerechte, Märtyrer und fromme Eremiten noch auf Erden besucht, wie in ihren Lebensbeschreibungen zu lesen steht. Bei uns hat Tjutschew*, der von der Wahrheit seiner Worte tief überzeugt war, gesungen:

In Knechtsgestalt, vom Kreuze schwer gedrückt,
Durchzog er segnend jede Erdenzone,
Er, den als König aller Welten schmückt
Auf höchstem Himmelsthron die Herrscherkrone.

Und so ist es auch tatsächlich geschehen, kann ich dir sagen. Also es verlangte Ihn, sich, wenn auch nur für ganz kurze Zeit, dem Volk zu zeigen, dem sich quälenden, leidenden, garstig sündigenden, aber Ihn doch kindlich liebenden Volk. Die Handlung spielt bei mir in Spanien, in Sevilla, in der furchtbarsten Zeit der Inquisition, als täglich zum Ruhm Gottes im Land die Scheiterhaufen loderten und

Die Flammen der prächtigen Autodafés
Verbrannten die schändlichen Ketzer.

* Anm. d. Ü.: Fjodor Iwanowitsch Tjutschew, 1803–1873.

Oh, das war freilich nicht jenes Herniedersteigen, in welchem Er seiner Verheißung gemäß am Ende der Zeiten in all seiner himmlischen Herrlichkeit erscheinen wird, ›wie der Blitz scheinet vom Aufgang bis zum Niedergang‹. Nein, es verlangte Ihn, wenn auch nur für ganz kurze Zeit, seine Kinder zu besuchen, und namentlich dort, wo gerade die Scheiterhaufen der Ketzer prasselten. In seiner unermesslichen Barmherzigkeit wandelt Er noch einmal unter den Menschen in eben jener Menschengestalt, in der Er fünfzehn Jahrhunderte vorher dreiunddreißig Jahre lang unter ihnen geweilt hat. Er steigt hinab auf die heißen Straßen und Plätze der südländischen Stadt, in welcher erst tags zuvor in einem ›prächtigen Autodafé‹ in Gegenwart des Königs, des Hofes, der Ritter, der Kardinäle und der reizendsten Damen des Hofes und in Gegenwart der zahlreichen Einwohnerschaft von ganz Sevilla durch den Kardinal-Großinquisitor auf einmal fast ein ganzes Hundert von Ketzern ad maiorem gloriam Dei verbrannt worden ist. Er erscheint still und unauffällig, und siehe da, es begibt sich etwas Seltsames: Alle erkennen Ihn. Das könnte eine der besten Stellen meiner Dichtung sein, nämlich die Darlegung, woran sie Ihn denn erkennen. Die Volksmenge strebt mit unwiderstehlicher Kraft zu Ihm hin, umringt Ihn, wächst um Ihn herum an und folgt Ihm nach. Schweigend wandelt Er unter ihnen dahin mit einem stillen Lächeln unendlichen Mitleids. Die Sonne der Liebe brennt in seinem Herzen, Strahlen von Licht und Kraft gehen von seinen Augen aus, ergießen sich auf die Menschen und erschüttern ihre Herzen in Gegenliebe. Er streckt die Hände nach ihnen hin und segnet sie, und von seiner Berührung, ja sogar von der Berührung seines Gewandes geht eine heilende Kraft aus. Da ruft aus der Menge ein Greis, der von seiner Kindheit an blind ist: ›Herr, heile mich, damit ich Dich schaue!‹, und siehe da, es fällt ihm wie Schuppen von den Augen, und der Blinde sieht Ihn. Das Volk weint und küsst die Erde, über die Er dahinschreitet. Die Kinder streuen Blumen vor Ihm auf den Weg, singen und rufen Ihm zu: ›Hosianna! – Das ist Er, das ist Er selbst!‹, sagen alle untereinander. ›Das muss Er sein; das ist niemand anders als Er.‹ Er bleibt am Portal des Domes von Sevilla stehen, gerade in dem Augenblick, als ein offener kleiner weißer Kindersarg unter Weinen und Wehklagen hineingetragen wird; darin liegt ein siebenjähriges Mädchen, die einzige Tochter eines angesehenen Bürgers. Das tote Kind ist ganz in Blumen gebettet. ›Er wird dein Kind auferwecken!‹, ruft man der weinenden Mutter aus der Menge zu. Ein zum Dom gehöriger Pater, der, um den Sarg in Empfang zu nehmen, herauskommt, macht ein erstauntes Gesicht und zieht die Augenbrauen zusammen. Aber da ertönt das laute Schluchzen der Mutter des verstorbenen Kindes. Sie wirft sich Ihm zu Füßen. ›Wenn Du es bist, so erwecke mein Kind!‹, ruft sie, indem sie die Hände nach Ihm ausstreckt. Der Zug bleibt stehen; der Sarg wird am Portal zu seinen Füßen niedergestellt. Er blickt voll Mitleid auf die kleine Leiche, und seine Lippen sprechen wiederum die Worte: ›Talitha kumi! (Mägdlein, stehe auf!)‹ Das Mädchen erhebt sich im Sarg, setzt sich aufrecht und blickt lächelnd mit erstaunten, weit geöffneten Augen um sich. In den Händen hält es den Strauß von weißen Rosen, mit dem es im Sarg gelegen hat. Das Volk ist starr vor Staunen, schreit und schluchzt; und siehe da, gerade in diesem Augenblick geht plötzlich am Dom auf dem Platz der Kardinal-Großinquisitor selbst vorbei. Er ist ein fast neunzigjähriger Greis, von hohem Wuchs und gerader Haltung, mit vertrocknetem Gesicht und mit eingesunkenen Augen, aus denen aber doch noch ein Glanz wie ein feuriges Fünkchen herausleuchtet. Oh, er trägt nicht die prächtigen Kardinalsgewänder, in denen er am vorhergehenden Tag vor dem Volk geprangt hat, als die Feinde des römischen Glaubens verbrannt wurden; nein, in diesem Augenblick trägt er nur seine alte, grobe Mönchskutte. Ihm folgen in einiger Entfernung seine finsteren Gehilfen und Knechte und die ›heilige‹ Wache. Er bleibt vor der Menge stehen und beobachtet von fern. Er hat alles gesehen; er hat gesehen, wie man den Sarg Ihm vor die Füße stellte; er hat gesehen, wie das Mädchen auferstand, und sein Gesicht hat sich verfinstert. Er zieht die dichten, grauen Brauen zusammen, und ein böses Feuer funkelt in seinem Blick. Er streckt einen Finger aus und befiehlt der Wache, Ihn zu ergreifen. Und seine Macht ist so groß, und das Volk ist schon dermaßen an Unterwürfigkeit und zitternden Gehorsam ihm gegenüber gewöhnt, dass die Menge sofort vor den Häschern auseinander weicht und diese inmitten der plötzlich eingetretenen Grabesstille Hand an Ihn legen und Ihn fortführen können. Und augenblicklich beugt die ganze Menge wie ein Mann vor dem greisen Inquisitor die Köpfe zur Erde; dieser erteilt dem Volk schweigend den Segen und geht vorüber. Die Wache führt den Gefangenen in ein enges, finsteres, gewölbtes Verlies in dem alten Gebäude des Heiligen Tribunals und schließt Ihn dort ein. Der Tag vergeht, die dunkle, heiße, totenstille Nacht von Sevilla bricht an. Die Luft ist von dem Duft der Lorbeerbüsche und Zitronenbäume erfüllt. Inmitten der tiefen Dunkelheit öffnet sich plötzlich die eiserne Tür des Kerkers, und der greise Großinquisitor selbst tritt mit einem Leuchter in der Hand herein. Er ist allein; hinter ihm schließt sich sogleich wieder die Tür. Er bleibt am Eingang stehen und blickt lange, eine oder zwei Minuten lang, Ihm ins Gesicht. Endlich tritt er leise näher, stellt den Leuchter auf den Tisch und sagt zu Ihm:

›Bist Du es? Ja?‹ Aber ohne eine Antwort abzuwarten, fügt er schnell hinzu: ›Antworte nicht, schweig! Und was könntest Du auch sagen? Ich weiß recht wohl, was Du sagen willst. Aber Du hast auch gar kein Recht, dem, was Du früher gesagt hast, etwas hinzuzufügen. Warum bist Du denn hergekommen, uns zu stören? Denn uns zu stören bist Du gekommen, und Du weißt das selbst. Aber weißt Du wohl, was morgen geschehen wird? Ich weiß nicht, wer Du bist, und will auch gar nicht wissen, ob Du Er selbst bist oder nur eine Kopie von Ihm, aber gleich morgen werde ich Dich verurteilen und als den schlimmsten aller Ketzer auf dem Scheiterhaufen verbrennen, und dieses selbe Volk, das heute Deine Füße geküsst hat, wird morgen schon auf einen Wink von meiner Hand herbeistürzen, um Kohlen an Deinen Scheiterhaufen heranzuscharren; weißt du das? Ja, Du weißt das vielleicht‹, fügt er in tief ernstem Nachdenken hinzu, ohne auch nur einen Augenblick den Blick von seinem Gefangenen abzuwenden.«

»Ich verstehe das nicht ganz, Iwan, was das vorstellen soll«, sagte Aloscha lächelnd, der die ganze Zeit über schweigend zugehört hatte. »Ist das einfach zügellose Fantasie oder irgendein Irrtum des Greises, ein unerhörtes qui pro quo?«

»Nimm meinetwegen das Letztere an«, erwiderte Iwan lachend, »wenn dich der moderne Realismus bereits so verwöhnt hat und du nichts Fantastisches mehr ertragen kannst; willst du es als qui pro quo auffassen, so mag es meinetwegen so sein. Das ist ja richtig«, fügte er wieder lachend hinzu, »der Greis ist schon neunzig Jahre alt und kann schon längst über seiner Idee den Verstand verloren haben. Der Gefangene aber hat ihn durch sein Äußeres in Erstaunen versetzen können. Es kann schließlich einfach Fieberwahn gewesen sein, die Vision eines neunzigjährigen Greises vor dem Tod, eines Greises, der noch dazu erregt ist von dem Autodafé des vorhergehenden Tages, wo hundert Ketzer verbrannt worden sind. Aber kann es dir und mir nicht ganz gleichgültig sein, ob es ein qui pro quo ist oder zügellose Fantasie? Die Sache ist doch nur die: Der Greis hat das Bedürfnis sich auszusprechen, er spricht sich endlich zur Entschädigung für die ganzen neunzig Jahre aus und sagt das laut, was er die ganzen neunzig Jahre verschwiegen hat.«

»Aber schweigt der Gefangene ebenfalls? Er blickt ihn an und spricht kein Wort?«

»So muss es unter allen Umständen sein«, antwortete Iwan und lachte wieder. »Der Greis selbst bemerkt Ihm, dass Er auch gar kein Recht habe, dem, was er schon früher gesagt habe, etwas hinzuzufügen. Darin liegt vielleicht der Grundzug des römischen Katholizismus; wenigstens ist das meine Meinung. Sie sagen: ›Du hast alles dem Papst übergeben; folglich gehört jetzt alles dem Papst; Du aber komme jetzt überhaupt nicht wieder, störe wenigstens nicht vor der Zeit!‹ In diesem Sinne reden sie nicht nur, sondern sie schreiben auch so, wenigstens die Jesuiten. Das habe ich selbst bei ihren Theologen gelesen. ›Hast Du das Recht, uns auch nur eines der Geheimnisse jener Welt aufzudecken, aus der Du gekommen bist?‹, fragt Ihn mein Greis und antwortet Ihm selbst für Ihn: ›Nein, ein solches Recht hast Du nicht; Du darfst dem, was Du schon früher gesagt hast, nichts hinzufügen, und Du darfst den Menschen nicht die Freiheit nehmen, für die Du so warm eingetreten bist, als Du auf Erden warst. Alles, was Du neu verkündigen könntest, würde eine Beeinträchtigung der Freiheit des Glaubens der Menschen sein, da es wie ein Wunder erscheinen würde; und doch war Dir die Freiheit ihres Glaubens damals, vor anderthalb Jahrtausenden, über alles teuer. Hast Du nicht damals so oft gesagt: ›Ich will euch frei machen!‹? Aber Du hast jetzt diese freien Menschen gesehen‹, fügt der Greis plötzlich mit einem nachdenklichen Lächeln hinzu. ›Ja, dieses Werk hat uns viel Mühe gekostet‹, fährt er, Ihn ernst anblickend, fort, ›aber wir haben dieses Werk endlich glücklich in Deinem Namen durchgeführt. Fünfzehn Jahrhunderte lang haben wir uns mit dieser Freiheit abgequält, aber jetzt ist es mit ihr zu Ende, gründlich zu Ende. Du glaubst nicht, dass es mit ihr gründlich zu Ende ist? Du blickst mich sanftmütig an und würdigst mich nicht einmal Deines Unwillens? Aber wisse, dass jetzt und gerade heutzutage diese Menschen mehr als je davon überzeugt sind, vollkommen frei zu sein; und dabei haben sie selbst uns ihre Freiheit dargebracht und sie uns gehorsam zu Füßen gelegt. Aber wir, wir haben das zuwege gebracht; oder hast Du das gewünscht, eine solche Freiheit gewünscht?‹«

»Ich verstehe wieder nicht«, unterbrach ihn Aloscha, »meint er das ironisch, macht er sich lustig?«

»Durchaus nicht. Er rechnet es sich und den Seinen geradezu als Verdienst an, dass sie endlich die Freiheit überwältigt haben, und zwar, um die Menschen glücklich zu machen. ›Denn erst jetzt [er spricht natürlich von der Inquisition] ist es zum ersten Mal möglich geworden, an das Glück der Menschen zu denken. Der Mensch war als Rebell erschaffen; können denn nun Rebellen glücklich sein? Du wurdest gewarnt‹, sagt er zu Ihm; ›Du hattest keinen Mangel an Warnungen; Du verschmähtest den einzigen Weg, auf dem es möglich war, die Menschen glücklich zu machen, aber zum Glück übergabst Du, als Du weggingst, diese Aufgabe uns. Du versprachst es, Du bekräftigtest es mit Deinem Worte, Du gabst uns das Recht, zu binden und zu lösen, und kannst Dir natürlich jetzt nicht beikommen lassen, uns dieses Recht wieder zu nehmen. Warum bist Du denn gekommen, uns zu stören?‹«

»Aber was bedeutet das: Du hattest keinen Mangel an Warnungen und Hinweisen?«, fragte Aloscha.

»Das ist gerade der Hauptpunkt, über welchen sich auszusprechen dem Greis Bedürfnis ist. ›Der furchtbare und kluge Geist, der Geist der Selbstvernichtung und des Nichtseins‹, fährt der Greis fort, ›der große Geist hat mit Dir in der Wüste gesprochen, und es ist uns in der Schrift überliefert, dass er Dich versucht habe. War dem so? Und war es möglich, irgendetwas Wahreres zu sagen als das, was er Dir in den drei Fragen kundtat und was Du zurückwiesest und was in der Schrift ›Versuchungen‹ genannt wird? Und doch: Wenn es jemals auf Erden ein wahrhaftes, donnergleiches Wunder gegeben hat, so war ein solches das an jenem Tag geschehene, an dem Tag dieser drei Versuchungen. Gerade in der Vorlegung dieser drei Fragen lag das Wunder. Wenn man sich vorstellen könnte (nur so zur Probe und zum Beispiel), dass diese drei Fragen des furchtbaren Geistes in der Schrift spurlos verloren seien und dass es erforderlich sei, sie wiederherzustellen, sie von Neuem auszudenken und zu formulieren, um sie wieder in die Schrift einzusetzen, und dass zu diesem Zweck alle Weisen der Erde versammelt würden, die Regenten, die Erzpriester, die Gelehrten, die Philosophen, die Dichter, und ihnen die Aufgabe gestellt würde, drei Fragen auszusinnen und zu formulieren, aber so, dass sie nicht nur der Größe des Ereignisses entsprächen, sondern auch überdies in drei Worten, in nicht mehr als drei menschlichen Sätzen die ganze zukünftige Geschichte der Welt und des Menschengeschlechts zum Ausdruck brächten: Meinst Du wohl, dass alle Weisheit der Erde, zusammen vereint, irgendetwas aussinnen könnte, was an Kraft und Tiefe jenen drei Worten gleichkäme, die Dir tatsächlich damals von dem mächtigen, klugen Geist in der Wüste vorgelegt wurden? Schon allein an diesen Fragen, schon allein an dem Wunder ihrer Aufstellung kann man erkennen, dass man es nicht mit einem menschlichen, vergänglichen Verstand, sondern mit einem ewigen, absoluten zu tun hat. Denn in diesen drei Fragen ist gleichsam die ganze weitere Geschichte des Menschengeschlechts zu einem Ganzen zusammengefasst und vorhergesagt, und es sind drei Formen aufgewiesen, in denen sich alle unlösbaren historischen Widersprüche der menschlichen Natur auf dieser Erde zusammenfinden. Damals konnte dies noch nicht verständlich sein, denn die Zukunft war unbekannt, aber jetzt, wo fünfzehn Jahrhunderte vergangen sind, erkennen wir, dass alles in diesen drei Fragen dermaßen vorhergesagt und erraten und dermaßen eingetroffen ist, dass nichts weiter zu ihnen hinzugefügt oder von ihnen weggenommen werden kann.

Nun entscheide selbst, wer Recht hatte: Du oder jener, der Dich damals fragte. Erinnere Dich an die erste Frage; wenn sie auch nicht buchstäblich so lautete, so war doch ihr Sinn folgender: Du willst in die Welt gehen und gehst mit leeren Händen, mit einem Versprechen von Freiheit, das sie in ihrer Einfältigkeit und angeborenen Schlechtigkeit nicht einmal begreifen können, das ihnen Furcht und Schrecken einflößt – denn nichts ist jemals für den Menschen und für die menschliche Gesellschaft unerträglicher gewesen als die Freiheit! Aber siehst Du die Steine hier in dieser nackten, glühenden Wüste? Verwandle sie in Brot, und die Menschheit wird Dir wie eine Herde nachlaufen, dankbar und gehorsam, wenn auch in stetem Zittern, Du könntest Deine Hand abziehen, und es hätte dann mit Deinen Broten für sie ein Ende. Du aber wolltest den Menschen nicht der Freiheit berauben und verschmähtest den Vorschlag, denn was ist das für eine Freiheit, so urteiltest Du, wenn der Gehorsam durch Brot erkauft wird? Du erwidertest, der Mensch lebe nicht vom Brot allein, aber weißt Du wohl, dass im Namen eben dieses irdischen Brots der Erdgeist sich gegen Dich erheben und mit Dir kämpfen und Dich besiegen wird und alle ihm nachfolgen werden unter dem Ruf: ›Wer tut es diesem Tier gleich? Es gab uns das Feuer vom Himmel!‹ Weißt Du wohl, dass nach Verlauf von Jahrhunderten die Menschheit durch den Mund ihrer Weisen und Gelehrten verkünden wird, es gäbe gar kein Verbrechen und folglich auch keine Sünde, sondern es gäbe nur Hungrige? Mache sie satt, und dann erst verlange von ihnen Tugend! Das werden sie auf das Panier schreiben, das sie gegen Dich erheben werden und durch das Dein Tempel gestürzt werden wird. Anstelle Deines Tempels wird ein neuer Bau aufgeführt werden; es wird sich von Neuem ein furchtbarer babylonischer Turm erheben, und obgleich auch dieser ebenso wenig wie der frühere zu Ende gebaut werden wird, so hättest Du doch diesen neuen Turmbau vermeiden und die Leiden der Menschen um tausend Jahre abkürzen können, denn zu uns, zu uns werden sie ja kommen, wenn sie sich tausend Jahre lang mit ihrem Turm abgequält haben werden! Sie werden uns dann wieder unter der Erde suchen, in den Katakomben, in denen wir uns verborgen halten (denn wir werden wieder verfolgt und gemartert sein); sie werden uns finden und uns zuschreien: ›Macht uns satt, denn diejenigen, die uns das Feuer vom Himmel versprachen, haben es uns nicht gegeben.‹ Und dann werden wir auch ihren Turm zu Ende bauen, denn zu Ende bauen wird ihn der, der sie satt macht; satt machen aber werden nur wir sie, in Deinem Namen. Oh, niemals, niemals werden sie ohne uns satt werden! Keine Wissenschaft wird ihnen Brot geben, solange sie frei bleiben werden, aber es wird damit enden, dass sie uns ihre Freiheit zu Füßen legen und zu uns sagen: ›Knechtet uns lieber, aber macht uns satt!‹ Sie werden schließlich selbst begreifen, dass Freiheit und reichliches irdisches Brot für einen jeden zusammen undenkbar sind, denn niemals, niemals werden sie verstehen, untereinander zu teilen! Sie werden auch zu der Überzeugung gelangen, dass sie niemals frei sein können, weil sie kraftlos, lasterhaft, nichtig und rebellisch sind. Du versprachst ihnen himmlisches Brot, aber ich wiederhole noch einmal: Kann sich dieses in den Augen des schwachen, ewig lasterhaften und ewig undankbaren Menschengeschlechts mit dem irdischen Brot vergleichen? Und wenn Dir um des himmlischen Brots willen Tausende und Abertausende nachfolgen werden, was wird aus den Millionen und Abermillionen jener Wesen werden, die nicht die Kraft haben werden, das irdische Brot um des himmlischen willen gering zu schätzen? Oder sind Dir nur die Tausende der Großen und Starken teuer, und die übrigen Millionen, die zahlreich sind, wie der Sand am Meer, die Schwachen, die Dich aber doch lieben, die sollen nur als Material für die Großen und Starken dienen? Nein, uns sind auch die Schwachen teuer. Sie sind lasterhaft und rebellisch, aber schließlich werden auch sie gehorsam werden. Sie werden uns anstaunen und uns für Götter halten, weil wir, die wir uns an ihre Spitze stellen, uns bereiterklärt haben, die Freiheit zu ertragen, vor der sie Angst haben, und über sie zu herrschen – eine so schreckliche Empfindung wird es schließlich für sie werden, frei zu sein. Aber wir werden sagen, wir seien Dir gehorsam und herrschten in Deinem Namen. Wir werden sie wieder täuschen, denn Dich werden wir nicht mehr zu uns lassen. In dieser Täuschung wird aber auch unser Leiden liegen, denn wir werden genötigt sein zu lügen. Das also ist es, was diese erste Frage in der Wüste bedeutete und was Du verschmäht hast um der Freiheit willen, die Du höher als alles andere stelltest. Und doch lag in dieser Frage das große Geheimnis dieser Welt beschlossen. Hättest Du das Brot angenommen, so hättest Du damit einem allgemeinen und ewigen menschlichen Sehnen entsprochen, einem Sehnen des einzelnen Menschenwesens wie der ganzen Menschheit zusammengenommen, jenem Sehnen, das sich in der Frage ausspricht: Wen soll ich anbeten? Es gibt für den Menschen, wenn er frei geblieben ist, keine dauerndere, quälendere Sorge, als möglichst rasch jemand zu finden, den er anbeten kann. Aber der Mensch möchte nur etwas anbeten, was bereits unbestritten ist, so unbestritten, dass alle Menschen zugleich sich zu seiner gemeinsamen Anbetung bereiterklären. Denn die Sorge dieser kläglichen Geschöpfe besteht nicht nur darin, etwas zu finden, was ich oder ein anderer anbeten kann, sondern etwas von der Art zu finden, dass alle daran glauben und es anbeten, unbedingt alle zusammen. Und dieses Bedürfnis der gemeinsamen Anbetung, gerade das ist die größte Qual sowohl eines Individuums als auch der ganzen Menschheit von der Urzeit an. Um der gemeinsamen Anbetung willen vernichten sie einander mit dem Schwert. Sie schufen sich Götter und riefen einander zu: ›Verlasst eure Götter und kommt her, die unsrigen anzubeten; oder der Tod euch und euren Göttern!‹ Und so wird es sein bis ans Ende der Welt, selbst dann, wenn die Götter aus der Welt verschwinden: Das macht den Menschen nichts aus, dann werden sie eben vor Götzen niederfallen. Du kanntest dieses wichtigste Geheimnis der menschlichen Natur; es konnte Dir nicht unbekannt sein, aber Du wiesest das einzige wirksame Panier zurück, das Dir angeboten wurde, um alle zu zwingen, widerspruchslos Dich anzubeten, das Panier des irdischen Brotes; Du wiesest es zurück um der Freiheit und des himmlischen Brotes willen. Und nun sieh, was Du weiter getan hast! Und alles wieder um der Freiheit willen! Ich sage Dir, der Mensch kennt keine quälendere Sorge als jemand zu finden, dem er so schnell wie möglich jenes Geschenk der Freiheit übergeben kann, mit dem dieses unglückliche Geschöpf geboren wird. Aber nur derjenige bekommt die Freiheit der Menschen in seine Gewalt, der ihr Gewissen beruhigt. Mit dem Brote wurde Dir ein unbestrittenes Panier angeboten: Wenn Du ihm Brot gibst, so betet Dich der Mensch an, denn nichts ist unbestrittener als das Brot, aber wenn jemand gleichzeitig ohne Dein Wissen das Gewissen des Menschen in seine Gewalt bekommt – oh, dann lässt er sogar Dein Brot im Stich und folgt demjenigen nach, der sein Gewissen verführt. In diesem Punkt hattest Du Recht. Denn das Geheimnis des menschlichen Daseins liegt nicht darin, lediglich zu leben, sondern darin, für irgendeinen Zweck zu leben. Hat der Mensch keine feste Vorstellung von dem Zweck, für den er lebt, so mag er nicht weiterleben und zieht die Selbstvernichtung dem Verbleiben auf der Erde vor, mögen auch noch so viele Brote um ihn herumliegen. Das ist nun einmal so, aber was begab sich nun? Statt die Freiheit der Menschen in Deine Gewalt zu bringen, vergrößertest Du sie ihnen noch! Oder hattest Du vergessen, dass Ruhe und sogar der Tod dem Menschen lieber ist als die freie Wahl in der Erkenntnis von Gut und Böse? Nichts ist verführerischer für den Menschen als die Freiheit seines Gewissens, aber nichts ist auch für ihn qualvoller. Statt nun dem Menschen ein für alle Mal feste Grundlagen zur Beruhigung seines Gewissens zu geben, wiesest Du ihm alles zu, was es Ungewöhnliches, Rätselhaftes und Unbestimmtes gibt, alles, was über die Kraft der Menschen hinausging, und handeltest somit, als ob Du sie überhaupt nicht liebtest, Du, der Du doch gekommen warst, um das eigene Leben für sie hinzugeben! Statt die Freiheit der Menschen in Deine Gewalt zu bringen, hast Du sie noch vermehrt und das Seelenleben des Menschen für allezeit mit ihren Qualen belastet. Du wünschtest freie Liebe von Seiten des Menschen; frei sollte er Dir nachfolgen, entzückt und bezaubert von Dir. Statt des festen alten Gesetzes sollte der Mensch künftig selbst mit freiem Herzen entscheiden, was gut und böse sei, und dabei nur Dein Vorbild als Führer vor sich haben. Aber hast Du wirklich nicht bedacht, dass er schließlich sogar Dein Vorbild und Deine Wahrheit verwerfen und als unverbindlich ablehnen wird, wenn sie ihm eine so furchtbare Last aufbürden, wie es die Freiheit der Wahl ist? Die Menschen werden schließlich rufen, Du seist nicht die Wahrheit, denn es war unmöglich, sie in noch größerer Verwirrung und Qual zurückzulassen, als Du es tatest, indem Du ihnen so viele Sorgen und unlösbare Aufgaben hinterließest. Auf diese Weise hast Du selbst den Grund zur Zerstörung Deines eigenen Reiches gelegt und darfst niemand weiter beschuldigen. Und es wurde Dir doch etwas ganz anderes vorgeschlagen! Es gibt drei Mächte, nur drei Mächte auf der Erde, die im Stande sind, das Gewissen dieser schwächlichen Rebellen für allezeit zu ihrem Glück zu besiegen und zu fesseln; diese drei Mächte sind: das Wunder, das Geheimnis und die Autorität. Du hast das Erste und das Zweite und das Dritte verschmäht und durch Dein eigenes Verhalten ein Beispiel dafür gegeben. Als der furchtbare, kluge Geist Dich auf die Zinne des Tempels stellte und zu Dir sagte: ›Wenn Du wissen willst, ob Du Gottes Sohn bist, so wirf Dich hinab, denn von jenem steht geschrieben, dass die Engel ihn auffangen und ihn tragen werden und er nicht fallen oder sich stoßen wird. Und dann wirst Du erkennen, ob Du Gottes Sohn bist, und wirst dann beweisen, wie groß

Dein Glaube an Deinen Vater ist.‹ Aber Du wiesest, als Du das hörtest, den Vorschlag zurück und willigtest nicht ein und warfst Dich nicht hinab. Oh, natürlich handeltest Du stolz und großartig wie ein Gott, aber die Menschen, dieses schwache, rebellische Geschlecht, sind die etwa Götter? Oh, Du sahst damals ein, dass, wenn Du auch nur einen Schritt tätest, nur eine Bewegung machtest, um Dich hinabzuwerfen, Du somit sogleich Gott versuchen und allen Glauben an ihn verlieren und auf der Erde zerschmettern würdest, die Du zu retten gekommen warst; und dass sich der kluge Geist freuen würde, der Dich versuchte. Aber ich sage noch einmal: Gibt es viele solche wie Du? Und hast Du wirklich auch nur einen Augenblick lang annehmen können, dass auch die Kraft der Menschen dazu ausreichen werde, eine derartige Versuchung zu bestehen? Ist denn die Natur des Menschen so beschaffen, dass er das Wunder ablehnen und in solchen furchtbaren Augenblicken des Lebens, Augenblicken der furchtbarsten und qualvollsten fundamentalen Seelenfragen, nur mit der freien Entscheidung des Herzens auskommen kann? Oh, Du wusstest, dass Deine Tat in der Schrift werde aufbewahrt werden, dass sie bis an das Ende aller Zeiten und bis an die letzten Grenzen der Erde gelangen werde, und Du hofftest, auch der Mensch werde, Dir nachfolgend, in der Gemeinschaft mit Gott bleiben, ohne des Wunders zu bedürfen. Aber Du wusstest nicht, dass der Mensch, sobald er das Wunder ablehnt, zugleich auch Gott ablehnt, denn der Mensch sucht nicht so sehr Gott als das Wunder. Und da der Mensch nicht im Stande ist, ohne Wunder auszukommen, so wird er sich neue Wunder schaffen, eigene Wunder, und wird sich vor den Wundern der Zauberer und Hexen beugen, mag er auch hundert Mal ein Rebell, ein Ketzer und ein Atheist sein. Du bist nicht vom Kreuz herabgestiegen, als Dir spottend und höhnend zugerufen wurde: ›Steig herab vom Kreuz, und wir werden glauben, dass Du der Sohn Gottes bist‹, Du bist nicht herabgestiegen, weil Du wiederum den Menschen nicht durch ein Wunder knechten wolltest und einen freien Glauben wünschtest, keinen Wunderglauben. Du wünschtest eine freie Liebe und nicht das sklavische Entzücken des Unfreien über eine Macht, die ihm ein für alle Mal Schrecken einflößt. Aber auch hier hast Du von den Menschen zu hoch gedacht, denn allerdings sind sie Unfreie, wenn sie auch als Rebellen geschaffen sind. Schau um Dich und urteile selbst: Es sind jetzt fünfzehn Jahrhunderte verflossen; wohlan, mustere die Menschen: Wen hast Du zu Dir emporgehoben? Ich schwöre Dir: Der Mensch ist schwächer und niedriger, als Du von ihm geglaubt hast! Kann er denn, frage ich, kann er denn das überhaupt ausführen, was Du ausgeführt hast? Indem Du ihn so hoch einschätztest, hast Du gehandelt, als ob Du kein Mitleid mehr mit ihm empfändest, denn Du hast gar zu viel von ihm verlangt, Du, der Du ihn doch mehr liebtest als Dich selbst! Hättest Du ihn minder hoch eingeschätzt, so würdest Du auch weniger von ihm verlangt haben, und das wäre liebreicher gewesen, denn seine Bürde wäre dann leichter gewesen. Er ist schwach und gemein. Was will das besagen, dass er jetzt allerorten gegen unsere Macht rebelliert und auf diese Rebellion stolz ist? Das ist der Stolz eines Kindes und Schulknaben. Das sind kleine Kinder, die in der Klasse revoltieren und den Lehrer hinaustreiben. Aber auch der Jubel dieser kleinen Kinder wird ein Ende finden; er wird ihnen teuer zu stehen kommen. Sie werden den Tempel niederreißen und die Erde mit Blut überschwemmen. Aber zuletzt werden die dummen Kinder merken, dass sie, mögen sie auch Rebellen sein, doch nur schwächliche Rebellen sind, die ihre eigene Rebellion nicht aushalten. In dumme Tränen ausbrechend, werden sie schließlich bekennen, dass derjenige, der sie zu Rebellen erschaffen hat, sich ohne Zweifel über sie hat lustig machen wollen. Sie werden das voller Verzweiflung sagen, und das, was sie sagen, wird eine Gotteslästerung sein, die sie noch unglücklicher machen wird, denn die menschliche Natur erträgt keine Gotteslästerung und bestraft sich immer selbst dafür. Und so ist denn jetzt Unruhe, Verwirrung und Unglück das Los der Menschen, nachdem Du so viel für ihre Freiheit gelitten hast! Dein großer Prophet sagt in einer allegorischen Vision, er habe alle Teilnehmer der ersten Auferstehung gesehen, und es seien ihrer aus jedem Stamm zwölftausend gewesen.*

Aber wenn ihrer so viele waren, so waren auch sie gewissermaßen nicht Menschen, sondern Götter. Sie haben Dein Kreuz getragen, sie haben es ertragen, jahrzehntelang in der öden, kahlen Wüste zu leben und sich von Heuschrecken und Wurzeln zu nähren – und Du kannst allerdings mit Stolz auf diese Kinder der Freiheit hinweisen, die Dich frei geliebt und um Deines Namens willen freiwillig ein so großartiges Opfer gebracht haben. Aber vergiss nicht, dass ihrer im Ganzen nur wenige Tausende waren, und das Götter, aber die Übrigen? Was können die Übrigen, die schwachen Menschen dafür, dass sie nicht dasselbe ertragen konnten wie die Starken? Was kann eine schwache Seele dafür, dass sie nicht im Stande ist, so furchtbare Gaben in sich aufzunehmen? Bist Du denn wirklich nur zu den Auserwählten und für die Auserwählten gekommen? Aber wenn es so ist, dann ist hier ein Geheimnis, und wir können es nicht verstehen. Wenn es aber ein Geheimnis ist, so waren auch wir berechtigt, dies zu verkünden und die Menschen zu lehren, dass nicht der freie Entschluss ihrer Herzen und nicht die Liebe das Entscheidende ist, sondern jenes Geheimnis, dem sie sich blind unterordnen müssen, selbst gegen ihr Gewissen. Das haben wir denn auch getan. Wir haben Deine Tat verbessert und sie auf das Wunder, auf das Geheimnis und auf die Autorität gegründet. Und die Menschen freuten sich, dass sie wieder wie eine Herde geleitet wurden und dass endlich das so furchtbare Geschenk, das ihnen so viel Qual bereitet hatte, von

* Anm. d. Ü.: Vgl. Offenb. 7,4 ff.

ihrem Herzen weggenommen war. Sprich, waren wir berechtigt, so zu lehren und so zu handeln? Haben wir etwa nicht die Menschheit geliebt, als wir so freundlich ihre Schwäche anerkannten, ihre Bürde liebevoll erleichterten und ihrer schwächlichen Natur sogar die Sünde gestatteten, wenn sie mit unserer Erlaubnis geschah? Warum bist Du denn jetzt gekommen, uns zu stören? Und warum siehst Du mich schweigend und durchdringend an mit Deinen sanften Augen? Werde doch zornig! Ich will Deine Liebe nicht, weil auch ich selbst Dich nicht liebe. Und was könnte ich Dir verbergen? Als ob ich nicht wüsste, mit wem ich rede! Was ich Dir zu sagen habe, ist Dir schon alles bekannt; das lese ich in Deinen Augen. Und ich sollte unser Geheimnis vor Dir verbergen? Vielleicht willst Du es gerade aus meinem Mund vernehmen. So höre denn: Wir sind nicht mit Dir im Bund, sondern mit *ihm,* das ist unser Geheimnis! Wir sind schon seit langer Zeit nicht mehr mit Dir im Bund, sondern mit *ihm,* schon acht Jahrhunderte lang. Acht Jahrhunderte ist es her, dass wir von ihm das annahmen, was Du unwillig zurückwiesest, jene letzte Gabe, die er Dir anbot, indem er Dir alle Reiche der Erde zeigte: Wir haben von ihm Rom empfangen und das Schwert des Kaisers und haben uns selbst als die Herren der Erde, als ihre einzigen Herren erklärt, obwohl wir unser Werk bis heute noch nicht zum vollen Abschluss zu bringen vermochten. Aber wessen Schuld ist das? Oh, dieses Werk befindet sich jetzt erst im Anfangsstadium, aber begonnen ist es. Lange noch werden wir auf seine Vollendung warten müssen, und viel noch wird die Erde leiden, aber wir werden zum Ziel gelangen und werden die Kaiser der Welt sein, und dann werden wir auch auf das Glück aller Menschen bedacht sein. Du aber hättest auch damals schon das Schwert des Kaisers ergreifen können. Warum hast Du diese letzte Gabe zurückgewiesen? Hättest Du diesen dritten Rat des mächtigen Geistes angenommen, so würdest Du alle Wünsche erfüllt haben, die der Mensch hier auf Erden hegt: Er hätte jemand gehabt, den er anbeten und dem er sein Gewissen anvertrauen konnte, und hätte eine Möglichkeit gesehen, dass sie sich endlich alle zu einem gemeinsamen, feindlosen, einmütigen Ameisenhaufen vereinigten, denn das Bedürfnis einer die ganze Welt umfassenden Vereinigung ist die dritte und letzte Qual der Menschen. Immer hat die Menschheit in ihrer Gesamtheit danach gestrebt, sich unter allen Umständen universell zu gestalten. Es hat viele große Völker mit einer großen Geschichte gegeben, aber je höher diese Völker standen, umso unglücklicher waren sie, denn stärker als die andern empfanden sie das Bedürfnis nach einer universellen Vereinigung der Menschen. Große Eroberer wie Timur und Dschingis Khan fuhren wie ein Wirbelsturm über die Erde hin, bestrebt, die Welt zu erobern, aber auch sie brachten, wenn auch unbewusst, dasselbe große Bedürfnis der Menschheit nach einer allgemeinen, alles umfassenden Vereinigung zum Ausdruck. Hättest Du das Schwert und den Purpur des Kaisers angenommen, so würdest Du eine Weltherrschaft begründet und der ganzen Welt Ruhe gebracht haben. Denn wem anders steht es zu, über die Menschen zu herrschen, als denen, die das Gewissen der Menschen in ihrer Gewalt haben und in deren Händen das Brot der Menschen ist? Wir unsrerseits haben das Schwert des Kaisers ergriffen, aber indem wir es ergriffen, haben wir uns freilich von Dir abgewandt und sind *ihm* gefolgt. Oh, noch jahrhundertelang wird der Unfug des freien Geistes, ihrer Wissenschaft und Menschenfresserei dauern, denn sie, die ihren Babylonischen Turm ohne uns durchzuführen begannen, werden mit Menschenfresserei endigen. Aber dann, dann wird das Tier zu uns herangekrochen kommen und unsere Füße lecken und sie mit den blutigen Tränen seiner Augen benetzen. Und wir werden uns auf das Tier setzen und den Kelch erheben, und auf diesem wird geschrieben stehen: Geheimnis! Erst dann, erst dann wird für die Menschen das Reich der Ruhe und des Glücks beginnen. Du bist stolz auf Deine Auserwählten, aber Du hast nur Auserwählte, während wir allen Ruhe bringen. Und noch eins: Wie viele von diesen Auserwählten und von den Starken, die da hätten Auserwählte werden können, sind es schließlich müde geworden, auf Dich zu warten, und haben die Kräfte ihres Geistes und die Glut ihres Herzens auf ein anderes Feld übertragen und tun das auch jetzt noch und werden damit endigen, dass sie ihr freies Panier selbst gegen Dich erheben. Aber Du hast ja selbst dieses Panier erhoben. Bei uns aber werden alle glücklich sein und weder mehr rebellieren noch einander vernichten, wie es unter Deiner Freiheit allerorten geschah. Oh, wir werden sie davon überzeugen, dass sie erst dann wahrhaftig frei sein werden, wenn sie zu unseren Gunsten ihrer Freiheit entsagen und uns gehorchen. Wie ist's? Werden wir damit Recht haben, oder wird es gelogen sein? Sie werden selbst einsehen, dass wir damit Recht haben, denn sie werden sich erinnern, zu welcher schrecklichen Sklaverei und Verwirrung sie Deine Freiheit gebracht hatte. Die Freiheit, die freie Vernunft und die Wissenschaft werden sie in solche Schluchten führen und sie vor solche Wunder und vor solche unlöslichen Geheimnisse stellen, dass manche von ihnen, die Unbotmäßigen und Trotzigen, sich selbst vernichten werden, andere, die Unbotmäßigen, aber Schwächlichen, sich gegenseitig vernichten werden und eine dritte noch übrige Kategorie, die ganz Schwächlichen und Unglücklichen, zu unseren Füßen herankriechen und uns zuheulen wird: ›Ja, ihr hattet Recht; ihr allein wart im Besitz seines Geheimnisses, und wir kehren zu euch zurück; rettet uns vor uns selbst!‹ Wenn sie von uns Brot erhalten, so werden sie allerdings deutlich erkennen, dass wir ihnen ihr eigenes Brot, das sie mit ihren eigenen Händen erworben haben, wegnehmen, um es dann wieder unter sie zu verteilen, ohne jedes Wunder; sie werden sehen, dass wir nicht Steine in Brot verwandelt haben, aber in Wahrheit werden sie sich, mehr als über das Brot selbst, darüber freuen, dass sie es aus unseren Händen empfangen! Denn sie werden sich recht wohl daran erinnern, dass früher, ohne uns, das durch ihre Arbeit erworbene Brot selbst sich in ihren Händen in Stein verwandelte, dass aber, nach ihrer Rückkehr zu uns, selbst die Steine in ihren Händen zu Brot wurden. Völlig, völlig werden sie es zu schätzen wissen, was es bedeutet, sich ein für alle Mal zu unterwerfen! Und solange die Menschen das nicht begreifen, werden sie unglücklich sein. Und nun sage: Wer hat am allermeisten zu diesem Mangel an Verständnis beigetragen? Wer hat die Herde zerstückt und auf unbekannte Wege versprengt? Aber die Herde wird sich von Neuem sammeln und sich von Neuem unterwerfen, und zwar dann ein für alle Mal. Dann werden wir den Menschen ein stilles, friedliches Glück gewähren, das Glück schwacher Wesen, als die sie nun einmal geschaffen sind. Oh, wir werden sie schließlich überreden, ihren Stolz abzulegen, denn Du hast sie emporgehoben und sie dadurch gelehrt, stolz zu sein; wir werden ihnen beweisen, dass sie schwach, dass sie nur armselige Kinder sind, dass aber das Glück von Kindern süßer ist als jedes andere. Sie werden schüchtern werden und zu uns aufblicken und sich ängstlich an uns drücken wie die Küklein an die Henne. Sie werden uns anstaunen und fürchten und stolz darauf sein, dass unsere Macht und Klugheit uns befähigt hat, eine so störrische Herde von tausend Millionen zu zähmen. Sie werden kraftlos zittern vor unserm Zorn, ihr Geist wird zagen, ihre Augen werden zum Weinen geneigt sein wie die der Kinder und Frauen, aber ebenso leicht werden sie auch auf unsern Wink zu Fröhlichkeit und Gelächter und heller Freude und glückseligen Kinderliedchen übergehen. Ja, wir werden sie zwingen zu arbeiten, aber in den arbeitsfreien Stunden werden wir ihnen das Leben zu einer Art kindlichen Spieles gestalten, mit Kinderliedern, Chorgesängen und unschuldigen Tänzen. Oh, wir werden ihnen auch die Sünde erlauben; sie sind schwach und kraftlos und werden uns wie Kinder dafür lieben, dass wir ihnen gestatten zu sündigen. Wir werden ihnen sagen, jede Sünde könne wiedergutgemacht werden, sofern sie mit unserer Erlaubnis begangen sei; wenn ihnen aber von uns gestattet werde zu sündigen, so habe das seinen Grund in unserer Liebe zu ihnen; die Strafe aber für diese Sünden seien wir bereit, auf uns zu nehmen. Und wir werden sie auch auf uns nehmen; sie aber werden uns als ihre Wohltäter vergöttern, weil wir vor Gott ihre Sünden auf uns nehmen. Und sie werden keinerlei Geheimnisse vor uns haben. Wir werden ihnen erlauben oder verbieten, mit ihren Frauen und Geliebten zu leben, Kinder zu haben oder keine Kinder zu haben, alles nach dem Grad ihres Gehorsams, und sie werden sich uns mit Lust und Freude unterwerfen. Auch die qualvollsten Geheimnisse ihres Gewissens, alles, alles werden sie zu uns bringen, und wir werden alles entscheiden, und sie werden unserer Entscheidung mit Freuden glauben, weil diese sie von der großen Sorge und der jetzigen furchtbaren Qual der freien persönlichen Entscheidung befreien wird. Und alle werden glücklich sein, alle die Millionen von Wesen, mit Ausnahme der hunderttausend, die über sie herrschen. Denn nur wir, wir, die Hüter des Geheimnisses, nur wir werden unglücklich sein. Es wird Tausende von Millionen glücklicher Kinder geben und hunderttausend Dulder, die den Fluch der Erkenntnis von Gut und Böse auf sich genommen haben. Still werden sie sterben, still erlöschen in Deinem Namen und jenseits des Grabes nur den Tod finden. Aber das werden wir geheim halten und werden die Menschen zu ihrem eigenen Glück durch die Verheißung einer ewigen, himmlischen Belohnung locken. Denn selbst wenn es etwas im Jenseits gäbe, so würde es doch sicherlich nicht für solche wie sie sein. Es wird gesagt und prophezeit, Du werdest wiederkommen und einen neuen Sieg erringen; Du werdest wiederkommen mit Deinen Auserwählten, mit Deinen Stolzen und Starken, aber wir werden sagen, dass diese nur sich selbst erlöst haben, wir aber alle Menschen. Es wird gesagt, die

Buhlerin, die auf dem Tier sitzt und das ›Geheimnis‹ in den Händen hält,* werde beschimpft werden, und die Schwachen würden sich von Neuem empören und das Buhlergewand der Buhlerin zerreißen und ihren garstigen Leib entblößen. Aber dann werde ich aufstehen und Dich hinweisen auf die Tausende von Millionen glücklicher Kinder, die die Sünde nicht gekannt haben. Und wir, die wir um ihres Glückes willen ihre Sünde auf uns genommen haben, wir werden vor Dich hintreten und zu Dir sagen: ›Verurteile uns, wenn Du das kannst und wagst!‹ Wisse, dass ich Dich nicht fürchte. Wisse, dass auch ich in der Wüste war, dass auch ich mich von Heuschrecken und Wurzeln nährte, dass auch ich die Freiheit segnete, mit der Du die Menschen gesegnet hattest, und auch ich mich vorbereitete, in die Zahl Deiner Auserwählten, der Starken und Mächtigen, einzutreten, in dem heißen Wunsch, ihre Zahl voll zu machen. Aber ich kam zur Besinnung und trug nun kein Verlangen, dem Wahnsinn zu dienen. Ich kehrte zurück und schloss mich der Schar derjenigen an, die Deine Tat verbesserten. Ich ging fort von den Stolzen und kehrte zu den Demütigen zurück, um diese glücklich zu machen. Was ich Dir sage, wird in Erfüllung gehen, und unser Reich wird errichtet werden. Ich wiederhole Dir: Schon am morgenden Tag wirst Du sehen, wie diese gehorsame Herde auf meinen ersten Wink hinzustürzen wird, um glühende Kohlen an Deinen Scheiterhaufen heranzuscharren, auf dem ich Dich verbrennen werde dafür, dass Du gekommen bist, uns zu stören. Denn wenn je jemand im höchsten Grad unseren Scheiterhaufen verdient hat, so bist Du es. Morgen werde ich Dich verbrennen. Dixi.«

Iwan hielt inne. Er war beim Sprechen in Eifer geraten und hatte sich von seinem Stoff hinreißen lassen, aber als er geendet hatte, lächelte er auf einmal.

* Anm. d. Ü.: Vgl. Offenb. 17,3 ff.

Aloscha hatte ihm die ganze Zeit über schweigend zugehört; gegen das Ende hatte er sich in größter Erregung oftmals angeschickt, den Bruder zu unterbrechen, sich aber offenbar gewaltsam beherrscht. Nun fing er plötzlich, fast von seinem Platz aufspringend, an zu reden.

»Aber … das ist ja ein Unsinn!«, rief er errötend. »Deine Dichtung ist ein Lob Jesu und kein Tadel … wie du es wolltest. Und wer wird dir das glauben, was du da von der Freiheit gesagt hast? Muss man sie denn so, gerade so auffassen? Ist denn das die Auffassung in unserer rechtgläubigen Kirche? Das ist Rom und nicht einmal das ganze Rom; das ist eine Unwahrheit – das sind nur die schlechtesten Elemente des Katholizismus, die Inquisitoren, die Jesuiten! … Und eine so fantastische Persönlichkeit wie deinen Inquisitor kann es überhaupt nicht geben. Was sind das für Sünden der Menschen, die sie auf sich genommen haben? Was sind das für Träger des Geheimnisses, die irgendwelchen Fluch auf sich genommen haben, um die Menschen glücklich zu machen? Wann hat man von solchen gehört? Wir kennen die Jesuiten; es wird über sie schlecht gesprochen, aber trifft denn das, was du sagst, auf sie zu? Sie sind ganz und gar nicht von der Art, durchaus nicht … Sie sind einfach die römische Armee für das zukünftige, die ganze Welt umfassende irdische Reich, an dessen Spitze der römische Erzpriester als Imperator stehen soll … das ist ihr Ideal, aber ohne alle Geheimnisse und ohne allen erhabenen Kummer … Was da vorliegt, ist das einfache Verlangen nach Macht, nach schmutzigen irdischen Gütern, nach Knechtung, in der Art einer zukünftigen Leibeigenschaft, mit der Absicht, selbst die Gutsbesitzer zu werden … das ist alles, was sie wollen. Vielleicht glauben sie auch gar nicht an Gott. Dein leidender Inquisitor ist nichts als Fantasie …«

»Halt, halt!«, rief Iwan lachend. »Wie hitzig du geworden bist! Eine Fantasie, sagst du; nun meinetwegen. Gewiss ist's eine Fantasie.

Aber erlaube mal: Meinst du wirklich, dass diese ganze katholische Bewegung der letzten Jahrhunderte tatsächlich weiter nichts ist als ein Verlangen nach Macht, nur um schmutziger Güter willen? Hat dich das Vater Paisi gelehrt?«

»Nein, nein, im Gegenteil; Vater Paisi sagte sogar einmal etwas in deinem Sinne … aber freilich war es doch anders, ganz anders«, verbesserte sich Aloscha schnell.

»Das ist dennoch eine wertvolle Nachricht, trotz deines ›ganz anders‹. Ich frage dich geradezu: Warum glaubst du, dass die Jesuiten und Inquisitoren sich einzig und allein um hässlicher materieller Güter willen zusammengetan haben? Warum soll denn unter ihnen kein einziger Dulder vorkommen können, der von großem Leid gequält wird und die Menschheit liebt? Nimm doch einmal an, es habe sich unter all diesen, welche lediglich nach schmutzigen materiellen Gütern streben, auch nur ein einziger befunden von der Art meines greisen Inquisitors, der selbst in der Wüste Wurzeln gegessen und gegen sein Fleisch gewütet und es überwunden hat, um frei und vollkommen zu werden, der aber doch sein ganzes Leben lang die Menschheit geliebt hat und nun plötzlich zu der Einsicht gelangt ist, dass es keine große sittliche Glückseligkeit ist, die Vollkommenheit des Willens zu erreichen, wenn man gleichzeitig davon überzeugt ist, dass Millionen anderer Geschöpfe Gottes dies nicht können und nur zum Hohn geschaffen sind, dass sie nie im Stande sein werden, mit ihrer Freiheit zurechtzukommen, dass die armseligen Rebellen sich niemals zu Riesen entwickeln und den Turm fertig bauen werden, und dass der große Idealist sich nicht für solche Gänse in Träumereien von seiner Harmonie ergangen hat. Nachdem er das alles eingesehen hatte, kehrte er um und schloss sich an die klugen Leute an. Konnte sich so etwas nicht begeben?«

»An wen schloss er sich an? An welche klugen Leute?«, rief Aloscha beinahe zornig. »Sie besitzen gar keinen solchen Verstand und gar keine solchen Geheimnisse … Höchstens ihre Gottlosigkeit, das ist ihr ganzes Geheimnis. Dein Inquisitor glaubt nicht an Gott, das ist sein ganzes Geheimnis!«

»Sei es so, meinetwegen! Endlich hast du es erraten. Und es ist wirklich so; tatsächlich besteht darin das ganze Geheimnis, aber ist das etwa kein Leid, wenn auch nur für einen Menschen, wie er, der in der Wüste sein ganzes Leben ertötete, um eine Großtat zu verrichten, und sich doch nicht kurieren konnte von seiner Liebe zur Menschheit? Am Abend seiner Tage gelangt er mit aller Klarheit zu der Überzeugung, dass nur die Ratschläge des großen, furchtbaren Geistes den Zustand dieser schwächlichen Rebellen, dieser unfertigen, gleichsam nur zur Probe hergestellten, zum Hohn geschaffenen Wesen einigermaßen erträglich gestalten könnten. Und nun, da er davon überzeugt ist, sieht er ein, dass man nach der Weisung des klugen Geistes, des furchtbaren Geistes des Todes und der Zerstörung, verfahren und sich zu diesem Zweck der Lüge und der Täuschung bedienen und die Menschen mit Bewusstsein zum Tod und Untergange führen und sie dabei auf dem ganzen Weg betrügen müsse, damit sie nicht merken, wohin sie geführt werden, und damit diese armseligen Blinden sich wenigstens auf dem Weg für glücklich halten. Und merke wohl, der Betrug geschieht im Namen dessen, an dessen Ideal der Greis sein ganzes Leben lang so leidenschaftlich geglaubt hat! Ist das etwa kein Unglück? Und wenn sich auch nur ein einziger solcher Mensch an der Spitze dieser ganzen Armee befinden sollte, ›die lediglich um schmutziger Güter willen nach Macht verlangt‹, wäre dann nicht auch nur ein einziger solcher Mensch ausreichend, um eine Tragödie zu ergeben? Ja noch mehr: Es wäre auch ein einziger solcher an der Spitze stehender Mensch ausreichend, damit sich endlich eine wirklich führende Idee für die ganze römische Sache mit allen ihren Heeren und Jesuiten fände, die höchste Idee dieser Sache. Ich sage dir geradezu: Ich glaube bestimmt, dass es diesen ›einzigen‹ Menschen auch immer unter den Leitern der Bewegung gegeben hat. Wer weiß, vielleicht existiert dieser verfluchte Greis, der die Menschheit so hartnäckig auf seine eigene Art liebt, auch jetzt in Gestalt einer ganzen Schar von vielen solchen ›einzigen‹ Greisen, und zwar ganz und gar nicht zufällig, sondern es existiert vielleicht eine Art von Einverständnis, eine Art von geheimer Verbindung, die schon vor langer Zeit zur Bewahrung des Geheimnisses eingerichtet ist, zu seiner Bewahrung vor den unglücklichen schwachen Menschen, in der Absicht, sie glücklich zu machen. Das ist sicher so, muss so sein. Ich habe die Vorstellung, dass auch bei den Freimaurern etwas diesem Geheimnisse Ähnliches zugrunde liegt und dass deshalb die Katholiken einen solchen Hass auf die Freimaurer haben, weil sie in ihnen Konkurrenten sehen und eine Zerstückelung der Einheitlichkeit der Idee befürchten, während doch *eine* Herde und *ein* Hirte sein soll … Indes erwecke ich, wenn ich meinen Gedanken verteidige, den Anschein, als sei ich ein Autor, der deine Kritik nicht habe vertragen können. Genug davon!«

»Du bist vielleicht selbst Freimaurer!«, entfuhr es dem plötzlich erregten Aloscha. »Du glaubst nicht an Gott«, fügte er hinzu, aber nun im Ton tiefen Kummers.

Es schien ihm überdies, als ob der Bruder ihn spöttisch anblicke.

»Wie endet denn deine Dichtung?«, fragte er plötzlich mit niedergeschlagenen Augen. »Oder ist sie schon zu Ende?«

»Ich wollte sie so enden lassen: Nachdem der Inquisitor aufgehört hat zu reden, wartet er einige Zeit auf eine Antwort des Gefangenen. Dessen Schweigen wird ihm peinlich. Er hat gesehen, wie der Gefangene ihm die ganze Zeit über zugehört, ihm still und durchdringend in die Augen gesehen und offenbar nicht beabsichtigt hat, etwas zu erwidern. Der Greis möchte, dass Er etwas zu ihm sage, sei es auch etwas Bitteres, Furchtbares. Aber Er nähert sich plötzlich schweigend dem Greis und küsst ihn still auf die blutlosen neunzigjährigen Lippen. Das ist seine ganze Antwort. Der Greis fährt zusammen. Es zuckt etwas in seinen Mundwinkeln; er geht zur Tür, öffnet sie und sagt zu Ihm: ›Geh weg und komm nicht mehr wieder … komm überhaupt nicht mehr wieder … niemals, niemals!‹ Und er lässt Ihn hinaus auf die dunklen Straßen und Plätze der Stadt. Der Gefangene geht.«

»Und der Greis?«

»Der Kuss brennt auf seinem Herzen, aber der Greis bleibt bei seiner früheren Idee.«

»Und auch du mit ihm, auch du?«, rief Aloscha traurig.

Iwan lachte.

»Aber das ist doch alles nur Unsinn, Aloscha; das ist ja doch nur die verrückte Dichtung eines verrückten Studenten, der niemals auch nur zwei Verse geschrieben hat. Warum nimmst du die Sache so ernst? Du denkst doch wohl nicht, dass ich jetzt geradeswegs dorthin fahren werde, zu den Jesuiten, um in die Schar derer einzutreten, die Seine Tat verbessern? Ach Gott, was geht das mich an? Ich habe dir ja gesagt: Ich möchte mein Leben nur bis zum dreißigsten Jahr weiterführen, und dann den Becher auf den Boden schleudern!«

»Aber die klebrigen Blättchen und die teuren Gräber und der blaue Himmel und die Geliebte! Wie willst du denn leben, wie willst du denn die alle lieben?«, rief Aloscha bekümmert. »Ist das denn möglich mit einer solchen Hölle in der Brust und im Kopf? Nein, du wirst geradezu hinfahren, um dich ihnen anzuschließen … wenn du das aber nicht tust, so wirst du es nicht aushalten können und dich selbst töten!«

»Es gibt eine Kraft, die alles aushält!«, erwiderte Iwan mit kaltem Lächeln.

»Was ist das für eine Kraft?«

»Die Karamasow'sche … die Kraft der Karamasow'schen Gemeinheit.«

»Das bedeutet: in Ausschweifung untergehen, seine Seele in Lastern ersticken – ja, ja?«

»Meinetwegen auch das … nur bis zum dreißigsten Lebensjahr werde ich dem vielleicht noch entgehen, aber dann …«

»Wie willst du dem denn entgehen? Wodurch willst du dem denn entgehen? Das ist bei deinen Anschauungen ein Ding der Unmöglichkeit.«

»Wiederum auf Karamasow'sche Art.«

»Das soll heißen: Nach dem Grundsatze ›alles ist erlaubt‹? Alles ist erlaubt, nicht wahr, nicht wahr?«

Iwan machte ein finsteres Gesicht und wurde auf einmal seltsam blass.

»Ah, da hast du einen Satz von gestern aufgefangen, über den sich Miusow so ereiferte … und den dann Bruder Dmitri, so naiv auffahrend, wiederholte«, erwiderte Iwan mit einem schiefen Lächeln. »Na, meinetwegen: ›Alles ist erlaubt‹, wenn der Satz nun einmal ausgesprochen ist. Ich nehme ihn nicht zurück. Und auch Mitjenkas Fassung des Satzes war nicht übel.«

Aloscha blickte ihn schweigend an.

»Ich glaubte, Bruder, wenn ich nun wegfahre, auf der ganzen Welt wenigstens dich zu haben«, sagte Iwan auf einmal mit einem unerwarteten Ausbruch tiefer Empfindung, »aber jetzt sehe ich ein, dass auch in deinem Herzen kein Platz für mich ist, mein lieber Einsiedler. Von dem Satz: ›Alles ist erlaubt‹ sage ich mich nicht los; wie ist es also: Wirst du dich deswegen von mir lossagen – ja, ja?«

Aloscha stand auf, trat auf ihn zu und küsste ihn schweigend sanft auf den Mund.

»Das ist literarischer Diebstahl!«, rief Iwan, der auf einmal in eine Art Enthusiasmus überging. »Das hast du aus meiner Dichtung gestohlen! Aber dennoch: Ich danke dir. Steh auf, Aloscha; wir wollen gehen; es ist Zeit für mich wie für dich.«

Sie gingen hinaus, blieben aber vor der Tür des Restaurants stehen.

»Ich wollte noch sagen, Aloscha«, begann Iwan mit fester Stimme, »wenn mich die klebrigen Blättchen wirklich rühren sollten, so werde ich sie nur in Erinnerung an dich lieben. Es genügt mir, dass du hier irgendwo bist und ich die Lust am Leben noch nicht verlieren werde. Genügt dir das? Wenn du willst, kannst du es als eine Liebeserklärung auffassen. Jetzt aber geh du rechts, und ich werde links gehen – es ist genug, hörst du, es ist genug. Das soll heißen: Wenn ich auch morgen nicht wegfahren sollte (ich glaube aber, ich werde bestimmt wegfahren) und wir einander noch irgendwie begegnen sollten, so sprich über alle diese Themata mit mir kein Wort weiter. Das ist meine dringende Bitte. Und was unsern Bruder Dmitri anlangt, so bitte ich dich ganz besonders, sprich niemals mehr mit mir über ihn«, fügte er plötzlich in gereiztem Ton hinzu, »dieser Gegenstand ist ja vollständig erschöpft, vollständig durchgesprochen, nicht wahr? Ich aber werde dir meinerseits dafür ebenfalls ein Versprechen geben: Wenn ich mit dreißig Jahren Lust bekomme, ›den Becher auf den Boden zu schleudern‹, dann werde ich, wo du auch sein magst, zu dir kommen, um noch einmal mit dir zu reden … und sei es sogar aus Amerika; das wisse. Ich werde eigens deswegen kommen. Es wird mich auch sehr interessieren, dich dann zu sehen, was du dann für ein Mensch sein wirst. Siehst du, das ist ein recht feierliches Versprechen. Wir nehmen aber tatsächlich jetzt vielleicht auf sieben, auf zehn Jahre voneinander Abschied. Na, dann geh jetzt zu deinem Pater Seraphicus; der liegt ja im Sterben, und stirbt er in deiner Abwesenheit, so wirst du womöglich noch auf mich böse, dass ich dich aufgehalten habe. Auf Wiedersehen; küsse mich noch einmal – so – und nun geh!« …

Iwan drehte sich plötzlich um und schritt auf seinem Weg dahin, ohne sich noch einmal umzuwenden. Das hatte Ähnlichkeit mit der Art, in der tags zuvor Bruder Dmitri von Aloscha weggegangen war, obgleich das doch auch wieder ganz anders gewesen war. Diese sonderbare kleine Wahrnehmung ging dem betrübten und bekümmerten Aloscha in diesem Augenblick wie ein Pfeil durch den Sinn. Er wartete noch ein Weilchen, indem er seinem Bruder nachsah. Dabei bemerkte er auf einmal zufällig, dass sein Bruder Iwan eigentümlich schwankend ging und dass, von hinten gesehen, seine rechte Schulter niedriger zu sein schien als die linke. Das war ihm früher noch nie aufgefallen. Aber plötzlich drehte er sich ebenfalls um und eilte, beinahe laufend, nach dem Kloster. Es wurde schon stark dämmerig, und es war ihm fast ängstlich zumute; eine neue Zweifelsfrage wuchs in ihm heran, auf die er keine Antwort zu finden wusste. Es hatte sich wieder wie am vorhergehenden Tag ein Wind erhoben, und die alten Fichten rauschten schaurig um ihn herum, als er in das Wäldchen der Einsiedelei trat. Er wurde beinahe blass. »Pater Seraphicus, diesen Namen hat er irgendwoher genommen; woher doch nur?«, ging es ihm durch den Kopf. »Iwan, armer Iwan, wann werde ich dich jetzt wiedersehen …? Da ist ja auch die Einsiedelei, Gott sei Dank! Ja, ja, er ist ein Pater Seraphicus, das ist er; er wird mich retten … vor ihm, und für immer!« In seinem späteren Leben dachte er zu wiederholten Malen mit großem Erstaunen daran, wie es nur zugegangen sein mochte, dass er nach seinem Abschied von Iwan so vollständig seinen Bruder Dmitri vergessen hatte, obwohl er sich doch am Vormittag, nur wenige Stunden vorher, vorgenommen hatte, ihn bestimmt aufzusuchen und nicht wegzugehen, ohne ihn gesehen zu haben, selbst wenn er nicht mehr in derselben Nacht ins Kloster zurückkehren könnte.

Quellenverzeichnis

Dostojewski, F. M.: *Der Spieler und anderes.* Vollständige Ausgabe. Ins Deutsche übertragen von Alexander Eliasberg und Karl Noetzel. Berlin: Th. Knaur Nachf. o. J. [1927]. *Ein schwaches Herz. Christbaum und Hochzeit.*

Dostojewskij, Fjodor M.: *Der Fall Korniloff und andere Erzählungen.* Aus dem Russischen übertragen von Karl Noetzel. München: Wilhelm Goldmann 1967. *Das Krokodil. Der Fall Korniloff.*

Dostojewski, F. M.: *Die Wirtin und andere Novellen.* Übertragen von Hermann Röhl. Leipzig: Insel 1921. [*Sämtliche Romane und Novellen*, Band 4.] *Ein Roman in neun Briefen. Der ehrliche Dieb. Herr Prochartschin. Bobok. Der Traum eines lächerlichen Menschen.*

Dostojewski, F. M.: *Netotschka Njeswanowa und kleinere Erzählungen.* Übertragen von Hermann Röhl. Leipzig: Insel [o. J.] [*Sämtliche Romane und Novellen*, Band 5.] *Polsunkow.*

Dostojewski, F. M.: *Ein kleiner Held. Onkelchens Traum. Zwei Novellen.* Übertragen von Hermann Röhl. Leipzig: Insel 1921. [*Sämtliche Romane und Novellen*, Band 6.] *Ein kleiner Held.*

Dostojewski, F. M.: *Der lebenslängliche Ehemann. Die fremde Frau und der Mann unter dem Bett. Zwei Erzählungen.* Übertragen von Hermann Röhl. Leipzig: Insel 1921. [*Sämtliche Romane und Novellen*, Band 17.] *Die fremde Frau und der Mann unter dem Bett.*

Orthografie und Interpunktion wurden auf neue deutsche Rechtschreibung umgestellt.